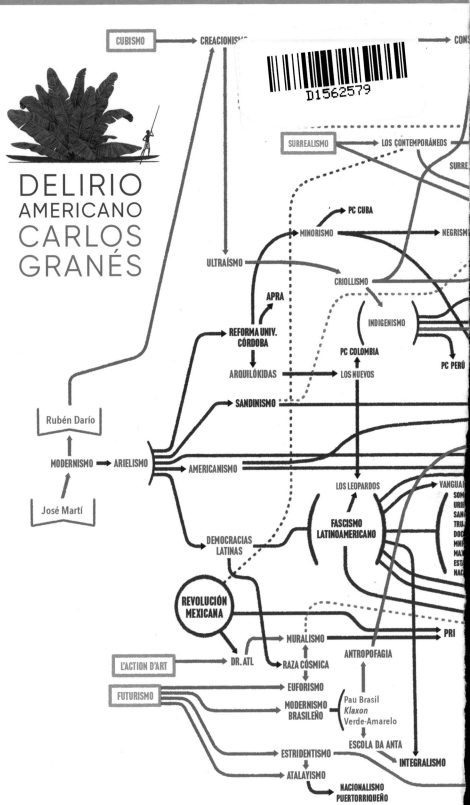

DELIRIO
AMERICANO
CARLOS
GRANÉS

CUBISMO → CREACIONIS... → CON...

SURREALISMO → LOS CONTEMPORÁNEOS

SURRE...

PC CUBA

MINORISMO → NEGRISM...

ULTRAÍSMO

CRIOLLISMO

APRA

INDIGENISMO

REFORMA UNIV. CÓRDOBA

PC COLOMBIA

PC PERÚ

ARQUILÓKIDAS → LOS NUEVOS

SANDINISMO

Rubén Darío

MODERNISMO → ARIELISMO

AMERICANISMO

LOS LEOPARDOS

VANGUAR...
SOM...
URIE...
SANG...
TRU-...
DOC...
MHF...
MAX...
EST...
NAC...

José Martí

FASCISMO LATINOAMERICANO

DEMOCRACIAS LATINAS

REVOLUCIÓN MEXICANA

MURALISMO

PRI

ANTROPOFAGIA

L'ACTION D'ART → DR. ATL → RAZA CÓSMICA

FUTURISMO

EUFORISMO

MODERNISMO BRASILEÑO

Pau Brasil
Klaxon
Verde-Amarelo

ESCOLA DA ANTA

ESTRIDENTISMO

INTEGRALISMO

ATALAYISMO

NACIONALISMO PUERTORRIQUEÑO

Ilustración del mapa: Pepe Medina
La ilustración de la canoa está basada en la pintura usada en cubierta, obra de Pedro Ruiz

Delirio americano

Carlos Granés

Delirio americano
Una historia cultural y política de América Latina

taurus

Penguin
Random House
Grupo Editorial

Primera edición: enero de 2022
Tercera reimpresión: septiembre de 2022

© 2022, Carlos Granés
© 2022, Penguin Random House Grupo Editorial, S.A.U.
Travessera de Gràcia, 47-49. 08021 Barcelona

Printed in Spain – Impreso en España

ISBN: 978-84-306-2391-4
Depósito legal: B-15.224-2021

Compuesto en Arca Edinet, S. L.
Impreso en Gómez Aparicio, S. L.,
Casarrubuelos (Madrid)

TA 2 3 9 1 A

Para Fiore

ÍNDICE

ANTES DEL FINAL
La muerte de Fidel Castro y el largo
siglo xx latinoamericano
Página 515

INSTRUCCIONES

1. Este libro es un solo ensayo, tres tratados distintos, un manual de consulta o un texto corto dependiendo de los intereses que orienten su lectura. Como al final lo que encontrará, o eso espero, es un tesoro en forma de conocimiento, información, ideas, interpretaciones y hasta juicios, a la izquierda encontrará un mapa que facilitará cualquier tipo de búsqueda o aventura que emprenda.

2. Para un lector que no tema enfrentarse a varios centenares de páginas, mi recomendación obvia es que asuma que en sus manos tiene un solo libro, y, cómo no, que vale la pena agotarlo de tapa a tapa. En ese caso estará leyendo una historia cultural y política del largo siglo xx latinoamericano, tan completa y exhaustiva como la racionalidad editorial recomienda y mis capacidades lo han permitido.

3. Pero si sus intereses se circunscriben a los inicios de la modernidad cultural en América Latina, a la historia del modernismo y de las vanguardias, puede satisfacer su curiosidad con la primera parte. En ese caso leerá un tratado en el que se analizan las consecuencias del imperialismo en la cultura y la política latinoamericana.

4. Si le concierne la manera en que se consolidaron los estados modernos y el papel que tuvo la cultura en este proceso, lo que usted deberá leer es la segunda parte. Este tratado le mostrará el efecto del nacionalismo en el arte y la forma en que la política puede instrumentalizar a los creadores para forjar ficciones nacional populares, populistas o modernizadoras.

5. Aunque si aquello le parece remoto y más bien quiere saber qué ocurrió en América Latina después de la Revolución cubana, y cuáles fueron sus efectos en el arte y en la política, qué duda cabe, empiece por la tercera parte. En esas páginas verá el impacto que tuvieron Fidel Castro y el Che Guevara en los campos culturales del continente.

6. No siendo poco, hay más. Si a usted América Latina le importa un pimiento, y está en todo su derecho, no faltaba más, quizá le puedan inte-

resar las últimas sesenta páginas. En ellas se ilustra la manera en que fenómenos típicamente latinoamericanos, como el populismo y el indigenismo, están afectando en la actualidad a las prácticas políticas y culturales de todo Occidente. El libro que entonces tendrá entre manos será un corto ensayo sobre la invención e instrumentalización de la víctima.

7. Quinientas páginas dan para mucho, y buscando en ellas, si nada de lo anterior le interesa, podrá encontrar las figuras clave de la cultura latinoamericana. Bastará con seguir el mapa o buscar en el índice onomástico el nombre que le interese —César Vallejo, Nahui Olin, Juan Domingo Perón, Dolores Cacuango, García Márquez, Doris Salcedo, Caetano Veloso y cientos más—, del que seguramente encontrará un análisis que le ayudará a entender su obra o la importancia que tuvo en su tiempo. En ese caso, usted habrá comprado un manual de consulta de las personalidades más importantes de América Latina en los últimos 125 años.

8. Una última cosa: disfrute con la fantasía amable y fabulosa de los creadores latinoamericanos, tome nota de las nefastas consecuencias del ensueño de los políticos, y observe que nada es nunca puro y que a veces esos dos delirios fueron de la mano, nutriéndose y retroalimentándose como parte de una misma cadena de ADN.

ANTES DEL COMIENZO. LA MUERTE DE JOSÉ MARTÍ Y EL PREÁMBULO AL LARGO SIGLO XX LATINOAMERICANO

La luna roja se escurría bajo las nubes e iluminaba la playa de piedras. Los hombres, empapados tras una larga noche de lluvia, ansiaban tocar tierra para adentrarse en la manigua y buscar un lugar donde dormir un rato. Llevaban en la boca el sabor de las últimas gotas del málaga dulzón que habían subido a la goleta un día antes, en Cabo Haitiano. Ahora, por fin, después de una escala en Inagua, se aproximaban a las Playitas de Cajobabo. La guerra —otra— había empezado hacía un mes y dieciocho días, el 24 de febrero de 1895, y la cúpula del Partido Revolucionario quería estar en el terreno liderándola. Para José Martí, que no tenía ninguna experiencia bélica, que no había participado en la guerra de los Diez Años ni en la guerra Chiquita, esta aventura estaba lejos de ser un levantamiento independentista más. Era otra cosa. El destino que había invocado para sí mismo en sus versos.

«¡Oh, qué dulce es morir cuando se muere / luchando audaz por defender la patria!».[1] Con esas líneas terminaba *Abdala*, su primera obra, un poema dramático de 1869. Desde entonces parecía saber cómo sería su encuentro con la muerte, a juzgar por su poesía, llena de vetas mórbidas y luctuosas. El mal de siglo, ese coletazo romántico que amargó el alma y afinó la pluma de los poetas modernistas, borboteó en cada uno de sus versos. Pero a diferencia de José Asunción Silva, Manuel Gutiérrez Nájera, Amado Nervo o Julián del Casal, Martí no iba a consumirse en sus penas ni a rechazar el compromiso con el mundo. Su muerte tendría sentido; su muerte impulsaría la más urgente de las causas, la última de las independencias, la de Cuba. Martí iba a dar la vida por la libertad de su patria.

Bisagra entre dos periodos históricos y entre dos sensibilidades, el cubano fue el último romántico y el primer modernista: el último poeta que luchó contra España en una guerra de independencia, y el primero que expresó las vacilaciones existenciales que moldearían la sensibilidad de la siguiente generación; el último en enfrentarse al colonialismo español, y el primero en advertir que la nueva amenaza para América Latina sería el imperialismo estadounidense.

Lo vio claramente, porque después de una juventud azarosa marcada por la cárcel, los trabajos forzados y dos destierros, Martí acabó viviendo durante largos años en Nueva York. Entre 1880 y 1895, trabajando como periodista y escribiendo los poemas que lo harían inmortal, pudo ver de cerca, casi palparlo, el avance del imperialismo yanqui y sus no tan secretas ambiciones sobre el Caribe. En Nueva York también descubrió lo que de admirable tenía Estados Unidos. Aquel inmenso país, dijo, era «lo más grande de cuanto erigió jamás la libertad»,[2] pero también se dio cuenta de que incubaba ciertos rasgos, como el individualismo excesivo, la adoración de la riqueza, el menosprecio de los latinos y cierta incoherencia en sus principios, que le generaban una enorme desconfianza. Eso era lo más aterrador, la incoherencia. Martí temía que los yanquis aprovecharan el poderío conseguido con el esfuerzo de varias generaciones de hombres y mujeres libres, llegados a sus tierras de las cuatro esquinas del mapa, para arrebatarle la libertad a un país vecino. Y no a cualquiera, al suyo, a Cuba. Martí se anticipaba a lo que finalmente ocurriría en 1898, luego de su muerte, y por eso precipitó la lucha contra España. Se lo dijo a su amigo mexicano Manuel Mercado: para frenar la conquista yanqui de las Antillas había que ganar la independencia. Aunque su sensibilidad modernista lo impulsaba a huir de la vida y de los hombres y a refugiarse en la torre de marfil, su lado romántico lo forzaba a honrar al compromiso redentor con su patria. Por eso estaba allí, dispuesto a cumplir el destino prefigurado en sus poemas. «Que mi patria nunca / sepa que en soledad muero por ella: / Si me llaman, iré: yo solo vivo / porque espero servirla: así, muriendo».[3] Y en efecto.

El 14 de abril empezó el recorrido loma arriba. El general en jefe, Máximo Gómez, acompañado de Francisco Borrero, Ángel Guerra, Martí y muchos otros, buscaba contactar con las fuerzas insurrectas de Antonio Maceo, cuyo destacamento había desembarcado en Baracoa, unos kilómetros más al norte. Durante el recorrido Martí tuvo la revelación de la naturaleza. Se dijo a sí mismo —y luego lo anotó en su diario— que nada hermanaba tanto a los hombres como esas travesías por la sierra. Lo exaltó toparse con el escuadrón de guerrilleros de Félix Ruen, todos pertrechados con rifles, machetes y revólveres, y lo animó aún más encontrarse con campesinos que lo reconocieron. Alguno lo llamó «presidente», ni más ni menos, y otros le aseguraron que los españoles le tenían miedo: era la comprobación de que su trabajo había valido la pena. Las puntuales crónicas que escribía para *La Nación* de Buenos Aires, sus discursos públicos y su actividad política, además de sus proyectos editoriales —*La Edad de Oro*, por ejemplo, una revista dirigida a los niños de Hispanoamérica—, lo habían convertido en un personaje popular y carismático.

Durante esos primeros días, preparándose para entrar en combate, siguió con atención la vida en el campamento. En su diario describió cómo los hombres colgaban sus hamacas o llevaban caña al trapiche para preparar guarapo, o cómo una india, rodeada de sus siete hijos, descascaraba los granos de café que más tarde se convertían en bebida. Martí estaba atento a los detalles del paisaje y de los senderos por los que caminaba. Apuntaba el nombre de cada matorral, de cada flor, de cada árbol: el caguairán, el caracolillo, el júcaro, el almácigo, la jagua, la güira, el jigüe… Se preguntaba qué alas rozaban las hojas que producían la sinfonía que escuchaba a diario, qué violines diminutos les daban alma y son a las plantas que lo rodeaban. Era evidente: a pesar de estar haciendo la revolución, ni por un segundo había dejado de ser poeta. Más aún: hacía algo que luego replicarían sus colegas en los primeros años del siglo xx. Estaba descubriendo el paisaje americano.

En esas boscosas sierras del sur de Cuba, yendo hacia Arroyo Hondo, se encontró por fin con el ejército enemigo. Era el 25 de abril, no la fecha señalada para su muerte, pero sí el día en que pudo ver de cerca los horrores de la guerra. Desde la distancia oyó el estruendo de la pólvora, los gritos que soltaban esos cuerpos convertidos en blanco de las balas. Varios compañeros suyos cayeron muertos; otros, solo heridos. El paisaje americano se teñía de sangre y ese impacto, la evidencia del dolor y de la muerte, le impidieron celebrar la victoria en aquella primera escaramuza.

La tropa siguió avanzando en diagonal hacia el noroccidente de la isla. En Jaragüeta levantaron otro campamento, atando troncos con bejucos y techándolos con palma. Un tal Masabó, acusado de violar y robar, fue fusilado después de pasar por un consejo de guerra. Abusos, traiciones, pugnas: la vida en el monte no era como Martí la había imaginado. Todo el mundo estaba tenso; él mismo se desesperó al comprobar que los líderes de la revolución, Maceo y Gómez, no se habían puesto de acuerdo en la manera de formar gobierno cuando los españoles fueran derrotados.

El 19 de mayo volvieron a detectar la presencia del enemigo. Con los corazones palpitando, los soldados tomaron sus armas para entrar de nuevo en combate. Las versiones divergen y no se sabe bien si Martí salió a galopar junto a los otros generales, o si Máximo Gómez le ordenó que esperara a salvo mientras se desarrollaba la acción. Si en efecto le pidieron que controlara sus ímpetus hasta que dominara el arte de la guerra, Martí no hizo el menor caso. Salió sobre su caballo buscando la ribera del río Contramaestre, donde corrió a escoltarlo o donde se encontró con Ángel Perfecto de la Guardia, un coronel del Ejército Libertador que muy a su pesar no pudo hacer honor a su nombre. Como todos los latinoamericanos que cambiaron las letras por las armas, Martí era torpe e inexperto. Su fervor primaba sobre su destreza, y el eco de sus propios versos silenciaba cualquier admonición que pudiera hacerle su compañero de batalla. Si Ángel Perfecto de la Guardia trató de evitar la desgracia, Martí no le prestó atención. Estaba escrito, se lanzaría al ataque hasta convertirse en el más conspicuo de los blancos; oiría los disparos, sentiría el impacto de las tres balas desgarrándole la carne, una en el pecho, otra en la pierna, la última en el cuello. Había viajado a Cuba a morir por la patria y eso es lo que estaba haciendo, resignado, quizá feliz, como correspondía a quien no encontraba sentido más que en el compromiso y en la acción heroica. Un mes y unos días después de su desembarco en Playitas de Cajobabo, el sino fatal tantas veces fantaseado se materializaba. La mezcla de poesía y revolución dejaba un cadáver célebre y forjaba un nuevo mito latinoamericano, presagio de lo que ocurriría en el futuro, cuando los ideales, las musas y las ideologías estallaran en el alma de los jóvenes latinoamericanos. Porque detrás de Martí vendrían muchos otros poetas, visionarios y utopistas dispuestos a liberar al continente una y otra vez, eternamente, de los molinos de viento que lo atenazaban. Altruistas y desmesurados, quisieron arrastrar a América Latina a mejores puertos, a tierras alumbradas por sus fantasías y sus más extraordinarios, salvíficos y en ocasiones sangrientos delirios.

Este fue el resultado.

Un continente en busca de sí mismo: el americanismo y los delirios de la vanguardia

Mientras que el ensueño pertenece a todo el mundo, el delirio solo pertenece a los poetas.

VICENTE HUIDOBRO

AVERSIÓN A LA VIDA Y OTROS CAMINOS A LA TORRE DE MARFIL

De cada vivo
huyo, azorado, como de un leproso.
Ando en el buque de la vida: sufro
de náuseas y de mal de mar:
un ansia odiosa
me angustia las entrañas:
¡quién pudiera
en un solo vaivén dejar la vida!

JOSÉ MARTÍ,
«Yo sacaré lo que en el pecho tengo»

En un principio parecía impensable que los poetas modernistas, descendientes de José Martí, acabaran tentados por la política. Es verdad que en boca de Rubén Darío se ensalzaba el «espíritu nuevo» y que su gran empeño fue la renovación. Los asuntos de la vida, sin embargo, y más el vulgar trapicheo de las oficinas y de los tribunales, les revolvía las entrañas. En todos los países, desde Argentina a México, surgía una nueva estirpe de poetas que apreciaban la expresión artística sincera, el sentimiento personal, la libertad y el vuelo. Buscaban una regeneración espiritual, como los jóvenes de todas las épocas, y entre sus gritos de guerra destacaba el que lanzó el peruano Manuel González Prada en 1888: «¡Los viejos a la tumba, los jóvenes a la obra!».[4] Nuevas ideas y nuevas influencias estéticas los exaltaban. El romanticismo de Victor Hugo y de Byron seguía vivo, pero empezaba a ser matizado por corrientes literarias que recortaban sus excesos retóricos. El malditismo de Rimbaud y de Verlaine les ayudó a neutralizar la grandilocuencia y a ser ágiles con el verso, y el desasosiego espiritual del joven Werther, el personaje de Goethe, les sirvió para entender la compleja sintomatología finisecular, un rosario de dudas y angustias, de hastíos y desencantos, que acabó creando una nueva enfermedad del alma: el famoso mal del siglo. Pero si algunos poetas eran lánguidos, otros contaban con el brío, la soberbia y la fanfarronería instigada por el individualismo vitalista y aristocrático de Nietzsche y de Georges Brandes. En el modernismo de finales del siglo xix hubo mezclas improbables: enfermiza desazón existencial y fuerza erótica; obcecación por lo brillante, sofisticado y etéreo, y gusto por lo raro, exótico, oriental y lejano; idealización extrema del pasado clásico, con sus mármoles, dioses y leyendas, y un posterior interés por el paisaje americano.

Si el mexicano Manuel Gutiérrez Nájera cuestionaba el sentido de la vida con versos trágicos —«La existencia no pedida / que nos dan y conservamos / ¿es sentencia merecida? / Decidme, ¿vale la vida / la pena de que vivamos?»—,[5] el uruguayo Julio Herrera y Reissig se encerraba en su Torre de los Panoramas a garrapatear fervorosas defensas del individualismo, preámbulo de los manifiestos vanguardistas de los años veinte. «¡Solo y conmigo mismo! —decía en Decreto—. Proclamo la inmunidad literaria de mi persona [...]. Me incomoda que ciertos peluqueros de la crítica me hagan la barba [...]. ¡Dejen en paz a los Dioses!».[6]

Julián del Casal y Amado Nervo expresaron angustia ante la vida y la muerte, y aunque José Asunción Silva inauguró una riquísima veta de humorismo en la poesía colombiana, no por ello sus versos dejaron de arrastrar un sedimento oscuro y luctuoso: «¿Por qué la vida inútil y triste recibimos? / ¿Hay un oasis húmedo después de estos desiertos? / ¿Por qué nacemos, madre, dime, ¿por qué morimos?».[7] Ajeno a todas estas ansiedades, el veracruzano Salvador Díaz Mirón reivindicaba cierta aristocracia artística: «¡Infames! Os agravia / que un alma superior aliente y vibre; / y en vuestro miedo, trastocado en rabia / vejáis cautivo a quien adularais libre».[8] También hubo modernistas broncos, aventureros, pendencieros y encantados de loar a cualquier déspota latinoamericano, como el peruano José Santos Chocano, y otros vitalistas, como el venezolano Rufino Blanco Fombona, que en sus versos afirmaba que los mejores cantos eran nuestros amores, y que «el mejor poema es la vida».[9]

Diversas personalidades y motivaciones cabían bajo la misma etiqueta porque el modernismo, después de todo, seguía teniendo rasgos de la corriente romántica. Para entender lo que hicieron estos poetas, y desde luego también la vanguardia, es necesario recordar que el romanticismo fue un movimiento plenamente moderno que surgió como oposición a la modernidad. Fue una sombra rebelde y crítica proyectada sobre la racionalidad y la técnica, sobre el progreso y la industria. Una luz oscura, inasible, irracional, telúrica, raigal, explosiva, intuitiva, voluptuosa y decadente, que se enfrentó a la luz clara y cierta de la ciencia y de la razón. Si el pensamiento ilustrado desbrozaba mitos y supersticiones, ordenaba y categorizaba, el romanticismo volvía a sembrar presencias extrañas, vínculos emocionales con la tierra, pulsiones ajenas al control racional, impulsos vitalistas y males existenciales. Por eso románticos eran la fuerza y el vigor juvenil de Rubén Darío o de Herrera y Reissig, y romántico era el febril estado de debilidad y melancolía de Amado Nervo. Por eso románticos eran la turbulencia, el conflicto, el individualismo y la violencia de Santos Chocano o de Díaz Mirón, y romántica era la armonía con la naturaleza, la disolución del yo en órdenes superiores o los placeres narcóticos y las fantasías evasivas de Julián del Casal. Romántico era lo ruinoso, lo exótico y el horror, y romántico era lo familiar, lo costumbrista y lo rural. La sensualidad de Delmira Agustini y el misticismo de Gutiérrez Nájera. Lo antiguo, lo histórico y las fuentes profundas e incomprensibles, y la revolución, lo nuevo y el instante fugaz. Fuerza, voluntad y vida, por un lado, tortura psicológica, suplicio y suicidio, por otro. Isaiah Berlin añadía a esta lista un elemento más. Romántico era el arte por el arte con el que inicialmente se comprometieron los modernistas, y romántico sería el arte como instrumento de salvación social y nacional en el que derivaron sus esfuerzos.

Contradictorios y románticos, sí, pero sobre todo universales y cosmopolitas. Al menos en una primera etapa, antes de que ocurriera el gran trauma de 1898 y cambiara la geopolítica del continente, América Latina les importó poco. Su propósito fue promover un segundo Renacimiento —«concilio ecuménico de la inteligencia humana»,[10] lo llamó el poeta y crítico colombiano Rafael Maya— capaz de reunir los más refinados productos del pensamiento y de la sensibilidad humanos. Mientras en los palacios de gobierno y en los campos de batalla se barajaban tiranías y estallaban revoluciones cada cuarto de hora, los poetas negaban la realidad evocando mundos lejanos, con frontispicios solemnes y grandiosos. «Yo detesto la vida y el tiempo en que me tocó nacer», decía Rubén Darío en el prólogo de *Prosas profanas*, y luego escapaba de ambos escribiendo sobre dioses griegos, centauros, deslumbramientos florentinos, añoranzas francesas, lujos orientales o la gracia de las ménades, las náyades y los sátiros. El boliviano Ricardo Jaimes Freyre, otro aristócrata del espíritu, pobló los poemas de *Castalia bárbara* con dragones, hidras, elfos, hadas, dioses nórdicos y monstruos para ocultar bajo ese manto de artificio y heroísmo la realidad de su existencia. Más lejos llegó el contradictorio Leopoldo Lugones, confesando en el prólogo de *Lunario sentimental* su fascinación por la luna, algo que hubiera horrorizado a su contemporáneo, el futurista Marinetti: «¿Existía en el mundo empresa más pura y ardua que la de cantar a la luna por venganza de la vida?».[11]

Los poemas modernistas estuvieron llenos de alas y de vuelos; de águilas, mariposas y cisnes. Esta nueva generación sabía más de París que los parisienses, se movía por Grecia como por su casa, y estaba más cómoda en la fantasía de una polis clásica que en Metapa, Tacna, Montevideo o Bogotá. Eran los elegidos, una aristocracia de la sensibilidad y del pensamiento que en un continente sin tradiciones intelectuales comulgaba con los más refinados productos de la imaginación humana. «¿Por qué vamos a cerrar nuestra alma a nada que pueda enriquecerla?»,[12] se preguntaba Blanco Fombona. Y así fue: no renunciaron a nada porque eran los llamados a renovar las fuentes vitales, a liderar las nuevas pesquisas estéticas, a guiar a las jóvenes naciones en temas morales y espirituales. A pesar de su elitismo artístico y de su desprecio por las rutinas y menudencias prácticas de la vida, acabarían llegando a los parlamentos, viviendo de la diplomacia y encandilando a los lectores cultos con sus reportajes periodísticos. Evasores de todo lo real, siempre tuvieron una antena secreta conectada a la actualidad política y a los cenáculos donde se cortaban las barajas del poder.

Esto se hizo evidente en 1898, cuando Estados Unidos entró a dirimir la lucha por la independencia cubana y terminó derrotando a España y plantándose como nuevo poder imperial en el Caribe. Fue el instante decisivo, el momento en que la torre de marfil en la que se refugiaban los poetas empezó a agrietarse. Todo estalló como pompas de jabón: las fantasías parisinas, las añoranzas por el mundo clásico, la bohemia decadente, y ante sus ojos apareció la realidad política de América Latina. Martí lo había predicho: los yanquis nos acechaban, y ese vaticinio, como el de su propia muerte, también se hacía realidad. Ahora los poetas no tenían más remedio que salir a la plaza pública, amasar sus versos con ira e indignación, con diatribas y consignas. Era sorprendente: el nuevo fervor antiimperialista propiciaba el encuentro del arte y de la política, y lo más relevante es que esto ocurría en América Latina antes que en Europa. Los modernistas se adelantaban a la primera vanguardia revolucionaria europea, el futurismo italiano, que aún tardaría hasta 1909 en lanzar sus primeros rugidos. Y, atención a la coincidencia, también ellos lo harían como respuesta a las amenazas de otro imperio, el austrohúngaro en su caso. De manera que mientras los futuristas se convertían en los defensores más radicales de la nación y de una nueva identidad italiana marcada por la velocidad, el dinamismo y el fervor guerrero, los modernistas se encargaban de exaltar lo que antes habían ignorado, la realidad americana, y de aglutinar los elementos humanos y naturales del continente para crear un dique estético y moral que frenara las pretensiones yanquis. Empezaba una nueva guerra, que ya no se pelearía en los mares del Caribe sino en el terreno de la cultura, y cuyo fin sería demostrar la superioridad del espíritu latino sobre la barbarie utilitaria del sajón.

CALIBÁN *VERSUS* ARIEL: LOS ORÍGENES DEL ANTIYANQUISMO LATINOAMERICANO

> *Pálidos como el rostro de la Anemia,*
> *llegaron ya;*
> *son los conquistadores*
> *del ideal:*
> *¡dad paso a la bohemia!*
> *Ebrios todos de un vino luminoso*
> *que no beben los bárbaros y envueltos*
> *en andrajos, son almas de coloso,*
> *que treparán a la impasible altura*
> *donde afilan sus hojas los laureles*
> *con que ciñes de olímpica verdura*
> *en tu vasto proscenio*
> *a los ungidos de tu Crisma, ¡oh Genio!*

GUILLERMO VALENCIA,
«Anarkos»

Los estadounidenses bombardearon Matanzas, atacaron la flota española en el Pacífico, lanzaron una ofensiva sobre San Juan de Puerto Rico. En poco más de tres meses el mundo había cambiado. España perdía sus últimas posesiones coloniales en el Caribe y Estados Unidos se apropiaba de las costas puertorriqueñas, asumía poderes sobre Cuba y empezaba a ejercer de gendarme en la región entera. Si en Europa, como suele decirse, el siglo XX empezó con la Primera Guerra Mundial, en América Latina comenzaba justo en ese momento, en 1898, porque los problemas políticos y culturales que engendraba la presencia estadounidense se enquistarían y afectarían a la vida entera del continente desde ese momento hasta el presente. En efecto, mientras que el resto de Occidente entraba tarde y salía pronto —tras la caída del Muro de Berlín— de aquel vertiginoso siglo, nosotros entramos anticipadamente y aún no acabamos de salir. Aquel fabuloso espejismo de los noventa, el del fin de la historia, jamás tuvo sentido en América Latina.

El trauma de la guerra hispano-estadounidense produjo múltiples reacciones, y una de las primeras, cómo no, fue la de Rubén Darío. El 20 de mayo de 1898, cuando aún no habían acabado de vomitar fuego los cañones, el poeta nicaragüense publicó en *El Tiempo* de Buenos Aires un feroz artículo criticando las acciones de Estados Unidos. «El triunfo de Calibán», se titulaba, y en él se refería a los sajones como «aborrecedores de la sangre latina», como «bárbaros», gente a la que solo le interesaban la bolsa de valores y la fábrica; seres que comían, calculaban, bebían whisky y ganaban dinero, poco más. Enfurecía a Rubén Darío que los yanquis, encandilados como estaban por un progreso apoplético, tuvieran la misma gravidez moral y espiritual que la bestia o que el cíclope. ¿Les importaban la nobleza del espíritu, el culto a la belleza, el refinamiento, la sensualidad? ¿Cabía en sus mentes algo que se elevara más allá de sus narices, algo intangible, soñado, anhelante de forma y sustancia? Desde luego que no. Los gringos eran «enemigos de toda idealidad».[13] Quizá se salvaban dos, los únicos creadores que habían engendrado: el incomprendido Poe y el demó-crata Whitman; los demás estaban condenados a ser simples imitadores en el arte y en la ciencia.

Rubén Darío no se quedaba en la mera diatriba, también exhortaba a los pueblos de América Latina a unirse para enfrentar al enemigo. Todo aquel que aún tuviera el recuerdo de la teta de la loba en los labios, decía, estaba obligado a hacer frente al imperialismo yanqui. No solo los latinoamericanos, toda Europa, el universo entero tenía el deber de garantizar la «futura grandeza de nuestra raza». Exaltado, fervoroso, concluía diciendo que ni por una montaña de oro podía el latino prostituir su alma a Calibán. Así llegaba ese artículo a manos de los lectores, con aquel nombre impreso, Calibán, que en adelante tendría un largo recorrido en el ensayismo latinoamericano.

La imagen no era original de Rubén Darío, sino de Shakespeare, lo sabemos. El dramaturgo inglés había creado un personaje telúrico y bárbaro, habitante de la isla desierta donde transcurría *La tempestad*, al que había bautizado con un nombre que aludía a las fantasías que despertó en los europeos la imagen dentada y tenebrosa del caníbal. Lo curioso es que ahora los latinoamericanos invertían el uso de los términos: no, los calibanes no éramos nosotros, que le habíamos dado al mundo el refinado fulgor del modernismo, sino ellos, los yanquis, seres colorados de narices enrojecidas por el whisky que le habían dado la bolsa de valores, Wall Street, el asco.

El primero en referirse a los estadounidenses como calibanes fue el francoargentino Paul Groussac. A finales del siglo xix viajó por toda América, desde el Río de la Plata hasta el Niágara, mostrando con ágiles trazos el terrible contraste entre el despotismo latinoamericano y el espectáculo del progreso estadounidense. Criticó el desgobierno de nuestros países, la agitación constante, el hacinamiento de los oprimidos y la impunidad de los gobernantes de sangre y rapiña, sin caer por ello en una idealización de los vecinos estadounidenses. Al contrario, al norte del río Bravo encontró un reino de industrialismo y de fuerza bruta, una democracia plebeya y vulgar, sin una aristocracia intelectual capaz de proyectar un solo haz civilizador sobre sus vastas praderas. Exaltados por la Biblia, la charlatanería de una «prensa para emigrantes famélicos» y una democracia igualadora, responsable de la uniforme mediocridad, los yanquis confundían la verdadera civilización con «la riqueza, la hartura física y la enormidad material».[14] De ahí que el ciclópeo Estados Unidos contara menos que la diminuta Bélgica en cuestiones de pensamiento. ¿Había surgido algún hombre de genio en aquel país vulgar y prosaico? Según Groussac, desde luego que no, y así lo recordaba Borges en uno de sus ensayos de *Otras inquisiciones*: el francoargentino negaba la posibilidad de genio y de originalidad a los estadounidenses.

Lo propio de los yanquis era otra cosa: una fuerza inconsciente y brutal que Groussac asoció con Calibán. Quizá menos con el personaje shakespeariano que con la reinterpretación que de él hizo Ernest Renan en una obra teatral de 1878, también titulada *Calibán*, en la que el autor francés convertía al tosco habitante de aquella isla desierta en un revolucionario que conquistaba el Gobierno de Milán con el apoyo de las masas. En Renan aquel triunfo del pueblo estaba lejos de tener connotaciones positivas. Todo lo contrario, su irrupción representaba un ataque al ideal y a la civilización, a los libros y a la aristocracia del pensamiento. Con Calibán en el poder también llegaban la vulgarización de la vida pública y el reinado de la medianía, justo lo que Groussac creyó haber visto en su paso por Estados Unidos, y justo lo que no quería para América Latina.

Qué duda cabe: el diagnóstico de Groussac robustecía la imagen que de sí mismo tenía el latinoamericano, pero al mismo tiempo le inoculaba una terrible desconfianza hacia el sistema democrático. Porque la democracia significaba eso, el gobierno del pueblo, y desde la mirada aristocrática de los modernistas el pueblo era ciego y tosco y necesitaba de una élite elevada para orientarse. El odio al yanqui, justificado en tanto que invasor y colonizador de América, se convertía en algo más: en el desprecio de la democracia y en derivaciones políticas fundadas en la superioridad espiritual de ciertas élites llamadas a combatir la calibanesca anarquía.

La expresión más clara e influyente de esa división entre el latino y el sajón fue un pequeño libro del uruguayo José Enrique Rodó, publicado en 1900 con un título igualmente shakespeariano: *Ariel*. Se trataba de un ensayo y de un sermón laico, de un llamado a la juventud y de un intento por definir las coordenadas de la identidad latina, que advertía sobre el encandilamiento que la riqueza y el progreso estadounidenses despertaban en algunos latinoamericanos. Rodó hacía una vehemente crítica a la concepción utilitaria de la vida, esclava de la practicidad e indiferente a la vida interior del ser humano, escenario en donde nacían todas las cosas delicadas y nobles, desde los ideales morales a la sensibilidad estética. Ahí estaba la verdadera riqueza, venía a decir el ensayista, en la vida contemplativa y en la actividad desinteresada, en el goce espiritual que llenaba el alma y no el bolsillo. La referencia a Ariel, el espíritu del aire, tenía una explicación evidente: a diferencia de Calibán, el latino debía elevarse, aspirar a la superioridad intelectual y moral que solo se conseguía alineando el alma con nobles ideales.

Nada le generaba más desconfianza a Rodó que la medianía y la vulgaridad, vicios que bien podían incubarse en un sistema democrático mal concebido, como el yanqui, que aspiraba a la nivelación, a sumergir a todos los pobladores de un país en el mismo océano de mediocridad. La igualdad que sofocaba el ímpetu de esas élites o de esa aristocracia del espíritu llamada a ser la brújula de la sociedad, menoscababa «los beneficios morales de la libertad». La civilización no se construía bajo las «impiedades del tumulto» o la «brutalidad abominable del número»;[15] se construía con los mejores. Esa era la gran diferencia entre sajones y latinos. Nosotros estábamos llamados a defender las ideas, la moral, el arte, la ciencia, la religión, mientras que ellos, incapaces de elevar la mirada hacia lo noble y lo desinteresado, incapaces por lo tanto de crear, se limitarían a instrumentalizar las conquistas ajenas. Engendrarían mil Alva Edison pero nunca un Galileo, harían puentes y *towers* pero jamás una obra como la de Rubén Darío. Los latinos debíamos reconocer este hecho y forjar una alianza que trazara una línea divisoria: allá ellos, acá nosotros; allá una América sajona, tan poderosa como estéril, y acá una América Latina, tan débil como sublime y perfectible.

José María Vargas Vila y Rufino Blanco Fombona, menos sofisticados que Rodó, se encargaron de acentuar esa fractura. El polémico escritor colombiano, furibundo comecuras, llamó a ejercer una oposición activa, incluso violenta, contra el imperialismo norteamericano. En sus dos revistas, *Hispano-América* y *Némesis*, y finalmente en *Ante los bárbaros*, un panfleto de 1900 con varias versiones posteriores, Vargas Vila incidió en la misma

idea: los bárbaros no éramos los latinoamericanos. Por mucho que se re-
calcara nuestra ascendencia chibcha, azteca o inca, los salvajes eran ellos,
descendientes de normandos, de piratas, de teutones y de los mendigos de
Germania y de Albión, ávidos invasores que habían metido sus garras y
picos devoradores en América Latina. A diferencia de Martí, que solo de
tanto en tanto se permitía expresiones como «águila ladrona», en Vargas Vila
todo era hipérbole. La metáfora predominante en su panfleto era la rapiña;
el sentimiento omnipresente, el desprecio; la incitación predominante, el
odio. Esa debía «ser nuestra divisa», «nuestro deber». Renunciar al odio que
despertaba el yanqui, decía, era lo mismo que «renunciar a la vida».[16]

Su amigo venezolano fue igual de apasionado en su desprecio al estadounidense. Entre pelea y pelea y entre duelo y duelo, Blanco Fombona encontró tiempo para arengar a favor de la unidad de los países latinoamericanos
y de estos con España. Debía crearse un frente común contra Estados Unidos, porque aquel país representaba la negación de todo lo elevado. El poeta
había quedado boquiabierto, escandalizado, cuando se enteró de que al gran
Máximo Gorki lo habían expulsado de un hotel neoyorquino por haberse
alojado con su amante. Qué se creían esos yanquis miserables, cómo podían
despreciar las dos cosas más grandes de las que era capaz el ser humano, el
arte y el amor, por fidelidad a su mediocre puritanismo. Enemigos del lujo,
del buen olor y del erotismo: eso eran. Acaparadores de oro que coloniza-
ban países para imponer sus doctrinas igualitaristas que lo estandarizaban
todo, desde las costumbres hasta las opiniones, desde el corte de pelo hasta
el olor del *aftershave*. La barbarie eran ellos, no nosotros, esa fue la consigna
con la que empezaba el siglo xx.

Se desligaba nuestro destino del estadounidense y volvía a cobrar relevancia lo que dijo Martí en su famoso ensayo *Nuestra América*: no podíamos
seguir gobernando nuestros países con ideas prestadas; teníamos que volver
la mirada sobre nuestro continente, conocerlo, investigarlo, atender a su
psicología, incluso a las inclinaciones de su raza. «El buen gobernante en
América no es el que sabe cómo se gobierna el alemán o el francés, sino el
que sabe con qué elementos está hecho su país»,[17] había dicho, creyendo
que así contrarrestaría la inclinación latinoamericana a la prosopopeya.
Menos odas y más estudios empíricos. Para Martí gobernar era crear, y
lo que había que crear eran instituciones que brotaran del suelo americano
y que no reprodujeran los errores de los liberales decimonónicos, esos in-
genuos idealistas que habían escrito constituciones maravillosas y prematuramente muertas, porque estaban pensadas para idiosincrasias distintas
a las latinoamericanas. Con un decreto de Hamilton, insistía Martí, no
se detiene a un llanero. Si no se entendía al hombre americano y si no se

creaban leyes acordes con su naturaleza, el hombre natural seguiría rebelándose contra el hombre letrado.

Su mandato fue seguido al pie de la letra. Desde comienzos del siglo XX arielistas como el peruano Francisco García Calderón y positivistas como el venezolano Laureano Vallenilla Lanz imaginaron instituciones que respondieran a la idiosincrasia cultural, histórica, psicológica y racial de América Latina. De pronto parecía haberse ganado claridad en torno a un asunto crucial: no éramos Estados Unidos, la democracia liberal e igualitaria era un asunto de calibanes palurdos y mediocres, incompatible con nuestra idiosincrasia. El espíritu y la raza latina respondían a otra lógica y a otras dinámicas. ¿A cuáles? Ya pronto se vería.

EL MODERNISMO SE POLITIZA Y SE AMERICANIZA

Eres los Estados Unidos,
eres el futuro invasor
de la América ingenua que tiene sangre indígena,
que aún reza a Jesucristo y aún habla en español.

RUBÉN DARÍO,
«A Roosevelt»

Los intelectuales latinoamericanos de todas las orientaciones —de derecha e izquierda, socialistas y conservadores, internacionalistas y nacionalistas— le declararon la guerra a Estados Unidos. Lo más significativo fue que aquella pelea repercutió de forma directa en la cultura y en especial en la poesía, incluso en la de Rubén Darío, el más escapista y preciosista de los poetas. Después de publicar *Azul* y *Prosas profanas* en 1888 y en 1896, respectivamente, el nicaragüense se había convertido en el más grande impulsor de la segunda ola del modernismo, la que siguió la estela de Martí, de Gutiérrez Nájera, de Julián del Casal, de Díaz Mirón y de José Asunción Silva. Sus prosas y poemas liberaron definitivamente al verso en español de los moldes clásicos y de los excesos románticos. Rubén Darío había construido una extraña fragua en la que había espacio para todo: el simbolismo, el impresionismo, el parnasianismo, el exotismo, el idealismo, el cosmopolitismo; incluso para corrientes decididamente opuestas, como la tentativa naturalista que ensayó en *El fardo*. Todo este sincretismo era, en última instancia,

la libérrima licencia que se daba el poeta para husmear en el pasado y en el
presente y para apropiarse de todo elemento elevado que pudiera enriquecer
la atmósfera irreal de sus poemas. Desde la distancia, sin tradiciones a las
cuales rendir fidelidad, Europa se veía como un rico espectáculo de maravillas sin fronteras que los latinoamericanos podían apropiarse: D'Annunzio
y Victor Hugo, Goethe y Leconte de Lisle, Virgilio y Lamartine, el Parnaso y
los simbolistas. Darío y sus compañeros podían aborrecer a Calibán, pero sin
duda eran caníbales. Todo lo olfateaban, todo lo querían, todo lo engullían,
y de esa ingestión salió una nueva música y una nueva sensibilidad poética.

Fue entonces cuando se hizo evidente la amenaza yanqui, y la poesía
sufrió una sacudida notable. Rubén Darío, el gran esteta, sacó medio cuerpo
de la torre de marfil y mancilló la pureza de sus musas con versos de lava,
protestas encendidas contra el imperialismo estadounidense y nostálgicos
recuerdos de la madre patria. «Si en estos cantos hay política —advertía en
el prefacio de *Cantos de vida y esperanza*, publicado en 1905—, es porque
aparece universal. Y si encontráis versos a un presidente, es porque son un
clamor continental. Mañana podremos ser yanquis (y es lo más probable);
de todas maneras, mi protesta queda escrita sobre las alas de los inmaculados
cisnes, tan ilustres como Júpiter».[18] Puede que Darío siguiera invocando la
belleza del mundo clásico, el exotismo y la sensualidad, puede que su pretensión siguiera siendo cosmopolita y universal, pero su poesía hablaba ahora de América, no tanto de su paisaje o sus tipos humanos, pero sin duda sí
de sus desafíos políticos y de sus dilemas existenciales.

El poeta indagaba en las ansiedades que producían la proximidad de
Estados Unidos y la lejanía de España. «Salutación del optimista», por ejemplo, se hacía eco de Rodó y proponía la integración del continente: «Únan-
se, brillen, secúndense tantos vigores dispersos; / formen todos un solo haz
de energía ecuménica. / Sangre de Hispania fecunda, sólidas, ínclitas razas».[19]
En «Al rey Óscar» enlazaba el destino de América al de España y en «Cyra-
no en España» el de los españoles al de Francia; concitaba la unión del
espíritu y de la raza latina frente al enemigo sajón. «A Roosevelt» desentrañaba las motivaciones de los estadounidenses, su energía, su vigor destructor,
y les lanzaba una advertencia: la «América nuestra» vibraba con los versos
de poetas desde los tiempos incaicos y aztecas, y además soñaba y amaba, y
por lo mismo resistía a las garras del truhan invasor. En «Los cisnes» se
preguntaba: «¿Seremos entregados a los bárbaros fieros? / ¿Tantos millones
de hombres hablaremos inglés? / ¿Ya no hay nobles hidalgos ni bravos ca-
balleros? / ¿Callaremos ahora para llorar después?».[20] Y en el poema «XVII»
daba a entender que el sentido de la vida se hallaba en el amor y el erotismo,
no en las vanas promesas del progreso yanqui.

El giro americanista de Rubén Darío tendría un gran impacto en autores más jóvenes, como Santos Chocano y Leopoldo Lugones. El poeta peruano publicó en 1906 su gran oda continental, *Alma América*, un ambicioso poemario en el que confesaba haber dejado de beber «de la castalia fuente» y de frecuentar «los bosques floridos del Parnaso», para salir en busca de una musa nueva que no florecía en los mundos clásicos, sino en la cercanía de los trópicos. Como Darío, Chocano intentaba hermanar la herencia hispana con la realidad americana. «La sangre es española e incaico es el latido»,[21] decía, refiriéndose a versos en los que se mezclaba el asombro que le producía la hazaña de los conquistadores españoles y el vínculo que ahora sentía con los incas, «la fuerte raza de cobre». Por primera vez un escritor hacía un fresco de todo el continente, de su geografía, de su flora, de su fauna. Los versos de *Alma América* exaltaban los episodios de la Conquista, palpitaban con la férrea resistencia de los indios, retumbaban con el galope de los caballos andaluces. Eran un canto americano, americanísimo, lastrado aún por la grandilocuencia y el encandilamiento romántico de las grandes gestas. Lo interesante y novedoso es que ese pasado heroico no era ajeno, era el nuestro. Ya no había que remitirse al mundo clásico; la leyenda, el mito y la épica también eran americanos: la Conquista era una *Odisea* criolla.

El pasado heroico y sangriento de las naciones resultaba ser un magnífico aliciente para la imaginación poética, pero una pésima guía para la acción política. El cantor de América Latina, apasionado de los caciques y de los conquistadores, de la fuerza y del heroísmo, de la flecha y de la espada, también lo fue de los dictadores latinoamericanos. Chocano intimó con el guatemalteco Manuel Estrada Cabrera, buscó el abrigo del peruano Augusto Leguía y del venezolano Juan Vicente Gómez, y para México, en cuya revolución intervino, propuso una dictadura organizada. Así tituló el panfleto que escribió en 1922, *Apuntes sobre las dictaduras organizadas*, en el que aseguraba preferir este sistema de gobierno al nefasto desorden que engendraba la farsa democrática. Chocano se fugó al pasado y regresó al presente encandilado con el brillo de la espada, y no fue el único. El argentino Lugones también recreó en sus escritos las luchas independentistas, cantó al martirio y al hechizo de la muerte, despreció a quienes «soñaban constituciones sin haber fundado aún el país».[22] De alguna forma seguía el consejo de Martí y se hundía en lo profundo de la argentinidad para encontrar las instituciones de gobierno que se ajustaban a la raza y a la tierra, y de allí extraía conclusiones similares: puede que un decreto de Hamilton no detuviera a un llanero, pero la fuerza de un gaucho seguro que sí.

Lugones había sido en su juventud un revolucionario de izquierdas que añoraba ver el sol de la bandera argentina «clavado en el paño de la bandera roja».[23] Hacia 1910 viró hacia el centro y empezó a profesar un nacionalismo inclusivo, tolerante con los extranjeros que entonces conformaban la mitad de la población argentina. «Con latitud de mar, y con dulzura / de fuente, está cantando al extranjero, / una alegre amistad del alma argentina / como salutación de hogar abierto»,[24] escribió en *Odas seculares*. Cosa rara en un modernista, apoyó a Estados Unidos durante la Primera Guerra Mundial y defendió su Constitución y su causa en las trincheras europeas. La instantánea de aquellos años, 1917, 1918, lo mostraba como un demócrata no del todo conforme con la neutralidad argentina, a la espera de que su país se integrara en la Sociedad de las Naciones y emulara desde el Sur la acción de Estados Unidos. El monroísmo lo sedujo durante aquellos años, y acarició la idea de que Argentina pudiera ser una «entidad democrática y una nación monitora de la América Latina».[25]

Pero esa visión estaba destinada a cambiar. Como la mayoría de los modernistas, Lugones creía que cada raza transpiraba un espíritu particular y que sus rasgos podían destilarse analizando sus narraciones vernáculas. *La guerra gaucha*, de 1905, y *Odas seculares*, de 1910, ya acusaban el giro americanista. Sus prosas y poemas hablaban de la patria, de los héroes gauchos —Güemes, sobre todo—, del gran río que separaba a Buenos Aires de Montevideo, de los Andes, de Tucumán, de los próceres; revelaban su creciente obsesión por los orígenes de la nación, que completaría reivindicando el *Martín Fierro* y haciendo una lectura que recordaba a la que Santos Chocano había hecho de la Conquista: aquel poema era una especie de *Ilíada* de la pampa y el fermento de las virtudes más excelsas de la identidad argentina. Referente de esos dones era el gaucho, agente civilizador, según Lugones, el «único que podía contener con eficacia a la barbarie»,[26] como dijo en *El payador*. El modernista argentino lo exaltó a él y a su faca, y el tiempo se encargaría de desplazar esa admiración hacia el militar y su espada. Si el germen de la nación estaba en el gaucho y su fuerza, su actualización terminaría siendo los generales y su mando. Lugones creaba el arquetipo del nacionalista latinoamericano, obsesionado por el origen, por la pureza y la virtud que emanaban de las grietas de la tierra. Sonaba muy local y muy autóctono, muy telúrico, decolonial y hasta martiano, pero en realidad era el primer paso para forjar una feroz y robusta tradición fascista latinoamericana.

El giro americanista o mundonovista, con sus luces y sombras, sería irrefrenable. Detrás de Rubén Darío, de Santos Chocano y de Lugones, Guillermo Valencia evocaría su provincia natal, Popayán, sembrando el mito de que don Quijote había ido a morir en uno de sus conventos coloniales. El americanismo también abriría nuevas posibilidades poéticas a la generación posterior. Posmodernistas como el colombiano Luis Carlos López y el mexicano Ramón López Velarde desecharían definitivamente la impostación romántica y empezarían a retratar el paisaje de sus respectivas comarcas con una luz nueva, menos pomposa, desprovista de lirismo y llena de humor y de giros coloquiales.

El «tuerto» López empezó a publicar en 1908 viñetas de la vida cotidiana de su natal Cartagena, trazadas con pincelazos cómicos y conmiseración por el drama humano. No les cantaba a los cisnes, sino a los cangrejos y a los pollos; no había en sus versos brillos ni gemas, sino zapatos viejos, y en lugar de exaltar nobles sentimientos y visiones elevadas, hablaba del empacho y de la masturbación. En sus versos estaban los tristes destinos de los pobres, los anhelos secretos de las provincianas, la dulce existencia que transcurre en las callejuelas tropicales. Aquí los protagonistas no eran Aquiles ni Héctor, sino los hombres y las mujeres de la América profunda: el barbero, el alcalde, el cura, el comerciante, el tipógrafo, la solterona, el campanero, los mismos que aparecerán luego en las ficciones de García Márquez. Los posmodernistas invertían el orden de prioridades: en lugar de usar referentes cosmopolitas para desenraizar al lector americano, aspiraron a entender el drama universal desde la particularidad provinciana.

López Velarde empleó el mismo tono cálido y sereno, con timbres humorísticos y voces locales, para cantarle a la patria sin incurrir en cursilerías ni grandilocuencias, una increíble hazaña. Como dijo Octavio Paz, en «La suave patria», el poema nacional que el poeta publicó en 1921, había ironía y ternura, recato y rubor. México no aparecía como un torbellino violento y mítico en el que concurrían pistoleros y caudillos, sino como el entrañable escenario de hazañas cotidianas y felicidades sencillas, bastante más femenino que viril y mucho más actual que legendario: «Suave Patria: te amo no cual mito, / sino por tu verdad de pan bendito; / como a niña que asoma por la reja / con la blusa corrida hasta la oreja / y la falda bajada hasta el huesito».[27] El poema destilaba una sensibilidad descafeinada y afable, que sin embargo no tendría opción de sobrevivir en un siglo deslumbrado por la velocidad y la máquina, y por las fantasías revolucionarias que contagiaron el nacionalismo belicoso y el internacionalismo utópico. El siglo xx empezaba a tronar, y los poetas, voraces y vírgenes, corrían a torear sus relámpagos sin imaginar los demonios que invocaban.

DEL ARIELISMO A LAS DEMOCRACIAS LATINAS

> Esta nación [Paraguay] confirma una ley de la historia
> americana: la dictadura es el gobierno apropiado para
> crear el orden interno, desarrollar la riqueza y unificar
> las castas enemigas.
>
> FRANCISCO GARCÍA CALDERÓN,
> *Las democracias latinas de América*

A lo largo de las primeras dos décadas del siglo xx los mismos interrogantes se repetían aquí y allá, en México y en Argentina, en Brasil y en Bolivia, en Perú y en Chile: ¿qué carajos éramos?, ¿por qué nos mostrábamos tan débiles frente a Estados Unidos?, ¿qué significaba pertenecer al coro de las naciones latinas? El caso de Santos Chocano y de Lugones no era aislado. Muchos intelectuales se preguntaban por el destino de un continente compuesto por una mezcla racial tan extrema, donde el blanco europeizado convivía con el indio, con el negro y con toda suerte de mezclas surgidas de la violencia y de la pasión erótica. En aquellos años no había antropología, solo darwinismo aplicado a la evolución social, y por lo mismo los problemas de un país no se abordaban como el resultado de choques culturales, sino como la consecuencia inevitable de las deficiencias de la raza. Con esta precaria base epistemológica se analizaba la realidad latinoamericana, y el resultado —bastante predecible— solía achacar la culpa de la pobreza, del caos y del subdesarrollo a los vicios de las razas india, negra y mestiza.

A esto se sumaba otra preocupación típica de aquellos años. Muchos intelectuales miraban la historia reciente de América y solo encontraban motivos para la desesperanza: guerras brutales entre países, revoluciones y guerras civiles, caudillos irredentos, fogonazos de anarquía que impedían el bueno gobierno, la pacificación y la integración de los países. Estos intelectuales, la mayoría de ellos arielistas y aristocráticos, coincidían con Martí en una de sus ideas centrales. La importación de políticas y de instituciones extranjeras, pensadas para otras configuraciones raciales, para otros climas o para otras tradiciones, era la causante de tanto caos y desgobierno. El hombre natural se rebelaba contra los libros y contra las constituciones liberales por una razón obvia: nada decían sobre él, estaban pensadas para sajones o para nórdicos, no para latinos. Si se quería hacer leyes para los hombres de América, primero había que desentrañar los vicios y las virtudes de su raza.

unravel

Esa fue la consigna, la obsesión de la época o al menos de los primeros lustros del siglo xx. En 1902 Euclides da Cunha trató de explicar el levantamiento popular de Antônio Conselheiro, un santón fanatizado que arrastró a las hordas de pobres del nordeste brasileño a una guerra santa contra el ejército, mediante el análisis de las razas y su aclimatación a la geografía local. Ahí parecía estar la clave del misterio. Carlos Octavio Bunge quiso desentrañar el resultado de las diversas almas o psicologías que se habían dado encuentro en Argentina. *Nuestra América*, de 1903, era eso, una pesquisa de detective y un diagnóstico de psicólogo social, que arrojaba como conclusión una imagen negativa, lastrada de vicios —pereza, arrogancia, tristeza—, de la raza latinoamericana. Alcides Arguedas no fue más benevolente con los bolivianos, como anticipaba el título de su libro de 1909: *Pueblo enfermo*. Si unos autores extraían conclusiones negativas, otros encontraban virtudes, todos con la misma arbitrariedad. El boliviano Franz Tamayo publicó en 1910 *Creación de una pedagogía nacional*, un ensayo en el que defendía una educación fundada en «nuestra alma y nuestras costumbres»,[28] que sin duda le parecían meritorias, y en 1904 Nicolás Palacios publicó *La raza chilena*, un estudio que desvelaba los misterios de la superior configuración racial de sus compatriotas.

Pero los casos más paradigmáticos quizá fueron los de Francisco García Calderón y José de la Riva-Agüero y Osma, ambos peruanos, que también partieron de preceptos raciales para explicar la historia literaria y las formas de gobierno que mejor le convenían a la idiosincrasia americana. Los dos escritores se habían formado con los libros de Rodó, creían ciegamente en la importancia de las bibliotecas y defendían el elitismo intelectual y político. Aspiraban a vivir en un sistema en el que se ejerciera la libertad sin libertinaje y la autoridad sin tiranía. El problema era que en naciones jóvenes, fruto de una sospechosa mezcla de razas, todo espacio que se daba a la autonomía individual degeneraba en la anarquía. La libertad no era algo que se pudiera otorgar sin previas consideraciones. Si a algo tan importante no se le sabía dar un buen uso, mejor era restringirlo. Por eso Riva-Agüero observaba la Constitución de Perú con recelo. Como la Carta Magna de los otros países latinoamericanos, decía, la de su país era una copia de textos europeos en la que se «establecían libertades que no sabíamos ejercer» e «instituciones que no alcanzábamos a aprovechar».[29] El resultado era la más terrible disonancia entre la ley y la costumbre y entre la palabra y el acto. Repúblicas liberales e ilustradas en el papel, barbarie y pobreza en la realidad.

García Calderón creía que esta brecha entre el papel y la realidad era el resultado de la precipitación: estábamos empezando la casa por el tejado. Antes de dar libertades a razas o a pueblos que no estaban familiarizados con ellas, la autoridad guerrera y la teocracia debían imponer rituales, dogmas, costumbres y leyes. Solo después, cuando todas estas pautas estuvieran interiorizadas, podía empezar la paulatina lucha de la libertad frente a la autoridad. No era otra la razón por la cual el peruano celebraba las inclinaciones autocráticas del mayor héroe guerrero de América Latina, Simón Bolívar; y no era otra la razón por la cual demostró una vehemente y dudosa simpatía por los dictadores más sanguinarios del siglo XIX latinoamericano. Del venezolano Guzmán Blanco dijo que era un «déspota benéfico», al peruano Ramón Castilla lo vio como el «dictador necesario a una república inestable», alabó el intento del boliviano Andrés de Santa Cruz de forjar «la tiranía de una élite intelectual», y a Porfirio Díaz lo describió como «el autócrata necesario». Celebró el absolutismo del doctor Francia, en Paraguay, que impidió las revueltas anárquicas y la lucha febril de los caudillos regionales, y valoró la «dictadura moral» del chileno Diego Portales. Del inefable Juan Manuel Rosas, tirano entre tiranos, elogió su «despotismo fecundo» y su «terrorismo necesario»; incluso aplaudió que hubiera gobernado «como americano», «sin aplicar medidas políticas europeas».[30]

Para García Calderón, como para Lugones y Santos Chocano, la tradición legalista y liberal de Sarmiento era un error extranjerizante. El cuchillo de Rosas, en cambio, combinaba bien con la idiosincrasia latina. Si los sajones tenían su democracia, nosotros deberíamos tener la nuestra: una forma de absolutismo ejercido por una reducida élite intelectual, o en su defecto por un gran héroe capaz de liquidar cualquier brote de anarquía y de forjar una raza uniforme. Como si las nuevas naciones de América Latina tuvieran que pasar por periodos teocráticos o despóticos antes de adquirir los rasgos necesarios que las hicieran aptas para la libertad, García Calderón invocaba la mano dura. Mientras no se homogeneizara la raza, añadía Riva-Agüero, sería imposible pensar en ideales hispanoamericanos. La mestizofilia de los arielistas, más que aprecio por las razas india y negra, lo que anhelaba era estabilidad, rasgos de carácter definidos que permitieran forjar naciones.

Riva-Agüero llegó incluso a defender el fascismo, después de exiliarse en España durante la presidencia de Leguía y de viajar por la Italia de Mussolini. Su camino al autoritarismo estuvo empedrado con las mismas inquietudes americanistas de Lugones. También él quiso entender la fibra de la que estaba compuesta su nación, y también él se sumergió en el pasado para ver si en lo profundo de las tradiciones y en las raíces nacionales estaba la respuesta a los problemas del presente. Como García Calderón y sus otros contemporáneos, los civilistas, la más clara expresión del arielismo de derechas, Riva-Agüero defendió una idea de la nacionalidad cimentada en la colonia, fiel a los valores religiosos y al hispanismo. Pero eso no significa que hubiera olvidado o desdeñado por completo la herencia incaica. Al revés, ese pasado le sirvió para justificar sus ideas autoritarias. El mérito del incario, llegó a decir, fue haber impuesto desde sus remotos orígenes «la jerarquía, la subordinación forzosa y la clarísima propensión autocrática».[31]

Algo desconcertante estaba ocurriendo: por un lado u otro, bien por su apego a la tradición colonial o por las interpretaciones que hacían del pasado prehispánico, los más cultos y osados intelectuales del continente llegaban al mismo lugar. La búsqueda de tradiciones propias y de rasgos nacionales encarnados en los patriarcas coloniales, en los gauchos, en los conquistadores o en los incas estaba despertando fuertes sentimientos nacionalistas y fantasías despóticas. Para nuestros problemas, como dijo Riva-Agüero en 1905, parecía haber solo un camino: el «remedio heroico de la verdadera autocracia».[32]

EL ESTALLIDO DE LA VANGUARDIA EUROPEA Y SUS IMPROBABLES CONSECUENCIAS

> *Dejemos ya los viejos motivos trasnochados*
> *i cantemos al Músculo, a la Fuerza, al Vigor;*
> *alejémonos del mundo en que vivimos*
> *para buscar los ritmos de la nueva canción.*

> ALBERTO HIDALGO,
> «La nueva poesía»

El 20 de febrero de 1909 se produjo un pequeño terremoto en el mundo cultural europeo. Filippo Tommaso Marinetti fundía sus instintos anárquicos, su pasión nacionalista y sus visiones revolucionarias en el famoso *Manifiesto futurista*, un texto que daba inicio a una fértil tradición de insurrecciones poéticas y artísticas, y que tendría un eficaz y paradójico efecto en las sociedades de Europa y de Estados Unidos. Marinetti y su futurismo prolongaban y radicalizaban el sueño romántico, ya no en la versión purista que celebró el arte por el arte y la autonomía total del campo estético, sino alistando a los artistas en batallones callejeros que debían combatir con su época para cambiar los valores y salvar el espíritu italiano.

En lugar de cantar a la luna, a Grecia o a las criaturas fantásticas, como hacían por ese entonces los modernistas latinoamericanos y los simbolistas franceses, los futuristas cantaron a la máquina, a la urbe y a la guerra. No fueron decadentes ni introspectivos; su poesía y su pintura deambuló por los campos de batalla, las estaciones de trenes y los demás escenarios de la vida moderna. Más significativo fue el propósito que alimentó su proyecto. El futurismo, y después de él todas las vanguardias revolucionarias, quisieron crear un hombre nuevo; se propusieron transformar por completo la vida, lanzando con sus poemas y performances puñetazos invisibles que acabarían transformando las sociedades. Hombres-máquina, hombres-niños, hombres-locos, hombres-primitivos, hombres-bufones: cada vanguardia quiso remodelar al ser humano aventurándose más allá de los límites morales de su época, buscando nuevos valores que reinventaran por completo la vida. Unas encontraron fuentes morales en la potencia y el dinamismo de las turbinas, otras en los dones imaginativos del niño, otras en la irracionalidad del primitivo o del loco; todas creyeron que esos nuevos valores —la fuerza, el vigor, la ingenuidad, el humor, la fantasía o la libertad— ofrecían opciones más ricas, más saludables, más interesantes o excitantes para los europeos que empezaban su andadura por el siglo xx.

La vanguardia fue la gran aventura de lo nuevo, la fiesta del desplante a las convenciones burguesas. Sus carcajadas enfebrecidas, su creatividad irredenta y su furia erótica inocularon las sociedades. El futurismo dio paso al dadaísmo, el dadaísmo se hizo surrealismo, el surrealismo letrismo, el letrismo situacionismo y de pronto, cuando nos dimos la vuelta para mirar hacia atrás, vimos que la escala moral que estructuraba nuestro modo de vivir había cambiado por completo. La nietzscheana transmutación de los valores se había producido. El mundo viril y heroico de la Primera Guerra Mundial había quedado sepultado bajo las visiones de creatividad alucinada, de placer físico y humorismo infantil de los sesenta. Morir por la patria ya no era un motivo de orgullo ni un deber moral. Las rígidas convenciones y jerarquías sociales se ablandaban, una prueba concreta de que sesenta años de desplantes y desafíos habían dado resultados. La revolución vanguardista ganaba adeptos, se hacía masiva, entraba en los medios de comunicación, funcionaba como anzuelo publicitario. Los jóvenes se despertaban en un mundo dadá, más parecido al Cabaret Voltaire que a cualquier otra fantasía ideológica del siglo xx.

Legitimada y normalizada, la vanguardia entró en los museos y en las academias. Se convirtió en souvenir para turistas y perdió su poder revulsivo: ya no ofendía a nadie. Al contrario, apelaba al gusto de las nuevas generaciones y se convertía en el nuevo *statu quo*. Podía jubilarse tranquila. Como movimiento cultural había cumplido la más exigente y ambiciosa de las misiones; había cambiado los gustos, las escalas de valores y las expectativas vitales, poniendo el placer por encima del honor, la individualidad por encima de la patria y sepultando las visiones trágicas de la vida bajo la corrosiva levedad de la risa y la ironía. Así al menos hasta la crisis económica de 2008. Luego ocurrirían cosas inesperadas, como que Europa y Estados Unidos asumirían prácticas políticas y artísticas típicamente latinoamericanas, pero eso es adelantarnos demasiado.

Volvamos a Marinetti y a su manifiesto, ese ariete que rompió con los valores del simbolismo europeo y del modernismo latinoamericano, que despreció el decadentismo y la desazón existencial, el preciosismo y el refinamiento, el sensualismo y la actitud contemplativa: todo lo que debilitara y distrajera de la causa fundamental de los italianos, que no era otra que la defensa de la nación y el sometimiento de los amenazantes imperios austrohúngaro y germano. El futurismo era acción y era ciudad, el mundo de las cosas exteriores, no de las dudas y ansiedades espirituales. Los poetas, pintores, músicos y escultores fueron expulsados de la torre de marfil y abandonados a pie de calle, donde debían untarse de política, de violencia, de animosidad contra los enemigos. La vanguardia marinettiana nacía con ese explícito propósito: convertir al italiano en un ser aguerrido que recordara al gladiador romano, transformar su amodorrado espíritu romántico en un implacable mecanismo bélico. ¿De dónde saldrían esos nuevos valores que remodelarían a sus compatriotas? De la más maravillosa metáfora de la modernidad y de los nuevos tiempos: la máquina. Como fuente moral, el motor o las turbinas ofrecían todo lo que Marinetti echaba en falta en sus compatriotas: velocidad, dinamismo, multiplicidad, potencia, capacidad destructiva. No más hosteleros, gondoleros, cantantes de serenata ni poetas bohemios. En adelante el italiano sería tan devastador, implacable y violento como la máquina.

Rubén Darío leyó este manifiesto removiéndose en la silla. Se identificó con un punto, sin duda, aquel que invocaba a la juventud y a la renovación del espíritu. Ese propósito también lo compartían el modernismo y el arielismo, y tanto Darío como Rodó legaban a la juventud la ardua tarea de regenerar las ideas y los valores. Por lo demás, los ucases futuristas le produjeron cierto enfado. Lo puso por escrito en *La Nación* de Buenos Aires un mes y pico después de que apareciera el *Manifiesto futurista* en *Le Figaro*. La idolatría del peligro, la energía y la temeridad que tanto invocaba Marinetti, decía Rubén Darío, no eran nuevos; ya estaban en Homero. A todos esos valores —la audacia, la violencia y la rebeldía— ya les habían cantado los poetas clásicos. Decir, además, que más bello era un rugiente automóvil que la *Victoria de Samotracia* resultaba risible; se podían apreciar ambas bellezas. ¿Y qué decir de la destrucción del pasado que promulgaba el italiano? Al nicaragüense, que bebía de ese mundo clásico que Marinetti despreciaba, la idea le resultó excesiva.

Rubén Darío despachó el manifiesto como un exceso retórico innecesario, sin darse cuenta de que en el futurismo había un elemento que resonaba en el americanismo modernista, al menos en el que profesaban los arielistas peruanos, Lugones y Santos Chocano. A pesar de cantarle al futuro, Marinetti también había revisado el pasado remoto de su patria en busca de un referente que pudiera inspirar al italiano del siglo xx. El fascismo que estaba inventando, como el que luego inventarían Chocano y Lugones, se nutría de la tradición y del mito, de ese italiano antiguo, el gladiador, que según Marinetti había superado a todos los hombres de todos los pueblos de la Tierra. Su fascinación por este soldado del imperio no era muy distinta de la que sentían Chocano por los conquistadores españoles y Lugones por los gauchos libertadores. Los tres poetas compartían ese elemento, la nostalgia por los poderes regeneradores de los personajes vernáculos y de leyenda. Marinetti fundió el salvajismo del primitivo africano, el ardor imperial del romano y los valores de la máquina para crear un hombre nuevo, y aunque a tanto no llegaron Lugones y Chocano, refractarios al fragor modernólatra e inaugural de la vanguardia, sí defendieron la unidad de la raza, el nacionalismo y las virtudes raigales y originales, y eso bastó para que acabaran promoviendo en América Latina una forma de gobierno similar a la que Marinetti y Mussolini habían inventado en Europa. Casi simultáneamente, entre 1919 y 1924, los tres poetas defendieron lo mismo: el poder vertical y rectilíneo, la dictadura organizada o la autoridad de la espada. No era difícil predecir que la celebración de la raza, de la sangre y de la tierra, tanto en Europa como en América Latina, tanto en los años veinte como en el presente, conducía al mismo sitio.

EL TRÁNSITO A LA VANGUARDIA: EL DR. ATL Y LA REVOLUCIÓN MEXICANA

> Todavía no aprendíamos la técnica de la publicidad. [...]
> Tal técnica es bien sencilla: se empieza por declarar a gritos que son reaccionarios, burgueses decrépitos y quintacolumnistas todos aquellos a quienes no les gusten nuestras pinturas, y que estas son patrimonio de los «trabajadores».
>
> JOSÉ CLEMENTE OROZCO,
> *Autobiografía*

A pesar de lo mucho que Marinetti fantaseó e invocó la guerra, y a pesar del brío revolucionario y destructor que transpiraban cada uno de sus manifiestos, la primera revolución del siglo xx no estalló en Europa sino en América. En

México, específicamente, y para ser más concretos el 20 de noviembre de 1910 a las seis en punto de la tarde. Esta vez el llamado a las armas no lo hacía un poeta exaltado, lo hacía un empresario, Francisco I. Madero, enarbolando las banderas de la no reelección presidencial en un país que ya estaba cansado de la eterna dictadura —más de treinta años— de Porfirio Díaz. El caudillo mexicano, encarnación del positivismo autoritario contra el que se rebeló el arielismo, había anunciado que dejaba el poder al final de su mandato. Su posterior decisión de volver a postularse para una nueva presidencia causó tal desconcierto, tal malestar, que muchos estuvieron dispuestos a dar la vida para impedirlo. La revolución empezó y muy rápidamente cumplió su cometido. En 1911 Díaz ya había dejado el Gobierno, se convocaban elecciones y Madero las ganaba con facilidad. Todo parecía resuelto, y sin embargo aquel espejismo democrático estaba lejos de darle estabilidad a México. El llamado a las armas había abierto los diques de la insatisfacción, y detrás de las demandas democráticas vendría una larga lista de reivindicaciones socialistas, anarquistas, agraristas, indigenistas, nacionalistas y populares, chispas de nuevas conflagraciones que acabarían envolviendo al país en una interminable racha de revueltas, disputas y levantamientos. La revolución sería un fenomenal polvorín donde se mezclaría todo, las causas sociales y los intereses caudillistas, las disputas públicas y las venganzas privadas, y que a la postre, tras diez años de lucha, dejaría a México en la ruina y por completo transformado.

Aunque en un primer momento no hubo artistas involucrados en el llamado a las armas, la fuerza de la estampida acabaría llevándoselos a todos por delante. Esto hay que entenderlo muy bien: mucho antes de que Walter Benjamin diagnosticara la politización de las fuerzas culturales, unas hacia el comunismo (la politización de la estética) y otras hacia el fascismo (la estetización de la política), los artistas mexicanos ya ensillaban sus caballos para galopar detrás de las fuerzas ideológicas del siglo xx. La revolución ponía fin a los tiempos de la bohemia apolítica y a la decadencia escapista en la que se refugiaban los modernistas. El mundo giraba más deprisa, y ya no había tiempo para preguntarse por el sentido de la vida o para los lánguidos tormentos de Amado Nervo o de Gutiérrez Nájera, mucho menos para fantasear con mundos luciferinos e irreales. La revolución hacía ridículas esas meditaciones tremebundas y ese malditismo pernicioso, lujo de bohemios y de gente ociosa. El artista y el poeta estaban ahora forzados a bajarse de la torre de marfil y a ensillar su caballo para transformar el mundo. Esa era la clave ahora, la acción, la acción transformadora, y el primero en darse cuenta de ello fue Gerardo Murillo, un pintor de paisajes y de volcanes que pasaría a la historia con el nombre de Dr. Atl.

Fue en sus manos que explotó el siglo XX con todos sus ímpetus revolucionarios y todas las demandas sociales e ideológicas que en adelante marcarían las prácticas artísticas en Occidente. No fue algo que él buscara. Atl pertenecía a la generación modernista, había publicado en *Mundial*, la revista de Rubén Darío, y su curioso sobrenombre era el resultado, al menos en parte, de su amistad con Leopoldo Lugones. Bajo el mismo influjo americanista, Murillo se había rebautizado como Atl, "agua" en náhuatl, nombre al que Lugones añadió la palabra «doctor». Su temprana sintonía presagiaba posteriores coincidencias en asuntos mitológicos e ideológicos. Antes incluso de que Lugones se obsesionara con los gauchos de la pampa, Murillo ya fantaseaba con vínculos fabulosos entre los náhuatl y los atlantes legendarios. Ambos fueron telúricos; Atl, hasta el punto de que su gran pasión fueron los volcanes, esas galerías a las entrañas de la tierra que el pintor escaló, estudió y plasmó de forma magistral en sus lienzos.

Como Rodó y los modernistas, el pintor también creyó que una aristocracia intelectual debía guiar los destinos de las naciones. Desconfiaba de la mediocridad de la democracia y de las muchas trabas que ponía al libre ejercicio de la creación artística, la más sublime de las actividades humanas. Pero su refugio no fueron los mundos irreales que pintaban simbolistas como Julio Ruelas. A él le interesaba otra cosa, el aquí y ahora, el mundo tal y como era. No fugarse mediante la fantasía a mundos herméticos y nocturnos, sino transformar la realidad en la que transcurría la vida. El primer indicio de que el vulcanólogo era portador de nuevas ideas se manifestó en septiembre de 1910, semanas antes de que el ejército maderista se levantara contra Porfirio Díaz. Desde su cargo de profesor en la Academia de San Carlos, promovió una sociedad de creadores, el Centro Artístico, y le pidió al Gobierno que les dejara a él y a sus estudiantes —José Clemente Orozco entre ellos— pintar los muros de los edificios públicos de la Ciudad de México. Al poco tiempo habían levantado andamios en el anfiteatro de la Escuela Nacional Preparatoria, donde el secretario de Instrucción Pública, Justo Sierra, les había sugerido que pintaran un gran mural sobre la evolución humana. Fue entonces que empezó la revolución, y el muralismo, como tantas otras cosas, quedó congelado en el tiempo durante casi doce años.

El Dr. Atl decidió entonces volver a París y allí, entre 1912 y 1913, formó parte de L'Action d'Art, un grupo de vanguardia influenciado por el anarquismo de Max Stirner y por el vitalismo de Henri Bergson, que promovió el individualismo aristocrático, demostró actitudes radicalmente anticapitalistas y condenó la medianía insulsa de la burguesía y de la democracia. El mayor enemigo de estos artistas fue la fealdad. Seguían siendo esteticistas, pero, en lugar de negar el mundo, su cometido fue pelear contra todos los elementos sociales que lo embadurnaban con estulticia e insignificancia. Incluso fantasearon con crear su propia ciudad, un lugar adonde solo llegarían los mejores, los aristócratas de la imaginación y del pensamiento, a desplegar sin restricciones su talento. Aquí había una diferencia radical con el modernismo. Rubén Darío y Lugones concebían el arte como refinamiento estético y evasión. Renegaban del mundo fantaseando con la luna o con el mundo clásico, porque para el modernismo el arte solo podía hacer eso: suplantar la realidad con paraísos artificiales. La vanguardia, en cambio, cerró las rutas de evacuación. Si los artistas soñaban, que no fuera en vano; si sus mentes enfebrecidas invocaban mundos perfectos o ciudades utópicas, el llamado a la acción los inducía a clavar las musas a la tierra para transformarlas en realidades concretas. La irrealidad debía colonizar la realidad, la imaginación y el vitalismo debían animar la existencia, no la poesía; ambas debían transformar la vida para que se fundiera con el arte. El modernismo, justo en ese momento, empezaba a convertirse en vanguardia.

Desde París, el Dr. Atl seguía los eventos de la Revolución mexicana. Emiliano Zapata arremetía en el sur, en Morelos, con su ejército de campesinos, reclamando tierras, y lo mismo hacía Pascual Orozco en el norte, en Chihuahua. La coalición maderista había explotado en pedazos y la ambición de poder generaba nuevas rivalidades. Como un volcán impredecible, la revolución había abierto grietas aquí y allá, y ahora el país entero ardía por la lava. Los campesinos y los indígenas ardían, los obreros anarquizados ardían, los caudillos ardían. Madero envió a Victoriano Huerta a sofocar los levantamientos del norte, pero sus éxitos militares contra Pascual Orozco se le subieron a la cabeza. También él empezó a arder y acabó lanzando su propia rebelión contra Madero. A comienzos de 1913 dio un golpe de Estado que acabó en una carnicería. Durante diez días —la Decena Trágica— la ciudadela de la capital mexicana soportó el bombardeo y los enfrentamientos en las calles. Quedaron cientos de cadáveres tirados en las aceras, hubo escasez de alimentos, cortes de luz y dos muertos que echaban más leña al fuego: el mismo Madero y su vicepresidente, José Pino Suárez.

Al golpe de Victoriano Huerta se opusieron dos hombres que tendrían una gran relevancia en el futuro inmediato de México: un lugarteniente de Orozco llamado Pancho Villa y un militar constitucionalista, viejo aliado de Madero, llamado Venustiano Carranza. Volvían los hombres a la lucha y las noticias de este nuevo ciclo revolucionario exaltaban al Dr. Atl. Más aún, lo atormentaban, porque el artista había dejado de ser solo un paisajista y ahora era un hombre de acción; así había aprendido a entender la actividad artística, como una acción que se ejecutaba para alterar esta vida, la real, la que transcurría en tiempo presente, y por eso mismo sentía que debía involucrarse en la política. Y en efecto: alineado con la causa de Venustiano Carranza, Atl publicó en París una revista en la que atacaba a Huerta y conspiró para impedir que el Gobierno dictatorial recibiera préstamos internacionales. Fue la antesala de su gran maniobra: regresar a México de incógnito, con el nombre falso de Giorgio Stella (o Stello), para matar con sus propias manos al dictador Huerta.

Atl cruzó el Atlántico, pero cuando desembarcó en Veracruz se enteró de que el usurpador, presionado por las fuerzas carrancistas, había huido a Cuba. Librado de su misión como asesino, Atl decidió quedarse en México al servicio de Carranza, ocupando un cargo que le venía como anillo al dedo: jefe de propaganda. El nuevo artista de vanguardia sería algo así, un propagandista. La pureza y el desinterés del modernismo se convertían en otra cosa, en política, en veneno para el enemigo y en aliento para el partisano. El artista dejaba de ser quien compensaba la fealdad del mundo con belleza artificial, y se convertía en vocero de causas, en defensor de ideologías, en legitimador de regímenes, en inventor de imágenes morales y de nuevos hombres, en promotor de líderes políticos. Era el antecedente de los jefes de comunicación política, los famosos *spin doctors* de hoy en día, que un siglo después siguen recurriendo a las estrategias performáticas, truculentas y escandalosas que inventó la vanguardia.

Como jefe de propaganda de Carranza, el Dr. Atl hizo al menos una cosa trascendental: convenció a los obreros y a los artistas de que se sumaran a las filas constitucionalistas. A los primeros, aglutinados en la Casa del Obrero Mundial, una asociación que cohesionaba a diferentes gremios laborales, los persuadió de que entraran en los Batallones Rojos para enfrentar a los campesinos de Emiliano Zapata y de Pancho Villa. No fue un logro menor, por lo extraño y antinatural. Lo lógico era que el proletariado anarquista se sumara a las reivindicaciones agraristas, y que entre ambos desafiaran la institucionalidad que promovía Carranza. Aunque los muralistas se encargaron luego de fijar en las retinas esa ficción, pintando escenas idealizadas de obreros y campesinos luchando en el mismo bando, nada de eso ocurrió. El Dr. Atl se encargó de dividir en bandos enemigos a los obreros y a los campesinos.

En cuanto a los artistas, al pintor le resultó mucho más fácil convencerlos de que se unieran al bando constitucionalista. Carranza lo había nombrado director de la Escuela de San Carlos, y lo primero que hizo en su nuevo cargo fue cerrar la institución y llevarse a los estudiantes a Orizaba a trabajar en proyectos propagandísticos a favor de su jefe. Los jóvenes siguieron a Atl porque en él veían, como escribió David Alfaro Siqueiros, «el principio de una nueva era para el arte de nuestra tierra».[33] Y no se equivocaban. En adelante su formación no la harían frente al caballete, sino sobre el caballo, peleando, participando activamente en la lucha ideológica. En 1915 el Dr. Atl fundó *La Vanguardia*, un periódico con el que trató de justificar la lucha de los obreros contra los campesinos. Contó con la invaluable ayuda de José Clemente Orozco, un mordaz caricaturista que supo desprestigiar al clero en sus viñetas, y de Siqueiros, que trabajó como corresponsal en los campos de batalla. La función de las caricaturas y de las informaciones era propagandística. Se proponía demostrar que los campesinos villistas y zapatistas estaban siendo manipulados por el clero y sus caudillos, y que la victoria de los carrancistas representaba el triunfo de la civilización sobre la barbarie.

El último servicio que Atl le prestó a Carranza casi le cuesta la vida. En abril de 1920, Álvaro Obregón, Adolfo de la Huerta y Plutarco Elías Calles firmaron el Plan de Agua Prieta, con el que desconocían el Gobierno de Carranza y se declaraban en rebeldía. Empezaba una nueva fase de la Revolución mexicana, otra. Carranza fue forzado a desplazarse a Veracruz con sus archivos, papeles y baúles de dinero, y en medio del camino tuvo que hacer frente al feroz ataque de las tropas obregonistas. Cuando las cosas se pusieron feas, Atl salió en busca del jefe rival para intentar negociar con él. Se camufló entre las hordas de mujeres y niños que huían sin rumbo, pero después de deambular un par de días, sin que de nada valieran sus credenciales de negociador, fue detenido, interrogado y desnudado. A Carranza no le fue mejor: las tropas enemigas lo persiguieron hasta Tlaxcalantongo, donde el 21 de mayo le dieron caza y lo asesinaron. Con el presidente muerto y el ejército constitucionalista derrotado, Atl quedó a la deriva, más cerca de la muerte que de la vida, vestido con una camisa de mujer y el pantalón ensangrentado que le quitó a un cadáver. Así fue enviado a una cárcel en la Ciudad de México, donde permaneció encerrado mientras el país pasaba a manos del obregonismo. Cuando un golpe de suerte le permitió escapar, afuera se encontró con un país hostil, gobernado por sus enemigos. Con su esperpéntico traje se refugió en el mercado de La Merced, hasta que un día ocurrió lo inevitable: alguien advirtió su presencia. Para su suerte no fue un soldado, sino uno de los obreros que habían peleado en los Batallones Rojos, y que ahora cuidaba el antiguo convento de La Merced. Nada más oportuno para el artista, porque allí pudo esconderse y reorganizar su vida mientras los odios se aplacaban. Acababa la revolución para el Dr. Atl, pero no sus actividades artísticas y políticas. Al contrario: a ellas volvería con la misma pasión de siempre, incluso más, para acabar defendiendo la ideología más radical del siglo XX. Antes, sin embargo, viviría uno de los amores más tórridos, libres y salvajes del México que nacía con el fin de los levantamientos.

JOSÉ VASCONCELOS Y EL DELIRIO RACIAL

> En nombre de ese pueblo que me envía os pido a vo-
> sotros, y junto con vosotros a todos los intelectuales de
> México, que salgáis de vuestras torres de marfil para
> sellar un pacto de alianza con la Revolución. [...] Las
> revoluciones contemporáneas quieren a los sabios y
> quieren a los artistas.
>
> JOSÉ VASCONCELOS,
> *Discurso en la universidad*

Habían pasado diez años de lucha y la Revolución mexicana se apaciguaba. Zapata estaba muerto, Venustiano Carranza estaba muerto, Pancho Villa no tardaría en caer, Álvaro Obregón era el presidente y Plutarco Elías Calles se preparaba para sucederlo en el cargo. Ahora los supervivientes se enfrentaban al descomunal reto de darle un sentido y una justificación histórica al millón de muertos que dejaban los levantamientos y al devastador caos que se había llevado por delante la economía y las viejas instituciones del porfiriato. Con las pistolas aún cargadas, los caudillos debían crear un Estado posrevolucionario que reuniera de alguna forma las muchas demandas que hicieron estallar la revolución. Y así fue: tomando elementos de aquí y de allá, moldearon una nueva forma de gobierno sincrética que tuvo como base el principio liberal de Madero, la no reelección presidencial, adaptada a un sistema iliberal, de partido único, monopolizado por los caudillos triunfantes. Esta particular mezcla haría del nuevo México un Estado revolucionario e institucional, democrático en sus rituales y autoritario en la práctica, aglutinado por un fuerte sentimiento nacionalista y por el proyecto cultural de uno de los personajes más fascinantes, contradictorios y trágicos de la historia latinoamericana: José Vasconcelos.

Por América caminaban titanes. Si Atl había dado el salto del modernismo a la vanguardia, Vasconcelos sería el encargado de racializar el arielismo y promover toda suerte de utopías artísticas y sociales. También él había participado en la revolución, desde luego, primero al lado de Madero, luego de Carranza y finalmente de Obregón, y con el final de los enfrentamientos quedaba en primera fila, entre los vencedores, listo para convertirse en un personaje público. En 1920 era nombrado rector de la Universidad Nacional de México, cargo que estrenó convocando a los intelectuales y artistas a que pusieran su talento al servicio de la revolución.

Ese sería su gran encargo, su gran reto: convertir a los artistas en obreros de la patria, sumarlos a la gran tarea de representar al México moderno y de crear un nuevo relato de la identidad nacional.

Vasconcelos había estudiado bajo los preceptos positivistas de Gabino Barreda y Justo Sierra, que predominaron en el sistema educativo del porfiriato. Como en Brasil, en México la filosofía positivista de Auguste Comte había sido uno de los pilares del proyecto modernizador decimonónico, y a él se habían afiliado las mentes jóvenes y progresistas. Pero en 1909 Vasconcelos entró a formar parte del Ateneo de la Juventud, y en una conferencia dictada por el dominicano Pedro Henríquez Ureña tuvo noticias de José Enrique Rodó. La imagen de Ariel lo sedujo de inmediato, le amplió el horizonte, lo exaltó. De pronto la filosofía del porfiriato empezó a parecerle nociva, no solo antidemocrática, sino algo mucho más grave: un atentado contra la esencia de la cultura hispanoamericana. Rodó le había abierto los ojos con sus ideas sobre la raza latina. Los americanos no podían adherirse a una escuela de pensamiento positivista que había intentado convertir a las naciones latinas en imitadoras de Estados Unidos, y que además mataba el ideal y despreciaba las artes en nombre del progreso.

Los arielistas criticaron el utilitarismo positivista, pero no se libraron de uno de sus más nocivos prejuicios: creyeron en la psicología de las razas. De ahí que Vasconcelos eligiera como lema de la universidad esa extraña frase, «por mi raza hablará el espíritu»: porque creía que las razas tenían espíritus distintos y que el nuestro, el latino, sumaba entre sus vicios la propensión al caudillismo y entre sus virtudes la hondura y la inclinación al ideal. Como buen arielista, el rector también desconfiaba de los yanquis. Durante su infancia había vivido en la frontera norte de México y sabía que la lucha entre sajones y latinos era inevitable. Por eso valoraba positivamente que Rodó hubiera invocado la unidad latinoamericana, aunque aquello no le parecía suficiente. Se necesitaban ideas más osadas, proyectos descomunales que cambiaran el centro de gravedad del mundo, y a eso dedicó sus esfuerzos intelectuales entre 1910 y 1925: a descubrir la manera de convertir América Latina en el lugar de la más esplendorosa utopía.

En 1916 ya decía que las naciones latinas de América debían tener como meta «moldear el alma de la futura gran raza».[34] En sus ensayos empezaba a hablar del «amor de la raza» y del «panetnicismo», conceptos que desarrollaría con más precisión en su gran libro de 1925, *La raza cósmica*, un ensayo que también era la visión de una Latinoamérica convertida en la cuna de una nueva civilización, el nicho de una nueva Atlántida habitada no por latinos, sajones, orientales o hindúes, sino por una raza nueva, la definitiva, la que pondría final a toda estirpe porque sería el resultado de la mezcla de todas las sangres. Los perspicaces se preguntarán por qué América Latina era el lugar predestinado para albergar este magnífico proyecto humano, y no, por ejemplo, África o Nueva Zelanda, y Vasconcelos tenía una respuesta precisa: porque el signo de los tiempos era el mestizaje y Latinoamérica ya llevaba muchos siglos entremezclando sangres. Era cierto que la raza latina padecía de contradicciones causadas por esa mezcla del español y el indio —quizá de ahí venía su debilidad frente a los sajones—, pero, bien visto, más que un problema, nuestro mestizaje suponía un destino trascendental para el que los yanquis no estaban preparados. Ellos habían cometido el pecado de aniquilar al indio; nosotros lo habíamos asimilado. Esto, decía Vasconcelos, nos daba «derechos nuevos y esperanzas de una misión sin precedentes en la Historia».[35] Una misión que era a la vez una utopía social y una utopía artística: crear un hombre nuevo mezclando sangres con la precisión con la que un pintor mezclaba en su paleta los pigmentos.

Siguiendo los designios de esa «misión divina», América Latina se convertiría en el centro de la civilización, un giro geopolítico que zanjaría en nuestro favor la pugna con los sajones. No sería fácil, nos llevaban ventaja. Los yanquis habían logrado sintetizar la visión de un gran destino común, y en lugar de fragmentarse en pequeñas repúblicas habían forjado un solo país al que se sentía unida toda la raza sajona, incluso la que no vivía en suelo estadounidense. Los latinos, en cambio, profesábamos un nacionalismo chato que nos llevaba a buscar rencillas con los vecinos y a guardar rencores hacia la matriz común que era España. Esa fragmentación debía superarse ahondando en nuestra tradición de mestizaje. La guerra de civilizaciones —esto había que entenderlo— ya no se daría entre latinos y sajones, sino entre quienes querían el predominio del blanco y quienes apostaban por el mestizaje de razas. Y esta gran lucha, a diferencia de la planteada por Rodó, sí la podíamos ganar.

Vasconcelos estaba seguro de ello, porque además de fantasear con utopías raciales también creyó haber descifrado las etapas por las que transitaría la humanidad. El intelectual mexicano fue una especie de Auguste Comte en negativo. No se propuso hacer evolucionar la sociedad hacia el estado positivo y científico, sino hacia su contrario, hacia el estado espiritual y estético. Si Atl se creyó un fundador de comunidades creadoras, Vasconcelos creyó haber descifrado el mecanismo de la historia, la manera de hacer evolucionar a la humanidad hacia una etapa superior en la que un principio más elevado de regulación de las costumbres organizaría las sociedades.

Al menos desde 1921, cuando escribió su ensayo *Nueva ley de los tres estados*, el visionario mexicano creyó haber entendido cuál era ese estado superior al que debían aspirar las sociedades. América ya había pasado por una primera etapa, la material y violenta, y se encontraba en la segunda, la intelectual y política. Aunque había una gran diferencia entre una y otra, la meta era llegar a un tercer estado, el espiritual y estético, en el que hombres y mujeres dejarían de obrar por la codicia, el deber o la razón, y empezarían a hacerlo por el gusto, la pasión y la belleza. Hablaba un utopista tan bienintencionado como delirante, alguien convencido de que una vez se alcanzara ese estado la atracción regiría las relaciones humanas. No sería necesario recurrir a la eugenesia científica para encaminar la mezcla racial, porque una eugenesia estética garantizaría el predominio de los mejores rasgos de cada raza. Los feos no procrearían porque no querrían hacerlo, la pedagogía ralentizaría el ritmo de procreación de los especímenes menos dotados, vencerían la belleza y los instintos superiores, el matrimonio se convertiría en una obra de arte y la pasión amorosa sería el dogma de la nueva raza. Por fin regiría en el mundo un principio de integración y de totalidad que haría de la convivencia fraterna la máxima aspiración del ser humano.

Casi nada. Vasconcelos se vio como el profeta de una nueva fase estética de la evolución humana, y quizá eso explica que hubiera apoyado con tanto ahínco las artes plásticas. El mismo año en que publicaba su ensayo de los tres estados, el presidente Obregón lo nombraba al frente de la Secretaría de Educación Pública, un cargo desde el que se encargaría de fomentar las artes en general y el muralismo en particular. Alguien convencido de que la sociedad debía aspirar a esa tercera fase espiritual y estética era el indicado para promover desde el Estado la cultura. Él mismo había sentido en carne propia el efecto del arte y sabía lo poderosa que podía ser esa experiencia. Lo comprobó en una ocasión oyendo a una cantante brasileña: su voz, su ritmo, lo hechizaron. También le mostraron algo importantísimo. El mundo natural podía explicarse y controlarse apelando a las leyes causales descritas por Newton, pero el intangible mundo del espíritu no se plegaba a las pedestres ecuaciones ni a las demandas utilitarias. Aquella esfera era inmune a Newton y a sus fórmulas. Fluctuaba, más bien, según los ritmos de las artes. Oyendo cantar a la brasileña había sentido cómo se abrían un espacio y una sensibilidad comunes en los que dos razas distintas podían fusionarse y forjar una cultura homogénea. Era la respuesta que buscaba: si se quería unir a la humanidad, había que recurrir a las artes; la cultura obraría el milagro. Como dijo Vasconcelos: «La simpatía unirá las conciencias, y la pasión amorosa romperá las barreras políticas».[36] El amor fluiría de la experiencia estética, porque la música, la pintura y la poesía eran palancas afectivas que cumplían un papel esencial en el viejo ideal arielista de unión latinoamericana y en la aún más ambiciosa utopía vasconceliana. Lo que Bolívar no había conseguido con su espada, Vasconcelos lo iba a conseguir «con el libro, la pintura mural, la batuta orquestal [y] las tablas gimnásticas»,[37] como dijo Christopher Domínguez Michael.

Eso explica el muralismo; ahí está el secreto profundo que animó la decisión de Vasconcelos de retomar el proyecto del Dr. Atl y de entregar los muros de los edificios públicos de México a los artistas: quería que hicieran hablar al espíritu de la raza mexicana. De la misma manera y por la misma razón que una mariposa revestía de colores sus alas, México debía revestirse de arte: para atraer la atención del mundo. Si América Latina quería ser la cuna de la nueva civilización, la humanidad entera tenía que caer rendida ante la expresión del alma americana. Sin proponérselo, Vasconcelos se convertía en un pionero de la diplomacia cultural, en un visionario que se anticipó a las ferias y bienales contemporáneas que dan color a los países para atraer a los inversores y a los turistas. El mexicano, claro, buscaba fines mucho más elevados. Como cruzado del ideal, su propósito fue cambiar la historia de su país a través de la educación y del arte, y de paso la del continente. Y sí, tuvo muchos logros, integró al país mediante campañas de alfabetización, impulsó la vanguardia mexicana, fomentó el nacionalismo cultural y la mestizofilia, pero su sueño de convertir América en la cuna de la raza cósmica y de llevarla a esa tercera etapa espiritual y artística se descarrió por completo. Aquel sueño desmadrado que plasmó en *La raza cósmica*, la fundación de Universópolis, una ciudad utópica construida a orillas del río Amazonas con la más osada arquitectura —pirámides, estructuras en caracol, columnas hermosas e inútiles— para que la raza cósmica se dedicara a cultivar el intelecto, no fue más que eso, un delirio tan maravilloso como improbable. El Amazonas no se convirtió en el nuevo Nilo, Universópolis no se elevó como la Menfis del siglo XX, y el mestizo cósmico no se convirtió en el nuevo Miguel Ángel o en el nuevo Leonardo encargado de fraguar la civilización futura. De la utopía vasconceliana quedaría el nacionalismo cultural mexicano y el muralismo, pero desde luego no el amor cósmico. El gran místico volvería a tropezar con los yanquis y a recordar lo mucho que los odiaba; volvería a vislumbrar futuros de confrontación y de lucha entre latinos y sajones, y en medio de sus apocalípticas figuraciones creería haber encontrado la manera de propinar, finalmente, la derrota que merecía la barbarie yanqui: sumar esfuerzos —lo veremos luego— con la más nefasta y violenta superchería ideológica, el nazismo hitleriano.

LA VANGUARDIA POLÍTICA INDOAMERICANA: DE LA REFORMA UNIVERSITARIA DE CÓRDOBA A LA FORMACIÓN DEL APRA

El latinoamericanismo debe ser una nueva revolución. Nuestra revolución.

RAÚL HAYA DE LA TORRE,
Por la emancipación de América Latina

Hacia finales de la década de 1910 ya se vislumbraban con bastante claridad los senderos intelectuales por los que se moverían los poetas, los artistas y los aspirantes a transformar sus ideas en proyectos políticos. El espíritu de lo nuevo y de lo joven vibraba en todo el continente; se hablaba de regeneración y de renovación, y así fuera con timidez la vanguardia ya asomaba en los países del Caribe y en los del Cono Sur. México, además, estaba a punto de convertirse en un Estado revolucionario, gobernado por generales dispuestos a promover todo experimento plástico y literario que sintonizara con los nuevos ideales nacionalistas. El arielismo y el modernismo americanista habían impregnado las conciencias de los derechistas y de reformistas sociales como Vasconcelos. Todos se sentían americanos y todos se interrogaban por lo americano, y su euforia sería tan excitante que acabaría contagiando a todos los creadores, incluso a los más cosmopolitas y universales.

Todos estos asuntos que se discutieron en los cafés y en las tertulias artísticas acabaron llegando a la universidad argentina. El espíritu regenerador del arielismo, sumado al clima internacional que sobrevino con el fin de la Primera Guerra Mundial, el triunfo de la Revolución rusa y el idealismo contagioso del presidente Woodrow Wilson, generaron una gran convulsión que golpeó las puertas de la institución educativa. La universidad ya no podía seguir siendo el mismo claustro vetusto de la colonia, vertical y anquilosado, apéndice de la Iglesia; debía renovarse y adaptarse al espíritu de los tiempos. Por aquel entonces Argentina era un país con una clase media muy nutrida, representada, además, por la Unión Cívica Radical de Hipólito Yrigoyen, ganador de las elecciones de 1916. Como parte de esa clase media en ascenso, los jóvenes sintieron que podían reclamar la democratización de su universidad. Y lo hicieron, en efecto, de la forma más abrupta y espectacular: tomándose en 1918 la sede de la Universidad Nacional de Córdoba y exigiendo una reforma educativa de carácter integral. Animados por las lecturas de Rodó, Manuel Ugarte y José Ingenieros, reclamaron el fin del autoritarismo y de una casta de profesores que heredaban sus cátedras como se heredaban las propiedades: por apellido y linaje, no por inteligencia o capacidad; demandaron que la universidad fuera gobernada por la misma comunidad académica, estudiantes incluidos, y que gozara de plena autonomía; exigieron la libertad de cátedra, la gratuidad en las matrículas y que abriera sus puertas al resto de la sociedad, incluidas las clases obreras. Por encima de todo, pedían que la universidad se interesara por los problemas nacionales, que promoviera la unidad latinoamericana y que luchara contra las dictaduras y el imperialismo.

En el *Manifiesto liminar* que explicaba los motivos de las revueltas, Deodoro Roca, un joven abogado que había escrito una tesis doctoral con evocaciones a Rubén Darío y críticas al imperialismo, invocaba las fuerzas espirituales y rechazaba «los gastados resortes de la autoridad». La juventud pura y heroica, decía, daba una batalla para purgar la institución de rémoras y anacronismos que la alejaban de la ciencia y de las disciplinas modernas. Sus actos violentos, de los que se hacían responsables, eran poca cosa comparados con lo que estaba en juego, «la redención espiritual de las juventudes americanas».[38] Todas estas ideas, y algunas más, volvían a aparecer en el *Manifiesto de la juventud universitaria de Córdoba*, también publicado en 1918. «Estamos pisando una revolución, estamos viviendo una hora americana», decía el libelo, con clara conciencia de que su mensaje no iba dirigido solo a los estudiantes cordobeses, sino a la juventud de todo el continente. Los jóvenes habían mezclado el reformismo liberal con las ideas revolucionarias de raigambre socialista y anarquista; también con el espiritualismo arielista, el americanismo modernista y el llamamiento a «realizar una revolución de las conciencias»,[39] una invocación casi vanguardista. Era evidente que la reforma universitaria estaba destinada a ser algo mucho más grande y ambicioso que la mera puesta al día de una institución. Su impulso clamaba por salir del ámbito académico y por convertirse en un programa de reforma, incluso de revolución social. Estaba pasando algo fundamental en el plano de las ideas que tendría consecuencias radicales en América Latina. El arielismo se teñía de rojo. Iniciativas que seguían siendo muy modernistas, como el americanismo y el antiyanquismo, se mezclaban con un regeneracionismo social y con demandas igualitaristas y democratizadoras que rompían con la generación anterior de patricios y aristócratas.

La onda expansiva del estallido cordobés se sintió muy pronto en otros países. En México, las consignas reformistas resonaron en la conciencia de Vasconcelos; en Cuba, en la de Julio Antonio Mella; en Colombia, en la de Germán Arciniegas; en Chile, en la del futuro presidente Arturo Alessandri. El mensaje de Córdoba, en efecto, removía las conciencias, las de todos los jóvenes pero en especial la de uno, un líder estudiantil peruano llamado Víctor Raúl Haya de la Torre, que vio en los sucesos de Córdoba la primera detonación de una revolución continental. Oriundo de Trujillo, donde había formado parte del Grupo Norte y compartido noches de bohemia con Antenor Orrego y con el poeta César Vallejo, Haya de la Torre entendió que el nuevo lugar desde el cual se iban a promover nuevas revoluciones sería la universidad. Pero no la universidad oficial, sino otra: las universidades populares que debían fundar los estudiantes con preocupaciones sociales para instruir a las clases trabajadoras.

Haya de la Torre ya había ganado protagonismo en 1919, cuando se involucró en la lucha para fijar la jornada laboral de ocho horas. Aquel logro lo catapultó a la primera línea de la política revolucionaria, y lo dejó en una situación privilegiada para vincular la acción estudiantil con la reivindicación del proletariado. Las universidades populares fueron el paso lógico para sellar esa alianza entre los jóvenes intelectuales y las clases populares. Muchos de ellos, como los poetas de vanguardia Magda Portal, Serafín Delmar, Julián Petrovick y Esteban Pavletich, que luego acompañarían a Haya en sus aventuras políticas con la Alianza Popular Revolucionaria Americana, el APRA, pasaron por las aulas de la Universidad Popular González Prada. Las actividades y los conferenciantes que contribuían con sus conocimientos ponían de manifiesto que el arielismo empezaba a convertirse en otra cosa. Como mínimo, se distanciaba de las ideas promovidas por la generación anterior, las de los elitistas Riva-Agüero y Francisco García Calderón y las de los modernistas católicos e hispanistas. Haya no comulgaba con su apego a las clases oligárquicas ni con su justificación de la Conquista, menos aún con el recelo que demostraban por la raza indígena. «Falsificadores intelectuales»,[40] los llamó. Eso no significa que partieran de troncos diferentes. Haya coincidía con los civilistas en muchas cosas, y sobre todo en tres: en su repudio al dictador Augusto Leguía, en su pasión americana y en su profundo antiyanquismo. Sin embargo, Haya estaba mezclando el espiritualismo arielista con la reivindicación del proletariado y, mucho más importante, estaba transformando por completo la matriz de lo americano. El cambio era radical y merece la máxima atención. Para Rodó, Rubén Darío o García Calderón lo latinoamericano estaba fundado en la latinidad, es decir, en el vínculo espiritual y cultural con España, con Francia, con Grecia y con Roma. Haya de la Torre veía las cosas de manera distinta. Puede que también él expresara el más enquistado odio a los sajones, pero no expresaba ningún apego emocional con la raza latina ni con el hispanismo. Para Haya lo americano no era la élite blanca y culta ligada a la colonia, a España y al pasado clásico europeo, sino el indio y el mestizo que nutrían a las clases populares.

Estaba mucho más cerca de Vasconcelos que de Riva-Agüero, y eso explica que también hubiera tenido grandes planes para el continente. Para empezar, Haya dejó de usar el término «América Latina» y lo reemplazó por el de «Indoamérica», porque en sus fantasías utópicas el aglutinante espiritual ya no sería el sabor de la teta de la loba, como diría Rubén Darío, sino las tradiciones y reivindicaciones nacionalpopulares.

América Latina se convertía en otra cosa. Al menos eso intentaba Haya de la Torre, inventar un nuevo continente fundado en lo vernáculo y no en lo colonial, en el indio y no en el blanco. Las ideas de izquierda ventilaban el ambiente intelectual latinoamericano y se llevaban los viejos prejuicios positivistas y darwinistas. Siguiendo a González Prada, Haya desechó las peligrosas categorías raciales y las reemplazó por categorías económicas. Las miles de páginas que se habían escrito sobre las supuestas deficiencias de la raza indígena o sobre la insuficiencia de sangre blanca en nuestro mestizaje, al igual que la perorata sobre la raza latina y su supuesta incompatibilidad con el utilitarismo sajón, quedaban a un lado. Para los indigenistas, Haya incluido, el problema del indio era mucho más concreto. Por un lado, la tenencia de la tierra y el gamonalismo, que lo condenaban a la pobreza y a todas sus perniciosas consecuencias; por otro, el imperialismo, eso que Haya definía como la «expansión económica, emigración de capital y conquista de mercados».[41] Contra eso se debía luchar, no contra la composición genética del continente.

A estas conclusiones llegaría Haya en el exilio, después de verse forzado a dejar Perú. En 1923 el arzobispo de Lima se propuso consagrar la patria al Sagrado Corazón de Jesús y el resultado fue un Haya de la Torre, con las venas hinchadas, pisoteando la imagen de Jesús y gritando a los cuatro vientos que la religión era el opio del pueblo. Hubo protestas y tumultos, y al final cinco manifestantes murieron. El dictador Leguía aprovechó la oportunidad para cerrar las universidades populares y para deshacerse del líder estudiantil. Fue un acto despótico, sin duda, pero salir de Perú le permitió a Haya cumplir el destino continental de su causa. Como los reformistas de Córdoba, también él tenía la vista puesta en toda América. Su periplo lo llevó primero a Panamá, luego a Cuba, para promover la creación de la Universidad Popular José Martí, y después a México, donde Vasconcelos lo recibió con los brazos abiertos y un puesto en la Secretaría de Educación Pública. Fue allí, bajo el impacto de la revolución, donde Haya fundó oficialmente el APRA. En un principio, más que un partido político se trataba de un frente único de trabajadores manuales e intelectuales que defendía un programa de cinco puntos. Haya los delinearía con precisión más adelante, en 1927, después de continuar su peregrinaje por Rusia y Europa y de establecerse en Oxford para estudiar antropología. Los cinco

puntos, tan abstractos como generales, suponían la acción contra el imperialismo, la unidad política de América Latina, la nacionalización de las
tierras y de la industria, la internacionalización del canal de Panamá y la
solidaridad con todos los pueblos y clases oprimidas del mundo. A los principios básicos del arielismo unía tres propuestas nuevas, más propias del
marxismo y del socialismo. Surgía una nueva agenda política para América
Latina, aliada a los ideales de la Revolución mexicana, que ya no depositaría
sus esperanzas en las bibliotecas ni en las élites intelectuales, sino en los
oprimidos y en las clases populares.

El continente se escindía en dos. Aunque todos los intelectuales seguían
siendo antiimperialistas, para los arielistas de derechas lo americano estaría
encarnado en la religión católica y en el hispanismo, en el Bolívar autócrata
o en todo caso en dictadores como el doctor Francia, Juan Manuel Rosas o
Juan Vicente Gómez, y en un principio de autoridad emparentado con los
sistemas de gobierno surgidos durante la colonia. Para los arielistas de izquierdas, en cambio, lo americano no sería la continuidad con ninguna tradición sino la revolución. Una revolución que debía reivindicar a las clases
populares, el elemento de la nacionalidad no contaminado por yanquismos
o hispanismos, y por lo tanto autorizadas a disputarles a los sectores oligárquicos, tradicionales o cosmopolitas sus lugares de privilegio. Lo racial
y lo popular quedaban enfrentados a lo blanco y a lo hispánico, una pelea
que empezaba en los años veinte y que aún, cien años después —basta
recordar las conflictivas elecciones de 2019 en Bolivia y de 2021 en Perú,
además de las protestas sociales en Colombia de ese mismo año o la reciente polémica en torno a las estatuas de Colón—, sigue polarizando las sociedades latinoamericanas.

VICENTE HUIDOBRO Y EL CREACIONISMO: EL INICIO DE LA VANGUARDIA
CONSTRUCTIVA LATINOAMERICANA

La poesía es la desesperación de nuestras limitaciones.

VICENTE HUIDOBRO,
La poesía contemporánea empieza en mí

El Dr. Atl fue el primero en entender cuál sería la nueva función del arte
revolucionario en el siglo xx —la de cómplice de la política y de toda suerte de reivindicaciones libertarias y sociales—, pero no fue el inventor de la

primera vanguardia latinoamericana. Fueron otros artistas, en realidad poetas, quienes bajo el hechizo de los ismos europeos trataron de revolucionar las letras latinoamericanas. En 1912 el dominicano Otilio Vigil Díaz lanzó el vedrinismo, y un año más tarde el puertorriqueño Luis Llorens Torres probó suerte con su panedismo y pancalismo. Y aunque sus tentativas fueron audaces y vitales, y en el caso de Llorens Torres una exacerbación del anti-yanquismo y del americanismo, sus temas y referencias no se alejaban mucho del modernismo. La misión de romper para siempre con la música, la forma y el estilo de Martí y Rubén Darío estaba reservada para un poeta chileno, Vicente Huidobro, promotor de la primera vanguardia del idioma.

Huidobro había empezado, como todos, influenciado por el modernismo. Venía de una familia oligárquica y apergaminada, con títulos nobiliarios y emparentada, según decía su madre, con Alfonso X y hasta con el Cid Campeador. Quizá eso era lo único que compartía con el futurista Marinetti, el ser heredero de una gran fortuna. Eso y su megalomanía, porque el chileno, como el italiano, también se creyó llamado a renovar por completo el arte y a regir los destinos de su patria. Sus similitudes eran tan atronadoras como sus diferencias. Huidobro leyó el *Manifiesto futurista* y su reacción fue muy parecida a la de Rubén Darío. En un ensayo de 1914, publicado en *Pasando y pasando*, decía que cantar al valor, a la audacia, al paso gimnástico y a la bofetada ya producía bostezos en los tiempos de Virgilio. Declararle la guerra a la mujer era una ridiculez, y preferir un auto veloz a la desnudez femenina, un infantilismo. «Agú Marinetti», se burlaba. Huidobro compartía la defensa del verso libre y la crítica a las academias y a la sobrevaloración de lo antiguo, pero repudiaba que el novísimo futurismo ya se hubiera convertido en una escuela. Tanto sonido de metralla y tanta fascinación por la destrucción y la violencia le resultaban chocantes. Era lógico: Huidobro se sentía mucho más próximo a otro importante pionero de la vanguardia europea, Guillaume Apollinaire, cuyas reflexiones sobre la pintura cubista le habían resultado reveladoras.

El poeta francés sentía mucho más interés por los cubistas que reconstruían la realidad a partir de sus principios estructurales que por los italianos que pintaban el movimiento y el estruendo de la guerra. El artista había adquirido un nuevo papel, decía Apollinaire, no el de revolucionario, como pretendía Marinetti, sino el de geómetra o matemático. O mejor, el de creador de nuevos mundos. Picasso, Braque, Metzinger, Gleizes y sobre todo Delaunay, Duchamp y Léger no estaban copiando, representando o desafiando la realidad con la fantasía. Su pintura hacía otra cosa: creaba una realidad distinta, con reglas diferentes. Dejaba de ser imitativa y más bien se elevaba al plano de la creación. No tenía nación, ni raza, ni clase; un cuadro cubista era un mundo independiente que no remitía a nada ni reivindicaba nada más allá de sí mismo. El artista daba en ellos un espectáculo de su propia divinidad. Esa era la revolución cubista, su gran logro: no se evadía del mundo, lo negaba; desafiaba al existente, mostrando que podía crear uno mucho mejor surgido de la imaginación geométrica.

Huidobro se propuso hacer lo mismo con la poesía. Nada de copiar la realidad o de cantarles a las cosas existentes. El poeta también debía elevarse, ensancharse; también debía ser un creador. En su primer manifiesto, *Non serviam*, escrito en 1914, tomaba impulso vanguardista despidiéndose de la naturaleza. «No he de ser tu esclavo, madre Natura —le decía—, seré tu amo».[42] Eso significaba que no habría más cantos gratuitos para quien no los necesitaba. Ahora los versos del poeta crearían realidades propias, con nuevas faunas y nuevas floras. No imitarían a la naturaleza, procederían como ella. «Por qué cantáis la rosa, ¡oh, Poetas! / Hacedla florecer en el poema»,[43] exhortaba en 1916. Crear y crear, esa era la misión del artista. No debe extrañar que el chileno hubiera llamado creacionismo a su vanguardia.

Huidobro no se estaba rebelando contra la sociedad ni contra la obra de ningún ser humano. Su rebelión era contra Dios, contra la obra de Dios. Rechazaba el mundo que existía para crear el que debería existir, un mundo que se ajustara a nuevas reglas, por descabelladas que fueran. Y no solo en la pintura: lo que valía en el lienzo valía en la realidad. Ejemplo de esta nueva poesía era «Paisaje», publicado en *Horizon Carré*, de 1917, su debut vanguardista, en el que jugaba con la forma a la manera de los caligramas de Apollinaire, y además creaba una realidad distinta, casi abstracta. En este paisaje el árbol era más alto que la montaña, la montaña más ancha que el mundo y el pasto estaba fresco, no por el rocío, sino porque acababa de ser pintado.

El creacionismo de Huidobro era el equivalente poético de la pintura cubista. Si Cézanne, Juan Gris o Picasso estaban recomponiendo la realidad con base en figuras geométricas y en un audaz juego de perspectivas, el chileno se proponía hacer lo mismo con las palabras y los versos: crear nuevas realidades ideando imágenes inéditas, hasta entonces inconcebibles. Un «horizonte cuadrado», por ejemplo, o un «potro herrado con alas». A pesar de trabajar con la palabra, el creacionismo ponía los primeros cimientos de la abstracción geométrica latinoamericana. Era el inicio de un arte hecho con ideas, perspectivas y figuras sin referente alguno, totalmente desenraizadas, creadas en español o en francés, daba igual, porque el espíritu que animaba al proyecto creacionista era totalmente cosmopolita y universal.

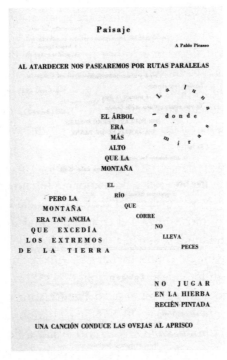

Vicente Huidobro, «Paisaje», 1917

Al menos inicialmente la revolución de Huidobro sería contemplativa, no social, y por eso sus arengas animaban a cambiar la forma de escribir más que de vivir. Pero en 1921 el poeta hizo algo inusitado. Le adjudicó al creacionismo un origen americano, asegurando que la idea del artista-dios la había tomado de un poeta aimara, amigo suyo, que en una ocasión había escrito: «El poeta es un dios; no cantes a la lluvia, poeta, haz llover».[44] Juan Larrea puso en duda la veracidad de la cita, pero su autenticidad era lo de menos. Lo significativo era que Huidobro, hasta entonces afrancesado y cosmopolita, también volvía la mirada hacia América Latina.

El imperialismo yanqui había obligado a los latinoamericanos a observarse a sí mismos, a revitalizar sus fuerzas, a encontrar elementos identitarios de los cuales enorgullecerse y aferrarse para emprender batallas espirituales. Algo similar había generado la Revolución mexicana. No solo una tormenta bélica, sobre todo una gran interrogación sobre lo mexicano. La pregunta general era esa: ¿qué diablos eran América Latina y cada uno de sus países?, y buena parte de los escritores y artistas trataron de responderla. Los que escribían desde sus respectivos países siguieron a Rubén Darío, a Santos Chocano o a Lugones, o también a posmodernistas como el peruano Abraham Valdelomar o López Velarde. Los otros, los que partían a Europa en busca de la vanguardia cosmopolita, acababan asumiendo el compromiso americano de la más paradójica de las maneras. No se imaginaban que zarpando desde algún puerto brasileño o rioplatense para llegar a Europa acabarían realizando la misma gesta que Colón. Era absurdo y extravagante, sin duda, pero era eso lo que estaba ocurriendo: los artistas latinoamericanos descubrían América en Europa. La descubrían porque la vanguardia parisina estaba fascinada con el primitivismo, y ese interés acababa resonando en ellos.

A muchos les pasó —ya se verá—, y de alguna forma también a Huidobro. Después de apuntalar el creacionismo, el chileno empezaba a hacer suyos los compromisos y las peleas del continente, incluso las reivindicaciones de la generación modernista y el anhelo de enraizar toda creación en suelo americano. Huidobro se sumaba de pronto a las peleas antiimperialistas publicando un panfleto contra Inglaterra. Quizá porque la economía de Chile había dependido de las exportaciones de salitre a los británicos, o quizá porque estando en el extremo sur del continente los chilenos aún no sentían la amenazante sombra de los yanquis, Huidobro eligió como enemigo a los ingleses. *Finis Britannia*, como tituló su panfleto, era una mezcla de profecía, ficción delirante y denuncia apocalíptica. En ella, un álter ego de Huidobro, Víctor Halden, animaba a canadienses, sudafricanos, turcos, egipcios, australianos, indios e irlandeses a romper las cadenas que los ataban al Imperio británico. Más delirante que su arenga antiimperialista fue la estrategia que usó para publicitar su libro. Seguramente Huidobro no sabía nada del Dr. Atl, pero sin duda sí que la vanguardia era agitación política y propaganda. Por eso diseñó un cartel con declaraciones dinamiteras: «El hundimiento del Imperio británico está próximo. Lea usted el libro profético de *Vincent* Huidobro. El siglo xx será la tumba de Inglaterra».[45] Era evidente que Huidobro buscaba el escándalo y la provocación, y sin embargo el libro ganó polvo en las librerías sin encender ninguna marcha libertaria. La frustración hizo que el chileno recurriera a una táctica de autopromoción aún más delirante, algo que ni Dalí se hubiera atrevido a hacer: fingir su propio secuestro y aparecer tres días más tarde en piyama, supuestamente afectado por las drogas sedantes, señalando a un grupo fascista inglés de haberlo retenido como venganza por su desafiante libro.

Nadie le creyó, desde luego, pero la truculenta *performance* tuvo el efecto que tanto había ansiado: su nombre fue reproducido en los diarios de Europa y América. «Dadaísta y diplomático. La sorprendente aventura del señor Huidobro», decía un diario francés. Otro periódico se burlaba del error ortográfico en el título del libro: «Estos poetas de vanguardia revolucionan hasta el latín». En Madrid se acusó a Cansinos Assens del secuestro; en

Nueva York se publicó una nota con todos los detalles de la farsa; en Rusia la Unión de Artistas le hizo un homenaje; hasta los francmasones lo invitaron a formar parte de su sociedad secreta. El escándalo y la farsa le hicieron perder amistades, como la de Juan Gris, pero también lo convirtieron en una figura pública.

Fue entonces que regresó a Chile. Huidobro viajó en abril de 1925 y a su llegada fundó un periódico, *Acción*, un nombre que expresaba el nuevo espíritu de los tiempos, y cuyas páginas, cargadas de brío y de mensajes antiimperialistas, lo hicieron muy popular entre los estudiantes. Los jóvenes estaban influenciados por la reforma universitaria de Córdoba, y quizá por eso vieron en el vanguardista una figura regeneradora. En cuestión de meses, la Federación de Estudiantes de Chile le endosaba su apoyo para que participara en las elecciones presidenciales de octubre de aquel año, y de un momento a otro Huidobro entraba en campaña. El poeta que se creía dios bajaba un peldaño y se resignaba con ser el presidente de Chile. Al menos con intentarlo, porque la falta de apoyos lo forzó a retirar su candidatura. Era lo de menos: Huidobro empezaba a convertirse en un mito, y aún tendría por delante dos décadas de aventuras y delirios. Fantasearía con fundar en Angola una comuna reservada para artistas e intelectuales, similar a la del Dr. Atl, y escribiría otro manifiesto antiimperialista, esta vez sí contra Estados Unidos, *Jóvenes de América. ¡Uníos para formar un bloque continental!*, en el que propondría la fundación de Andesia, una nueva república que debía integrar a Chile, Argentina, Uruguay, Paraguay y Bolivia en un solo bloque antiyanqui. Si Huidobro podía obrar como un creador sobre la hoja en blanco, también podía hacerlo sobre el mapa americano.

Pero lo más relevante que dejaba Huidobro era otra cosa. Por un lado, el poema extenso que empezó a escribir en 1919 y que publicó en 1931, *Altazor*, un viaje al interior de sí mismo, al principio de los tiempos, al germen erótico de la vida, al origen del lenguaje; un surtidor inagotable de imágenes y metáforas que se convertiría en una de las cimas de la poesía latinoamericana. Por otro, la prueba evidente de que los latinoamericanos podían hacer suyo el anhelo de la vanguardia y de las revoluciones del siglo xx; incluso convertirse en pioneros del idioma e influenciar a los poetas españoles. Con Huidobro empezaba la aventura vanguardista, pero su creacionismo apenas abría uno de los muchos caminos que tomaría el impulso revolucionario de los artistas. Hambrienta de novedad y ansiosa por descubrirse a sí misma, América Latina se haría arielista y futurista y en general vanguardista, y con estas diversas mezclas trataría de entender y definir su identidad.

DEL CREACIONISMO AL ULTRAÍSMO: LOS HERMANOS BORGES LLEVAN LA VANGUARDIA A BUENOS AIRES

Toda la charra multitud de un poniente
alborota la calle
la calle abierta como un ancho sueño
hacia cualquier azar
que serena i bendice mi vagancia
se olvida del paisaje
i acalla el barullero resplandor de sus ramas
La tarde maniatada
solo clama sin queja el ocaso
La mano jironada de un mendigo
esfuerza la congoja de la tarde.

JORGE LUIS BORGES,
«Atardecer»

Millonarios de vida y de ideas, salimos a regalarlas en las esquinas [...].

JORGE LUIS BORGES,
«Manifiesto», revista *Prisma*, n.º 2

Antes de regresar a Chile, Huidobro pasó una temporada en España que sería fundamental para el desarrollo de las vanguardias poéticas en español. En 1918 mudó su residencia a Madrid, a la plaza de Oriente, justo enfrente del Palacio Real, y allí no tardó en verse rodeado de viejos amigos. Volvió a establecer contacto con los poetas que había conocido en 1916, durante su primer paso por España, y al poco tiempo uno de ellos, Rafael Cansinos Assens, ya se había contagiado con el nuevo virus vanguardista. El poeta sevillano diría luego que el paso de Huidobro por Madrid en 1918 había sido tan importante como el de Rubén Darío veinte años antes. Si el nicaragüense había enterrado el romanticismo y le había abierto nuevos horizontes a la generación del 98, el chileno estaba haciendo lo mismo con los jóvenes poetas españoles: les ayudaba a superar a la generación previa y los sintonizaba con la vanguardia internacional. Los poemas creacionistas, les explicaba, eran creaciones al margen del mundo, independientes de la obra de Dios y de la naturaleza; eran poemas cargados de imágenes nuevas que se organizaban siguiendo una lógica propia. Fascinados con la novedad, los jóvenes españoles no tardaron en experimentar, y en cuestión de meses estaban componiendo poemas nuevos, distintos, en los que primaban las imágenes. Tenían rasgos cubistas, claro, aunque no eran del todo creacionistas. Eran algo distinto, una nueva veta que rejuvenecía la poesía española y que acabaría conociéndose como el ultraísmo.

Huidobro había cumplido su misión y podía marcharse con la satisfacción de haber sembrado el germen de la vanguardia, justo cuando llegaban a esa España rejuvenecida y noctámbula un par de hermanos argentinos igualmente alterados por la fiebre vanguardista. Se trataba, claro, de los Borges, Jorge Luis y Norah, dos jóvenes que habían nacido con el cambio de siglo, en 1899 y en 1901, y que ya habían comprobado en carne propia la imprevisible intensidad del siglo xx. De Buenos Aires habían partido con sus padres en 1914 rumbo a Suiza, sin sospechar que al poco tiempo Europa entraría en guerra. Se refugiaron en Ginebra durante los cuatro años de combates, y solo cuando cesaron los cañones se trasladaron a España. Llegaron a comienzos de 1919, primero a Barcelona, luego a Mallorca y después a Sevilla, y fue en esta última ciudad donde los hermanos Borges entraron en contacto con el grupo de poetas que publicaba la revista *Grecia*, todos ellos ultraístas.

Decididos perseguidores de lo nuevo, de ese «ultra» que los lanzaba hacia el futuro, los poetas querían proyectar un anhelo de juventud eterna sobre la vida. El ultraísmo nacía como un movimiento de revuelta de los jóvenes contra los viejos. Querían verlo todo con ojos nuevos, privilegiar el sentimiento y la belleza, rechazar las normas de la claridad. «Nosotros queremos descubrir la vida»,[46] decía Borges en 1920; eso suponía atacar la retórica, darle importancia a cada verso, rebelarse contra los burgueses, crear un universo a imagen y semejanza del artista. Todos estos preceptos no estaban muy alejados del creacionismo. Los distanciaba, quizá, la dosis de irreverencia y humorismo que Gómez de la Serna y Guillermo de Torre habían tomado del dadaísmo, una vanguardia que sin embargo a Borges nunca llegó a gustarle. El argentino, más influenciado por el expresionismo, quería convertir al poeta en un prisma que reflejara sus emociones subjetivas, no en un niño irreverente apegado a las cosas tangibles.

En todo caso, los Borges estaban de paso y su aventura europea tenía que acabar más pronto que tarde. En marzo de 1921 regresaron a Buenos Aires dispuestos a esparcir las buenas nuevas de la vanguardia. Aunque español, el ultraísmo tenía genes latinos y podía aclimatarse perfectamente en una ciudad cosmopolita como Buenos Aires, por aquel entonces la capital de un país mucho más rico y culto que la misma España. Borges se encargaría de adaptar el ultraísmo a su país natal, redactando unas nuevas máximas que acentuaban los rasgos expresionistas del poema. El ultraísmo argentino reduciría la lírica a su elemento primordial, la metáfora, y tacharía las frases medianeras, los nexos y los adjetivos inútiles. Tampoco tendría ornamentos, confesiones, prédicas o hermetismos, y por supuesto evitaría las estridencias y los ruidos urbanos, todos esos tics del futurismo que Borges detestaba. En su poesía no habría ruido, habría emoción desnuda. Buscaría la síntesis de dos o más imágenes en una, y se vertebraría en torno a dos elementos, el ritmo y la metáfora: la acústica del lenguaje y la luz de la imaginación que iluminaba lo que estaba oscuro.

Lo más significativo fue que Borges y sus cómplices ultraístas plasmaron estos preceptos en *Prisma*, una revista mural que luego salieron a pegar en las calles en diciembre de 1921 y en marzo de 1922. Era el primer ataque de la vanguardia sobre Buenos Aires. Luego *Prisma* se transformaría en *Proa*, una revista de formato tradicional que se editaría entre agosto de 1922 y julio de 1923, y para la cual Borges convocó a un viejo amigo de su padre, el escritor Macedonio Fernández.

Desde que había vuelto a Buenos Aires, Borges asistía a la tertulia que presidía Macedonio los sábados en el café La Perla. Muchas personas importantes y geniales llegó a conocer Borges en su vida, pero pocas ejercieron tanta fascinación e influencia como ese anarquista spenceriano e idealista radical, nómada urbano y —lo más importante— lector consumado de Schopenhauer. En 1897 Macedonio había tratado de fundar una comuna anarquista con Jorge Borges, el padre de Jorge Luis, en un lugar remoto de Paraguay. Querían romper con la vida burguesa, pero justo en el último momento Leonor Acevedo se atravesó en el camino de Jorge Borges y le hizo cambiar planes. Macedonio y otros dos amigos siguieron adelante: viajaron a Paraguay sin sospechar que también ellos serían doblegados, aunque no por la irrupción del amor sino por culpa de los dos enemigos más tenaces de la utopía: los mosquitos y el aburrimiento. Oficiar como anarquista en medio de la pampa paraguaya resultó ser la empresa existencial más tediosa imaginable.

Lo que sí resultó divertido fue el intento de Macedonio de convertirse en presidente de Argentina. No solo Huidobro tuvo esa ambición: el genio literario y el delirio presidencial han sido comunes en América Latina. Desde Guillermo Valencia a Mario Vargas Llosa lo intentaron, y lo más delirante es que hubo varios que lo lograron, como el venezolano Rómulo Gallegos y el dominicano Juan Bosch. Pues bien, Macedonio también lo intentó, más en broma que en serio, ideando una estrategia de guerrillas para publicitar su nombre y hacerse conocido. Con sus jóvenes amigos elaboraban notas y papelitos en los que aparecía su nombre, que iban dejando luego en cines, tranvías, librerías o donde fuera. La campaña presidencial no dio ningún resultado, desde luego, pero se convirtió en material literario para un proyecto inconcluso, *El hombre que será presidente*, y para otro que sí llegó a buen puerto, *Museo de la Novela de la Eterna*. No solo las peripecias vitales de Macedonio cautivaron a Borges, también la metafísica que había desarrollado a partir de sus lecturas de Schopenhauer. Macedonio defendía un idealismo absoluto; incluso negaba la existencia del yo y poco le faltaba para negar la posibilidad de la muerte. Lo más sorprendente de todo era que había hallado la manera de convertir estas inquietudes filosóficas, tan densas y solemnes, en un proyecto literario humorístico y juguetón. En sus siempre autoirónicas páginas, hablaba del plan de una obra que nunca realizaba o hacía largos circunloquios anunciando, analizando, comentando una obra inexistente. Eran claves sorprendentes, una extraña manera de hacer literatura sobre la literatura, convirtiendo la idea o el proceso de escritura de una novela en la novela, o escribiendo ensayos sobre libros no escritos que por lo mismo no podían ser ensayos sino ficciones. El arte como juego, el arte como exploración de sí mismo, el arte como experimento que se pregunta si hay una diferencia entre lo que consideramos real y lo que ha sido inventado.

No podía haber nada más universal y cosmopolita que estas especulaciones filosóficas, y eso sería determinante para Borges. Porque después de un periodo criollista en el que despertarían en él todas las nostalgias por la patria, por la fonética argentina y por los personajes vernáculos, desligaría su obra de todo rasgo nacional. Aquel cambio radical en su obra tendría razones estéticas y literarias, pero sobre todo políticas. Cuando se dio cuenta de que los dictadores y caudillos populistas de los años treinta y de los cuarenta estaban escondiendo su despotismo y mediocridad tras el nacionalismo y los elementos de la argentinidad, renunció al criollismo y se refugió en los más desenraizados juegos metafísicos.

EL MURALISMO MEXICANO: ENTRE LA RAZA CÓSMICA Y LA VANGUARDIA

Entre el aniquilamiento de un orden envejecido y la implantación de un orden nuevo, los creadores de belleza deben esforzarse por que su labor presente un aspecto claro de propaganda ideológica en bien del pueblo, haciendo del arte, que actualmente es una manifestación de masturbación individualista, una finalidad de belleza para todos, de educación y de combate.

DAVID ALFARO SIQUEIROS, DIEGO RIVERA, XAVIER GUERRERO, FERMÍN REVUELTAS, JOSÉ CLEMENTE OROZCO, RAMÓN ALVA, GERMÁN CUETO, CARLOS MÉRIDA, *Manifiesto del Sindicato de Obreros Técnicos, Pintores y Escultores*

La aventura revolucionaria terminó para José Clemente Orozco en 1916 y para Siqueiros un par de años después, en 1918. Los dos regresaron a Ciudad de México a ganarse la vida como artistas y los dos tuvieron suertes desiguales. Orozco no logró seducir al público mexicano con sus dibujos y acabó marchándose a Estados Unidos; Siqueiros consiguió una beca y una agregaduría militar que le permitieron viajar a Europa y permanecer hasta 1921 en contacto directo con el arte renacentista italiano y las tendencias más revolucionarias de la vanguardia. Los dos se separaban con la impronta de la revolución en las retinas y las enseñanzas del Dr. Atl en las conciencias. Gracias a él habían dejado de ser simples artistas y se habían convertido en hombres de acción, en vanguardistas, en revolucionarios, y eso les permitiría trabajar de nuevo juntos en el proyecto muralista de Vasconcelos.

Pero aquello tardaría aún unos años. Orozco tendría que aguantar hambre en San Francisco y en Nueva York, volver a Ciudad de México a ganarse la vida como caricaturista, y esperar finalmente a que José Juan Tablada, uno de los poetas que estaban llevando el posmodernismo de López Velarde a la experimentación vanguardista, valorara críticamente su obra. Sus escritos llamaron la atención de Vasconcelos, y gracias a ellos Orozco entró en la nómina de la Secretaría de Educación Pública. Mientras tanto, en París, Siqueiros conocía a Diego Rivera y se hacían íntimos. Rivera llevaba mucho tiempo en Europa; se había perdido los nueve años previos de revolución, pero a cambio había sido testigo directo del estallido de otro tipo de sublevación, la plástica, la cubista. Ahí estaba Rivera cuando Picasso empezó a deshacer la realidad y a recomponerla a partir de sus elementos esenciales. Huidobro tenía razón: los nuevos artistas obraban como pequeños dioses. Geometrizaban la realidad, la reordenaban y la ponían a funcionar con otras reglas, las suyas, no las de la naturaleza. Quizá era lo mismo que habían hecho en México Madero, Carranza, Villa, Zapata y los demás caudillos: habían reventado la realidad mexicana para descomponerla en sus elementos esenciales, el campesino, el indio, el obrero y el mestizo, y ahora buscaban la manera de reordenarlos bajo nuevas reglas de funcionamiento. Ese sería el papel de los artistas de vanguardia: darles un orden y un sentido a los nuevos elementos de la nacionalidad mexicana.

Siqueiros también se impregnó hasta los huesos de vanguardia, y no solo de cubismo, también de futurismo. El manifiesto de Marinetti debió de conmoverlo profundamente, porque si a alguien se parecía Siqueiros era al líder futurista. El que hubieran acabado en orillas ideológicas opuestas, uno apoyando a Stalin y el otro a Mussolini, no demostraba que fueran diferentes sino todo lo contrario: compartían el mismo radicalismo, la misma furia, el mismo anhelo creativo y destructivo. La experiencia en Europa también le había revelado a Siqueiros una de esas verdades que remueven conciencias, algo que ya había intuido Huidobro y que seguiría trastornando a otros artistas americanos como el uruguayo Joaquín Torres García. La maravilla de las vanguardias constructivas, como el cubismo, era que se nutrían de las artes esenciales del pasado primitivo de África y de América. Los cubistas recuperaban una sabiduría americana. Picasso, Braque o Metzinger parecían nuevos, y sí, lo eran, pero también formaban parte de una tradición milenaria. Los orfebres, ceramistas y tejedores prehispánicos habían hecho arte constructivo hacía siglos; eran los grandes maestros de los que debían aprender los artistas modernos. Hacer arte americano no suponía pintar motivos americanos, suponía rescatar la base geométrica del arte prehispánico. Estos aspectos formales debían actualizarse con los ritmos y la velocidad del mundo moderno. El artista nuevo tenía que vivir la era dinámica, amar la mecánica moderna, contemplar el nuevo paisaje urbano. De lo más antiguo a lo más nuevo, ese era el viaje que debía hacer el creador de vanguardia, como quedaba consignado en el manifiesto que escribió en 1921, *Tres llamamientos de orientación actual a los pintores y escultores de la nueva generación americana*, publicado en Barcelona justo antes de regresar a México.

Siqueiros volvía porque Vasconcelos los había convencido a él y a Rivera para sumarse a un proyecto que, según se intuía en la correspondencia que intercambiaron, se proponía «crear una nueva civilización extraída de las más profundas entrañas de México».[47] La idea tuvo que resonar en las fantasías constructivas y americanistas de Siqueiros, y por eso aceptó encantado. Aunque la verdad es que Vasconcelos detestaba el cubismo e ignoraba por completo las teorías constructivas. Al secretario le importaban un pimiento las innovaciones vanguardistas; lo que él quería era otra cosa: que el espíritu se manifestara en todo su esplendor a través del arte y de grandes monumentos en honor a la raza cósmica. A Siqueiros, pero sobre todo a Rivera, tuvo que sacarles a Picasso de la cabeza. Para eso les organizó viajes a Yucatán, a Tehuantepec, a Tonalá, a Tlaquepaque, para que pisaran el suelo patrio. La raza mexicana debía entrarles por las plantas de los pies y después manifestarse a través de sus pinceles. Y, en efecto, al cabo de unos meses el arte de los muralistas, sobre todo el de Rivera, perdía los tics cubistas —esos que, a criterio de Vasconcelos, arruinaron su primer mural— y empezaba a mexicanizarse. Lo que el profeta de la raza cósmica no contempló fue que también pudiera impregnarse de otro elemento que flotaba en el ambiente, en apariencia extraartístico pero muy seductor para la vanguardia: la ideología socialista.

Los primeros murales se los encargó Vasconcelos en 1921 a Roberto Montenegro, Xavier Guerrero, Gabriel Fernández Ledesma, Jorge Enciso y, cómo no, al Dr. Atl. Las pinturas que cubrieron las paredes del antiguo templo de San Pedro y San Pablo, y que acabarían —al menos la de Atl— borradas, eran solo un abrebocas. El gran momento del muralismo empezaría al año siguiente con las primeras obras de Rivera y Siqueiros: *La creación* y *Los elementos*. Vistos hoy en día, estos murales sorprenden porque son un tanto abstractos. Rivera hizo una composición cubista de temas judeocristianos y clásicos, y Siqueiros pintó un tema místico, sin relación directa con México o con lo mexicano. Quizá era lo que Vasconcelos quería, temas universales —cósmicos— de alguna manera enraizados en la realidad de México. Al fin y al cabo sus ideas estéticas se derivaban de los escritos místicos de Pitágoras y de Plotino, y nada compartían con la vanguardia ni con sus renovaciones estilísticas o sus flirteos ideológicos. El arte, para Vasconcelos, debía elevar, no encerrar en la nacionalidad. Es verdad que su gran labor como educador, editor y promotor de las artes también fue inventarse una identidad cultural mexicana. De no haber sido por él no se habría reevaluado el arte popular ni se habrían inventariado las iglesias coloniales. El redescubrimiento de lo mexicano fue obra suya, como también esas ediciones que circularon por miles de Homero, Platón, Dante y otros clásicos universales. Entre esos dos planos se movía: lo absoluto, donde confluía y se mezclaba todo, y lo particularmente mexicano que surgía de la entraña nacional. Una personalidad fascinante, sin duda, encargado de la más ambiciosa de las tareas. Porque para 1920 había nacido un Estado revolucionario, pero aún faltaba una nacionalidad que le diera un rumbo, y fue a Vasconcelos a quien le correspondió inventarla. Esa nacionalidad se nutriría de motivos elevados, de las mejores obras literarias de Occidente, del culto a la belleza y del culto al cuerpo; sería social, sin duda, pero no socialista, y mexicana, claro, pero no nacionalista. Debía tener en cuenta al indio y al blanco, debía rendir culto al mestizaje y también debía ser una contribución a la humanidad entera. Por encima de todo, la nacionalidad mexicana debía generar adhesión emocional con su destello estético. En Vasconcelos ardía la visión de un místico y de un redentor, no de un ideólogo o de un vanguardista, y por lo mismo era predecible que los muralistas terminaran rebelándose en su contra. Vasconcelos lo asumió y lo aceptó, fiel al principio de libertad artística sin el cual de nada valía el genio de los grandes creadores. Renegando, suspirando, los dejó pintar lo que les diera la gana.

A finales de 1922 el camino de los muralistas estaba bastante definido. Habían formado el Sindicato de Obreros Técnicos, Pintores y Escultores, se consideraban proletarios de la pintura, comulgaban con el socialismo y estaban totalmente comprometidos con el arte público, colectivo y antiburgués. Los motivos universalistas habían dado paso a temas enraizados en la historia reciente de México, recreaban sus luchas sociales, el padecimiento del pueblo y los vicios de las clases altas. Orozco, con una iconografía que desvelaba su pasado como caricaturista, fue el más mordaz a la hora de atacar a la burguesía. También pintó frescos de hombres derrotados y desgarrados por la guerra, como *La trinchera* (ver Figura 1 del cuadernillo de imágenes), y otros con trabajadores en sus faenas o familias padeciendo la espera, la separación o la agonía. En los murales que él y los otros artistas crearon a partir de 1922, primero en la Escuela Nacional Preparatoria y luego en la Secretaría de Educación Pública, aparecieron con más claridad que nunca el hombre y la mujer americanos. En esas paredes quedaron retratadas las fiestas populares, las reclamaciones sociales, el tumulto, la revolución y la muerte. Las masas sociales revelando su gloria festiva, su infortunio bélico y su potencial revolucionario. El campesino, el indio, el obrero. El hombre sufrido, el hombre oprimido, el hombre explotado: la víctima. Pero también el trabajador, el revolucionario y el hombre del campo y de la fábrica hermanados por la doctrina socialista, dispuestos a traer a México la sociedad utópica del futuro: las víctimas de la burguesía redimidas por el socialismo.

Las escenas que pintó Rivera en la Secretaría de Educación Pública y en sucesivos encargos no contaban la historia, la mitificaban. Lejos de evocar lo que vagamente ocurrió durante la revolución, recreaban lo que el pintor quería que hubiera ocurrido. *Frida repartiendo armas* (Fig. 2) era un ejemplo. La imagen negaba las divisiones y rupturas, los mil malentendidos y las pequeñas miserias y mezquindades que nutrieron la hoguera revolucionaria, y daba la idílica impresión de que un pueblo unido había peleado contra un enemigo externo —la burguesía capitalista y explotadora—, no que se había ahogado en sus propios conflictos. Era, claramente, propaganda ideológica que los nuevos obreros pintores creaban en beneficio del pueblo, según decían en su manifiesto. Esa sería la gran diferencia entre la pintura y la literatura de la Revolución mexicana. La primera creó un mito glorioso de unidad y lucha popular, que sirvió para fomentar el nacionalismo y apunta-

lar al nuevo sistema de gobierno, mientras la segunda —*Los de abajo* (1915)
de Mariano Azuela, o *La sombra del caudillo* (1929) de Martín Luis Guzmán— mostró los motivos espurios, netamente vengativos y viciados de
personalismos, que alentaron la violencia y la lucha por el poder en los
campos de batalla y en los pasillos palaciegos. La pintura reproducía la
imagen del México nacionalista, revolucionario y popular que los caudillos
triunfantes, ahora en el Gobierno, querían proyectar, y la literatura la criticaba: un contraste significativo. Esa falsificación interesada de la historia
sería el blanco de Octavio Paz. El muralismo, diría el poeta, revalorizó lo
autóctono pero no logró trascender las limitaciones nacionales ni forjar una
tradición intelectual. Se convirtió en un arte oficial, que a falta de una filosofía propia se afilió al marxismo. Orozco también acabaría distanciándose
del nacionalismo y del arte proletario. Los cuadros que retrataban al obrero,
llegó a decir, no apelaban al gusto de los trabajadores, sino del gringo y del
burgués, y razón no le faltaba.

El primer periodo del muralismo, aquel liderado por Vasconcelos, llegó
a su fin en 1924. Poco antes, Adolfo de la Huerta había protagonizado un
nuevo levantamiento militar, otro, otro más, con miras a evitar que Plutarco
Elías Calles relevara a Álvaro Obregón en la presidencia. En medio de la
asonada y de una serie de asesinatos y retaliaciones, el senador Francisco
Fidel Jurado, partidario de los delahuertistas, fue asesinado. Vasconcelos
quiso que se investigara el crimen, y para presionar al Gobierno de Obregón
renunció a su cargo. Al poco tiempo, arrepentido, se retractó, pero ya era
demasiado tarde. Con aquel gesto a favor del enemigo había debilitado su
posición ante el Gobierno, y los estudiantes aprovecharon para desafiarlo.
Sabotearon los murales de la Escuela Nacional —que en realidad nunca
habían acabado de entender—, y la continuidad del proyecto muralista quedó en suspenso. Más aún después de julio de 1924, cuando la renuncia de
Vasconcelos se hizo efectiva.

Tras esta primera etapa gloriosa e inconclusa, Orozco volvió a Estados
Unidos y Rivera se quedó en México, ocupado en sus muchos otros encargos.
Siqueiros dejó temporalmente la pintura y se dedicó al activismo sindical,
antes de emprender diversos viajes por América para promover el muralismo. La
pintura mural había marcado la pauta del arte americano y de alguna forma también de la política continental. En un manifiesto que publicó en
1924 en *El Machete*, órgano del Sindicato de Artistas y posteriormente del
Partido Comunista, Siqueiros defendió el muralismo como un arte propagandístico e ideológico que debía educar al pueblo. Se declaraba enemigo de la burguesía y señalaba a las clases populares como agentes salvadores. Solo su triunfo, añadía, garantizaba el florecimiento del orden

social y de una cultura étnica, cosmogónica e históricamente trascendental. Esas ideas, en principio artísticas, confluían con los planteamientos políticos de intelectuales como Haya de la Torre. Lo americano sería lo popular y lo vernáculo, y esa idea no solo repercutiría en el APRA, sino en partidos como el PRI mexicano, el MNR boliviano y el peronismo argentino. Antiburgueses, tratarían de aglutinar y movilizar a las grandes masas populares. Pero también, tarde o temprano, se verían ante el dilema del muralismo: ser al mismo tiempo revolucionarios e institucionales, subversivos y oficiales.

URBE, MÁQUINAS, REVOLUCIÓN: LOS ESTRIDENTISTAS CONTRA EL PASADO

¡VAMOS! ¡ARRIBA LOS JÓVENES!
Que los cráneos calvos estallen en la punta de nuestros garrotes
después nosotros subiremos sobre el montón de cadáveres
para ver desde más alto
Que los gimnastas y los aviadores hagan saltos mortales
Los puños cerrados
¡VIVA LA RABIA!
Matemos
matemos a los pacifistas y a los neutrales…
¡ADELANTE!
gloriosos asesinos
incendiarios del pasado
exploradores del porvenir

KYN TANILLA,
«Pellizco»

Más allá de Siqueiros, la fascinación por el dinamismo urbano y por la máquina también contagió al grupo de escritores liderado por Manuel Maples Arce y secundado por Germán List Arzubide, Arqueles Vela, Salvador Gallardo, Kyn Tanilla, además del compositor Silvestre Revueltas y de pintores como Ramón Alva de la Canal y Germán Cueto. Fueron ellos, los estridentistas, quienes más claramente recogieron en México la influencia del futurismo, el ultraísmo y el creacionismo para inventar una gran odisea de la metrópolis americana. Si los muralistas reivindicaron al indio y al campesino, los estridentistas se encargarían de robustecer la identidad del mexicano de la gran ciudad, ese mestizo impregnado de cultura popular y de nacionalismo revolucionario, expuesto al comunismo, a la masa social y a las nuevas tecnologías del siglo xx. Los estridentistas pintaron y escribieron sobre los cafés, las esquinas, los cables de la luz y los inventos más recientes, como la radio, que estaban transformando por completo la vida de los latinoamericanos. Fueron bichos del asfalto que amaron la urbe, ese enclave lujurioso y catastrófico —así la vieron— poblado de fábricas sexualmente febriles, edificios epilépticos, arquitecturas del insomnio, aceras desenfrenadas, tráfico y multitudes que chapoteaban musicalmente en las calles. También creyeron ser los verdaderos voceros poéticos de la revolución, incluso los llamados a movilizar al nuevo protagonista de la historia, la masa, para que México siguiera el rumbo de la Rusia leninista.

Maples Arce era un joven veracruzano que, seguramente bajo la influencia del manifiesto de Siqueiros, concibió en 1921 un nuevo credo artístico. Enfebrecido, como todos, lo redactó en un cartel y salió a pegarlo por las calles del D. F. mexicano como también hizo Borges en Buenos Aires con su manifiesto. *Actual N.º 1* recogía la influencia de varios ismos, y animaba a los jóvenes a cortar de un tajo con la sensibilidad del pasado. Maples Arce condenaba a Chopin a la silla eléctrica. Clamaba a favor del cosmopolitismo y rechazaba el arte nacional que había antecedido al muralismo. No quería pasado ni futuro, quería presente, actualidad. «Me ilumino en la maravillosa incandescencia de mis nervios eléctricos»,[48] gritaba; reclamaba la vida ya, la vida aquí: actualismo; así llamó inicialmente a su vanguardia, aunque un año más tarde, con la llegada de Arqueles Vela y de Germán List Arzubide, se transformaría en estridentismo. Su filosofía habría podido sintetizarse en una frase de *El Café de Nadie*, obra del primero de ellos: «Hay que despilfarrar la vida para defraudar a la muerte».[49]

En 1923 los estridentistas publicaron el primero de los tres números de *Irradiador*, una revista combativa en la que celebraban a poetas que compartían el mismo espíritu renovador y urbano, como Borges, y donde continuaron su guerra contra el pasado. «Irradiador estridencial», anunciaban. «Úsenlo, úsenlo Uds. señores. Es necesario contra la momiasnocracia nacional». A pesar de sus pretensiones cosmopolitas, las ilustraciones de su revista, casi todas de Jean Charlot, aunque también contribuyeron Diego Rivera y Fermín Revueltas, delataban su complicidad con el muralismo y el proyecto nacionalista de Vasconcelos. Otros artistas también orbitaron en torno a los poetas y expusieron sus obras en la primera exposición estridentista de 1924, celebrada en el Café de Nadie, su guarida en la avenida Juárez. Como en la música de Silvestre Revueltas, en estos cuadros casi se oía la estridencia de los nuevos espacios urbanos. También en el mejor libro de Maples Arce, *Vrbe. Súper-poema bolchevique en 5 cantos*, publicado ese mismo año con ilustraciones de Charlot y dedicado a los obreros de México. De todas las pirotecnias modernólatras latinoamericanas, esta fue una de las mejores. John Dos Passos fue sensible a la turbulencia de la masa y a la invocación revolucionaria que vibraba en el poema y lo tradujo al inglés. Y sí, no hay duda, *Vrbe* era un poema que materializaba de forma palpable la fantasía recurrente de una ciudad arrasada por el choque de las masas. «Las arquitecturas de hierro se devastan —decía Maples Arce—. Hay oleadas de sangre y nubarrones de odio. / Desolación... / La metralla / hace saltar pedazos de silencio. / Las calles / sonoras y desiertas / son ríos de sombra / que van a dar al mar, / y el cielo, deshilachado, / es la nueva / bandera / que flamea, / sobre la ciudad».[50] Era el presagio de la tragedia moderna, la devastación del paisaje urbano por efecto de las muchedumbres ideologizadas, algo que en efecto ocurriría en Trujillo, Catavi, Bogotá o Buenos Aires durante los siguientes años, entre 1932 y 1955.

La complicidad que se forjó en México entre artistas revolucionarios y funcionarios estatales permitió a los estridentistas invadir la ciudad de Xalapa y convertirla en Estridentópolis. Era una de las particularidades de las revoluciones triunfantes: los artistas de vanguardia pasaban a estar en la nómina de los gobernadores. Maples Arce fue contratado por el de Veracruz, un general de la revolución llamado Heriberto Jara, para que se encargara de la Secretaría General de Gobierno. El puesto le permitió al poeta emplear a sus compinches y patrocinar las actividades estridentistas, entre ellas la revista *Horizonte*. Xalapa se convirtió así en el patio de recreo de la vanguardia. El gobernador les dio su venia para que electrizaran la ciudad con recitales, conferencias y pilatunas, como subir las escalinatas de la catedral con su automóvil o burlarse del gran héroe local, el modernista Salvador Díaz Mirón. La presencia de los estridentistas, decía List Arzubide, había convertido Xalapa en una «ciudad absurda, desconectada de la realidad cotidiana».[51] Alva de la Canal llegó incluso a diseñar improbables edificaciones para esa Estridentópolis apoteósica (Fig. 9). Al igual que los planos del futurista italiano Antonio Sant'Elia, estas fantasías nunca llegarían a construirse, pero sobrevivirían como la visión latinoamericana de la utopía ultramoderna.

La aventura estridentista llegó a su fin en 1927, después de que el gobernador Jara, envuelto en una lucha con un cacique local y con el presidente Plutarco Elías Calles, acabara destituido de su cargo. Sin recursos estatales, Xalapa volvió a ser Xalapa y los estridentistas, simples funcionarios públicos. Algunos de ellos siguieron vinculados al Estado y con el tiempo se fueron convirtiendo en políticos, funcionarios o diplomáticos. Fue el paradójico destino de muchos vanguardistas latinoamericanos, especialmente de los mexicanos y de los brasileños: revolucionaron y modernizaron la cultura desde el Estado, con dinero público, para beneficio de la burocracia nacionalista. Fueron revolucionarios institucionalizados, ese extraño espécimen latinoamericano capaz de criticarlo y revolucionarlo todo, dejando intactos los poderes que patrocinaban su iconoclasia.

EL CRIOLLISMO Y LAS TENSIONES ENTRE LO UNIVERSAL Y LO AMERICANO: XUL SOLAR Y PEDRO FIGARI

> Sexpandan, ondulan vocerios de todas las linguas i de muchas otras pósibles. I xas enjambres letras, i marañas glifos, i disfonéticas i copluracentos, como muchos qierhumos, se apartan o juntan, se contramueven o aqietan, en orden o no, forman, reforman séntido i argu siempre neo. Estrellas, sólcitos, lunas, lúnulas, luciérnagas, linternas, luces, lustres; doqier se vidienredan a la ciudá se constelan i disconstelan, se qeman, se apagan, cholucen, llueven.
>
> XUL SOLAR,
> «Poema»

José Vasconcelos no fue el único místico que tuvo sueños apoteósicos de integración humana y de fraternal encuentro entre el americano y el extranjero. Claro, él, a diferencia de otros utopistas latinoamericanos, fue el funcionario cultural más importante de una revolución triunfante, y como tal pudo sufragar sus proyectos babilónicos y alimentar su imaginación desbocada con la chequera del Estado. Solo en el México de los años veinte y en la Rusia posrevolucionaria se pudo hacer algo así; tal vez también en la Italia fascista y en la Alemania nazi, y quizá, aunque con propósitos distintos, en los grandes experimentos populistas latinoamericanos como la Argentina peronista y el Brasil de Getúlio Vargas; incluso en la Cataluña liderada por radicales independentistas como Carles Puigdemont y Quim Torra. Lo normal, sin embargo, era que los artistas de vanguardia carecieran de apoyo institucional y que trabajaran en los márgenes de la sociedad.

Al menos en la Argentina de los años veinte fue así. La mayoría de los nuevos artistas y poetas se dieron a conocer en las tertulias de los cafés y de las confiterías —la Richmond, El Japonés, la Royal Keller—, donde discutían los ensayos y poemas que luego publicaban en revistas con distintas orientaciones estéticas y políticas. La reforma de Córdoba había tenido un impacto indudable en los jóvenes creadores. Algunos de ellos, como

Brandán Caraffa, miembro activo de la vanguardia poética porteña, habían participado en las revueltas. Era evidente que el espíritu regenerador de la vanguardia y las promesas revolucionarias de la izquierda impregnarían sin resistencias el pensamiento y la sensibilidad de una generación que se levantaba contra el pasado y miraba anhelante el futuro. Los nombres de las revistas que fundaron a comienzos de los años veinte delataban su interés por lo que estaba más allá, por lo que vendría: *Prisma, Proa, Inicial, Claridad, Renovación, Insurrexit*. Solo una de ellas, *Martín Fierro*, hacía una referencia al pasado y a las fuentes de la identidad argentina, algo que también era sintomático y muy propio de los tiempos. Por un lado se anhelaba el futuro, el cosmopolitismo y el internacionalismo; por otro el pasado, la tierra y el origen. La regeneración podía venir de Europa y de sus movimientos de vanguardia: el espíritu nuevo; o de Rusia, con su internacionalismo y su radical forma de alterar la vida; o del pasado, de las entrañas de la tierra y de las lecciones del habitante de la pampa.

En El Japonés se reunían los escritores del grupo de Boedo, editores de revistas como *Los Pensadores, Claridad* y *Extrema Izquierda*, y renuentes a los juegos formales y a la fascinación por las modas estéticas parisinas. Afiliados a la izquierda revolucionaria, promovieron el naturalismo y la lucha social, y tuvieron como aliados en el campo de la plástica a los artistas del pueblo, ilustradores, grabadores y litógrafos que se enorgullecían de estar, como decía el uruguayo Guillermo Facio Hebequer, en «contacto continuo con el pueblo sufriente» y de hacer suyos «sus dolores y sus rebeldías».[52] Sus rivales, el grupo Florida, también conocidos como los martinfierristas por la revista que editaban, se reunían en la confitería Richmond. Macedonio Fernández apadrinaba el grupo, y lo animaban los hermanos Borges, Norah Lange, Oliverio Girondo, Leopoldo Marechal y Evar Méndez, entre otros, todos ellos poetas fascinados con el espectáculo de la vanguardia: el ultraísmo que había llevado Borges, desde luego, pero también los demás movimientos de ruptura europeos. Eran cosmopolitas, sin duda, pero también muy argentinos, muy criollos, descendientes de las familias tradicionales arraigadas en Argentina, un país que por esos años recibía cientos de miles de inmigrantes. Mientras que ellos podían hablar con toda propiedad en argentino, un elemento que sería fundamental en el criollismo de vanguardia, los de Boedo venían de un barrio de inmigrantes proletarios y tenían, como analizaba Beatriz Sarlo, una relación distinta, ajena, con la fonética argentina.

A los internacionalistas no les interesaba la pregunta por la identidad, sino la formación de una conciencia de clase. Los vanguardistas, en cambio, se debatían entre el juego experimental y cosmopolita y la nostalgia criollista. Tenían un pie aquí y otro allá; unos estaban más en el mundo y otros más en la pampa, y eso se reflejaba en los artistas a los que invitaban a publicar en *Martín Fierro*. En sus páginas podían aparecer las obras de un criollista como Pedro Figari, de un cubista como Emilio Pettoruti o de visionarios cosmopolitas como Xul Solar. Todos eran vanguardistas y rioplatenses, el primero uruguayo y los otros dos argentinos, pero entre ellos había diferencias notables. Xul fue el más cosmopolita y Figari, el más nacionalista: dos extremos de un mismo esfuerzo plástico por representar lo americano, y fuente de tensiones y conflictos en buena parte de las expresiones de la vanguardia latinoamericana.

El primero de ellos, Xul Solar, fue un intérprete del absoluto y un empecinado creador de sistemas, lenguas, signos, religiones y juguetes que favorecieran la comunicación y la integración humanas; una especie de Vasconcelos pero menos lúbrico, que no fantaseó con estruendosas orgías multirraciales, sino con sincretismos astrológicos, místicos y cósmicos tan ambiciosos como los del mexicano. Más que conectar cuerpos, Xul quiso conectar e integrar las imaginaciones. No auguró una quinta raza, aunque sí un hombre nuevo neocriollo, arraigado en América pero con vocación cosmopolita y una meta fundamental: unir al resto de la humanidad. El segundo, Pedro Figari, también fue un criollista y también pinto al hombre y a la mujer americanos, pero lejos estuvo de fusionar elementos o de forjar sincretismos. Mientras Xul miraba al cosmos y fantaseaba con criollos universales, Figari miraba a la patria en busca del elemento más claro y conciso de lo americano.

Xul plasmó sus visiones de mundos posibles e imposibles, poblados de personajes fantásticos, arquitecturas fabulosas y templos arcaicos (Fig. 3). También experimentó con el leguaje, mezclando el español, el portugués y algunas palabras del inglés para crear el neocriollo, una nueva lengua cuya función sería unir al continente en una Confederación de Estados Latinoamericanos. La obsesión de Xul fue encontrar el principio de unidad de un nuevo mundo, las relaciones secretas entre astros, imágenes, dioses, números, lenguajes, juegos, instrumentos y la chispa imaginativa que pusiera en marcha el mecanismo. «Mi deseo —decía—, que involucra todas mis aspiraciones, es el de llegar a organizar los instrumentos de una cultura única, tomando siempre por base la astrología».[53] Todas las civilizaciones debían integrarse para que la humanidad entera estuviera cobijada por una misma lengua y unos mismos símbolos, juegos y referentes. Inventó por eso la panlengua, otro idioma aún más ambicioso y universal, y religiones como el catolicismo, mezcla de astrología y catolicismo; también el panajedrez, e instrumentos musicales como el piano transformado, y nuevas astrologías y nuevas escrituras y nuevas arquitecturas. Incluso una nueva ciudad, Vuel-villa, la Jerusalén celeste, un proyecto aún más delirante que la Universó-polis de Vasconcelos, que debía flotar suspendida por globos de helio y artilugios aeroespaciales. Para Xul, decía Borges, lo que entendíamos por realidad no era otra cosa que los residuos de las viejas imaginaciones. Creía-mos vivir en un mundo con cimientos, y sin embargo flotábamos en las fantasías o en los versos de algún visionario del pasado. Nada era sólido. Lo que llamábamos realidad eran las imaginaciones del pasado que nos seguían persuadiendo. Por eso todo podía modificarse, unirse, ampliarse, y por eso Xul acabó integrando elementos de las culturas prehispánicas a su plural universo de referencias cósmicas.

Figari era otra cosa. Había sido abogado, escritor y político, también di-rector de la Escuela de Artes y Oficios. Siguiendo las ideas del movimiento Arts and Crafts inglés y anticipándose a las de la Bauhaus alemana, quiso convertir la carrera de Bellas Artes en un motor de la innovación y de la industrialización. La escuela debía tener al diseño industrial como matriz innovadora y práctica, y al arte como motor del ingenio y de la creatividad. Ese era el camino, creía Figari, para que Uruguay y el resto de América Latina crearan una industria aplicada a la solución de sus problemas nacio-nales. Industrializar para no ser industrializados, promover el arte regional, buscar soluciones propias a los problemas propios, como decía Martí. Esos fueron los lemas que hubiera llevado a la práctica, de no ser por que el Go-bierno rechazó su plan. Figari dejó entonces su puesto, tomó los pinceles y empezó a pintar cuando rozaba los sesenta años. Y para no perder más tiempo fue directo al grano, a buscar lo que también había buscado Lugones: el elemento fundamental y fundacional de la identidad rioplatense, la clave de lo propio, lo que había que defender y promover: el gaucho (Fig. 4).

En 1919 Figari ya se refería al personaje vernáculo «como la esencia de nuestras tradiciones criollas, como la valla autóctona opuesta a la conquista ideológica que subsiguió a la era de las emancipaciones políticas».[54] Si la más urgente de las tareas era crear una civilización propia, protegida de ideas foráneas, el primer paso era encontrar un arquetipo del hombre americano. Y aunque Figari también se interesó por el negro uruguayo, ese hombre era claramente el criollo de la pampa. A partir de ese símbolo se construiría la identidad y la civilización americanas, porque el gaucho, según Figari, no era un mero representante del Río de la Plata. «Es más que un símbolo patrio —dijo—, es el símbolo de la América Latina».[55]

Xul también descubrió con fascinación el continente americano, pero no desde Argentina sino en Europa, en el Museo Británico. Allí estudió los códices del antiguo México y pintó acuarelas fantásticas pobladas de indígenas, deidades prehispánicas, serpientes místicas y fauna americana. En su americanismo no había mensajes combativos, como los que se podían ver en el muralismo mexicano, ni se reivindicaba una identidad concreta. Se trataba de un americanismo místico que sumaba y mezclaba mitos prehispánicos y visiones universalistas. Xul mostraba que lo americano podía ser cualquier cosa. Figari, en cambio, se empeñó en buscar desde la vanguardia lo que solo podía ser americano.

No sería el único. Si para Figari el gaucho encarnaba la esencia o la síntesis de las virtudes americanas, luego vendrían los andinos a decir que lo americano era el indio, y los brasileños, que el tupí, y los antillanos, que el negro, y la utopía de unión latinoamericana del arielismo se fragmentaría en regionalismos y nacionalismos. Porque todas estas búsquedas vernáculas serían un alimento vigoroso para el chovinismo nacional. Se vería en los años treinta, cuando una nueva generación de caudillos revolucionarios trató de legitimar sus golpes de Estado y su autoridad promocionando la idiosincrasia y la cultura nacional.

LA VANGUARDIA LLEGA A BRASIL: LA SEMANA DE ARTE MODERNO DE 1922

> *Eu insulto o burguês! O burguês-níquel,*
> *o burguês-burguês!*
> *A digestão bem feita de São Paulo!*
> *O homem-curva! O homem-nádegas!*
> *O homem que sendo francês, brasileiro, italiano,*
> *é sempre um cauteloso pouco-a-pouco!*

MÁRIO DE ANDRADE,
«Ode ao burguês»

Para contar esta historia de la modernidad cultural latinoamericana también tengo yo que recurrir a las estrategias de la vanguardia. Muchas cosas estaban ocurriendo al mismo tiempo, y la mejor forma de plasmarlo por escrito es segmentando la realidad como los cubistas, apelando a la simultaneidad del orfismo, imprimiéndole el dinamismo de los futuristas. El espíritu moderno emanado de las revoluciones tecnológicas y de los grandes acontecimientos mundiales impactaba simultáneamente en toda América Latina. En muy poco tiempo la sensibilidad de las nuevas generaciones era otra. Quedaban atrás, perdidos entre penumbras decimonónicas, los desvelos existenciales, la modorra, la debilidad y la contemplación modernista. La torre de marfil ya estaba en el suelo, a los pies del Dr. Atl, de Orozco y de Siqueiros. Los poetas se arrastraban ahora por las urbes. Enfermos de vitalidad, solo miraban al futuro. Querían entrar en acción y participar en la transformación del mundo. Todo lo lento, lo burocrático, lo procedimental empezaba a parecerles obsoleto, una rémora de tiempos superados en los que primaba el deleite burgués por la moderación y los parsimoniosos trámites parlamentarios. El mundo cambiaba y cambiaba ya, no daba tregua, imponía un desafío a los jóvenes irredentos y creativos que querían estar a la altura de su época.

«Los corazones golpean los pechos de los machos. / Y hay un grito que se angustia / en la garganta de todos: / ¡vivir! ¡vivir! ¡vivir!», decía el poeta guatemalteco Luis Cardoza y Aragón en 1924. «Quien no está en el Futuro no existe. / El futuro empezó ayer»,[56] añadía. Muchos poetas respondieron con brío similar a las expectativas de lo nuevo y al anhelo de revolución que llegó a América Latina con la máquina y con las ideologías que habían transformado Rusia e Italia. En Brasil fue notable el impacto sensible de la revolución moderna. Arrastrada por la bonanza cafetera de finales del siglo xix y de principios del xx, São Paulo se llenaba de motores, de válvulas, de grandes edificios y de nuevas industrias. La ciudad dejaba de ser una pequeña aldea y daba sus primeros pasos para convertirse en una trepidante ciudad cosmopolita. Surgía una clase trabajadora inmiscuida en política. Llegaban el tranvía, el teléfono, los automóviles, el claxon. Como Cardoza y Aragón, también los poetas brasileños reflejaron en sus obras la mezcla de fascinación y de horror que generaban estos cambios. Menotti del Picchia, periodista y poeta, dejó constancia de esa ambivalencia en un cándido poema futurista, «Elogio del teléfono», en el que describía al hoy casi extinto aparato como un monstruo con boca y oído y un sistema de nervios metálicos que vibraban más que un alma en pena. «Yo te amo y te odio, yo te deseo y te huyo»,[57] decía, lo mismo que me ocurre a mí hoy con el *smartphone* o el WhatsApp.

El futurismo había llegado a Brasil muy temprano, en 1912, gracias al poeta Oswald de Andrade, que tradujo e hizo circular el manifiesto de Marinetti. Su influjo no se hizo esperar y fue notable en autores jóvenes. A Luis Aranha le cambió la manera de percibir el frondoso espectáculo del trópico. De pronto el joven escritor veía la exuberante naturaleza interrumpida por nuevos retoños metálicos, geométricos, móviles, veloces. Su «Poema Pitágoras» recreaba el mundo a partir de una estética futurista y constructiva. Convertía el cielo en un «enorme cuadro-negro» poblado por «planetas poliedros planetas cónicos planetas ovoides».[58] La ciudad era la nueva musa poética, al menos para los poetas que dejaban atrás el mundonovismo y la provincia del posmodernismo para escribir al ritmo del jazz y del tranvía. El libro que mejor somatizó estos cambios anímicos y espirituales en Brasil fue *Paulicea desvariada*, de Mário de Andrade, un canto de amor a São Paulo que exaltaba el vértigo y despreciaba la pasividad y la cautela. En sus poemas los políticos se convertían en cabras que pastaban frente al palacio del señor presidente («O rebanho»), y el burgués mutaba en un hombre nalga, cauto, lento y adiposo hasta en su forma de pensar («Ode ao burguês»). La ciudad de sus versos ardía con sus domadores de automóviles, sus rutinas domingueras, sus cafés atestados y sus ritmos estruendosos. El São Paulo de Mário de Andrade era un arlequín trajeado con parches romboides de diversas razas, culturas y tradiciones: una tensión fascinante que profundizaba su radical dinamismo y lo que Menotti del Picchia describía como la violencia fecunda de sus choques raciales.

El futurismo inspiraba la poesía y el expresionismo, la pintura. El lituano Lasar Segall había llegado a São Paulo en 1912, y en 1913 mostraba por primera vez las estridencias del expresionismo alemán. Esta exhibición, junto con la de 1917 de Anita Malfatti, otra pionera de la vanguardia, fueron los primeros gritos de modernidad y cosmopolitismo que se oían en Brasil. La poesía y el arte se renovaban, también la música y la arquitectura, y el ambiente parecía propicio para organizar un gran evento que congregara a todas las artes nuevas. Esta iniciativa se concretó en la Semana de Arte Moderno de 1922, organizada en febrero de aquel año en el Teatro Municipal de São Paulo.

En el vestíbulo del teatro se expusieron pinturas de artistas como Malfatti, Vicente do Rego Monteiro y Emiliano di Cavalcanti, además de las esculturas de otro de los pioneros de la vanguardia brasileña, Victor Brécheret, y muestras de los arquitectos Antônio Garcia Moya y Georg Przyrembel. El compositor Heitor Villa-Lobos, que ya por entonces gozaba de reconocimiento, dio recitales de piano; la poesía corrió a cargo de Mário de Andrade, Manuel Bandeira, Oswald de Andrade, Plínio Salgado, Sérgio Milliet, Guilherme de Almeida, entre otros, y sobre arte hablaron Graça Arahna, Ronald de Carvalho y Menotti del Picchia. El objetivo de esta generación de artistas era sepultar la tradición anterior, la parnasiana, lo que en el resto de América Latina era modernismo, y desterrar al olvido la estética clásica y homérica. Querían una nueva poesía escrita con sangre, con electricidad y con violencia, decían. Eso significaba con humanidad, con movimiento y con energía *bandeirante*.

Lo llamativo de esa reunión de poetas era que algunos detestaban la generación previa de melenudos enfermizos por pasadistas, y otros porque todas sus referencias eran extranjeras. No todos entendían lo nuevo de la misma forma. Aunque el nacionalismo, o al menos el interés en la identidad brasileña, estaba presente en la obra de todos, unos querían integrar a Brasil en el mundo y otros querían purificarlo de cualquier influencia foránea. Para estos últimos la fuerza regeneradora no era la estridencia del futurismo, sino la superación extranjerizante del parnasianismo. La cultura brasileña que querían fundar debía nutrirse solo de fuentes nacionales; tal vez en eso se parecían a Marinetti, en su nacionalismo radical, pero desde luego no en su modernolatría. Lejos de mostrar debilidad por el claxon o el jazz, se sentían próximos a las reivindicaciones regionalistas de la *Revista do Brasil*, a la arquitectura de Victor Dubugras y al *caipira* Jeca-Tatu, un personaje rural inventado por Monteiro Lobato. Tal y como ocurría por los mismos años en la confitería Richmond de Buenos Aires y en el café Windsor de la aislada Bogotá, en la Semana de Arte Moderno se reunieron bajo el manto de lo nuevo y de la regeneración dos sensibilidades muy distintas, una cosmopolita y otra nacionalista. Las dos se hacían la misma pregunta: ¿adónde debía apuntar la mirada del artista, al abstracto horizonte del cosmopolitismo o a la cierta y palpable radicalidad de la tierra? Y, como en Colombia, las distintas respuestas que dieron al interrogante hicieron que un mismo grupo de amigos y correligionarios de lo nuevo terminara dividiéndose en comunistas y fascistas.

VANGUARDIA CON SABOR A PATRIA: EL CRIOLLISMO DE BORGES, GIRONDO Y GÜIRALDES

> *Pampa:*
> *yo sé que te desgarran*
> *surcos y callejones y el viento que te cambia.*
> *Pampa sufrida y macha que ya estás en los cielos,*
> *no sé si eres la muerte. Sé que estás en mi pecho.*
>
> JORGE LUIS BORGES,
> «Al horizonte de un suburbio»

A pesar de haber sido el promotor de una vanguardia universalista y cosmopolita, el impacto que le produjo Buenos Aires desactivó rápidamente el programa ultraísta que Borges traía de España. Es verdad que al principio él y Norah no encajaron del todo en Argentina, pero con el paso de los meses los dos hermanos volvieron a sentirse en casa. Los poemas del primer libro de Borges, *Fervor de Buenos Aires*, de 1923, no dejaban duda al respecto. El joven poeta exploraba su ciudad sin la parafernalia futurista y distanciándose de las formas ultraístas. Sus versos resaltaban la nostalgia, evocaban antepasados heroicos que empuñaron la espada contra los españoles, plasmaban atardeceres que recordaban el paso del tiempo y el olvido, la posibilidad de la muerte y la desaparición del mundo. América golpeaba la sensibilidad de Borges: «Esta ciudad que yo creí mi pasado / es mi porvenir, mi presente; / los años que he vivido en Europa son ilusorios / yo estaba siempre (y estaré) en Buenos Aires».[59] No había nada más que agregar.

Fervor de Buenos Aires no acusaba las influencias de Huidobro ni de Cansinos Assens, pero sí la de Macedonio Fernández. En el libro Borges confesaba su interés en el mármol, en las lápidas, en la patria. Le preocupaban la muerte y su poder para llevarse consigo una parte de ese sueño que llamamos realidad. El tiempo y el espacio morían con la muerte; somos espejos, un hecho entre los hechos, una casualidad. Y todo esto era Macedonio y era Schopenhauer. Borges se aprovisionó de los conceptos e inquietudes metafísicas de estos dos autores y salió a recorrer Buenos Aires. Fue en busca de los arrabales y de los jardines. Encontró las tardes, ese momento terrorífico en que las penumbras devoran la ciudad y amenazan con negarle su existencia. Borges, idealista radical, le temía al sueño, necesitaba hombres y mujeres despiertos que vieran la ciudad porque la realidad solo era el sueño de la vigilia, lo que las mentes recordaban y proyectaban sobre el mundo: dormidos soñamos lo inexistente, despiertos soñamos la realidad. Era evidente que Borges también comulgaba con las ideas de Xul Solar: de Buenos Aires solo sobrevivirían sus ficciones, sus versiones más imaginativas. Y esa fue su misión a comienzos de los años veinte, asegurarle la perpetuidad a Buenos Aires reinventándola, convirtiéndola en un lugar soñado, mitificado.

La nostalgia por su ciudad y por su patria se acentuó al poco tiempo de publicar su primer libro, cuando se vio forzado a regresar con su familia a España. En Madrid volvió al café Pombo, a las tertulias literarias y a la cercanía de sus viejos camaradas. Advirtió que su admirado Cansinos Assens había perdido protagonismo y ahora la vanguardia orbitaba en torno a Gómez de la Serna y sus humoradas. Borges no se sintió a gusto y aquel desencuentro agudizó la añoranza por su país. En Argentina, y en general en América, había algo que se estaba perdiendo en Europa y que la poesía debía rescatar. «Deberían nuestros versos tener sabor de patria, como guitarra que sabe a soledades y a campo y a poniente detrás de un trebolar»,[60] escribió en 1924. Empezaba a tentarlo la posibilidad de un criollismo fiel a la patria y en contacto con el mundo, arraigado en Argentina y con vuelo cosmopolita. Aunque luego lo tildaría de «andaluz profesional», los poemas de Federico García Lorca que mezclaban elementos andaluces y vanguardistas le parecieron una posibilidad sugerente para la poesía argentina. De regreso en Buenos Aires publicó una selección de ensayos, *El tamaño de mi esperanza*, en los que criticaba a los escritores que miraban exclusivamente a Estados Unidos y Europa, pero también a los que expresaban un telurismo que se agotaba en la nostalgia por la pampa. Buscaba reivindicar un criollismo que dialogara con el mundo, con el yo, con Dios y con la muerte: un criollismo cosmopolita y metafísico, una poesía que fuera moderna y tradicional, del presente y del pasado, citadina y de la pampa. Un criollismo que reivindicara Argentina sin encerrarla en sus esencias.

La pregunta por la patria contagió a todos los escritores relacionados con el grupo Florida y con *Martín Fierro*, aunque no les marcó una orientación precisa. La de Oliverio Girondo fue muy distinta de la de Borges, por ejemplo, aunque también él propuso una solución criollista a las aspiraciones cosmopolitas de la vanguardia porteña. En sus *Veinte poemas de amor para ser leídos en el tranvía*, publicado en 1922, no asomaban los arrabales ni los héroes de la mitología argentina que hacían palpitar a Borges; mucho menos los gauchos, ni las pampas, ni los cuchilleros, y más bien sí muchos y variados culos, pezones y vulvas. Los poemas de Girondo jamás pasarían la censura de la corrección política contemporánea. Fue una suerte para él que 1922 fuera un año muy distinto de 2022, y que por entonces estallaran las propuestas libertarias y transgresoras, no los moralismos ni los puritanismos censores.

Girondo se derretía en sus poemas ante una camarera de Brest que le trae «unos senos que me llevaría para calentarme los pies cuando me acueste». La sensualidad de Venecia explicaba la permanente erección del campanario de San Marcos, y en Dakar descubría que el candombe «les bate las ubres a las mujeres para que al pasar el ministro les ordeñe una taza de chocolate». Tampoco se resistía a expresar la fascinación que le producían las chicas del barrio de Las Flores, en Buenos Aires, «que cuando alguien las mira en las pupilas, aprietan las piernas, de miedo de que el sexo se les caiga en la vereda».[61] Estos poemas se paseaban por el mundo y hablaban de ciudades distintas a Buenos Aires, y sin embargo eran argentinos; al menos así lo entendía Girondo, y por una razón fundamental: en la escritura había un elemento claramente argentino. El peruano José Carlos Mariátegui se dio cuenta de ello. «En la poesía de Girondo —dijo— el bordado es europeo, es urbano, es cosmopolita, pero la trama es gaucha».[62] En efecto, acertaba.

Girondo fue un cosmopolita que se apropió del mundo entero, que lo argentinizó, que lo americanizó. Europa adquiría un tono distinto en sus poemas, más fresco, más sensual, por efecto de una herramienta que puso en práctica con total premeditación y descaro: la fonética argentina. Ahí estaba el secreto del criollista, en su fonética nueva y americana que oxigenaba el idioma y argentinizaba cualquier tema que abordara.

A la pregunta por la identidad nacional, Girondo daba una respuesta contraintuitiva. Ser argentino no era ahogarse en la savia nacional ni acuartelarse en las costumbres vernáculas. Ser argentino era argentinizar, con la mirada y con el lenguaje. «No existirá un arte nacional —dijo en uno de los membretes que publicó en *Martín Fierro*— mientras no sepamos pintar un paisaje noruego con un inconfundible sabor a carbonada».[63] Girondo daba licencia a todos los latinoamericanos para asaltar la despensa de la cultura universal, para recorrerlo todo y husmearlo todo. Además de fe en la fonética, el argentino tenía fe en la capacidad de asimilación americana. En el epígrafe de su poemario de 1922 decía que los latinoamericanos teníamos «el mejor estómago del mundo, un estómago ecléctico, libérrimo, capaz de digerir, y de digerir bien, tanto unos arenques septentrionales o un kouskous oriental, como una becasina cocinada en la llama o uno de esos chorizos de Castilla».[64] Se estaba adelantando a la mejor aportación de la vanguardia brasileña, una forma de mestizaje cultural que suponía devorarlo, canibalizarlo todo. Si Borges anhelaba darle a lo argentino una expresión universal, Girondo optaba por argentinizar el universo.

Otra forma de resolver la tensión entre lo nacional y lo cosmopolita quedó plasmada en la novela más importante del criollismo argentino, *Don Segundo Sombra*, publicada en 1926 por Ricardo Güiraldes. La novela habla justamente de ese elemento americano por el que Borges sentía nostalgia, algo que se obtenía en contacto con la tierra y con las costumbres nacionales, y que luego daba una particular fuerza para conquistar el mundo. La novela cuenta los años de formación de Fabio Cáceres, un joven huérfano que prefiere crecer al lado de don Segundo, un gaucho solemne y reservado, en lugar de irse a vivir con sus tías. Bajo su tutela, saboreando el sustrato de la pampa salvaje y ejerciendo las faenas más arduas del campo, Fabio va templando el carácter de un verdadero gaucho. Vive feliz a la intemperie, libre, en contacto diario con los elementos, hasta que un día recibe una noticia inesperada. Acaba de heredar una gran fortuna que le permitirá dejar el campo e ir a la metrópolis a cultivar intereses literarios. En medio de su desconcierto, el joven duda: no sabe si prefiere ser un joven cosmopolita e inauténtico o un gaucho vital impregnado de las esencias nacionales. Acude a don Segundo y es él quien le revela el secreto, la clave, del criollismo cosmopolita: «Si sos gaucho en deveras, no has de mudar, porque andequiera que vayas, irás con tu alma por delante como madrina'e tropilla».[65]

Ahí estaba la concreción literaria de esa particularidad latinoamericana, la clave específica de nuestro cosmopolitismo: los americanos de los Andes, de las pampas, de los ejidos, de las selvas o incluso de las contemporáneas y caóticas megalópolis teníamos un filtro distinto. Habíamos inculcado un elemento diferenciador, ajeno a cualquier tradición occidental, que nos permitía asimilar y participar de la cultura europea con una luz especial y nueva. El gran descubrimiento de la vanguardia latinoamericana fue ese. Podíamos desplazarnos con facilidad de lo vernáculo a lo universal, de lo salvaje a lo civilizado, de lo agreste a lo urbano, del sentimiento nativo a la forma europea, de lo no occidental a lo más moderno. Era un privilegio: podíamos estar en dos lugares al mismo tiempo; tener un pie en la manigua y otro en un avión, con un ojo mirando al mundo prehispánico, perdido en el pasado, y con otro a las posibilidades culturales y tecnológicas del futuro. «América, América mía: desde el alarido del salvaje / hasta la antena de radiotelegrafía»,[66] cantaba Carlos Pellicer en «Piedra de sol». Ya no se trataba de la vieja pugna entre civilización y barbarie del siglo XIX latinoamericano. Ahora el civilizado llevaba al salvaje adentro. Huidobro se llamaba a sí mismo bárbaro, culto y anticulto, animal metafísico cargado de congojas, y no en vano el Dr. Atl y Vasconcelos se creyeron descendientes de la fantástica Atlántida, porque el pasado mítico y el futuro utópico también eran nuestros. Origen y destino. Hombre nuevo atemporal. La encarnación de todos los tiempos y de todos los lugares, destinado a forjar nuevas tradiciones que participaran activamente en el destino de la humanidad.

Era la gran ambición de la vanguardia cosmopolita que extraía su savia y su fuerza de la raíz local, de la nacionalidad, un sueño generoso que sin embargo acabaría aplastado por la consolidación de los hombres fuertes y de los nacionalismos. Los gauchos viriles y patrióticos, los compadritos y cuchilleros que ponían el honor por encima de la vida, que mataban o se hacían matar para limpiar la más insignificante mancha en su nombre, saldrían en 1930 de los poemas, de las fábulas y de las anécdotas decimonónicas y tomarían el poder por la fuerza. El gaucho, finalmente, no se universalizaría y ni siquiera saldría de su patria. Se entronaría en los palacios y desde allí resolvería la gran pregunta por la identidad latinoamericana de la única forma que podía: imponiendo regímenes ultranacionalistas y filofascistas.

INVENTAR BRASIL: LA VANGUARDIA COSMOPOLITA *VERSUS* LA VANGUARDIA
NACIONALISTA

Pueblerina vestida por Poiret
la pereza paulita reside en tus ojos
que no han visto jamás París ni Piccadilly
ni los piropos de los hombres
en Sevilla
a tu paso entre aretes.
Locomotoras y bichos nacionales
geometrizan las atmósferas nítidas
Congonhas palidece bajo el palio
de las procesiones de Minas.
El verdor en el azul klaxon
cortado
sobre el polvo rojo.
Rascacielos
Fords
viaductos
un olor a café
en el silencio enmarcado.

OSWALD DE ANDRADE,
«Atelier»

¿Cómo iban a imaginar los poetas de los años veinte que con sus llamados a
la regeneración, a la acción y a la reconquista de los símbolos nacionales
estaban invocando demonios peligrosos? Cardoza y Aragón podía burlarse
de su ciudad natal, Antigua, diciendo que allí la gente no había nacido de un
orgasmo sino de un bostezo; podía despreciar la calma y la parsimonia americana; podía escribir: «Nací odiando la monotonía / de las almas en paz», e
invocar el «trigo de los campos de batalla / de las estepas rusas» porque en
los años veinte todo era fiesta y creación. Primaba la fe en lo nuevo y en su
poder para revolucionar la vida. Nadie sabía de fórmulas ideológicas ni de
sus posibles consecuencias; nadie sabía aún que el localismo, con unas gotas
de religión, un puñado de nostalgia por el hispanismo, un tris de culto a los
héroes de la patria o un anhelo imposible de pureza cultural podía mutar en
fascismo, ni que despojado de heroicidad y revestido de victimismo podía
conducir al nacionalpopulismo izquierdista.

En Brasil todos los vanguardistas jugaron con estos elementos tratando de inventar una identidad nacional. Todas sus expresiones, por eso mismo, destilaron un sabor nacionalista, pero, como señalaba el crítico Alceu Amoroso Lima, hubo matices fundamentales. Una cosa era el dinamismo de Mário de Andrade y de Luis Aranha; otra, el primitivismo de Tarsila do Amaral y de Oswald de Andrade, y otra muy distinta el patrioterismo exaltado de Menotti del Picchia, de Plínio Salgado y de Cassiano Ricardo. En países como Argentina, Uruguay y Brasil, que habían recibido fuertes oleadas migratorias y cuyos dinámicos puertos conectaban más fácilmente con Inglaterra que con Bolivia, el llamado americanista suponía una encrucijada más compleja que para países como Perú o Nicaragua. ¿De verdad iban Argentina y Uruguay a girar su mirada hacia el interior, hacia Paraguay y los Andes, y a cerrar los canales comerciales y culturales con Europa que habían llevado una envidiable prosperidad a ambos países? ¿De verdad Brasil debía rechazar el ejemplo argentino y sumarse a la guerra antiimperialista y americanista? Estas eran preguntas que surgían en los años veinte y que planteaban muchos dilemas a los artistas. La primera reacción fue más bien cosmopolita y urbana. Poco después de la Semana de Arte Moderno, Mário de Andrade fundó *Klaxon*, una revista escorada hacia el internacionalismo, defensora del progreso y de la ciencia, donde publicaron los protagonistas de la vanguardia brasileña, incluidos quienes acabarían liderando las principales corrientes mestizófilas y nacionalistas.

En ese momento iniciático *Klaxon* expresaba la fe incombustible en los futuros dinámicos, en el verso libre, en la urbe; encarnaba el rechazo al pasadismo y defendía la «extirpación de las glándulas lacrimales»,[67] es decir, la abolición de la nostalgia romántica y de la agonía bohemia. Un poeta como Oswald de Andrade quería alejarse de la sensibilidad parnasiana por vieja y caduca; otro, como Plínio Salgado, porque era una corriente estética extranjerizante. Los dos querían crear una identidad brasileña nueva y moderna, pero mientras Oswald apostaba por el cosmopolitismo y la mezcla cultural, Salgado lo hacía por la uniformidad racial y la eliminación de las influencias culturales foráneas. Los dos poetas jugaban con la misma materia inestable, pero uno miraba hacia fuera y el otro hacia dentro, y por eso, cuando finalmente el arte tropezó con la política, los dos acabaron en orillas ideológicas opuestas.

La historia de sus divergencias empezó poco después de la Semana de Arte Moderno. Ese mismo año Oswald conoció a Tarsila do Amaral, hija de un rico hacendado cafetalero de São Paulo que estaba de paso por Brasil. La joven vivía en París, donde estudiaba pintura; y claro, allí había visto a los cubistas, a los futuristas y a los dadaístas, pero hasta entonces no se había sentido interpelada por sus rupturas estéticas. Tuvo que conocer a los vanguardistas brasileños y enamorarse de Oswald para contagiarse con el espíritu nuevo. Ella y el poeta formaron la pareja más sexy de los años veinte, Tarsiwald, y juntos volvieron a París en 1923 a devorar el mundo e impregnarse de la última moda estética. Tarsila pasó por los talleres de André Lhote, de Albert Gleizes y finalmente de Fernand Léger —una de sus mayores influencias—, cumpliendo lo que ella misma llamó su «servicio militar cubista». Pero lo más importante de aquel año fue que tanto el poeta como la pintora empezaron a sentir una profunda añoranza por Brasil. «Cada vez me siento más brasileña —le escribió Tarsila a sus padres—: quiero ser la pintora de mi tierra».[68] Lo mismo le ocurría a Oswald. En el corazón de Europa lo sorprendía la más extraña de las revelaciones: Brasil existía, él era brasileño y su poesía podía nutrirse con total legitimidad de los elementos vernáculos de su tierra. ¿Acaso Picasso, Brancusi, Richard Huelsenbeck, Emil Nolde o Max Ernst, los vanguardistas europeos que renovaban el arte occidental con influencias primitivas y africanas, habían visto un negro en su vida? ¿Realmente sabían lo que era el primitivismo o la vida feraz que celebraban en sus obras? «¡Europeo!, hijo de la obediencia, de la economía y del buen juicio, tú no sabes qué es ser americano»,[69] diría Ronald de Carvalho en 1926. Los vanguardistas latinoamericanos, y en especial los brasileños, se empezaban a dar cuenta de que todo aquello que fascinaba a los artistas europeos ya estaba en su patria, y que eran ellos, Tarsila y Oswald, Tarsiwald, los verdaderamente autorizados a expresar la sensualidad, la libertad y la espontaneidad del primitivo. No porque quisieran hallar elementos exóticos que escandalizaran a la burguesía o desafiaran la moral de las sociedades industrializadas, sino por una razón más honesta y profunda: querían descubrir las vetas secretas de su nacionalidad, los sabores y olores que los hacía ser quienes eran.

Esa añoranza se tradujo en la primera obra maestra de Tarsila, un lienzo pintado en París que expresaba la rotundidad sensual del trópico y «la sabia pereza solar» —expresión de Oswald— de los nativos del continente americano. A Negra, como tituló el cuadro (Fig. 5), era la representación casi geométrica y tubular de una voluptuosa mujer de enormes labios que miraba el mundo con una mezcla de estoicismo y sapiencia. Tarsila abría por primera vez la compuerta de sus reminiscencias y nostalgias brasileñas, y desde entonces sus pinturas se poblarían de colores brillantes y de escenas de São Paulo, Minas Gerais y Río de Janeiro. Pero no solamente. Tarsila se dio cuenta de que pintar Brasil no era solo pintar los datos objetivos y visibles, sino su mundo de mitos y supersticiones, los personajes fantásticos salidos de sueños o de las leyendas populares. Desde entonces su pintura tendría un fondo mítico y primitivo y una forma novedosa y vanguardista;

se nutriría de Brasil tanto como de Europa; representaría en un mismo plano, adelantándose al realismo mágico, lo real y lo fantaseado.

Tarsila y Oswald regresaron en diciembre de 1923 a São Paulo, más interesados que nunca en su país. A los pocos meses, en marzo de 1924, Oswald publicó el primero de sus escritos fundamentales, el *Manifiesto de la poesía pau-Brasil*, en el que trazaba el curso de su obra futura. El pau-Brasil no solo era el árbol que le daba el nombre al país; también había sido su primer producto de exportación. Por eso Oswald denominaba así a su poesía, porque ahora se proponía crear un nuevo arte brasileño que fascinara al mundo. París estaba harto de arte parisino, los europeos ansiaban colores foráneos, exotismo, sueños salvajes que los hicieran despertar de su monotonía ilustrada. El *Manifiesto pau-Brasil* expresaba esa nueva conciencia del valor de lo brasileño y del poder que tenía el sustrato primitivo del país para hechizar a los europeos. «Bárbaro y nuestro, la formación étnica rica. Riqueza vegetal. El mineral. La cocina. El vatapá, el oro, la danza»,[70] decía; el Brasil de las casitas de azafrán y de ocre en los verdes de la favela; el Brasil que hablaba una lengua sin arcaísmo ni erudición; el Brasil que se desfogaba en la lujuriosa ventisca del carnaval; el Brasil colorido y espontáneo del tupí primitivo: todo eso era de ellos, todo eso *era* ellos, y ahora podían fundirlo con los procedimientos formales modernos para crear un nuevo producto de exportación: poesía y pintura pau-Brasil.

En 1925 Oswald publicó en París un poemario que también tituló *Pau-Brasil*, compuesto de viñetas sobre su país y su historia, sobre sus costumbres y sobre la modernidad paulista. Los poemas surgieron de lo que vio y sintió en Río de Janeiro y en Minas Gerais cuando emprendió viaje, acompañado de Tarsila, Mário de Andrade, Blaise Cendrars y otros intelectuales, con el claro propósito de descubrir el interior de su patria. La pintura de Tarsila también se llenó de las mismas referencias, como si todo lo hubiera visto por primera vez, como si hubiera descubierto un país virgen que nadie había pintado antes. Y sí, algo así era lo que había ocurrido, porque por primera vez el paisaje brasileño, sus escenarios urbanos, sus tipos humanos y los personajes de sus mitos eran observados con un filtro moderno. La poesía y la pintura de Tarsiwald conseguían la admirable hazaña de recrear en el lenguaje de las vanguardias los elementos reales y fantásticos, urbanos y rurales, de la experiencia brasileña.

Mientras los cosmopolitas representaban Brasil con formas europeas, Plínio Salgado intentaba hacer justo lo contrario. A él París o el resto del mundo le importaban un pimiento, y lo que pedía no eran expresiones contaminadas de manierismo francés sino un vínculo incorruptible del arte con la tierra. Nada de novelas imaginadas; quería novelas sentidas, que surgieran de las raíces étnicas, de los profundos dramas sociales, del medio cósmico y de los condicionantes históricos de la patria. Su primera iniciativa de vanguardia, lanzada en 1926, fue el movimiento verde-amarillo, un proyecto tutelado por el tapir y el tupí, el gran mamífero de la selva y el hombre primitivo, que proponía un nacionalismo amable e inclusivo. El tupí, decía Salgado, era un símbolo de integración, algo así como «una raza transformadora de razas»,[71] porque, a pesar de haber sido la simiente nativa de Brasil, fue la única que desapareció con los procesos de colonización y mestizaje. Eso demostraba que el brasileño originario era una fuerza centrípeta que obraba el milagro de la fantasía vasconceliana: la raza cósmica. Antes de convertirse en fascista, Salgado creyó que Brasil podía ser la cuna de esa quinta raza gracias a los valores y al ejemplo del tupí, que representaba la ausencia de prejuicios raciales y la invitación al mestizaje.

Aquel nacionalismo *soft* permitía la colaboración con otros pueblos y otras razas, siempre y cuando fuera en igualdad de condiciones, y siempre y cuando se proscribiera cualquier influencia europea. «Queremos ser lo que somos: brasileños —decían Salgado y sus seguidores—. Bárbaramente, sin aristas, sin autoexperiencias científicas, sin psicoanálisis y sin teorías».[72] El brasileño era más espiritual que reflexivo, decían, detestaba la sistematización y la teoría, y se inclinaba hacia el misticismo y la acción. Concretamente, hacia la acción combativa en contra de todo lo extranjero. Como aquella vanguardia que estimuló intelectualmente al Dr. Atl, L'Action d'Art, a los verde-amarillistas no les interesó depurar un estilo artístico o poético. Se conformaron con forjar una cruzada mística destinada a liberar de todos los obstáculos y contaminaciones que le impedían al brasileño ser brasileño. Pelearon contra la burguesía, contra el capitalismo, contra el comunismo; demandaron la liberación cultural e intelectual, la decolonización total para que por fin Brasil pudiera producir su propio pensamiento. La «nacionalización de nuestra vida mental, de nuestras costumbres»,[73] eso era lo que anhelaban, un giro de tuerca a la fantasía reaccionaria. Las respuestas a los problemas no había que inventarlas, como decía Martí; mucho menos importarlas, como creían los cosmopolitas. Las respuestas ya estaban ahí, en las tradiciones y en el sentido religioso del pueblo. A Brasil se lo encontraba como a Dios, porque la fe en la patria y la fe en la salvación debían ser la misma.

No debe extrañar que poco a poco Salgado empezara a detestar las ciudades que tanto celebraban *Klaxon* y Mário de Andrade. En *Literatura e política*, libro de 1927, se preguntaba si «el cosmopolitismo de ciertas zonas brasileñas no representa el mayor peligro para los destinos de la nacionalidad».[74] Le preocupaba la migración de los campesinos a las urbes, porque con aquel tránsito se perdía el vínculo con la tierra y se abrían las fronteras morales a la influencia foránea. El poeta Cassiano Ricardo también se oponía al cosmopolitismo, y sobre todo al de pau-Brasil. Descubrir Brasil en París, como había hecho Oswald, le parecía ridículo. A Brasil había que descubrirlo en Brasil, y desde luego no en las ciudades, donde se fomentaba una confusa disgregación de la identidad y la inestabilidad del sentimiento nacional, sino en sus provincias.

Destinados a repelerse, los nacionalistas se resistían cada vez más a lo extranjero mientras los cosmopolitas buscaban formas cada vez más novedosas y arriesgadas de plantear la relación de Brasil con el mundo. Una vez más, Tarsila fue una fuente de inspiración para Oswald. En 1928 pintó un cuadro que deslumbró al poeta. Se trataba de un personaje fantástico, una especie de hombre gigantesco con un pie descomunal y una cabecita minúscula, sentado en una colina junto a un cactus, bajo el sol abrasador (Fig. 6). Oswald y su amigo Raul Bopp, también poeta, lo bautizaron como Abaporu: «aba» ("hombre") y «puru» ("que come"), una suerte de antropófago primitivo arraigado a la tierra (sus enormes pies así lo indicaban), pero creado con una depurada síntesis de diversas corrientes plásticas extranjeras, desde el constructivismo hasta el cubismo de Léger. Sin Europa, el Abaporu no habría podido existir. Tampoco el gigante comedor de gente, Pietro Pietra, que Mário de Andrade inventó en su novela de 1928 *Macunaíma*: un italiano que a la vez era indígena y que tenía los pies hacia atrás, como el Currupira. Esos personajes ficticios encarnaban y solucionaban todas esas contradicciones y tensiones entre lo nacional y lo cosmopolita.

El Abaporu, ese hombre que come, sería en adelante un antropófago hambriento, un caníbal con muy buen estómago —ecléctico y libérrimo, como había dicho Girondo— capaz de digerir todas las influencias culturales extranjeras que pudieran nutrir la identidad brasileña. «Soy un tupí tañendo un laúd»,[75] había dicho Mário de Andrade en *Paulicea desvariada*, y en *Macunaíma* su personaje primitivo llegaba a São Paulo a descubrir con asombro los ascensores, las bocinas de los carros, el estrépito de la ciudad. Bueno, pues eso eran los antropófagos brasileños: tupís que habían aprendido a tocar los más refinados instrumentos europeos, tupís que se habían deslumbrado con la modernidad occidental y la celebraban, tupís arraigados a su tierra pero capaces de asimilar cualquier floración cultural extranjera. No eran solo la base de la raza cósmica, como pensaba Salgado, eran mucho más que eso. Eran los intérpretes que traducían el mundo entero en un lenguaje brasileño, y que con sus novedosas mezclas y desacomplejado sincretismo renovaban y ampliaban la cultura nacional y universal. Las fantasías mestizófilas podían conducir a dos lugares muy distintos: a la uniformidad y fortaleza de la raza, como pretendían Vasconcelos y Salgado, o a la complejidad y permanente experimentación, como querían los antropófagos.

Estos últimos estaban pensando de manera novedosa la relación entre lo nacional y lo extranjero; rechazaban el concepto de pureza y la idea arielista que identificaba al latinoamericano con el aire y el espíritu, también las ideas nacionalistas y filofascistas que pretendían purgar las mentes de elementos coloniales, y más bien se asumían como seres pedestres, contaminados por todo tipo de influencias y capaces de crear con ellas una cultura plenamente brasileña. La síntesis de estas ideas dio origen al movimiento antropofágico y a su órgano de expresión, la *Revista de Antropofagia,* que circuló en dos etapas —dos «denticiones»—, entre mayo de 1928 y enero de 1929, y entre marzo y agosto de 1929. Oswald de Andrade publicó en sus páginas el *Manifiesto antropofágico,* un ensayo que no reivindicaba al tupí integrador de Salgado ni al buen salvaje que sonreía y agachaba la cabeza ante la llegada del extranjero, sino al mal salvaje, al que devoraba cuanto llamaba su atención para hacerlo suyo. La cultura universal sería brasileña, decía el poeta, si un antropófago la digería con estómago brasileño. Nada estaba vedado; toda referencia exótica podía aclimatarse. El tupí era cosmopolita y podía hablar inglés o francés si le daba la gana. «El hombre natural que nosotros elegimos —decía Oswald en junio de 1929 en la *Revista de Antropofagia*— puede tranquilamente ser blanco, vestir saco y andar en avión».[76] Como Fabio Cáceres en *Don Segundo Sombra,* el antropófago podía viajar por el mundo e impregnarse de influencias culturales sin perder su entraña tupí, una lección que sería de enorme importancia tres décadas después para músicos como Caetano Veloso y Gilberto Gil.

Como era de esperar, Plínio Salgado no comulgaba con estas ideas. Muy por el contrario, su nacionalismo se hacía cada vez más radical. En 1927, él y Menotti del Picchia saltaron a la política y fueron elegidos diputados estatales por São Paulo. Aunque militaban en el Partido Republicano Paulista, el mismo de Mário de Andrade y de Tarsiwald, su aquiescencia con los representantes de la burguesía paulista no duraría mucho. En el interior del partido formaron un subgrupo, la Acción Nacional, con el cual trataron de imponer los planteamientos verde-amarillistas. Al no lograrlo, Salgado fundó una nueva vanguardia, la Escola da Anta, un grupo que agudizó su animosidad con todos los ídolos europeos que adormilaban la sangre de los brasileños.

Su poesía también se hizo más radical. En los siguientes años escribiría versos apocalípticos: «Pode acaso Ezequiel ver con brandura / vender-se a Pátria a Rússia; o americano tripudiar sôbre nós, como un tirano, / e empurrar o Brasil à sepultura?».[77] Incluso imprecaciones al régimen e incitaciones a la revolución: «Maldito regime! / Nao há gente séria! / Eu nuestra agonía!

/ Eu nuestra miséria! / Ninguém mais tolera / Esta situação! / Qual! Só mesmo vindo / —una revolução!».[78] Y todas estas ideas que irrigaban su imaginación poética y que nutrían intelectualmente sus proyectos vanguardistas, empezaban a convertirse en un programa de acción política. En 1930, gracias a un oportuno viaje de varios meses, pudo encajar todas las piezas del rompecabezas. Oriente y Europa le ofrecieron grandes estímulos e insumos para su proyecto. La Turquía de Atatürk lo sorprendió positivamente; en París descubrió el furor que producían las ideas comunistas; el anarquismo español lo exaltó; estudió la socialdemocracia alemana. De toda esta mezcla de experiencias intelectuales sacó la conclusión de que el tiempo de las democracias liberales había terminado, una impresión que corroboró en el encuentro que más lo conmovió durante su viaje: la audiencia que le concedió en Italia Benito Mussolini. Salgado aprovechó el encuentro para contarle los planes que tenía en mente para Brasil. «Reflexioné —diría luego— sobre la necesidad que tenemos de dar al pueblo brasileño un ideal que lo conduzca a una finalidad histórica. Esa finalidad, capaz de levantar a un pueblo, es el Nacionalismo que impone orden y disciplina en el interior, e impondrá nuestra hegemonía en América del Sur».[79] El líder fascista lo encontró admirable.

Salgado se había convertido en un reaccionario tropical con ínfulas de revolucionario fascista, convencido de que Dios regía el destino de los pueblos y de que tanto la patria como el hombre debían vivir en pos de una finalidad superior, conducente al perfeccionamiento intelectual y moral del ser humano. Antes de concluir su viaje le escribió a Del Picchia con buenas noticias. Ya sabía para qué volvía a Brasil, le dijo, regresaba para hacer una revolución. Tratándose de Salgado, eso significaba un llamamiento a la acción, a la purga decolonial de Brasil, a la forja de un país étnicamente estable y culturalmente puro. Salgado había pasado de la poesía a la política y de la vanguardia al fascismo. Aún no tenía nombre para su proyecto político, pero no tardaría en encontrarlo. Lo llamaría integralismo, una ideología y un partido con los que trataría de convertir a Brasil en un país fascista.

En 1930 la desaforada actividad artística de la vanguardia llegaba a su fin. El crac de la bolsa neoyorquina erosionó la fortuna familiar de Tarsila y su relación con Oswald se vio frustrada. La flamante pareja que contagió de modernidad a São Paulo no soportó el vendaval generado por Patrícia Rehder Galvão, Pagu, una jovencita de dieciocho años, cuyo precoz revoloteo por los ambientes de la vanguardia enloqueció por completo a Oswald. Ese mismo año se casaron, y juntos dieron el mismo paso que Plínio Salgado: su acción artística se hizo indistinguible de su acción política. No pasaron del nacionalismo al fascismo, sino del cosmopolitismo al internacionalismo;

se despidieron de la risa vanguardista para afiliarse al Partido Comunista Brasileño y fundar la revista *O Home do Povo*, de orientación marxista. Oswald fue olvidado y las obras de teatro que publicó en los años treinta tardarían décadas en ser redescubiertas; Pagu fue forzada por el Partido a acostarse con un hombre para sonsacarle información. La fiesta se acababa, definitivamente. Tarsila, por su parte, también se radicalizó. Después de emparejarse con un intelectual de izquierda, el psiquiatra Osório César, viajó a la Unión Soviética en busca de la utopía y empezó a pintar fábricas y obreros. Lo que había iniciado como una fabulosa expresión creativa, destinada a inventar una identidad nueva y moderna para Brasil, acababa en la feroz militancia en los extremos políticos. Era un reflejo de lo que ocurría en todo el continente. Los artistas modernos no pudieron soportar la presión de las ideologías y a finales de la década ya no estaban fundando tertulias literarias, sino partidos comunistas o fascistas. Dejaban atrás una fabulosa década de experimentos creativos, de novedad y de locura, y se internaban en los conflictivos e ideologizados años treinta.

LA HORA DE LA ESPADA O LA SEDUCCIÓN DEL FASCISMO ENTRE LOS AMERICANISTAS (Y LA DEFENSA DEMOCRÁTICA DE LOS VENEZOLANOS)

> El pintor posee, por encima de otros tipos sociales, la enorme superioridad que le da su visión clara de las cosas [...]. Los pintores son los más cualificados para gobernar y crear una sociedad completamente diferente de las que han existido antes. Hitler es la confirmación de esta teoría.
>
> DR. ATL,
> *Quiénes ganarán la guerra*

El americanismo que impulsaron los modernistas y que luego impregnó a buena parte de la vanguardia supuso un sano y fértil reencuentro con el paisaje del continente, con su historia, sus mitos, sus gentes. Basta con ver la pintura o leer la poesía de las tres primeras décadas del siglo para comprobarlo. Sin el americanismo, la orgía creativa de los años veinte no habría sido más que el débil eco de los alaridos de la vanguardia europea. Y no, lo que tuvimos en América Latina fue una descomunal empresa imaginativa que renovó por completo la pintura y la poesía. Una nueva América impresionista, cubista y constructiva; también cósmica, utópica y fantasiosa, empezó a surgir en los lienzos y en las paredes. Los poetas americanizaron el lenguaje para expresar la sensibilidad y la realidad de las distintas zonas del continente; llevaron de paseo las vanguardias a la sierra para fabricar dadaísmos y futurismos andinos, las asolearon en el Caribe, las untaron de ciudad y de selva, de pampa y de sueño. Fue una explosión de ingenio que universalizó lo americano, sí, pero que también introdujo ideales peligrosos —la pureza, el aislamiento, la soledad—, directamente vinculados al sentimiento nacionalista y a la creación de vanguardias nativistas como la verde-amarillista y su metamorfosis en un partido fascista.

Plínio Salgado no fue el primer poeta latinoamericano que buscando la raíz de la identidad, algo así como el poema perfecto de lo brasileño, acabó perdido en los brazos del fascismo. Leopoldo Lugones había seguido esos mismos pasos en Argentina desde principios del siglo xx. Como Pedro Figari, también él quiso encontrar el alfabeto original de lo rioplatense y por ese camino acabó recelando de las contaminaciones foráneas. Un hecho decisivo transformó su nacionalismo amable en un intransigente repudio al extranjero. En 1919 Buenos Aires fue escenario de huelgas y enfrentamientos entre la policía y los obreros que acabaron en la matanza de cientos de personas: hasta setecientas. Fue lo que se conoció como la Semana Trágica, terribles enfrentamientos en las calles cuyo colofón fue el primer pogromo de la historia latinoamericana: el ataque premeditado al barrio judío —el Once— dirigido por la Liga Patriótica Argentina.

Un país de extranjeros como Argentina empezaba a asustarse al descubrir en el espejo su rostro multiétnico y multicultural. El síntoma evidente fue el endurecimiento de Lugones. Si en *Odas seculares* saludaba al extranjero y se refería a Argentina como un «hogar abierto», una década después se mostraba hostil hacia los inmigrantes, y más aún si llegaban impregnados de ideología bolchevique y de actitudes anárquicas. Ya en 1923 había cruzado todas las líneas y hacía planeamientos claramente fascistas. En una serie de «conferencias patrióticas» que pronunció en el Teatro Coliseo de Buenos Aires renegó de un sistema electoral que invitaba a participar a masas de inmigrantes emponzoñados con ideologías hostiles. Argentina se había convertido en «una espuerta de basura humana y un hospicio internacional»,[80] dijo. Lo francés, lo inglés y lo italiano estaban en la órbita de sus afectos, aclaraba, pero esa otra inmigración deshonesta que estaba haciendo de los argentinos «una colectividad inferior, una raza vil»,[81] debía ser controlada. Los padres de la patria habían logrado generar una gran concordia nacional contra la que ahora atentaban esos agentes insatisfechos del comunismo internacional. Su odio no se limitaba a los comunistas y a los anarquistas, también iba dirigido al grupo que veía detrás de esas ideas sediciosas: los judíos.

En sus conferencias les pidió a los jóvenes que amaran la patria hasta el misticismo y que la respetaran hasta la veneración. «Almas frescas como banderas argentinas tendidas con todo el trapo a la brisa generosa de una mañana de combate»,[82] los llamó, en lo que era una clara llamada al sacrificio. Lugones pedía que se tipificara como traición todo intento de interrumpir los servicios del Estado, lo cual equivalía a criminalizar la protesta pública y a imponer una censura a los medios que expresaban inconformidad. Despreció el sufragio y las prácticas electoralistas, el medio más expedito para que los enemigos internos impusieran por el voto sus programas antipatrióticos. La sociedad civil debía mostrarse solidaria, desde luego, pero no con la canalla popular sino con el ejército, una élite encargada de frenar el avance del enemigo interno. Aquella misión también requería de la sociedad civil, que debía formar una guardia voluntaria, los chisperos, destinada a salvaguardar el orden y la higiene social.

Lugones, como Riva-Agüero y García Calderón, creía en el elitismo y en la aristocracia intelectual y despreciaba los cambios sociales que habían impulsado los jóvenes de Córdoba. Una universidad gobernada por estudiantes de dieciocho años, entregados a la fiebre electoralista, le parecía un sinsentido, la forma idónea de exacerbar la demagogia. Ese ritual democrático, decía, «explota las pasiones como una meretriz, haciendo su clientela natural de la adolescencia y del populacho».[83] Mientras los arielistas de izquierda indigenizaban la identidad latina, extranjerizaban al blanco hispanista o al que sentía apego por la colonia y buscaban a las masas populares, los arielistas de derecha se enrocaban en un elitismo alérgico a los nuevos movimientos populares, a las reivindicaciones promovidas por el APRA o por la Unión Cívica Radical de Yrigoyen, y en general a la democracia, que para alguien como Lugones no era «noble igualdad» sino «igualitarismo vil».

La democracia y el nacionalpopulismo también empezaron a repeler a otro aristócrata del arte, viejo amigo de Lugones: el Dr. Atl. Al menos desde 1912, el vulcanólogo fantaseaba con comunidades utópicas regidas por élites científicas y artísticas. Si algo odiaba el artista era la fricción y las limitaciones que imponía la masa en las personas de talento. Aborrecía la medianía, la horda indiferenciada que drenaba la capacidad individual hasta desdibujarla, y más bien defendía el autogobierno anárquico a lo Max Stirner, que centraba sus esperanzas en el potencial creativo del ser humano. Estos seres excepcionales, los creadores, debían regir los destinos de las sociedades o vivir aparte, tener su propio espacio, una ciudad o una comunidad purgada de la mediocridad que emanaba de la burocracia, el capitalismo y la democracia. Atl soñó con fundar una de estas comunidades de artistas a las afueras de París, luego fantaseó con proyectos urbanísticos en la Ciudad de

México, y finalmente, ya en los años cuarenta, con Olinka, una ciudad tan fantasiosa como Universópolis o Vuelvilla, que debía albergar cien mil almas creativas en algún lugar aislado, posiblemente el cráter extinto de La Caldera.

En esto Atl seguía siendo arielista y rodoniano. Todo lo que significara vulgaridad y masificación le horrorizaba. El estilo de vida yanqui, desde luego, pero no solamente. Una extraña distorsión de su antiamericanismo lo llevó a encontrar otra fuente de peligro para América Latina, los judíos, y no solo porque los asociara a las ideas comunistas. Atl los veía como un monstruo bicéfalo: comunistas, claro, pero también banqueros, y por lo tanto responsables de las agresiones económicas del imperialismo. Lo que estaba en juego en América no era la anunciada batalla entre Ariel y Calibán, sino entre Ariel y los semitas.

Es curioso que las trayectorias de Lugones y Atl hubieran sido tan similares. El argentino había ido en busca de la poesía gaucha y el mexicano, de las tradiciones populares. En 1921, olvidado su pasado carrancista y rehabilitado para el servicio público, Vasconcelos lo invitó a participar en el primer centenario de la consumación de la independencia. Su encargó consistió en un ambicioso catálogo del arte popular mexicano, que se convertiría en un estudio canónico sobre el tema, *Las artes populares en México*. En ese libro Atl no se limitó a la descripción formal de las obras, también quiso descifrar su razón profunda, las características espirituales de la raza que había detrás de la cerámica, los textiles, los objetos de madera e incluso la gastronomía y los corridos, las estampas y otras expresiones de la literatura popular mexicana. Atl creyó haber encontrado lo mismo que Lugones: el ADN del espíritu mexicano; un sentimiento artístico desarrollado, enorme resistencia física, habilidad manual, fantasía, espíritu metódico, gran capacidad de asimilación y un sello personal surgido del impulso individualista, además del visible contraste entre el quietismo del trabajo artesanal y las pasiones incendiarias que desataban tumultuosas revueltas sociales. Y, como Lugones, también él se fue convirtiendo en un nacionalista, enemigo de la mediocridad del político y sobre todo de la democracia, esa fuerza igualadora que ejercía una presión infame sobre la personalidad del individuo.

Su abominación del judío y del comunismo vino enseguida, como resultado de una filia aristocratizante similar a la que llevó a Groussac a detestar a los yanquis. Los judíos, pensaba Atl, arrastraban al imperio de la ramplonería y de la masa, justo lo contrario del refinamiento y de la elevación espiritual a la que aspiraba el arte. En diciembre de 1926 ya se le criticaban en *El Machete* su antisemitismo y sus teorías sobre complots semitas. Su odio a los judíos empezaba a convertirse en un delirio y en una obsesión que fue plasmando sin pudor en folletos y artículos para *El Excélsior*, *El Universal* y *Novedades*, y que luego recopilaría en *Italia, su defensa en México*. Bastaba una chispa para desquiciarlo por completo, y la chispa llegó cuando un escritor como Mussolini y un pintor como Hitler dieron el paso a la acción política. Ahí estaba su fantasía materializada: los artistas dirigiendo el mundo.

Atl siempre había pensado que el artista era un hombre con visiones superiores, mucho mejor capacitado que el político para conducir los destinos humanos. Más que la aristocracia modernista, Atl defendía una *artistocracia* de vanguardia, una élite de creadores llamada a imponer su impronta sobre los pueblos, de la que Hitler era el referente inexcusable: un ser superior capaz de transformar una sociedad con la radicalidad y clarividencia con la que un artista reinventaba el mundo en el lienzo.

Lugones, por su parte, no creyó en una aristocracia de los artistas, pero sí de los militares. En 1924 José Santos Chocano y el dictador Augusto B. Leguía lo invitaron a Lima a conmemorar el centenario de la batalla de Ayacucho, ocasión que el poeta aprovechó para pronunciar el más tenebroso de sus discursos, «La hora de la espada». Frente al público asistente el poeta despotricó contra el pacifismo, reivindicó al ejército como la última organización jerárquica que podía defender «la vida superior que es belleza, esperanza y fuerza»,[84] e invocó la imposición de las armas y un orden vertical que espantara la anarquía libertaria de la democracia. Era el síntoma latinoamericano, su más terrible patología: en lugar de defender la pluralidad y la legalidad, los modernistas vernáculos y los vanguardistas reaccionarios promovieron el fascismo y animaron a los ejércitos a dar golpes de Estado.

El más culto de los argentinos, inventor, según Borges, de todas las metáforas, había legitimado el camino de la barbarie autoritaria. La hora de la espada finalmente llegaría en 1930, cuando el general José Félix Uriburu decidió darle un final abrupto y anticipado al segundo gobierno de Hipólito Yrigoyen. Fue el primer golpe del siglo XX en Argentina, un estremecimiento que dejó en ruinas la tradición liberal y democrática de Sarmiento. Lugones, como padrino e inspirador intelectual del movimiento golpista, escribió la proclama revolucionaria que explicaba y legitimaba la irrupción de los militares.

Un síntoma de lo que ocurría en América Latina por aquellos años fue el silencio en torno a las acciones de Lugones. Los martinfierristas no criticaron su fascismo, quizá porque algunos de ellos, como Ernesto Palacio, también defendían un criollismo radical que no tardaría en convertirse en nacionalismo derechista. Las aisladas críticas al extremismo de Lugones vinieron de otro lado, de un poeta que sabía muy bien lo que eran esos gobiernos militares que el argentino invocaba con tanta irresponsabilidad. En

un artículo titulado «Un sofista», publicado en 1926, el poeta venezolano
José Antonio Ramos Sucre le afeó su desprecio por la democracia. Él y los
demás poetas que forjaron la tímida vanguardia venezolana padecían por
ese entonces a Juan Vicente Gómez, y por eso, a diferencia de sus colegas
latinoamericanos, luchaban por la democracia, un caso extraño en medio de
mentalidades fascinadas con el elitismo, el nacionalismo o las ideologías
revolucionarias. Ya en 1925, en esos aforismos geniales que llamó «Grani-
zadas», decía cosas sorprendentes para la época. Por ejemplo: «La democracia es la aristocracia de la capacidad». Ramos Sucre defendía una «religión
de la dignidad humana, una religión inteligible y barata, sin clero ni altar»,
y decía que el orden de las cosas debía ser «la democracia en el Estado y la
aristocracia en la familia».[85]

La tiranía de Gómez había convertido a los jóvenes venezolanos en decididos opositores y en demócratas. Estudiantes como Jóvito Villalba y Rómulo Betancourt, además de los responsables del primer y último número
de *Válvula*, la única revista de vanguardia venezolana, se lanzaron en febrero de 1928 a las calles para tratar de derrocar a Gómez. Dieron discursos y
leyeron poemas. Uno de ellos iba dedicado, no faltaba más, a la reina de
belleza Beatriz Peña, elegida durante la Semana del Estudiante. Y aunque
era un canto que elogiaba su belleza, en realidad escondía una defensa de la
libertad: «El nombre de esa novia se me parece a vos / se llama: ¡LIBERTAD!
/ Decidle a vuestros súbditos / tan jóvenes que aún no pueden conocerla /
que salgan a buscarla, que la miren en vos».[86] En aquella ocasión los jóvenes
fueron derrotados y muchos acabaron en la cárcel, pero esa generación vanguardista dejó un precedente político fundamental en Venezuela. Mientras
que en Argentina, México, Brasil y Perú importantes creadores empezaron
descifrando sus propias nacionalidades y acabaron legitimando, invocando
y promoviendo la dictadura y el totalitarismo, lo revolucionario en Venezuela fue la democracia.

DE LOS ARQUILÓKIDAS A LOS NUEVOS: EXTREMISMO POLÍTICO Y MODERACIÓN ARTÍSTICA EN COLOMBIA

> Habiendo emprendido este grupo la grata labor de lim-
> piar el agro intelectual de amorreos, cananeos y filisteos,
> y sabiendo por referencias, que ese cuerpo conserva los
> más célebres fósiles, agradeceríamos a usted nos envia-
> ra una lista de tan «ilustres desconocidos». Tiene esta
> solicitud el objeto de conocer los nombres de los indi-

viduos que componen ese asilo de inválidos mentales, muchos de los cuales serán empalados y estrangulados sin misericordia.

LOS ARQUILÓKIDAS,
Los Arquilókidas a la Academia

La vanguardia y las ideas nuevas llegaban a Colombia a través del puerto de Barranquilla, viajaban por el río Magdalena hasta Honda y luego remontaban los Andes para llegar a la recóndita meseta donde Jiménez de Quesada fundó —en realidad escondió— la capital del país. Es verdad: el viaje les restaba brío y frescura, y cuando llegaban a las mesas del café Windsor en la calle 13 con Carrera Séptima, en pleno centro de Bogotá, ya eran ecos mansos de los estrépitos modernólatras y de los manifiestos que tronaban en las ciudades más cosmopolitas del continente.

Pero la ausencia de alaridos futuristas o de desplantes dadaístas no debe llevarnos a engaños. Hacia 1920 era claro que algo ocurría en Colombia. Ramón Vinyes, un catalán que acabaría inmortalizado en *Cien años de soledad*, venía publicando desde 1917 *Voces*, una revista que familiarizó al público de Barranquilla con los nombres de Apollinaire, Reverdy, Claudel o Gide. Lo nuevo encontraba pequeños espacios para expresarse y los jóvenes aprovechaban estos hallazgos para independizarse intelectualmente de la generación anterior, la del centenario. Salvadas las distancias, estaba a punto de ocurrir algo similar a lo que aconteció en Brasil en 1922. No una Semana de Arte Moderno ni nada por el estilo, pero sí la coincidencia, en los mismos grupúsculos, de jóvenes con distintas inclinaciones políticas, todos ansiosos por sacudir al país de su tradicionalismo y su modorra, todos con una retórica inflamada y no pocas veces violenta en contra del pasado.

Los más izquierdistas entre ellos querían que el Partido Liberal hiciera suya la cuestión social y la laicidad, y que tomara el rumbo sugerido por las reivindicaciones populares y por la reforma de Córdoba. Los más derechistas querían sacudir a los viejos representantes del Partido Conservador, mansos y ajados por las rutinas del republicanismo y del parlamentarismo, para que siguieran los pasos que estaba dando Mussolini en Italia. Ambos coincidían en el mismo diagnóstico: Colombia era un país de museo. Dependía de una capital perdida entre los Andes, incomunicada con el mundo y absorbida por los juegos de la gramática y las ensoñaciones clásicas. A este insuperable pasadismo se sumaba la vigencia de una Constitución añeja, de 1886, que amalgamó los dogmas católicos y conservadores a la estructura del Estado. Alberto Lleras Camargo, uno de los protagonistas de esta nueva generación, decía que todo el tránsito vital de un colombiano estaba supervisado por la Iglesia. De la cuna a la tumba, nada escapaba a su vigilancia. Mientras en buena parte del continente, bien por el auge del positivismo autoritario o por regímenes liberales como el del ecuatoriano Eloy Alfaro, se removían los valores sociales, Colombia seguía tutelado por figuras como la de Miguel Antonio Caro, quizá el hombre más culto que jamás ocupó una silla presidencial, traductor de la *Eneida* y amigo de Menéndez Pelayo, pero inevitablemente reacio a los cambios que venían de la mano del siglo xx.

El café Windsor fue el punto de encuentro de jóvenes que migraban de todas las esquinas de Colombia, bien para estudiar en la Universidad Nacional o para probar suerte en las páginas de algún periódico. De Medellín llegó León de Greiff, un poeta que ya tenía a sus espaldas una prolífica carrera como alborotador anticlerical. Con otros doce escritores, todos expulsados de distintas instituciones educativas, se habían instalado en las mesas del café El Globo para conspirar desde su revista *Panida* contra los valores de la muy conservadora Medellín. Entre febrero y junio de 1915 De Greiff se estrenó como sedicioso y nocturno cantor de baladas satíricas, dardos precisos que dieron en el ebrio corazón de la bohemia colombiana. Si los modernistas le rendían culto al cisne, De Greiff se lo rindió al búho, animal lunático y sabio, amigo de la juerga y del éxtasis nocturno. Ese salir de sí fue algo típico del poeta. De Greiff pretendió ser muchos: Leo Le Gris, Matías Aldecoa, Sergio Stepansky, Gaspar von der Nacht, Erik Fjordsson… Juguetón y mordaz, irreverente y vital, fue el más musical de los poetas: un sátiro que se emborrachó en Bolombolo con el dios Pan y un niño que le enseñó el pipí a la mojigata sociedad bogotana. De Greiff buscó y encontró la vida en los cafés y en las tertulias bogotanas, y acabó burlándose de todo y de sí mismo con desplantes de sabia autoironía. En el Windsor él y el caricaturista Ricardo Rendón —otro panida huido de Medellín— se hicieron amigos de Luis Tejada, Rafael Maya, Luis Vidales, Jorge Zalamea, Germán Arciniegas, Jorge Eliécer Gaitán, Hernando Téllez, José Mar, Felipe y Alberto Lleras Camargo, futuro presidente del país, y también de un grupo de jóvenes conservadores, Los Leopardos, que en 1921 ya aterrorizaban a partidarios y rivales enseñando los colmillos de la reacción.

Silvio Villegas, José Camacho Carreño, Augusto Ramírez Moreno, Joaquín Fidalgo y Eliseo Arango fueron estos cinco intelectuales felinos. Jóvenes nietzscheanos, denostaron la democracia por ser enemiga de toda superioridad. Preferían la aristocracia modernista, en especial la de Guillermo Valencia, que encomendaba los destinos humanos a las minorías selectas. Llegaban a la escena nacional para predicar la necesidad del orden y de la autoridad con la palabra y la acción, pero también, si tocaba, con la violencia. Oradores más que escritores, de Valencia también tomaron el gusto por las referencias clásicas, los mármoles, los frisos, las ánforas, un intento fallido de camuflar la exaltación tropical tras referencias elevadas, que llevaron a Rafael Maya, el más duro fiscal del helenismo de segunda mano, a bautizarlos como los «grecolatinos». En manos menos amables y más mordaces, ese nombre mutó en «grecocaldenses» o «grecoquimbayas».

En todo caso, en los años veinte se sentaban a la misma mesa los más fogosos derechistas y los más exaltados izquierdistas, y juntos instauraban el vicio intelectual por excelencia en Colombia: acusar a sus enemigos de moderación y tibieza. Sus antecesores, los centenaristas, habían padecido la guerra de los Mil Días que enfrentó a liberales y conservadores entre 1899 y 1902, una catástrofe que los animó a limar el extremismo e integrar a los moderados de ambos partidos en la Unión Republicana. Los más jóvenes encontraron repugnante ese apaciguamiento, y por eso imitaron a sus mayores, pero en negativo: se reunieron los sectores más extremos del liberalismo y el conservadurismo a celebrar la guerra y a desacreditar «ese sueño absurdo e inexplicable que se llama paz»,[87] como lo describió Luis Tejada.

En 1922 estos jóvenes ya se llamaban a sí mismos Arquilókidas —referencia al poeta griego Arquíloco—, y empezaban a lanzar virulentos ataques a los centenaristas. Entre sus miembros estaban los leopardos Silvio Villegas y José Camacho Carreño, también los poetas Maya y De Greiff, el mencionado Tejada, fantástico cronista, y el dibujante Ricardo Rendón. Como en la vanguardia brasileña, distintas sensibilidades se unían con el mismo propósito de renovar la vida cultural y política de Colombia, aunque sus ideas de lo que debían ser esa cultura y esa política fueran opuestas. Se atrincheraron en el diario La República, y desde ahí lanzaron sus bombas, las Arquilokias, unas notas sulfúricas que publicaron entre el 23 de junio y el 22 de julio de 1922, con las que sentenciaban a la guillotina a los representantes del pasado.

Tras la disolución del grupo, Luis Tejada y José Mar fundaron El Sol, un diario con ideales cercanos al socialismo, y Los Leopardos anunciaron la redención cristiana y nacionalista en El Nuevo Tiempo. Durante los siguientes dos años, los derechistas depuraron una doctrina integral de patria que finalmente expusieron en su Manifiesto nacionalista de 1924. Decían en él que si bien el obrero había cedido a los «extravíos anárquicos» del proletariado, los campesinos seguían siendo «el espíritu de la tierra»,[88] la salvaguarda de la nacionalidad y la tradición que debían proteger los conservadores. Nacionalismo telúrico por un lado, autoritarismo por el otro. Porque Los Leopardos también reivindicaron la imagen del caudillo todopoderoso que encarnó Bolívar al final de su vida. En él vieron al virtuoso antecesor que quiso acabar con la vida parlamentaria y establecer un sistema vertical, el cesarismo democrático de Vallenilla Lanz, capaz de poner orden allí donde la democracia había instigado la anarquía. La grecoquimbayesca retórica de José Camacho Carreño no dejaba dudas al respecto: «Sobre la Colombia decrépita, vergonzante, raquítica; espectro de legalidad; sin áspera noción de fiereza criolla ni de varonía nacional, con endeble cultura, abismo de ideales abarrancados; renegado de todo principio másculo, de la autoridad, de la Iglesia, de la gloria guerrera, de la arbitrariedad ambiciosa, reconstruyamos la Colombia de Bolívar, almizclada y atormentada como el Padre».[89] Se podía ser más facha, pero no más cursi.

La izquierda también iba depurándose y radicalizándose gracias a Tejada, que además fue el verdadero precursor de la vanguardia en Colombia. No se le reconoce como tal porque no escribió poemas, pero en realidad fue él quien mejor intuyó y somatizó el furor de los nuevos tiempos. En sus crónicas de 1921 y 1922 dio cuenta, siempre con humor e ironía, de los cambios que traía la modernización urbana. Habló de la belleza que hay en las cosas nuevas y pulidas de acero y hierro, como las bielas de la locomotora, la hélice o las cúpulas de los rascacielos. Arriesgó ingeniosas explicaciones para la fascinación que generaban los revólveres, y advirtió contra la nueva tiranía de la higiene, que acabaría prohibiendo cosas como darle besos a la novia sin hacer buches de dioxogen. También defendió una nueva poesía de «versos un poco descoyuntados, pero vivos y que vengan formados de palabras, no exóticas, sino simplemente imprevistas».[90]

A partir de 1923, Tejada empezó a abordar en sus crónicas el problema social. Habló del colectivismo de la tierra, criticó el imperialismo yanqui, defendió la implementación de las ideas socialistas en Colombia. En una carta de aquel año, Jorge Eliécer Gaitán le decía que no era necesario salirse de las filas liberales para realizar una «obra en contra de la burguesía y por la liberación económica del trabajo»,[91] pero Tejada ya se alineaba con la izquierda revolucionaria. No guardaba ningún respeto por el parlamentarismo, y se alegraba de que en Europa estuviera cerca «la caída definitiva del viejo mundo democrático».[92] En su último artículo, publicado antes de su prematura y tuberculosa muerte en 1924, auguraba la creación de nuevos partidos en los que intelectuales y obreros radicales, desencantados del liberalismo, se reunirían bajo la bandera comunista. Por la derecha y por la izquierda, los jóvenes colombianos, como los de todo el continente, veían la democracia como algo añejo y superado.

Luis Vidales fue quien retomó las consignas políticas y estéticas de Tejada. En 1926 publicó el único poemario realmente vanguardista que se escribió en Colombia, *Suenan timbres*, con esos versos vivos y descoyuntados, curados de exotismo y de nostalgias interiores, que invocaba el cronista. Apelando al humor, Vidales describió la Bogotá que se llenaba de vitrinas, de cinematógrafos y de cafés, y en la que los hombres, como niños, se deslumbraban con los recientes cambios tecnológicos: «Pasaban los hombres manejando sus coches, sus trenes, sus tranvías, sus automóviles. / ¿Qué era lo que hacían? / Jugaban. / Iban en sus juguetes grandes. / Seguían siendo niños. / Y volaba y volaba la gran juguetería de ruedas. / ¡Ah! La ciudad infantil».[93]

Heredero de la tradición anticlerical, Vidales combinó los paisajes urbanos con las burlas a la Iglesia: «Las cruces que hay en el mundo / son trampas puestas por los hombres / para cazar a Jesucristo. / Es verdad que el Diablo le tiene miedo a la cruz / pero Jesucristo le tiene mucho más miedo / y huye donde ve una».[94] Por aquel camino llegaría al Partido Comunista Colombiano, fundado por él mismo y por otros en 1930. Mientras tanto Los Leopardos trataban de hacerse con el poder del Partido Conservador para convertirlo en un partido fascista. La derecha se hacía fascista y la izquierda, comunista, y a pesar de ello entre 1925 y 1926 los ideólogos de ambos bandos volvieron a unirse en torno a una nueva publicación. Con Maya y De Greiff, también con los sectores más socialistas del liberalismo —Arciniegas, muy influenciado por las reformas universitarias de Córdoba, y los hermanos Lleras Camargo—, editaron *Los Nuevos*, la revista que finalmente le daría el nombre a toda esa generación.

Una vez más los congregaba el enemigo común, los centenaristas, y lo que en el editorial del primer número llamaban un «violento deseo de renovación».[95] La unión de fascismo y socialismo en un mismo medio buscaba precisamente eso, someter al país a una tensión insoportable, criticar los viejos valores, alimentar lo que Felipe Lleras Camargo llamaba las «dos falanges extremas» para que de su inevitable colisión surgiera rejuvenecido el fervor cívico. El centenarismo había matado la pasión de la ciudadanía, y ellos la querían revivir con ucases y alaridos y la erupción de los extremos políticos.

Y la verdad es que lo hicieron, al menos hasta 1930, y más con su oratoria y sus panfletos que con sus poemas. Porque excepto Maya y De Greiff, la verdad es que Los Nuevos le fueron muy infieles a la literatura. Las tertulias y los periódicos fueron trampolines a la política, no laboratorios para experimentar con la forma, los ritmos o los temas, y quizá por eso, más allá de lo que hizo Vidales (Gregorio Castañeda Aragón fue mucho más tímido) la violencia no quedó en el arte sino en la retórica. Una mecha peligrosa, porque cualquier chispa podía encenderla y muchas chispas saltaron en 1930, cuando los liberales volvieron al poder después de más de cuarenta años en la oposición. Como en toda América Latina, se acababa la fiesta vanguardista. Los jóvenes dejaban de serlo, Los Nuevos entraban a ocupar cargos públicos en el establecimiento, Ricardo Rendón se pegaba un tiro y Colombia, poco a poco, fiel a sí misma, recobraba su tradición de violencia fratricida.

JOSÉ CARLOS MARIÁTEGUI Y LA VANGUARDIA INDIGENISTA

Karabotas de los vientos nubarrones
todos los días desde el andén de las auroras
saludas con el albazo de tus pupilas
a tu madre la revolución.
Vértice de montañas en marcha
oleada titikaka
INDIO DEL ANDE.

EMILIO VÁSQUEZ,
«Este es el indio kolla»

El americanismo ya tenía varios rostros a mediados de los años veinte. El arielismo de derecha había llegado a la conclusión que la auténtica forma de gobierno americano era el caudillismo autoritario del último Bolívar o de líderes aislacionistas como el doctor Francia, y que sus instituciones debían nutrirse de la religión católica y de las tradiciones fundadas durante la colonia. Sus voceros desconfiaron de la democracia y del liberalismo por extranjeros, claro, pero también porque preferían la excelencia del grupo selecto a la medianía de la masa. Profesaron un nacionalismo antiyanqui, católico y vernáculo, que también reivindicó a personajes autóctonos como el gaucho, el tupí o el campesino, pero no como sujetos con demandas sociales, sino como símbolos de lo autóctono. Esos intelectuales reclamaron la soledad americana, la pureza y la no contaminación de sus tradiciones con elementos extranjeros, y su destino político fue la reacción, el tradicionalismo o alguna forma de elitismo, fascismo o caudillismo autoritario.

La respuesta y el desafío a este proyecto también se consolidaron a mediados de los años veinte: el arielismo de izquierda inspirado en los libros de González Prada y Manuel Ugarte, y propulsado por eventos como la Revolución mexicana y la Reforma de Córdoba. Sus concreciones más visibles fueron el APRA, el muralismo mexicano, las vanguardias vernáculas como el criollismo argentino, el andinismo futurista que ya veremos y las propuestas regionalistas de los escritores del Grupo de Guayaquil. Su americanismo se desligó de la mitología latina, fue enemigo de la herencia colonial y reivindicó al indio, al negro, al montuvio, al campesino y en general a las clases populares. Recordémoslo, se inventó un nuevo continente, Indoamérica, en el que los personajes raigales dejaban de ser meros símbolos de lo autóctono y de lo nacional, y se convertían en sujetos políticos con demandas específicas o en una masa potencialmente revolucionaria. Su novedad más notable sería fundir en una sola categoría lo nacional y lo popular, reinvirtiendo la lógica del poder planteada por el modernismo: ahora los más legitimados para gobernar no serían las aristocracias coloniales, las élites letradas o las oligarquías económicas, sino los representantes de la América profunda.

Entre uno y otro extremos también hubo alternativas cosmopolitas, como la antropofagia brasileña, el criollismo de Xul Solar y de Oliverio Girondo, las fantasías mestizofílicas del joven Vasconcelos e incluso el creacionismo americanista de Huidobro, que se inventaron una América Latina abierta a todas las sangres y a todas las influencias culturales, un templo erótico donde el intelecto y la creatividad de la humanidad entera podían aparearse, mezclarse y contaminarse hasta convertir al continente en el centro del universo. Los constructivistas universales, los seres cósmicos, los antropófagos, los dadaístas ecuatorianos, los neocriollos o Los Contemporáneos —ya llegaremos a ellos— tenían un pie anclado en el suelo americano y otro en Europa, en el mundo entero. En todas sus creaciones, basta con mirarlas, hay elementos europeos y elementos raigales. Como el Barroco americano del siglo XVII, fueron la expresión o la respuesta o el desafío autóctono a las inquietudes estéticas y espirituales de Occidente. Con ellas Latinoamérica quiso entrar en el mundo oliendo a selva, a mar y a montaña, con dientes de caníbal, ponchos y boleadoras, y no solo para conservar las particularidades, sino para demostrar que podían ser una forma de lo universal. Un dadaísta ecuatoriano, José Antonio Falconí Villagómez, lo decía en 1921: «Sé la antena / que recoja las vibraciones del Cosmos [...] / Y sé también enciclopédico / y otro poco cosmopolita / para hablar el universal lenguaje / con todas las sirenas del Mundo»,[96] y su compatriota Gonzalo Escudero lo secundaba: se debía «universalizar el arte de la tierra autóctona, porque la creación criolla no exhuma a las creaciones extrañas».[97]

Además del cosmopolitismo y de los arielismos y nacionalismos de derecha y de izquierda, otros intelectuales y artistas vislumbraron una América Latina distinta, una cuarta, quizá, aunque emparentada con las otras. Se trataba de una visión claramente racial, marcada por el pasado prehispánico, sí, pero desde luego no nacionalista. Todo lo contrario: una imagen o una fantasía de una América Latina destinada a participar en todas las luchas revolucionarias del futuro, y no solo en su región, sino en el mundo entero. Por eso, más que cosmopolita, fue internacionalista, y aunque en su marca de origen llevaba rastros de muchas influencias, desde el fascismo al anarquismo, desde el futurismo a la izquierda gramsciana, su gran utopía consistió en actualizar el marxismo alemán con el pasado incaico latinoamericano. O mejor: reinventar el marxismo para aclimatarlo a la textura mental y a la experiencia histórica del continente americano. Su mayor teórico, aunque no el único, sería José Carlos Mariátegui, y su proyecto revolucionario e internacionalista pasaría a la historia como «indigenismo».

Una estadía en Italia le había llenado la cabeza de ideas y proyectos a Mariátegui. Oriundo de Moquegua, un pequeño poblado en el sur de Perú, Mariátegui había tenido que exiliarse en 1919 después de criticar al Gobierno de Leguía en *La Razón*, el diario que había fundado con su amigo César Falcó. La curiosa —y hasta civilizada— fórmula que usaba el dictador para deshacerse de sus enemigos era becándolos en el extranjero donde no molestaran, bien lejos, y así fue como Mariátegui acabó en Roma como agente de Propaganda de Perú. No pudo haber tenido mejor suerte: llegaba a Italia justo cuando acababa la Primera Guerra Mundial, a tiempo para ver cómo la triunfante Revolución rusa y el naciente fascismo de Mussolini se peleaban el alma de los jóvenes europeos.

Por aquel entonces ardía la vanguardia. El arte se convertía en acción, en *performance* callejero, en munición política, y Mariátegui se sumergió en esa fértil atmósfera para dar cuenta de todo lo que ocurría en notas que escribía para *El Tiempo* y *Variedades*. En Lima, gracias a él, se tenía noticia de las hazañas de D'Annunzio, de las motivaciones profundas del fascismo, del movimiento intelectual de izquierda que giraba en torno al semanario *L'Ordine Nuovo*. Mariátegui fue muy consciente, lo vio con sus propios ojos, de la manera en que el arte se politizaba. El futurismo italiano estaba fundiendo convicciones estéticas, políticas y morales para dar vida a un nuevo proyecto revolucionario. Sacaban al arte de su nicho sagrado en el museo, lo arrojaban a las calles y las plazas a que prestara sus servicios a la ideología y la política. En eso también consistía la vanguardia revolucionaria, en quitarle toda aura contemplativa al arte, en desechar toda especulación trascendental, toda expectativa mística o esteticista. El arte era ahora un arma en las guerras ideológicas, una palanca para la acción o un simple escupitajo en la cara del enemigo.

Además de todo este aprendizaje intelectual, en Italia Mariátegui tuvo una de esas revelaciones que marcan el destino de una persona. «Yo no me sentí americano sino en Europa —dijo—. Europa me reveló hasta qué punto pertenecía a un mundo primitivo y caótico; y al mismo tiempo me impuso, me esclareció el deber de una tarea americana».[98] Le había ocurrido lo mismo que a Tarsiwald y que a tantos otros; por eso volvió tan pronto pudo, en 1923, a echar a andar los proyectos que se acumulaban en su cabeza. Tenía varios. El primero era fundar una revista de vanguardia que fusionara el arte y la política y que prestara sus servicios a un nuevo proyecto americano. A pesar de haber vivido en la Italia fascista, llegaba convertido al marxismo y a la causa moderna y revolucionaria. Eso no quiere decir que las ideas de Marinetti y de Mussolini le hubieran sido indiferentes. Todo lo contrario: le habían abierto los ojos a asuntos fundamentales, le habían mostrado que el tiempo no era lineal ni progresivo y que lo más arcaico podía ser lo más moderno. El futurismo y el fascismo eran eso: la actualización del mito. En Italia el pasado arcaico había embriagado las mentes de los jóvenes más modernos, que ahora miraban al futuro para restablecer las glorias imperiales de su prehistoria. Porque Italia había sido eso, un imperio que dominó el mundo. Italia, claro, pero también Perú. ¿Acaso el incanato no había sido un imperio igualmente poderoso y vital? Si los italianos habían rescatado ese pasado para dinamizar su identidad y forjar un proyecto fascista, ¿por qué Mariátegui no podría actualizar el fondo histórico, ese pasado incaico, para insuflar al peruano actual el brío revolucionario que le hacía falta?

Mariátegui había tenido otra revelación, era evidente: las formas políticas del incario tenían una línea de continuidad con el marxismo internacional. El comunismo no era una doctrina o un sistema económico extraño a la psicología o a la sociología de Perú. Era su pasado, porque eso había sido el Imperio inca, una gran experiencia colectivista que logró alimentar a toda su población y darle a Perú una civilización esplendorosa. Y, por haber sido su pasado, también podía ser su futuro. Mariátegui lo decía: «La revolución ha reivindicado nuestra más antigua tradición».[99] El incario podía actualizarse con ese fortificante revolucionario que era el marxismo. Que en Europa la insurrección la protagonizara el proletariado; en América ese rol histórico estaba reservado para el indio o para el mestizo andino.

Mariátegui no fue el único que vio en el pasado un reflejo de utopías futuras. Gustavo Navarro, mejor conocido como Tristán Marof, también soñó con una reedición del comunismo primitivo en la Bolivia del siglo xx. Antes de la llegada de los españoles, escribió en *La justicia del inca*, un ensayo de 1926, los indios habían practicado el comunismo «con el mejor de

los éxitos», conformando «un pueblo feliz que nadaba en la abundancia».[100]
En la Bolivia incaica, seguía Marof, no se oían las palabras «miseria» o «hambre»; el arte y la poesía impregnaban la vida diaria y todos, hombres y mujeres, vivían en un imperio espiritualmente sano, que si colonizaba otros pueblos lo hacía con lágrimas en los ojos, para redimirlos de la pobreza y la ignorancia. Para Marof el colonialismo era despreciable o noble, opresivo o civilizador, dependiendo de si lo perpetuaban los españoles o los incas. Lo interesante, sin embargo, era que el intelectual boliviano coincidía con Mariátegui en un punto fundamental. Para recuperar esta arcadia prehispánica no había que ir al pasado, sino al futuro; había que ir hacia delante incluso más rápido que Europa, saltándose la etapa capitalista. Marof proponía expropiaciones, reparticiones y nacionalizaciones inmediatas, sin esperar a que se constituyera primero una burguesía productiva. Bolivia no tenía capitalismo industrial, sino capital nacional. Estaba bajo sus pies. Eran las minas y el petróleo, eran los brazos y la inteligencia de la gente. Puestos al servicio del Estado, todos estos recursos encaminarían Bolivia hacia el comunismo.

Ese primer indigenismo comunista fue una expresión de la modernidad occidental, no un intento de devolver el tiempo para reinstaurar el Tahuantinsuyo o para rescatar formas de vida premodernas, espiritualismo o saberes ancestrales. Mariátegui era un hombre de su tiempo, marxista, además, gramsciano, para mayor precisión, que buscaba la plena integración de América Latina a las luchas internacionalistas del mundo. En 1924, al comentar la nueva poesía de su país, criticaba la hipocondría de los versos, la falta de humor, de brío, de felicidad. «Nos falta la euforia, nos falta la juventud de los occidentales»,[101] decía. Su búsqueda de la fuente vernácula de la identidad peruana no pretendía despertar nostalgias incaicas como las de Santos Chocano, ni revertir el tiempo para fingir que la colonia no había ocurrido. La conquista, la colonia y la república eran hechos históricos, decía, y creer que se podía devolver el reloj para imaginar paraísos idílicos, purificados de su influjo, no dejaba de ser una simple insensatez. En lugar de negar esos acontecimientos, había que tomarlos como puntos de partida para crear un nuevo hecho histórico: una revolución indigenista que derrocara los poderes oligárquicos, que desvirtuara los valores y la literatura que idealizaban los tiempos coloniales y que resolviera los problemas básicos del indio: la tierra, la salud, la educación.

Impregnado como estaba de las ideas vanguardistas y de las teorías de Gramsci, Mariátegui concibió el indigenismo como un proyecto, a la vez, político y estético, interesado en analizar los grandes problemas de Perú y en reivindicar plásticamente al habitante de los Andes, a ese hombre nuevo llamado a hacer la revolución. En *Amauta*, la revista de vanguardia que empezó a publicar en 1926, usó las formas estéticas más innovadoras y cosmopolitas para representar el sustrato indígena que palpitaba en el flujo de la vida peruana. Así como el criollismo argentino de Oliverio Girondo y de los martinfierristas —a quienes admiró— logró arañar lo universal desde lo autóctono, en *Amauta* pintores como José Sabogal y Julia Codesido le darían al indio un semblante moderno, de enorme vitalidad y dinamismo, que lo universalizaría.

Como era lógico, el internacionalismo indigenista de Mariátegui y de Marof tuvo muchos puntos en común con el indoamericanismo del APRA y de Haya de la Torre. Los tres intelectuales eran marxistas y pusieron al indio y a las clases populares en primer plano, como máximos representantes de América, o al menos como sujetos históricos llamados a forjar su futuro. Los poetas apristas como Magda Portal, Esteban Pavletich o Serafín Delmar fueron igualmente internacionalistas y les cantaron a los bolcheviques, la ciudad moderna, la revolución, Lenin, la huelga general, los Andes. En «Antiimperialismo», por ejemplo, Pavletich daba forma a las visiones de Mariátegui: «De 2 en 2 / se alinean los andes / para la marcha heroica / los diarios de la mañana / brindarán catástrofes de 80 pisos / para la geografía de nuestros hijos / indios / fuertes / pétreos / llevarán al lago rojo del marxismo / el potro fatigado de la historia / en la mesa quirúrgica / del planisferio / la revolución momifica / el cuerpo / sin garras / sin vientre / sin nervios / del capitalismo».

En 1930, sin embargo, poco antes de la prematura muerte de Mariátegui, ocurrió algo que separaría por completo los dos proyectos. Haya transformó el APRA en un partido político nacionalista, aliado con la clase media y desvinculado de cualquier referencia al socialismo. Aparcó la vía revolucionaria para convertirse en un aparato electoral capaz de captar las masas populares, más cerca del proyecto nacional popular que ya se estaba gestando en México que del comunismo internacional. El director de *Amauta* reaccionó airado, escribiendo una carta a los miembros de la célula aprista de México en la que advertía del peligro de esos virajes ideológicos, y de esas tretas que recurrían a «todos los medios criollos» para engatusar al pueblo. Más grave aún, comparaba el caso del APRA con el fascismo de Mussolini. «Toda esa gente —decía— era o se sentía revolucionaria, anticlerical, republicana, más allá del comunismo, según la frase de Marinetti. Y ustedes saben cómo el curso de su acción los convirtió en una fuerza diversa de lo que a sí mismos se suponían».[102] Mariátegui auguraba a los apristas un destino nacionalista y reaccionario, igual al de Mussolini, que también había sido un revolucionario de izquierda y que también, después de recurrir a «todos los medios criollos», había acabado traicionando al socialismo. Fue entonces que Mariátegui fundó el Partido Socialista Peruano, un órgano que tenía referentes incaicos, pero que seguía la línea de Lenin, la del comunismo y la vanguardia internacional.

Y lo mismo ocurriría luego en Bolivia, donde Marof se opuso con vehemencia, declarándolos sus peores enemigos, a los nacionalpopulistas del Movimiento Nacionalista Revolucionario (MNR) de Víctor Paz Estenssoro. Más contundente que Mariátegui, los acusó de haber diseñado un programa que no se distinguía del nacionalsocialismo de Hitler. Los nacionalpopulistas que siguieron a Haya de la Torre y Paz Estenssoro podían defender al indio y los personajes vernáculos, podían tener aspiraciones revolucionarias y antioligárquicas, podían odiar a Estados Unidos, al liberalismo y a sus representantes locales, pero no pertenecían a la familia comunista. Eran, más bien, un producto americano. Arielismo de izquierda, nacionalismo popular, autoritarismo popular, activismo revolucionario: una de las creaciones políticas y culturales que más peso, mucho más que el indigenismo de Mariátegui, tendría a partir de los años treinta.

EL INDIGENISMO EN LA PLÁSTICA

> Estamos convencidos de que en América ha surgido un hombre nuevo. Y en el Perú de nuestros días y con el grupo de artistas que tengo el honor de representar, intentamos expresar ese contenido.
>
> JOSÉ SABOGAL,
> *Del arte en el Perú*

El espíritu nuevo y moderno estaba actualizando lo vernáculo, y en cada país se rastreaban las huellas de lo más autóctono para reinterpretarlo o modernizarlo con las técnicas de la vanguardia más osada y cosmopolita. Lo que harían los rockeros de la década de 1990 —aclimatar y americanizar el ritmo extranjero con sonidos y temas autóctonos— fue lo que hicieron los poetas y los pintores de los años veinte. El futurismo se hacía andino y el ultraísmo, criollo. Figari usaba un postimpresionismo muy personal para pintar al gaucho y Tarsila, un cubismo muy bien digerido para inventar al antropófago brasileño. Muchos creadores estaban buscando el símbolo del continente, el representante indubitable a la luz de cuyos valores y actitudes vitales se pudiera construir una identidad americana. Elevaban la mirada para otear el continente entero, pero luego, quizá debido a la magnitud del territorio o al desconocimiento mutuo, acababan escarbando en las fronteras nacionales. Pretendiendo ser americanos, el criollismo de Figari, el muralismo mexicano y el andinismo peruano promovieron regionalismos y nacionalismos. Fueron vanguardia, sí, pero nativa. Sus pretensiones iniciales fueron superadas por los particularismos de la tierra.

Este hombre nuevo andino potenciado por el fervor moderno, incluso por la vivacidad mecánica del futurismo, empezó a verse en los poemas de la vanguardia andina y en los lienzos de una nueva ola de pintores indigenistas. Su principal promotor en la plástica fue José Sabogal, un pintor de Cajabamba formado en Europa y en Buenos Aires, que después de vivir una temporada en Jujuy, expuesto a las nuevas reivindicaciones nacionalistas argentinas, canceló un viaje que tenía planeado a Italia y se instaló en Cuzco. Seis meses después, en junio de 1919, enseñaba en Lima sus primeros lienzos andinos, suscitando la más extraña de las críticas. Presentaban motivos exóticos, se quejó el público, como si los rostros cobrizos de narices quebradas enmarcados en chullos y ponchos fueran fenotipos lejanos. Ahí estaba la justificación de indigenismo. Sabogal quería combatir estos prejuicios, buscando la «identidad integral con nuestro suelo, su humanidad y nuestro tiempo».[103] Mariátegui dijo de él que, si bien no había sido el primer pintor de Perú, desde luego había sido el primer pintor peruano; el primero que quiso sacar al indígena del ostracismo para darle protagonismo y mostrarlo erguido sobre los Andes, dueño y señor de su territorio. Basta con ver *El varayoc de Chinchero* para entender cuál sería el nuevo lugar del indio en el arte peruano (Fig. 7).

Sabogal viajó a México en 1922, en pleno auge del muralismo, y allí se contagió del interés por las artes populares. Al igual que el Dr. Atl, el pintor indigenista sería el encargado de inventariar y estudiar expresiones del arte criollo peruano, como los mates burilados, los retablillos de Ayacucho, el torito de Pucará, la platería y la alfombra criolla. También fundó una notable escuela de la que surgieron pintores como Julia Codesido, Enrique Camino Brent, Camilo Blas o Teresa Caravallo, cuyas obras desterraron todo rastro neoclásico o romántico de la pintura peruana, modernizaron el indianismo de pintores como Pancho Fierro y Francisco Laso, y forjaron una escuela indigenista moderna y de vanguardia. En cuestión de dos décadas, gracias a que Sabogal fue nombrado director de la Escuela de Bellas Artes en 1932, el indigenismo se convirtió en la escuela oficial peruana.

Sabogal también cumplió un papel destacado como encargado del diseño gráfico de *Amauta*. En las cubiertas e ilustraciones que realizó para la revista, ágiles y libres, logró modernizar el perfil del indio de forma mucho más explícita que en sus lienzos. La síntesis y la expresividad del trazo minimizaban el trasfondo arcaico, incompatible con el mundo moderno, y le daban en cambio un semblante dinámico, por momentos militante, casi revolucionario, como quería Mariátegui. Quien veía los indios de Sabogal en las carátulas de *Amauta* sabía que no estaba ante una revista etnológica, sino ante una publicación sintonizada con su tiempo.

Es curioso que las fotografías de Martín Chambi produjeran un efecto similar. Los indios que retrataba vistiendo ponchos, ojotas y chullos resultaban mucho más modernos que los anquilosados burgueses que también pasaban por su estudio cuzqueño. De familia aimara y quechuahablante, Chambi migró a las minas de la Santo Domingo Mining Co. en busca de sustento, y allí, gracias a un golpe de suerte que le cambió la vida, un fotógrafo de la compañía lo inició en el oficio. Rápidamente ganó popularidad con sus instantáneas de los Andes, y ese prestigio le permitió instalarse como profesional de la fotografía en Cuzco. Lo deslumbrante es que por su estudio desfilaron las familias más ricas y los indios más pobres; la sociedad entera posó ante su cámara y el resultado fue revelador, muy similar al de los dibujos de Sabogal. Puestas unas al lado de las otras, las imágenes de los indios andinos, quizá por el efecto anacrónico que producen los ornamentos afrancesados del escenario, resaltan con una modernidad inusitada frente a los sectores occidentalizados de Cuzco. Sus ropajes, poses y expresiones son mucho más actuales que las imágenes acartonadas, vetustas y superadas de la burguesía de los años veinte. Comparando *Magistrado en el estudio*, la foto de un hombre blanco en sacoleva y corbatín, con bastón y una medalla al cuello, tan europeo como pasadista, con *El gigante de Paruro*, vemos que la presencia de ese indio enorme, de nariz torcida, que viste unos pantalones llenos de hilachas, remiendos y parches, un poncho a manera de capa y un chullo, resulta mil veces más actual y moderna que la del hombre occidentalizado. La primera es un fantasma del pasado que se ha desvanecido para no volver; la segunda, la de un protohipster de Brooklyn o de cualquier capital europea.

Otro artista que actualizó el legado prehispánico, ya no con la pintura o la fotografía sino con la escultura, fue el colombiano Rómulo Rozo. También él, como Chambi, venía de una familia andina —de Zipaquirá— con sangre india. Pero a diferencia del fotógrafo, y más en sintonía con Tarsiwald o con Torres García, Rozo no se interesó ni tuvo contacto con el arte indígena mientras estuvo en Colombia. Fue en el París de los años veinte donde descubrió el arte prehispánico, y fue allí donde a mediados de la década realizó su obra capital, *Bachué, diosa generatriz de los chibchas* (Fig. 8), una

Martín Chambi, *Magistrado en el estudio*,   Martín Chambi, *El gigante de Paruro*, 1929.
1925.

escultura de la que solo se tuvo noticias en Colombia a través de fotos. Aun así, la obra de Rozo inspiraría en los años treinta un movimiento telúrico y nacionalista, muy influenciado por Mariátegui y su lema de peruanizar Perú (o colombianizar Colombia), conocido como Los Bachués. Lo paradójico de la obra de Rozo es que su escultura de la diosa indígena, aunque americana y moderna, también acusaba cierto aire hindú. Aquella contaminación, por lo demás fabulosa, seguramente se dio gracias a que el escultor frecuentaba las salas reservadas al arte vernáculo de otras tradiciones mientras descubría el arte americano en el Museo del Hombre de París. De manera que la obra capital de la vanguardia colombiana se creó en Francia, tardó décadas en llegar a Colombia y además se vio influenciada por el arte asiático. Parecía un producto más mestizo o antropofágico que netamente indigenista, y aun así influyó en el discurso nacionalista posterior. Lo mismo ocurrió con Sabogal y Chambi, y a la larga también con Mariátegui y su proyecto indigenista: la modernidad de sus obras no sirvió para impulsar el internacionalismo ni el cosmopolitismo, sino todo lo contrario. Como el gaucho de Figari y de Lugones, los indios de Sabogal, de Mariátegui y de los andinistas serían los referentes del nacionalismo y del arte oficial, un elemento contra el que no lucharon —todo lo contrario— los gobiernos y las dictaduras nacionalpopulares que surgieron en las siguientes décadas.

LA VANGUARDIA LLEGA A LOS ANDES

A veces doyme contra todas las contras,
y por ratos soy el alto más negro de los ápices
en la fatalidad de la Armonía.
Entonces las ojeras se irritan divinamente,
y solloza la sierra del alma,
se violentan oxígenos de buena voluntad,
arde cuanto no arde y hasta
el dolor dobla el pico de la risa.

CÉSAR VALLEJO,
Trilce, LIV

La materia prima estaba ahí: era el paisaje andino, era el indio, era el campesino; el reto también era claro: había que darle vigor al hombre nuevo americano para que resistiera al yanqui, al blanco, a la colonia. En la pintura, en la fotografía y en la escultura esto se consiguió —ya lo vimos— mezclando elementos arcaicos y modernos, el pasado y el presente, rasgos de la cultura americana virgen, no tocada por España, y elementos claramente occidentales.

Lo hicieron los artistas y lo hicieron los poetas. Perú fue una fiesta de experimentación lírica en la que se fusionó todo: el futurismo y el paisaje andino, el dadaísmo y el sentimiento trágico de los Andes, el aprismo y el feminismo, el cosmopolitismo y el provincianismo, la vida urbana y el comunismo, el antiimperialismo y el americanismo. No solo Mariátegui fomentó la nueva poesía desde *Amauta*. En Puno, el grupo Orkopata de los hermanos Arturo y Alejandro Peralta, el primero también conocido como Gamaliel Churata, publicó el *Boletín Titikaka*, una revista que salió unos meses antes que *Amauta*, y que difundió y promovió la vanguardia andinista. En sus páginas se inventó esa nueva realidad americana, provinciana y moderna, indigenista y revolucionaria. Los poemas de Alejandro Peralta fueron visiones futuristas de una sierra andina proletarizada, convertida en una fábrica, y de campesinos maquinizados que hacían las faenas rurales con el furor y la agitación del obrero. «Lecheras del Ande» era un ejemplo:

El cielo limpia sus lozas de madrugada
CLARINES CENTINELAS

AL TRABAJO

Chozas claveteadas de relámpagos
    ovejas i aerogramas de humo hacia la pampa
La tierra está cruzada de motores humanos
AL BARBECHO
        A LA SIEMBRA
           A LA TRILLA
El sol se ha detenido a ordenar labores
Los campesinos de Huaraya apuntalan las carpas al viento
Brazos i piernas vibrantes de cordajes en el gimnasio de la mañana
    Balseros de Ayllu
ya enarbolaron el arco del día en pleno lago
A lo largo del camino embanderado de rebozos
          Manzanares musicales
la Ernestina
        la Lucía
  la Felipa   *la Tomasa*
    la Martacha
VIENEN DE ORDEÑAR EL ALBA.[104]

El indigenismo de vanguardia reivindicaba lo que había existido antes
—el indio— y lo que vendría después —la modernidad—, saltándose la
etapa sobre la cual se había estructurado el discurso nacionalista peruano,
la colonia. Gritaba a los cuatro vientos una misma consigna: se podía ser
moderno sin ser hispánico, sin ser latino. Ni Parnaso, ni dioses griegos, ni
Siglo de Oro, ni mucho menos las costumbres virreinales. A cambio de
todo esto, andinismo, una emulsión de cafeína para dar vigor a la raza. La
visión de los escritores que publicaron en el *Boletín Titikaka*, y que habían
participado desde 1919 en las actividades del grupo Orkopata, fue claramente andinocentrista. América Latina debía andinizarse, pensaban. Los
indigenistas más radicales, como Federico More y Luis E. Valcárcel, popularizaron la idea de que Lima y la costa no eran el verdadero Perú. «Ser
peruano es sinónimo de ser antilimeño, ser limeño es la antítesis de ser
americano»,[105] afirmaba el primero. La sierra era el elemento fundamental
indoamericano: «Andinista debe ser el continentalismo del continente andino»,[106] decía More en el *Boletín Titikaka* de abril de 1927. Para estos
intelectuales, solo el andinismo podía darle un horizonte político a Sudamérica por la simple razón de que los valores que debía tener el hombre
nuevo —la confianza moral, la originalidad artística y la honestidad económica— eran andinos. La idealización de la sierra, como era de esperar,
se complementaba con la desidealización de la metrópoli. En una carta que

Sabogal le envió en 1931 a Manuel Domingo Pantigoso, otro pintor andino colaborador del *Boletín Titikaka*, le decía que París no había sido nunca
una cuna del arte. Era otra cosa, el «centro del arte mundial»,[107] algo insignificante comparado con lo que habían sido Cuzco, Chan Chan o Nazca,
verdaderas cunas de la civilización.

En cuanto a Valcárcel, su visión de las razas era similar a la de Riva-Agüero pero a la inversa. La superior era la indígena, y por lo tanto debía perpetuarse y conservarse previniendo el mestizaje, lo mismo que decía Franz
Tamayo en Bolivia. Quería pureza vernácula sin contaminación europea,
algo que Gamaliel Churata y otro importante indigenista, Uriel García, más
próximos a Vasconcelos y a su idea de la raza cósmica, rechazaban. Entre los
andinistas también había matices: para García el indio de 1927 era muy
distinto al indio que adoró al Apu y creó Pucará. El indio contemporáneo
era una posibilidad espiritual, «mera arcilla para una nueva forma de cultura»,[108] y lo de menos era la pureza de su sangre. Lo importante, lo que iba
con los tiempos, era completar el ciclo neoandino que había empezado con
la Conquista y el primer entrecruzamiento de razas. Los indios eran una
etapa en la transición que haría del hombre antiguo un hombre nuevo. Esa
sería la forma de su perpetuidad, el mestizaje.

La vanguardia andina vio en el indio al nuevo revolucionario. Además de
Emilio Vásquez, que claramente hizo esa identificación en algún poema, Emilio Armaza invocaba en *Falo* «los fervores revolucionarios de mi tiempo y de
mi raza», y lanzaba invocaciones exaltadas: «las cosas tiemblan de vigor / esta
hora de vida / INYÉCTATE EN MI SANGRE ¡OH PRESENTE!».[109] Poetas
bolivianos como Carlos Gómez Cornejo también revigorizaban el espíritu de
la Puna con la exaltación de lo nuevo: «Hora tónica emulsionada de posibilidades épicas / para la tisis del desaliento de la raza»,[110] decía en «Sensación de
Puna». Todos estos poetas fueron futuristas por la misma razón que fueron
futuristas los italianos, porque la vanguardia de Marinetti era *doping* espiritual,
una inyección de energía para las identidades menospreciadas de América y de
Europa, para los débiles, para los vencidos. Actuaba allí donde importaba, en
la autoimagen, insuflando ánimos, virilidad y brío para participar en guerras y
desafiar a los enemigos circundantes. El encanto y el poder del futurismo ra-
dicaban en que ofrecía una sobredosis de ego, una carga de vigor y de radicalidad que hizo fantasear a los italianos con doblegar a los austrohúngaros en el
corazón de Europa, a los andinos con desbancar a los limeños como representantes de la peruanidad, y en general a los latinos con imponerse a su propia
amenaza imperial, a los yanquis que sobrevolaban el Caribe y Centroamérica.

Pero esta no fue la única vanguardia que convirtió los Andes en un epicentro mundial de la experimentación poética. El dadaísmo también llegó

a la sierra para dar cierto espíritu infantil y juguetón a la expresión, y un enorme impulso libertario a los poetas peruanos. A pesar de su corta y tumultuosa vida —murió tuberculoso y expatriado en la España de la Guerra Civil—, Carlos Oquendo de Amat logró la gran hazaña de fundir en sus poemas lo aldeano y lo cosmopolita, lo bucólico y lo urbano, la sierra y la gran ciudad. En un libro, el único que alcanzó a publicar, que se extendía como un acordeón o como una secuencia cinematográfica, y cuyo literal título era *5 metros de poemas*, Oquendo de Amat tejía, con entrañable inocencia, un puente entre las cimas de los Andes y los centros urbanos internacionales. Con ojos cosmopolitas describía la sierra y con ojos provincianos la ciudad, y el resultado era la integración del paisaje andino en otro más amplio, el paisaje de la modernidad: «Las nubes / son el escape de gas de automóviles invisibles / Todas las casas son cubos de flores / El paisaje es de limón / y mi amada / quiere jugar al golf con él / Tocaremos un timbre / París habrá cambiado a Viena / En el Campo de Marte / naturalmente / los ciclistas venden imágenes económicas / s e h a d e s d o b l a d o e l p a i s a j e / todos somos enanos / Las ciudades se habrán construido / sobre la punta de los paraguas (Y la vida nos parece mejor / porque está más alta)».[111] El militante comunista que viajó para morir en una España podrida por el odio, escribía con la pureza de un niño.

La vanguardia andina también jugó con el lenguaje y la sintaxis, e incluso un poeta como Francisco Chukiwanka quiso liberar lingüísticamente al continente creando una ortografía indoamericana. La experimentación fue constante, pero quizá ningún poeta la llevó tan lejos y con tanta fortuna, ninguno dio en tantos clavos y en tantas sensibilidades, como César Vallejo. Su voz bajó de Santiago de Chuco, su pueblo natal, y se impregnó de diversas influencias. Por momentos fue modernista y por momentos vanguardista. Expresó angustias existenciales similares a las de Casal, Nervo y Gutiérrez Nájera, pero también se dejó llevar por los experimentos más radicales de la vanguardia europea. Vallejo expresó con empatía y claridad la hondura humana, su angustia, su desafección, una conquista al alcance de muy pocos; después se dio el gusto o el lujo o el capricho de hacer trizas las palabras, descoyuntar la sintaxis y encerrar el significado del verso en crípticos experimentos poéticos. De aquella introspección y de aquel estropicio salió algo que apenas se había oído: un «estruendo mudo» —como diría él mismo— que transmitía una experiencia existencial, sensorial y gramatical de la vida en el Ande peruano.

El indigenismo poético de Vallejo no fue político ni reivindicativo, y lejos estuvo de intentar descripciones del indio o de su forma de vida. Excepto por una sección de *Los heraldos negros* —«Nostalgias imperiales»—, el indígena casi no aparece en su poesía. Aclaro: no aparece su semblante, al menos no de la manera en que se observa en los cuadros de Sabogal o en los poemas de Peralta. Lo que expresan sus poemas son las penurias de la vida andina, los sinsabores de la existencia en condiciones adversas. Vallejo contextualizó la angustia existencial del modernismo en eso que llamó, con gran sensibilidad y genio, el «Andes frío, inhumanable, puro».[112] También se impregnó del espíritu vanguardista, pero no para llenar sus poemas de máquinas o fábricas, tics modernólatras que detestó, sino para regresar a la niñez y volver a nombrar el mundo desde el inicio, no con la voz de otros sino con la suya: una voz llena de incorreciones y de hallazgos, de desgarramientos.

En sus libros Vallejo logró que el secreto sensible de la cultura andina, arcano e incomunicado hasta entonces, fluyera por canales poéticos universales. A diferencia de andinistas, criollistas o negristas, utilizó la árida experiencia de los Andes para explorar ansiedades universales. La mayor parte de los poemas de su primer libro, *Los heraldos negros*, publicado en 1919, heredan elementos modernistas. Pero lo que en Julián del Casal es mal de siglo, en Vallejo es una amargura cósmica: «Yo nací un día / que Dios estuvo enfermo».[113] El dolor y el sinsentido están en el origen mismo de la vida, y de ahí esa impotencia metafísica para vencer el enorme territorio de las sombras. Lo que alumbra siempre es frágil. Hasta el sexo es una tumba; a veces confía en el amor como antídoto a lo ciego y lo fatal; a veces aflora algo de dicha en las nostalgias andinas, en la chicha que revienta, en la gracia incaica, en «el epopéyico huaco». Pero lo demás, todo lo humano lo avergüenza. Existir es haberle robado a otro su lugar en el mundo: «Todos mis huesos son ajenos».[114]

En *Trilce* el tono sombrío y nostálgico se combina con la ruptura de todas las convenciones. Fue escrito muy lejos de París, buena parte en una cárcel de Trujillo —adonde fue a dar acusado de incendiar una casa de su pueblo—, y publicado en 1922. Saúl Yurkievich sospecha que a través de la revista *Cervantes*, editada por los ultraístas españoles, Vallejo pudo haberse familiarizado con las corrientes poéticas modernas: Mallarmé, Huidobro, los manifiestos dadaístas y la poesía francesa de vanguardia. De algún modo tuvo que haberle llegado el rumor de la vanguardia europea, porque ya en 1921 Juan José Lora lo tildaba de dadaísta. Antes incluso, Abraham Valdelomar había escrito que Vallejo era «un niño lleno de dolor»,[115] y en el prólogo a la primera edición de *Trilce* Antenor Orrego lo llamó «niño de prodigiosa virginidad».[116] Orrego explicaba con una imagen muy esclarecedora lo que Vallejo había hecho en su libro. Así como los niños juegan a destripar sus muñecos para entender el secreto de sus mecanismos, el poeta había desgarrado el lenguaje para entender su lógica oculta. Jugando y rompiendo, Vallejo simplificaba y a la vez complejizaba el lenguaje. Lo podaba para hacerlo más directo y preciso. Violentaba la ortografía, deshuesaba la gramática, le rompía los cartílagos, forzaba las palabras, las inventaba, las pervertía, las mejoraba. El resultado era rocoso, hermético; tan conciso como una pared de los Andes, tan puro y mareante como el aire que se respira a cinco mil metros de altitud. Solo unas cuantas grietas permitían vislumbrar un mundo de nostalgias maternas, el dolor que le produjo la cárcel, la crudeza del sexo y del deseo, las rutinas hogareñas de su infancia, las angustias metafísicas que lo acompañan. Vallejo inventaba una manera única de luchar contra el lenguaje desde el lenguaje. Su gran victoria fue anularlo, quitarle su capacidad de representación, forzarlo a callar para que emanara una sensación vital andina y universal.

Esa fue la gran diferencia entre la poesía andinista de vanguardia y la poesía de Vallejo. En la primera se ve el Ande, en la segunda se siente, se intuye; en la primera se reivindica y se particulariza al indio y al campesino de la sierra, en la segunda se expresa la común humanidad, con todas sus flaquezas, debilidades, tristezas y anhelos. La universalidad poética de Vallejo también se vio reflejada en sus opciones políticas. En el momento en que los dos líderes de la izquierda peruana, su gran amigo y compañero del Grupo Norte, Haya de la Torre, y el líder del indigenismo, José Carlos Mariátegui, se enemistaron, Vallejo se inclinó por el intelectual que representaba la opción más internacionalista y universal.

Un poco más al sur, al otro lado de la frontera, en Chile, los jóvenes poetas también experimentaron con el dadaísmo y con el futurismo, renovaron las letras y la cultura, y se entusiasmaron con Huidobro y su ejemplo creacionista. A comienzos de los años veinte Santiago era un hervidero de ideas y de bohemia y de iniciativas culturales, un fértil y tentador ambiente que recibió con los brazos abiertos a Pablo Neruda, otro joven provinciano que llegaba a la capital a estudiar pedagogía. Las noches de vino y tertulia no se lo pusieron fácil, y menos aún las amistades jaraneras y poéticas que forjó en ese primer año de la década vanguardista. Al poco tiempo el joven poeta ya había dejado la universidad para dedicarse a la escritura. No fue una mala decisión: en 1923 y 1924 publicó un par de libros, *Crepusculario* y *Veinte poemas de amor y una canción desesperada*, que le dieron una enorme popularidad. Con esos poemas románticos Neruda logró llegar al gran público, pero desde luego no aportar nada al espíritu de la vanguardia, que en Chile ya tenía a dos grandes exponentes, Huidobro y Pablo de Rokha. Solo en 1925 empezó Neruda a recibir la influencia de la vanguardia, más claramente del surrealismo, y a escribir los poemas herméticos y enigmáticos que compondrían su obra maestra, la primera *Residencia en la tierra* de 1933.

Este poemario, hay que decirlo, no era del todo surrealista. Más bien era surrealizante, porque no perseguía los fines revolucionarios de la vanguardia bretoniana, y más bien se limitaba a explorar las regiones oscuras de la personalidad: los sueños, el desasosiego, el extrañamiento que producían la soledad y el viaje. Neruda había experimentado esas dos sensaciones, la soledad y la extrañeza de lo desconocido, durante el largo periplo que emprendió en 1927 como cónsul de Chile en Rangún, Colombo, Singapur y Batavia. Lejos del mundo conocido había sentido la fascinación y el horror por los paisajes y las culturas ajenas. De aquella prueba, el Neruda cristalino que les cantaba al amor y al cuerpo femenino salió transformado en un poeta penumbroso, que ya no escribía a la luz del día, sino encerrado en un mundo orgánico de materia estancada y en descomposición. *Residencia en la tierra* confirmaba el giro críptico y apesadumbrado que había iniciado en *Tentativa del hombre infinito*, un libro previo, de 1926, a veces condenado por su propio autor como intento fallido, otras veces elevado al centro neurálgico de su poesía. Neruda evocaba en él los ejercicios de escritura automática del surrealismo, eliminando los signos de puntuación. En sus versos las imágenes se sucedían sin pausa, se apretujaban, mezclaban la acción y la descripción, la metáfora y el sentimiento.

Neruda había empezado a desligar sus poemas de referentes diurnos y precisos para adentrarse en territorios lóbregos y oníricos. Puede que siguiera preso de las mismas obsesiones —el sexo, la tristeza, la muerte, la soledad, la lejanía—, pero ahora sus sueños no eran emancipadores; eran el lamento por un mundo desvencijado y en decadencia. En *Residencia en la tierra* se palpaba la agonía interna, la sensación que tenía el poeta de estar repleto de aguas pantanosas, lleno de «un aire viejo, seco y sonoro».[117] Sus sueños eran siniestros, pesimistas; había incluso un elemento mórbido acentuado por la pérdida de sus dos amigos bohemios, Joaquín Cifuentes Sepúlveda y Alberto Rojas Jiménez. Nada, ni la irracionalidad ni el mundo onírico, tampoco el cuerpo o la experiencia erótica, liberaba de la angustia y de las sensaciones aciagas. El mismo Neruda reconoció la atmósfera pesimista y destructiva de estos poemas. Por instantes, como cuando supo que un joven había dejado un volumen de *Residencia en la tierra* en el lugar donde se quitó la vida, renegó de ellos. En todo caso, a pesar de la densidad de sus poemas, Neruda estaba desatascando la poesía latinoamericana. La despojaba del ruido y de la cafeína futurista; la sacaba del espacio exterior —la sierra, la ciudad, el paisaje mundonovista— y la volvía a encerrar dentro del cuerpo humano. No dentro del gaucho, ni del campesino, ni del indio, ni del negro. Dentro de un ser humano abstracto, capaz de urdir sueños y pesadillas universales.

Más adelante Neruda retomaría el esfuerzo de Santos Chocano y se convertiría en el nuevo cantor de América. También contaminaría su poesía con ideología y llenaría sus poemas de loas a la Unión Soviética, pero aquello sería secundario. Lo fundamental es que con *Residencia en la tierra* exploraba territorios vírgenes en América Latina. Si Huidobro había vislumbrado un horizonte imaginativo de imágenes nuevas, construidas por el ser humano, Neruda se convertía en un explorador de la hondura humana y la metáfora orgánica. Huidobro volaba, Neruda se sumergía. Huidobro era geométrico, picassiano; Neruda, blando, daliniano. El primero acabaría arrepintiéndose de sus invocaciones a la dictadura y reconociendo la importancia de la democracia; el segundo moriría encandilado con la Unión Soviética. Los dos estaban condenados a odiarse porque los dos lideraron proyectos universalistas y opuestos. Huidobro fue el promotor de la abstracción geométrica latinoamericana, una corriente en la que el creador se convertía en un dios invisible; lo creaba todo sin dejar rastro de su paso, mucho menos de sus debilidades e imperfecciones. Neruda, en cambio, encarnó la filosofía opuesta, una corriente en la que el deseo, la ansiedad y la materia humana dejaban manchas y destrozos por todas partes. En la abstracción no había espacio para la huella humana; en el surrealismo lo humano entraba con toda su carga erótica y mórbida. Estos dos poetas tampoco tenían mucho en común con Vallejo. El peruano no fue geométrico ni orgánico; fue más bien rocoso, desportillado; muy humano, pero más hueso que carne, cotidiano y trágico, más angustia que deseo. Siempre gris, al menos hasta que abría una ranura por donde entraban el candor y la esperanza. En fin, los tres poetas, junto con artistas como Tarsila do Amaral o Xul Solar, fueron quienes mejor aprovecharon la experimentación vanguardista. Ninguno de ellos hubiera podido hacer lo que hizo sin la experiencia latinoamericana, pero ninguno de ellos se limitó a ser latinoamericano. Fueron la expresión universal de unos paisajes, unas vivencias, unas ansiedades y unas dichas que marcaron sus vidas y las de sus vecinos americanos.

LA CONQUISTA DE LA UNIVERSALIDAD AMERICANA: JOAQUÍN TORRES GARCÍA

On raconte: que, Gauguin [...] explicait un jour, en dessinant sur une table de café, que toutes les formes des objects, pouvaient entreer dans des formes geometriques. Même idée

*avait Cézanne. Et un peu les anciens. Et les négres. Et les
incas, etc. Nous avons la même idée.*

JOAQUÍN TORRES GARCÍA,
Dessins (primer manifiesto del constructivismo)

La cultura latinoamericana se había universalizado siguiendo el camino del
mestizaje antropofágico, el de la exploración de los padecimientos y los
deseos humanos; también el de la metafísica, como se observa en la obra de
Macedonio Fernández y en algunos cuentos del ecuatoriano Pablo Palacio;
sobre todo el de la abstracción geométrica que había anunciado Huidobro
con su creacionismo. Esa pista que dejó el chileno en el campo de la poesía
tendría fértiles continuadores en el de la plástica. La búsqueda universalista
fundada en un principio de composición racional y geométrico, esa idea que
derivó de Cézanne y del cubismo y que persuadió a Huidobro, tendría su
más claro desarrollo en el constructivismo latinoamericano que fundó un
artista uruguayo: Joaquín Torres García.

Estaba escrito que así fuera, pues desde los inicios de su carrera en la
Barcelona de principios de siglo, al uruguayo no le interesó aprehender las
apariencias del mundo sino la estructura del universo. No quería pintar la
superficie, quería descubrir el lenguaje de Dios, la retícula invisible de la cual
derivaban todas las formas del universo. El *noucentisme* catalán, al que estuvo vinculado, buscaba justamente eso, rescatar la tradición grecolatina y
mediterránea, la forma platónica —ideal y universal— a partir de la cual se
moldeaban todos los aspectos del mundo. Hasta ese momento Torres García era un artista europeo, emparentado con el modernismo latinoamericano solo de refilón. Pero entonces ocurrió lo que tenía que ocurrir, al menos
lo que les estaba ocurriendo a todos los artistas latinoamericanos que pintaban en Europa: entró a un museo y descubrió el arte prehispánico de
América Latina. En realidad lo descubrió en Nueva York, donde vivió entre
1920 y 1922. Fue allá donde tuvo un primer contacto con tradiciones plásticas del pasado que le produjeron un fuerte impacto; le abrieron los ojos,
casi, para que viera el mundo por primera vez. El universalismo no era solo
o necesariamente la forma ideal platónica, advirtió; el universalismo era otra
cosa, la geometría, y los primeros en darse cuenta de ello habían sido los
antiguos pobladores de América, orfebres quimbayas, tejedores nazcas, ceramistas zapotecos.

Como los surrealistas, Torres García descubría el magnetismo de estas
creaciones remotas, pero no porque intuyera en ellas mayor libertad instin-

tiva o espontaneidad, como les ocurría a Breton y a sus seguidores, sino por la manera en que las culturas arcaicas habían logrado reconstruir los objetos del mundo a partir de las figuras básicas. Los verdaderos genios del arte abstracto eran los antiguos peruanos, los antiguos colombianos, los antiguos mexicanos. Sus templos, cerámicas, tapices y piezas de orfebrería estaban decorados con una simbología geométrica, en algunos casos completamente abstracta, cuya sofisticación e ingenio sobrepasaba cualquier cosa que un europeo moderno hubiera hecho antes. Lo ratificó en 1928, en París, donde vio la primera gran muestra de arte precolombino que se organizaba en Europa, «Les arts anciens de l'Amérique», auspiciada por el Museo de Artes Decorativas. Al salir de esa exposición todo cambió. «Se inicia otra cosa —dijo—, el sentido arquitectural, constructivo de [mi] pintura».[118]

Dios no hablaba un lenguaje platónico de formas ideales, como había creído. Dios hablaba un idioma geométrico, y sus primeros intérpretes habían sido las culturas prehispánicas. Sus artistas entendieron que la naturaleza estaba compuesta por cubos, cilindros, esferas, pirámides, y por eso utilizaron todos esos elementos en sus obras plásticas. En la historia había habido dos tradiciones pictóricas, dedujo entonces, la naturalista y la constructiva. La primera era corta y se limitaba al Renacimiento y a su legado; la segunda tenía siglos y era la del Hombre con mayúsculas, la del Hombre Abstracto que en todos los tiempos había sabido expresar verdades por medio de los símbolos, y cuya reencarnación moderna y occidental era Cézanne. El arte naturalista intentaba imitar la realidad; el constructivo, imitar la naturaleza. Como Huidobro, también el uruguayo creía que el artista debía obrar como un pequeño Dios. Sus cuadros tenían que ser actos creadores, rituales sagrados, porque las estructuras plásticas que salían de sus manos añadían algo a la realidad de la misma forma en que los poemas creacionistas eran elementos nuevos que la naturaleza no podía producir. No debe extrañar que Huidobro celebrara con enorme entusiasmo la obra del uruguayo, ni que el pintor hubiera ilustrado su poemario de 1925, *Tout à coup*.

El poeta y el pintor serían los pioneros de un arte latinoamericano fundado en la figura geométrica y en el símbolo; los primeros en promover un arte abstracto que apelaba a dones humanos universales, como su capacidad constructiva, y no a elementos particulares de una raza, de una cultura, de una nacionalidad o de una clase. El proyecto en el que se embarcaría Torres García desde 1928, el universalismo constructivo, se componía de estos elementos: pulsión creadora, estructura, abstracción geométrica, símbolo. Un símbolo similar a los de Xul Solar, un tanto místicos, sin referencia alguna en el mundo real. Formas con «un *valor mágico*» capaz de «obrar sobre nuestra sensibilidad espiritual *directamente*, sin necesidad de interpretación ni lectura».[119]

Después de una temporada en París, donde se relacionó con Mondrian y fundó un nuevo movimiento constructivista, Cercle et Carré, con Theo van Doesburg y Michel Seuphor, el pintor tomó la decisión de volver a Montevideo. Había permanecido cuarenta y tres años en el extranjero, pero ahora, con la revelación americana, quería convertirse en el gran vocero del arte constructivista en el continente. Desde que pisó Uruguay su actividad fue frenética: dio conferencias, congregó a los artistas interesados en la abstracción, teorizó y escribió sobre su vida y sobre su pintura. En los cuadros que pintó en aquellos años empezaron a aparecer llamas, serpientes, incluso la palabra «Indoamérica». Torres García quiso establecer un vínculo emocional, cósmico, con ese habitante antiguo del continente, ese indio prehispánico. No porque hubieran sido comunistas primitivos, como pensaba Mariátegui; ni porque expresaran virtudes heroicas y viriles, como pensaba Lugones de los gauchos; ni tampoco porque fueran los precursores de las clases populares, como aspiraba Haya. Por otra razón: porque no había habido un hombre más universal que el indio americano.

La diferencia con el indigenismo de Sabogal, el criollismo de Figari e incluso la antropofagia de Tarsila resultaba, por eso mismo, fascinante. Podía decirse que las retículas y las composiciones geométricas de Torres García eran más vernáculas que las de ellos, así el indio o el personaje raigal no apareciera por ningún lado (Fig. 10). Y es que al uruguayo no le interesaban la anécdota ni la representación del americano como víctima o como héroe de la nacionalidad, sino su lógica, su manera de ver el mundo y de representarlo plásticamente: su mente abstracta. Torres García retomó esa tradición para formar una corriente plástica netamente americana, la Escuela del Sur, que tuviera la fuerza y universalidad del arte egipcio o del arte clásico. En 1935, con un gesto reivindicativo, volteó el mapa de América y dijo que en adelante nuestro Norte sería el Sur. No había que esperar respuestas a nuestros problemas artísticos de Europa ni de algún otro lugar. La sabiduría que conducía al universalismo constructivo era americana, solo había que «dar de nuevo con sus eternos principios».[120]

Torres García estaba realizando la gran proeza añorada por tantos en América Latina. Fundaba una escuela de arte vanguardista y universal, totalmente sintonizada con las tendencias más avanzadas del arte europeo y a la vez enraizada en el tuétano americano. Resolvía de manera diferente esa gran tensión entre lo nacional y lo universal que afrontó la vanguardia. No pretendió universalizar un rasgo o un valor americano, como pretendieron los criollistas o los antropófagos. Tampoco pretendió americanizar al resto del mundo, como Girondo, ni aclimatar el cubismo, la abstracción o el surrealismo en tierras tropicales. Hizo algo distinto, demostró que el hombre y la mujer prehispánicos eran los creadores de un lenguaje primordial, y por lo tanto contemporáneos de los hombres y mujeres de todos los tiempos. Modernizaba la más arcaica tradición plástica americana, la abstracción geométrica, para ponerla al día. Y además hacía otra cosa que tendría repercusiones políticas trascendentales: iniciaba una corriente de pensamiento radicalmente antinacionalista. Por muchas reivindicaciones americanas que hicieran Huidobro y Torres García, el creacionismo y el arte constructivo, al igual que su derivación, el arte concreto, eran expresiones culturales desenraizadas cuyas figuras y símbolos, así fueran americanos, no podían ser apropiados por ningún proyecto patriótico o personalista. Algo muy distinto ocurriría con el gaucho, el indio, el campesino, el negro o en general las víctimas de las clases populares. En los años cuarenta, la década en que ardieron los nacionalismos y se inventó el populismo en América Latina, la abstracción geométrica sería el refugio de los artistas que se negaron a prestarles sus servicios. Su influencia descontaminaría la atmósfera cultural de los elementos identitarios, tan en boga en esos lejanos años veinte como hoy en día, y sería una de las corrientes culturales que con más fuerza proyectaría a América Latina a un horizonte moderno y universal.

GAYS Y COSMOPOLITAS: LOS VERDADEROS TRANSGRESORES MEXICANOS

¿Qué hago en tu ausencia? Tu retrato miro;
él me consuela lo mejor que puedo;
si me caliento, me introduzco el dedo
en efigie del plátano al que aspiro.

SALVADOR NOVO,
Sonetos, XI

Qué me importan las leyes, la sociedad, si dentro de mí hay un reino donde yo sola soy y por más que hicieran, nunca llegarían a imponer un tráfico en mi reino.

NAHUI OLIN,
Nahui Olin

Cuando el nacionalismo se impone como doctrina oficial, lo transgresor es hacerse cosmopolita. Y si la vanguardia figurativa se patrocina y se financia desde el poder, la sublevación pasa por la búsqueda de formas poéticas puras. Y si al arte se le imponen una moral y una ideología, la sublevación pasa por rechazar la politización de la cultura. Y si lo que se institucionaliza es la revolución de los machos, los rebeldes terminan siendo las mujeres y los maricas.

Así llamó Diego Rivera al grupo de poetas mexicanos conocidos como el «grupo sin grupo» o simplemente como Los Contemporáneos. Tras leer un ensayo que publicaron en su revista, también llamada *Contemporáneos*, en el que se criticaba la instrumentalización política de sus murales y se usaban expresiones como «confusa» y «elocuencia gesticulante»[121] para referirse a su pintura, entró en cólera y usó el epíteto «maricas», «maricones». El despectivo insulto se sumaba al homenaje poco honroso que ya les había hecho José Clemente Orozco en *El Machete*, refiriéndose a ellos como «Los anales». El Dr. Atl tampoco fue más amable: los acusó de pertenecer a la «putería capitalina», y los estridentistas se burlaron de su «aguachirlismo literario», un eufemismo que podía referirse a la tibieza política o a la orientación sexual de los poetas. Y sí, era verdad, al menos tres de sus miembros —Carlos Pellicer, Xavier Villaurrutia y Salvador Novo— no ocultaban su homosexualidad, pero eso no era lo único que los revolucionarios detestaban de ellos. Más irritación les producían sus burlas al nativismo pretencioso de los muralistas y a la modernolatría revolucionaria de los estridentistas.

Los Contemporáneos, cuyas filas se completaban con Enrique González Rojo, Bernardo Ortiz de Montellano, Jaime Torres Bodet, Gilberto Owen, José Gorostiza y Jorge Cuesta, fueron las voces disidentes en un entorno que entronizaba el muralismo y el indigenismo revolucionario como la nueva escuela oficial mexicana. Aunque carecían de un estilo o de una propuesta explícita de renovación, todos ellos desconfiaban del nacionalismo, del indigenismo y del marxismo, y por eso no demostraron ningún compromiso con la realidad mexicana. Despreciaron la política y más bien rescataron la fascinación modernista por Francia. Tampoco se puede decir de ellos que todos pensaran igual o que fueran un grupo homogéneo. No publicaron un manifiesto ni hubo un líder o una idea rectora que unificara sus obras. Más apropiado sería decir que su poesía pretendió ser moderna sin caer en la modernolatría, nueva sin por ello romper con el pasado, y que resonó en tres proyectos editoriales: *La Falange* (1922-1923), financiada por la Secretaría de Educación Pública, *Ulises* (1927-1928) y *Contemporáneos* (1929-1931), financiadas por la Secretaría de Educación y Salubridad.

Más importante aún, Los Contemporáneos fueron los primeros vanguardistas que denunciaron el nacionalismo y el arte nacional como una idea y una práctica opresivas. Esa fue su más radical contribución a la vanguardia de los años veinte, recordarle a México que también era un país cosmopolita, el punto de encuentro de todas las corrientes intelectuales del mundo. En un continente en el que desde 1900 el nacionalismo y la identidad se habían convertido en las obsesiones de los artistas más dotados, incluso de los universalistas, de los internacionalistas y de los cosmopolitas, este grupo de poetas se deshizo de todos los complejos y de todas las presiones para crear obras fieramente individuales, con influjos diversos, sobre todo del surrealismo, imposibles de ser cooptados por ninguna ideología ni por los poderes del Estado. Jorge Cuesta, el crítico del grupo y uno de los más lúcidos intérpretes del México de aquellos años, se encargó de señalar las miserias de la ideología nacionalista. El pretendido amor por lo propio, denunciaba, no engrandecía, sino empequeñecía, a la nación que tanto decía querer. Si el objetivo del arte y de la poesía era forjar una tradición intelectual mexicana, el camino escogido por Diego Rivera y Maples Arce no podía ser más errado. La «infeliz esclavitud a no sé qué realidad mexicana, qué realidad revolucionaria, qué realidad moderna»,[122] decía, no forjaba una cultura nacional, sino que la limitaba. Era estúpido negar las más altas varas de medida, los clásicos universales, para liberarse de culpas a la hora de regodearse en la propia pequeñez. México debía leer esos grandes libros porque la naturaleza del mexicano estaba mejor explicada en Dostoievski o en Conrad que en las chapucerías de los «grafococos» nacionalistas. Nada podía ser más castrante para un artista que una ideología o una moral promocionadas desde el poder, y no era otra cosa lo que estaba ocurriendo en México: había un nacionalismo oficial que los artistas debían nutrir con sus apelaciones identitarias a la raza, al pueblo o los personajes vernáculos, o con sus modernolatrías vigorosas, que también le convenían a un Estado que en adelante se autodefiniría como revolucionario.

Ahí estaba, sobre la mesa de disección, el otro mito que quisieron escudriñar Los Contemporáneos, el de la famosa Revolución mexicana. Aquel episodio, decían, no había sido la epopeya idealizada de los muralistas sino un momento de atrocidad y caos. Ortiz de Montellano hablaba de la «amarga realidad de esa revolución»,[123] y Novo la describió como un acto de «brutalidad insensata».[124] El poeta sabía de lo que hablaba. Recordaba muy bien como Pancho Villa, queriendo matar a su padre por ser español, acabó matando a su tío. Estos poetas fueron testigos de la violencia y de la revuelta. Crecieron con el espectáculo de los disparos y los muertos, y quizá por eso se convencieron de que la sensibilidad nada tenía que ver con las causas nacionales o los episodios históricos, sino solo con la propia individualidad. Mientras más personal fuera esa individualidad, decía Ortiz de Montellano, «más genuinamente mexicana».[125] Encerrándose en sí mismos, volviendo incluso a la torre de marfil y desentendiéndose de todo lo que no fuera la perfección del poema, se convirtieron en exploradores de su conciencia, de sus sueños, de sus temores existenciales. En aquel México que se estaba intoxicando de identidad y de discurso revolucionario, el aguachirlismo y el afeminamiento de Los Contemporáneos eran la apuesta más transgresora y libertaria. Rescataban el individualismo y la libertad del creador frente a los moralismos imperantes.

Como defensores conscientes del cosmopolitismo, la revista que fundaron fue un antídoto al patrioterismo ególatra. Cada uno de sus números abría una ventana al mundo. Poemas de T. S. Eliot, Saint-John Perse, Jules Supervielle, Gerardo Diego, Borges y Neruda aparecieron en sus páginas, al lado de ensayos de André Maurois, Jean Cocteau o Aaron Copland. Al cubismo, el expresionismo y el futurismo, las corrientes que tanto habían influido a Huidobro, Borges y Maples Arce, les prestaron menos atención que a la vanguardia que reivindicaba el deseo individual: el surrealismo. Los nombres de Éluard, Desnos y Breton aparecieron con frecuencia en sus páginas, y su influencia no tardaría en verse en los sueños de Ortiz de Montellano, en los nocturnos de Villaurrutia y en los poemas en prosa de Gilberto Owen.

Es verdad, y esto no deja de ser paradójico, que Los Contemporáneos también recibieron financiación del Gobierno para sus proyectos. Su resistencia al discurso nacionalista del Estado la hicieron desde el Estado, porque varios de ellos también trabajaron para Vasconcelos. Torres Bodet, Ortiz de Montellano y Carlos Pellicer comulgaban con el proyecto vasconceliano por su arielismo. Los dos primeros más por sus alegaciones latinas y antiyanquis; el tercero más por su americanismo. Otros poetas, especialmente Novo, se burlaban de los valores revolucionarios y nacionalistas del Estado mientras militaban en su burocracia. Rivera pintaba las paredes de la Secretaría de Educación Pública, y Novo, desde su Departamento de Publicaciones, escribía «La Diegada», un poema satírico lleno de burlas y desplantes hacia el famoso muralista. Jorge Cuesta fue uno de los pocos que conservó su independencia, y su único vínculo con la cultura oficial y el muralismo fue su esposa, Guadalupe Marín, que antes había sido la cónyuge de Rivera. La lucidez crítica de Cuesta convivió con el mal de la locura. A lo largo de los años tendría varias crisis; en una de ellas intentaría castrarse y la última lo llevaría al suicidio. Pero entre tragedia y tragedia logró escribir una abultada obra crítica y un puñado de poemas de gran densidad existencial. En sus momentos más afortunados sus versos mostraban lo difícil que era aprehender la vida mientras se vivía: «La vida no se ve ni se interpreta; / ciega asiste a tener lo que veía. / No es, ya pasada, suyo lo que cría / y ya no goza más lo que sujeta».[126]

En cuanto a los otros miembros del grupo, Novo fue un hombre de dos rostros, los dos homosexuales. Capaz de escribir poemas de refinado lirismo y elegancia —«Nuevo amor», por ejemplo—, también podía desbordar su bilis para escribir con arrebato —caca, diría Paz— en contra de sus enemigos. Villaurrutia llevó las inquietudes metafísicas de Cuesta un paso más lejos, dudando incluso de su propia existencia, desdoblándose para verse a sí mismo como un sonámbulo o como el personaje de un cuadro de Delvaux que recorre ciudades desconocidas. «El miedo de no ser sino un cuerpo vacío / que alguien, yo mismo o cualquier otro, puede ocupar, / y la angustia de verse fuera de sí, viviendo, / y la duda de ser o no ser realidad»,[127] decía en «Nocturno miedo», y en «Nocturno grito» se cuestionaba: «¿Será mía aquella sombra / sin cuerpo que va pasando? / ¿Y mía la voz perdida / que va la calle incendiando?».[128] El tema de José Gorostiza fue la muerte, la agonía infinita de Dios en nosotros, y el de Ortiz de Montellano, los sueños. El poeta tomaba notas sobre las sensaciones que aún retenía en la consciencia al despertar, y emprendía entonces, como un minero de sí mismo, un viaje hacia adentro. Pellicer fue lo contrario, diurno y externo. Volvió a la tradición arielista con su *Piedra de sacrificios*, prologado por Vasconcelos y destinado a refrendar el nacionalismo continental, enemigo del yanqui.

Excepto por este libro de Pellicer, la obra de todos Los Contemporáneos encara la existencia, el paso de la vida, las trampas de la conciencia, de la vigilia, del sueño. Son temas existenciales que carecen de patria o de escenario, y que más bien exploran esas zonas oscuras del ser humano que tanto interesaron al Neruda de *Residencia en la tierra* y al surrealismo. Y por eso —y también porque criticaron al marxismo y a las ideologías impuestas desde el Estado— se convertirían en un referente fundamental de los artistas e intelectuales que décadas después reventarían los discursos del arte oficial mexicano. Las ideas de Cuesta sirvieron para desactivar el pacto que se forjó entre muralistas, indigenistas y poderes públicos, y que les dio a gobiernos nada democráticos la efectiva coartada de la revolución y del amor al pueblo para legitimarse y perpetuarse.

Cuando Los Contemporáneos empezaron a criticar el nacionalismo y a escribir sus poemas oníricos y noctámbulos, una mujer, Carmen Mondragón, a quien después se conocería como Nahui Olin, ya llevaba muchos años forjando y puliendo, y pagando por ello, actitudes vitales igualmente libres y desafiantes. Había manifestado desde muy joven impulsos anárquicos y una pasión desmedida. «Soy una llama devorada por sí misma y que no se puede apagar»,[129] escribió con apenas diez años, todo un presagio de lo que sería su vida. Porque a pesar de haber crecido en el ambiente viril y nacionalista de la Revolución mexicana, y de haber sido la hija de uno de los generales que

desencadenaron la Semana Trágica y amante del más volcánico de los caudillos culturales, el Dr. Atl, ningún hombre le impidió desplegar su radical individualidad. El Dr. Atl la enamoró y se la llevó a vivir con él al convento de La
Merced, en donde lideraron una comunidad de artistas y hedonistas gastro-
nómicos, y donde su vida íntima se convirtió en tema de chismes y escán-
dalos, pues las cartas con las que se peleaban y se reconciliaban no las escribían en discretos papeles o misivas, sino en las paredes del convento. Siendo
una poeta casi innata, Nahui también se convirtió en artista, sobre todo en una
artista independiente, cuya obra nada debió a Atl ni a los muchos otros pintores y fotógrafos para los que posó. Porque sí, Nahui Olin fue deslumbrante y plenamente consciente de ello. «Sé que mi belleza es superior a todas las
bellezas que tú pudieras encontrar —le escribió a Atl—. Tus sentimientos de
esteta los arrastró la belleza de mi cuerpo —el esplendor de mis ojos—, la
cadencia de mi ritmo al andar —el oro de mi cabellera, la furia de mi sexo—,
y ninguna otra belleza podría alejarte de mí».[130] Ese narcisismo le sirvió para
centrar su obra poética y plástica en sí misma, en su cuerpo, en sus pasiones,
en sus amores. Con total desfachatez, estaba haciendo lo mismo que hicieron
Los Contemporáneos: olvidarse de las temáticas revolucionarias y reivindicativas impuestas por el entorno nacionalista y biempensante.

Su revolución fue un grito individualista y erótico que rompió las convenciones y los tabúes sociales. La forma más clara y radical en que lo hizo
fue convirtiéndose en la materia prima de sus obras, haciendo de su cuerpo,
su desnudez y su sensualidad, la temática central de su trabajo. Nahui Olin
posó sin ropa para el fotógrafo Antonio Garduño, algo que no hacían las
artistas de la época, y que por sí mismo ya era transgresor. Pero lo fundamental no estaba ahí, en el mero acto de desnudarse, sino en la inversión de
roles: no era él quien daba indicaciones, sino ella. Garduño estaba ahí por
accidente, como un reportero que registra un acontecimiento o una *performance*, y por lo tanto la artista era ella, no él. La obra era algo más que la
mera imagen, era la propia Nahui, el mensaje que lanzaba, el acto transgresor que Garduño documentaba. Por eso a la exposición de esas fotos, celebrada el 20 de septiembre de 1927, fue ella quien invitó a los comensales
(Fig. 11). Solo muchos años después resultaría normal que a artistas como
Hannah Wilke, Carolee Schneemann o Martha Rosler se les adjudicara la
autoría de retratos, incluso de desnudos provocadores, que no tomaron ellas
pero cuya idea o concepto les pertenecía. Pues bien, puede que Nahui Olin
hubiera sido la primera en hacer esto.

Era una prueba de su total independencia. Nahui no le debía fidelidad a
su familia, ni a Atl, ni a la sociedad, ni mucho menos a México o a la Revolución, solo a su propio principio de libertad. Si Los Contemporáneos se

convirtieron en una fuerza cultural opuesta al nacionalismo y al machismo, lo mismo podría decirse de Nahui. No necesitó hacer proselitismo. Su radicalidad vital fue una declaración de principios, un manifiesto andante. Como decía Adriana Malvido, biógrafa de la artista, con ella nace «una manera moderna de ser mujer, una mujer en la libertad, con todo lo que ella supone: escándalo, controversia y rechazo de la sociedad».[131] Una manera de ser mujer, habría que añadir, que tardaría muchas décadas en legitimarse.

EL FUTURISMO CARIBEÑO Y LA VANGUARDIA NACIONALISTA PUERTORRIQUEÑA

> *tu vida rebolusionaria*
> *bien*
> *te*
> *diré*
> *motivadora la agresión imperialista*
> *contra nuestra tierra taína*
> *primero europa*
> *destruksión de la persona umana*
> *segundo*
> *estados unidos (o de ninguna parte o del infierno)*
> *destruksión de la imagen mental de la personalidad nacional*
> *supresión de todos nuestros valores intelektibos.*
>
> CLEMENTE SOTO VÉLEZ,
> «el poema de amanda»

Todo empezó en el Caribe, como bien había anticipado Martí años antes de embarcarse en la aventura suicida que daría origen a esta historia. Después de la victoria de Estados Unidos en la guerra hispano-estadounidense, toda la región quedó bajo la tutela de una nueva potencia con apetitos imperiales. Puerto Rico pasó directamente a ser una colonia, y Cuba, después de unos años de ocupación, recuperó en 1902 su independencia bajo el chantaje de la Enmienda Platt, un apéndice de la Constitución que autorizaba a Estados Unidos a intervenir en la vida política de la isla. Haití fue ocupada entre 1915 y 1934 y la República Dominicana, entre 1916 y 1924. Cuba, una vez más, entre 1906 y 1909, y Colombia sintió sus garras en 1903, cuando Panamá promovió su independencia con ayuda de los yanquis. En Nicaragua, también por disputas relacionadas con un hipotético canal, los marines derrocaron al presidente José Santos Zelaya en 1909. Era el preludio de la prolongada y abusiva ocupación que sometió al país entre 1912 y 1933, y que detonaría la primera revolución antiyanqui en América Latina.

El Caribe y su prolongación continental, Centroamérica, quedaban expuestos a los caprichos e intereses de un nuevo imperio. Esta afirmación no pretende ser demagógica ni grandilocuente, sino literal. Difícilmente puede describirse con otras palabras la nueva relación entre Estados Unidos y esa esquina de América Latina. Hubo una subordinación, un dominio de uno sobre el otro en el que primó el control político de la zona, pero también los intereses económicos. Los marines norteamericanos entraron y salieron de Honduras al menos siete veces en las tres primeras décadas del siglo XX, cada vez que hubo disturbios que amenazaron su industria bananera. En Guatemala intervinieron en 1920, mientras el déspota Manuel Estrada Cabrera, atrincherado en su residencia campestre con José Santos Chocano, ordenaba bombardeos sobre Ciudad de Guatemala para frenar el avance de los unionistas que querían derrocarlo. En el Caribe colombiano la influencia yanqui se hizo patente en diciembre de 1928, cuando una huelga de trabajadores de la United Fruit Company fue resuelta con cargas de metralla.

Si había una región del mundo donde pudieran arraigar el arielismo antisajón y toda suerte de experimentos vanguardistas destinados a alimentar el odio a Estados Unidos y el amor por la patria, mezclas de futurismo y de americanismo, de poesía experimental y de acción política, era esa. Como la débil Italia de 1909, los países del Caribe invocaron el vigor de la máquina y de la identidad nacional para vencer —al menos resistir— al terrible invasor. Muy temprano hubo intentos de renovación poética como el ya mencionado vendrinismo o las soflamas antiyanquis y puertorriqueñistas de Luis Llorens Torres. La poesía caribeña se encargó de reforzar con más urgencia y ansiedad su vínculo con el idioma, la cultura y hasta la raza americanos, porque de haber soltado aquel lazo ya no solo hubieran quedado política, sino culturalmente, en manos de los yanquis. Eso quizá explica la intensa actividad espiritual que hubo en las islas: desde propuestas como el postumismo dominicano de 1921, rabiosamente americanista, a otras como el euforismo puertorriqueño de Luis Palés Matos y de Tomás L. Batista, que abrazó el futurismo y el sueño vasconceliano de fundir la raza latina y la sajona a través de las Antillas. Que la realidad no aguara la fantasía: estos poetas querían forjar una sola América, hogar de un superhombre que sería «mitad latino y otra mitad sajón»,[132] suprema realización del pensamiento eufórico, como decían en su *Segundo manifiesto euforista*.

En Puerto Rico Evaristo Ribera Chevremont inventó el girandulismo, el meñequismo, el integralismo y otra camada larga de ismos sin mayor trascendencia. Allí mismo surgió el noísmo en 1925, un grupo influenciado por el futurismo y el dadaísmo en el que participaron Vicente Palés Matos y otro poeta, Juan Antonio Corretjer, que una década después acabaría en una cárcel yanqui por sus actividades subversivas. El noísmo fue exaltación pura, fuente de energía nueva y creadora que se opuso a todo lo establecido con la única certeza de que la juventud puertorriqueña debía apropiarse del mundo y buscar la novedad.

Todas estas mezclas de euforia, americanismo, antillismo y antiyanquismo, sumadas a la nueva realidad colonial, predisponían a que en Puerto Rico surgiera una vanguardia combativa, directamente vinculada con la política e incluso con la subversión armada. Fue lo que ocurrió con los poetas que a mediados de los años veinte fundaron La Atalaya de los Dioses, una agrupación que mezcló el arte y la política y que a la postre tendría un papel activo en acontecimientos determinantes para la evolución sociopolítica de Puerto Rico. Entre los atalayistas estuvieron Clemente Soto Vélez, Graciany Miranda Archilla, Alfredo Margenat y Fernando González Alberti. El manifiesto que redactó el primero de ellos para presentar al grupo replicaba uno a uno los estallidos del *Manifiesto futurista*. «La pólvora de nuestra sangre es suficiente para destruir las trincheras de los soldados cobardes que no se atreven a salir a pelear a campo raso con las bayonetas caladas de su honor y su civismo, por el sagrado encausamiento de las ideas libertarias»,[133] decía. Invocaba el espíritu combativo de Marinetti, su llamado a la acción y su rechazo de la cobardía. El Caribe era una zona sometida, necesitaba el ardor de la juventud y de la máquina para enfrentar al enemigo; también el desprecio al pasado, a la bohemia inactiva, a la academia y a lo acomodaticio. Para eso servía el futurismo, no lo olvidemos, para inyectar una dosis de furor patriótico en quien intuía que no tenía más remedio que entrar en acción y jugarse la piel frente a enemigos poderosos. Combinaba bien, por las mismas razones, con el arielismo y el sentido de superioridad que proyectaba sobre lo estadounidense: «Hay una nación que el monstruo yanqui desea degollar [...] una nación que goza de una civilización de cuatrocientos treintaisiete años [...] una nación superior en todos los órdenes de la vida espiritual, al dominador grosero [...] una nación que ha producido sabios y santos»,[134] añadía Soto Vélez en 1930.

Sus ideas replicaban en el campo artístico las que Pedro Albizu Campos lanzaba en el terreno de la política. Abogado de Harvard y poseedor de una oratoria inflamada, Albizu Campos estaba llamado a convertirse en uno de los políticos nacionalistas más importantes del siglo xx puertorriqueño. Había conocido a Soto Vélez en 1925, durante las noches de juerga atalayista, y desde entonces se habían hecho cómplices. Solían reunirse en La Cafetera, un local de San Juan, del cual salían portando la por entonces proscrita bandera puertorriqueña. Se trataba de una *performance* y de una provocación que lanzaba un claro mensaje político: no reconocían al Gobierno colonial.

La visibilidad pública de los atalayistas, impulsada por un programa de radio en el que promovían el mensaje nacionalista, sembró expectativas en las elecciones legislativas de 1932. El resultado, sin embargo, fue desastroso. Albizu Campos hizo campaña y participó con el Partido Nacionalista, pero en las urnas solo lograron recaudar cinco mil votos, un fracaso en toda regla. A partir de ese momento el pensamiento nacionalista se comprometería menos con la retórica política y más con la acción directa. «La lucha electoral es una farsa periódica para mantener dividida a la familia puertorriqueña»,[135] dijo Albizu Campos. Del arielismo al futurismo, del poema a la acción, de la democracia a la revolución: estaban dando ese paso porque al fin y al cabo la vanguardia era eso, arte convertido en acto; propaganda, como decían los muralistas, un compromiso integral con la reivindicación de las identidades nacionales. Marinetti habría sido el primero en celebrar a los atalayistas, sobre todo en el mitin que convocaron en San Juan y que acabó con los revolucionarios tratando de tomar el Capitolio de Puerta de Tierra, sede de la Cámara de Representantes y del Senado. La actividad literaria y conspirativa empezaba a convertirse en una insurrección en toda regla. Poco después Soto Vélez viajó a Caguas con el fin de conformar un ejército libertador y editar el semanario *Armas*, en cuyo cintillo se leía: «Puertorriqueños, la independencia de Puerto Rico depende del número de balas que lleves en la cintura».[136] Las proclamas del manifiesto atalayista dejaban de ser meras imágenes poéticas y se convertían en pautas concretas para la acción. De las letras a las armas, como había hecho Martí y como harían decenas más. Los revolucionarios estaban ahora en los andenes liderando la revuelta, oponiéndose al Gobierno colonial, perpetrando acciones cada vez más intrépidas que acabarían con muertos en la calle. La masacre de Río Piedras, en la que perdieron la vida cuatro nacionalistas y un civil, o el asesinato del coronel yanqui Elisha Francis Riggs, jefe de la policía insular, fueron dos de los episodios más dramáticos. Como consecuencia de ellos, Soto Vélez, Albizu Campos, Juan Antonio Corretjer y varios más fueron arrestados en 1936. Se les acusó de conspirar contra la representación de Estados Unidos en la isla, y el castigo que recibieron por ello fue una temporada en Atlanta. En una de sus cárceles, por supuesto.

Eso sí era novedoso. Los futuristas italianos también habían empuñado las armas para pelear y morir en la Primera Guerra Mundial, pero ninguno acabó en una cárcel del imperio enemigo. Los atalayistas sí. Eso no impidió que sus seguidores siguieran enfrentándose a las fuerzas de ocupación, en

absoluto: hubo nuevas masacres, nuevas tomas de pueblos y hasta un intento de asesinar al presidente Truman en su propia residencia, pero nada de
eso hizo avanzar la causa independentista. Al contrario. En 1952 el gobernador Luis Muñoz Marín negociaría un nuevo estatus para la isla, el de
Estado libre asociado, que para incordio de los nacionalistas sería aprobado
mediante referéndum por la población puertorriqueña. Pablo Neruda pre-
miaría la acción política del gobernador con algunos de sus versos más
hirientes: «Luis Muñoz Gusano, / Muñoz Marín para la concurrencia, /
Judas del territorio desangrado, / gobernador del yugo de la patria, / sobor-
nador de sus pobres hermanos, / bilingüe traductor de los verdugos, / cho-
fer del whisky norteamericano».[137] Estaba insultando a un colega, porque
Muñoz Marín también era poeta.

LOS HEREDEROS VANGUARDISTAS DE MARTÍ: EL MINORISMO CUBANO

Hace falta una carga para matar bribones
para acabar la obra de las revoluciones
para vengar los muertos que padecen ultraje
para limpiar la costra tenaz del coloniaje
para poder un día con prestigio y razón
extirpar el apéndice de la Constitución
para que la república se mantenga de sí
para cumplir el sueño de mármol de Martí.

RUBÉN MARTÍNEZ VILLENA,
«Mensaje lírico civil»

No solo los poetas puertorriqueños pasaron de la tertulia a la acción revolucionaria. Algo similar les ocurrió a los escritores cubanos que se reunían
desde 1920 en el café Martí. De pronto, cuando la última gota rebosó el vaso,
se vieron envueltos en el maremoto de la historia, marchando por la calle y
tratando de frenar las escandalosas corruptelas del presidente Alfredo Zayas.
Esa gota cayó cuando se enteraron de que Zayas iba a comprar el convento
de Santa Clara a una compañía urbanizadora por un monto tan alto e in-
justificado que permitía adivinar las muchas coimas implícitas en la tran-
sacción. Sin dudarlo, fueron a la Academia de Ciencias, donde el secretario
de Justicia Erasmo Regüeiferos, cómplice de Zayas en el chanchullo, iba a
dar un discurso, y ante todos los asistentes el líder de los poetas, Rubén

Martínez Villena, lo acusó de validar con su firma «un decreto ilícito que encubre un negocio repelente y torpe».[138] Desde allí prosiguieron a las oficinas del *Heraldo de Cuba*, donde Martínez Villena redactó un manifiesto anunciando que la juventud ya no se quedaría callada viendo cómo los funcionarios traicionaban su deber cívico y patriótico. Él y doce de sus acompañantes firmaron el manifiesto, y de ahí que esa primera revuelta hubiera pasado a la historia como la Protesta de los Trece.

Aquel fue un punto de no retorno. Los poetas habían dado el paso a la acción y ya no se detendrían. Empezaron creando una asociación de instrucción pública gratuita, no casualmente llamada Falange de Acción Cubana, con la que se propusieron promover la cultura cívica y el compromiso responsable de los derechos y deberes públicos. También entendieron que era necesario reivindicar la identidad cubana frente a la presencia asfixiante de Estados Unidos. Por aquellos años un miembro de Los Trece, Jorge Mañach, y otro prestigioso antropólogo que también frecuentó las tertulias de los poetas, Fernando Ortiz, empezaban a escribir sobre las fuentes, factores y ritos de la cubanidad. Los Trece y sus aliados querían participar activamente en la transformación de Cuba, y pretendían descifrar y delimitar la identidad de la isla dándole al elemento negro un lugar prioritario en la conformación de una nueva cultura. Empezaban a forjarse dos revoluciones paralelas, una estética, el afroamericanismo que reivindicaba los ritmos, modos y creencias de la población afrocubana, y una política, con la que los jóvenes tratarían de regenerar la vida pública de su país.

Por sugerencia de Mañach, estos poetas decidieron bautizarse como el Grupo Minorista. Así se veían, como la minoría que estaba a la vanguardia de una lucha espiritual por la transformación de Cuba. Entre los muchos miembros que iban y venían, o que simplemente asistían a los almuerzos que organizaban los sábados o que firmaban este o aquel manifiesto, también estaban José Antonio Fernández de Castro, José Z. Tallet, Juan Marinello, Emilio Roig de Leuchsenring, María Villar Buceta, Mariblanca Sabas Alomá y Alejo Carpentier. Todos ellos querían una renovación de valores, defender el arte vernáculo y el arte nuevo, y promover la reforma y la autonomía universitarias. Se declaraban a favor de la independencia económica de Cuba y, cómo no, en contra del imperialismo yanqui. No les gustaba ninguna dictadura, mucho menos las latinoamericanas, y le tenían especial encono a la del venezolano Juan Vicente Gómez. Pero también era cierto que se mostraban reacios a lo que llamaban «los desafueros de la pseudodemocracia» y «la farsa del sufragio».[139] Querían la participación directa del pueblo en el Gobierno y se declaraban solidarios con la unidad latinoamericana. El arielismo americanista y antiyanqui resonaba por las cuatro esquinas del minorismo, pero sus métodos serían claramente vanguardistas y sus inclinaciones, radicalmente de izquierda.

Hacia finales de 1923 dieron un paso decisivo. Rubén Martínez Villena planeó un alzamiento armado en todo el país para derrocar a Zayas. Cuenta Ana Cairo en su estudio sobre los minoristas que el mismo Rubén, en compañía de otro poeta, José Fernández de Castro, y del hijo del general Carlos García Vélez, viajó a La Florida en busca de una cuadrilla de aviones con la cual bombardear el palacio presidencial. Las inconsistencias, cobardías y corruptelas, además del prematuro encarcelamiento de Rubén y de otros conspiradores, hicieron fracasar el plan. Pero había quedado sembrada la semilla revolucionaria. Otro joven cubano, Julio Antonio Mella, amigo de Haya de la Torre y de los minoristas, contribuiría a templar el clima de insubordinación creando la fugaz Universidad Popular José Martí, réplica de la González Prada que ya operaba en Lima, y fundando en 1925 —con otros izquierdistas— el Partido Comunista Cubano. Los minoristas se convertían en una vanguardia revolucionaria que combinaba el proselitismo político y las actividades culturales. Participaron en varias publicaciones, como *Venezuela Libre*, una revista que atacaba a Juan Vicente Gómez; también en *América Libre* y en la importante *Revista de Avance*, puerta de entrada a Cuba de las últimas novedades artísticas y poéticas de Europa y de América Latina. Al mismo tiempo, denunciaron la intervención de los marines en Nicaragua, participaron en la Liga Antiimperialista y formaron la Junta Nacional Cubana Pro Independencia de Puerto Rico.

Aunque los minoristas fueron implacables atacando a Zayas, su verdadero enemigo fue el presidente que lo relevó en el cargo: Gerardo Machado. Es verdad que su presidencia se la habían dado las urnas, pero en la práctica el Gobierno de Machado se fue haciendo cada vez más autoritario hasta mutar en una dictadura. En 1927 promulgó una reforma constitucional que le permitía reelegirse, típica maniobra del aspirante a déspota, y desde entonces el acoso a los estudiantes y a los intelectuales se convirtió en una persecución directa. Ante las protestas de los minoristas, Machado reaccionó con virulencia, dando inicio a lo que se conoció como «el proceso comunista». Mella tuvo que exiliarse a México y hasta allá fueron a buscarlos los matones de Machado. Las balas lo alcanzaron en 1929, mientras caminaba por las calles del D. F. con una copia de *El Machete* en el que había publicado un artículo y de la mano de su fabulosa amante, la fotógrafa de la modernidad mexicana Tina Modotti.

Los minoristas que se quedaron en Cuba fueron acosados. El comité editorial de la *Revista de Avance*, los miembros de la Universidad Popular, los apristas peruanos que habían escapado a Cuba, el consejo de redacción de *América Libre* y varios miembros del Partido Comunista fueron encarcelados. A su salida, un mes más tarde, las actividades culturales del minorismo decayeron. La *Revista de Avance* dejó de publicarse en 1930 y Rubén Martínez Villena dejó las actividades poéticas para volcarse por completo en la causa revolucionaria. La poesía mutaba en sublevación callejera y se preparaba para enfrentar y derrocar la dictadura. Ocurrió en 1933. Convertido en un dirigente comunista, Martínez Villena encausó la venganza del minorismo liderando una huelga general de doscientos mil trabajadores que finalmente sepultó la dictadura de Machado. La vanguardia le torcía el brazo al poder autoritario, pero el triunfo no llevó la libertad añorada. Al contrario: el vacío de poder dejó a la isla convertida en un río revuelto donde los más ambiciosos y corruptos sacaron provecho. Fulgencio Batista, un oscuro sargento del Estado Mayor, vio en la caída de Machado una oportunidad de oro. En septiembre de 1933 lideró la Revolución de los sargentos, un golpe militar contra el Gobierno de transición que se había instalado un mes antes, y se nombró a sí mismo jefe de las fuerzas armadas. Desde este cargo controlaría la política cubana hasta 1940, año en que él mismo se convirtió en presidente de la isla.

En el Caribe la vanguardia poética dio los pasos más decididos para convertirse en vanguardia revolucionaria. En Puerto Rico los atalayistas acabaron enfrentándose a la ocupación yanqui y en Cuba los minoristas conspiraron para derrocar a Machado. En esa zona del mundo, tan determinante, la tensión entre la dictadura y la democracia marcaría las siguientes décadas. Unos y otros, presidentes demócratas y dictadores proyanquis, conspirarían para derrocarse mutuamente en todo el Caribe, incluidas Centroamérica y Venezuela. En Cuba el resultado no sería nada halagüeño. A lo largo del siglo se repetiría el sino trágico, casi la maldición, podría decirse, de Martí, esa que convertía las revoluciones emprendidas para llevar la libertad en sistemas aún más opresores. Ocurrió con la guerra de independencia en la que murió Martí, que facilitó el camino a la invasión gringa, y ocurrió con Machado, cuyo derrocamiento fue aprovechado por Batista. También ocurriría con Fidel Castro, cuya lucha nacionalista en contra de la tiranía del militar proyanqui se convertiría en una dictadura comunista. La libertad política fue un espejismo en Cuba desde su fundación como república independiente. Los artistas, sin embargo, incluido uno de los minoristas más jóvenes, Alejo Carpentier, producirían algunas de las obras más americanas y universales del continente.

EL AFROAMERICANISMO DE LUIS PALÉS MATOS Y NICOLÁS GUILLÉN

Culipandeando la reina avanza,
y de su inmensa grupa resbalan
meneos cachondos que el gonjo cuaja
en ríos de azúcar y de melaza.
Prieto trapiche de sensual zafra,
el caderamen, masa con masa
exprime ritmos, suda que sangra
y la molienda culmina en danza.

LUIS PALÉS MATOS,
«Majestad negra»

Finalmente, ¿quién era el representante por antonomasia de esa América Latina saboteada por Estados Unidos, jaloneada por los fascistas hacia la derecha, tironeada por los comunistas hacia la izquierda, interrogada hasta el delirio por los vanguardistas? ¿Era el gaucho, como decía Pedro Figari? ¿El indio de los Andes, como reclamaban José Sabogal y los indigenistas? ¿El primitivo de la selva, como daban a entender los vanguardistas brasileños? ¿El campesino y el obrero, como fantaseó Diego Rivera? ¿Era acaso el hombre abstracto universal de Torres García?

La pluralidad de proyectos americanistas mostraba la riqueza étnica, cultural y artística del continente, pero también su inevitable complejidad. ¿Cómo fijar una identidad americana con tantos elementos en juego? ¿La solución era el mestizaje o la conservación de todas estas particularidades? ¿Lo andino debía primar sobre lo gaucho, lo campesino sobre lo urbano, lo prehispánico sobre lo colonial? No era un asunto sencillo. Como si fuera poco, aún faltaba un elemento fundamental en la configuración americana, la cultura negra, ese universo de creencias, rituales, instrumentos y ritmos africanos que fue trasplantado por la fuerza y que terminó echando raíces americanas. Vernáculo como el indio, dueño de una riquísima cultura popular surgida de la transculturación en un medio colonial, el negro también fue reivindicado por vanguardistas brasileños como Mário de Andrade, experto en sus tradiciones musicales, y por varios poetas y antropólogos del Caribe. Fue una reivindicación a la manera indigenista de Sabogal, que puso al negro en el centro de la poesía, pero también intentó ser una reivindicación a la manera de César Vallejo: los poetas transmutaron las palabras, los ritmos y las fórmulas expresivas para que la experiencia negra aflorara a través de la gramática. En sus versos hicieron repiquetear las vocales, adaptaron las palabras, las mezclaron, las untaron de melaza, las pusieron a bailar dentro del poema, hasta que de tanto jugar surgió una nueva herramienta poética que liberó a las vocales del significado y las convirtió en ritmo.

El cubano Mariano Brull fue determinante en este proceso. A pesar de no haber sido un poeta claramente negrista, con sus experimentos logró abrir una veta riquísima para la poesía caribeña. En «Verde halago», por ejemplo, decía: «Por el verde, verde / verdería de verde mar, / Rr con Rr / Viernes, vírgula, virgen / enano verde / verdularia cantárida / Rr con Rr».[140] El juego con el lenguaje no era nuevo, claro, con las palabras se ha jugado siempre, pero Brull se dio cuenta de que el experimento podía derivar en ritmo. Jugando y jugando las palabras ganaban valor acústico, evocaban fantasías caprichosas. El sabio mexicano Alfonso Reyes quedó fascinado con el hallazgo de Brull. Lo bautizó como jitanjáfora y desde entonces se dedicó a coleccionarlas. La jitanjáfora iba más allá de la simple onomatopeya futurista que reproducía los sonidos de la guerra o de la ciudad. Entrañaba un juego libre y risueño, sensual y corporal, al que pronto se sumarían el ritmo del son, el sonido de las congas, la cadencia de la entonación negra.

El primero en mezclar todos estos elementos fue el puertorriqueño Luis Palés Matos. Como diepalistas, a comienzos de los años veinte, él y José Isaac de Diego Padró habían jugado con la onomatopeya. Padró había colado en una de sus «Fugas diepálicas» el sonido de instrumentos de percusión («Cutúncuntún… Claz-claz… Cutúncuntún… tun»), pero fue Palés Matos quien azucaró la onomatopeya metálica para darle un sabor más antillano. Los poemas que empezó a escribir en la segunda mitad de los años veinte, y que serían recopilados en 1937 en *Tuntún de pasa y grifería*, incluían juegos de palabras, compases, sonidos de tambor. El tema y la forma se fundían para evocar escenas de la vida negra antillana. En «Danza negra», por ejemplo, Palés Matos no solo describía a una pareja bailando. El mismo poema imponía el ritmo de la danza: «Rompen los junjunes en furiosa ú. / Los congos trepidan con profundo ó. / Es la raza negra que ondulando va / en el ritmo gordo del marinyandá. / Llegan los botucos a la fiesta ya. / Danza que te danza la negra se da. / Calambó y bambú. / Bambú y calambó. / El Gran Cocorocó dice: tu-cu-tú. / La Gran Cocorocá dice: to-co-tó».[141]

A esta fiesta negrista se unió el cubano Nicolás Guillén con sus dos primeros libros, *Motivos del son*, de 1930, y *Sóngoro cosongo*, de 1931, en los que también celebraba la música y el baile de ascendencia africana: «¡Yambambó, yambambé! / Repica el congo solongo, / repica el negro bien negro; / congo solongo del Songo, / baila yambó sobre un pie».[142] El negrismo reivindicó la sensibilidad popular y la vida del barrio, algo que luego volvería a verse en la música salsa de los años sesenta y setenta. Fue una poesía carnal y lasciva; aludía sin pudor ni corrección a las rotundas nalgas de las negras, «espejos redondos y alegres», según el cubano Emilio Ballagas; a los pechos, las caderas, las piernas. Todo el cuerpo aparece en la poesía negrista porque todo el cuerpo se manifiesta en el verso y en el baile. En «La rumba», un poema de José Zacarías Tallet, uno de los minoristas cubanos, leemos: «¡Cambie'e'paso, Cheché, cambi'e'paso! / La negra Tomasa con lascivo gesto / hurta la cadera, alza la cabeza; / y en alto los brazos, enlaza las manos, / en ellas reposa la ebónica nuca / y procaz ofrece sus senos rotundos / que oscilando de diestra a siniestra / encandilan a Chepe Chacón».[143] Había un potentísimo antídoto contra el puritanismo yanqui en esta poesía, más efectivo, incluso, que el etéreo y espiritual arielismo, porque marcaba una clara diferencia entre la sensual América y la insípida frigidez de los estadounidenses.

Aquella fórmula sensualista, sin embargo, pasó a un segundo plano en la poesía que Nicolás Guillén escribió en los años treinta. *West Indies, Ltd*, publicado en 1934, el mismo año en que se anulaba la enmienda Platt y Fulgencio Batista, como coronel jefe del ejército, iniciaba la represión de los grupos comunistas a los que Guillén empezaba a acercarse, hablaba del racismo y de la presión colonial. En Cuba también se acababa la juerga. Ahora en los poemas de Guillén había hambre, negros que adulaban a los yanquis, limosnas, burocracia y resignación; cabarets llenos de putas, de turistas y de drogas; *companies* y *trusts*. La poesía negrista se convertía en poesía social: pasaba de la dicha a la crítica, de la sensualidad a la denuncia, de los ritmos negros a las proclamas rojas. Como el colombiano Vidales o el brasileño Oswald de Andrade, Guillén pasaba de la vanguardia sensual y lúdica al proselitismo comunista.

Eso no significa que la vanguardia cubana hubiera sido aplastada por la ideología, al menos no del todo. Aquel minorista que había ganado protagonismo en la *Revista de Avance*, Alejo Carpentier, logró darles a la poesía negra y a los temas afrocaribeños una dimensión nueva. También él había escrito literatura negrista, poemas sobre todo, pero también una novela, *Écue-Yamba-Ó*, que empezó en 1927 en una cárcel de Machado y a la que puso punto final seis años más tarde en París. Carpentier llegó a la capital gala de la más azarosa de las formas, casi un milagro que sería determinante para él y para la literatura latinoamericana. En 1928 el poeta Robert Desnos viajó a La Habana para participar en el VII Congreso de la Prensa Latina, y dieciséis días después, tras hacerse amigo de Carpentier, ingenió un plan desesperado para ayudar al cubano a huir de la dictadura de Machado. A la hora de embarcarse de regreso se presentó en el barco jurando que había perdido el pasaporte. La verdad es que se lo había dado a Carpentier para que se colara antes en el barco y lo esperara oculto en su camarote. Desnos, surrealista al fin y al cabo, debió de ser muy convincente, porque la treta funcionó y así llegó Carpentier a París. Y no a cualquier París. Desnos lo introdujo en el círculo más apetecido para cualquier artista latinoamericano, el de André Breton y los surrealistas, la vanguardia que desde hacía unos años demostraba enorme fascinación por el universo de creencias y símbolos de las culturas negras africanas. A los surrealistas les obsesionaba entender los orígenes de la civilización; estudiaban etnología y antropología, buscaban esos elementos mágicos, sagrados o míticos desterrados de la vida occidental, que sin embargo tenían un enorme poder para movilizar a las sociedades y generar grandes revoluciones. En definitiva, querían el fuego puro de la fantasía no amansada por la civilización, esa feroz capacidad imaginativa con la que el salvaje o el niño doblegaba la realidad y la amoldaba a su deseo.

Eso fue el surrealismo, recordémoslo, un intento por volver a los inicios de la vida, a la niñez o al tiempo primitivo, para recuperar lo que el adulto y el civilizado habían perdido. Para ello hacían todo tipo de experimentos y juegos —hipnotismo, automatismos, paseos azarosos—, que Carpentier observaba con fascinación y reserva. Porque todo aquello que los surrealistas se esforzaban por invocar mediante tristes trucos de salón, se manifestaba con naturalidad en la vida cotidiana del Caribe. Lo mágico, lo irracional, lo incongruente que el pope del surrealismo ordeñaba con tanto esfuerzo de las conciencias de sus amigos, brotaba espontáneamente del sentido común de sus paisanos. El surrealismo era una farsa en Francia y era un hecho intrínseco a la vida americana. Allá lo mítico, lo religioso y lo sobrenatural había sido y seguía siendo el motor de grandes revoluciones y transformaciones. Como decía en *Écue-Yamba-Ó*, los latinoamericanos «conservaban la altísima sabiduría de admitir la existencia de las cosas en cuya existencia se cree».[144] No había diferencia entre el mito y la realidad, entre el fantasma y el vivo, entre la creencia irracional y el dato fáctico. La realidad caribeña estaba amasada con todos esos elementos. Tenía mucha más influencia el espíritu de un muerto que los discursos de un vivo. Se vivía en un mundo mágico porque la gente creía en la magia.

Aquella revelación sería determinante para Carpentier; le permitiría pasar del minorismo y del negrismo al surrealismo, y del surrealismo a lo real maravilloso, una nueva manera de abordar la totalidad de la experiencia americana reuniendo en un mismo plano el mundo fáctico y la creencia subjetiva, los hechos y los mitos, las rocas y los sueños. Si el surrealismo le había sido útil a Neruda para aventurarse por el hermético mundo de deseos y ansiedades y a Los Contemporáneos para inventar mundos oníricos de angustias metafísicas, a Carpentier le sería fundamental para encontrar una clave novedosa, capaz de universalizar la literatura americana. Porque aquella unión de planos reales e irreales no solo servía para hacer visible la experiencia negra, sino también la india, la gaucha, la mestiza, la campesina: cualquier experiencia humana. Mientras que el negrismo, el criollismo o el indigenismo giraban en torno a un personaje específico, su idiosincrasia, sus valores, su infortunio, la americanización del surrealismo permitía expresar la particularidad de un continente que era, a partes iguales, realidad y fantasía. Gracias a este descubrimiento la literatura empezaría a superar los regionalismos y a ser verdaderamente continental. Lo que en la plástica hacían el mestizaje de Tarsila do Amaral o el universalismo constructivo de Torres García, en la literatura lo harían esas mezclas de lo fantasioso y subjetivo con la realidad y la historia.

ARIEL SE ENFRENTA CARA A CARA CON CALIBÁN: LA PRIMERA Y FUGAZ VICTORIA SOBRE EL IMPERIALISMO EN NICARAGUA

> Amo la Justicia y por ella voy al sacrificio. Los tesoros materiales no ejercen ningún poder en mi persona; los tesoros que anhelo poseer son espirituales.
>
> AUGUSTO C. SANDINO,
> «Carta a Froylán Turcios»

A pesar de que fue en Cuba donde se manifestó más claramente el apetito colonial de Estados Unidos, la primera lucha antiimperialista lanzada en América Latina no se dio en la isla de los minoristas, sino en Nicaragua. Y curiosamente no la encabezó un poeta ni un intelectual, sino un peón de finca nacido en 1895, el mismo año en que Martí moría, en un pueblo tropical llamado Niquinohomo: Augusto César Sandino. Eso no significa que la revuelta antiimperialista hubiera sido un fenómeno espontáneo, propulsado por la rabia y huérfano de ideas. En absoluto. Detrás de esta insubordinación estaba el pensamiento que desde 1900 venía animando a los latinos a frenar el avance de los sajones, el arielismo, al que se sumaron los distintos espiritualismos y teosofías sembrados en Centroamérica por toda suerte de sectas masónicas y grupos de iluminados. Sandino, hijo natural de un hacendado y de una recolectora de café, recibió esa herencia y logró sistematizar sus intuiciones y malestares en ideas y en actos concretos. Fue el único arielista que aparcó la retórica para tomar las armas. Si el enemigo era el sajón y el sajón estaba ocupando la tierra de los latinos, la única conducta lógica y aceptable era empeñar todas las fuerzas para defender la patria y expulsarlos.

Sandino llegó a estas conclusiones después de un largo periplo vital que empezó en 1920, año en el que tuvo que huir de Nicaragua después de herir a un hombre en una riña. Pasó luego por Honduras, Guatemala, Tampico y Veracruz, y a lo largo de su periplo trabajó en una azucarera, en la United Fruit Company y en una compañía petrolera. En México estuvo en contacto con ideas anarcosindicalistas y vio de cerca el proceso revolucionario. También anidaron en su conciencia durante su viaje las ideas de un poeta hondureño, Froylán Turcios, que desde principios de siglo había editado varias publicaciones que popularizaron las ideas de Rodó en toda Centroamérica. Muchos de estos periódicos y revistas, en especial *Esfinge*, *Hispano-América*, *Boletín de la Defensa Nacional* y la conspicua *Ariel*, se convertirían a lo largo de los años veinte en una trinchera intelectual que promovió la unidad de los países centroamericanos y combatió de forma airada el imperialismo yanqui.

El joven peón, que por las inclemencias de su vida no había tenido una educación rigurosa, empezaba a formarse con las ideas espiritualistas e hispanófilas que habían puesto en guardia a todo un continente frente a las tentativas imperialistas de los sajones. En 1926 regresó a Nicaragua para unirse al bando liberal del general José María Moncada y luchar en la guerra civil contra el presidente conservador Adolfo Díaz. A pesar de que se trataba de un conflicto civil nicaragüense, pelear en el bando de Moncada era una forma de enfrentarse a los yanquis, porque Díaz recibía el apoyo norteamericano. La lucha fratricida se resolvió finalmente con la llegada de Henry L. Stimson, un enviado del Gobierno estadounidense, que amenazó al bando liberal con una intervención armada si no negociaba un alto al fuego. Esas negociaciones ratificaron a Díaz en la presidencia y acabaron la contienda entre liberales y conservadores; se firmó un tratado y todo indicaba que las cosas seguirían igual, con los yanquis ahí, aprobando o censurando la vida política del país, excepto por una cosa: Sandino no entregó las armas.

El 1 de julio de 1927 el revolucionario arielista publicó un manifiesto en el que dejaba claras sus intenciones de seguir la lucha, sin atender a quienes llamaba vendepatrias, Emiliano Chamorro y Adolfo Díaz, culpables de haber entregado a perpetuidad el derecho de construcción del canal a los norteamericanos. Sandino se vanagloriaba de su sangre india, se declaraba internacionalista, defensor de la raza indohispana, y respaldaba la construcción de un canal para beneficio de la humanidad, financiado con capitales variados, venidos de Latinoamericana y no solo de los yanquis. La guerra dejaba de ser entre facciones o partidos oligárquicos. Aquel manifiesto daba a entender que él y sus cuatrocientos hombres no claudicaban, y que estaban decididos, más que nunca, a atacar al verdadero enemigo: las tropas norteamericanas afincadas en territorio nicaragüense. Lo que estaba en juego, dijo el revolucionario, era «el honor de mi patria y de mi raza».[145] Latinos contra sajones, sangre indohispánica contra sangre nórdica, abanderados del ideal y del espíritu contra «bucaneros y patricidas», «enemigos de nuestra raza e idioma»,[146] insistía Sandino. Ariel tomaba las armas para vencer y expulsar del suelo latino al bárbaro Calibán. Habían pasado casi treinta años desde que Groussac, Vargas Vila, Rubén Darío y Rodó iniciaron su cruzada retórica contra los bárbaros del norte; habían pasado muchas cosas, pero algunas regiones de América Latina no habían podido arrancarse la costra de la ocupación yanqui. Ahora, por fin, eso era lo que estaba a punto de ocurrir, y gracias al poder de las ideas, a la manera en que fueron impregnando conciencias, cambiando la manera de interpretar la realidad, y finalmente determinando las acciones. En una carta que le escribió Sandino a Turcios en diciembre de 1927, reconocía la influencia que había tenido su pensamiento en su toma de conciencia: «Ud. fue el primero en Centro América que supo interpretar mi idealismo, y fue el primero en defender a vuestro discípulo, supuesto que de vuestra fuente espiritual escancié la idea de liberar a mi querida patria».[147] En la misma misiva le hacía el más arielista de los reconocimientos: «Mi idealidad está encarnada en vuestro espíritu».[148]

Las enseñanzas de Froylán Turcios acompañarían a Sandino el resto de su vida, y *Ariel*, la revista que el poeta hondureño fundó en 1925, se convertiría en la tribuna donde el mismo Sandino daría parte de sus batallas a partir de 1927, y el canal a través del cual se reclutaría a nuevos soldados para el Ejército Defensor de la Soberanía de Nicaragua y se le haría llegar dinero. Las repercusiones de la acción de Turcios, que desde 1927 se convirtió en el representante internacional de Sandino, fueron evidentes a medida que la causa sandinista se extendía por el continente. En 1928 el sandinismo fue el tema a tratar en la VI Cumbre Panamericana celebrada en La Habana. Gabriela Mistral describió la gesta de Sandino como un episodio histórico superior a las guerras troyanas, porque aquellas no tenían el «concepto espectacular de un choque de razas».[149] Haya de la Torre celebró y respaldó desde el APRA la lucha de Sandino a favor de la unidad indoamericana. José Carlos Mariátegui siguió sus batallas desde *Amauta*, y tanto el comunista salvadoreño Augusto Farabundo Martí como el poeta aprista Esteban Pavletich se unieron a su lucha y oficiaron como secretarios personales de Sandino. Como escribía Sergio Ramírez en *El muchacho de Ni-*

quinohomo, Sandino se había convertido en una bandera a lo largo y ancho de América Latina. A pesar de ser arielista y espiritualista, atraía a los comunistas, a los indoamericanistas y a la vanguardia. Excepto en los nichos más conservadores de Nicaragua, en cada una de las esquinas del continente se veía con aprobación su lucha antiimperialista. Porque recordémoslo: todos eran antiyanquis, la derecha y la izquierda, los arielistas elitistas y los arielistas sociales, los que defendían la colonia y los que defendían las razas, todos. América Latina iba a ser modernista, vanguardista, gaucha, india, colonial, católica, teósofa, negra, universal, gaucha, lo que fuera. Cualquier cosa menos yanqui.

En 1928, por orden de los yanquis, el Gobierno de Honduras cerró la revista *Ariel*. Sin el eco americano que generaba esta publicación, la causa sandinista se debilitó en el plano internacional. Aun así, las bajas continuas de los marines, registradas puntualmente por la prensa estadounidense, ofuscaron a la opinión pública norteamericana. Se formaron comités antiimperialistas en Nueva York, Los Ángeles y Chicago. Intelectuales como Henri Barbusse defendieron públicamente a Sandino, mientras en las selvas nicaragüenses la guerra degeneraba. Los yanquis empezaban a ensañarse con los campesinos, y cualquier sospechoso acababa encerrado en campos de concentración. Para la Guardia Nacional, el brazo armado entrenado por los marines, empezaba a ser muy difícil pelear contra sus propios compatriotas. Hubo deserciones; algunos soldados nicaragüenses se rebelaron y mataron a los mandos yanquis. En 1931 los sandinistas atacaron los cuarteles de la United Fruit Company. A medida que perdían a sus aliados internos y sus posiciones, los ocupantes se daban cuenta de que lo más sensato era salir de Nicaragua. Marcaron en el calendario el mes de noviembre de 1932, fecha en que se convocaban las elecciones presidenciales, y cuando llegó el día en efecto se fueron, Sandino los había doblegado. Era la primera vez que un país invadido lograba expulsar al yanqui imperialista. El idealismo latino le ganaba la partida al pragmatismo sajón, al menos eso parecía, al menos eso era lo que podía afirmarse en enero de 1933, fecha para la cual no quedaba un solo marine en suelo nicaragüense. El país se había liberado y ahora Sandino podía desarmar su ejército. Su misión había acabado. Eso parecía, insisto, porque sí, los sajones se habían ido, pero la Guardia Nacional se había quedado. Y no solo eso: antes de marcharse, de común acuerdo con los partidos nicaragüenses, los yanquis habían dejado al frente a un sobrino político de Juan Bautista Sacasa, el nuevo presidente. Se trataba de un oscuro funcionario que había estudiado administración de negocios en Filadelfia y que podía comunicarse con soltura en inglés. Su nombre era Anastasio Somoza García.

Sandino no llegó a sospechar hasta dónde podía retorcerse el pragmatismo sajón. La guerra en las selvas latinoamericanas les había enseñado a los yanquis que para controlar a los gobiernos latinoamericanos era mucho más fácil y efectivo colar infiltrados en los puestos de poder que mandar tropas a ocupar países. Empezaba una época distinta en las relaciones entre Estados Unidos y América Latina; empezaba la diplomacia, por decirlo de alguna forma, de los hijueputas, *our son of a bitch*, como en teoría dijo Delano Roosevelt de Somoza, títeres sostenidos en la presidencia para mantener la farsa republicana, mientras en la práctica se sometían a los mandatos del imperio.

Y así, mientras Sandino negociaba su regreso a la vida civil, en complicidad con el embajador estadounidense Arthur Bliss Lane, Somoza lo emboscó en febrero de 1934 y lo asesinó. Dos años y cuatro meses después, el antiguo estudiante de administración le dio un golpe a su tío y asumió el control de Nicaragua. Los yanquis ya no tendrían que intervenir de nuevo, al menos en muchos años, porque dejaban sembrado a un déspota que estaba dispuesto, como Batista en Cuba o Trujillo en la República Dominicana, a hacer lo que le dijeran.

Ariel volvía a perder contra Calibán y no solo en Nicaragua, también en México. En 1929 José Vasconcelos sufriría una traición similar que sin duda torció por completo su camino —quizá también el de México—, enemistándolo con la democracia, con el liberalismo, y transformando su universalismo cósmico y amoroso en la peor de las distopías raciales. Ocurrió después de que Álvaro Obregón fuera asesinado por un fanático religioso y se convocaran elecciones. Vasconcelos era el intelectual que había integrado el país con el proyecto educativo y cultural más ambicioso jamás concebido. Competía como candidato del Partido Antireeleccionista y su rival era el general Pascual Ortiz Rubio, del recién creado Partido Nacional Revolucionario, el embrión del PRI liderado por el general Plutarco Elías Calles. Parecía evidente que Vasconcelos, con su prestigio, apabullaría a cualquier otro candidato, y por lo mismo que sus ideas, herederas del liberalismo de Madero, serían las encargadas de llevar la revolución por el camino de la democracia. Pero entonces el embajador yanqui Dwight Morrow avaló un escandaloso fraude que frustró sus ambiciones, y el mesías de la raza cósmica que creía en la división de poderes y en la alternancia en el gobierno enloqueció de rencor. No se levantó en armas, aunque estuvo tentado a hacerlo, pero sí emprendió desde las páginas de *La Antorcha* una nueva cruzada, mucho más furibunda que las anteriores, para instigar el odio a los sajones. El amor cósmico daba paso a la paranoica defensa de «los intereses morales y materiales de las razas hispánicas del Nuevo Mundo»,[150] como los llamaba. Vasconcelos estaba a punto de tener una nueva visión americana en la que el continente ya no sería la sede de Universópolis, sino un campo de batalla. Cuando en el tablero geopolítico apareció un nuevo actor, una tercera fuerza que combatía con encono y efectividad a los británicos y a su liberalismo sajón, Vasconcelos no dudó en depositar allí sus esperanzas. El «maestro de América» volvía a soñar, aunque su sueño en realidad era una pesadilla, porque aquella tercera fuerza era el nazismo alemán.

Vasconcelos quiso que América Latina se alineara con Hitler, por una razón que entonces le pareció lógica: a diferencia de todos los presidentes yanquis, el líder nazi no demostraba ningún odio hacia los latinos ni tenía apetitos coloniales en nuestro continente. Al revés, Hitler odiaba a los judíos y a los sajones, los mismos enemigos extranjerizantes, comunistas o mercantilistas de los que también recelaba la tradición fascista latinoamericana fundada por Lugones. El Dr. Atl y Vasconcelos, los dos grandes promotores de la vanguardia mexicana, defendieron esta idea. América Latina debía aprovechar la oportunidad de enfrentar a quien le había robado un enorme territorio a México en el siglo XIX, y ahora, en el siglo XX, tenía colonizada la zona del Caribe. Pudo haber ocurrido, esa pudo haber sido la historia, y sin embargo no ocurrió. ¿Por qué?, ¿por qué los latinos no se aliaron con los nazis frente a los sajones si el liberalismo había sido combatido con saña en América Latina y el fascismo italiano ganaba cada vez más adeptos entre los nuevos líderes del continente? Para saberlo habrá que esperar a la segunda parte de este libro.

EL MOVIMIENTO DE VANGUARDIA EN NICARAGUA Y EL FASCISMO SOMOCISTA

¡Cuánto me ha costado hacer esto!

JOSÉ CORONEL URTECHO,
«Obra maestra»

Anastasio Somoza asesinó al héroe latinoamericano por antonomasia, a la encarnación de Ariel y de todas las reivindicaciones modernistas, Augusto César Sandino, y lo más desconcertante es que eso no le valió el rechazo de los vanguardistas nicaragüenses. En Nicaragua se dio la extraña paradoja de que los más audaces renovadores de la poesía centroamericana, alegres y juveniles, decididamente transgresores y capaces de burlarse de Rubén Darío y de romper con el modernismo y las academias, también fueron recalcitrantes nacionalistas, ultracatólicos, hispanistas, monárquicos y reaccionarios. La mezcla de elementos era tan fascinante como extraña. Si en sus poemas introducían el humor y el juego dadaísta, en la vida pública defendían un orden de valores tradicionales y nacionalistas. Aborrecían a la burguesía y el pragmatismo de los liberales y de los conservadores, pero tenían muy claro que ellos, como herederos de las familias patricias de Granada, estaban llamados a ser la nueva élite encargada de gobernar el país. Eran tan antiyanquis como los arielistas, pero no republicanos, más bien monárquicos como sus referentes ideológicos de la Acción Francesa. Fueron sandinistas y apoyaron la lucha armada que expulsó al invasor yanqui, pero a la hora de la verdad no vieron en Sandino, sino en Somoza, al verdadero caudillo nicaragüense. En definitiva, fueron nuevos y se burlaron del modernismo, pero a la vez anhelaron cosas muy viejas, como el orden colonial. Fueron tan reaccionarios como Lugones y como Plínio Salgado, pero a diferencia de ellos su poesía fue una fiesta de innovaciones y de apuntes originales y chispeantes. En pocas palabras, fueron un verdadero oxímoron: una vanguardia reaccionaria.

El primer síntoma del cambio generacional en la poesía nicaragüense fue «Oda a Rubén Darío», de José Coronel Urtecho, publicado en 1927 en *El Diario Nicaragüense* de Granada. El joven poeta acababa de llegar de San Francisco. Allá, bajo el influjo de la poesía anglosajona —otra curiosa contradicción— había escrito ese poema que desacralizaba al «paisano inevitable». «Oda a Rubén Darío» era una declaración de amor y una burla irreverente. Coronel Urtecho se confesaba «irrespetuoso con los cisnes»; se burlaba de la musicalidad del maestro —«el ladrón de tus corbatas [...] me ha roto tus ritmos / a puñetazos en las orejas»— y de sus referencias cultas y extranjerizantes —«Enseñaste a criar centauros / a los ganaderos de las Pampas»—.[151] El humor parricida liberaba de la enorme carga heredada y abría nuevas posibilidades para la poesía.

Ese mismo año Coronel Urtecho conoció a Luis Alberto Cabrales, otro poeta que también volvía a Nicaragua después de una temporada en Francia, en donde había estado formándose gracias al patrocinio del Partido Conservador. Cabrales había tenido noticias de las vanguardias y se había familiarizado con el ideario nacionalista y reaccionario de Charles Maurras. Traía ideas nuevas, algunas frescas, otras más bien empolvadas, que conectaron con las inquietudes y aspiraciones de Coronel Urtecho. Y entre los dos, con la complicidad del grupo que gravitaba en torno al suplemento «Rincón de vanguardia» y la página «Vanguardia», ambos del diario *El Correo* —Pablo Antonio Cuadra, Joaquín Pasos, Manolo Cuadra, el caricaturista Joaquín Zavala Urtecho y Octavio Rocha—, forjaron el Movimiento de Vanguardia de Granada.

Excepto Cabrales, todos habían nacido a orillas del lago Cocibolca y habían pasado por las aulas del mismo colegio de jesuitas, el Centro América. Quizá por efecto de la formación católica o por herencia de las familias conservadoras de las que provenían, profesaban un intenso sentimiento religioso y eran fervientes patriotas. Los aprendices tropicales de Maurras querían también rastrear las fuentes de la identidad nacional. Tenían para ello todos los experimentos de la vanguardia, y por eso su poesía pasaba con gran facilidad del experimento cosmopolita —como los caligramas de Joaquín Pasos o las bromas poéticas, casi conceptuales, de Coronel Urtecho— a la reivindicación del mestizaje indoespañol y del criollo nicaragüense —«Es un español todo indio / es un indio todo español»,[152] decía Joaquín Pasos—, a los experimentos fonéticos negristas y al rescate del humor popular. Los «chonetos» y las composiciones «chinfónicas» eran ejemplos de ese gusto por la irreverencia criolla. En la «Chinfonía burguesa», por ejemplo, Coronel Urtecho y Joaquín Pasos se burlaban de la burguesía: «9 meses burgueses / de idilio a domicilio / en el ocio feliz de su negocio / —su negocio de amor a peso el beso—. / Y como conclusión de su pasión / Fifí parió un garrobo, / un garrobo bobo, / Jacobo, / cuya madrina fue la cucaracha, / la cucaracha Nacha. / Hasta el final de la muerte fuerte sorda y gorda / se los llevó a la tumba la zumba marumba».[153]

Pablo Antonio Cuadra retomó elementos del folclore nicaragüense, incluso modismos populares, para cantar a su ciudad, luego a Nicaragua y después a toda América Latina. Como todos, también fue un radical antiimperialista. En su primer poemario, *Canciones de pájaro y señora*, pedía que uno de sus poemas se pegara en las paredes: «Ya viene el yanqui patón / y la gringa pelo é miel / al yanqui decile: / go jón / a la gringuita: / veri güel».[154] El odio al yanqui se mezclaba con una perversa fascinación por la mujer de rubios cabellos y de conductas liberales. Casi como venganza, Cabrales celebraba que se conquistara y se mancillara a la mujer del yanqui. En «La esposa del capitán», de 1929, decía: «Linda era, y apetitosa / y esposa del Capitán de Marinos. […] / *Apple, boys?*... Y ofrendaba sus dos senos maduros. / *Wheat, boys?*... La cosecha de bucles y el más íntimo trigo. / En los ingenios de los alrededores, / sobre el bagazo tibio —olorosa basura— / mestizos y mulatos violaban / su vientre, pálido así como la luna. […] / sucia de nuestro barro y fatigada de besos / *one, two, three...!*».[155]

Lo que diferenció a la vanguardia nicaragüense de la venezolana fue que el deseo de verse liberados de los invasores no significaba una apuesta por el sistema democrático. Como García Calderón, también ellos creían que la democracia era un sainete que conducía una y otra vez a las disputas civiles entre liberales y conservadores. Buscaban por eso un horizonte distinto, revolucionario, que asegurara un liderazgo fuerte capaz de engrandecer a la nación. Como eran monárquicos pero no sabían de ninguna familia real latinoamericana, reemplazaron el anhelo del rey por la certeza del caudillo. «De Maurras pasamos al fascismo»,[156] diría Coronel Urtecho, cumpliendo el sino trágico de los revolucionarios de derecha. Todos ellos creyeron que la democracia era un asunto del pasado, caduco; un barbitúrico en tiempos cafeínicos que iba en contra de la acción revolucionaria y de la forja de una identidad nacional portentosa, enemiga del yanqui, ufana de sí misma y ansiosa de mostrarse al mundo como algo nuevo y envidiable. Hay que decirlo: detrás de tanto fascismo criollo lo que había era un enorme deseo de esconder la debilidad latinoamericana.

La vanguardia nicaragüense quería un rey, un patriota, al menos un *duce* o un gran líder nacional. Sandino, que tenía todas las cartas para ocupar ese lugar, no les pareció el hombre adecuado. Es verdad que inicialmente lo apoyaron, e incluso Pablo Antonio Cuadra se inspiró en sus gestas, entre ellas el derribo de un avión de los marines, para escribir sus poemas. Pero al fin y al cabo, como decía Cabrales, el guerrillero era un «patriota simplemente instintivo [que] jamás llegó al concepto de nacionalidad»,[157] y a quien mejor le hubiera ido muriendo como héroe en el combate. La esencia de la nacionalidad la veían brillar en otro lado, en la institución patriótica por excelencia, el ejército, y por extensión en su jefe máximo, Anastasio Somoza. Por eso, al igual que hizo Lugones en Argentina, fueron ellos quienes lo invocaron. Coronel Urtecho fundó *La Reacción*, un periódico desde el cual despotricó contra la democracia e hizo una férrea defensa de la dictadura como sistema de gobierno grecolatino. Al mismo tiempo, Cabrales y el ensayista Diego Manuel Sequeira se vistieron con los colores patrios y fundaron en 1935 la agrupación fascista de los Camisas Azules. Todos ellos favorecieron el ascenso político de Somoza. Desde *Ópera Bufa*, una revista humorística fundada en 1935 por Joaquín Pasos y Joaquín Zavala Urtecho, enarbolaron la figura autoritaria de Somoza y socavaron con dardos irónicos al Gobierno de Sacasa y a los liberales. Era el mundo al revés: dadá le hacía el juego a la ultraderecha fascista, y el resultado, claro, estuvo lejos de ser cómico.

El 29 de mayo de 1936, el diario *La Prensa* de Managua publicaba una noticia que identificaba a Cabrales como el líder de una cuadrilla de asaltantes que habían atacado las instalaciones de *El Pueblo*, un periódico antisomocista. La poesía se convertía en acción, la acción en violencia y la violencia en una herramienta política del fascismo. Los vanguardistas creían que tras el golpe de Estado que tanto alentaron se convertirían en el poder en la sombra, una especie de consejo áulico encargado de educar a Somoza para que se convirtiera en el gran monarca anticapitalista y antiburgués, heredero de la tradición católica hispánica, que asomaba en sus fantasías.

Pero eso, desde luego, nunca ocurrió. Ni en Nicaragua ni en ningún otro país latinoamericano. Los caudillos nacionalistas empezaban a subir al poder apoyados por los poetas e intelectuales, para luego transformarse en tiranos y convertir a los poetas en funcionarios irrelevantes, o en todo caso en la fachada moderna detrás de la cual incubaban políticas represivas y autoritarias. La euforia americanista y vanguardista dejaba un sabor agridulce en Nicaragua y en el resto del continente. En el plano cultural podía rastrearse una producción artística y poética deslumbrante, innovadora y rica en ideas, propuestas y utopías claramente americanas. Pero en el plano político había deslegitimado la democracia y dejaba sembrado en las conciencias un horizonte revolucionario: el fascismo y el comunismo o ese punto intermedio, mezcla de uno y de otro, que era el nacionalpopulismo. La primera ola de revoluciones militares que arrasó el continente a partir de 1930 se adaptaría a las mil maravillas a este nuevo clima espiritual e intelectual. Los artistas, por su parte, seguirían ahí, al lado de los políticos, plegándose a sus intereses o peleando contra sus planes de gobierno. Unos mantendrían el interés en las identidades vernáculas y nacionales y continuarían el proyecto muralista e indigenista; otros, obnubilados con los nuevos liderazgos, usarían su talento y su mediocridad —sobre todo su mediocridad— para endiosar a los caudillos populistas, y unos más, apegados al impulso de lo nuevo y de la transformación, fantasearían con proyectos modernizadores. Para ver la evolución de todos estos procesos, qué remedio, habrá que seguir leyendo.

Los delirios de la identidad: la cultura al servicio de la nación

El grandioso crepúsculo boreal del pensamiento esquizofrénico
La sublime interpretación delirante de la realidad
No renunciaré jamás al lujo primordial de tus caídas vertiginosas
oh locura de diamante

CÉSAR MORO

1. LAS NUEVAS REVOLUCIONES Y LA INSTITUCIONALIZACIÓN DE LA VANGUARDIA

I

TODO SE ACLARA, TODO SE OSCURECE

Había sido una gran fiesta y una gran aventura. La vanguardia sincronizó las agujas del reloj para poner América Latina al día con el resto de Occidente. Las últimas tendencias estéticas de Europa fueron asimiladas, deglutidas y transformadas en materia americana. Mientras los rebeldes europeos salían de sí y jugaban a ser salvajes africanos, niños traviesos o primitivos del Nuevo Mundo, los rebeldes latinoamericanos hicieron lo opuesto, se sumergieron en sí mismos, en sus tradiciones, en su pasado mítico; en todos esos elementos socioculturales que sirvieran para confeccionar un nuevo atuendo, algo propio y único, una identidad con la cual salir al mundo y mostrarse como algo diferente. Todos los artistas, hasta los más cosmopolitas, volvieron la mirada hacia el interior de sus países. Poetas, pintores y escultores se hicieron gauchos, tupíes, incas, aimaras, bachués, cholos, negristas; fueron en busca de las esencias nacionales, de los valores de la tierra, de ese secreto mágico escondido en los afluentes primigenios de las distintas nacionalidades. Repartidos en ese arcoíris de grupúsculos que ya vimos, todos, casi todos, hasta Torres García, soñaron con reforzar la identidad de sus países o del continente entero.

Y no hay duda de que avanzaron mucho la tarea. ¿Se había oído antes una voz como la de César Vallejo, como la de Pablo Neruda, como la de Luis Palés Matos? ¿Se habían visto antes imágenes como las de Tarsila do Amaral, como las de José Clemente Orozco, como las de José Sabogal? Desde luego que no. Imposible. Creaciones semejantes solo podían surgir del desafío moderno y de los dilemas que le imponía a América Latina. ¿Renovación o continuidad? ¿Occidentalización o anclaje en las identidades propias? ¿Nuevos sincretismos o viejas tradiciones? El examen de toda la actividad cultural propulsada por el modernismo y la vanguardia demuestra que lo moderno no desterró lo autóctono, lo reforzó. Todas las identidades regionales y nacionales salieron reivindicadas; fue una borrachera identitaria de consecuencias impredecibles —a medio plazo nocivas— que paradójicamente ha tenido una réplica cien años más tarde, y ya no solo en América Latina.

Basta con mirar hacia atrás para comprobar que cuanto se escribió y pintó desde 1900 no solo dejó cimientos muy sólidos sobre los cuales se podía construir una riquísima cultura latinoamericana. El modernismo y la vanguardia intentaron darle a cada país o al continente entero un símbolo identitario, una nueva fuente espiritual que lo regenerara, un nuevo conjunto de valores que reconfiguraran por completo a las naciones y al hombre y la mujer americanos. A pesar de expresar sensibilidades muy distintas, casi opuestas, los modernistas latinoamericanos y los futuristas italianos combinaron bastante bien; ambos reivindicaron las mitologías nacionales, los héroes telúricos, las virtudes que engrandecían al débil y achicaban al enemigo. José Rodó impuso una frontera moral entre los latinos y los sajones, y luego la cafeína futurista se encargaría de vigorizar las identidades y lanzarlas a la guerra. Los euforistas y los atalayistas puertorriqueños, también los andinistas de Puno, siguieron ese camino: impusieron una frontera moral entre ellos y sus enemigos —los yanquis o los limeños— y luego trataron de convocar a los jóvenes a la acción. El nacionalismo se hacía beligerante en todas partes, y el crac económico de 1929 acababa sepultando del todo las ilusiones liberales del continente. América Latina se preparaba para una nueva ola de revoluciones y de golpes militares nacionalistas.

Hasta entonces, excepto en México, la vanguardia había surgido al margen del poder. Era la obra de jóvenes que aspiraban a dirigir sus naciones, bien como consejeros, educadores, guías espirituales o gobernantes, pero que aún estaban lejos de los palacios de gobierno. A partir de los años treinta eso cambiaría, porque los nuevos caudillos revolucionarios como Somoza tratarían de instrumentalizar a la vanguardia, y en general a la cultura, para apuntalar sus respectivos liderazgos personalistas o para sumarlos a procesos de creación nacional. Para los artistas y escritores se abría un dilema. Podían sumarse a su causa y crear desde el Estado, con la chequera de algún ministerio, la utopía americana, o podían mantenerse al margen, criticando las mitologías confeccionadas desde los ministerios y el poder. ¿Qué iban a hacer entonces los creadores? ¿Mantendrían su independencia y lanzarían nuevas revoluciones, o seguirían el ejemplo de los muralistas y de

Lugones y pondrían su talento al servicio de la nación y de los nuevos dictadores latinoamericanos?

EMPIEZAN LAS REVOLUCIONES

Antes que nada, hay que hacer una aclaración que quizá choca con el sentido común contemporáneo. La idea o el concepto de «revolución» ha sido una entelequia, incluso una suerte de marca registrada con la que muy distintos personajes, unos de derecha, otros de izquierda, han intentado legitimar la revuelta, el levantamiento o el golpe con el que llegaron al poder. Hoy en día es la izquierda la que suele usar con más orgullo esa palabra, pero en América Latina, entre 1930 y 1950, fueron muchos más los militares nacionalistas con tendencias derechistas, incluso fascistas, los que legitimaron sus golpes definiéndolos como revoluciones. Por algo América Latina es el continente de las revoluciones. No porque de vez en cuando se produzcan cambios notables que aceleren el tiempo y hagan avanzar a las sociedades, sino porque no ha habido un solo déspota que no se haya justificado a sí mismo como revolucionario.

En 1930 hubo revoluciones en Argentina, Brasil y Perú que dejaron en la presidencia a militares derechistas. Ocurrió también en la República Dominicana, donde Rafael Leónidas Trujillo, el Chivo, aprovechó una insurrección popular para derrocar a Horacio Vásquez y ascender al poder mediante elecciones viciadas. En 1931 hubo golpes de Estado en El Salvador, Guatemala y Panamá. Un año interesante sería 1938, en el que partidos decididamente fascistas planearon insurrecciones en Brasil, Chile y México. La izquierda no se quedó atrás: también se levantó a lo largo y ancho del continente. En 1932 el APRA intentó encender la semilla sediciosa en Perú, atacando la ciudad de Trujillo. Ese mismo año se levantaron los comunistas salvadoreños, y un golpe lanzado por militares chilenos tuvo éxito fugaz y durante cien días se instauró una república socialista. Así como hubo militares fascistas, también los hubo comunistas. En Brasil el exmilitar Luis Carlos Prestes, líder de la Columna Prestes de los años veinte, promovió en 1935 una insurrección apoyada por militares afines a la ideología izquierdista. En Bolivia y Paraguay llegaron al poder los militares socialistas en 1935 y 1936, y en Ecuador hubo un levantamiento apoyado por los comunistas, La Gloriosa de 1944, que sepultó el periodo liberal ecuatoriano e inauguró la era populista de José María Velasco Ibarra.

Es mucha información, lo sé, pero todo se irá desglosando con más calma. Los treinta fueron años revoltosos, en los que el artista fue reemplazado por el militar como cabeza visible de las ideologías de derecha e izquierda. Lo interesante es que en algunos países, muy notablemente en Argentina, Brasil y México, no tardó en darse una alianza entre estos caudillos y los artistas e intelectuales con el fin de consolidar grandes proyectos culturales. La cultura y la política volvían a verse las caras, pero en un nuevo contexto. Ya no se trataba de politizar las obras, sino de trabajar para el Gobierno. Muchos acariciaban esa fantasía, no solo los vanguardistas nicaragüenses.

A partir de 1930 esa sería la nueva encrucijada del creador: poner su arte al servicio del proyecto nacional o conservar la independencia, y por eso mismo los protagonistas más visibles de la batalla cultural entre 1930 y 1960 serían los artistas que entraron a trabajar para el Estado y los que no; la vanguardia que se interrogó por la identidad y que quiso darle un perfil nuevo a la nacionalidad, y las nuevas tendencias que llegaron en los treinta, más individualistas y cosmopolitas, que se resistieron a los proyectos identitarios. Pero vamos por partes, que esta historia es apasionante. Prometo sangre y despotismo; también mucha creatividad y delirio. El sexo y las drogas quedan para la tercera parte.

LA REVOLUCIÓN ARGENTINA DE JOSÉ FÉLIX URIBURU

La hora de la espada que anunció Lugones en 1924 finalmente llegó en 1930. Como dijo Tomás Eloy Martínez, el poeta fue el primer civil en hacerle ver al ejército que podía y debía convertirse en la brújula de la patria. Con sus nostalgias gauchas había invocado al héroe nacional, con sus proclamas había señalado al ejército, y con sus conferencias patrióticas había hecho plausible un nuevo mando militar. Y siguiendo esa pista apareció José Félix Uriburu, liderando a un grupo de militares que finalmente derrocó a Hipólito Yrigoyen el 6 de septiembre de aquel año.

Se trataba de una revolución, dijeron, y Lugones les dio la razón redactando un parte de victoria escandaloso, tan radical y tan fascista que hasta los mismos militares le pidieron prudencia y terminaron censurándolo. Era la primera señal de que el gran poeta nacional había empeñado su prestigio y sus esfuerzos en vano. El puesto de timonel ideológico que había acariciado en fantasías le sería negado, y a cambio tendría una recompensa más bien pobre, igual de frustrante que los puestos sin brillo que recibieron los poetas vanguardistas de Nicaragua que apoyaron el golpe de Somoza: un humilde cargo de maestro. No fue eso, por lo visto, sino una pena de amor, lo que ocho años después llevaría a Lugones a quitarse la vida. El poeta fue hallado en Tigre, a las afueras de Buenos Aires, junto a una nota de suicidio, un artículo inconcluso, rastros de cianuro y media botella de whisky. Dejaba en los libros todas las metáforas, como dijo Borges, y en el Gobierno a los militares. De paso, demostraba que el genio poético podía convivir con las peores intuiciones políticas.

Es verdad que Lugones no había obrado solo en esa oscura forja del nacionalismo gaucho. Desde 1919 la Liga Patriótica Argentina había mezclado nacionalismo y violencia, y su influjo había llegado hasta el Colegio Militar de la Nación, donde Manuel Carlés, líder de la Liga, impartió clases a las nuevas camadas de militares, entre ellos al futuro presidente Juan Domingo Perón. Los escritores Ricardo Rojas y Manuel Gálvez también habían hecho importantes contribuciones a la ideología nacionalista, e incluso Borges, entre 1926 y 1930, había tenido un periodo de fuertes nostalgias argentinas. A esta lista deben sumarse los intelectuales que a lo largo de los años veinte y treinta colaboraron en las muchas publicaciones nacionalistas o abiertamente fascistas que se editaron durante esos años: *Nueva República*, *Clarinada*, *Crisol*, *Choque*, *Bandera Argentina*, *El Pampero*… En varias de ellas el nacionalismo se mezcló con el catolicismo y el resultado fue un discurso clerofascista que justificó de la manera más descarnada el uso de la violencia. Como remedio contra el enemigo corruptor —los ateos, la inmigración, los judíos, los liberales y la militancia de izquierda— los nacionalistas exaltaron la violencia profiláctica. «Uriburol —decían—, infalible para extirpar acratacios, demococos y marxipúpteros. Inconfundible por su acre olor a pólvora y su acción fulminante».[1] La aniquilación del enemigo, justificada y promovida por los mismos miembros de la Iglesia, adquirió un carácter sagrado. Juan Carulla hablaba de una guerra santa contra la izquierda; la revista *Clarinada* invocaba la picana eléctrica, el sádico invento de Polo, uno de los hijos de Lugones, como instrumento de limpieza, y un sacerdote, el tremebundo Julio Meinville, decía que de no emplearse «la violencia fascista, los pueblos se van precipitando rápidamente en el caos comunista».[2] El mismo Uriburu estetizaba la muerte para incitar a los jóvenes a dar la vida por la patria: «Es bello caer en plena juventud, sonriendo a la vida sin temor al más allá. Almas inmaculadas de niños que van al seno de Dios sabiendo que su sacrificio sublime permitirá a la Patria seguir sin tropiezos hacia sus grandes destinos».[3]

Todas estas exaltaciones a la violencia y la muerte eran una expresión de barbarie que se popularizaban en Europa y en América Latina. No llegaban, lo hemos visto, como un cataclismo o como una invasión foránea. Los cauces por los que circuló la savia de la revolución violenta fueron culturales. Los modernistas de 1910 habían invocado a los dioses telúricos para que redimieran del caos y la anarquía al continente, y las vanguardias de 1920 habían invocado fuerzas revolucionarias internacionalistas y nacionalistas. La barbarie era el efecto secundario y quizá no previsto del fragor intelectual y de la pasión regeneradora y purificadora. Lo insinuó Roberto Arlt en *Los siete locos*, su novela de 1929, y lo corroboraría Roberto Bolaño sesenta años después: los juegos violentos y destructivos de la cultura podían materializarse en actos brutales. Los poetas nazis que inventó el chileno en sus novelas eran apenas un pálido reflejo de los poetas fascistas que deambularon por el siglo xx americano; seguramente él lo sabía: cuanto más civilizados, más fascinados con la barbarie. También lo diagnosticó Ezequiel Martínez Estrada en su ensayo de indagación nacional de 1933, *Radiografía de la pampa*: la barbarie y la civilización se habían convertido en las dos caras de una misma moneda. El libro no había reemplazado a la tacuara, como anhelaba Sarmiento; el libro y la tacuara iban a convivir en adelante, y los más feroces promotores de la violencia en América Latina empezarían a ser hombres y mujeres cultos y letrados: profesores, curas, poetas, intelectuales. El hijo de Lugones, sin ir más lejos.

LA REVOLUCIÓN DE GETÚLIO VARGAS

En Brasil también se estaban incubando muchos cambios durante los años veinte, y no solo en las tertulias de los poetas o en los talleres de los artistas, sino en los cuarteles. Mientras explotaba la vanguardia paulista en ese maravilloso año de 1922, entre los mandos medios del ejército se gestaba una rebelión contra las oligarquías de São Paulo y Minas Gerais. Fue lo que se conoció como el tenentismo o la Columna Prestes, un movimiento de oficiales nacionalistas que recorrió el país entre 1925 y 1927 tratando de subvertir el viejo pacto del *café com leite* de la *República Velha*. Aquel acuerdo había recibido ese nombre porque sellaba la alianza entre el Estado cafetero y el Estado ganadero; una manguala entre oligarquías que les garantizaba a paulistas y mineros el control político del país. A cada presidente paulista, decía el pacto, debía seguir un presidente minero, y así hasta el final de los tiempos.

En 1929, sin embargo, el presidente Washington Luis rompió este trato y en lugar de nombrar a un minero, como correspondía, nombró como candidato a sucederlo a un paulista, Julio Prestes. Esta grieta en el juego de alianzas permitió que surgiera algo nuevo, una coalición política apoyada por políticos de Minas Gerais, Paraíba y Rio Grande do Sul, la Alianza Liberal, que postuló como candidato a la presidencia al gobernador de este último estado, Getúlio Vargas, acompañado de João Pessoa como fórmula vicepresidencial. El escenario era nuevo e incierto y no faltaron las sospechas de fraude, pero el caso es que Prestes salió victorioso, o eso dijeron las autoridades oficiales, y que Vargas reconoció su derrota. Entonces algo inesperado ocurrió: en julio de 1930 un aliado de Prestes le descerrajó dos disparos a João Pessoa y lo mató. El asesinato, como era lógico, desató una crisis enorme, empezando por que la Alianza Liberal dejó de ser un movimiento político y se convirtió en un movimiento revolucionario, con Getúlio Vargas a la cabeza, y siguiendo por que el nuevo caudillo, a la manera de Francisco Madero, convocó un levantamiento con fecha y hora precisas: las cinco de la tarde del 3 de octubre de 1930. Estallaba una nueva revolución latinoamericana. Pero esta vez, a diferencia de lo que ocurrió en México, las cosas se resolvieron de forma rápida, sin necesidad de enfrentamientos. Un mes más tarde, aupado por el fervor popular y respaldado por todos los tenientes revolucionarios menos su líder, el más izquierdista de todos, Luis Carlos Prestes, Getúlio Vargas se convertía en el nuevo presidente de Brasil.

Empezaba una nueva era marcada por un liderazgo fuerte, incómodo con la Constitución de 1891 y más aún con la potestad del Congreso. Getúlio Vargas reemplazó el viejo liberalismo que había inspirado su revolución por una ideología no bien fraguada, susceptible de mil variaciones y cuyo rasgo evidente era el nacionalismo autoritario. En el «Mensaje al Congreso Nacional de 1933» lo reconocía. La revolución, dijo, «no tenía principios orientadores ni postulados ideológicos claramente definidos». La misión no era ejecutar el programa de algún partido, sino permitir «la expresión de la Nación misma».[4] ¿Qué significaba eso? Pues cualquier cosa; lo mismo ya se había dicho de la Revolución mexicana, que era un encuentro de México consigo mismo, y que en últimas era una justificación para la centralización del poder y la creación de estructuras de control que debilitaran a las regiones. Getúlio reemplazó a los gobernadores de cada uno de los estados por «interventores», una nueva burocracia sin vínculos con las oligarquías tradicionales, y en cambio sí muy ligada a la revolución de 1930: fueron los tenientes de la Columna Prestes quienes ocuparon estos cargos. Al mismo tiempo, Vargas creó el Ministerio de Educación y Salud Pública y el Ministerio de Trabajo, Industria y Comercio para centralizar competencias. Al frente del primero de estos ministerios puso a Francisco Campos, un intelectual autoritario y filofascista, cuya misión sería arrebatar el control de la educación a las élites regionales.

Esta ofensiva en contra de la poderosa São Paulo hizo que el Partido Republicano Paulista —el de Tarsiwald y casi toda la vanguardia— y el Partido Demócrata —el de Mário de Andrade— se unieran en el Frente Único Paulista y exigieran que se regresara a la Constitución de 1891 y que se le concediera autonomía a São Paulo. La ofensiva armada desencadenó en 1932 una guerra civil, otra, que también involucró a vanguardistas como Flávio de Carvalho y Guilherme de Almeida. Los dos lucharon en las filas constitucionalistas, mientras Mário de Andrade los apoyaba desde las tribunas de los periódicos. Más de dos mil personas murieron en vano, porque ni este ni posteriores intentos lograrían sacar a Getúlio Vargas del poder. El nuevo caudillo estaba destinado a permanecer quince años consecutivos en la presidencia, tiempo suficiente para emprender su más ambicioso proyecto: la modernización industrial y cultural de Brasil. Para ello contaría con la invaluable ayuda de Gustavo Capanema, un abogado que reemplazaría a Campos al frente del Ministerio de Educación, y que conseguiría la admirable hazaña de convencer a casi todos los artistas y poetas de vanguardia, tanto a los cosmopolitas como a los nacionalistas, de continuar sus indagaciones sobre la identidad nacional desde las instituciones del Estado.

PERÓN ENTRA EN ESCENA

El año en que moría José Martí nacía Juan Domingo Perón, otro mito latinoamericano, aunque radicalmente opuesto. Porque si Martí, viniendo de las letras, se creyó capaz de participar en las acciones militares, Perón, viniendo del ejército, creyó disponer de genio artístico para conducir los destinos de su patria. En realidad solo se parecían en sus diferencias: el delirio del primero lo condujo a una muerte prematura; el delirio del segundo condujo a una parte de la población argentina a vivir en un plano distinto de la realidad, una ficción como las de Borges pero sin un gramo de poesía.

Perón entró en escena con el golpe militar de Uriburu, en 1930. En aquella ocasión tuvo un perfil bajo. Lo único que logró con la llegada de los uniformados al poder fue la promoción en la Escuela Superior de Guerra, donde daba clases. De profesor suplente de historia militar pasó a profesor titular, un cargo alejado del mando y de la acción que más parecía un castigo. Pero no todo es lo que parece. Perón aprovechó sus clases para ganar conocimiento sobre estrategias bélicas, una materia que luego, cuando entró en la arena política, le sería de gran utilidad. Porque para él, como para muchos militares, la política no era aquello que detenía o prevenía la guerra, sino una manera de continuarla por otros cauces, con otras estrategias. Si Perón no lo sabía entonces, en 1939, cuando viajó a la Italia de Mussolini como asistente del agregado militar en la embajada de Roma para formarse en las unidades alpinas —las mismas en las que se alistaron los futuristas de Marinetti durante la Primera Guerra Mundial—, lo pudo comprobar de primera mano.

Aquella fue una experiencia reveladora. Perón quedó fascinado con Mussolini y la manera en que había logrado unificar, movilizar y organizar al pueblo italiano. Comulgó con su anticomunismo y entendió la importancia que tenían los sindicatos en la consolidación del Estado fascista. La conducción política era un arte y el verdadero conductor un artista, diría luego, pero de todo ello se daba cuenta viendo los espectáculos de masas que exaltaban al duce italiano. Él mismo, a lo largo de los diez años en que fue protagonista de la política argentina, entre 1945 y 1955, sería el promotor de actos similares en los que la eficaz presencia de Evita imprimiría un tono sentimental y delirante a la política latinoamericana. Si en efecto la conducción política era un arte, en manos de Perón se convertiría en un arte típicamente latinoamericano: la escenificación pública de un culebrón radiofónico en el que un pueblo bueno y trabajador se enfrentaba a enemigos perversos —el imperialismo y la antipatria— con la ayuda de dos figuras tutelares consustanciadas con las esencias populares de Argentina.

La pericia de Perón para influir en los demás empezó a ser evidente en los meses previos a otro golpe, el de 1943, con el que los militares volvieron a tomar el control del país. Esta vez las cosas fueron muy diferentes: Perón fue una figura clave; él mismo se encargó de dirigir las acciones de una logia secreta dentro del ejército, el GOU, Grupo de Oficiales Unidos, que se convertiría en la aristocracia encargada de deponer al presidente Ramón S. Castillo y de ocupar los más altos cargos del Estado. Incluso le correspondió hacer lo mismo que había hecho Lugones en 1930, redactar la proclama revolucionaria que justificaba el golpe. Luego pasó a la sombra, a ocuparse de asuntos más modestos en el Ministerio de Guerra y en el Departamento Nacional del Trabajo, después transformado en la Secretaría de Trabajo y Previsión.

Pero fue de este último puesto, en apariencia sin brillo, de donde Perón extrajo el oro que no habría podido obtener si le hubieran reservado un lugar en las altas esferas del Estado. A diferencia de los otros golpistas, a Perón le interesaba el componente popular, nacionalsocialista, del fascismo. Lo había visto en Italia; allá había entendido en qué consistía la política del siglo XX, cuál era la importancia que tenía el proletariado. El marxismo estaba promoviendo la lucha de clases, un cataclismo que solo se podía impedir yendo en busca del trabajador y del obrero e integrándolo en el proyecto del Estado. Fue lo que hizo Perón desde su nuevo puesto, mejorar concienzudamente sus condiciones de vida y vincularlos al proceso de construcción nacional. Era lo mismo que había intentado hacer Plínio Salgado en Brasil, porque su integralismo también buscaba evitar la confrontación de los obreros con el sistema productivo y con el Estado. Una nación no se engrandecía si malgastaba sus energías en conflictos internos, y para evitarlos el fascismo inventó teorías y modelos corporativos, todos ellos destinados a armonizar los intereses de los agentes sociales. Se trataba de un asunto de economía espiritual, una forma de suprimir las riñas intestinas y encaminar al pueblo hacia un destino común que favoreciera el desarrollo de Argentina y su expansión latinoamericana.

Ya en 1943 Perón tenía plena conciencia de lo que se proponía hacer como dirigente político. El 2 de diciembre —cuenta Joseph A. Page— dio una conferencia radiofónica en la que sentaba su posición sobre el tema de los trabajadores. Si los problemas sociales eran ocasionados por las tensiones entre los obreros, los patronos y el Estado, la solución pasaba por forjar alianzas indestructibles entre estas tres instancias. Con la unidad no solo se aligeraban los conflictos sociales, también se fortalecía la nación ante sus enemigos reales, lo que Perón llamaba «las fuerzas ocultas de perturbación del campo de la política internacional»,[5] que no era otra cosa que el comunismo y sus emisarios locales. Además de arrebatarles los gremios y los sindicatos a los comunistas y anarquistas, Perón quería convertirlos en cimientos del Estado. Perfilaba ya su propia versión del corporativismo, un sistema que lo convertía a él en árbitro de todos los conflictos y en garante de unidad y armonía. «Buscamos suprimir la lucha de clases, suplantándola por un acuerdo justo entre obreros y patronos al amparo de la justicia que emana del Estado»,[6] dijo el 1 de mayo de 1944. En realidad, ese sistema cooptaba a los líderes sindicales, forzaba a los trabajadores a sindicalizarse y amedrentaba a los empresarios que se opusieran al Gobierno. Los gremios ganaban mucho poder, pero no para defender a los trabajadores de los abusos del Estado o de la burguesía, sino a Perón de cualquier amenaza que le saliera al paso.

Como secretario de Trabajo, el coronel se encargó de que todos los trabajadores se sindicalizaran y de que todos esos nuevos sindicatos nacieran ligados a su nombre, a su liderazgo y tutela. En 1943 ya lo llamaban «el primer trabajador de la Argentina», y en 1944 lo consideraban el garante del bienestar y de la justa retribución de los esfuerzos de la clase obrera. A cambio de todas las reformas que puso en marcha, y que objetivamente mejoraron sus condiciones de vida, Perón solo les pedía que recordaran una cosa: todo se lo había dado él. De su suerte política dependía la suerte de los trabajadores argentinos.

A partir de entonces el ascenso de Perón fue imparable. En 1944 aprovechó un desastre natural, el terremoto de San Juan, para lanzar una campaña de unidad nacional en torno a las víctimas. El enemigo externo o la tragedia interna, cualquiera de estas causas podía servir para congregar a los argentinos en torno a su figura. Acompañado de los actores más populares del momento, entre ellos Libertad Lamarque y Silvana Roth, el coronel se dio a conocer a nivel nacional. Su primera incursión en el terreno público la hacía arropado por el carisma que desprendían las estrellas de cine, y aunque es difícil saber si ya en aquel entonces asomaba en su mente ese proyecto cultural y político que acabaría definiéndose como populismo, parece claro que el contacto con las actrices le mostró el hechizo que producía la popularidad sobre las masas. Espontáneamente, sin mayor esfuerzo, los famosos se ganaban el cariño de la gente; nada distinto de lo que anhelaba Perón. «Yo no quiero mandar sobre los hombres, sino sobre sus corazones, porque el mío late al unísono con el de cada descamisado, al que interpreto y amo por sobre todas las cosas»,[7] diría el 17 de octubre de 1946.

¿Qué significaba gobernar sobre los corazones? No mandar, no ordenar, no imponer; más bien convencer a la gente de hacer lo que él quería que hicieran. El problema es que para eso había que tener el encanto de las estrellas populares. Roberto Arlt ya había anticipado en *Los siete locos* la irrupción de liderazgos con esos atributos, una mezcla de Krishnamurti y de Rodolfo Valentino, un conductor capaz de seducir al electorado con causas espirituales y el carisma de un actor de teatro, justo lo que intentaría hacer Perón con la complicidad de Eva Duarte. Ella, Evita, la actriz de melodramas radiofónicos en los que encarnaba a madame Pompadour, a madame Chiang Kai-shek, a Lola Montes, a Aspasia de Mileto o a Encarnación Ezcurra, esposas o amantes de grandes líderes políticos, también participó en ese evento solidario de San Juan. Allí la conoció Perón y allí sintieron el flechazo, porque un coronel que anhelaba ser el presidente de Argentina y una artista que asumía el papel de primera dama en la radio estaban hechos el uno para el otro. En la ficción y en sus fantasías ya habían actuado los papeles que luego representarían con insuperable éxito en la realidad. Era como si hubieran reconocido en el otro su destino, y por eso no se separaron desde ese día.

EL FIN DEL CAUDILLAJE EN MÉXICO Y LA INSTITUCIONALIZACIÓN
DE LOS REVOLUCIONARIOS

A diferencia de Argentina, Brasil y varios otros países del continente, la llegada de los años treinta en México no fue el preámbulo de una dictadura de derechas. Todo lo contrario. Los rifles que habían tronado desde 1910 por fin se silenciaban, y la interminable sucesión de levantamientos y revueltas daba paso a un Gobierno estable. Fue un milagro: el colofón de la Revolución mexicana había sido la guerra cristera lanzada por la Iglesia y los campesinos católicos que se resistían al ateísmo de los caudillos revolucionarios y de los camisas rojas de Tomás Garrido Canabal, una nueva ola de violencia que había terminado en 1929, pero que en el camino había dejado un muerto importante: Álvaro Obregón, el último caudillo capaz de imponer su dominio sobre el país entero. Su ausencia abrió una enorme crisis política, que bien habría podido alimentar un nuevo ciclo de violencia de no ser por la hábil intervención de Plutarco Elías Calles.

Sabiendo que no tenía el mismo don de mando que el asesinado, Calles hizo del vicio virtud. Aprovechó la muerte de Obregón para transitar del viejo sistema caudillista a una nueva etapa regida por las instituciones. Si en Brasil la del treinta fue la década en que se institucionalizó la vanguardia artística y tanto los revolucionarios de derechas como los de izquierdas entraron a trabajar para el Estado, en México fue la década en que los caudillos de la revolución entraron en las nuevas instituciones políticas. Acababan los años de los hombres fuertes y se inauguraba una nueva etapa de subordinación a las leyes. México, dijo Calles el 2 de septiembre de 1928, cuando el cadáver de Obregón aún estaba fresco, debía «pasar de la categoría de pueblo y gobierno de caudillos a la más alta y más respetada y más productiva y más pacífica y más civilizada condición de pueblo de instituciones y leyes».[8] Para ello tenía que domesticar los apetitos guerreros, y la solución más sensata que se le ocurrió fue inventarse una organización política, el Partido Nacional Revolucionario (PNR), e integrar en él a todos los combatientes que habían sobrevivido a las matanzas de los años veinte.

Surgido a inicios de 1929, el PNR se proclamó custodio y garante de los anhelos y aspiraciones revolucionarios. Claro, definir cuáles eran estos anhelos y aspiraciones no era fácil, porque a la guerra marcharon los revolucionarios por mil motivos distintos, se barajaron todas las ideologías y toda suerte de propósitos que ahora tenían que convivir bajo el mismo toldo institucional. Esos principios generales había que inventarlos, o mejor, destilarlos: eliminar los fines espurios y los personalismos y dejar solo unas máximas que otorgaran una justificación del pasado y un proyecto que defender hacia el futuro. Era un paso fundamental en la historia de México, porque les quitaba el protagonismo a los caudillos y se lo daba a un partido, el PNR, el único que en adelante podría hacer suyas las banderas revolucionarias: la no reelección, la reforma agraria, la educación laica, los derechos laborales de campesinos y proletarios, y la soberanía y autodeterminación de los pueblos.

Y el fraude electoral, claro. Esa máxima, sin hacer parte del discurso oficial, sería fundamental, casi la más importante porque de ella dependería el buen funcionamiento del engranaje diseñado por el jefe del partido. Desde las primeras elecciones en las que participó el PNR, Elías Calles se encargó de imponer a su favorito —frustrando, de paso, las aspiraciones presidenciales de Vasconcelos—, y de ejercer como poder en la sombra durante las siguientes tres presidencias. Ese periodo, que se extendió entre 1928 y 1934, se conoció como el Maximato, porque Elías Calles, el Jefe Máximo, se convirtió en el árbitro de la política mexicana. Las cosas cambiarían con la llegada de Lázaro Cárdenas al poder, y el primer sorprendido sería el mismo Calles. Cárdenas había sido su subordinado en la defensa de Agua Prieta y había llegado a la presidencia gracias a su padrinazgo. Pero bastó con que Cárdenas pisara el Palacio Nacional para que empezaran las pugnas por el control del partido. El Jefe Máximo quería que el nuevo Gobierno les diera prioridad al desarrollo económico y a las inversiones, pero Cárdenas quería centrar su atención en las promesas inconclusas de la revolución, en especial dos: la reforma agraria y las demandas sindicales. Ese desencuentro inicial no convenció a la izquierda, incluidos los muralistas. Desconfiaban de Cárdenas por el respaldo que había recibido de Calles, y por eso fomentaron todo tipo de protestas. Los obreros tomaron las calles, hubo huelgas y movilizaciones, cientos de ellas. Las masas irrumpían en la vida pública de México y fue evidente, al menos para Cárdenas, que quien quisiera gobernar el país tendría que ganarlas para su causa. Calles, en cambio, no entendió lo que estaba ocurriendo y fue torpe: criticó al presidente por no reprimir con fuerza las manifestaciones, consiguiendo con ello que la izquierda, incluidos los artistas y el líder sindical Vicente Lombardo Toledano, se hiciera cardenista. Ese súbito respaldo cambiaba la correlación de fuerzas. Ahora Cárdenas, respaldado por las masas, podía enfrentarse al Jefe Máximo y derrotarlo y hasta expulsarlo del país, como acabaría haciendo en abril de 1936. Ya no había campo en el PNR para jefes máximos. A partir de entonces, el presidente de turno se lo llevaría todo. Puede que al final de su sexenio estuviera obligado a legarle el poder a otro, pero mientras durara su mandato podría gobernar sin interferencia de jefes de partido, del poder legislativo, de facciones internas o de la minúscula oposición externa. México se convertía en un país presidencialista, no de partido único pero sí con un único partido capaz de gobernarlo.

Durante su mandato Cárdenas promovió importantes reformas en la educación —«socialistas», las llamó—, que suponían excluir de las aulas la doctrina religiosa e incentivar la lucha contra el fanatismo y los prejuicios, todo anillado con un fuerte nacionalismo y la identificación del individuo con su clase. Los Contemporáneos, en especial Jorge Cuesta, al igual que filósofos como Antonio Caso, se opusieron a esta propuesta pedagógica, defendiendo una educación liberal y laica, no ideologizada, encaminada a la formación de ciudadanos y no de miembros de masas o de clases. Cárdenas siguió adelante, convencido, como todos los líderes nacionalistas de aquellos años, de que el motor del progreso era el Estado. A las reformas educativas sumó la creación de ejidos colectivos, la repartición de tierras (17.890.000 hectáreas) y el nacionalismo económico. Dos medidas tomadas durante su Gobierno tuvieron un enorme impacto emocional, simbólico y cultural para México: otorgar asilo político a Trotski y a miles de republicanos españoles que escapaban de la Guerra Civil, y expropiar los ferrocarriles en 1937 y la explotación petrolera en 1938.

Doce días después de hacer efectiva la expropiación petrolera, el 30 de marzo de 1938, en la III Asamblea del PNR, Cárdenas reinventó el partido. Lo rebautizó como Partido de la Revolución Mexicana (PRM) y lo estructuró a partir de una columna vertebral formada por cuatro grandes sectores: el obrero, a través de los diversos sindicatos; el campesino, con sus ligas agrarias y sindicatos; el popular, dividido en diez ramas laborales, y el militar. El partido que pretendía institucionalizar la revolución también adquiría, como las dictaduras de derechas de la época, una fuerte tendencia corporativista. Era el signo de los tiempos: las nuevas masas que llenaban las ciudades, que movían los nuevos corazones industriales del país y que empezaban a tener nuevas necesidades y a formular sus demandas, se convertían en la clave del poder político. Tanto en el Brasil de Getúlio Vargas, en la Argentina de Perón o en el México de Cárdenas, la solución más extendida fue cooptarlas para domesticarlas. Quien tuviera el control de los sindicatos tendría el control político del Estado.

LA IRRUPCIÓN DEL PERONISMO

La llegada de Perón a la presidencia de Argentina fue el resultado de la suerte y del cálculo. En 1944, debido a las presiones de Estados Unidos, Argentina rompió relaciones con Alemania y Japón, una medida que no gustó nada a los nacionalistas y que debilitó mucho al presidente Pedro Pablo Ramírez. También fue una oportunidad de oro para Perón, el momento de poner las cosas en su lugar, como dijo, y de hacer valer la influencia del GOU. En una última reunión de este grupo, celebrada en enero de 1944, se decidió la remoción de Ramírez. El general Edelmiro Farrell sería el encargado de asumir la presidencia, y a su lado, en un puesto más acorde con sus ambiciones, el de vicepresidente, llegaría Perón a la Casa Rosada. El nuevo gobierno finalmente involucró a Argentina en la guerra del lado de Estados Unidos, pero las declaraciones nacionalistas y militaristas de Perón volvieron a poner en alerta a los yanquis. En mayo de 1945, Truman envió como embajador a Spruille Braden, un polémico funcionario que llegó con la misión explícita de sabotear el Gobierno Farrell-Perón. Braden no ahorró ninguna crítica, y su retórica y su beligerancia contra la dictadura, el «nazi-peronismo», como llamaban al régimen, envalentonaron a la oposición democrática. Fue tal la presión social y el clima de incertidumbre, tal el temor de Farrell a pasar por el humillante tránsito de un derrocamiento militar, que prefirió curarse en salud y convocar unas elecciones democráticas para comienzos de 1946. La noticia removió las calles al instante. Los sindicatos salieron a apoyar una posible candidatura del vicepresidente, gritando «Ni nazis ni fascistas: peronistas», y mientras tanto los cuarteles se calentaban y expresaban su malestar con nuevos complots golpistas. El ambiente se puso muy tenso; el mismo Perón pidió a los trabajadores que salieran del trabajo directos a sus casas, que no buscaran líos. Muchos opositores estaban siendo encarcelados, se censuró la prensa, se decretó el estado de sitio. Los estudiantes tomaron un par de universidades, y en los enfrentamientos que sostuvieron con los grupos de choque fascistas murió un niño de diez años. Finalmente, en octubre de 1945, un sector del ejército se confabuló para forzar a Farrell a deshacerse de Perón. Antes de dejar sus cargos, el coronel dio un discurso ante los trabajadores en el que les pidió que no olvidaran lo que ya sabían: sin él, todas las conquistas laborales se evaporarían. Dejaba a los trabajadores en pie de lucha y se iba a buscar refugio en la casa del alemán Ludwig Freude, un sospechoso de colaborar con los nazis. Allá lo fueron a buscar los militares, porque Farrell, en un último intento por salvar su gobierno, había dado la orden de arrestarlo.

Perón fue inmediatamente conducido a la isla Martín García, donde quedaría aislado y varado, sin influjo sobre las masas. Pero el astuto coronel se las ingenió para que lo devolvieran a Buenos Aires, fingiendo padecer una afección pulmonar susceptible de agravarse debido al clima de la isla. La treta dio resultado y para cuando el preso estuvo de vuelta en la capital, el rumor de su detención había circulado y los trabajadores estaban enardecidos. Miles y miles de trabajadores acudieron a la Casa Rosada para exigir la liberación de su líder; al menos es lo que dice el mito, la impronta que quedó en la memoria humana, aunque Borges en 1955, y luego Silvia D. Mercado en 2013, pusieron en duda la veracidad de aquel montaje. En todo caso, real o ficticio, fue aquel día, ese 17 de octubre de 1945, cuando surgió el peronismo, el mito del peronismo. A partir de ese día Perón dejaba de ser un simple militar para convertirse en el nuevo flautista de Hamelín, el orador que sabía qué decir para que las masas se movilizaran. Ya ni siquiera necesitaba del ejército ni del poder de los rifles. Dos años le habían bastado para crear una alianza irreductible con los gremios laborales, y ahora el poder de esa alianza forzaba a sus enemigos a sacarlo de la cárcel y llevarlo a los balcones de la Casa Rosada para que diluyera la concentración popular. Argentina cambiaba ese día, se transformaba en un país que desde entonces hasta el presente viviría atado a ese sino y a esa pasión y a ese tumor político, destinado a imprevisibles y camaleónicas mutaciones, llamado peronismo.

Perón había arrebatado el proletariado a los comunistas, que a partir de entonces pasaron a rumiar su odio al coronel desde el más irrelevante margen de la política argentina. Los trabajadores no eran marxistas, eran peronistas. Pero ¿qué diablos significaba eso? El profesor de historia militar había inventado un revuelto inestable donde una idea y su contraria convivían sin ningún conflicto. Como producto ideológico, el peronismo fue la cristalización de los fuertes sentimientos nacionalistas y de la incesante pregunta por el ser nacional que había obsesionado a los artistas argentinos de los años veinte y treinta; también de las ideas arielistas, conservadoras y fascistas que abogaban por el liderazgo vertical de una aristocracia iluminada y patriótica; del americanismo y el antiimperialismo que había desembocado en simpatías por el nazismo alemán o en la reivindicación de la unidad latinoamericana; y de las promesas de justicia social y renovación del contrato social que impulsaban las corrientes izquierdistas del arielismo. Toda América Latina odiaba a los yanquis, en todas partes burbujeaba el anhelo identitario; se buscaba una forma propia de gobierno, líderes autóctonos. Perón se dio cuenta de que podía apropiarse de esas aspiraciones haciendo guiños aquí y allá, a los nacionalistas que demandaban un Estado social, justiciero y protector, y a los nacionalistas que anhelaban un sentido de autoridad y de grandeza argentina, a salvo de las amenazas del marxismo. Su logro fue espectacular. Desde 1945 el símbolo del antiimperialismo argentino, y hasta cierto punto latinoamericano, ya no fue Rodó. Fue Perón.

Muchos años después, el poeta salvadoreño Roque Dalton escribió un poema que hubiera venido bien para aquel momento histórico que vivía Argentina. Su objetable título era «Consejo que ya no es necesario en ninguna parte del mundo pero que en El Salvador…», y digo objetable porque esas palabras deberían estar escritas, ayer y hoy, en el escudo nacional de todos los países latinoamericanos: «No olvides nunca / que los menos fascistas / de entre los fascistas / también son / fascistas».[9]

EL AUTORITARISMO DEL ESTADO NOVO

Ahora estamos de regreso en Brasil. Getúlio Vargas ha doblegado la Revolución constitucionalista que lanzaron los paulistas en 1932, lleva tres años gobernando con una nueva Constitución, expedida en 1934, que legitimó democráticamente su mandato, pero ahora empieza a sentirse vulnerable ante las presiones sociales y el avance de la izquierda. Entonces llega a sus manos un texto extraño; Plan Cohen, se llama, y habla de un supuesto complot de los comunistas para tomar el poder. El escrito es falso, Vargas y los militares lo saben; no lo escribió un comunista, sino su contraparte, un integralista, Olympio Mourão Filho; son conscientes de ello pero aun así lo filtran a la prensa. Esa noticia falsa, *fake news* incluso más potentes que las de Donald Trump, le permitió a Vargas justificar un autogolpe que derogaba la Constitución democrática de 1934 y fundaba el Estado Novo. Aquel texto de 1934, dijo, había nacido obsoleto: creó instituciones pero no las protegió de sus posibles enemigos. Al contrario, había dejado anémico el poder público, sin fuerzas para contener las amenazas que emergían en una nueva sociedad caracterizada por la potencia electrizante de las masas. Los estados modernos tenían que fortalecerse y protegerse, blindarse con poderes especiales. Francisco Campos, el autor de la nueva Constitución, lo explicó en 1940: «Los estados autoritarios no son una creación arbitraria de un pequeño número de individuos: por el contrario, surgen de la misma presencia de las masas».[10] Campos no ocultaba el carácter autoritario del Gobierno que había ayudado a crear. Se enorgullecía de haber ligado el autoritarismo a los rasgos esenciales de la identidad brasileña. «Siendo autoritario, por definición y por contenido —decía—, el Estado Novo no contradice la idiosincrasia brasileña, porque añade la fuerza al derecho, el orden a la justicia, la autoridad a la humanidad. De su realización, lo más importante no es lo que ven los ojos, sino lo que siente el corazón: con el Estado Novo, Brasil sintió pulsar por primera vez su vocación de unidad, haciendo posible sustituir, sin oposiciones ni violencia, la política del Estado por la política de la Nación».[11] Quizá Campos era menos cursi que Uriburu, pero no menos autoritario ni fascista.

El Estado Novo se fortalecía con una Constitución corporativista y autoritaria, justo cuando Estados Unidos se convertía en el enemigo número uno del fascismo mundial. Fue una pequeña trampa de la historia que Getúlio no supo anticipar. Puede que antes no le hubieran dado importancia, pero después del ataque a Pearl Harbor, en 1941, Estados Unidos se dio cuenta de que las democracias en el continente se contaban con los dedos de una mano, y de que a lo largo de todo el siglo xx se había deslegitimado el liberalismo mientras se vigorizaban las identidades locales, y de que ahora países tan importantes como Argentina y Brasil estaban en manos de dictadores filofascistas y antiyanquis. Al sur del río Bravo había millones de personas que los detestaban, empezando por los mexicanos, cuyo intelectual más famoso, José Vasconcelos, anhelaba ver a Hitler entrando con sus tanques en la Casa Blanca. Puede que Estados Unidos ejerciera dominio sobre los dictadores de ultraderecha que había sembrado en el Caribe y en Centroamérica, pero los militares argentinos, incluido Perón, además de Vargas, entraban en una categoría distinta. Todos ellos habían forjado gobiernos mucho más parecidos al Estado corporativo fascista que a la democracia estadounidense, y espontáneamente se inclinaban hacia Italia y Alemania, no hacia el bando aliado. Para alinearlos con sus propósitos y evitar que se cumplieran las fantasías del Dr. Atl, los yanquis tuvieron que emplearse a fondo en labores diplomáticas. A Vargas le ofrecieron la financiación de la Compañía Siderúrgica Nacional, única manera de que un Gobierno lleno de filofascistas, entre ellos el ministro de Guerra, Gaspar Dutra, y el ya mencionado Campos, que acusaba a la democracia de ser una ideología reaccionaria del siglo xix y valoraba el liderazgo de Hitler sobre las masas, acabara declarándole la guerra al Eje; incluso mandando tropas a pelear a Italia. Pero esta jugada, que parecía pragmática y hasta de interés nacional, acabó poniendo a Getúlio contra las cuerdas.

Atención a la ironía: mientras los soldados brasileños luchaban para defender la democracia en Europa, Brasil soportaba un sistema dictatorial y una Constitución fascista. La presión de los yanquis había metido a Getúlio en un laberinto; la contradicción era tan evidente y nauseabunda que no tardó en suscitar protestas. En 1943 la oposición lanzó el *Manifesto dos mineiros*, un documento firmado por 92 personas, la mayoría de ellas vinculadas al ámbito jurídico, en el que sin mayores aspavientos señalaban lo evidente: «Si luchamos al lado de los Aliados contra el fascismo para que la libertad y la democracia fueran restituidas en todos los pueblos, ciertamente no es una exageración reclamar para nosotros los mismos derechos y garantías».[12] Bastante obvio, sin duda.

Getúlio no tuvo más remedio que convocar elecciones en diciembre de 1945. Los espacios de libertad que empezaron a abrirse permitieron a los intelectuales organizar el I Congreso de Escritores Brasileños, en el que pidieron libertad de expresión, voto secreto y un Brasil liberado del varguismo. Las élites letradas querían libertad y democracia, pero las clases trabajadoras querían más Getúlio. Así lo decían: «Queremos Getúlio, queremos Getúlio», y lo repetían con tanto fervor y entusiasmo que su grito espontáneo y callejero acabó institucionalizándose. Los «queremistas» se convirtieron en una fuerza popular que se propuso impedir la marcha de su líder. Vargas, con su Estado corporativo y paternalista —«padre de los pobres», lo llamaron—, le había dado a Brasil un contorno similar al que Perón le había dado a Argentina. Los queremistas también estaban tratando de evitar que saliera de la presidencia, presionando para que las elecciones se transformaran en una Constituyente.

En mayo de 1945, esos mismos queremistas formaron el Partido Trabalhista Brasileiro (PTB), de orientación nacionalista e izquierdista. Dos meses después, también auspiciado por Getúlio, se formó el Partido Social Democrático (PSD), más próximo a la burguesía. Vargas trató de blindarse detrás del apoyo popular, pero tuvo mala suerte. Los militares no dieron tiempo de que se repitiera en Brasil lo que acababa de ocurrir en Argentina, y antes de que los trabajadores se movilizaran, exactamente doce días después de la redención de Perón, los militares depusieron a Getúlio Vargas. Eso frenó su continuidad en el poder, pero no el getulismo, una corriente política personalista con dos partidos políticos a su servicio, que en adelante podría aceptar las nuevas reglas de juego democráticas y participar con éxito en las elecciones. Al igual que a Perón, a Getúlio ya no le hizo falta el uniforme ni el ejército; con el apoyo popular ya tenía suficiente. Ahora podía aceptar las nuevas reglas de juego democrático y esperar a que se volvieran a abrir las urnas. Estaba plenamente identificado con el pueblo, se había enfrentado a las clases altas, en especial a las de São Paulo, y además se había vuelto demócrata. Su metamorfosis había culminado: surgía el Getúlio populista.

LA INVENCIÓN DEL POPULISMO

Lo que estaba a punto de ocurrir en Argentina, y poco después en Brasil, sería crucial para América Latina, y quizá también para el mundo entero, teniendo en cuenta la nueva ola de populismos que estaba llamada a enloquecer la política en algunos países anglosajones y europeos en el siglo XXI. En 1945 se inauguraba una nueva forma de hacer política que permitiría a líderes con rasgos autoritarios e iliberales llegar al poder sirviéndose de las instituciones de la democracia liberal. O mejor dicho, los militares nacionalistas, los arielistas y los fascistas, toda la fauna americana que había prosperado en un ambiente emponzoñado contra Estados Unidos, convencida de que la forma de gobierno autóctona no pasaba por las fórmulas sajonas, se dio cuenta de que en adelante, después de la derrota de Mussolini y de Hitler, no tendría más remedio que adaptarse al sistema democrático. ¿Significaba eso que se habían transformado en demócratas liberales? Ni por asomo. Seguían siendo lo que eran, personajes autoritarios que manifestaban un desprecio apenas disimulado por los opositores políticos y por los tibios y parsimoniosos procesos democráticos; caudillos en quienes bullía la sangre del gaucho, del *cangaceiro*, del llanero, de esos personajes imparables que pasaban por encima de los decretos de Hamilton y de las constituciones. El problema que se les venía encima ahora era que el mundo había cambiado. Los fascistas habían sido derrotados y desprestigiados, su totalitarismo y su violencia habían sido señalados y condenados, y ahora sus emuladores americanos no tenían más remedio que renegar de ellos y reciclarse y readaptarse si querían sobrevivir al proceso democratizador que se iniciaba en el continente entero. Porque eso fue lo que ocurrió entre 1945 y 1959; un maremoto democrático golpeó el territorio americano y se llevó por delante a varios de los dictadorzuelos que habían subido al poder en 1930. Perú se democratizaba, El Salvador se democratizaba, Honduras, Guatemala, Cuba, Venezuela se democratizaban, y también las dos potencias regionales, Brasil y Argentina. En los años cincuenta llegaría una contracorriente autoritaria y las dictaduras volverían a instalarse en países como Perú, Venezuela y Cuba, pero aun así la presión democratizadora duraría casi tres lustros, hasta 1959, cuando la Revolución cubana legitimaría una vez más la acción armada como método para conquistar el poder.

El caso es que desde 1945 los militares golpistas tuvieron que renunciar a los rasgos más abominables del fascismo —la legitimación de la violencia y la intimidación y el cuartelazo— y seguir las reglas del juego democrático. Es verdad que cada vez que se vio en problemas Perón no tuvo ningún inconveniente en alentar el asesinato de sus opositores. Pero su nuevo proyecto político, el peronismo, era esencialmente democrático, ahí estaba su clave, su luz y su sombra: ya no contemplaba el exterminio del enemigo ni la estetización de la violencia, tampoco la intimidación de las masas, sino todo lo contrario. Perón se propuso encandilar al pueblo, ser amado, no temido: Krishnamurti y Rodolfo Valentino. Y lo consiguió, qué duda cabe, porque cada vez que se presentó a unas elecciones las ganó por goleada. Seguía siendo un militar autoritario con ínfulas de genio redentor, pero sus métodos habían cambiado por completo. El peronismo no sería un grupo de choque, sino una máquina electoral. Saldría a la calle a convencer a los electores de que su líder era el único representante de los intereses nacionales, y de que votar por la oposición era en realidad votar por el enemigo yanqui. El peronismo empezaba a dividir a la sociedad en dos, los verdaderos y los falsos argentinos, y a demostrar que el primer grupo lo componían los marginados y los descamisados. El arielista de derechas se convertía en un arielista de izquierdas, o eso parecía; Perón ya no buscaba el apoyo de las élites militares, sino de las clases populares. Se había dado cuenta de que las urnas se dominaban manteniendo un electorado cautivo, y de que para nutrir ese caudal había que integrar al sistema político a nuevos sectores de la sociedad. Primero a los trabajadores, mediante los sindicatos, luego a las mujeres, a quienes les daría el voto, y finalmente a los niños, futuros votantes, para los que diseñó actividades de ocio y un programa educativo totalmente peronizados. Los no representados serían ahora representados por el peronismo, y ellos, sus votos, llevarían al conductor al poder.

Una vez allí, en la Casa Rosada, empezaban las labores de demolición. Ya no se trataba de destruir la democracia desde afuera, como hacían los golpistas con sus tanques y bombas, sino desde dentro, corroyendo las instituciones y vaciando la democracia de contenido. Eso fue lo que se inventó Perón; eso fue lo que legó al mundo: una manera de hackear la democracia que permitiría a líderes nacionalistas y antidemocráticos explotar la baza del carisma para ganar elecciones, y usar luego todo truco y todo legalismo para doblegar a las otras ramas del poder.

Esa proeza demandaba un ataque conjunto por dos flancos, el político y el cultural. Mediante la política, Perón logró apoderarse de la presidencia y de las dos cámaras del Congreso en unas elecciones ejemplarmente limpias. Solo una rama del poder, la judicial, quedó fuera de su control, pero para resolver ese incordio encontró remedio en 1947. Basándose en el artículo 45 de la Constitución, que aducía como motivo de impugnación de los jueces de la Corte Suprema de Justicia el mal desempeño en sus funciones, Perón se deshizo de cuatro de sus cinco miembros y del procurador, a quienes reemplazó por fieles portavoces de su causa. Como prueba de ese «mal desempeño», esgrimió la más cínica de las causas. Acusó a los jueces de haber reconocido los gobiernos de facto de 1930 y 1943 en los que él mismo había participado. En esta guerra de guerrillas que el populismo planteaba en el interior de las instituciones, todo valía para deshacerse del enemigo.

Con el Congreso y los jueces en el bolsillo, Perón lanzó jugadas más osadas. En 1949 convocó una Asamblea Constituyente para sustituir la Constitución liberal de 1853 por una más acorde con los nuevos tiempos populistas. Es evidente que el coronel estaba fundando una escuela, y que su ejemplo sería seguido por populistas de derechas y de izquierdas en todo el continente. Porque el blanco de todos los aprendices de populista, y aquí la lista es larga, sería el mismo al que apuntó Perón en esa constituyente, un artículo; mejor, un articulito, el 77, justo el que impedía la reelección presidencial. Sin ese obstáculo, al coronel le bastaba seguir ganando elecciones para eternizarse en el poder.

La Asamblea también peronizó la Constitución para que la transformación del país fuera integral y a la larga surgiera un nuevo régimen. Los lemas del militar —la justicia social, la independencia económica y la soberanía nacional— quedaron como principios rectores del nuevo texto; es decir, la filosofía del líder se fundía con la vértebra legal de la patria. Patria y peronismo se hacían sinónimos, casi nada, para que el antiperonismo fuera indistinguible del antipatriotismo. Como añadidura, el ejecutivo salió reforzado. Los derechos de los trabajadores —excepto la huelga, que se proscribía— quedaron blindados, los recursos del subsuelo se nacionalizaron, y el Estado se reservó el derecho de intervenir la economía. Con poder para hacer lo que le diera la gana, Perón empeñó enormes recursos en mejorar las condiciones de los trabajadores y en mitificar su imagen. En esta labor fue crucial Evita, pues su obra social, que vendría a ser el equivalente de la obra cultural de Vasconcelos, dejó un recuerdo imperecedero. Marcó la conciencia y la sentimentalidad de un país que no dudó en convertirla en su más querida santa.

LAS PARADOJAS DE LA REVOLUCIÓN MEXICANA

A diferencia de un país como Colombia, en el que ningún presidente en su historia se ha declarado ateo, en el México posrevolucionario reconocerse como creyente entorpecía cualquier aspiración presidencial. El primero en hacerlo fue Manuel Ávila Camacho, sucesor de Lázaro Cárdenas, y no solo porque en efecto creyera en Dios, sino porque su prioridad fue unir a la nación y reconciliar al Gobierno revolucionario con la Iglesia católica. Empezaba la década de los cuarenta y el sinarquismo se había convertido en un fenómeno político que nadie podía soslayar.

Desde 1939 este movimiento venía organizando marchas en Morelia, León, Querétaro, Guanajuato y Guadalajara, con el fin de intimidar a las autoridades revolucionarias. Un nacionalismo hispanizado y visceralmente antiyanqui, ultracatólico, conservador, más aferrado al legado de la colonia y a los protocolos fascistas y falangistas, se enfrentaba a otro nacionalismo, en este caso ateo, revolucionario, progresista e indigenista. Y todo esto en medio de un contexto internacional explosivo: la Segunda Guerra Mundial. Estados Unidos aún no había entrado en ella, pero eso no impedía que el Gobierno de Roosevelt ejerciera presión sobre el resto de América, y en especial sobre México, para que rompieran relaciones con los países del Eje. En medio de ese juego político, Ávila Camacho se vio forzado a negociar con los sinarquistas y a vincularlos a su programa de unidad nacional. Para neutralizar el radical antiamericanismo que profesaban, les permitió fundar una colonia en Baja California y les dio un estatuto político que su sucesor, Miguel Alemán, no dudaría en quitarles.

La Segunda Guerra Mundial le estaba imponiendo a México un enorme reto. El reflejo automático de casi cualquier mexicano —como de cualquier latinoamericano— era inclinarse espontáneamente en contra de Estados Unidos. Pero en el bando opuesto estaban Hitler y el fascismo, la ideología que más había combatido Lázaro Cárdenas. Ese hecho concreto, aparte de las presiones diplomáticas, primó en la decisión de Ávila Camacho: México se pondría del lado de los yanquis y de los Aliados y haría frente a las resistencias internas, que no eran pocas. La prensa más popular a finales de los años treinta y principios de los cuarenta parecía estar del lado de los alemanes. José Pagés Llergo, el fundador de las revistas *Hoy, Mañana, Siempre* y *Rotofoto*, era un admirador de Hitler y de Mussolini, y entre sus blancos predilectos estaba Vicente Lombardo Toledano, el líder de la izquierda nacionalista mexicana. A esto hay que agregar la influencia que pudieron haber tenido las prédicas pronazis de Vasconcelos y del Dr. Atl desde la revista *Timón*, además de aquel texto delirante, *Qué es la revolución*, en el que el utopista de la ruta cósmica plasmó una visión opuesta, futurista y distópica, de un México sovietizado y en manos de un presidente de nombre azteca y apellido judío, que ya no rezaba en una catedral, sino en una sinagoga. El sinarquismo también se oponía a la alianza con los yanquis, y el Partido de Acción Nacional (PAN), una agrupación conservadora que había surgido al final del periodo de Cárdenas, ligado a la Iglesia y al franquismo, mostraba algunas reticencias. A pesar de ello, Ávila Camacho siguió adelante y rompió relaciones con el Eje. Al poco tiempo, dos buques mexicanos fueron hundidos por los alemanes. Como Brasil, México no tuvo más opción que entrar oficialmente en la Segunda Guerra Mundial. Ávila Camacho no envió tropas a Europa, como Getúlio, pero sí un escuadrón de aviadores que peleó en Filipinas y en las islas del Pacífico. Desde 1898 era la primera vez que el enemigo exterior de México y de América Latina dejaba de ser Estados Unidos. Lentamente, con muchas reticencias, el continente enlazaba sus intereses económicos y su destino político con la potencia del norte.

Pero a diferencia de lo que ocurrió en Brasil y en Argentina, en México no hubo un cambio de sistema. En 1946 Ávila Camacho le entregó el poder a Miguel Alemán, y entre los dos transformaron el PRM en el Partido Revolucionario Institucional (PRI). América Latina sufría un remezón notable, las democracias reemplazaban a las dictaduras, el populismo al republicanismo, y sin embargo la particular forma de autoritarismo mexicano salía indemne. Nada cambiaba, y los intelectuales más críticos lo notaban. El historiador Daniel Cosío Villegas lo demostró escribiendo *La crisis de México*, un ensayo en el que hacía un balance desalentador de la Revolución mexicana. La crisis que asolaba al país en aquel momento, juzgaba, se debía principalmente a un motivo: las metas de aquel proceso histórico se habían agotado. Más aún, «el término mismo de revolución carece ya de sentido».[13] Fundar un sistema político en el que ningún presidente pudiera perpetuarse no había arrojado una democracia electoral, sino un invento nuevo: una suerte de monarquía que otorgaba al presidente el poder absoluto, sin oposición en el Congreso ni en la prensa, y que además le permitía ejercer todo tipo de presiones y fraudes para garantizar el triunfo de un sucesor, un delfín que él mismo escogía a dedo.

Se trataba de una conquista ambigua, como también lo habían sido las reivindicaciones agrarias y obreras. Muchas de ellas se atendieron y las condiciones de vida de las clases populares mejoraron, pero a cambio los trabajadores urbanos y rurales acabaron sindicalizándose en corporaciones destinadas a defender los intereses de la unidad nacional. En la práctica, eso reproducía los vicios del getulismo y del peronismo: creaba sindicatos para proteger los intereses del Gobierno, no de los trabajadores. En cuanto al nacionalismo, la otra conquista de la revolución, era evidente que la labor pedagógica y artística impulsada por Vasconcelos había generado amor por lo propio. Por primera vez desde la independencia, un país latinoamericano se reconocía en su pasado indígena y se enorgullecía de su mestizaje. A decir de Cosío Villegas, el mexicano era «tan sano como un nacionalismo puede serlo».[14] Antiimperialista, sí, pero no xenófobo, y abierto a los exiliados de medio mundo. Pero ese nacionalismo que había prometido mejorar las condiciones de vida de los más desfavorecidos, había engendrado un nivel de corrupción, ostentación e impunidad que restaba toda legitimidad moral a la revolución. La gente ya no recordaba cuáles habían sido las metas iniciales por las que se peleó; solo veían un espectáculo degradante, el de una nueva clase corrupta y preocupada por sus propios intereses.

Ninguno de los hombres que habían participado en la revolución había estado a la altura de sus ideales, seguía el historiador. Buenos para destruir el pasado, se mostraron torpes a la hora de construir un futuro. La revolución institucionalizada se encargaba de perpetuar y ocultar sus errores tras la bandera nacional. Y la única manera de perpetuar ese sistema imperfecto era monopolizando por completo el poder. Es decir, amedrentando a la prensa para que no ejerciera la libertad de expresión, saboteando y amenazando a los opositores del PAN, cooptando a los intelectuales y a los artistas a través de embajadas, cargos públicos, puestos universitarios y comisiones; permitiendo un partido de izquierdas, el Popular de Lombardo Toledano, siempre y cuando su oposición no fuera un obstáculo a la aplanadora del PRI; corporativizando el Estado para integrar a los sindicatos de campesinos y obreros y alinearlos con los intereses del Gobierno, y jugar el fabuloso juego de los espejos: identificar al PRI con el Gobierno, al Gobierno con el Estado, al Estado con la nación y a la nación con el pueblo para que cualquier crítica que se le hiciera al *statu quo* acabara siendo un ataque contra el pueblo mexicano. La revolución, así mantuviera una retórica izquierdista, ya no se diferenciaba en sus obras de los conservadores. El nacionalismo podía ponerse un día la máscara folclórica, popular y emancipadora de la izquierda, y otro la autoritaria y corporativa de la derecha. La retórica, en realidad, no era más que una coartada para que la nueva clase dirigente llevada al poder por Alemán hiciera lo que le diera la gana. Como el peronismo, el priismo también logró sintetizar los rostros derechistas e izquierdistas del arielismo.

Al mismo tiempo, y de ahí la particularidad del caso mexicano, el priismo preservó amplios espacios de libertad económica, cultural, religiosa y social. La retórica de sus gobernantes, por muy izquierdista que sonara, no supuso un compromiso con la Unión Soviética o con la Internacional Comunista, sino con el nacionalismo, y no fue totalitario ni incurrió en el terror político. Los sindicatos se untaron del menjurje patrio, cambiando en sus lemas cualquier alusión a la lucha de clases por la defensa de «la emancipación de México»,[15] y el grupo de filósofos más importante de los años cuarenta y cincuenta, los hiperiones, apuntalaron la idea del ser nacional con sus indagaciones existencialistas. Por haber surgido como accidente, decía uno de ellos, Emilio Uranga, el mexicano encarnaba ciertas actitudes como la apatía, el conformismo y la desesperanza, vicios que debían combatirse si se quería engrandecer a México. Aquel discurso le venía a las mil maravillas al PRI de Miguel Alemán, que no solo se había apropiado del concepto de nacionalidad, sino que ahora hacía suyas las banderas del desarrollismo. Los hiperiones legitimaban su proyecto como una nueva fase de la revolución, en la que el mexicanismo podía dejar atrás las reivindicaciones agrarias o proletarias para combatir la vagancia y la indolencia y promover el trabajo y la eficacia. Del estado de insuficiencia en el que habían hibernado los mexicanos, permitiendo siempre que otros los salvaran, debían pasar a la autosuficiencia creativa, con el PRI como locomotora. Así, mientras Cosío Villegas criticaba el desenlace de la Revolución mexicana y a los poderes que gobernaban el país, los hiperiones le daban un sustento filosófico a la hegemonía del Estado y una justificación ontológica al nacionalismo desarrollista del nuevo partido de la revolución. No hace falta explicar qué voz tuvo más peso en el México de mediados del siglo: el PRI gobernó ininterrumpidamente cincuenta años más, acoplando su retórica nacionalista a cualquier contingencia de la historia.

¿CRISTO O PERÓN?

En 1947 el conductor ya estaba bien asentado en la Casa Rosada, y ahora solo le restaba llevar a la práctica sus máximas políticas, en especial la independencia económica. Perón se puso manos a la obra: pagó la deuda externa y adquirió las compañías telefónicas, de gas, los ferrocarriles y una flota mercante propia. Como dijo el historiador Roberto Cortés Conde, «el Gobierno compró símbolos de independencia económica y se llenó de una retórica nacionalista, a un precio que redundó negativamente en el progreso del país».[16] Porque Perón había llegado en medio de la abundancia a la Casa Rosada, y dos años después la economía empezaba a dar muestras de agotamiento. Las empresas se convertían en lugares que daban cobijo a los aliados del Gobierno, no en centros realmente eficientes ni productivos. La subida de los salarios incentivó el consumo interno, pero debilitó las exportaciones y Perón se quedó sin dólares. Los altos salarios desalentaron las inversiones extranjeras. No hubo con qué importar, y en casa no se controlaron los astronómicos gastos sociales. «Me cortaré las manos antes de firmar cualquier cosa que signifique un préstamo a mi país»,[17] dijo Perón el 1 de mayo de 1947. Tres años después Argentina recibía 125 millones de dólares desde los bancos del odiado enemigo yanqui.

Pero ni los problemas económicos ni la fuerte resistencia de los sectores militares y civiles impidieron que Perón volviera a ser elegido con una mayoría aún más amplia en 1952. Ganó limpiamente, excepto porque los medios de comunicación ningunearon a los opositores y los grupos paramilitares boicotearon sus mítines políticos. Es verdad que Perón también se llevó algún que otro sobresalto. Varios intentos de golpe demostraron que el Campo de Mayo seguía agitado. Aun así, iniciaba su segundo mandato con amplio margen para seguir haciendo lo que a bien tuviera, con la única salvedad de que ahora tendría que hacerlo solo. Evita alcanzó a ver cómo su amado conductor asumía por segunda vez la presidencia, antes de ser doblegada por el cáncer.

Perón mandó embalsamar el cuerpo de su esposa y soñó con delirantes monumentos que preservaran su imagen, pero su devoción no duró mucho. Mientras Argentina padecía las consecuencias del despilfarro de su primer gobierno, Perón convertía la quinta presidencial de Olivos en una suerte de club deportivo para adolescentes. Una de ellas, Nelly Rivas, que con muy buen sentido de las proporciones empezó a llamarlo «papi», se convertiría en su nueva pareja. La joven tenía catorce años. Y aunque reclutar como pareja a una niña, el colmo del estupro, tenía poco de progresista, también es cierto que Perón defendió ideas sociales que contradecían ciertos dogmas de la Iglesia y de la ultraderecha uriburista. Estaba a favor de legalizar el divorcio, despenalizar la prostitución, secularizar la educación, otorgar derechos a los hijos ilegítimos e incorporar a la mujer a la vida social y productiva del país. Estas ideas no afloraron inmediatamente, porque en 1945, al igual que Mussolini en 1922, Perón se alió con la Iglesia. El choque se dio luego, en 1954, cuando resultó evidente que el peronismo empezaba a convertirse en una religión laica que le disputaba a la Iglesia el alma de los argentinos. Perón quería ser el único referente, la única voz de la patria, el único autorizado a explicar qué significaba pertenecer a Argentina. «El Estado —decía— tiene que dar a cada hombre la orientación de cómo pensar como argentino».[18] Él y su credo justicialista eran la encarnación del Estado; por lo mismo, era él, no la Iglesia, quien debía tener el control absoluto de los medios educativos, culturales y sociales que moldeaban el pensamiento y la escala de valores. No había suficiente espacio en Argentina para el peronismo y para la Iglesia, y Perón quiso demostrarlo proscribiendo la educación religiosa. Ya no se trataba de dar una batalla mundana contra un embajador yanqui, sino una cósmica y espiritual contra la Iglesia. ¿Por quién se iba a decidir la sociedad argentina, por Cristo o por Perón?

La celebración del Corpus Christi el 11 de junio de 1955 puso de manifiesto que esta vez Perón se había metido en un enorme lío: con Dios no se juega en América Latina. Un sector muy amplio de la población, identificado con la Iglesia o simplemente horrorizado con los espantajos del justicialismo, salió a la avenida de Mayo agitando sus pañuelos blancos. Lo que en principio era un acto religioso acabó convertido en un mitin político antiperonista a las puertas del Congreso. La protesta multitudinaria dejó a Buenos Aires paralizada y alerta. Cinco días después, el 16 de junio, se levantó la Escuela de Mecánica de la Armada y sus aviones de combate se elevaron sobre Buenos Aires y a su paso por la Casa Rosada soltaron la carga de artillería que llevaban en el vientre. Aunque sus bombas mataron a 355 personas, Perón salió ileso. Había sobrevivido al golpe, y al día siguiente fueron sus huestes quienes salieron a vengarse quemando la Curia Eclesiástica y cuantos conventos e iglesias encontraron a su paso. Dos meses después, el 31 de agosto, Perón profirió aquel discurso funesto en el que pedía que cada peronista muerto fuera vengado con la vida de cinco enemigos. «Aquel que en cualquier lugar intente alterar el orden en contra de las autoridades constituidas, o en contra de la ley o de la Constitución, puede ser muerto por cualquier argentino»,[19] añadió. Acababa de legitimar el asesinato de todo aquel que maniobrara contra su Gobierno, una medida desesperada y fascistoide para intentar evitar lo inevitable: su derrocamiento final.

La Revolución libertadora —otra, sí, una más— que lo expulsó del poder el 22 de septiembre estuvo liderada por los generales Eduardo Lonardi y Pedro Aramburu. Perón se vio forzado a dejar a la pequeña Nelly y a la sufrida Argentina e iniciar un periplo, saltando de dictadura en dictadura hasta llegar a la España franquista. El líder populista abandonaba su país para no volver en diecisiete años. Se iba, sí, pero el peronismo se quedaba. Desde su largo exilio, el conductor no dejó un solo día de intervenir y de afectar a la vida política argentina, y de alguna forma también a la de toda América Latina. El populismo que había inventado —esa extraña mezcla de autoritarismo, personalismo, liturgia fascista, mentira descarnada, cinismo, *performance*, sentimentalismo, melodrama, antiimperialismo, nacionalismo, proyecto continental, contacto con las masas, progresismo social, igualitarismo redistributivo, división de la sociedad, respeto por las elecciones democráticas e irrespeto por las instituciones liberales— tendría una larga y nociva historia en el continente.

EL SUICIDIO DEL POPULISTA

Al igual que Perón, por una mezcla de preocupación real y cálculo político, Getúlio Vargas mejoró notablemente la suerte de las clases obreras. Su sueño fue modernizar a Brasil, quiso que las ciudades se poblaran de máquinas, fábricas y chimeneas, y que se adecuaran para recibir a los obreros y operarios encargados de irrigar con su fuerza de trabajo los nuevos corazones productivos del país. Ahí debía intervenir el Estado, cuidando el parque industrial, desde luego, pero también a las nuevas masas de trabajadores. De su salud, vitalidad y compromiso dependía la modernidad del país, y esa responsabilidad tan grande era mejor no dársela a la burguesía. A partir de 1937 Getúlio formalizó leyes que regulaban el funcionamiento de los sindicatos, la protección de la familia, la formación técnica, las asociaciones juveniles y los deportes, y para evitar que los trabajadores se vieran tentados por el comunismo creó un generoso programa de ayudas sociales. Estaba haciendo méritos para que también a él lo llamaran «el primer trabajador del país» y el «padre de los pobres», una muestra de afecto que Vargas retribuyó dirigiendo sus discursos a «los trabajadores de Brasil».

El vínculo que había forjado con los trabajadores le vino de maravilla en 1950, cuando Brasil, convertida en una democracia, se preparaba para unas nuevas elecciones. Getúlio también había aprendido la lección populista. Si en 1930 había sido un revolucionario, en 1934 un constitucionalista y en 1937 un dictador, en 1950 volvía metamorfoseado en un civil y en un demócrata.

Puede que siguiera siendo el mismo —un político con fuertes sentimientos nacionalistas y pulsiones autoritarias, convencido de que un Estado fuerte era la garantía para el desarrollo y enaltecimiento de la patria—, pero ahora dependía de la relación con el pueblo y no con el ejército para volver a encauzar su proyecto nacional. Los cálculos no le fallaron: obtuvo el 48 por ciento de los votos, suficientes para ganar las elecciones. Regresaba al poder como la encarnación del pueblo, dispuesto, como dijo en su discurso del 1 de mayo de 1951, a defender sus intereses más legítimos y a implementar las medidas necesarias para el bienestar de los trabajadores. Como Perón, también dio golpes de efecto que resonaron en la opinión pública, como la fundación de Petrobras en 1953, un poderoso símbolo de nacionalización de las riquezas y de independencia económica.

Esa no fue la única medida que generó la sensación de que estaba conduciendo a Brasil por el mismo camino que Argentina. En 1953 incorporó como ministro de Trabajo a João Goulart, un político muy cercano a Perón, para que reforzara el movimiento sindical brasileño. Todas estas jugadas eran observadas con agrado por la izquierda y con inquietud por los militares. La prensa opositora también fue muy crítica con el Gobierno, e incluso se llegó a acusar a Goulart de querer convertir Brasil en una república sindicalizada, con una CGT similar a la argentina. Getúlio descubría lo molesta que podía ser la prensa libre, y en especial periodistas como Carlos Lacerda, un viejo comunista ganado para la causa derechista, que ahora se desempeñaba como el más fiero crítico de su Gobierno. Desde las páginas de *Tribuna da Imprensa*, Lacerda no dejó títere con cabeza. Fue tan incisivo y tan crítico que acabó molestando a alguien, o a muchos, y desatando un complot: en agosto de 1954 un pistolero le salió al paso frente a su casa, en la rua Tonelero, y trató de matarlo.

Tuvo una suerte increíble. Las balas apenas le rasguñaron un pie, y en cambio se incrustaron en el cuerpo de uno de sus escoltas voluntarios. Para desgracia de Getúlio, el escolta no era civil, sino un oficial de la aviación brasileña. Un militar muerto era un asunto serio, que merecía una investigación profunda, y con una efectividad sorprendente las pesquisas arrojaron la más comprometedora de las revelaciones. El responsable del atentado era el jefe de seguridad de Getúlio Vargas: un lazo directo conectaba el cuerpo baleado de un militar con la presidencia. La Asociación de Abogados Brasileños y el expresidente Gaspar Dutra reaccionaron muy pronto, exigiendo la dimisión de Getúlio. Los militares también le hicieron saber que no lo querían un minuto más al frente del país. La cuenta regresiva había empezado a andar, tictac, tictac: o renunciaba o sería depuesto, parecía claro. Pero ¿qué hacer? ¿Soportar de nuevo la humillación, las culatas en la puerta, la expulsión del poder? ¿O renunciar y de alguna forma asumir la culpa, salir aún más desprestigiado de su oficina, de su hogar?

El 24 de agosto de 1954, atribulado, Getúlio se encerró en su despacho. Tomó lápiz y papel y redactó una carta en la que saldaba cuentas con la historia. «He luchado mes a mes, día a día, hora a hora —escribió—, resistiendo una presión constante, incesante, soportando totalmente en silencio, olvidándome de mí mismo, tratando de defender al pueblo que ha quedado desamparado. Nada más puedo darles salvo mi sangre. Si las aves de rapiña quieren la sangre de alguien, si quieren continuar chupándosela al pueblo brasileño, ofrezco mi vida en holocausto. [...] Era esclavo del pueblo y hoy me libero para la vida eterna. Pero ese pueblo del que fui esclavo ya no será más esclavo de nadie. Mi sacrificio permanecerá siempre en su alma y mi sangre será el precio de su rescate. [...] Les di mi vida. Ahora les ofrezco mi muerte. No recelo. Doy serenamente el primer paso hacia el camino de la eternidad y salgo de la vida para entrar en la historia».[20] Después de firmar su misiva, puso el cañón del arma en su pecho, buscó el corazón y disparó.

Moría Getúlio pero no el populismo, que seguiría ahí, latente, esperando a un nuevo caudillo capaz de ganarse el fervor de las masas. Él y Perón habían nacido a la política como corporativistas y filofascistas, pero acabarían aureolados por las masas populares y próximos a los sectores izquierdistas. Un juego de espejos que ocultó su verdadera naturaleza, lo que en realidad siempre fueron: nacionalistas autoritarios. En sus sueños emancipadores y modernizadores, el pueblo fue su músculo, su defensa, su inspiración, su obra. Lo quisieron, sí, pero también lo utilizaron. Bajo la dictadura, para frenar el paso de sus enemigos al poder; bajo la democracia, como escalera a las instituciones constitucionales; en ambos casos, para ratificar su relación directa con las esencias nacionales y perpetuarse muchos años, demasiados, en los palacios de gobierno.

II

EL PROYECTO CULTURAL DEL PERONISMO: EL CULTO A LA PERSONA

A partir de 1930 se dio un fenómeno similar en Argentina, Brasil y México, y por contagio en el continente entero: los caudillos que llegaron al poder se interesaron mucho, quizá demasiado, en la cultura. Y no por accidente. La gran mayoría había protagonizado revoluciones, golpes o cambios políticos radicales; llegaban al poder para sepultar del todo el liberalismo, las constituciones que inspiró y los pactos económicos que legitimó entre oligarquías tradicionales —todos los vestigios del siglo XIX—, bajo nuevos proyectos nacionales. Un cambio de estas dimensiones necesitaba de intelectuales que escribieran nuevas constituciones y de artistas que dieran un perfil simbólico a la nación, y que legitimaran, mediante la propaganda o las grandes obras, los nuevos liderazgos. Entre 1900 y 1930 los creadores habían inventado distintas versiones de lo que era América Latina. Ahora el reto de los caudillos consistía en convencerlos de que continuaran esa labor desde las instituciones del Estado, trabajando para ellos, potenciando la versión de la nacionalidad que más se ajustaba a su visión política o a sus intereses personales. El resultado de esta complicidad entre políticos y artistas fue diverso. En México sirvió para crear una ficción nacional popular, en Brasil para impulsar la utopía modernizadora, y en Argentina para exacerbar el melodrama y el delirio personalista y egocéntrico del peronismo: tres caminos muy distintos, artísticamente desiguales, con los que tuvieron que negociar los creadores latinoamericanos.

El proyecto populista que se inventó Perón buscaba la entronización de un líder, un padre de la patria, pero tenía un talón de Aquiles: dependía del electorado. El líder tenía que convencer a la gente de que votara por él y de que apoyara todas sus decisiones, independientemente de lo sensatas o arbitrarias que fueran. Esto estaba lejos de ser algo fácil, porque desde 1946 en Argentina ya no habría una dictadura, sino una democracia. La sociedad no podría ser coaccionada, debía ser persuadida. O mejor aún, fidelizada a una causa, un asunto nada sencillo. Para lograrlo se necesitaba colonizar la mente de los argentinos, afectar sus escalas de valores, sus gustos, sus sentimientos, sus aspiraciones. El verdadero genio de Perón fue darse cuenta de que para sobrevivir en el tiempo una democracia populista debía tatuar sus consignas en el corazón de los votantes y hacer invisibles las de los rivales. ¿Cómo se hacía esto? De alguna forma eso fue lo que intentaron hacer los vanguardistas, crear un hombre nuevo con unos valores distintos. La diferencia es que ellos lo hacían desde los márgenes, sin dinero ni poder institucional, algo que Perón sí tenía. A él le sobraban los recursos y podía usarlos para apropiarse de la esfera pública en la que se dirimen opiniones, se negocian valores y se moldean ideas y visiones del mundo; Perón podía apoderarse de la cultura entera y de todos los espacios de participación civil para crear una atmósfera en la que no se respirara oxígeno, sino peronismo.

Esa fue la misión que se impuso el nuevo gobierno, controlar todos los espacios donde se enseñaba, se informaba y se relacionaba la gente. Eso significaba apoderarse de todos los medios de comunicación y peronizarlos, llenar las universidades de profesores peronistas y convertir la cultura popular en otra forma de exaltar a los líderes como si fueran santos o estrellas de cine. Las exposiciones de arte y los libros tenían que engrandecer a Eva y a Perón. Los clubes deportivos, las asociaciones juveniles y los demás espacios de encuentro debían ser peronistas y hacerle sentir al que llegaba que entraba en terreno peronista.

La cooptación de todos los sectores culturales fue atronadora y efectiva, y prueba de ello es que el único mito político latinoamericano que sigue hoy vivo, y para colmo en el poder e inspirando a piratas políticos del mundo entero, no es el castrismo ni el priismo, es el peronismo. Los personajes reales mueren y se olvidan; los ficticios se hacen inmortales. Y eso fue lo que hizo la cultura popular: reemplazó al Perón y a la Evita reales por personajes de telenovela.

La complicidad entre Perón y la cultura empezó en 1945. Cuenta Silvia Mercado que aquel año el escritor Leopoldo Marechal redactó guiones para la campaña radiofónica de Perón, y que Blanca Luz Brum, la fascinante poeta que deambuló por las vanguardias del continente entero, primero como comunista, luego como fascista, fue la responsable del eslogan que más influyó a favor del caudillo en las elecciones: «Braden o Perón». Aprovechando el proselitismo antiperonista del embajador yanqui, Brum creó el famoso eslogan, una verdadera genialidad porque anulaba al candidato opositor y replanteaba el dilema electoral en unos términos que despejaban las dudas a cualquier latinoamericano. No importaba qué opción criolla estuviera en la contienda, cualquier cosa sería mejor que la nociva influencia gringa. Perón, en efecto, ganó con más del 50 por ciento de los votos.

Esto era solo el inicio. Ya en el poder, asesorado por Raúl Apold, Perón compró todas las emisoras radiofónicas del país, y poco después empezó a hacer lo mismo con casi la totalidad de los diarios. A través de ALEA, S. A., una pantalla comercial, monopolizó la prensa escrita. Solo tres medios quedaron en manos independientes, *La Nación*, *Clarín* y *La Prensa*, y únicamente este último luchó contra los chantajes y los racionamientos de papel hasta que Perón finalmente lo expropió. Además del control de la información, el populista puso en su punto de mira las instituciones educativas. La universidad y en general todos los puestos públicos fueron purgados de opositores. Es bien conocida la anécdota: Borges perdió su puesto en la Biblioteca Miguel Cané y en compensación fue nombrado inspector de aves de corral. Los textos escolares también fueron infiltrados con la doctrina peronista. Para aprender a escribir, los niños dejaron de garabatear la manida frase «Mamá me ama», porque desde 1953 empezaron a escribir «Eva me ama».[21] También se encontraban en sus textos frases como «Todos aman a Perón».[22] El libro de Eva Duarte, *La razón de mi vida*, fue un texto obligatorio en los colegios. Y además de esto, el peronismo se infiltró en las actividades de ocio, construyendo un parque, la Ciudad Infantil, plagado de referencias peronistas.

Prensa, radio, universidad, colegios, parques… y también el cine y el arte. La Subsecretaría de Informaciones y Prensa, dirigida por Apold, bombardeó las ciudades con propaganda gráfica en la que se reivindicaba la imagen de los descamisados y de los obreros industriales y rurales. A diferencia de lo que hicieron los artistas mexicanos que trabajaron para la revolución, esas imágenes no tenían ningún valor plástico; se agotaban en su función publicitaria. Y lo mismo ocurrió con el cine documental que estaban obligados a emitir los teatros antes de cada proyección, y también con las exposiciones públicas: fueron basura artística, mera propaganda. Entre 1945 y 1955 se organizaron al menos quince exhibiciones efímeras, instaladas en lugares céntricos de la ciudad, que mostraban los logros del peronismo. Algunas de ellas fueron «Gran Exposición de la Industria», «Exposición de Aeronáutica», «Exposición de la Industria Argentina», «Segunda Exposición de Aeronáutica», «Exposición de la Banca», «El Comercio y la Industria», «Argentina en Marcha», «La Nueva Argentina», «La Exposición Justicialista». Apold organizó las muestras «Perón y el Campo», «Eva Perón y su Obra Social» y «Perón y el Deporte», que tenían como finalidad, es apenas obvio, mitificar la imagen de la pareja presidencial.

En muchas de estas exhibiciones también se pintaron murales. Mucho menos conocido que el mexicano, en los años treinta también hubo un movimiento muralista argentino que prestó sus servicios a los políticos en el poder. Alfredo Guido, Dante Ortolani y Emilio Centurión, entre otros, recibieron encargos públicos en los que desplegaron la iconografía de la época, es decir, los temas referidos a la patria y a la identidad nacional. Lo que en México sirvió para darles una retórica revolucionaria a los gobiernos del PRI, en Argentina sirvió para darles un aspecto vernáculo y nacionalista a los gobiernos militares.

Con todos estos elementos —prensa, cine, imagen, textos— Perón estaba creando su gran obra de arte, lo que él mismo llamó la «unidad espiritual de la nación», un consenso de todo el país en torno a su imagen, silenciando a la oposición, dominando por completo el espacio público y manipulando los símbolos patrios. Todas estas estrategias, desveladas por Mariano Plotkin, buscaban imponer el peronismo a todos los argentinos, lo quisieran o no. Perón confundió su escudo con el escudo nacional y el himno argentino con la «Marcha peronista». Se apropió del 1 de mayo para transformar el Día de los Trabajadores en una celebración que reafirmaba «la argentinidad, la soberanía y la liberación»,[23] y añadió dos festivos al calendario nacional, el 17 de octubre, Día de la Lealtad Peronista, y el 18 de octubre, San Perón, un día de descanso extra que premiaba la participación en las marchas del día previo. Con la ayuda de Óscar Ivanissevich, su ministro de Educación, el caudillo enmarañó los rituales religiosos, cívicos y nacionales con el justicialismo, de manera que no se pudiera profesar la fe católica, el patriotismo o la causa de los trabajadores sin abanderar el peronismo. Todos los valores trascendentes debían remitir a Perón; nada importante para cualquier argentino debía tener una existencia autónoma, desligada de la figura de su líder.

Perón se fundió con el Estado y la doctrina peronista se convirtió en el discurso oficial. «El que no aplica la doctrina que se ha creado para la Nación, está en contra de la Nación [...] la justicia social, la independencia económica y la soberanía del Estado no pueden ser negados por ningún argentino»;[24] con estas palabras convertía su lema justicialista en el destino de la patria. No había manera de escapar al peronismo, estaba en todas partes: en las asociaciones deportivas, en el calendario nacional, en los medios de comunicación, en los textos escolares, en el espacio público. Era una cárcel simbólica que forzaba a toda la población a rendir culto o a negociar con la figura del líder permanentemente. No hacerlo era estar en contra de la nación; era convertirse en un enemigo de la patria, en la antipatria. Todo esto hacía parte de la lógica del fascismo; la innovación del populismo era que al enemigo ya no se le eliminaba física, sino simbólicamente. Quien no estaba con Perón sencillamente no existía, era borrado del espacio y de la vida pública.

Como si todo esto fuera poco, también estaba Eva Duarte, la actriz sin brillo que tuvo su momento estelar, la actuación de su vida, en los balcones presidenciales. Porque si en las pantallas de cine estuvo condenada a protagonizar papeles secundarios, en los palcos, ante las grandes masas, fue la actriz melodramática más grande de todos los tiempos. Su talento para inculcar un sentimentalismo edulcorado demostró ser inigualable. Con más efectividad que la prensa gráfica y que los medios, Evita idealizó a Perón hasta convertirlo en una figura mítica, cuasi divina, emparentada con las alturas y hasta con Dios. Su función era mediar entre las masas y Perón, hablándoles a las primeras en nombre del segundo y a este, en nombre de las primeras. No fue poco lo que consiguió. Gracias a ella el peronismo se infiltró en las entretelas del corazón de los argentinos y se instaló ahí para siempre. Fue ella la que mejor explicó la filosofía del justicialismo. No se trataba de una ideología racional, sino de un sentimiento, dijo: «Aquí no necesitamos muchas inteligencias, sino muchos corazones, porque el Justicialismo se aprende más con el corazón que con la inteligencia».[25] Y lo que había que sentir era un amor desmedido y una confianza ciega por el gran líder.

La genuina devoción de Evita por los descamisados, sumada a una impune gestión de los recursos públicos, la convirtieron en el elemento más carismático del régimen. Si Perón era hábil creando escenografías monumentales y estetizando la política, Evita fue un genio melodramatizándola. Su trayectoria vital de niña pobre, hija ilegítima de un estanciero que conquistaba al galante coronel que emanciparía a Argentina, tenía todos los elementos de una telenovela. Como si fuera poco, la entregada Evita estaba condenada a morir joven. Dejaba un cadáver apenas ensombrecido por la agonía, y una trayectoria encomiable a favor de los pobres y de la patria.

Ninguna otra actriz ha superado el listón que dejó Eva Duarte el 17 de octubre de 1951, durante la primera emisión televisiva que se hacía en Argentina. En esa fecha, Día de la Lealtad Peronista, Evita apareció ante las cámaras agonizante a despedirse de su pueblo. «Yo no valgo por lo que hice —dijo—, yo no valgo por lo que he renunciado; yo no valgo ni por lo que soy ni por lo que tengo. Yo tengo una sola cosa que vale, la tengo en mi corazón, me quema en el alma, me duele en mi carne y arde en mis nervios. Es el amor por este pueblo y por Perón. Y le doy las gracias a usted, mi general, por haberme enseñado a conocerlo y a quererlo. Si este pueblo me pidiese la vida, se la daría cantando, porque la felicidad de un solo descamisado vale más que toda mi vida».[26] Ni el más lacrimógeno culebrón mexicano o venezolano podía competir con eso. Las estrategias propagandísticas del populismo habían convertido la política argentina en una ficción sentimental, que Borges no dudó en llamar «fábulas para el consumo de patanes».[27] Colonizando la educación, la prensa, la cultura, el ocio, el calendario y la plaza pública, Perón logró convertirse en eso, en una fábula *kitsch* que sobrevivió al tiempo y a los muchos atropellos que cometió, que tampoco fueron pocos. De la misma forma en que el Volkswagen, un automóvil concebido por Hitler, acabó convertido en un icono del hippismo, Perón es el único pederasta filonazi del que se enorgullece la izquierda y cuya imagen le sirve para ganar elecciones. Si se pregunta cómo fue esto posible, en la tercera parte se arriesgará una hipótesis.

EL PROYECTO CULTURAL DE GETÚLIO VARGAS: LA MODERNIZACIÓN

Getúlio Vargas y Juan Domingo Perón tuvieron muchas cosas en común: compartieron la misma voluntad dictatorial, fueron los precursores del populismo, entendieron mejor que nadie cómo movilizar a las masas y además se vieron a sí mismos como la encarnación de sus respectivas naciones, los padres de Argentina y de Brasil. Y aunque ambos fueron personalistas, también hubo matices. En Brasil, por ejemplo, el partido de Getúlio no llevó su nombre, como sí lo llevó en Argentina el de Perón. Significativa por sí misma, esa diferencia cobra mayor énfasis cuando se analiza la relación que los dos gobernantes tuvieron con los escritores y los artistas. Perón demandó servilismo absoluto; Vargas abrió espacios para la experimentación. En Argentina la cultura tuvo como misión encumbrar la imagen del caudillo e inventar una realidad paralela, cimentada en la propaganda y el *kitsch*, cuya función fue convencer a la gente de las bondades de su líder y de la amenaza antipatriótica de sus opositores. En Brasil, aunque también hubo mucho de esto, algunos funcionarios hicieron una apuesta arriesgada por la modernización y la vanguardia. Esto diferenció por completo los programas culturales de los dos países. En Argentina lo excepcional fue encontrar algún vanguardista dispuesto a relacionarse con Perón. Los hubo, claro: Alfredo Brandán Caraffa, Nicolás Olivari o Bernardo Canal Feijóo, además de Brum y Marechal, por ejemplo, pero lo más común fue el rechazo. Los grandes nombres de la cultura argentina odiaron al caudillo, y solo los escritores más conservadores y reaccionarios, como Manuel Gálvez, estuvieron momentáneamente de su lado. Digo «momentáneamente», porque bastó con que probaran la mediocridad de los gremios literarios oficiales, como el Sindicato de Escritores de la Argentina, o que Perón iniciara su guerra con la Iglesia, para que huyeran despavoridos.

El empalago de los escritores refinados era más que predecible, por obvias razones: el peronismo literario fue una ininterrumpida oda a Eva, al conductor, al 17 de octubre o a la patria, indigerible para estómagos no acostumbrados a la bazofia nacionalista. «No lo olvidan los antes olvidados / y lo amparan aquellos antes desamparados; / por eso multiplica sobre él su vasta lumbre / el corazón en llamas de una fiel muchedumbre, / y se universaliza la piedad de su nombre / que reconoce unánimes los derechos del hombre. / Por eso para siempre cuando digan Perón / se impondrá una palabra triunfante: corazón»,[28] escribía María Alicia Domínguez en «Poema de quien conduce». Y José María Castiñeira de Dios, otro escritor devoto, compuso uno de los poemas más celebrados sobre Evita: «Aunque la muerte me tiene / presa entre sus cerrazones / yo volveré de la muerte, / volveré y seré millones. / Yo he de volver, como el día, / para que el amor no muera, / con Perón en mi bandera, / con el pueblo en mi alegría».[29]

No hay un comentario irónico a la altura de semejante cursilería. Y lo peor es que esta cursilería era orgullosamente justificada y reivindicada como un desplante al gusto de las élites, gesto típicamente populista. En *Una nación recobrada*, uno de los libros propagandísticos que escribían los reclutados por Apold para la Subsecretaría de Informaciones y Prensa, Horacio

Rega Molina cargaba tintas en contra del elitismo y de la vanguardia: «La cultura de *élites* fomenta la descomposición de los principios eternos de la inteligencia y la belleza —decía—. No hay sabiduría más perniciosa que la sabiduría de los *snobs* ni sensibilidad menos sensible que la de los estragados por las drogas de los *ismos*».[30] Esa fue la política literaria del peronismo, el desprecio a cualquier manifestación mínimamente elevada y crítica, porque en la Argentina peronista solo había espacio para una élite de dos, compuesta por la pareja presidencial, y para una cultura doblegada y celebratoria.

Lo interesante de Getúlio Vargas es que hizo justo lo contrario: reclutó para sus instituciones culturales a un contingente de escritores, pintores y arquitectos de primer nivel, buena parte de ellos protagonistas de la vanguardia paulista. Eso no quiere decir que hubiera prescindido de los instrumentos propagandísticos, claro que no. El caudillo brasileño abusó de ellos tanto o más que el argentino, y para lo mismo, para celebrarse a sí mismo y promocionar su obra de gobierno. La diferencia radicó en que en Brasil el Ministerio de Educación y Salud Pública no malgastó sus esfuerzos mitificando a Getúlio, sino inventándose, o acabando de inventar, una nacionalidad brasileña. Y esto, que pudo haber sido un desastre, dio resultados espectaculares debido a la calidad de los artistas involucrados. En definitiva, el gran contraste entre los proyectos brasileño y argentino es que el getulismo no fue solo getulismo. Mientras el Gobierno argentino producía una cultura oficial desechable, para consumo interno, el brasileño se inventaba una modernidad arraigada en el paisaje, en el clima tropical y en la herencia lusa, a la vez abierta a las influencias extranjeras y decididamente cosmopolita. De paso, se convertía en un referente arquitectónico mundial y en el segundo país, después de Italia, que convocaba una Bienal Internacional de Arte. Si el encargo de sus artistas hubiera sido la invención de santos populares, la historia habría sido otra. Pero su misión no fue esa, fue darle nuevos referentes visuales y musicales a la nación, algo que resultaba de enorme interés para una vanguardia que desde los años veinte se preguntaba una y mil veces por la identidad brasileña.

Todas las corrientes del modernismo brasileño, desde los antropófagos cosmopolitas a los tupíes nacionalistas, desde los tradicionalistas que se aferraban a la estética neocolonial y a la herencia lusocatólica hasta los internacionalistas que abrazaban el funcionalismo más abstracto y moderno, trabajaron para el Estado o aceptaron encargos públicos, algunos de ellos emblemáticos para la construcción del Brasil del siglo XX. Getúlio permitió el debate en las instituciones, y al final pareció haber llegado a un extraño pacto. La propaganda y los textos doctrinales, entre ellos la Constitución del Estado Novo, correrían a cargo de intelectuales reaccionarios, con inclinaciones totalitarias, pero a la hora de escoger a los arquitectos y los artistas que dejarían una impronta en las ciudades con sus grandes monumentos arquitectónicos o que proyectarían en el exterior la imagen con que Brasil quería ser reconocido, los escogidos serían los modernistas e internacionalistas. Política autoritaria y nacionalista; arte progresista y cosmopolita. Dos polos, en apariencia irreconciliables, lograron unirse a partir del único elemento en común que tenían los fascistas, los izquierdistas, los conservadores y los vanguardistas: la pregunta por la brasilianidad. Como decía Sergio Miceli, la coartada que permitió a los creadores superar el dilema que suponía prestar sus servicios a un Estado autoritario fue el nacionalismo. Ya en 1925 Guilherme de Almeida se interrogaba: «¿Espíritu de modernidad? No: espíritu de brasilianidad»,[31] y esa consigna permitió a los comunistas levantar edificios memorables mientras los fascistas demolían la libertad y la democracia.

El mérito fue de Gustavo Capanema, ministro de Educación entre 1934 y 1945, y de su amigo de juventud, Carlos Drummond de Andrade, un importante poeta al que no le costó convencer a sus amigos de que ingresaran a trabajar para el Estado. Gracias a ellos dos, el modernismo paulista se convirtió en la base estética del nacionalismo brasileño. Mário de Andrade prestó un invaluable servicio en la curaduría del patrimonio nacional, y arquitectos y artistas como Oscar Niemeyer, Candido Portinari o el mismo Drummond de Andrade, que antes o después acabarían militando en el Partido Comunista, aceptaron encargos oficiales. Junto a ellos trabajaron los vanguardistas cercanos al integralismo de Plínio Salgado. Menotti del Picchia dirigió el periódico pro régimen *A Noite* y Cassiano Ricardo estuvo al frente de la oficina paulista del Departamento de Prensa y Propaganda (DIP, por sus siglas en portugués), encargado de la censura y de elaborar documentales, programas de radio y textos infantiles que endiosaban la figura de Vargas. Mientras en el Ministerio de Educación se modernizaba a Brasil, en el DIP se idealizaba la imagen del caudillo. Fue un curioso reparto de funciones entre la derecha y la izquierda. Con Lourival Fontes, un político próximo al integralismo y al fascismo, encargado de la propaganda, el DIP rodó cientos de películas que ensalzaban la obra de Getúlio; organizó espectáculos de samba para promocionar el Estado Novo, defendió el nacionalismo cultural y ejerció un control policial sobre las informaciones. También censuró y persiguió cualquier expresión contraria al régimen. Intervino diarios como *O Estado de S. Paulo*, prohibió las publicaciones extranjeras que hicieran circular información crítica, diseñó campañas de turismo y controló toda la actividad radiofónica, teatral, cinematográfica, literaria, periodística, deportiva y recreativa. Y mientras tanto, y esto es lo sorprendente, el ministro Capanema encargaba proyectos urbanos, entre ellos la nueva sede del Ministerio de Educación (Fig. 13), a un equipo de arquitectos comunistas. Asesorados por Le Corbusier, Lúcio Costa y Oscar Niemeyer emprendieron en 1936 la construcción del edificio que impondría un horizonte estético para el Brasil del siglo xx. Si en el DIP prevalecían los fascistas y la vanguardia nacionalista, en el ministerio ganaban los comunistas y la vanguardia cosmopolita. A pesar de la importancia que se le dio a la conservación del patrimonio, en especial el legado lusocatólico representado en las iglesias barrocas de Ouro Preto, a la hora de levantar nuevas edificaciones el criterio sería la modernidad más radical. El Brasil autoritario, forjado a la imagen de la Italia fascista y presidido por ultraderechistas como Getúlio Vargas, Francisco Campos o Gaspar Dutra, tendría la arquitectura más innovadora e internacionalista de América Latina gracias a arquitectos y a artistas comunistas; una paradoja deslumbrante.

Privilegiando un diseño que estaba a la vanguardia de la vanguardia mundial, Costa, Niemeyer y el mismo Capanema lanzaban un mensaje contundente. La tradición cultural brasileña no estaba reñida con la experimentación ni con la innovación vanguardista. La herencia colonial podía convivir con el funcionalismo, y hasta el tradicional Ouro Preto podía intervenirse con arquitectura nueva. Es verdad que hubo mucha resistencia, como era de esperarse. Los defensores de la arquitectura tradicionalista y del estilo neocolonial, como José Mariano, tildaron los proyectos de Niemeyer de «arquitectura judía comunista»[32] y acusaron al modernismo de ser un caballo de Troya que infiltraba ideas disolventes que atentaban contra la identidad brasileña. Y sí, no les faltaba razón: la racionalidad ascética e impersonal del funcionalismo surgía de las preguntas que se hacían los artistas y arquitectos comunistas; era la esencia misma del internacionalismo, la ausencia de raíces, el olvido de la herencia local, pura uniformidad: lo que más podían aborrecer los nacionalistas y los reaccionarios, es verdad. Pero también es cierto que los artistas brasileños supieron contrarrestar la impersonalidad del funcionalismo. El gran mérito de Niemeyer, con sus líneas curvas, o de Costa o Lina Bo Bardi, fue adaptar el sueño racionalista de Le Corbusier al clima, el paisaje y a ciertos rasgos de la identidad brasileña. A las estructuras modernistas sumaron los jardines tropicales de un genio en el diseño de paisajes, Roberto Burle Marx, y algunas de las grandes paredes o fachadas de sus construcciones fueron decoradas por el muralista Candido Portinari. En el Ministerio de Educación, Burle Marx integró la naturaleza de Brasil y Portinari homenajeó la herencia lusa con dos murales en azulejos y alusiones marinas.

Hijo de inmigrantes italianos, criado en el campo y familiarizado con los oficios de la tierra, la tradición de la que procedía Portinari no podía ser más distinta del funcionalismo de Costa y Niemeyer. Los intereses del muralista fueron la fauna, la historia y sobre todo la población negra y mestiza de Brasil. Portinari pintó a los hombres y las mujeres de las clases populares en medio de sus faenas cotidianas. Los mostró en los cafetales, en las plantaciones de caña, en las algodoneras, en el mar, en las caucherías (Fig. 12). Siempre creyó que el artista debía ser una suerte de intérprete del pueblo, un mensajero de sus sentimientos y sus angustias, y por eso su influencia fue la figuración y el muralismo mexicano, no la abstracción ni el constructivismo, como era lógico. Pero lo más curioso fue que Portinari, a pesar de su militancia comunista, se convirtió en el pintor oficial del Estado Novo. Otros militantes comunistas, como Oswald de Andrade y el novelista Jorge Amado, abominaron de él por esa sumisión al régimen de Vargas. Mientras Jorge Amado tuvo que exiliarse en Argentina y Uruguay, y mientras Pagu, la pareja de Oswald, se convertía en la primera presa política de Brasil, Portinari recibía encargos y comisiones. La más importante entre ellas, al menos para la internacionalización de su carrera, fueron los paneles que expuso en el pabellón de Brasil en la Feria Mundial de 1939, celebrada en Nueva York. Allí, una vez más, la mezcla de internacionalismo modernista y de nacionalismo popular cosechó un éxito arrasador. Costa y Niemeyer diseñaron una estructura con plataformas de acceso curvas y una fachada geométrica, apretada en un costado y abierta en el otro; racionalismo puro que contrastaba con la humanidad de los lienzos de Portinari. Fue tal el éxito del muralista que en adelante sería celebrado en Estados Unidos como un segundo Rivera, y sus imágenes telúricas, reivindicativas y raciales, nada raro, al contrario, obvio y predecible, un cliché, acabaron decorando las paredes de varias instituciones yanquis, la Library of Congress entre ellas. En cuanto a Costa y Niemeyer, ya no había duda de que se habían convertido en los maestros indiscutibles del modernismo latinoamericano, y para ratificarlo bastaba que el MoMA de Nueva York los incluyera en su exposición «Brazil Builds. 1652-1942».

La cultura se había convertido en el mejor activo diplomático del Brasil dictatorial. La pintura y la arquitectura, también la música, encandilaban a las audiencias internacionales. En el caso de esta última expresión artística, el responsable de que así ocurriera fue Heitor Villa-Lobos, un compositor que supo mezclar con pericia los experimentos sonoros del siglo XX con los ritmos tradicionales brasileños. Sus fuertes sentimientos e intereses patrióticos no le impidieron asimilar tradiciones foráneas. Quizá fue un poco antropófago, a la manera de Oswald de Andrade, porque su estómago deglutió con gusto la música clásica hasta convertirla en un producto brasileño. Pero también fue un nacionalista, un vanguardista brasileño de los más fogosos, encantado de prestar sus servicios al Estado Novo. Villa-Lobos trabajó como director del Servicio de Educación Musical y Artística, cargo que le permitió montar algunas de las más ambiciosas *performances* musicales del siglo xx americano. En 1940, por ejemplo, para su *Hora de la independencia* reunió un coro de cuarenta mil niños que cantó en el estadio Vasco da Gama frente a la plana mayor del Gobierno. Villa-Lobos usó la música como un vehículo pedagógico que afirmara el civismo y el patriotismo, como explicaba el historiador Héctor Pérez Brignoli. «Lleno de fe en la fuerza poderosa de la música —decía el compositor—, sentí que con el advenimiento de ese *Brasil Novo* había llegado el momento de realizar una alta y noble misión educadora dentro de mi Patria. Tenía un deber de gratitud con esta tierra que me brinda generosamente tesoros inigualables de materia prima y belleza musical. Es preciso poner toda mi energía al servicio de la Patria y de la colectividad utilizando la música como un medio de formación y renovación moral, cívica y artística de un pueblo».[33] El resultado de esa pasión nacionalista y de la curiosidad por las influencias ajenas fue una música muy del siglo xx, cosmopolita e internacional, con un trasfondo claramente brasileño. Precisamente por eso le fue tan útil a Getúlio como carta de presentación en el extranjero. Villa-Lobos lo acompañó en algunos viajes diplomáticos, dando conciertos con los que revelaba a las audiencias un Brasil seductoramente exótico y moderno, las dos cosas a la vez, la misma mezcla que se vio en el pabellón de 1939.

La diplomacia cultural de Getúlio Vargas fue un caso de éxito notable. A pesar de que su revolución se había inspirado —él mismo lo dijo en 1929— en la de Mussolini, acabó luchando junto a Estados Unidos en contra del fascismo. Los yanquis también jugaron bien sus cartas: habían logrado que un filofascista latinoamericano acabara combatiendo el fascismo europeo; otra de las paradojas delirantes de la época. La calamidad fue que dos décadas después traicionaran ese esfuerzo, permitiendo que el odiado fascismo de 1940 campara a sus anchas en Brasil. Entre 1964 y 1985, con la complicidad de los yanquis, los militares brasileños se encargarían de destruir el legado experimental y cosmopolita del getulismo, para dejar en pie solo el autoritarismo nacionalista. La complicidad entre artistas, militares y políticos que había forjado una modernidad brasileña y tropical llegaba a su fin. En los años sesenta la vanguardia artística volvería a estar del otro lado, en contra del gobierno, promoviendo valores y actitudes opuestas a las promulgadas por la nueva dictadura militar.

EL PROYECTO CULTURAL DE LOS PARTIDOS DE LA REVOLUCIÓN MEXICANA:
LA FICCIÓN NACIONAL POPULAR

En 1934, el mismo año en que Lázaro Cárdenas subía al poder, Samuel
Ramos, un filósofo influenciando por las teorías psicoanalíticas de Alfred
Adler, desplegó sus herramientas interpretativas para examinar los traumas
y complejos de un paciente fuera de lo común. No se trataba de un individuo,
sino de un país, el suyo, México, y examinando las nuevas prácticas artísticas
se dio cuenta de algo. El arte mexicano se había encargado, según su diagnóstico, «de amplificar, como una caja de resonancia, las dimensiones de lo
"pintoresco"».[34] Al igual que el argentino Ezequiel Martínez Estrada, Ramos
acababa de acostar a su país en el diván, y después de inspeccionar su inconsciente plástico creyó haber encontrado la causa de su malestar. El problema, dijo, era su falta de autenticidad: «Este México representado por el
charro y la china poblana, o bien el México de la leyenda salvaje —que no
sé por qué sorprende y atrae tanto a los europeos, que para salvajismo son
maestros también, como lo probaron desde 1914—, es un México de exportación tan falso como la España de pandereta».[35]

Años después otros intelectuales le darían la razón, pero en 1934 pocos,
y mucho menos Lázaro Cárdenas, estaban dispuestos a valorar su crítica
psicoanalítica. El nuevo Estado mexicano no solo había institucionalizado
a los caudillos de la revolución, sino también a los artistas y la imagen revolucionaria, popular, indígena y campesina que habían forjado en sus pinturas.
México tenía ahora un proyecto político y un proyecto cultural que corrían
por el mismo cauce, el nacionalismo popular que Vasconcelos, el Dr. Atl y
los muralistas habían ayudado a consolidar, y en adelante todos los pintores,
escritores, cineastas, músicos que quisieran crear sus obras se verían forzados
a negociar sus intereses estéticos e ideológicos con este horizonte. Samuel
Ramos podía pedir sinceridad a los mexicanos para que emergiera su verdadero ser, pero para el Estado la autenticidad o inautenticidad de su nacionalismo era un asunto menor. Daba la casualidad de que los extranjeros veían
en esas chinas poblanas y en esos charros el no va más de la autenticidad, y
ese amor por lo exótico, sumado al éxito internacional de su pintura —Rivera había hecho una exposición individual en el MoMA en 1931—, estaba
forjando una incipiente industria cultural y turística con el gringo como
principal cliente, y una rica cultura popular expresada a través de la música,
la lucha libre y los personajes cinematográficos que impregnaría la imaginación y la sensibilidad de todo el continente.

Mientras el nacionalismo cultural brasileño adquiría un inesperado perfil cosmopolita, México tomaba un camino distinto. Hacía una apuesta por

la modernidad, claro, pero poniendo en un primer plano los elementos más reconocibles de su nacionalidad. Ahí estaba la diferencia —o el detalle, como diría Cantinflas—: no se privilegiaría la adaptación de la forma abstracta y universal a las características locales, sino que se intentaría universalizar elementos raigalmente mexicanos. En otras palabras, las influencias extranjeras no irían a México, como sí fueron a Brasil; México iría al mundo a imponerse en la imaginación de los demás con la fuerza de su particularidad. Esa estrategia, criticada por intelectuales como Octavio Paz, sin duda dio algunos resultados. En los años treinta, cuarenta y cincuenta cualquier extranjero, incapaz de diferenciar a un argentino de un brasileño o a un colombiano de un chileno, seguramente sí tenía una idea de lo que era un mexicano. Puede que esa imagen estuviera cargada de estereotipos difícilmente universalizables, siempre condenados al lugar de lo exótico, a la experiencia fuerte del ají, el mariachi y la chimichanga, pero sin duda demostraba la potencia de ciertos elementos mexicanos para abrirse campo en el mercado simbólico mundial. Las imágenes creadas justo después de la revolución se fijarían en las pupilas internacionales, y esa misma inercia solidificaría los procesos culturales hasta convertir el tema mexicano, el símbolo mexicano o el icono mexicano en la única materia del arte mexicano.

A todos, artistas y políticos, les servía el mismo discurso revolucionario y nacionalista. Unos y otros podían detestarse; Plutarco Elías Calles podía purgar de su puesto docente a Siqueiros y agrupaciones de artistas como ¡30-30!, liderada por Fernando Leal, Ramón Alva de la Canal, Fermín Revueltas y Martí Casanovas, o la Liga de Escritores y Artistas Revolucionarios (LEAR), creada en 1933 por el muralista Pablo O'Higgins, el grabador Leopoldo Méndez y el escritor Juan de la Cabada —con la posterior adhesión de Siqueiros—, podían atacar con fiereza a Calles y sus instituciones culturales, pero todos competían por los mismos símbolos y el mismo relato. Bastó con que Lázaro Cárdenas rompiera con Calles y liquidara el Maximato para que el Gobierno y la cultura volvieran a alinearse. Desde entonces la LEAR se convirtió en una agencia promotora de las reformas sociales de Cárdenas, un servicio que sería retribuido con subvenciones de la Secretaría de Educación Pública. Tan antifascista como Cárdenas, la LEAR perpetuó la iconografía revolucionaria y los motivos vernáculos que habían forjado aquella cuestionada imagen de la autenticidad mexicana.

La complicidad entre poderes públicos y culturales fue saboteada, o como mínimo criticada, y con mucha vehemencia, por uno de los viejos muralistas: José Clemente Orozco. El pintor, a salvo de la complacencia ideológica gracias a una mirada crítica mucho más aguda que la de Siqueiros o Rivera, lanzó la primera piedra en contra del exotismo revolucionario y de la forma en que era explotado por el régimen. De una de las exposiciones de grabados organizada por la LEAR, dijo que no podía tener más objeto que venderles cuadros a los turistas. La decadencia de la Liga de artistas era evidente: de organización político-revolucionaria, parecían haberse rebajado «a la categoría de agencia de turismo».[36] La autenticidad patrocinada desde el Gobierno atraía a los gringos, que por entonces llegaban a México para convertirse en *mural painters*. Algunos incluso habían ingresado en la LEAR y se dedicaban a pintar indios con fusiles, mujeres proletarias, niños flacos... A ese paso, concluía Orozco, no tardarían en decorar hasta los inodoros con arte revolucionario mexicano. Y gratis.

Las apreciaciones del muralista no iban desencaminadas. A Cárdenas le importaba menos desentrañar el verdadero ser nacional de México, como quería Ramos, que patrocinar los elementos de la mexicanidad más visibles y fáciles de reconocer. En 1937, como Perón y Vargas, creó una Dirección Autónoma de Prensa y Propaganda que financiaría miles de carteles, panfletos y espectáculos musicales; también un programa radiofónico, *La hora nacional*, transmitido en todo el país con el claro propósito de tejer un «lazo de unión entre todos los mexicanos».[37] Estas iniciativas, sumadas a los cortometrajes y programas de radio que produjo la Secretaría de Educación Pública, fomentaron la integración nacional y reforzaron los elementos típicos de la nacionalidad. El jarabe tapatío, los charros, las chinas poblanas y Agustín Lara —que también tuvo una importante presencia en la radio— se convirtieron en los símbolos de México y de lo mexicano. A esto hay que añadir el indigenismo impulsado por Cárdenas (en 1940 organizó el I Congreso Indigenista Interamericano), las investigaciones arqueológicas de Alfonso Caso en Oaxaca, la revitalización de los museos y la apertura de instituciones como el Palacio de Bellas Artes en 1934, el Instituto Nacional de Bellas Artes en 1946 y la Comisión de Pintura Mural en 1947.

A diferencia de lo que ocurrió en la Unión Soviética, la revolución en México no engulló a los artistas que la habían defendido. Al menos desde que Cárdenas llegó al poder, las instituciones del Estado no expulsarían a nadie, ni siquiera a sus críticos. El PRM, convertido en el PRI, pactó con todos los creadores y a todos los integró en el proceso cultural mexicano, y solo se molestó en marginar a los verdaderos opositores, que en ese contexto no podían ser sino los izquierdistas antiautoritarios como José Revueltas. Entre los artistas que Cárdenas apoyó sin reserva destacaron los cineastas. Una incipiente industria, que no tardaría en convertirse en la más importante del idioma, surgía en esos años con el apoyo directo del Estado mexicano y el indirecto del Gobierno estadounidense, quién lo diría. Como los pintores y los novelistas, los cineastas, y en especial el talentoso Fernando de Fuentes, encontraron en la revolución perfiles fotogénicos e historias fascinantes. Lo interesante de este cineasta es que su primera etapa, sobre todo su trilogía sobre la revolución, fue tan crítica con la historia reciente de México como lo fueron las novelas de Azuela o de Luis Guzmán. En *El prisionero 13*, una película ambientada bajo la dictadura de Victoriano Huerta y producida en 1933, De Fuentes denunciaba la corrupción de los altos cargos militares que trapicheaban con los condenados a muerte a cambio de dinero. En *El compadre Mendoza* criticaba la traición de los terratenientes, que jugaban por turnos la carta del zapatismo, del huertismo o del carrancismo para sobrevivir y hacer negocios con los caudillos de la revolución. Y *Vámonos con Pancho Villa* señalaba los absurdos rituales del machismo mexicano, la vacuidad de una lucha que devoraba a los mejores hombres y la brutalidad de los líderes revolucionarios. La versión original de esta película acababa con Pancho Villa matando a la familia de uno de sus lugartenientes, como una aleccionadora forma de arrebatarle cualquier excusa para no seguir en la lucha. La escena era tan brutal y desmitificadora que el mismo Lázaro Cárdenas se encargó de censurarla.

En 1936, sin embargo, De Fuentes cambió vertiginosamente de registro. Casi simultánea a la salvaje *Vámonos con Pancho Villa*, estrenó *Allá en el rancho grande*, una película que inauguraba un género, la comedia ranchera, del que quedaba desterrada por completo la mirada crítica. Con Jorge Negrete montando caballo y tocando guitarra, el filme explotaba el folclorismo de los charros, las galleras, las chinas poblanas, la música ranchera, y mostraba un México idílico de haciendas apacibles, patrones justos, borrachines simpáticos, fiestas populares amenizadas con baile, jarabe tapatío, mariachis y tequilas amables. Hasta un gringo enclenque y de caricatura aparecía eufórico en medio de una pelea de gallos. Todos estos elementos, conjugados con humor y sentimentalismo, conducían a finales felices y a la exaltación de las particularidades más visibles de la cultura popular mexicana.

El apoyo de Lázaro Cárdenas —a De Fuentes le puso los ferrocarriles y el ejército nacional para la filmación de *Vámonos con Pancho Villa*— fue fundamental para que los años treinta se convirtieran en la época de oro del cine mexicano. Gracias a una potente industria asentada en grandes estudios y enormes recursos, el cine mexicano se exportó a todo el mundo hispano, incluso a Estados Unidos. Otros directores también fueron importantes en el éxito de esta empresa. Películas de la revolución, comedias rancheras, películas regionales y comedias urbanas como *Ahí está el detalle*, de Juan Bustillo Oro, la cinta que consagró a Cantinflas, mostraban al mundo los paisajes mexicanos, su historia, su gastronomía, su folclore, sus personajes más idiosincráticos —desde el pistolero al pelado—, convirtiendo el cine en una de las cuatro «industrias sin chimeneas» que Enrique Krauze identificaba en *La presidencia imperial*. La radio, el turismo y los libros fueron las otras tres, todas ellas surgidas en los años treinta y todas ellas muy rentables. La radio integró al país, el turismo llevó divisas, los libros atrajeron a los exiliados de la Guerra Civil española y el cine aceitó la diplomacia con los yanquis. A través de la Oficina del Coordinador de Asuntos Interamericanos (OCIAA, por sus siglas en inglés), dirigida por Nelson Rockefeller, el Gobierno estadounidense expresó un súbito interés por el cine mexicano y por su industria. Lo hizo, claro, más por razones políticas que estéticas. Recordemos en qué años estábamos. Los treinta se convertían en los cuarenta, Lázaro Cárdenas cedía la presidencia a Manuel Ávila Camacho y por primera vez México y Estados Unidos, a pesar de su mutua desconfianza, se alineaban en el mismo frente antifascista. Lázaro Cárdenas podía ser muy nacionalista y odiar a los gringos, pero también detestaba, y con más encono, a Franco y a Hitler. Su complicidad con la causa antifascista fue premiada, entre otras cosas, con cinta cinematográfica.

El poder de la imagen cinematográfica en tiempos de guerra, cuando aún no había televisión y el único lugar donde se podía ver la realidad en movimiento eran las pantallas de los cines, animó a los estadounidenses a concentrar el celuloide en México. Su competidor en Latinoamérica, la Argentina de los militares filofascistas, bien podría tener la tentación de usar el cine como medio para promover la propaganda nazi. Ni locos, debieron de pensar los diplomáticos yanquis, y por eso se aseguraron de que la escasa materia prima llegara solo a México. La OCIAA fue incluso más lejos: patrocinó películas mexicanas que fomentaran la política del buen vecino y el compromiso con los esfuerzos bélicos de los Aliados. La más notoria fue *¡Mexicanos al grito de guerra! Historia del himno nacional*, de Álvaro Gálvez y Fuentes, una cinta producida en 1943, justo después de que México entrara a luchar con los yanquis en la Segunda Guerra Mundial.

La película de Gálvez y Fuentes expresaba muy bien los cambios en el discurso nacionalista mexicano, centrado ahora, en los años cuarenta, en dos temas cruciales: la unidad nacional y el desarrollo económico. Lo más notorio es que la película dejaba descansar el tema de la revolución, retrocediendo en el tiempo a 1862, año en que Francia invadió México y Benito Juárez lideró la defensa de la patria. Este, qué duda cabe, era un magnífico tema para exacerbar el nacionalismo mexicano, pero ya no a través del folclore, el indigenismo o las particularidades vernáculas, sino del compromiso sentimental y moral con la patria. México luchaba ahora por la libertad y en contra del racismo, igual que los Aliados en la guerra, y el lugar del extranjero hostil ya no lo ocupaban los yanquis, sino los franceses, capaces de lanzar parrafadas sobre la inferioridad racial de los mexicanos tan insultantes como el antisemitismo hitleriano. Al mismo tiempo, los patriotas mexicanos invocaban el eslogan de Gobierno de Ávila Camacho: todos, desde el vendedor callejero de pasteles hasta el burgués, debían unirse bajo los mismos símbolos patrióticos para expulsar al enemigo. El nuevo nacionalismo era la consecuencia lógica del auge de la urbe y de la metamorfosis de la revolución, que dejaba de lanzar tiros en los campos para emprender actos legislativos y fraudes electorales en los despachos. Se acababa el tiempo de los generales y llegaba la hora de los abogados. La revolución se perpetuaba por otros medios, y su nacionalismo se desligaba del símbolo vernáculo, un lastre para la nueva mentalidad desarrollista.

El sucesor de Ávila Camacho, Miguel Alemán, subió al poder con ese nuevo discurso, el desarrollismo, favorable a las inversiones estadounidenses, mucho más preocupado por los índices económicos y las infraestructuras que por las reivindicaciones agrarias o proletarias, y en sintonía con las ideas económicas que empezaba a promover la CEPAL. El socialismo de Cárdenas se transformaba en mexicanidad, un concepto más etéreo que autorizaba políticas opuestas a las de los años treinta, como el liberalismo económico o una educación purgada de ideología. Alemán logró imponer la idea de que esa mexicanidad tenía que demostrarse al modo brasileño, mediante desarrollo, modernidad, infraestructuras e inversiones, y que por lo mismo se debían combatir los vicios detectados por los filósofos del Grupo Hiperión, la apatía y el conformismo. Como era de esperar, la fase desarrollista del mexicanismo fomentó una renovación arquitectónica que acercó la modernidad mexicana a la brasileña. Dos grandes proyectos urbanísticos de los años cuarenta fueron la mejor expresión de esta apuesta. El primero de ellos fue el Multifamiliar Alemán, de Mario Pani, un conjunto urbano de quince edificios construidos entre 1947 y 1949 siguiendo los principios de la frustrada Ville Radieuse de Le Corbusier, y el segundo fue la Ciudad Universitaria, otro proyecto gigantesco, dirigido por el mismo Pani y por Enrique del Moral, en el que se fundieron el muralismo de los años veinte y el funcionalismo de los cuarenta. La Biblioteca Central (Fig. 14), por ejemplo, un proyecto de Juan O'Gorman, mezclaba el diseño geométrico y cosmopolita con una decoración figurativa y simbólica, muy mexicana. Los murales de O'Gorman, como los de Portinari, neutralizaban el aura impersonal del funcionalismo arquitectónico, aclimatándolo al suelo americano y reforzando el mensaje nacionalista.

Los sentimientos patrióticos se replicaron en toda América Latina, y en todos los países, con mayor o menor énfasis, se canalizaron cultural y polí-

ticamente por uno de estos cauces: el nacionalismo popular, la modernización o el populismo. Todos los artistas y funcionarios que quisieron apropiarse del primer discurso, el nacional popular, miraron a México e
importaron el muralismo, la escuela mexicana y sus referentes iconográficos.
Los populistas que instrumentalizaron la imagen, la palabra y los medios
para engrandecer su imagen, siempre al costo de empobrecer la cultura y de
pervertir la política con elementos de melodrama y de *reality show*, tuvieron
como referente a la Argentina peronista. Y quienes quisieron revigorizar el
nacionalismo a través del desarrollo y de las infraestructuras, encontrarían
en el Brasil de Getúlio Vargas el modelo más exitoso. Los tres proyectos
convivirían en casi todos los países; en todos habría muralismo, funcionalismo y populismo. Poco a poco todas sus ciudades empezarían a parecerse a São Paulo, sus políticos, a Perón y sus iniciativas culturales, a las de
México. Y en medio de este nuevo escenario seguirían saliendo propuestas
plásticas y literarias deslumbrantes, las más interesantes en contraposición
a estos tres proyectos nacionalistas, mientras en Centroamérica y en el Caribe se cocinaba una revolución, otra, que volvería a cambiar por completo
los debates en América Latina.

2. EL NACIONALISMO Y LAS PARADOJAS DEL PROYECTO NACIONAL POPULAR

DEL MODERNISMO Y DE LA VANGUARDIA AL NACIONALISMO

La ola se extendió por todo el continente. La pregunta por lo americano
brotó espontáneamente en las mentes más activas y fértiles, pero poco después el espíritu de unidad se fue fragmentando en indagaciones y reivindicaciones regionales. Llegaron el criollismo, el indigenismo, el negrismo, el
andinismo, el primitivismo tupí, y cuando menos lo pensamos las utopías
continentales se habían diluido. El crac de 1929 tampoco ayudó; en medio
de la crisis predominó el ensimismamiento. No debe extrañar que entre 1932
y 1942 hubiera habido tres guerras latinoamericanas, la primera entre Colombia y Perú, luego entre Bolivia y Paraguay, y después entre Perú y Ecuador. El sueño arielista de Rodó, la Andesia de Huidobro o las fantasías
cósmicas de Vasconcelos se estrellaban contra los conflictos fronterizos y los
oportunismos caudillistas. Arnulfo Arias promovía en Panamá un nacionalismo agresivo y xenófobo, y en Puerto Rico el nacionalismo de Pedro Albizu Campos y del atalayista Clemente Soto Vélez desembocaba en el delirio terrorista. Ese fue el paradigma de la época, el nacionalismo. En 1931

subió al poder en Guatemala Jorge Ubico, un dictador que se ufanaba de ser el Hitler guatemalteco y que se vestía como Napoleón para dar órdenes entre bananeras. En El Salvador dio un golpe Maximiliano Hernández Martínez, un fascista, teósofo, indigenista, etnocida y mentalista, cuya desquiciada crueldad fue una rica fuente de inspiración para García Márquez. Tiburcio Carías, militar de la misma estirpe, subió al poder en Honduras en 1932, de donde nadie lo movería hasta los años cuarenta. En América Latina no cabía un fascista más. Centroamérica y el Caribe estaban llenos de ellos, y lo mismo Brasil, y Argentina, y el resto del continente. Mussolini y Hitler fueron los referentes de la mayoría de los gobernantes de los años treinta y cuarenta, y la oposición que tuvieron fue en realidad más de lo mismo: nacionalismo popular de izquierda. No había nada más allá del nacionalismo. Como Perón, los caudillos y dictadores podían pasar de un nacionalismo de derechas a un nacionalismo de izquierdas, pero de ahí no se movían.

LAS GUERRAS INTERNAS EN PERÚ Y COLOMBIA

La tensión ideológica en varios países derivó del choque entre las dos vertientes del arielismo, el de derecha y el de izquierda, uno tradicionalista, hispanista y católico, con la brújula apuntando a Roma y a Madrid; el otro revolucionario, popular e indoamericanista, más interesado en lo que ocurría en Córdoba y en el D. F. mexicano. En Perú, el caso más conspicuo y más salvaje porque de allí eran Riva-Agüero y Haya de la Torre, porque de allí eran el indoamericanismo y las democracias latinas, esta lucha empezó el 22 de agosto de 1930. Aquel día Miguel Sánchez Cerro, uno de esos militares de sangre caliente a los que un decreto de Hamilton no le hacía cosquillas, lanzó desde Arequipa una revolución libertadora en contra del dictador Leguía (otra, sí, cómo no). Un año después del golpe, y con la intención de revalidar su mandato en unas elecciones, el nuevo dictador se inventó un partido, la Unión Revolucionaria, que tuvo como ideólogo a Luis A. Flores, el fascista más notable de la historia política peruana. Fue una buena noticia para la generación del novecientos, porque ellos, los arielistas peruanos, los hispanistas nostálgicos de la colonia, la generación que diferenció la democracia latina de la sajona, por fin veían la oportunidad de convertirse en esa élite llamada a regir los destinos de Perú. Francisco García Calderón fue nombrado embajador en Francia y José de la Riva-Agüero, alcalde de Lima. Y mientras tanto el APRA de Haya de la Torre se transformaba en un partido político y rompía definitivamente con la izquierda del recientemente fallecido José Carlos Mariátegui. «Ni con el fascismo ni con el comunismo. Ni con Roma ni con Moscú. Somos apristas»,[38] era su lema, una manera de reconocer que se habían vuelto nacionalistas. Las banderas de Mariátegui y del internacionalismo las retomó Eudocio Ravines, que convirtió el Partido Socialista en el Partido Comunista Peruano, alineado con Moscú y cada vez más alejado del APRA.

Sánchez Cerro, como era lógico, odiaba a los comunistas, pero su pelea no fue con ellos, sino con el APRA. En uno de los discursos que pronunció en la campaña de 1931, planteó el dilema que enfrentaban los peruanos en estos términos: «Esta es la lucha entre el espíritu revolucionario que inspira el patriotismo; y el espíritu disociador que odia a la Patria, que menosprecia su himno sagrado y desdeña la bandera que sirvió de sudario a nuestros héroes».[39] El nacionalismo peruano entraba en guerra con el nacionalismo indoamericano, y no solo en el terreno verbal. Muy pronto la retórica dio paso a la violencia, que se convirtió en una herramienta más de la acción política. Los locales del APRA fueron asaltados, se produjeron riñas callejeras, muertos aquí, muertos allá, hasta que finalmente explotó la batalla campal.

En julio de 1932, bajo el mando de Manuel «Búfalo» Barreto y Agustín Haya de la Torre, el APRA tomó por la fuerza la ciudad de Trujillo. Empezaron por el cuartel O'Donovan, a las afueras de Trujillo, liberando de la cárcel a los apristas detenidos, entre ellos al futuro novelista Ciro Alegría. Luego plantaron una batería de cañones en la plaza, que forzó a las autoridades gubernamentales a rendirse. Sánchez Cerro tomó entonces una decisión drástica: envió un escuadrón de aviones a bombardear Trujillo. Mientras sonaba el estruendo de las bombas, la infantería terrestre entró en la ciudad para forzar el repliegue de los apristas. Su estrategia de escape fue desandar sus pasos y volver al cuartel O'Donovan, donde masacraron a los militares antes de emprender la huida. Mientras tanto, la infantería ensartaba en sus bayonetas cualquier trozo de carne con aspecto aprista que se cruzara en su camino. En ese momento era Perú, no Colombia, el país que parecía condenado a desangrarse en rachas de violencia o en guerras civiles no declaradas. Más aún después de que un joven aprista, aprovechando que el dictador pasaba revista a los nuevos reclutas que serían movilizados al Amazonas para pelear contra Colombia, se subió al estribo de su Hispano-Suiza descapotable y le disparó a mansalva.

La muerte de Sánchez Cerro dejó campo libre a Luis A. Flores para convertir la Unión Revolucionaria en un partido abiertamente fascista. Formó escuadrones de camisas negras y promovió una guerra apocalíptica, de exterminio, contra sus enemigos del APRA. Como todos los gobiernos de la época, promovió el corporativismo e intentó establecer un sistema de partido único, centrado en el culto a la figura del presidente asesinado. Aquel delirio fascista fue interrumpido muy pronto por el general Óscar R. Benavides, el encargado por el Congreso para terminar el mandato inconcluso de Sánchez Cerro. Y no porque el militar fuera un demócrata —nada de eso, también era un dictador—, sino porque su prioridad era parar la guerra con Colombia, no transformar Perú en un Estado totalitario.

Dos días después del asesinato de Sánchez Cerro, Benavides entabló negociaciones de paz con su viejo amigo y futuro presidente de Colombia, el liberal Alfonso López Pumarejo, y para el 25 de mayo de 1933 ya se había acordado un armisticio. Benavides amnistió a los apristas encarcelados, entre ellos a Haya de la Torre, y permitió que los deportados regresaran al país. Volvió a imprimirse *La Tribuna*, el órgano del APRA, y se retomaron las clases en las universidades populares. La medida trajo unos meses de paz, un espejismo transitorio que el APRA saboteó con varios intentos insurreccionales, y que estalló definitivamente cuando uno de los fascistas que quedaban en el Gobierno, José de la Riva-Agüero, reinició a finales de 1934 la persecución de los apristas. Durante la siguiente década, hasta mayo de 1945, Haya de la Torre tendría que vivir en la clandestinidad, saltando de un escondite a otro.

Desde la sombra, el APRA retomó sus acciones subversivas. Hubo tomas armadas en varias ciudades. Ayacucho y Huancavelica estuvieron en manos de los apristas durante unos cuantos días, y Cajamarca fue escenario de un levantamiento armado liderado por los jóvenes del partido. La militancia aprista había adquirido el fanatismo de una religión laica. Se autodenominaban «búfalos,» se enorgullecían de ser la vanguardia de la política en Perú, encarnaban la mística revolucionaria que luego sería frecuente en las guerrillas latinoamericanas. La persecución y el encarcelamiento como represalia a estos eventos fueron masivos, pero ninguna de las medidas tomadas por Benavides, y ninguna de las acusaciones que se les hacían en la prensa limeña, consiguió desalentarlos. Al contrario, todo era una incitación a la lucha. El diario *El Comercio* fue uno de los objetivos contra los que se encarnizaron. Lanzaron primero una bomba a sus oficinas y luego un joven militante asesinó a su director. Como suele ocurrir, la insurrección y la violencia le vinieron de maravilla a Benavides, que bajo el pretexto de la amenaza aprista —o «aprocomunista», como empezó a llamarla—, invalidó los resultados electorales de 1936 y se perpetuó arbitrariamente en el poder.

Esta coyuntura también le sirvió a Benavides para deshacerse de los fascistas de la Unión Revolucionaria. Proscribió el partido y forzó a todos sus líderes, en especial a Flores, a exiliarse o a pasar a la clandestinidad. Aunque desde *El Comercio* Riva-Agüero y Carlos Miró-Quesada, hijo del director asesinado, siguieron defendiendo ideas radicales y perpetuando la guerra dialéctica contra el APRA, el destierro de los urristas debilitó el empuje que había tenido el fascismo peruano. Mientras en Brasil y en Chile los partidos fascistas ganaban fuerza, el peruano se desintegraba. Eso no supuso ningún cambio en el APRA, que siguió igual, peleando consigo con las instituciones que aspiraban a gobernar. Porque esa fue la permanente contradicción, el permanente autosaboteo en el que vivió el APRA: nunca lograron controlar sus pulsiones insurreccionales. Eso le impidió a Haya llegar alguna vez a la presidencia, y esa fue la permanente excusa para futuros autoritarismos. La guerra entre las dos formas de arielismo, el hispanista y el americanista, convirtió el militarismo y el autoritarismo en un problema crónico en la vida pública peruana. La violencia, milagrosamente, no. Esa maldición caería sobre Colombia.

Una buena pista para entender a mi país es que suele ir a contracorriente del resto de América Latina. No siempre, pero sí con frecuencia. En 1930, por ejemplo, mientras el autoritarismo de derecha se extendía por todo el continente, en Colombia ocurría lo contrario. La nueva década ponía fin a la hegemonía conservadora y daba inicio a una nueva etapa de esperanza liberal. Después de cuarenta y cuatro años de gobiernos católicos y tradicionalistas, una escisión del Partido Conservador llevó como rivales a las elecciones al poeta Guillermo Valencia y al general Alfredo Vásquez Cobo. Esa división del voto conservador permitió el triunfo de los liberales, algo sorprendente. Mientras el liberalismo y sus propuestas democráticas y económicas agonizaban en el resto del continente, Colombia les daba una segunda oportunidad en suelo americano. Pero este cambio, por promisorio que fuera, no llegó exento de controversia, de conflicto y de violencia. Y lo curioso, lo realmente desconcertante, es que no fueron los fascistas ni los comunistas los que empezaron la guerra, sino personas asombrosamente cultas, todos ellos defensores de la democracia: gigantes que actuaron como pigmeos morales, y no pocas veces en nombre del bien, de Dios, de la civilización o del pueblo.

¿Cómo empezó la barbarie colombiana? ¿Cuándo empezaron los odios partidarios a contaminar a la gente de la calle y de los pueblos? Hay varias fechas posibles; incluso se podría decir que la violencia venía de lejos, de las guerras civiles del siglo XIX, y que la estabilidad del país entre 1903 y 1930 había sido un espejismo. El caso es que en 1931 empezaron los asesinatos políticos y que para 1934 ya era un asunto que llamaba la atención de los periódicos. Aunque el año en que la política se desquició por completo fue 1936, y ni siquiera por lo que ocurría en sus fronteras, sino por conflictos que estallaron más allá, al otro lado del Atlántico. La Guerra Civil española enfebreció los corazones criollos y desfiguró los esquemas racionales de los liberales y de los conservadores. Tan pendiente estuvo la opinión pública, tan atentos estuvieron los políticos y los intelectuales de uno y otro bando a cuanto ocurría en las trincheras españolas, que no tardaron en somatizar las causas del franquismo y de la República. No dejaba de ser sorprendente, porque los liberales y los conservadores estaban lejos ideológicamente del comunismo y del anarquismo que irrigaban las filas republicanas y del fascismo que alentaba a las nacionales. La Guerra Civil, sin embargo, los hizo alinearse a cada uno con un bando y a encender en Colombia una guerra para defender las causas por las que se mataban los españoles. La locura, la chifladez, la ceguera causada por odios heredados y por ese radicalismo paranoico de país aislado e insignificante, que por simple contagio o efecto reflejo terminó superponiendo, muy a lo Borges, el drama español a la realidad colombiana. Más gasolina para el incendio, más motivos para desconfiar del otro: un deseo mentecato de replicar aquí lo que sucedía allá, atizado por una retórica violenta y sulfurosa que se autojustificó en el supuesto peligro mortal que significaba el enemigo. Como dijo Alfonso López Pumarejo, «las vías de hecho, el atentado personal, la acción intrépida, en una palabra, la violencia que más tarde habría de dejar huella tan nefasta en nuestras costumbres políticas, hasta alcanzar las más bajas capas de la sociedad, se abría camino en los círculos más altos y responsables».[40]

Desde 1936, un conservador como Laureano Gómez, que no era fascista, que incluso había repartido coscorrones dentro de su partido para aquietar a Gilberto Alzate Avendaño y a Los Leopardos, y que con lucidez había denunciado la perversidad de Mussolini y de Hitler, se convirtió en un tribuno apocalíptico, convencido de que en Colombia se abriría el mismo infierno español y de que toda suerte de alimañas saldrían a atentar contra la herencia civilizatoria de la patria, la única, la tradición católica. Nadie en Colombia estaba más predispuesto a caer en la vieja pugna entre arielistas de derechas y de izquierdas que Laureano. Quizá alcanzó a ver a Colombia postrada frente a Bachué o frente algún otro ídolo profano, y por eso, jesuita al fin y al cabo, asumió el deber de dar una lucha total, sin matices ni miramientos, contra el liberalismo que fomentaba todo lo que él aborrecía.

Los conservadores siempre habían creído que Colombia pertenecía por origen y tradición al mundo hispánico y católico, y por eso sus afectos estaban con la masa campesina, que creían bendecida por el Espíritu Santo, fiel a los valores católicos y dispuesta a aceptar con hidalguía la dirección de una élite moral e intelectualmente superior; una élite que no solo reunía a los mejores, sino a quienes realmente entendían las leyes imperecederas de la Iglesia. Los liberales, en cambio, más laicos, más influenciados por la Reforma de Córdoba y por el México revolucionario, tenían una visión de la nacionalidad distinta. Para ellos el pasado prehispánico y las clases populares eran importantes, defendían la laicidad de la educación y la modernización de las costumbres. Desde el poder, sobre todo a partir de 1934, con Alfonso Pumarejo en la presidencia, intentaron transformar Colombia de arriba abajo, modernizarla, barajar de nuevo los estratos sociales para darles acceso al poder y a la burocracia a quienes no lo habían tenido. Fue un intento notable que fracasó, porque en realidad ningún gobierno, ni liberal ni conservador, logró integrar realmente al grueso de la población a la construcción de la nacionalidad. A diferencia de lo ocurrido en los países vecinos, no hubo golpes de Estado ni revoluciones que sacaran a las oligarquías de sus nichos ni que repartieran, a las buenas o a las malas, para bien o para mal, el poder con quien no lo había tenido. Eso no pasó. Las masas populares de los liberales y las masas campesinas de los conservadores se quedaron allá, en la distancia, escindidas en dos rebaños cercados por fidelidades partidistas, mientras las élites de uno y otro partido se quedaron acá, en las instituciones, rivalizando y odiándose, pero al fin y al cabo ligadas por vínculos generacionales y sociales. De ahí que la verdadera brecha social no se abriera entre políticos liberales y conservadores, sino entre ese país institucional y el país popular, el que se regía por los decretos y las leyes, y el que vivía y resolvía sus asuntos a la buena de Dios, sin representación ni protección del Estado. «País político» y «país nacional», los llamaría Jorge Eliécer Gaitán.

En 1946, el regreso de los conservadores al poder supuso la revancha de la revancha, el desquite del desquite. Laureano Gómez, que siempre había pensado que el mal solo podía ser obra de los liberales, ahora tenía que reconocer que la barbarie también era producida por los suyos. Muertos y más muertos, un recrudecimiento atroz que anunciaba una catástrofe, si es que en realidad eso que se vivía en el campo no lo era ya. En abril de 1947, desesperado por la degradación política, Gaitán leyó un «Memorial de agravios» dirigido al presidente conservador Mariano Ospina Pérez, en el que denunciaba con nombre propio 72 casos de abusos a partidarios liberales perpetrados por las autoridades conservadoras. Alcanzó a organizar luego la Marcha del Silencio en la plaza de Bolívar, una movilización de miles de personas, uno de cada cuatro o cinco bogotanos, guardando el más atronador silencio mientras él leía la «Oración por la paz». Aquel discurso, como las alocuciones de Gómez, era una denuncia y una amenaza. A la petición que le hacía al presidente de poner fin inmediato a los asesinatos de liberales, sumaba una directa alusión a esa masa enorme que permanecía allí callada. «Bien comprendéis —le decía a Ospina Pérez— que un partido que logra esto, muy fácilmente podría reaccionar bajo el estímulo de la legítima defensa».[41] Amenazas de un lado, amenazas del otro. Acusación aquí, acusaciones allá. Una paranoia generalizada que dos meses después, el 9 de abril de 1948, ya no hubo quien controlara. Los balazos que mataron a Gaitán, el más que seguro próximo presidente, enloquecieron al país. La caótica y etílica erupción de violencia que detonó su asesinato dejó unas dos mil personas muertas en los primeros días. Las masas populares se apertrecharon de aguardiente, machetes o cualquier otra herramienta artesanal, y salieron a matar y a morir, y sobre todo a quemar ese país institucional, distante y enigmático, del que ya sabían que jamás harían parte.

¿Habría Gaitán gobernado como un liberal de izquierda, algo así como un López Pumarejo más osado, o habría sido la versión colombiana de Perón? Imposible saberlo. En Gaitán se proyectaban muchos fantasmas. Para los comunistas colombianos era un fascista; para los liberales individualistas, un populista; para los liberales indoamericanistas, uno de los suyos. Con Gaitán muerto el país enloqueció y el delirio de la violencia ya no encontró un contraargumento que la frenara. Muertos y más muertos que iban engrosando una lista atroz, puede que doscientos mil, puede que más, hasta que los dos líderes antagónicos, Alberto Lleras Camargo y Laureano Gómez, sellaron el Pacto del Frente Nacional para acabar con la barbarie. En adelante, los dos partidos de siempre se repartirían el botín del poder y de la burocracia: primero uno, luego el otro, y así entre 1958 y 1974. Un acuerdo de paz efectivo, que sin duda frenó la matazón entre liberales y conservadores, esa guerra civil encubierta, no declarada, pero que agravó el otro gran problema colombiano: la falta de representación política.

Las grandes masas rurales y populares permanecieron al margen del país político, algunas de ellas escondidas en el monte, formando lo que luego se conocería como «repúblicas independientes». Y muchos de esos campesinos liberales que se armaron para sobrevivir a esas primeras bandas de paramilitares, los «pájaros» y «chulavitas» conservadores, se quedaron al otro lado para siempre. Su prioridad en los años cuarenta y cincuenta sería sobrevivir, apenas lógico, pero en los sesenta saldrían de sus refugios convertidos en guerrilleros comunistas, dispuestos a destruir al país político gobernado por las élites liberales y conservadoras. Fue el curioso destino de Colombia. Los golpes y las revoluciones de los años treinta que pusieron fin a los gobiernos oligárquicos del siglo XIX, y que en todo el continente crearon nuevas élites provenientes del ejército, de los sectores estudiantiles, de los sindicatos o de los movimientos nacionalistas, en Colombia no se dieron. Para llegar a la presidencia, siguió siendo más rentable el apellido de un expresidente que haberse curtido en luchas políticas a pie de calle. Esa diferencia le daría a la democracia un carácter elitista que la desprestigiaría y que alimentaría nuevas guerras, la del narco incluida, contra el Estado colombiano.

LOS FASCISMOS MÁS RADICALES Y 1938, EL AÑO EN QUE PUDO CAMBIAR LA HISTORIA

La exacerbación del nacionalismo, su enquistamiento y su manifestación más combativa fueron los movimientos fascistas que proliferaron por todo el continente. Ya lo vimos, la cultura no previno esta inflamación del sentimiento nacional; al contrario, la engendró. Los modernistas de Argentina y Perú aguijonearon el autoritarismo militar, y la vanguardia de Nicaragua, Brasil y Colombia salió a la calle, exigió un cambio de régimen y al final terminó mutando en acción política. Los Leopardos colombianos y los verde-amarillos brasileños se transformaron en la Acción Nacionalista Popular y la Acción Integralista Brasileña, dos partidos políticos con voluntad de poder, de los que solo el segundo se convertiría en una verdadera fuerza capaz de influir en la vida pública de su país.

Y esto a pesar de que Plínio Salgado, a diferencia de Gilberto Alzate Avendaño, parecía un hombre inofensivo. Estrecho de hombros, la piel pegada a los huesos, un bigote apenas más espeso que el de Hitler y un aire tristón, distante, Salgado era en realidad un macho alfa. O un macho sigma, mejor, porque ese fue el símbolo que los integralistas llevaron con orgullo en el brazo y en las solapas de sus verdes uniformes. Diez años después de haber asaltado las conciencias paulistas con aquella muestra vanguardista de 1922, Salgado irrumpía de nuevo en la vida política y cultural brasileña con otro aldabonazo, el *Manifesto de outubro de 1932*, un documento que hablaba menos de la identidad nacional que del lugar del hombre en la sociedad y de los fines que debían orientar la existencia de los brasileños.

El integralismo, como todos los fascismos de la época, se proponía unir al país estableciendo férreas cadenas entre el individuo y la familia, las familias y la sociedad, la sociedad y el Estado, y el Estado y Dios. Una interdependencia que debería limar las fuentes de conflicto y homologar, hasta hacerlos indistinguibles, los fines de la vida con los fines de la patria. Si Vasconcelos pensaba que la quinta raza eliminaría los conflictos entre latinos y sajones, y si Perón creía que con el Estado sindicalizado se acabarían los conflictos laborales, Salgado creía que consagrando la vida a algo más grande que uno mismo, la patria, se acabarían los motivos de discordia. Aquello, desde luego, suponía emprender una dura batalla contra el regionalismo, la división de la sociedad en clases sociales, el individualismo y lo que más había odiado siempre, «la influencia extranjera, mal mortal para nuestro Nacionalismo».[42] El comunismo y el liberalismo también estaban en su lista negra, el primero por fomentar la desunión de los bloques sociales y el segundo por desligar al individuo de su nicho social y de los compromisos superiores.

El sistema que proponía Salgado, totalitario a más no poder, anulaba por completo a la persona; sus deseos o caprichos no contaban, y todas sus aspiraciones debían ser reconducidas al servicio de la patria. Por encima de ella, y esto es algo que los brasileños debían entender, que debían tatuarse en lo profundo del alma, estaban Dios, la patria y la familia, en ese orden. «Cuando el hombre pierde el sentido de obediencia a lo Eterno, a lo Inmutable, al Principio y Fin de todas las cosas, se vuelve un miserable sin capacidad para respetar cosa alguna más allá de su propio orgullo ridículo, su vanidad fútil y los enviones de sus instintos disociativos»,[43] decía Salgado. Era una visión del destino humano que obligaba a las personas a formar parte de algo más grande que ellas, a someterse a un sistema corporativo en el que solo contaban los gremios o los sindicatos profesionales, y cuya finalidad era darle potestad al Estado para cultivar una civilización y un modo de vida genuinamente brasileños.

La revolución fascista de Salgado suprimía la libertad en nombre de la armonía, y la pluralidad en nombre de la integración nacional. El uniforme que impuso a sus seguidores, camisas verdes que replicaban en formato tropical el aspecto de los escuadrones de Mussolini, reforzaba este mensaje. Su grito de guerra fue *anauê*, un vocablo de origen tupí que servía como saludo —a mano alzada, obvio— y que reforzaba el vínculo con la raza originaria. En cuestión de una década, el inofensivo poeta que fantaseaba con una cultura nacionalista se había convertido en el líder de un movimiento de masas, anticapitalista, antiburgués, fanático religioso, capaz de tomar la calle y de infiltrar a sus jerarcas en el ejército y en el Gobierno de Getúlio Vargas. Más de un millón de afiliados llegó a tener el integralismo, un poderoso músculo que Salgado se ufanó de mostrar a plena luz del día, creando mareas verdes en cada coyuntura política y armando peleas callejeras cuando se cruzaban con los miembros de la Alianza Nacional Libertadora, el partido filocomunista de Luis Carlos Prestes.

Integralismo y getulismo caminaron de la mano, respaldándose el uno al otro, desde 1932 hasta 1938. En 1935, cuando el partido de Prestes promovió un levantamiento popular en Natal para derrocar a Vargas, Salgado puso a su disposición cien mil camisas verdes. Vargas logró controlar la insurrección sin necesidad de las fuerzas fascistas. No quería darle poder ni deberle ningún favor a Salgado, porque entonces habría tenido que pagar la promesa que le había hecho: darle el Ministerio de Educación que dirigía Gustavo Capanema, la joya de la corona, para que impusiera su visión de la brasilianidad desde el Estado. Otro habría sido el destino cultural de Brasil si Vargas hubiera cumplido su palabra. El caso es que no lo hizo, y más bien se propuso hacer lo contrario: desactivar la peligrosa bomba fascista que tenía incrustada en las filas de su propio ejército.

Getúlio se reunió con Plínio y le comunicó que el integralismo ya no podía seguir siendo un partido político. Si quería subsistir, debía despojarse de su uniforme, renunciar a los saludos militares, deshacerse de sus insignias distintivas y convertirse en una asociación cultural. Como era lógico, estas medidas que reducían un cuerpo de milicias disciplinado y poderoso a un club recreativo no fueron bien recibidas, y en enero de 1938 Salgado retiró su apoyo a Vargas. Se abría una zanja entre el Estado Novo y el integralismo. Los dos líderes autoritarios, influenciados ambos por Mussolini, se veían ahora forzados a echar un pulso. Vargas fue el primero en atacar: había que brasileñizar Brasil, dijo, un lema con ecos indigenistas, y bajo esa nueva consigna hostigó a las comunidades alemanas e italianas que apoyaban al integralismo. Cerró los locales nazis, deportó a sus jerarcas y nacionalizó los colegios alemanes. El Estado Novo, que tanto debía al fascismo, se convertía de la noche a la mañana en una dictadura antifascista.

¡Enhorabuena!, aplaudieron los yanquis. Aquel cambio repentino les venía de maravilla, porque la otra potencia sudamericana, Argentina, seguía mirando con sospechoso interés hacia Italia y Alemania. Getúlio, en cambio, después de enemistarse con Salgado y el integralismo, inevitablemente se vería forzado a marcar distancia y asumir posturas más moderadas y pragmáticas. Eso permitía a los yanquis acercarse a Brasil y, llegado el caso, como en efecto ocurrió, poner al dictatorial Estado Novo al servicio de la democracia y de la liberación de Europa. Con el integralismo incrustado en los círculos de influencia eso habría sido imposible, y peor aún con Salgado en la presidencia. En ese caso tal vez Brasil habría entrado en la Segunda Guerra Mundial, pero no del lado del capitalismo imperialista, sino del esencialismo nazi.

Y esto, que parece una distopía, estuvo cerca de ocurrir. En 1938, molesto por la traición de Vargas, Salgado decidió pasar a la acción. Contaba con el favor de buena parte de la armada naval, y eso le permitía soñar con una movilización de fuerzas que sacara a Getúlio del poder y devolviera a Brasil al sendero del más puro nacionalismo revolucionario. Los presagios de un golpe fascista sobrevolaron el país. El Gobierno empezó a detener a miembros connotados del integralismo y a decomisar armas, y desde comienzos de 1938 se rumoreó que la armada naval encabezaría un levantamiento. Hubo una escaramuza fallida el 11 de marzo, nada trascedente. Pero dos meses después, entre el 10 y el 11 de mayo, el teniente Severo Fournier, al mando de un grupo de cuarenta y cinco camisas verdes, trató de tomar el palacio Guanabara. Querían apresar a Getúlio Vargas y forzarlo a relegar el poder en los integralistas, y a punto estuvieron de lograrlo. El comando logró llegar hasta el imponente palacio republicano, pero cuando se preparaban para entrar en el edificio la guardia de palacio repelió el ataque. Los disparos avisaron a quienes estaban dentro, entre ellos algunos familiares de Getúlio Vargas, que también salieron a contener la asonada. El golpe fue finalmente debelado y los responsables detenidos o fusilados. El integralismo no tardó en ser desmantelado por completo, y su líder, Plínio Salgado, forzado a exiliarse en Portugal. En 1939 dejaba el Estado Novo de Getúlio Vargas para refugiarse y sufrir la maldición del olvido en el Estado Novo de António de Oliveira Salazar, al otro lado del Atlántico.

Lo más sorprendente de esta intentona, que pudo haber cambiado la historia de la Segunda Guerra Mundial, es que solo cuatro meses más tarde se repitió en el país de al lado, en Chile. También allí ardía el nacionalismo desde 1915, cuando un grupo de intelectuales autoritarios y aristocratizantes, inspirados en el ejemplo de Diego Portales, fundó el Partido Nacionalista. Aunque tuvo una vida corta —se disolvió en 1920—, el ideario del partido inspiró al coronel Carlos Ibáñez del Campo, el primero de esa nueva ola de dictadores nacionalistas, que también exaltó el autoritarismo y el mito de la raza chilena. Su caída en 1931 puso en estado de alerta a quienes temían el efecto de las ideas disolventes provenientes de Rusia, entre ellos a un militar retirado llamado Francisco Javier Díaz. El exmilitar creyó que había llegado el momento de fundar un Partido Nazi en Chile, y para ello citó en su casa a dos jóvenes nacionalistas, un abogado de origen alemán, Jorge González von Marées, y Carlos Keller, el autor de *La eterna crisis chilena*. Aunque hubo sintonía entre los contertulios, González declinó la invitación. Importar una ideología extranjera, dijo, le parecía absurdo; un movimiento nacionalista debía fundarse en la idiosincrasia chilena; debía tener un contenido espiritual propio y no plegarse a lo que se había hecho en otros países, insistió. Si se quería un partido de esas características primero había que chilenizar al nazismo, arraigarlo, cambiar la «z» por la «c» y atarlo a las corrientes de pensamiento vernáculas y a los héroes nacionales. Eso de ser nazi resultaba muy burdo, una copia; naci, en cambio… eso era otra cosa. Así fue como, el 5 de abril de 1932, Keller y González fundaron el Movimiento Social Nacionalista, mejor conocido como el Partido Nacista.

Solo cinco meses después los militares comunistas al mando del Marmaduke Grove tomaron el poder y fundaron la República socialista. Durante aquellos días de utopía, los nacis recibieron un millar de adherencias de jóvenes que buscaban una nueva fuente de idealismo. Porque el nacismo, como el integralismo, también les ofrecía una revolución espiritual capaz de liquidar los principios materialistas impuestos por el liberalismo y por el marxismo. La nueva religión que proponían los nacis se desligaba de las preocupaciones materiales para devolverle al ideal un lugar de privilegio en la vida personal y colectiva. Como decía González von Marées, el nacismo debía promover «un anhelo fervoroso de servir con abnegación un ideal, de luchar con la bravura de antaño y de morir estoicamente».[44] Y ese ideal, por supuesto, era la patria, su preservación y su gloria.

Como buena parte de los intelectuales latinoamericanos de los años treinta, los nacis creían que el liberalismo era un asunto superado. Su muerte, decía González, «es un fenómeno que para nadie puede ser motivo de discusión».[45] Ni liberalismo ni marxismo, fascismo. Para esos jóvenes, los pueblos tenían una voluntad que luchaba por imponerse, y la misión de los líderes —esa aristocracia del espíritu— era interpretarla y encausarla. A los individuos les correspondía abrazar con abnegación, austeridad y gloria esa causa superior. El uso de uniformes, de símbolos, de consignas («¡chileno, a la acción!») y de elementos estetizantes reforzaba la lealtad a la causa. «¡Nacistas, conquistad las murallas!» fue una orden que lanzó en 1933 *Trabajo*, el diario del partido, incitando a la toma simbólica del espacio público. Todos los nacis debían salir con una tiza para tachar las consignas comunistas y dejar sembradas las paredes con mensajes del Movimiento Nacional Socialista. A partir de 1935, la guerra simbólica dio paso a la lucha con puños y puñales. Uno y otro bando, los fascistas y los comunistas, se organizaron y se armaron. El Frente Popular, que desde 1934 había empezado a congregar a la militancia de izquierda, formó las Milicias Socialistas, con Salvador Allende entre sus miembros. Al mismo tiempo, el Movimiento Nacional Socialista formaba las Tropas Nacistas de Asalto. Los barrios populares y las universidades se convirtieron en un campo de batalla. Con las hebillas de los cinturones, gases lacrimógenos, bastones de ataque, petardos o con un puñal típicamente chileno, el corvo, nacis y comunistas buscaron la eliminación física, no solo simbólica, del enemigo. Poco a poco fueron cayendo militantes de uno y otro bando. Luego, como en toda América Latina, el inicio de la Guerra Civil española echó más leña al fuego, y en ciudades como Santiago se empezaron a ver escenas que replicaban lo que estaba ocurriendo en los campos españoles.

La guerra de baja intensidad dio un salto cualitativo en 1938, cuando se convocaron elecciones presidenciales. Un año antes había vuelto de su exilio Carlos Ibáñez, y su candidatura sedujo a los nacis. González von Marées creó una plataforma política, la Alianza Popular Libertadora, a la cual se sumaron algunas agrupaciones de izquierda como la Unión Socialista, sectores del Partido Radical Socialista y personalidades como Vicente Huidobro. González ya le había dado un giro a su partido. Había acentuado el compromiso con la justicia social del nacismo y se había acercado a la izquierda radical. Los enemigos contra los que despotricaba ahora eran el imperialismo y la oligarquía, y enarbolaba a Ibáñez como el «caudillo del pueblo».

Su acercamiento a la izquierda, sin embargo, no dio muchos resultados. Semanas antes de las elecciones, viendo que no tenían apoyos suficientes y que el camino electoral frustraría sus planes redentores, los nacis decidieron pasar a la acción. Con la complicidad de Carlos Ibáñez, que financió un arsenal e incluso donó su metralleta Thompson, el 5 de septiembre de 1938 tomaron una emisora radiofónica, la Casa Central de la Universidad de Chile y la sede del Seguro Obrero. Otra brigada intentó derribar las torres eléctricas para dejar la ciudad a oscuras, una maniobra que buscaba un efecto propagandístico, casi una llamada directa al ejército para que se rebelara y derrocara al presidente Arturo Alessandri. Basta imaginar lo que habría ocurrido si el golpe de los integralistas hubiera triunfado, y si a ese triunfo del fascismo se hubiera sumado el golpe de los nacis. El Cono Sur habría acabado en manos fascistas o filofascistas, justo en vísperas de la Segunda Guerra Mundial. Pero no, nada de eso ocurrió. Todo quedó en una hipótesis, porque el ejército no desobedeció la cadena de mando y reaccionó con rapidez. Bombardearon la Casa Central de la Universidad de Chile y obligaron a los conspiradores a rendirse. Uno a uno los fueron agrupando en la sede del Seguro Obrero, y allá llegó la orden perentoria: que no quedara un solo naci vivo. Cuatro de ellos fingieron caer con los otros cuerpos al oír las primeras ráfagas y sobrevivieron para contar la historia; los demás fueron asesinados.

Las muertes extrajudiciales generaron repudio y muestras de solidaridad sorprendentes, como la del aprista Manuel Seoane, la de Marmaduke Grove o la de un joven poeta llamado Miguel Serrano, que después de esta matanza se convertiría en nazi y en un popular divulgador del más delirante esoterismo hitleriano. Ibáñez se vio forzado a retirar su candidatura, y al nacismo no le quedó más opción que reciclarse en la Vanguardia Popular Socialista, un movimiento igualmente vernáculo pero más escorado a la izquierda, en la misma línea que el APRA o el PRI mexicano. El nacionalismo podía ponerse un día el traje elitista y al día siguiente el vestido popular, y dependiendo de dónde pusiera el acento, si en la justicia o en el orden, si en el pueblo o en las élites, pasar de la extrema derecha a la extrema izquierda. Lo harían los nacis, lo harían Perón y Getúlio, lo haría el dictador colombiano Gustavo Rojas Pinilla, lo harían todos. De la derecha fascista a la izquierda nacional popular.

En México se dio el caso contrario, la metamorfosis de la izquierda nacional popular en la derecha fascista. Ocurrió también en 1938, ese año en que todo pudo haber cambiado. Saturnino Cedillo, uno de los últimos generales importantes de la Revolución mexicana y secretario de Agricultura de Lázaro Cárdenas, se levantó en San Luis Potosí contra el Gobierno por haber colectivizado los ejidos. Respaldado por la Acción Revolucionaria Mexicanista, un grupo antisemita y anticomunista conocido como «los camisas doradas», Cedillo tomó las armas para defender la propiedad privada del pequeño campesino y para oponerse a la educación socialista. Su aventura fue sofocada ocho meses después sin mayores consecuencias, una escaramuza más que sin embargo demostraba que desde México hasta Chile había un nacionalismo filonazi dispuesto a recurrir a la violencia para tomar el poder.

GUERRAS CULTURALES EN COLOMBIA: LA CIVILIZACIÓN CATÓLICA *VERSUS* EL
NACIONALISMO POPULAR

La tensión política que se vivió en Colombia a partir de 1930 se trasladó rápidamente al campo de la cultura. Recordemos que el líder del Partido Conservador, Laureano Gómez, era una especie de guerrero moral con mentalidad de cruzado, dispuesto a defender el legado de la civilización católica con la pluma y con los puños, y en todos los ámbitos, también en la pintura y la poesía, ¡sobre todo en la pintura y en la poesía! A Colombia la amaba por ser una manifestación americana de la hispanidad católica, umbilicalmente ligada al Occidente instruido por la cruz. Su lealtad estaba menos ligada a un trozo de tierra que a ciertas abstracciones filosóficas, el bien, el orden, la civilización. Ese marco mental lo condenaba a detestar y a desconfiar de todas las innovaciones estéticas promovidas, ya no solo por la vanguardia, lo cual era predecible, sino por el americanismo modernista y el nacionalismo popular. En todas sus expresiones artísticas intuyó el siseo de una tijera cortando el vínculo que unía a Colombia con su matriz civilizadora, y de ahí su reacción crítica, casi siempre virulenta, al verse frente a frente con la pintura y la poesía de su tiempo. Para proteger el alma colombiana de la modernidad cultural, no tuvo más remedio, vaya ironía, que convertirse en el crítico más actualizado y vehemente de los años treinta.

Y lo cierto es que aquella década le iba a dar más de un sobresalto. Para empezar, en 1930 surgió el primer movimiento indigenista colombiano, Los

Bachués, un grupo que se dio a conocer con un manifiesto firmado por la artista Hena Rodríguez y los escritores Darío Samper y Darío Achury Valenzuela, entre otros. Aquel texto era una declaración de intenciones: los artistas colombianos finalmente se contagiaban de la vanguardia de los años veinte y se apropiaban de ideas que habían retumbado antes en *Amauta* o en *Martín Fierro*, pero que en Colombia sonaban como una novedad. Colombianizar a Colombia, afianzar el espíritu de la América india, avivar un ideal americanista; esos fueron sus lemas. Su musa, igualmente vernácula, fue la diosa muisca Bachué, una guía al «corazón de la tierra», como decían, y el tema de la famosa escultura indigenista de Rómulo Rozo.

No debe extrañar que los liberales de izquierda hubieran apoyado la incipiente plástica indigenista de Los Bachués. En 1933, en las «Lecturas dominicales» de *El Tiempo*, uno de Los Nuevos, Germán Arciniegas, exaltó la obra del nativista José Domingo Rodríguez, y aprovechó para denunciar que en Colombia las pesquisas intelectuales y artísticas hubieran soslayado durante tanto tiempo la pregunta por el alma nacional. Encandilados con el espíritu europeo, regañaba Arciniegas, los artistas habían hecho hablar al pueblo en «lenguas que no le son propias»,[46] algo que por fin empezaba a cambiar con la nueva corriente telúrica. Con algo de retraso, Los Bachués inscribían a la aislada Colombia en el movimiento americanista propulsado por la Revolución mexicana, y ese esfuerzo sería respaldado a partir de 1934 por los poderes públicos.

Aquel año llegó a la presidencia el liberal Alfonso López Pumarejo, el político que más claramente quiso acercar a Colombia al México revolucionario. En un discurso que pronunció en México D. F., cuando apenas llevaba unos meses como presidente, afirmó que lo más valioso de su visita había sido palpar «el vigoroso espíritu de la Revolución mexicana, que os aseguro trataré de extender a Colombia dentro del programa que espero realizar en mi patria durante mi gobierno».[47] Ese compromiso se hizo efectivo con el nombramiento de Jorge Zalamea, otro de Los Nuevos, en el Ministerio de Educación. Zalamea se interesó mucho por el muralismo mexicano y se propuso promover su práctica en Colombia. Los vientos empezaban a soplar en favor del arte nacionalista. A Los Bachués, que eran casi todos escultores, se sumó Luis Alberto Acuña, un pintor de volúmenes rotundos, similares a los de la escuela mexicana, que sería el primero en dar el salto a los muros, más concretamente a las paredes de la iglesia de la Sagrada Familia de Bucaramanga. También en 1930 Pedro Nel Gómez, un pintor que estudiaba en Europa, regresó a Colombia para dirigir la Escuela de Bellas Artes de Medellín, y luego para causar un tremendo alboroto en 1936 con los murales que pintó en el Palacio Municipal de Medellín (Fig. 15). La sociedad colombiana veía de pronto los edificios públicos convertidos en lienzos donde se hacían todo tipo de reivindicaciones sociales: se contaba la epopeya histórica del país, se exaltaba a los oprimidos, se hacían alusiones políticas, todo ello con un estilo expresionista y grandilocuente que desafiaba la perspectiva y las proporciones, y sobre todo el gusto de Laureano Gómez.

La voz flamígera del líder conservador, que había dejado en 1932 un cargo diplomático en Alemania para liderar su partido y poner orden en Colombia, retumbó desde las tribunas, censurando al artista criollo que intentaba emular la gesta del «expresionista» Diego Rivera. Gómez nunca ocultó el disgusto que sentía por todo aquello que desafiaba su visión del mundo, desde la Ilustración al capitalismo, desde el fascismo a las vanguardias europeas. «Plástica mendaz»: así definió los experimentos artísticos de las primeras décadas del siglo xx, las corrientes artísticas influenciadas por civilizaciones exóticas —Asiria, Egipto, el México prehispánico—, ajenas a la que nos correspondía como herencia y talante. La identidad colombiana, la más raigal y pura, no venía para Gómez de los tiempos prehispánicos, sino de la colonia. Era católica y hablaba español; debía honrar la forma clásica y no los esperpentos anacrónicos y extemporáneos que de forma caprichosa había introducido la vanguardia en la plástica más nueva. Emitiendo juicios categóricos, fulminantes, en ocasiones viles, Laureano Gómez se convertiría en el enemigo número uno de la revolución de López Pumarejo, su viejo amigo, y en especial del sector cultural que promocionó su Gobierno. Sus dardos vendrían desde *El Siglo*, el diario que fundó en 1936 y desde donde promovió una de las guerras culturales más feroces de América Latina.

Laureano atacó la estética americanista de poetas como Darío Samper, uno de Los Bachués, cuyo *Cuaderno del trópico* calificó de «folleto detestable, maloliente, asqueroso».[48] Discutió con Rafael Maya por haber escrito una reseña favorable a García Lorca, cuya obra le parecía populachera y vulgar. Y a la *Revista de las Indias*, la publicación insignia del Ministerio de Educación dirigido por Zalamea, la encontró execrable, una tribuna que se atrevía a publicar «cartas *maricones* y una especie de romance del *marica* del citado García Lorca».[49] Gómez también renegó del *Libro de los poetas*, una antología que se había nutrido del «repugnante ámbito moral»[50] que tanto gustaba a la izquierda colombiana. La flor de su maledicencia brotó con la crítica que le dedicó a Porfirio Barba Jacob, un poeta de talento, sí, pero sin idealidad ni inspiración generosa, y sobre todo con «un apetito nefando»,[51] su conspicua homosexualidad. Con Barba Jacob fue cruel, pero con quien más se ensañó fue con León de Greiff. Lo acusó de haber convertido la poesía en el pasatiempo vulgar de la gleba incivilizada. Siendo la emanación de la más alta cultura, fruto genial de unos pocos elegidos, De Greiff había querido poner el verso al alcance del limpiabotas y el ganapán de esquina. Su poesía jocosa y lúdica forzaba a las musas a deambular por los callejones sombríos, donde cualquier borrachín les podía pellizcar el culo. Bien es cierto que su radicalidad estética se nutría de la elevada concepción que tenía de la poesía. Gómez reservaba al poeta un lugar fundamental en la cultura, sospechosamente similar al que les asignaba Stalin a los novelistas. Quizá se debía a que él, al fin y al cabo, era ingeniero, y veía en los poetas y pintores a colegas de oficio. No a los encargados de elevar puentes y avenidas, sino de forjar el alma de los pueblos. Por eso la nueva plástica que se ufanaba de ser antiacadémica, expresionista, popular y espontánea no podía parecerle más que una amenaza para el temple y la firmeza del espíritu humano.

Mucha atención prestó Gómez a los cuadros de la pintora antioqueña Débora Arango, y no precisamente —ya se imaginarán— porque le gustaran, sino todo lo contrario. De una forma un tanto ingenua y desprevenida, ajena a todo intento provocador, Arango había empezado a pintar desnudos femeninos a finales de los años treinta. Lo hizo, insisto, no para generar polémica, sino porque en el cuerpo humano, como en el paisaje, veía un camino para acercarse a la naturaleza; algo que no podía calificarse de moral o inmoral, de la misma forma en que resultaba absurdo pensar que era moral o inmoral pintar un volcán o un pingüino. A pesar de ser católica practicante, de comunión diaria, Arango no se dejó coaccionar por las prevenciones y los pruritos de sus compañeras, de su familia o de la institución eclesiástica, y eso le permitió pintar lo que se suponía que una mujer no podía pintar: otras mujeres desnudas.

Arango se había quedado impactada con los murales que Pedro Nel Gómez estaba pintando en el Palacio Municipal de Medellín, tanto así que dejó a su primer maestro, el conservador Eladio Vélez, para hacerse discípula del muralista. Aunque desde muy joven tuvo vocación artística, solo hasta ese momento supo qué tipo de pintura quería hacer: vigorosa, emocional, elocuente, testimonio de un temperamento personal y libre para abordar nuevos temas. Quiso pintar murales, como su maestro; incluso viajó a México a estudiar la técnica mural, pero a una mujer, que por entonces ni siquiera tenía derecho al voto, jamás le hubieran dado la oportunidad de plasmar sus visiones en un edificio público. Gracias a un cuñado logró pintar una pared en la Compañía de Empaques de Medellín, pero hasta ahí llegó su carrera como muralista. Entonces volvió al lienzo, y de pronto sus desnudos eran el epicentro de un escándalo que habría hecho carcajear a cualquier otra sociedad latinoamericana menos provinciana y pacata. Laureano Gómez puso el grito en el cielo cuando el ministro de Educación que había reemplazado a Jorge Zalamea, Jorge Eliécer Gaitán, organizó en 1940 una exhibición en el teatro Colón de Bogotá con los desnudos de Arango.

Desde *El Siglo*, Laureano lanzó una campaña en contra de la muestra que en realidad era un ataque al Gobierno liberal y al liberalismo en general, un obús político lanzado a través de la cultura para desacreditar al oponente, y no solo en lo político, sino en lo moral. Porque las guerras culturales más efectivas se plantean en esos términos. Se pelea sobre una obra o sobre un gesto cultural, no para certificar que es indigno de admiración estética, sino para demostrar que quienes la auspician son moralmente nocivos para la sociedad. Así lo mandó decir Gómez en su periódico: «Se nos ha querido acostumbrar a eso que se llama arte modernista y que no es sino un claro indicio de pereza e inhabilidad en ciertos artistas. Se nos habla de fuerza y de emotividad que tienen algunas obras de arte. En todas ellas se exige aún en medio de la mayor sencillez un mínimo de armonía [...] Las acuarelas en el Colón no llegan siquiera a ese mínimo grado de contenido artístico. Constituyen un verdadero atentado contra la cultura y la tradición artística de nuestra ciudad capital. [...] La culpa de esta degeneración artística no puede recaer sobre la señorita Arango [...] ella es tan solo la víctima de las influencias perniciosas y antiestéticas que viene ejerciendo el Ministerio de Educación Nacional».[52] Hasta en un debate en el Congreso llegó Gómez a aludir a la pintura de «índole pornográfica» promovida por Gaitán.

Quién lo hubiera dicho: los dos políticos que más recalentaron las pasiones, el que amenazaba con guerras civiles y el que terminaba sus alocuciones con un feroz «a la carga»; es decir, los líderes en cuyas manos estalló la violencia de los años cuarenta y cincuenta, entablaban una furibunda guerra cultural en torno a unos inocentes desnudos. Ocho años después, el 9 de abril de 1948, ese promotor de la pornografía caía asesinado en pleno centro de Bogotá. Con Gaitán desangrándose en la Séptima con avenida Jiménez acababa la guerra cultural, porque ahora la guerra sería solo física y a muerte, a machete y a balazo limpio. Colombia enloquecía en sangre, y dos años más tarde Laureano Gómez era elegido presidente. Se había preparado toda la vida para ocupar ese cargo, y justo entonces, para su sorpresa y la del país entero, se daba cuenta de que la vida le tenía reservada una broma cruel. En realidad, dos bromas crueles. Un síncope cardiaco lo forzó a retirarse en 1951, y en 1953, cuando se disponía a retomar sus labores, se le atravesó en el camino, justo a él, al más férreo líder conservador, el primer y único golpe de Estado del siglo XX colombiano. El político más odiado por su verticalidad y rigidez doctrinaria, el Monstruo, era doblegado sin dificultad por Gustavo Rojas Pinilla, un militar nacionalista que logró reunir apoyos entre sus enemigos, que no eran pocos. Leopardos como Gilberto Alzate Avendaño apoyaron al caudillo bolivariano, y también algunos gaitanistas y hasta algunos liberales, que prefirieron tragarse una dictadura militar con tal de no tener a Gómez como presidente democrático.

Débora Arango también se vengó del patriarca conservador, dedicándole en 1953 una de sus más mordaces pinturas, *Salida de Laureano* (Fig. 16), una representación del instante en que el líder, convertido en sapo y aún convaleciente, era expulsado del poder por Rojas Pinilla. Laureano aparecía transportado en una camilla por cuatro gallinazos. Al frente, guiando, iba la muerte; detrás, el nuevo dictador iba barriendo los sapos que se le atravesaban con la culata de su rifle. El trasfondo no podía ser más lúgubre: sacerdotes en una esquina, militares en la otra, cañones escoltando el cortejo; todo envuelto en penumbras y en el incierto fragor que se reflejaba al fondo, el horizonte al que guiaba la muerte. Esa fue otra consecuencia del asesinato de Gaitán. Arango dejó de pintar desnudos y temas convencionales, y sus lienzos empezaron a ganar gravedad histórica y densidad política. Pintó la matanza de las bananeras de 1928, pintó las hordas enloquecidas durante el Bogotazo, pintó las mujeres victimizadas por la guerra partidista, pintó los manifestantes en las huelgas, pintó los símbolos patrios envilecidos. Ella, que con sus desnudos no había tenido ninguna intención transgresora, ahora quería pisar todos los callos. Densas, lúgubres, mórbidas, esas pinturas perpetuaban la atmósfera viciada de una Colombia en guerra, trastornada por la intolerancia política y la sombría autoridad de políticos convertidos en lobos y batracios.

Las guerras culturales de los años treinta y cuarenta no impidieron extrañas alianzas en el campo de la poesía. Entre 1939 y 1940 el poeta Jorge Rojas publicó la serie de *Cuadernos de Piedra y Cielo*, en torno a los cuales orbitarían los piedracielistas. Fue un grupo heterogéneo, en el que sin embargo latía una preocupación común. Eduardo Carranza y Gerardo Valencia provenían de la Acción Nacional Derechista de Alzate Avendaño (y de darse puñetazos con los comunistas). Darío Samper, en cambio, estaba vinculado a la opción nacionalista contraria, la popular, la de Los Bachués. Además de ellos estaba el mismo Rojas, de raigambre liberal, Carlos Martín, futuro rector del colegio donde estudió García Márquez, Arturo Camacho Ramírez y Tomás Vargas Osorio. Aunque no tenían fines políticos ni una estética delimitada por un manifiesto, palpitaba en ellos una preocupación por lo nacional y por lo americano que rompía definitivamente con el legado grecolatino de Guillermo Valencia. No más frisos ni mármoles ni referencias exóticas. Los piedracielistas se propusieron hacer una poesía ligada a referentes cercanos, empezando por el paisaje colombiano, como resulta evidente en «Morada al sur», de Aurelio Arturo, un compañero de viaje del piedracielismo.

Por eso pudieron convivir en él un derechista exaltado como Carranza y un izquierdista como Darío Samper. Las nostalgias por los referentes patrios los unían, así el primero fuera un hispanista confeso, defensor de lo que él llamaba «el estilo colombiano», una manera de ser y existir determinada por el influjo inexorable de Gonzalo Jiménez de Quesada, «fundador de nuestra nacionalidad», y del Bolívar autoritario que redactó la Constitución boliviana; y así el segundo viniera de exaltar el nacionalismo desde el otro extremo, el que privilegiaba la temperatura de los paisajes tropicales y la pulpa original no procesada por España. La pasión americanista, en última instancia, no tenía sello político, y quien entraba por la derecha podía salir por la izquierda. Carranza empezó escribiendo poemas de un americanismo patriótico y derechista («Lírico barro americano, / cobre de amor y de dolor: / patrias en haz que une la mano / celeste del Libertador. / Nuestra América toda cante, / de pie su sangre en nuestra voz: / clara y vibrante, semejante / a una lanza bajo el sol»),[53] luego se sumó a la prédica antiimperialista de Rubén Darío, y finalmente se entusiasmó con la gesta revolucionaria del Che Guevara. Nada de qué sorprenderse: todo era parte de lo mismo.

LA GUERRA DEL CHACO Y EL DELIRIO NACIONALISTA DE BOLIVIANOS Y PARAGUAYOS

El 23 de julio de 1932 el Gobierno de Paraguay movilizó a las armas a todos los ciudadanos aptos para el combate. No eran muchos, no quedaban. Su población masculina había sido casi exterminada entre 1864 y 1870, durante la guerra de la Triple Alianza que enfrentó a Paraguay contra Argentina, Brasil y Uruguay; casi nada. Luego, una larga serie de revoluciones internas, la de 1908, la de 1911 y la de 1922, habían acabado de mermar la población. De modo que cuando el Gobierno de José Patricio Guggiari ya no pudo contener las protestas internas —una de ellas acabó en una matanza— por la presencia del ejército boliviano en la región del Chaco Boreal, hasta los adolescentes tuvieron que armarse para ir a combatir al país vecino. Uno de esos quinceañeros, Augusto Roa Bastos, guardó en la memoria esas vivencias y cultivó el talento literario para contárnoslas veinticinco años después. *Hijo de hombre* nos da una idea de lo que fue aquello: bolivianos y paraguayos matándose por un pedazo de desierto, miles y miles de hombres padeciendo la más horrible muerte, la blanca, la que tapona las vísceras con polvo y deseca el organismo, la que convierte al más aguerrido soldado en un zombi enloquecido por una gota de agua. Y todo por un par de espejismos: una vía fluvial con desembocadura en el Atlántico y posibles riquezas petroleras. También por la indefinición de las fronteras en un continente que no acababa de hacerse, y por encima de cualquier cosa por el nacionalismo, el honor herido de dos países que sistemáticamente habían salido mal parados de todas las guerras que habían peleado. Tres años de combates los dejaron deshechos, empobrecidos, magullados. Algo más a Bolivia, que se vio forzada a retirarse derrotada, pero también a Paraguay, que acabó en la ruina. Los dos países sufrieron un gran trauma, y a partir de 1935 iniciarían un proceso de reflexión histórica en busca de las fallas que los habían dejado postrados.

Ese examen empezó en las cárceles paraguayas. Aunque la guerra ya había terminado, muchos oficiales bolivianos seguían encerrados en territorio enemigo a la espera de que se firmaran los tratados internacionales. Abandonados a su suerte, sintiéndose olvidados por las élites políticas, recalentaron día a día su frustración hasta segregar un nacionalismo aún más radical que el de 1932; un deseo imperioso de regenerar Bolivia y juzgar a la élite tradicional que los había lanzado a esa absurda guerra. En esas cárceles infectas empezaron a hacer juramentos. Se asociaron en logias secretas, Razón de Patria (Radepa) y Mariscal Santa Cruz, y se propusieron saldar cuentas con el viejo sistema político que había propiciado la derrota. No es una casualidad que en Paraguay estuviera ocurriendo lo mismo: los ciudadanos comunes y corrientes, pero también, y con más urgencia, los soldados que habían combatido, necesitaban entender las causas del desastre y señalar al responsable. Revisaron el pasado inmediato y sacaron la misma conclusión: la culpa recaía en las élites que habían gobernado el país durante los últimos sesenta y cinco años, desde el final de la guerra de la Triple Alianza. Los bolivianos mientras tanto se consolaban diciéndose que la guerra del Chaco no había sido una simple derrota, sino la confirmación de que Bolivia había estado durante décadas en manos de unos vendepatrias. En 1884, tras la derrota en la guerra del Pacífico, las élites sacrificaron la salida al mar, más de 150.000 kilómetros cuadrados en el litoral del Pacífico que ahora pertenecían a Chile. Y en 1903, como si no hubieran perdido suficiente, le habían cedido al amenazante Brasil el territorio del Acre. La pérdida del Chaco era parte de lo mismo, confirmaba que los últimos cincuenta años de mandato oligárquico, sometido a las ideas liberales y al positivismo, no habían forjado lo más importante para un país, su sustancia, su savia: el sentimiento nacional.

De las trincheras volvieron los soldados de los dos países convencidos de que una nación no era unas instituciones y unas leyes, sino un sentimiento, un acto de afirmación. Los bolivianos quisieron convertir la derrota en victoria. Puede que hubieran perdido el Chaco, pero a cambio habían ganado algo más importante. Carlos Montenegro, el padre ideológico del nuevo nacionalismo, lo resumía en una frase: «Allí donde tenía que perecer, se rehízo el espíritu de Bolivia».[54] Eso habían encontrado en aquel desierto rojo y mortal: una nueva idea de lo que debería ser Bolivia. Los paraguayos, en la misma línea, emprendieron en 1935 otra guerra, esta vez interna e ideológica, contra la Constitución de 1870 que había enterrado en el siglo XIX al Paraguay del doctor Francia y de los Solano López, Carlos Antonio y su hijo Francisco. Estos tres dictadores, furibundamente nacionalistas y refractarios a cualquier contaminación extranjera, dirigieron los destinos del país desde su independencia en 1811 hasta la guerra de la Triple Alianza. La devastación de Paraguay puso fin a su hegemonía y permitió redactar esa Constitución, la de 1870, que democratizó el país, lo abrió al mundo, creó instituciones liberales y le dio al individuo libertades que hasta entonces no había conocido. Pero después del Chaco los militares empezaron a sentir nostalgia por los buenos viejos tiempos del despotismo ilustrado que gobernó Paraguay. Recordaron cómo el doctor Francia había aplastado a las élites económicas e intelectuales, imponiendo un socialismo de Estado y proscribiendo el libro del suelo paraguayo. El error había sido dejar que las élites volvieran a proliferar, peor aún, que se hubiera instalado en el poder un partido, el Liberal, con ideas extranjerizantes, responsable del peor de los pecados: debilitar al ejército e ignorar la invasión boliviana del Chaco.

Los intelectuales paraguayos de los años treinta no tardaron en sumarse a los militares. Emprendieron una revisión histórica para corroborar que sí, en efecto, el momento en que Paraguay se había jodido había sido ese, 1870, cuando las élites permitieron que el pensamiento liberal se entrometiera en los asuntos paraguayos para corromperlos. Todos los problemas, incluida la guerra del Chaco, eran el resultado de estas ideas; de una Constitución que, como decía Juan Speratti, uno de los militares nacionalistas que luchó en el Chaco, «quebrantó con su individualismo al paraguayo como productor solidario».[55] Para esos intelectuales la guerra contra Bolivia había sido un conflicto territorial en el que se había recuperado el territorio, pero no la independencia. Esa era la tarea pendiente, la disputa por la emancipación, que no debía darse contra los bolivianos, sino contra el enemigo que había fracturado y debilitado al país: el régimen capitalista internacional impuesto por los liberales. La manera de hacerlo era clara, redirigiendo al país por un camino que no llevaba al futuro, sino hacia el pasado, al nacionalismo radical y absolutista que había impuesto el doctor Francia a comienzos del siglo XIX. Juan Emilio O'Leary, poeta y ensayista, puso en palabras aquel deseo en su «Himno a José Gaspar Rodríguez de Francia»: «Al lanzarse la Patria a la vida, / libre ya de su antiguo opresor, / ¡fuiste, Francia, el experto piloto / que a su pueblo el camino enseñó! / Arquitecto, también, levantaste / con tus manos de sabio creador / del hogar paraguayo los muros / y les diste inmortal duración».[56]

A conclusiones similares llegaban los bolivianos. También ellos se propusieron romper el viejo sistema de alianzas entre los partidos políticos tradicionales y los grandes barones del estaño —Simón Iturri Patiño, Carlos Víctor Aramayo y Mauricio Hochschild—, lo que popularmente se llamaba la Rosca, porque la culpa de la derrota la achacaban a ellos, a los agentes internos que se habían amangualado con los intereses económicos foráneos, es decir, a la burguesía, al Gobierno de Daniel Salamanca, al liberalismo. El cambio de sistema era una exigencia moral, un deber adquirido con los excombatientes. Por entonces los partidos políticos de izquierda eclosionaban a lo largo y ancho del país. Empezando por los militares, que coqueteaban con la idea de una revolución, todos los actores sociales hablaban de una misma cosa, del socialismo. En medio de la agitación, el movimiento obrero también cobró nuevos ímpetus. Poco a poco la presión fue subiendo hasta que en mayo de 1936 se produjo un golpe militar lanzado por Germán Busch y David Toro, que iniciaba el periodo del socialismo militar boliviano. En un comunicado de prensa, Toro aseguró que el golpe, además de contar con el apoyo unánime del ejército, estaba inspirado en un socialismo «concordante con la nueva ideología del país». Su fin, además, era claro: «Implantar el socialismo de Estado con el concurso de los partidos de izquierda».[57]

El golpe de los militares bolivianos coincidió con el de los paraguayos. El 16 de febrero de 1936, el coronel Rafael Franco, héroe del Chaco y presidente de la Asociación Nacional de Excombatientes, expulsó del poder al Partido Liberal. Autodefinidos como socialistas, antipersonalistas y antioligárquicos, estos militares, que luego serían conocidos como los «febreristas», se propusieron reconquistar la soberanía política y la independencia económica de Paraguay. Declararon «antinacionales» a todas las oligarquías que habían vendido el patrimonio nacional y entregado las riquezas del país a las plutocracias internacionales, y reivindicaron la figura de Francisco Solano López. «Página de oro de la historia del idealismo humano»,[58] llamaron a su suicida gesta de 1864 contra Brasil, Argentina y Uruguay. Acto seguido, declararon el fracaso del Estado individualista y se propusieron fundar un Estado nuevo, una nueva conciencia, una nueva moral y un hombre nuevo inspirados en ese Paraguay decimonónico y dictatorial.

Basta con recordar lo que fue eso para sentir un escalofrío. Bajo la prolongada dictadura del doctor Francia, que duró hasta su muerte, en 1840, el 98 por ciento de las tierras estaban en manos del Estado. La sociedad era homogénea e igualitaria, y vivía en un estado de semiacuartelamiento, alerta ante las amenazas que representaban las dos potencias sudamericanas que tenían como vecinas. Todos los hombres entre diecisiete y sesenta años prestaban servicio militar y estaban listos para entrar en combate. Sin contacto con el exterior, sin prensa, ni imprentas ni libros foráneos o nacionales, replicando de alguna forma la vida en las misiones jesuíticas o en los cuarteles militares, Paraguay se convirtió en un experimento único en Latinoamérica. Nadie podía entrar o salir de Paraguay, y todo el correo era revisado y censurado. Quien no transigiera con tales disposiciones tenía un cupo asegurado en los poco confortables campos de concentración levantados en la selva. Este Paraguay decimonónico fue un paraíso o un infierno, según el grado de efervescencia nacionalista y de recelo hacia el mundo exterior que se cocinara en el alma de cada quien. Los militares nacionalistas como Speratti veían ahora en ese pasado una época de «soberanía política e independencia económica [...] de plena efectividad»,[59] un paraíso que se ajustaba al carácter y a la realidad paraguaya que habían corrompido los liberales paraguayos formados en el Río de la Plata. Entendido el problema, llegaba el momento de volver a poner las cosas en su lugar. Los militares promovieron una reforma agraria y dieron potestad al Estado para nacionalizar tierras, minas y recursos. En cuanto a la cultura y la educación, se nutrió de contenidos nacionalistas. Honraron el pasado y las tradiciones, siempre pensando en alejar «a las nuevas generaciones de cualquier perversión ideológica capaz de prestigiar regímenes exóticos incompatibles con nuestras condiciones étnicas, sociales y económicas».[60] En resumidas cuentas, lo que proponían era un nuevo cordón sanitario que mantuviera alejados de Paraguay el comunismo y la plutocracia occidental.

Este sofocón patriótico que añoraba los delirios aislacionistas y una vuelta a un orden igualitario, vigilado por un Estado omnipotente, resultaba muy difícil de diferenciar del totalitarismo europeo. El ministro del Interior de Paraguay, Gomes Freire Esteves, también poeta, somatizó esa confusión en su poema «Sueños». «Yo sueño con la aurora del hombre y de los pueblos, / aurora nunca vista que guarda el porvenir, / aurora apocalíptica que al son de sus trompetas / anuncia a todo el mundo de servidumbre el fin»,[61] decía, y muy rápido se comprobó que esa aurora que auguraba para el pueblo paraguayo no se diferenciaba mucho de la que alumbraba en la Alemania nazi. El 10 de abril de 1936 promulgó el decreto ley número 152, en el que decía que la revolución libertadora debía impulsar «las transformaciones sociales totalitarias de la Europa contemporánea»,[62] y cuyo segundo artículo forzaba al ciudadano a sintonizar su voluntad con los intereses del Estado. Tan fascista era esa medida, tan parecida a los delirios de Plínio Salgado, que los paraguayos se rebelaron y Freire Esteves tuvo que dar marcha atrás. Fue su fin político, pero desde luego no el del nacionalismo.

En cuanto a los militares bolivianos, más de lo mismo. Expulsaron del Gobierno a los partidos políticos e impusieron medidas que copiaban lo que había hecho Mussolini. Toro intentó imponer un modelo corporativo de Estado, e incluso acogió una misión italiana destinada a remodelar a la policía para ajustarla a los parámetros mussolinianos. Nada de esto contentó a los excombatientes del Chaco; mucho menos la Asamblea Constituyente que convocó, y que les dio oxígeno a los partidos tradicionales. Como último intento por mantener el poder hizo un gesto radical. El 13 de mayo de 1937, Toro expropió la Standard Oil. Antes que México, Bolivia se convertía en el primer país latinoamericano que nacionalizaba sus recursos petroleros, una medida espectacular que sin embargo no evitó que el mismo Busch, su socio en el golpe, lo echara del Gobierno y lo desterrara.

Busch convocó otra Asamblea Constituyente en 1938, de la que Bolivia salió convertido en un país revolucionario, jaloneado por fuerzas de izquierda y por fuerzas nacionalistas, y sobre todo por un nuevo grupo de diputados que intentaba fundar un proyecto político, el Movimiento Nacionalista Revolucionario (MNR). Fueron los intelectuales vinculados a este partido quienes continuaron la revisión de la historia boliviana. El escritor Augusto Céspedes, por ejemplo, dijo que en Bolivia había dos generaciones, «una que trata de mantener la organización colonial y otra que quiere fundar una nacionalidad efectiva y nueva, económicamente libre».[63] Ahí estaba una vez más la frontera, la división de la sociedad entre los bolivianos genuinos y espurios. Céspedes reinterpretaba la historia boliviana a la luz de ese nuevo dilema: colonialismo *versus* nacionalidad efectiva. En la primera categoría estaban el pasado, la Rosca y la economía exportadora; en la segunda, todo lo que se les oponía. Estaba haciendo algo interesante, una pirueta intelectual que transformaba ideas nacionalistas con préstamos del fascismo y el nazismo en una ideología liberacionista y revolucionaria, incluso de izquierda. Aunque su matriz teórica era la misma, ya no hablaba de engrandecimiento, sino de liberación nacional, y a sus enemigos, también bolivianos, los desnacionalizaba convirtiéndolos en emisarios de países opresores.

El socialismo militar boliviano duró hasta 1939, año en que Busch se quitó la vida. Este periodo coincidió con el auge de *La Calle*, un diario independiente que reunió a los intelectuales vinculados al MNR. Dirigido por Carlos Montenegro y el citado Céspedes, *La Calle* somatizó en Bolivia el mismo odio al imperialismo anglosajón que infectaba con pústulas fascistoides, antisemitas y pro Eje a todo el continente. Sus editoriales y artículos llegaron a ser, en opinión del historiador Herbert S. Klein, «francamente pronazis»,[64] plagados de alusiones al peligro que representaban los judíos de Wall Street y de defensas de los intereses alemanes, italianos y japoneses en

Bolivia. El MNR se autoproclamaba socialista y revolucionario, pero sus ideas claramente se alejaban de las formaciones marxistas como el Partido de Izquierda Revolucionaria y el Partido Obrero Revolucionario de Tristán Marof. Los tres grupos querían expropiar las minas a los barones del estaño, promulgar una reforma agraria y nacionalizar todo lo nacionalizable, pero mientras los dos partidos de izquierda sostenían una postura claramente internacionalista, opuesta al nazismo, los nacionalistas no querían saber nada de ideologías extranjerizantes ni de causas universales. Su preocupación no eran las clases explotadas, sino los países colonizados. La Bolivia del MNR sería el primer país latinoamericano que actualizaría ese problema, el colonialismo, insistiendo en que más de un siglo después de la independencia lo seguía padeciendo. Toda su artillería intelectual estaría destinada a demostrar que así era y que por lo mismo les correspondía dar una lucha de liberación nacional, así no hubiera una potencia invasora. Seguía habiendo un enemigo; la cuestión era que ya no estaba afuera, era interno, era el antipueblo.

Hacia finales de 1940, este grupo de intelectuales y políticos ya había formado el embrión de lo que posteriormente, en 1942, se convertiría oficialmente en el MNR. Su figura más visible sería Víctor Paz Estenssoro, uno de los políticos más camaleónicos de América Latina, pero su savia intelectual la proporcionarían Céspedes, Montenegro y José Cuadros Quiroga. A este último le correspondería redactar las bases y los principios del MNR, un documento que era, a la vez, otro repaso histórico de Bolivia y una explicación de los cinco principios para la acción que asumía el partido. El documento iniciaba con la guerra del Chaco y con esa Bolivia que había sido derrotada tres veces a causa de los errores de quienes llevaban cuarenta años en el poder, esos mismos gobernantes que ahora permitían otro tipo de invasión a la patria: los préstamos e hipotecas, esa llave mágica que usaba el colonialismo para abrir las minas y llevarse las riquezas de Bolivia. Ante esa situación, la acción del MNR debía ser «inmediata, impostergable, decisiva y salvadora».[65]

Cuadros Quiroga hacía esta advertencia para que no se volviera a repetir la historia. Según él, durante el Tahuantinsuyo, sin la rueda ni el hierro, Bolivia había fraguado un sistema agrario próspero y beneficioso para la colectividad. La llegada de los españoles y la imposición del feudalismo trastornaron por completo esa armonía. El indio se convirtió en siervo y la tierra que cultivaba, en posesión ajena. Era la primera pérdida, pero no sería la última. A finales del siglo XIX el imperialismo británico, urgido de materias primas, fue el causante de la guerra del Pacífico; luego, a principios del XX, necesitada su industria del caucho, desató la guerra del Acre. La guerra del Chaco era una etapa más en esa historia de saqueos coloniales. Según el escritor, en 1932 no se habían enfrentado bolivianos y paraguayos, sino los intereses de la Standard

Oil y los de la Royal Dutch-Shell. Cuadros Quiroga reescribía la historia para convertir las guerras nacionalistas en guerras causadas por el colonialismo; por el colonialismo y por sus títeres criollos, los gobernantes afectados por ideas liberales que avalaban el desmembramiento de la nación a cambio de una vergonzante compensación económica. Eso era lo peor de la mentalidad liberal, que privilegiaba el dinero a la patria. «Así —concluía el escritor— los liberales se desvinculaban de la bolivianidad hasta ponerse frente o sobre ella, explotándola mancomunadamente con los negociantes internacionales».[66] Es decir, el boliviano liberal no era un boliviano verdadero.

Todo este desastre condenaba al liberalismo y despertaba ilusión por el socialismo. Pero un socialismo sin parentesco con el marxismo o con las reivindicaciones clasistas. «No podemos construir nuestro destino de Nación aferrados a la ideología universalista de la clase obrera»,[67] enfatizaba. Al contrario, el fin era detener la anarquía, unir al país y hacerlo fuerte para liberarlo del verdadero enemigo, que no era otro que el imperialismo. Eso suponía luchar también contra la democracia y contra sus emisarios internacionales; contra el «*pioneer* del Imperialismo que nos arrulló con la dulce canción de la libertad política y nos esclavizó económicamente».[68] Suponía enfrentarse a la falsa democracia y al pseudosocialismo e imponer un programa verdaderamente nacionalista. ¿Qué implicaba esto? Entre otras cosas, prohibir la inmigración judía, afirmar «nuestra fe en el poder de la raza indomestiza»,[69] defender el interés colectivo antes que el individual, reactivar las tradiciones nacionales, nacionalizar los servicios públicos, prohibir las industrias y los espectáculos nocivos para el espíritu patrio, e imponer la pena de muerte a especuladores, contrabandistas, usureros, falsificadores y sobornadores. Como demostró Alberto Ostría Gutiérrez, corroboró Germán Arciniegas y recordó Tristán Marof, aquel programa coincidía punto por punto con el del Partido Nacional Socialista Alemán.

El nacionalismo radical del MNR, con su rechazo al internacionalismo y con su mal disimulado desdén hacia la democracia —«demoentreguismo», lo llamaban en *La Calle*—, con su defensa de lo que Augusto Céspedes llamaba «los valores objetivos de la nacionalidad: la tierra y la raza»,[70] acabó rondando los tétricos cuarteles del nazismo. Otro de los libros esenciales en la ideología del MNR, *Nacionalismo y coloniaje*, de Carlos Montenegro, reforzaba esa visión maniquea de la historia y dividía la sociedad en amigos y enemigos, pueblo y antipueblo, patria y antipatria, una estrategia típica del fascismo promovida por el jurista nazi Carl Schmitt, después incorporada como atizadora de conflicto en la dinámica del populismo. La diferencia entre esta y las otras revisiones era que Montenegro ponía el énfasis en la evolución de la prensa, y lo que descubría en los pasquines clandestinos publicados durante la colonia, y luego leyendo los periódicos independientes opuestos a la Rosca, era que en todo ese tiempo se habían manifestado y habían chocado dos voces: una era la voz de la auténtica bolivianidad, y la otra —es fácil de adivinar—, la voz del colonialismo. Montenegro rastreaba la batalla entre esas dos expresiones para demostrar que hasta 1943, fecha en que publicó su libro, la historia de Bolivia había sido analizada con ideas y sentimientos netamente antibolivianos.

El resultado de esta historia despreciativa de lo propio había sido una pérdida de las «reservas nutricias» de Bolivia, con el efecto ya anunciado por Cuadros Quiroga: una y otra vez había dejado al país a merced del lucro del extranjero. Montenegro decía que había llegado la hora de volver a contar la misma historia con otra voz, no la del intelectual colonizado, sino la de la bolivianidad; con la voz de «lo nacional como energía histórica afirmativa».[71] *Nacionalismo y coloniaje* ponía frente a frente la bolivianidad y la antibolivianidad, la patria y la antipatria, los intereses de la casta y los intereses de la nación. La «antibolivianidad —decía— [es] hija del espíritu colonialista en que se inspira el dominio de los doctos y de los ricos».[72] No importaba que se tratara de personas nacidas, criadas y aferradas a Bolivia. La casta antipatriótica llevaba la tara del coloniaje, ese pecado de origen, y por lo mismo pasaba irremediablemente al bando enemigo.

En la visión de Montenegro solo había una forma digna de ser boliviano, y esta pasaba por abrazar sin reservas el credo nacionalista. Para obtener un certificado de bolivianidad había que creer firmemente en el espíritu nacional, afirmarlo, matar y morir por la «independencia del pueblo nativo». Quienes no lo hacían demostraban tener el espíritu colonizado, ser potenciales favorecedores del extranjero, demoentreguistas que privilegiaban las leyes a las necesidades de la patria; una vez más, los enemigos. Montenegro no exaltó la violencia como remedio purificador, y eso lo eximió de convertirse en un pensador recalcitrantemente fascista. Pero esa división de la sociedad en amigo-patriota-puro y enemigo-vendepatrias-colonizado lo convertía en el antecedente teórico más preclaro del populismo latinoamericano. Y, curiosamente, también del español, porque Montenegro sería uno de los autores citados por Íñigo Errejón en la investigación doctoral sobre las estrategias populistas de Evo Morales que realizó en Bolivia, y que luego importaría con éxito a la política española.

Lo más parecido a Montenegro que hubo en Paraguay fue un poeta nacionalista, próximo al nazismo, que incluso llegó a la presidencia. Tras la salida de los febreristas del poder en 1937, el país vivió un largo periodo de inestabilidad. En este contexto volátil cobró protagonismo Juan Natalicio González, uno de los estudiantes que se habían manifestado en 1931 por la pasividad del Gobierno ante la arremetida boliviana en el Chaco. Cinco años después presidía el Partido Colorado y estaba listo para dar el salto al poder. Aunque como poeta era indigerible, como ensayista y panfletista ganó una merecida reputación. También él emprendió una labor de revisión histórica similar a la que se hizo en Bolivia. En 1935 empezó a escribir una serie de libros sobre Paraguay y la paraguayidad que reivindicaban los periodos dictatoriales del doctor Francia y de los López, descritos como gobiernos en los que realmente se interpretaron a cabalidad las necesidades étnicas, sociales y económicas del pueblo paraguayo. En *El Paraguay eterno* retomaba la vieja disputa arielista entre la «América gringa» y la «América autóctona», y añadía que en Paraguay, a diferencia del Río de la Plata, donde «lo meteco», es decir, lo extranjero, estaba imponiéndose, lo autóctono recobraba su dominio. Se refería a la Constitución de 1870 como un texto «esencialmente antiparaguayo», y aseguraba que el pueblo ya no se rendía a los cantos de sirena de lo foráneo.

Natalicio intentó que así fuera: alabó los valores autóctonos y despreció cualquier desviación extranjera. Lo curioso es que ese Paraguay autóctono no era el de los guaraníes. En su visión de la historia, el encuentro entre indígenas y españoles no había supuesto un gran trauma. Los nativos habían establecido pactos de colaboración con los blancos, de modo que no era correcto hablar de una conquista de los unos sobre los otros. Más apropiado era decir que el blanco había sido absorbido por el guaraní mediante la fecunda relación con la india, un acoplamiento del que había surgido el mestizo, el verdadero fundador de América. «La suma de conocimientos heredados de la madre india y del padre europeo —decía Natalicio en 1938— se ponen al servicio de un fin americano».[73] Y más adelante, en «El mestizo», un poema de 1952, confesaba su vasconceliana convicción en la superioridad racial del mestizo: «Y hasta el vientre esculpido en dulce bronce intacto / de la india, tierno lirio del país de los carios, / agradar parecía el profundo contacto / de los progenitores de azules ojos arios / para animar gozosa en sus carnes maduras, / dulces como la miel y ardientes como brasas, / la viviente escultura / de una más digna raza».[74] Indigerible, lo había advertido.

El mestizo paraguayo era el que se había independizado de España y de Argentina y había fundado la nación paraguaya. Sus virtudes, según Natalicio, habían cuajado en ese instante; ahí surgía el Paraguay y la paraguayidad, también el deber de construir una república acorde con sus rasgos distintivos. ¿Y cuáles eran esos rasgos esencialmente paraguayos? Natalicio lo tenía claro. El paraguayo «ama la disciplina del patriotismo y gusta sacrificar la vida individual en aras de la vida colectiva».[75] Se decía muy paraguayo, pero sonaba igual que el argentino Uriburu.

Encandilado con una visión purificada del destino nacional, Natalicio empezó a ascender posiciones en la vida política. Aunque se enunciaba como nacionalista de izquierda, sus modos eran más bien derechistas, de la peor derecha autoritaria. Tenía un grupo de matones a su servicio, Guion Rojo, que recurría a la intimidación para arrinconar a sus rivales de los demás partidos. Saboteando sus actos, silenciándolos con la porra o atacando sus periódicos, mermaban su influencia entre los estudiantes y en el sector obrero. «A balazo, a cañonazo, Natalicio al palacio», decían los guiones rojos, y algo así fue lo que ocurrió. A punta de golpes y amenazas, el poeta nacionalista llegó a unas elecciones en las que no se presentó ningún otro candidato. En 1948 asumía la presidencia, solo para perderla al poco tiempo, porque ni el fascistoide Natalicio podía garantizar la estabilidad del país. A lo largo de los siguientes años todos los presidentes fueron cayendo puntualmente cada año, uno tras otro, como frutos podridos. La inestabilidad solo acabaría en 1954, cuando apareció en la vida política el comandante en jefe de las fuerzas armadas, el temible Alfredo Stroessner, para inaugurar anticipadamente la nueva ola de dictaduras militares de los sesenta y setenta.

Mientras Natalicio imponía en Paraguay su nacionalismo cerril y autoritario, en Bolivia el MNR se preparaba para conquistar el poder con un nacionalismo distinto, revolucionario, sí, aunque no marxista; más bien un híbrido de tendencias autoritarias, burguesas, democratizadoras y agresivamente reformadoras, que una vez en el poder cambiarían la historia del país. La revolución minera de 1952, un estallido social que restituyó a Paz Estenssoro en la presidencia que le habían robado en las elecciones de 1951, les permitió a los nacionalistas aplicar una exitosa reforma agraria, nacionalizar las minas, acabar con la Rosca, crear una nueva burguesía, integrar y dar plena legitimidad nacional al quechua y al aimara, potenciar la educación, promover una reforma democrática para universalizar el voto, integrar al país mediante infraestructuras y, como en el México de Miguel Alemán, convertir el nacionalismo en un desarrollismo capitalista bien visto por Estados Unidos. La revolución del MNR acabaría con el feudalismo del siglo XIX, y ese sería su gran logro, pero no llevaría una democracia plena, propia del siglo XX. Mantendría tics autoritarios, como los campos de concentración donde se encerró arbitrariamente al enemigo. Privilegió el gesto político sobre la gestión económica, dejó medrar la burocracia y la corrupción, y finalmente, en 1985, el mismo Paz Estenssoro tendría que privatizar las minas que había nacionalizado en 1952, tratando de frenar una desastrosa hiperinflación.

El MNR fue al mismo tiempo un partido de extrema derecha y de extrema izquierda. Su nacionalismo, como se dice hoy en día, era un significante vacío que podía llenarse con motivaciones de uno u otro lado; que podía ser golpista, revolucionario o demócrata según soplara el viento, y que a la larga apostaría por la nacionalización o por la liberación del mercado, por el antiimperialismo o la complicidad con los yanquis dependiendo de qué estrategia garantizara su supervivencia política. Esto ya no era solo nacionalismo filofascista o nacionalismo popular, sino otra cosa; era populismo, la fórmula que le permitiría al MNR convertirse en el protagonista hegemónico de la vida política boliviana hasta 1964, cuando los emuladores de Stroessner se llevaron por delante las democracias del continente. No solo las liberales, también las populistas.

LA APROPIACIÓN DEL INDIGENISMO Y DEL MURALISMO POR PARTE DE LOS PROYECTOS NACIONALISTAS

Teosofía, masacres e indigenismo: el delirio de Maximiliano Hernández Martínez

«Nadie sabe para quién trabaja». Este dicho, repetido hasta el cansancio, trillado, desgastado, viene muy bien al caso cuando se observan las maniobras que realizaron los gobiernos de los años treinta y cuarenta para dotarse de legitimidad simbólica y cultural. A los gobiernos nacionalistas les vino como anillo al dedo el arte vernáculo que había impulsado la vanguardia en la década de 1920; las prácticas artísticas y literarias que rescataron los valores encarnados en el campesino, el indio o el negro, en los representantes más conspicuos de la nacionalidad. En buena parte del continente, como en Brasil y México, los gobiernos alentaron la práctica del muralismo, y tanto Portinari como Rivera, Siqueiros y Orozco se convirtieron en pintores oficiales. Lo paradójico del caso es que esa idealización de los personajes populares, de los oficios ligados a la tierra o de las víctimas había empezado como una reivindicación revolucionaria, de izquierda, pero nada impedía que también interesara a la derecha. Ya sabemos lo que ocurre con el nacionalismo: en un plis plas cambia de signo o mantiene un juego equidistante, creando una fachada cultural progresista mientras cultiva un núcleo político reaccionario.

Getúlio Vargas y Miguel Alemán promovieron la modernización cultural mientras adelantaban políticas derechistas. Pero ellos no fueron, ni por asomo, quienes mejor y más descaradamente usaron la cultura para crear una fachada popular que encubriera un Gobierno reaccionario. Y cuando digo reaccionario me quedo corto. «Fascista» y «etnocida» quizá sean las palabras que mejor describen al dictador salvadoreño Maximiliano Hernández Martínez, porque fue él quien sofocó el levantamiento comunista de 1932 con una carnicería humana que dejó entre diez mil y treinta mil indígenas pipiles muertos. Hernández Martínez, como el doctor Francia, fue un déspota ilustrado. Un presidente paternalista y autoritario que Roque Dalton parodió con elegancia en uno de sus poemas: «Dicen que fue un buen Presidente / porque repartió casas baratas / a los salvadoreños que quedaron...».[76] La ironía radica en que el militar, aunque asesinó mucho, y sobre todo a indios, fue bueno, o eso quiso hacer creer. Lo intentó convirtiéndose en el promotor más notable del arte indigenista centroamericano y en el defensor de la causa americanista, el caso que mejor ilustra lo fácil que era, y sigue siendo, instrumentalizar el progresismo para crear una fachada amable que esconde cualquier tipo de inmundicias.

Hernández Martínez promovió las actividades del Ateneo de El Salvador y de la Logia Teosófica Teotl, y él mismo destacó como conferencista. En 1927 dio una con el título «La enseñanza por el método de proyectos y su influencia sobre la educación de la atención»,[77] que si hoy nos dicen que la dictó un finlandés para inspirar las leyes educativas de los gobiernos progresistas contemporáneos nos lo creemos. Como muchos otros intelectuales centroamericanos, Hernández Martínez había partido del espiritualismo arielista de Rodó para llegar al espiritualismo teosófico, una corriente intelectual que mezclaba el nacionalismo, los valores espirituales, el paternalismo hacia las masas, el antiimperialismo y hasta el sandinismo. De las ocurrencias teosóficas de Hernández Martínez pudo haber tomado García Márquez la idea de los médicos invisibles que consultaba Fernanda del Carpio en *Cien años de soledad*, porque el déspota salvadoreño invocaba en sesiones de espiritismo a una secta de médicos que le recetaban pócimas para todos los males imaginables. Una de estas curas milagrosas la menciona García Márquez en su discurso del Nobel. Para sanar la escarlatina, Hernández Martínez ordenó que se cubriera de papel rojo el alumbrado eléctrico de San Salvador. Sus aliados en el más allá también le ayudaban en el ejercicio del servicio público, como podía intuirse de otra de sus conferencias, «Bosquejo del concepto del Estado desde el punto de vista de la filosofía esotérica». El líder antiimperialista ocupó buena parte de su tiempo en la teosofía, pero además de sus conversaciones con el más allá también desarrolló un proyecto cultural nacionalista, inspirado en Vasconcelos y destinado a promover el folclore, la literatura, la plástica y la música que reivindicaban a la población que mandó matar.

Rodeado de los más prestigiosos indigenistas, entre ellos los escritores Salarrué y Francisco Gavidia, los pintores Luis Alfredo Cáceres y José Mejía Vides, la folclorista María de Baratta y el Grupo Masferrer, forjó para sí mismo la imagen de un hombre de letras, protector del campesino y liberador de Indoamérica, que alejó del recuerdo el etnocidio de 1932. Su nacionalismo salvadoreño tuvo como estandartes el espiritualismo anticapitalista y el arte indigenista, justo lo que podía intuirse en los oficios tradicionales, el bucolismo de los pueblos y los perfiles de la mujer indígena que pintaba Mejía Vides (Fig. 17). Hernández Martínez promocionó a esos pintores y convirtió a Salarrué en escritor oficial. En *La República* se decía que el indigenista «secunda con inteligencia y denuedo los propósitos culturales del Gobierno que preside el señor Hernández Martínez»:[78] una muestra de la forma en que el dictador se arropaba con el prestigio del intelectual. No sorprenderá saber que el déspota también envió una delegación de artistas a la I Exposición Centroamericana de Artes Plásticas, celebrada en 1935 en Costa Rica, donde Vides se llevaría el primer premio, ni que luego, ojo a la ironía, despachó una comitiva de intelectuales al I Congreso Indigenista de 1940, organizado por Lázaro Cárdenas en Pátzcuaro. Todos estos gestos acabarían enemistando a la siguiente generación con el indigenismo y el muralismo. La razón era obvia: el arte progresista latinoamericano, cuando no acababa en manos de turistas yanquis, lo cooptaban los políticos nacionalistas más antidemocráticos para reivindicarse como izquierdistas y populares. Ese era el problema del progresismo, caía en manos del primer oportunista, y eso que pasaba ayer sigue ocurriendo hoy.

La apoteosis del indigenismo peruano y su instrumentalización autoritaria

La institucionalización del indigenismo en Perú ocurrió mucho más tarde que en México, por una razón evidente: durante los tres lustros de dictaduras militares y de gobiernos autoritarios que transcurrieron entre 1930 y 1945, el poder y la influencia estuvieron en manos de la generación del novecientos, los arielistas de derechas arraigados afectivamente en la colonia. Eso puede explicar que no hubiera habido un movimiento muralista en Perú. El APRA y sus reivindicaciones americanistas e indigenistas fueron proscritas, se les acusó de ser comunistas, extranjerizantes, y no predominaron en el discurso oficial. Si hubieran llegado al poder en los años treinta, muy probablemente habrían impuesto un horizonte estético similar al mexicano, quizá una mezcla de andinismo y de reivindicación proletaria, y seguramente les habrían entregado las paredes de los ministerios y de las academias a José Sabogal y sus discípulos. Pero no fue el caso. Esa generación de artistas y poetas que acompañó a Haya de la Torre en su larga y agónica lucha, nunca llegó al poder. Y sin el control de las instituciones, resultaba imposible desarrollar proyectos culturales nacionales como el de Brasil o México, o incluso como el de Argentina. Si el indigenismo iba a legitimarse y a convertirse en una escuela mayoritaria, tendría que hacerlo al margen del Gobierno, en las peñas privadas, no en los despachos públicos.

Algo así fue lo que ocurrió. Es verdad que Sabogal fue nombrado director de la Escuela Nacional de Bellas Artes en 1932 y que en sus aulas, más que enseñar a pintar indios o vistas andinas, inculcó la misión de rescatar los valores auténticos de la peruanidad que permanecían dormidos en las artes populares, la arquitectura y las costumbres de los habitantes nativos. Una de sus alumnas, Alicia Bustamante, tomó sus palabras al pie de la letra. En 1936, ella y su hermana Celia fundaron la peña Pancho Fierro, un espacio que homenajeaba al pintor costumbrista del siglo XIX idolatrado por Sabogal, y que congregó a los intelectuales indigenistas y a los escritores, músicos, poetas y artistas plásticos más relevantes de los años treinta y cuarenta. Debido al permanente cierre de universidades y academias, la peña de las hermanas Bustamante cobró una inesperada relevancia. Mientras los apristas se enfrentaban a la dictadura de Óscar R. Benavides, allí la cultura se mantenía viva. En una de sus dos salas atesoraban una importante colección de arte popular peruano, un recurso fundamental para artistas como Camino Brent, y en la otra se cantaban y bailaban ritmos peruanos, se hacían exposiciones de arte y se organizaban tertulias. Ningún escritor, actor, director de teatro o pintor relevante que pasaba por Lima se quedaba sin visitar aquel lugar. Jean-Louis Barrault y Siqueiros, Rufino Tamayo y Neruda, todos acababan en la peña Pancho Fierro porque era el único espacio cultural en un Perú perpetuamente gris, no tanto por su cielo como por el ambiente plomizo de las dictaduras militares.

Si el influjo indigenista de Alicia venía de Sabogal, el de Celia se nutrió de la estrecha relación que tuvo con José María Arguedas, el fiel amigo con el que terminaría casándose en 1939. A Arguedas no le fue difícil convertirse en el principal animador de la peña. Cantaba en quechua con una voz imposible de olvidar, según Fernando de Szyszlo, y además tenía un rico conocimiento del folclore andino. Con la muerte de Mariátegui el epicentro intelectual del indigenismo se había desplazado de *Amauta* a la peña Pancho Fierro; allá seguía vivo el espíritu vanguardista que había animado a los artistas latinoamericanos a investigar en las propias tradiciones y en los propios valores, y allá se inculcaban entre los artistas dos máximas ideológicas de gran trascendencia: la militancia política a la izquierda del APRA y un interés prioritario por la cultura peruana.

Esto no significa que la peña se hubiera cerrado a otras expresiones artísticas. En absoluto. El mismo Arguedas tenía una mentalidad abierta.

Podía ser el escritor indigenista más importante del Perú, quizá del continente, pero esto no le impedía acoger como contertulios a escritores y pintores con sensibilidades distintas, a Emilio Adolfo Westphalen o al mismo Szyszlo, por ejemplo, cuyas obras llevaban implícita una crítica radical al indigenismo de Sabogal. La relación de Arguedas con los Andes y la cultura quechuahablante surgía de «una bienamada desventura», como él mismo la describió. Por una mezcla de suerte y desdicha, el joven Arguedas acabó al cuidado de la servidumbre indígena de una hacienda en Lucanas. La prematura muerte de su madre, sumada a las segundas nupcias de su padre con una mujer adinerada que nunca lo aceptó como miembro de la familia, sentenciaron su desplazamiento del mundo blanco al mundo indio. Cuando su padre, que trabajaba como abogado litigante en los pueblos de la sierra, salía de viaje, el pequeño José María se quedaba a merced de su madrastra y de uno de sus hermanastros, Pablo Camacho, que lo marginaban en los alojamientos de la servidumbre. Arguedas solo recuperaba el contacto con el mundo blanco cuando su padre regresaba a la hacienda. El resto del tiempo crecía como un niño indio.

Arguedas siempre dijo que los indios lo acogieron con un amor y una ternura infinitas, más aún por ser un blanco desclasado. Aprendió el quechua y asimiló el universo de valores del indio, y esa experiencia le permitió analizar desde un lugar privilegiado los conflictos entre dos sectores de la población que siempre habían estado incomunicados, los hispanizados de la costa y los quechuahablantes de la sierra. Desde 1931, cuando viajó a Lima para estudiar en la Universidad de San Marcos, Arguedas participó sin contratiempos de la vida urbana y occidental, a pesar de lo cual nunca se consideró un aculturado. Como Fabio Cáceres, el personaje de *Don Segundo Sombra*, no cambió con el tránsito a la ciudad cosmopolita. Su alma siguió siendo india y sus valores siguieron siendo los que asimiló mientras estuvo al cuidado de los siervos de Lucanas: la fraternidad comunal frente al individualismo y las labores cooperativas frente al trabajo atomizado, moralmente inferior por estar basado en los intereses personales y en el lucro. Estos valores, que vagamente podían asociarse con el socialismo de Mariátegui o con el comunismo de Lenin, hicieron de él un revolucionario de izquierdas. Pero no un marxista del todo consecuente. Como él mismo dijo, la experiencia con los indios lo había «contagiado para siempre de cantos y de mitos»,[79] y esto le impidió asimilar un izquierdismo del todo ilustrado. El suyo fue un izquierdismo sentimental y mítico, vernáculo y nacionalista, incluso popular y folclórico.

En la literatura de Arguedas es evidente esta tensión. Por confidencia propia sabemos que su primer libro, *Agua*, en el que tres relatos retratan el enfrentamiento entre el mundo blanco y el mundo indio, fue escrito con el odio que inspiran las injusticias padecidas por los indios de la sierra peruana. En los tres cuentos hay una denuncia implacable de los abusos cometidos por los hacendados y los gamonales. El denominador común es la barbarie, la sevicia que aplasta a los indios y el resguardo que ofrece su cultura. Esto es fundamental en Arguedas. Ante la violación, ante el robo de animales y de tierras, ante la inequitativa repartición del agua, es decir, ante el largo historial de abusos y despropósitos cometidos por mistis y gamonales, solo la unidad y la resiliencia de la cultura garantizaban la sobrevivencia de las comunidades indígenas.

Ese es precisamente el gran tema de su segundo libro, *Yawar fiesta*, de 1941, una novela coral, con muchos puntos de vista, en la que se plantean un dilema moral y un conflicto cultural. El genio de Arguedas, su conocimiento de las complejidades del mundo andino, de sus muchos protagonistas y de sus distintos intereses, le permitieron reconstruir el fresco social de la sierra peruana. La excusa es una ceremonia típica de los Andes, la fiesta de sangre, una corrida inspirada en el toreo de los colonizadores blancos, pero adaptada y reconvertida en un fenómeno andino. En torno a esta tradición se genera un interesante debate en el que participan los indios de la sierra, los gamonales blancos, los indios que han ido a Lima a la universidad, los emisarios del Gobierno, y que además vuelve sobre el tema más recurrente en la literatura latinoamericana, el conflicto entre civilización y barbarie. Para los blancos de la costa aquella tradición es un reducto de barbarie que debe prohibirse, pero para los indios de la sierra es su cultura, son sus tradiciones. Entre una y otra posición surgen los matices: hay indígenas que han bajado a Lima, a la universidad, que han leído a Mariátegui y se han impregnado de internacionalismo, y que ahora critican costumbres y tradiciones que contribuyen a la explotación del indio. Y además de eso hay gamonales blancos que defienden la tradición, porque entienden que eso divierte a sus trabajadores y los mantiene contentos y tranquilos. Nada es blanco o negro en el mundo de Arguedas; no hay maniqueísmo. Sus afectos están con los indios, de eso no hay duda, y por eso defiende su cosmovisión y su mundo de valores, pero sin caer en el proselitismo de la vanguardia andinista de los años veinte, que convirtió al indio en un referente de la nacionalidad, tan idealizado como artificial. Arguedas mostraba la vida de los Andes en toda su complejidad, y esa aproximación afectiva, literaria y antropológica le dio al indigenismo una enorme fuerza cultural en los años cuarenta.

Fue justamente a mediados de esa década, cuando terminó la presidencia de Manuel Prado y por fin, gracias a unas elecciones limpias, Perú se libró de la influencia autoritaria del sanchezcerrismo, que el indigenismo hizo su

entrada triunfal en las instituciones. Llegó de la mano de José Luis Bustamante y Rivero, ganador de los comicios al frente de una alianza de partidos,
el APRA entre ellos, y lo hizo por la puerta grande. Bustamante y Rivero
nombró a Luis E. Valcárcel, el más radical entre los intelectuales indigenistas de los años veinte, al frente del Ministerio de Educación.

Pero Valcárcel no llegó a promover esa tormenta de sangre contra los limeños que vislumbraba en sus sueños o en sus pesadillas, sino a realizar una
notable obra pedagógica. Creó el Museo de la Cultura, cuyo Instituto de Arte
sería dirigido por José Sabogal, y la Sección de Folklore y Artes Populares
de la Dirección de Educación Artística del ministerio, que acabaría en manos de Arguedas. Les dio a los estudios etnológicos un impulso notable con
la fundación del Instituto Indigenista, la revista *Perú Indio* y el Instituto de
Etnología de la Universidad de San Marcos, dirigido por José Matos Mar.
Empezando por el mismo Arguedas, que inició estudios etnológicos, el indigenismo ganó peso académico. Las reivindicaciones del indio salieron poco
a poco de las páginas de las novelas para entrar en las monografías universitarias, y el indoamericanismo de los años veinte se convertía finalmente en
parte del discurso oficial. El problema fue que el APRA, ni formando parte
del Gobierno, logró sofocar su instinto revolucionario.

Desde el primer día hizo valer su fuerza en el Congreso para disputarle
el control del país a Bustamante y Rivero, y en las calles siguieron dando de
qué hablar con actos de violencia. En 1947 un aprista mató a Francisco
Graña Garlard, director del diario *La Prensa*, y un año después sus partidarios ya planeaban un levantamiento nacional con la complicidad de la ma-
rina. El 3 de octubre de 1948 un mayor aprista, Víctor Villanueva, se sublevó
en el puerto de Callao, y entonces Bustamante y Rivero ya no pudo evitar
la ilegalización del APRA, un último recurso con el que intentó apaciguar
al ejército. Como era de esperarse, la medida no sirvió de nada. A finales
del mismo mes, el general Manuel A. Odría encabezó un nuevo golpe militar que mutilaba, a los tres años de su inicio, el único Gobierno democrático que había tenido Perú desde 1919. La guerra entre el APRA y el ejército
imponía su lógica; no la violencia, como en Colombia, sino el autoritarismo,
esa maldición peruana. Y Haya de la Torre, como si en realidad no hubiera
sido un revolucionario, sino un masoquista, pagaba de nuevo las consecuencias del espíritu insurreccional de su partido. Volvió a la clandestinidad
antes de partir al exilio mexicano.

Los militares derechistas impusieron su revolución restauradora —otra,
sí, el horror, el tedio—, pero curiosamente no se deshicieron de la retórica
indigenista. Odría, muy atento a lo que estaba haciendo Perón en Argentina, trató de adaptarse a los tiempos populistas, lo cual suponía un giro

obvio, muy predecible: olvidarse del elitismo y enfatizar los rasgos populares de su nacionalismo. Antes, claro, tenía que deslegitimar por completo al APRA como representante del pueblo peruano, machacando los mismos argumentos de Sánchez Cerro e improvisando algunos nuevos. El partido de Haya volvió a ser señalado como el enemigo público número uno de Perú, y el mismo Odría, en un mensaje a la nación del 27 de julio de 1949, se refirió a los apristas como una «organización internacional de índole marxista, totalitaria y criminal», que atentaba «sistemáticamente contra el individuo, contra la familia y el hogar, contra la escuela y la Iglesia, contra las instituciones militares y civiles y contra la patria misma».[80] Eso era solo el inicio; también los acusó de pervertir el corazón de los niños y de los jóvenes, de sembrar el odio entre los peruanos, de haber querido someter al país a una tiranía «nazi-comunista». Los deslegitimó como extranjerizantes antipatriotas y luego les robó su más preciada baza nacionalista, el discurso con el que habían teñido de rojo las ideas de Rodó: el indigenismo.

Semanas antes se había celebrado en Cuzco el II Congreso Indigenista Interamericano con la participación de Odría. Si recordamos que el primer congreso lo había organizado Lázaro Cárdenas, un político que estaba en el extremo opuesto del arco ideológico, podemos entender qué estaba tratando de hacer Odría. Ahora el militar nacionalista, apoyado por antiguos fascistas como Carlos Miró-Quesada, integraba a su concepto de nacionalidad a la población vernácula. Claro, ya no se trataba del indigenismo revolucionario de Mariátegui, sino de un indigenismo paternalista. Odría daba pistas de por dónde iba. El indio, dijo en la misma alocución televisiva, debía «ser objeto de una radical transformación para hacerlo ingresar a la vida moderna».[81] Eso no era todo. En el acta final del II Congreso Indigenista, cuyas recomendaciones Odría se comprometió a seguir, se hablaba del problema de la coca, las condiciones de salubridad, las deficiencias nutritivas, el fomento de los estudios antropológicos, la creación de museos nacionales, regionales y privados de tema indígena; también de la enseñanza del arte y la cultura de las culturas vernáculas en las escuelas… Hasta 68 propuestas que buscaban mejorar las condiciones del indio, siempre con el Estado como garante. La propuesta 56, por ejemplo, decía que el indio, debido a «su cultura atrasada», no podía ejercitar con normalidad sus derechos, y que por lo tanto debía considerarse «como una persona jurídica deficiente, que mientras entre en la corriente de la civilización requiere medidas protectoras».[82]

Esta preocupación por el indio tenía una finalidad no confesada. Como veremos más adelante, Odría intentaba seguir el ejemplo de Perón: quería legitimar su dictadura con unas elecciones democráticas, y para eso necesitaba votos, muchos votos; más aún: nuevos electorados, feudos enteros de nuevos ciudadanos en busca de una voz que los representara. Por eso abanderó la causa indigenista en las elecciones de 1950, y por eso mismo legalizó el voto femenino en las de 1955. Odría también demostraba, como Hernández Martínez, que un déspota podía apropiarse del indigenismo y del feminismo para camuflar una naturaleza reaccionaria detrás del gesto progresista.

El indigenismo exacerbado y el nacionalismo cultural en Ecuador

Mientras en Perú el indigenismo se lo peleaban los intelectuales apristas e indigenistas y luego los militares golpistas, en Ecuador ocurrió algo muy distinto, excepcional en el continente americano: allá fueron las mujeres indígenas quienes se convirtieron en voceras de su causa. El indigenismo en Ecuador fue, antes que nada, un asunto de indios, de mujeres indias, ya no solo de mestizos o de blancos que teorizaban o fantaseaban revoluciones andinas desde La Paz o Lima. Esa fue la particularidad del caso ecuatoriano. Allá los comunistas hicieron lo que en Perú no pudo hacer Mariátegui: acercarse a los indígenas, afiliarlos a su partido, animarlos a rebelarse y finalmente convertirlos en poderosos militantes.

Desde los tiempos de Eloy Alfaro la población indígena ecuatoriana sufría enormes injusticias. El militar jacobino le había quitado las tierras a la Iglesia, pero en lugar de repartirlas entre los indios las dejó en manos de arrendatarios vinculados al Partido Liberal. Lejos de mejorar sus condiciones de vida, aquel cambio las empeoró. Los nuevos patronos no estaban en absoluto preocupados por su bienestar, solo por el rédito de sus inversiones. Y si el asunto era rentabilizar una inversión, lo más racional era aumentar las horas de trabajo, disminuir los jornales y reducir el área de sus viviendas, los huasipungos. Estos abusos desataban protestas ocasionales, pero cualquier conato de rebelión era fácilmente aplacado. Los viejos liberales aún tenían influencia en el ejército, y les bastaban un par de telegramas para tener a un escuadrón quemando chozas, sometiendo a los rebeldes e incluso aleccionando a los indígenas con mortales ráfagas de metralleta; una realidad atroz que tendría en la novela de Jorge Icaza *Huasipungo* su denuncia más explícita.

A finales de 1930, sin embargo, uno de estos levantamientos, con epicentro en Cayambe, cerca de Quito, derivó en la primera gran movilización indígena hacia la capital del país. Al frente de las marchas —y esto es muy relevante— estuvo Dolores Cacuango, una líder indígena que a partir de entonces tendría una importante militancia en el Partido Comunista. No fue la única mujer que tuvo protagonismo durante aquellos días. Tránsito

Amaguaña, otra indígena de Cayambe, salió de esas marchas abanderando las causas del comunismo y del feminismo. Caminó de Cayambe a Quito en veintiséis ocasiones como forma de protesta, y promovió la primera huelga de trabajadores agrícolas de Olmedo. Amaguaña era muy consciente de que la mujer indígena era víctima de una doble explotación. Empezaba por la mañana en la hacienda del patrón y culminaba por la noche, atendiendo al marido. Para la mujer indígena la emancipación suponía deshacerse de esas dos cargas, del trabajo forzado dentro y fuera del huasipungo, y de la amenaza constante de las agresiones sexuales por parte de los arrendatarios de las tierras.

En 1944 Dolores Cacuango, Tránsito Amaguaña, Nela Martínez y Jesús Gualaviyí fundaron la Federación Ecuatoriana de Indios, la FEI, una organización próxima al Partido Comunista, cuya mayor lucha fue a favor de los huasipungueros y de su derecho a la tierra. Querían la emancipación económica de los indios, elevar su nivel cultural y moral sin erosionar sus costumbres e instituciones, contribuir a la unidad de Ecuador y establecer lazos con todos los indígenas de América. Estos cambios en el campo político tendrían efectos en las prácticas culturales. Porque en adelante el comunismo ecuatoriano perdería sus inclinaciones universalistas e internacionalistas, incluso esa tendencia a la deshumanización geométrica, para humanizarse por completo y establecer un vínculo estrecho entre lo humano y lo indio y lo montuvio. Si en los años veinte los escritores de izquierda, como Pablo Palacio, habían hecho alarde del más refinado cosmopolitismo, y las vanguardias más universales y enemigas del nacionalismo, como el dadaísmo, tuvieron enorme influencia entre sus poetas, a partir de 1930 todo cambiaría.

A medida que las mujeres indígenas ganaban protagonismo en la política, los escritores comunistas se olvidaban de la experimentación formal, de los juegos metafísicos y del cosmopolitismo, y humanizaban de forma radical sus obras; les daban prioridad al realismo social y a la estética nacional popular sobre la abstracción y el vanguardismo. Los comunistas ecuatorianos de los años treinta no serían, como en Argentina, judíos o inmigrantes, enemigos del patrioterismo melodramático de Perón, sino los autores de *Los que se van*, Demetrio Aguilera Malta, Enrique Gil Gilbert y Joaquín Gallegos Lara, y los otros miembros del grupo de Guayaquil, Alfredo Pareja Diezcanseco y José de la Cuadra, cuya escritura giró en torno a la vida del cholo y el montuvio y cuyo tratamiento fue estrictamente realista. Para ellos la literatura debía tener utilidad social y fines reivindicativos; debía ser un fresco de la nacionalidad que demostrara un compromiso con la tierra y con su gente. Como señalaba el crítico Will Corral, exigían una literatura que abordara «las realidades de su medio que poseen valor histórico: el indio, las clases anónimas».[83]

Sin embargo, el mejor representante de ese ideal estético no sería Gallegos Lara, sino Jorge Icaza, el novelista que más haría por definir los contornos victimistas y el proyecto reivindicativo del indigenismo americano. *Huasipungo*, la novela que publicó en 1934, plasmó con un éxito sin precedentes las pretensiones del indigenismo más exacerbado. Ninguna otra novela ecuatoriana tuvo en el siglo XX tanto impacto entre los lectores, ninguna fue leída y discutida con tanto interés en el extranjero, ninguna expresó con tanta crudeza y efectismo lo que Benjamín Carrión llamó «la parcela del dolor universal que nos toca y nos hierve».[84] La fuerza de la novela de Icaza radicaba en la claridad con que afirmaba todas las teorías, conjuras y prejuicios de una tradición de pensamiento que iniciaba en José Enrique Rodó. Aparecían en la novela todos los tópicos del americanismo reivindicativo: la explotación del indio a manos del blanco, la deshumanización del trabajador nativo, la podredumbre moral del blanco y, lo más importante, la complicidad del explotador local con el capital extranjero. *Huasipungo* engranaba todos estos elementos con precisión de relojero y el descarnado rigor de un naturalista.

De ese retablo de injusticias emergía el indio como víctima de una sociedad colonial: un instrumento para el enriquecimiento del blanco, un bien que podía ser maltratado, explotado o sacrificado si a cambio se sacaban unas migajas. Las mujeres eran simples objetos, nodrizas para los niños blancos o distracción sexual de sus patronos. Si el párroco los persuadía con superchería religiosa, el teniente político lo hacía con el látigo. Sin medicamentos, sin suficiente comida, sin tiempo para cuidar a sus hijos, expulsados de sus tierras, la vida de los indios se degradaba hasta extremos de infamia intolerable. *Huasipungo* no ahorraba ningún detalle espeluznante: pies hirviendo de gusanos, indios desenterrando una vaca podrida para consumir algo de proteínas, enfermos muriendo entre espasmos insoportables, intentos de revuelta sofocados con metralla.

Huasipungo llevaba las intenciones del realismo social y del indigenismo mucho más lejos de lo que habían ido las novelas de José María Arguedas. En su mundo literario no había dilemas ni conflictos; a un lado estaba la bondad del indígena, al otro la corrupción del blanco: una hipérbole de las injusticias ante las cuales hasta el lector más circunspecto no podía dejar de sentir rabia e indignación. Tan descarnado era el drama, tan maniqueo el reparto de vicios y virtudes, tan efectista el resultado artístico, que Carrión comparó *Huasipungo* con *La cabaña del tío Tom*. El alarido de dolor que lanzaba el autor tenía la misma función social: forzar a toda la sociedad a reparar en el drama del indígena ecuatoriano. El mismo Icaza lo reconocía: «A mí qué me importa que [*Huasipungo*] sea epopeya, que sea novela, que sea panfleto, cuando el libro cala en la conciencia y en el sentimiento del lector hispanoamericano».[85]

En Ecuador la literatura se había fundido con el compromiso social, y en adelante, como decía Leonardo Valencia, el escritor ecuatoriano tendría que cargar con su país a cuestas. El «síndrome de Falcón», lo llamó, porque Juan Falcón Sandoval fue el hombre encargado de cargar durante doce años a Gallegos Lara, que sufría de poliomielitis. Ese síndrome privilegiaba las buenas intenciones del arte sobre sus valores creativos. Le imponía a la cultura un deber, una misión moral: hablar de ciertos temas, hacer determinado tipo de reivindicaciones. Y esto, que fue una particularidad de la cultura ecuatoriana, hoy en día se observa en el mundo entero. Desde 2010 los museos de todo el mundo se han convertido en huasipungos lujosos: ostentosas estructuras arquitectónicas dedicadas a albergar todas las tragedias del mundo contemporáneo. El acceso a estas instituciones empezó a depender, como en el Ecuador de 1930, de la finalidad reivindicativa, la buena causa, la denuncia de la opresión, la exaltación de la víctima, la corrección política de la obra.

En la plástica la corrección política fue tan evidente como en la literatura, y también gracias a la influencia del grupo de Guayaquil y de importantes intelectuales como Benjamín Carrión. Alfredo Pareja Diezcanseco, por ejemplo, escribió ensayos en los que defendía la humanización del arte y la función social de la pintura, y en la misma línea Carrión insistía en la prioridad de los temas progresistas. En América, decía, se estaba «peleando la gran batalla de la pintura humanizada, beligerante, en función social, contra los deshumanizados, que quieren que se pinten ángeles y nubes solamente; y contra los inhumanos, que quieren que se pinte solo arios puros, dolicocéfalos rubios, y no nuestro indio, nuestro mestizo, nuestro criollo».[86] Era predecible que los pintores también siguieran el camino del indigenismo.

Camilo Egas, por ejemplo, empezó a pintar al indio muy temprano, en 1916. Al principio sus modelos delataban la luminosidad, el exotismo y la idealización de la forma modernista. Pero luego, a partir de 1926, los rasgos físicos empezaron a ajustarse a los fenotipos ecuatorianos, y la colorida exaltación del cuerpo y de los vestidos dio paso a elementos más sobrios. Sus cuadros perdieron cualquier rasgo preciosista y más bien optaron por mostrar al indio como un trabajador oprimido. Egas se convirtió en un indigenista y en un ancestralista reivindicativo, muy en la línea de Mariátegui, hasta que en 1939 ocurrió algo que lo hizo reevaluar su militancia. El Gobierno de turno les encomendó a él y a otros dos indigenistas, Eduardo Kingman y Bolívar Mena Franco, el diseño de un mural para el pabellón ecuatoriano de la Feria Mundial, y el encargo le abrió los ojos. Mientras aquel evento neoyorquino consagraba a Candido Portinari, al muralista ecuatoriano le demostraba que un movimiento reivindicativo y de vanguardia como el indigenismo se había institucionalizado hasta degenerar en un arma propagandística del *establishment* político. La complicidad entre el arte y el poder, pensó, le restaba todo rasgo subversivo, y desde ese instante se sintió autorizado a abandonar el realismo y el colectivismo artístico para experimentar con el surrealismo, un estilo mucho más individual e independiente de la institución pública.

El lugar de Egas como indigenista insigne, comprometido con la humanización del arte americano y con la función social que le impusieron Carrión, Gallegos Lara y Pareja Diezcanseco, lo ocupó en los años cuarenta Oswaldo Guayasamín. Aunque con toques de vanguardia, una mezcla de Picasso y Siqueiros, su pintura fue el equivalente plástico de la literatura de Icaza. No porque pintara las mismas escenas, sino porque expresaba el mismo sufrimiento, la misma indefensión, el mismo lamento que emanaba de *Huasipungo*. Sus primeros cuadros, pintados a mediados de los años treinta, se ajustaban a los cánones del indigenismo clásico. Eran cuerpos abigarrados de piel cobriza compuestos de grandes volúmenes, que Guayasamín plasmaba trabajando o padeciendo situaciones dolorosas. A comienzos de los años cuarenta ya pintaba lienzos truculentos, fieles al realismo social, de enorme carga expresiva: amasijos de niños muertos, hombres fusilados, seres hacinados y desahuciados, escenas de lucha y explosión social. Entonces viajó a Estados Unidos y descubrió a Cézanne y a El Greco, y seguramente también a Picasso, y el volumen de sus figuras se aplanó por completo. Allí donde había circunferencia empezaron a asomar ángulos y geometrías. Los rostros y los cuerpos perdieron realismo, se hicieron cubistas: composiciones formadas con rectángulos, pirámides, circunferencias. Pero esas masas geométricas —y esto es lo particular de Guayasamín— no se deshumanizaron. Al contrario, se hicieron más dolientes y desgarradas. Mientras la boliviana María Luisa Pacheco convertía la figura del indio y del Ande en forma abstracta, Guayasamín animaba la geometría para convertirla en un indio vivo y doliente.

Entre 1946 y 1951 el pintor viajó por América Latina en busca del hombre americano, de su dolor y de las injusticias que padecía, y de aquel periplo surgieron una centena de cuadros que compondrían su serie *Huacayñán*, «el camino del llanto». El nombre describía a la perfección el resultado, porque Guayasamín en realidad no pintó al hombre y a la mujer americanos, sino una serie interminable de personajes dolientes, una sucesión interminable de sufridores empedernidos que mostraban sus llagas y dolores a un cielo indiferente. El americanismo que se desprendía de *Huacayñán* era mendicante y lacrimoso, un arte de víctimas postradas, clamando un improbable alivio para sus inenarrables congojas. Espíritus lastimeros, cuerpos desgarrados, niños enfermos ofrendados entre expresivas manos. Cubismo funerario lleno de lágrimas y muecas de espanto, con momentos de gran virtuosismo e ingenio, pero en general lastrado por una intención muy evidente: conmover, denunciar y hasta dar lástima: las venas abiertas de América Latina.

La edad de la ira, una segunda serie inspirada en *Los condenados de la Tierra*, el famoso libro de Frantz Fanon, ofrecía más rostros compungidos, más cuerpos contorsionados y desnutridos, más gestos de horror e ira. Aunque muy meritoria como empresa plástica, la obra de Guayasamín recibió un lapidario juicio de Marta Traba: «ruda demagogia». La crítica no comulgaba con el eco panfletario que resonaba en las telas de Guayasamín, y menos aún con el mandarinato moral promulgado por la Casa de la Cultura Ecuatoriana que dirigía Carrión. Como en el campo literario, que sufría la asfixia del realismo social de Icaza y del grupo de Guayaquil, en la plástica el indigenismo de Guayasamín imponía una «dictadura estética» que frenaba la modernización plástica e invisibilizaba a los abstractos como Araceli Gilbert. Quién iba a decir que hoy en día la misma crítica —ruda demagogia— valdría para esa especie de neoindigenismo global que se patrocina en los museos y en las universidades estadounidenses, un ejercicio de expiación moralmente dudoso, intelectualmente pobre —una copia— y artísticamente indigerible: víctimas y más víctimas de todo tipo sufriendo bajo el yugo del hombre blanco occidental: las venas abiertas del Primer Mundo.

3. EL PROYECTO MODERNIZADOR Y EL NUEVO CICLO VANGUARDISTA

EL IMPULSO MODERNIZADOR Y COSMOPOLITA DEL SURREALISMO

Mientras en la Unión Soviética la expulsión de Trotski y la acumulación total del poder en manos de Stalin supusieron la desaparición de la vanguardia, en América Latina la llegada simultánea de los tiranos y de las dictaduras no condujo a la persecución, al exilio o a la muerte de los vanguardistas, sino a la cooptación de sus obras. ¿Para qué censurarlos, para qué imponerles una visión idealizada de América Latina, como hizo Stalin al sancionar el realismo socialista como único estilo posible, si más bien podían apropiarse de la que ya habían plasmado en sus obras? Al nacionalista de derechas no le incomodaba en absoluto santificar lo que santificaba el de izquierdas: la raza nacional, el pueblo trabajador y la sublevación que prometía el fin de las élites, de los yanquis o de cualquier otro enemigo extranjero. Si el obrero podía servir como símbolo a los comunistas, el campesino, el gaucho o el indio podía servir a la imaginación fascista.

Pero esa instrumentalización de la vanguardia acabó molestando a algunos artistas, sobre todo a los más jóvenes, poco dispuestos a seguir el camino trillado de sus antecesores. Los primeros que criticaron esta apropiación política de la cultura fueron Los Contemporáneos, ya lo vimos, pero detrás de ellos vinieron muchos otros, aunque no en México. Allí tardó en darse esa rebelión, por una razón obvia. En un país con instituciones culturales tan fuertes, gobernado, además, por un partido de entraña autoritaria y rostro progresista, y con un pasado revolucionario que se imponía en la conciencia del país entero, el peso del muralismo y de la escuela mexicana era incontestable. En Perú, en cambio, donde las instituciones no tuvieron esa misma fuerza y la cultura se gestó en espacios alternativos, como la peña Pancho Fierro, hubo un debate más abierto entre distintas concepciones plásticas. El indigenismo podía ser predominante, pero las hermanas Bustamante y José María Arguedas recibían en sus tertulias a sus mayores impugnadores. El poeta Emilio Adolfo Westphalen, por ejemplo, íntimo amigo de Arguedas, fue el responsable de llevar el más corrosivo virus antiindigenista, alérgico al buenismo biempensante: el surrealismo.

La incorrección del surrealismo peruano

En realidad no fue Westphalen, sino un amigo suyo, el poeta y pintor Alfredo Quíspez Asín, mejor conocido como César Moro, quien inició la sublevación surrealista. En diciembre de 1933, después de haber vivido casi una década en París, Moro regresaba a Lima. Se había marchado en 1925 para convertirse en bailarín, pero allá cambiaron sus planes cuando se vinculó al surrealismo que encendía el corazón de la nueva camada vanguardista. Moro frecuentó a Breton y a sus acólitos, y en esas veladas vislumbró el poder revolucionario del deseo, descubrió la conmoción del erotismo, advirtió que había un mundo oculto en los sueños y en los instintos que podía ser una fuente inagotable para la creación y para la vida. A Lima regresó armado con un nuevo credo libertario, dispuesto a enfrentar cualquier tabú o convención que se le pusiera por delante. Seguramente pensaba en sacerdotes y militares, pero lo que se encontró en Lima fueron escritores y pintores indigenistas. No le rezaban a Dios, pero sí a la patria, a la raza y a la moral progresista. Fue una sorpresa para el cosmopolita Moro, que no esperaba llegar a un medio obsesionado por la estrechez del compromiso nacional y la sumisión al deber buenista para con la víctima. Ninguno de esos proyectos animaba su obra. Geométrica en sus inicios, antropomorfa en su periodo de formación y finalmente experimental, llena de formas orgánicas, de juegos con el *collage* y con la fotografía (a lo Nahui Olin), su obra visual era cualquier cosa menos un instrumento al servicio de una causa colectiva (Fig. 19).

A finales de 1934 Moro ya ponía sus cartas sobre la mesa y advertía sobre lo que implicaba la llegada del surrealismo a Perú. La poesía, escribió, «es la guarida de las bestias feroces, el advenimiento de la era antropófaga, la selección de los peores instintos, de los instintos de asesinato, de violación, de incesto». Era un buen comienzo. Y había más. Moro estaba dando una pelea por la apertura mental e intelectual, por el cosmopolitismo, y por eso aseguraba que la poesía era una actividad universal, no limitada al «microcosmos ridículamente pintoresco, particular y ventral».[87] En 1938 esa misma crítica tenía un blanco más específico. En un virulento ensayo titulado «A propósito de la pintura en el Perú», Moro se manifestó en contra del chantaje moral del indigenismo y de esa creencia, acomodaticia e infundada, según la cual las terribles condiciones del indio se aliviaban retratándolo en los lienzos o en algún «cacharrillo destinado al turismo».[88] Rechazaba la imposición de ver el mundo con los ojos del pintor o del escritor indigenista para no ser culpado de extranjerizante o de enemigo de los indios. La monserga moralista, ese antecedente de la corrección política contemporánea, le parecía pobre y exasperante. Moro defendía la expresión universal, liberada de deberes y deudas, de temas y «de la reproducción arbitraria o justa del indio, de su mujer, de la suegra y del suegro del indio y de toda su parentela».[89] Replicando las críticas que Orozco les había hecho a los artistas de la LEAR, reprochaba al indigenismo su nula efectividad: los indios pintados eran los únicos que aceptaba la clase dominante, porque entraban en sus casas enmarcados en finas maderas y sin olor a lana. Antes que nadie en América Latina, Moro se sacudía de todas las demandas que imponía una escuela oficial, instrumentalizada por déspotas o avivatos que querían venderse a sí mismos como amigos del pueblo y de los oprimidos; sinvergüenzas de la peor calaña. Como buen surrealista, solo demandaba una cosa: «toda licencia en el Arte».[90]

La concepción que Moro tenía del arte se veía mejor en su poesía que en su pintura. Aunque casi toda su obra literaria fue escrita en francés, los poemas que compuso en español entre 1938 y 1939, luego reunidos en *La tortuga ecuestre*, fueron de los primeros y más claros ejemplos de la poesía surrealista latinoamericana; una muestra del poder imaginativo de Moro y de la carga erótica que fluía por su escritura. En un solo verso el poeta apiñaba imágenes desconcertantes, fantásticas, improbables; imágenes y más imágenes, una tras otra, encadenadas, fulgurantes, que hacían presión sobre la realidad hasta reblandecerla y deformarla. Westphalen, su compañero de armas, prefería en cambio la disonancia sorpresiva. Sus poemas llevaban menos sedimento y eso los hacía más ligeros, capaces de engañar al sentido común llevándolo hacia un lugar desconcertante. De los libros de Moro y Westphalen se salía con la extraña sensación de que el mundo era inestable, de que todo podía mutar, convertirse en otra cosa, hacerse maravilloso. En Moro todo variaba, nada era solo una cosa, la potencia del amor era arrasadora: «Amo el amor de ramaje denso / Salvaje al igual de una medusa / El amor-hecatombe / Esfera diurna en que la primavera total / Se columpia derramando sangre / El amor de anillos de lluvia [...] / El amor como una puñalada / La pérdida total del habla del aliento / El reino de la sombra espesa / Con los ojos salientes y asesinos / La saliva larguísima / La rabia de perderse / El frenético despertar en medio de la noche / Bajo la tempestad que nos desnuda».[91] Westphalen, en cambio, desorientaba, alteraba el orden de la realidad como el pianista que erraba una nota para producir sonidos inquietantes: «Siempre me engañas dándome el beso de las tres / A las doce y varias veces repetidas / El punto de la i sobre la o / No creía de tu bondad que posaras la mano / Sobre la piel del elefante / Me deslumbra esa mezcla / De sí y de no que es tu mano sobre el elefante».[92]

Los dos poetas dieron una pelea solitaria para sembrar la semilla mefítica de la iconoclasia, de la irreverencia, del desafío a todo poder que intentara controlar los deseos y las fantasías. En 1935 organizaron la que quizá fue la primera exposición de arte surrealista que se montaba en América Latina, casi toda con cuadros de Moro y de algunos pintores chilenos, y en 1939 lanzaron el único número de *El uso de la palabra*, una hoja de poesía combativa, que entraba de lleno en las guerras culturales de la época. En el interregno cazaron una famosa pelea con Vicente Huidobro y se solidarizaron con el bando republicano en la Guerra Civil española. Esa militancia, sumada a la publicación de un boletín del Comité de Amigos de la República Española, les valió la acusación de comunistas. Perseguidos por la dictadura de Óscar R. Benavides, Westphalen acabó en la cárcel y Moro exiliado en México.

¡Comunistas! La acusación era absurda, porque mientras el surrealismo defendía el toque individual, la chispa del deseo, la extravagancia de la imaginación genial, los internacionalistas, al menos los no estalinistas, promovían un arte desindividualizado y funcional. Solo los igualaba un rasgo: la universalidad. El comunismo fue internacionalista y el surrealismo cosmopolita: dos formas, una aséptica y racional, otra orgánica y pasional, de aborrecer el nacionalismo y de impulsar proyectos renovadores. En contra de la tradición y los mitos, el comunismo; en contra de los tabúes y la moral convencional, el surrealismo. Dos fuerzas que pedían el cambio y la renovación, y que sí, qué duda cabe, tenían visiones utópicas, y precisamente por ello acabarían chocando, separándose y repeliéndose. El comunismo vislumbraba la igualdad total: el surrealismo, el individualismo radical. En los años cuarenta esta división se haría visible en el arte: los comunistas se harían geométricos y los surrealistas orgánicos; los primeros eliminarían el toque individual del artista, los segundos lo privilegiarían como nadie; ambos serían perseguidos por los nacionalistas de izquierdas y de derechas, y desde luego no serían bien vistos entre los cultores del proyecto nacional popular.

Moro y Westphalen se opusieron al indigenismo porque lo veían como un requisito para adquirir un salvoconducto moral de buen peruano. Al imperialismo democrático de Estados Unidos también lo repudiaron, por burgués, y al fascismo y al estalinismo, por opresivos. Moro fue un surrealista también en México, donde permaneció exiliado entre 1938 y 1948, y donde colaboró en una importante muestra junto a Breton y Wolfgang Paalen. En algún momento de ese recorrido, sin embargo, el poeta peruano descubrió que la vanguardia que lo permitía todo no permitía una cosa: la homosexualidad. Breton animaba cualquier transgresión menos esa, y aquel sinsentido, que lo afectaba directamente a él, tan abiertamente gay como Los Contemporáneos, lo decepcionó profundamente. Distanciado del surrealismo, Moro volvió a Perú para enrolarse en el trabajo menos recomendable para un poeta homosexual de finales de los años cuarenta: profesor de francés en un colegio militar, el Leoncio Prado. Allí, era fácil adivinarlo, sería humillado y matoneado por todo el mundo, hasta por los otros profesores, menos por uno de sus alumnos, el cadete Mario Vargas Llosa. Su pasión por la literatura francesa, por el malditismo y el surrealismo resonó en el incipiente escritor de novelitas pornográficas que sobrevivía como podía en esa jungla de testosterona. Tal vez fue el único que se interesó por él, pero fue suficiente. Porque luego, en su época universitaria y al frente de *Literatura*, la revista que editó con Abelardo Oquendo y Luis Loayza entre 1958 y 1959, Vargas Llosa rescataría a Moro del olvido. En uno de los ensayos que escribió, recordaba las batallas que dio el poeta, la manera en que se enfrentó a quienes desnaturalizaban la imaginación, aquellos que pretendieron convertir la poesía en «una harapienta vociferante».[93] Y no hay duda de que ciertas inclinaciones y transgresiones del surrealismo entrarían en el mundo vargasllosiano. Esos elementos, que también contagiarían a Octavio Paz, serían un antídoto frente al autoritarismo comunista y un aliciente fundamental en su defensa de la libertad.

El surrealismo mexicano y la crítica al muralismo

En Latinoamérica hubo muchos poetas surrealizantes, pero pocos surrealistas. Recibieron la bendición de André Breton los chilenos que editaron la revista *Mandrágora*, los peruanos Westphalen y Moro, y los argentinos Aldo Pellegrini, Enrique Molina, Carlos Latorre, Julio Llinás y Antonio Porchia, editores de las revistas *Qué* y *A Partir de Cero*. Además de ellos, solo el haitiano Magloire-Saint-Aude y Octavio Paz. Lo curioso es que Paz, que a la larga sería el único surrealista con un premio Nobel, y el único capaz de actualizar las luchas de Breton al mundo de la Guerra Fría, y en especial al contexto latinoamericano, tardó varios años en acercarse al surrealismo. Tuvo la suerte de crecer en un México que se convertía, por culpa de las guerras y las purgas internacionales, en uno de los lugares más interesantes del mundo. Allá llegaban los exiliados españoles, los perseguidos de todas las dictaduras latinoamericanas, surrealistas del mundo entero, hasta el mismísimo Breton. El pope del surrealismo viajó a México en 1938 buscando a Trotski, que también, gracias a la intercesión de Diego Rivera y Frida Kahlo, se había convertido en el asilado más célebre de Lázaro Cárdenas. Trotski y Breton pasaban por un momento difícil: el comunismo, esa utopía en la que habían depositado sus esperanzas, los había traicionado. Había aniquilado la libertad artística y ahora los perseguía. A Trotski finalmente lo mataría, y a Breton trataría de frustrarle su estadía en México. Antes de su llegada, su viejo aliado, Louis Aragon, convertido entonces en un cerril comunista, le pidió por carta a la LEAR que sabotearan su estadía. Lo peor es que viejos vanguardistas como Arqueles Vela, enfebrecidos por el estalinismo, cumplieron las órdenes. Best Maugard y Roberto Montenegro fueron más amables, y también, como era de esperar, César Moro, Lupe Marín y Los Contemporáneos. Octavio Paz apenas se asomó por sus conferencias, sin muchas ganas de que se notara su presencia.

Por aquel entonces el joven poeta se sentía marxista, más nacionalista que cosmopolita, y parecía menos predispuesto al llamado de la vanguardia que del comunismo. Siguiendo la estela de los intelectuales y artistas influenciados por Vasconcelos, había viajado a Yucatán como educador, y allá había escrito «Entre la piedra y la flor», un poema en homenaje al campesino. Por otro lado, también tenía la influencia de Los Contemporáneos. Jorge Cuesta le mostraba que el ejercicio de la crítica literaria era un acto de fe moderno —moderno por ser crítico, crítico por ser moderno—, y Villaurrutia le advertía que no corrompiera su voz poética con el putrefacto aliento de la ideología. El estallido de la Guerra Civil española lo aclaró todo: si el fascismo era el enemigo de la cultura y la humanidad, su más preclaro oponente, el comunismo, se convertía en el faro que debía guiar los actos y las opiniones de todos los intelectuales decentes del mundo. Pero esa realidad, tan blanca y tan negra, se llenó de nubarrones grises cuando llegó a Valencia en 1937 a participar en el II Congreso Internacional de Escritores para la Defensa de la Cultura. Allí vio cómo se enjuiciaba a André Gide por las críticas que había hecho tras su viaje a la Unión Soviética; conoció a Robert Desnos, a César Vallejo, a Huidobro, a Nicolás Guillén y a todos los intelectuales peninsulares que editaban *Hora de España*; vio los combates entre republicanos y nacionales; quiso ir, sin conseguirlo, a la Unión Soviética. De vuelta en México las dudas no se habían despejado. Al contrario, los sucesos de los años siguientes —la purga de Bujarin en 1938, el pacto de no agresión entre Hitler y Stalin en 1939, el intento de asesinar a Trotski por parte de Siqueiros y la concreción del magnicidio en agosto de 1940— hacían más confuso el horizonte. A pesar de que por esos años fundó la revista *Taller* e intentó desvincularse de Los Contemporáneos, tantas contradicciones le impidieron aceptar dócilmente las doctrinas del Partido Comunista.

México seguía siendo un hervidero intelectual, y eso lo salvó de caer bajo la égida de la LEAR o del sistema cultural del Estado. Estrechó vínculos con Victor Serge y Jean Malaquais, dos desencantados del comunismo, y con otros surrealistas que se refugiaron allí durante la Segunda Guerra Mundial: Leonora Carrington, Luis Buñuel, Wolfgang Paalen y Remedios Varo. Benjamin Péret, marido de la pintora, sería quien finalmente lo conduciría al círculo más íntimo de Breton a finales de los años cuarenta. Como decía Christopher Domínguez Michael, el surrealismo se mexicanizaba justo en el momento en que Paz se hacía surrealista, lo cual lo dejaba en una situación privilegiada para asimilar su legado. Primero tendría que saldar cuentas con la tradición americanista, publicando en 1950 *El laberinto de la soledad*, un libro que llevaba a su fin —y a su cumbre— el ensayo de interpretación nacional. Cumplida aquella deuda, Paz podía deshacerse de los compromisos nacionalistas y abrazar un cosmopolitismo fundado en la crítica moderna, en la universalidad del deseo humano y en la exploración de la vanguardia. Empezaba la nueva década muy consciente de los logros y de las limitaciones de la revolución, convencido de que aún, a pesar del reencuentro de México consigo que se intuía en el muralismo, los mexicanos no habían encontrado una forma que los expresara. No es casual que en noviembre de ese mismo año publicara su primer ensayo sobre el muralismo mexicano; un escrito, además, no precisamente elogioso, en el que ponía de manifiesto las insuficiencias de la revolución y del arte revolucionario. Al no haber desarrollado su propia filosofía, decía Paz, al no haber desarrollado un proyecto ideológico que trascendiera el nacionalismo, insistía Paz, los muralistas habían tenido que importar a Marx a un país donde no había proletariado y donde los pintores revolucionarios trabajaban para el Estado. El resultado era una falsificación de la historia y una idealización artificial del pueblo mexicano. Eso, siendo malo, no era lo peor. El muralismo no había abierto puertas, las había cerrado; no había sido un germen creador, había encerrado al arte mexicano en un perpetuo grito revolucionario. Su realismo obligatorio no solo era infiel a la realidad. Lo peor es que oficiaba como preámbulo al más beato de los géneros pictóricos: el realismo socialista. Era urgente, añadía, que una nueva generación de pintores abriera ventanas para oxigenar un ambiente cultural encorsetado por el marxismo y por su pretensión de pintar un México a las puertas de la utopía comunista.

Tampoco es casual que ese mismo noviembre de 1950 Paz escribiera su primer ensayo sobre Rufino Tamayo, ni que en él mencionara a una nueva generación de artistas —la de María Izquierdo y Agustín Lazo— que estaba desafiando la hegemonía de los muralistas. Tamayo, decía Paz, era uno de los primeros pintores que se negaban a perpetuar el proyecto monumental y nacionalista de Rivera y de Siqueiros, y eso a pesar de tener vínculos estrechos con el muralismo y el indigenismo. Lo indígena, sin embargo, emergía en su pintura de forma muy distinta. A Tamayo le obsesionaba la idea de hacer un arte mexicano, esencialmente mexicano; una pintura que retomara la tradición del arte prehispánico y del arte popular, y que hablara de la particularidad de México y los mexicanos. Pero ese propósito eludía el deber de llenar los lienzos o las paredes con motivos raciales, folclóricos o históricos. «El problema de nuestra pintura —decía en 1928— radica en su mexicanismo aún no resuelto. Hasta hoy se han hecho solamente interpretaciones folclóricas o arqueológicas, resultando de ello un mexicanismo de asunto en vez del verdadero mexicanismo en la esencia».[94] Para Tamayo, el verdadero mexicanismo nada tenía que ver con la temática del lienzo. Se podía pintar cualquier cosa, como en efecto hacían él o María Izquierdo; la cuestión era hacerlo con el pulso, las proporciones, los colores, las geometrías y el trasfondo trágico y bárbaro de la herencia prehispánica. Esa idea lo acercaba mucho más a Torres García que a Rivera. Tamayo entendía que el pintor tenía que ir en busca del indio y de sus expresiones artísticas, pero no para exaltar los jacales o las nopaleras. La expresión mexicana no era un rótulo que se les adjudicaba a ciertos motivos; era otra cosa, algo más profundo, una mirada arcaica con la cual interpretar el mundo moderno, un conocimiento antiguo a partir del cual proyectar una luz distinta sobre los fenómenos más actuales.

Como buen vanguardista, Tamayo logró esa esquiva meta: romper la secuencia temporal y reunir en sus cuadros la densidad y estructura de la tradición arcaica con los conflictos y las técnicas plásticas modernas. La tragedia y la barbarie del pasado, traídas para explicar el tono anímico del presente. De ese encuentro de distintas temporalidades surgían esos perros aullando que pintó en los años cuarenta (Fig. 18); de ahí provenían esos personajes que nos observan, solemnes y enfáticos, con rostros impertérritos como máscaras prehispánicas. Esos animales y esos seres misteriosos —basta mirarlos— son claramente modernos, están emparentados con la iconografía de la vanguardia, pero su procedencia es remota. Encarnaban una contradicción que les daba un misterio fascinante: venían del pasado y eran contemporáneos; eran universales pero solo habrían podido surgir del suelo mexicano.

Para encarrilar ese proyecto artístico, Tamayo primero tenía que enfrentarse a los compromisos políticos que forzaban al artista a convertirse en un propagandista. Si desde 1915, cuando el Dr. Atl se llevó a los estudiantes de arte a Orizaba a editar *La Vanguardia*, resultó imposible hacer un arte no politizado o purgado de consignas ideológicas, después de 1940, tras veinte años de predominio absoluto de los tres grandes muralistas y de sus epígonos, lo que resultaba insoportable era seguir reproduciendo las mismas imágenes revolucionarias. Tamayo expresaba ese hartazgo, era su síntoma, la voz dispuesta a cuestionar la autoridad de los muralistas de los años veinte. En 1940 el crítico Henry McBride ya decía que Tamayo, aunque podía ser tan político como el resto de los pintores mexicanos, era el único que pintaba «no como político, sino como artista».[95] Más exacto habría sido decir que él, como Paz, estaba repensando el papel del artista de vanguardia, dándole mucha más importancia a la crítica que a la acción. ¿A qué había conducido el activismo desmadrado de los estridentistas y de los muralistas? No a la crítica del poder, sino a la sumisión total del arte frente al *establishment*.

El germen cosmopolita sembrado por Los Contemporáneos había sobrevivido en Tamayo a la aplanadora nacionalista. Amigo y discípulo de esa generación de poetas, el pintor se propuso seguir la estela de Amado Nervo y Jorge Cuesta. En 1947 les planteó a los muralistas un interesante debate que desvelaba las contradicciones y los roces entre dos concepciones artísticas, la heroica y humanizada, ligada a los fines revolucionarios y fundada en el relato histórico, y la formal constructiva, basada en la abstracción e inspirada en la dinámica creadora de los antiguos americanos. ¿Quién era más mexicano, el que pintaba indios como un moderno o el que pintaba como un indio prehispánico temas modernos? Esa era la pregunta implícita que lanzaba Tamayo; y seguía: ¿cuándo habían visto un mural prehispánico que retratara indios? Nunca, eso era un invento de una revolución que fue innovadora y pujante en sus inicios, pero que a finales de los años cuarenta era poco más que un lastre. «La pintura mexicana —decía Tamayo— se estancó en los temas de una revolución que ya dejó de serlo; en la política y en la demagogia».⁹⁶

Esas palabras fueron lava. Orozco respondió devolviéndole la pregunta: ¿estancamiento, cuál estancamiento? A ver, que lo demostrara. Y además, que no viniera a enarbolar el arte abstracto, porque la abstracción era en última instancia una muestra de incapacidad. Cualquiera podía hacer cosas bonitas con colorcitos y cuadraditos, pero eso no era arte, esa era la gramática del arte, su base, los instrumentos con los que se hacía arte de verdad. Siqueiros también entró en tromba y le devolvió el golpe a Tamayo. El estancado era él, le dijo, que se creía novedoso haciendo lo que él ya había hecho en los años treinta. La pelea se ponía buena, porque Tamayo no se amedrentó. «Siqueiros pretende hacernos llorar por el sufrimiento del proletariado —dijo—. Eso es lo que el "genio" pretende llamar contenido social a su pintura»; luego lo acusó de pedir justicia social para acabar en el mero sentimentalismo: «Utiliza los motivos de la miseria humana, pero no plantea problemas sociales ni mucho menos ofrece la forma de solucionarlos. Siqueiros, de esta suerte, desempeña solo el papel de la plañidera de las tristezas sociales».⁹⁷

Tales palabras eran un portazo en las narices al muralismo y al proyecto ideológico de la primera vanguardia. La polémica que iniciaba Tamayo abría nuevas opciones para los artistas mexicanos. Les estaba diciendo que ahora podían decidir si se afiliaban al proyecto nacional popular o a un proyecto nuevo, modernizador, que dejaba a un lado la propaganda ideológica para promover visiones sociales desde la estética. Los creadores hablaron. No solamente Octavio Paz respaldó y celebró la emancipación de Tamayo. Detrás de él vinieron veteranos como Carlos Mérida y Gunther Gerzso, y también un grupo de jóvenes que recibió el muy elocuente nombre de «generación de la ruptura»: José Luis Cuevas, Vicente Rojo, Juan Soriano, Lilia Carrillo, Pedro Coronel y varios otros.

Los artistas mexicanos, pioneros de la vanguardia latinoamericana, se habían apalancado en una revolución institucionalizada que demandaba fidelidad e impedía actualizar los discursos del arte. Mientras los otros países del continente transitaban por la abstracción geométrica, el expresionismo figurativo y el informalismo, México seguía fiel al realismo ideologizado de comienzos de los años veinte. Los vanguardistas se habían petrificado, se habían quedado a la cola del continente; llegaba el momento de hacer la revolución dentro de la revolución.

El acta formal de ruptura llegó en forma de fábula, «La cortina de nopal», un cuento sarcástico que escribió José Luis Cuevas en 1958, en el que criticaba y se reía del muralismo y del sistema del arte mexicano posrevolucionario. Las pinturas de Rivera y compañía, decía, eran el arte del pueblo que el pueblo no podía ver porque estaba encerrado en los edificios del Gobierno. Y mejor que fuera así, seguía, porque cuando lo veían, más que emancipar o sublevar, irritaban a la gente de la calle. Esos «monotes» no les decían nada. A diferencia de Pedro Infante, del ratón Macías o de María Félix, figuras públicas que en efecto veneraban, los personajes de los murales les parecían horrorosos. En cuanto al nacionalismo que insuflaba aliento a esas pinturas, ya resultaba asfixiante. Para los burócratas de la cultura mexicana ningún arte foráneo valía la pena; lo de afuera hacía daño o era la expresión de linajes inferiores «que nada tienen que ver con la grandeza y la pureza de la raza mexicana».[98] El mexicano que se dejaba tentar por las influencias extranjeras demostraba un nefasto aburguesamiento. Para suerte de esos descarriados, al frente del Palacio de Bellas Artes estaban funcionarios que cerraban las puertas en cuanto veían algún cuadro contaminado. Las instituciones culturales del Estado se habían convertido en una barrera contra todo tipo de desviación extranjerizante. Para exponer o conseguir encargos había que seguir la línea de la curia, agradar a los representantes de los «sindicatos de la inteligencia», plegarse a la línea oficial y seguir gritando, después de cuarenta años, que los jóvenes querían muros públicos para entregarle al pueblo sus pinturas. En toda ocasión, el aspirante a artista se vería obligado a dar un «apoyo decidido, ciego, inconsulto a todo cuanto sea pintorescamente mexicano».[99] Así, mediante comisiones oficiales y ventas a turistas, lograría medrar con éxito en un mundo cultural monopolizado por el Estado, y al final acabaría siendo un artista sumiso, con la boca fruncida de tanto gritar «rrrrrrrevolución».

La crítica era cáustica, implacable, y acababa con una declaración de intenciones. Cuevas se rebelaba «contra ese México ramplón, limitado, provincialmente nacionalista, reducido a su alcance, temeroso de lo extranjero por inseguro de sí mismo».[100] Eso no significaba convertirse en un apátrida, nada de eso, porque oculto tras ese relato nacional popular amplificado por el PRI, había otro México que venía asomando desde hacía unos años: el México de Alfonso Reyes, Octavio Paz, Carlos Fuentes y Carlos Pellicer; el México de los compositores Silvestre Revueltas y Carlos Chávez; de Rufino Tamayo e incluso de José Clemente Orozco, el muralista que renegó de la LEAR. Con ese México se identificaba Cuevas, con el México que se nutría de la tradición cosmopolita fundada por Los Contemporáneos y que tendría en Octavio Paz a uno de sus mayores representantes.

La abstracción peruana

En Perú la ruptura plástica la dieron los artistas de los años cuarenta y cincuenta, los que llegaron detrás de Moro y Westphalen, pero no para alejarse del muralismo, sino del indigenismo. El nacionalismo impulsó la figuración, la problemática del indio y de los Andes, y frenó el avance de una nueva visión plástica que permitiera fusionar elementos de la cultura peruana con las nuevas tendencias abstractas y expresivas. Varios lo intentaron: Ricardo Grau con su vuelta al arte por el arte, Macedonio de la Torre con el fauvismo, Sérvulo Gutiérrez con el expresionismo, Carlos Quizpez Asín, el hermano de César Moro, con el cubismo. Pero quizá quien mejor logró hacer esta síntesis entre el misterio arcaico y la ruptura moderna fue Fernando de Szyszlo, otro de los jóvenes que se formó intelectualmente en la peña Pancho Fierro.

Allá llegó a mediados de los años cuarenta gracias al poeta y ensayista Sebastián Salazar Bondy, acompañado de Jorge Eduardo Eielson, Javier Sologuren, Blanca Varela y Raúl Deustua, los jóvenes llamados a renovar el lenguaje poético peruano alejándolo de la vanguardia indigenista. Szyszlo estaba interesado en el cubismo, el expresionismo y la música moderna. Las fórmulas realistas del arte comprometido o indigenista no lo seducían; quería recuperar el legado expresivo de las culturas prehispánicas, pero no como lo haría un arqueólogo, sino un artista, actualizándolo, renovándolo. Szyszlo había leído a Joaquín Torres García y seguía el ejemplo de Rufino Tamayo. El surrealismo también despertó en él la curiosidad por los rincones oscuros e inexplicables de la conciencia. Pero si en Tamayo inoculó sueños y visiones, en Szyszlo inspiró escenarios y espacios de penumbra. Con la técnica de la veladura, esa manera de ir aplicando distintas capas de colores depurada por Tiziano y los pintores venecianos, Szyszlo consiguió darle densidad y misterio a su pintura y crear atmósferas donde surgen tótems o altares prehispánicos; paisajes que transmiten la misma desolación y atemporalidad que el desierto peruano, lugares remotos y perdidos en un pasado que, paradójicamente, también son recámaras modernas (Fig. 20). Esa habilidad, la de ser al mismo tiempo muy antiguos y muy modernos, fue lo que caracterizó a Tamayo y a Szyszlo.

Él y los poetas de la generación del cuarenta compartieron con Arguedas el interés por el quechua, por las culturas vivas de los Andes y por la problemática política de Perú, pero a la hora de crear resultó evidente que preferían el misterio de los huacos prehispánicos a la figuración y la denuncia. Szyszlo sumó al misterio los colores del paisaje peruano, en especial el desierto de Paracas, con sus arenas de tonos ocres y rojizos, para crear un mundo muy personal, inmemorial y actual. Esto lo enfrentaba inevitablemente a los indigenistas, porque en Perú el dilema era distinto al de México; allí la pregunta no era si había que pintar indios o pintar como un indio, la pregunta era si los artistas debían interesarse por el indio del pasado o por el indio vivo. Los indigenistas claramente rechazaban a los artistas que admiraban el mundo prehispánico y no se comprometían con el indio del presente. Los acusaban de hispanistas y les afeaban su arte esteticista, y de ahí el choque con los pintores que daban prioridad a las cuestiones estilísticas.

Lo que ocurría en la pintura se replicaba en la poesía. La nueva generación tomaba distancia tanto de los poetas apristas como de la vanguardia andinista para explorar temas místicos, paisajes o reinos cargados de simbolismos, recuerdos de la infancia, dramas amorosos. Desaparecieron de sus versos los trazos futuristas, y surgieron las imágenes surrealistas y los juegos verbales. La nueva actitud de estos poetas quedó reflejada en *La poesía contemporánea del Perú*, una antología de Eielson, Salazar Bondy y Sologuren, ilustrada por Szyszlo y publicada en 1946, que liberaba al arte de los deberes morales y del compromiso político. «Ningún representante del "indigenismo" —tampoco del llamado "cholismo"— merece ubicación en una antología en cuya selección ha prevalecido el criterio pura y estrictamente poético»,[101] explicaba Salazar Bondy. La denuncia, el victimismo y el sufrimiento del oprimido daban paso a otra dinámica, más interesada en integrar el pasado con el presente y lo americano con lo universal. Jorge Eduardo Eielson lo hizo desde la poesía, pero también en la plástica, reproduciendo los nudos y los quipus incaicos. Sus cuadros tenían el mérito de ser, al mismo tiempo, abstracción pura y legado indígena puro, un puente estético entre los incas y los hombres y las mujeres del siglo xx (Fig. 21). América Latina se liberaba del victimismo y del compromiso moral con la patria y sus gentes y sus dramas, sin imaginar que en el siglo xxi, al menos desde su segunda década, todo Occidente se haría indigenista y les impondría a sus creadores los mismos compromisos.

El surrealismo en el Caribe

Lo que estaba ocurriendo en Perú y en México con el indigenismo pasaba en Cuba con el negrismo. El cubano Wifredo Lam, influenciado por Picasso y las máscaras africanas, también se desprendió de los compromisos identitarios negristas para jugar y experimentar, a la manera surrealista, incluso magicorrealista, con la exuberancia vegetal del trópico, con sus mitos y leyendas. Lam encontró una manera muy particular de borrar la frontera entre la realidad y la fantasía. Sus cuadros se convirtieron en el equivalente plástico de las novelas que Carpentier escribió a finales de los años cuarenta. Lam animaba el paisaje; en sus cuadros la naturaleza no es un escenario donde ocurrían cosas, sino un personaje más. Las criaturas son naturaleza; la naturaleza es una criatura. Late en ella algo animal o humano. *La jungla* (Fig. 22), su gran obra de 1943, mostraba mejor que ningún otro cuadro esa hibridación. De las varas de cañas surgían criaturas zoomorfas, mezcla de animales, humanos y plantas. La gran proeza técnica de este lienzo es que pervierte la perspectiva para que el espectador no pueda diferenciar la figura del fondo. La naturaleza y sus criaturas son una sola cosa; la selva respira, nos observa, tiene ojos, bocas, manos, pies, nalgas, rasgos felinos, cabezas de caballo: es una realidad contaminada con las leyendas populares, con los delirios que se incuban en las zonas rurales americanas; es una selva primitiva de la que aún no se ha diferenciado el hombre. La naturaleza y el humano, como en las novelas de Miguel Ángel Asturias, son una misma cosa, están conectados por un vínculo mágico. «Surrealismo negro», llamó Breton a la pintura de Lam, y el poeta Nicolas Calas dijo que *La jungla* era para los negros lo que el *Guernica* de Picasso había sido para las víctimas del fascismo, algo así como una imagen que reivindicaba su identidad, su sensibilidad, su sufrimiento. No solo su ritmo, o su sensualidad, o su fisonomía, como hacía la poesía negrista, también su universo espiritual.

Lam llegaba impregnado de todas las preguntas que se hacían los surrealistas parisinos. Los había conocido a través de Picasso y de Michel Leiris, y con Breton acabaría subiéndose en el mismo barco, rumbo a América, que los salvó de la ocupación nazi. En 1941 ya estaba en Martinica, Lam reencontrándose con la vegetación del trópico, un acontecimiento fundamental en su evolución plástica, y Breton leyendo con mucha atención *Tropiques*, una revista que había descubierto por accidente durante sus paseos por la isla. La mezcla de poesía y ensayo anticolonialista que encontró en sus páginas le encantó y lo animó a buscar a la gente que estaba detrás de la publicación. Así acabó haciéndose amigo de Suzanne y su esposo, Aimé Césaire, dos de los intelectuales que fundaron la negritud, el movimiento intelectual y artístico que se opuso al colonialismo francés en el Caribe y África. Era lógico que Breton sintiera fascinación por los contenidos de *Tropiques* y por sus nuevos amigos caribeños. Él había sido uno de los primeros intelectuales en criticar el colonialismo y en reivindicar la necesidad de una invasión bárbara que regenerara la vida europea. Los surrealistas habían invocado la libertad instintiva desde los años veinte, y anhelaban una sanación y una regeneración de Europa a partir de la influencia de culturas menos racionales y represoras. Como pionero del movimiento anticolonial, el surrealismo estaba destinado a fundirse con la negritud reivindicativa del Caribe.

Lo señaló Suzanne en un ensayo que publicó en *Tropiques*. Con su intento de anular oposiciones binarias, como sueño y realidad, razón y sinrazón, consciente e inconsciente, el surrealismo también podía echar por tierra las clasificaciones binarias que oprimían al negro: civilizado-salvaje, europeo-africano, blanco-negro. La savia que bombeaba el corazón surrealista era la libertad, y la libertad era el valor por el que se luchaba en los años cuarenta en todo el mundo. Libertad en contra del nazismo y libertad en contra del colonialismo, porque era la misma lucha. Lo explicó de forma clara y contundente Aimé en su *Discurso sobre el colonialismo*: el proyecto colonial había inculcado el terrible vicio moral del relativismo. A los europeos les parecía atroz lo que estaba haciendo Hitler en Francia, pero completamente normal lo que había hecho Francia en ciertas regiones del Caribe y de África. La plaga que estaban combatiendo en Europa, y que ellos llamaban «nazismo», no era nueva. Se había manifestado antes con el nombre de colonialismo en buena parte del mundo. La única diferencia entre uno y otro era que el primero atacaba al hombre blanco. Esa era su novedad. Todo lo demás, sobre todo su lógica de desprecio racial, ya estaba presente en el sistema colonial. ¿Por qué el hombre blanco no lo había visto? Por su relativismo. Porque aceptaba para el negro, el amarillo y el rojo lo que no toleraba para él, y así iba por la vida. La coartada de la civilización redimía ciertas culpas, pero ya era hora de que entendieran que colonialismo no rimaba con civilización, sino con cosificación. Quizá ahora, cuando el blanco europeo se había visto tan amenazado como lo había estado el negro, empezaría a ser consecuente y a deshacerse de ese invento nefasto que pudría a Europa y enfermaba al mundo entero.

Criticar sin piedad el colonialismo, como hicieron Salazar Bondy en Perú y la negritud del Caribe, no significaba en absoluto, para nada, ni por asomo, regresar al nativismo. «No queremos revivir una sociedad muerta. Dejamos esto para los amantes del exotismo»,[102] decía Césaire. Y en efecto, el lema de la negritud fue «asimilar pero no ser asimilado». Reconocía que una de las suertes de Europa era haber sido el cruce de caminos de la humanidad entera. En el cosmopolitismo, lo que Césaire llamó «el intercambio de oxígeno», estaba la clave del progreso y de la creatividad. Los negros del Caribe debían reconciliarse con su herencia cultural africana, pero no para ahogarse en la infructuosa búsqueda de un pasado utópico. Como todos los movimientos latinoamericanos que recibieron el impulso libertario del surrealismo, la negritud aspiró a la universalidad. Césaire lo expresaba en un aparte de su *Cuaderno de un retorno al país natal*: «¡Hacedme rebelde a toda vanidad, pero dócil a su genio / como el puño al extremo del brazo! / Hacedme comisario de su sangre / hacedme depositario de su resentimiento / haced de mí un hombre de terminación / haced de mí un hombre de iniciación / haced de mí un hombre de recogimiento / pero haced también de mí un hombre de siembra / haced de mí el ejecutor de estas altas obras / ha llegado el tiempo de fajarse como un hombre valiente / pero haciéndolo, corazón mío, libradme de / todo odio / no hagáis de mí ese hombre de odio para quien solo tengo odio / porque para acantonarme en esta única raza / sabéis sin embargo que mi amor es tiránico / sabéis que no es por odio contra las otras razas que me obligo a ser cavador de esta única raza / que lo que yo quiero / para el hambre universal / para la sed universal / es apremiarla libre finalmente / para que produzca de su intimidad cerrada / la suculencia de sus frutos».[103]

Eso era la negritud, un movimiento de reafirmación, una toma de conciencia, un reclamo de justicia universal, un resentimiento volcado no hacia el odio, sino hacia la creación de un hombre, de una sociedad, de una comunidad nuevas. Con este movimiento descolonizador, el surrealismo ganaba un segundo aire. Porque en Francia moría: los poetas que habían militado con Breton eran ahora estalinistas; destinaban su tiempo a la lucha antinazi, no a la poesía. De no haber sido por el nuevo auge que ganaba en el Caribe y en el resto de América Latina, el surrealismo habría tenido una extinción prematura. Y aunque en Estados Unidos, el país por el que Breton siguió su exilio, el surrealismo no fue muy influyente, sí dejaría encendida una chispa que animaría los escritos y las actitudes vitales de la generación beat. Ese grupo de escritores también sentiría un gran interés por la cultura negra, en especial por el jazz, y reivindicaría la marginalidad en la que vivían los afroamericanos como un espacio más libre, más expresivo, más auténtico y más creativo que el mundo blanco. En el bebop y en la improvisación y en la espontaneidad verían valores que abrían una ventana de escape a la normatividad estadounidense. Junto con ellos, no tardarían en aparecer movimientos revolucionarios, unos culturales, otros políticos, unos pacíficos, otros violentos, fundados en las injusticias sufridas por la población negra.

Antes de que todo esto empezara, entre 1942 y 1950, Wilfredo Lam tuvo cinco exposiciones en la galería Pierre Matisse de Nueva York, y *La jungla* fue adquirida por el Museo de Arte Moderno. Su vertiginoso éxito neoyorquino era un presagio del interés por lo negro que marcaría las décadas de 1950 y 1960 en Estados Unidos.

El surrealismo chileno

El surrealismo de Lam reflejaba esa particularidad de la vida americana, la de haber entrado en la modernidad a pedazos, dejando a gran parte de la población viviendo en otro tiempo, ajena a la ciencia y la tecnología, anclada en el mito y la superstición. Sus cuadros mostraban esa imaginación no domesticada animando la realidad y llenándola de fuerzas ocultas. Ese era el surrealismo americano, la mezcla en un solo plano de la realidad y la poesía, pero también había otro surrealismo, más urbano, más francés, que se obsesionó por entender los secretos de la mente, ese fondo oscuro donde anidaban los impulsos, los deseos, las fantasías capaces de trastornar la realidad.

Breton rastreó esa zona abisal con la hipnosis, la escritura automática, los juegos de azar; quiso entender la hondura humana a través de sus manifestaciones, pero en realidad nunca logró iluminar aquel espacio mágico ni desentrañar sus mecanismos. Fue el chileno Roberto Matta quien más cerca estuvo de hacerlo, o al menos quien mejor expresó visualmente todos los procesos que obsesionaban a los surrealistas. Las «morfologías psicológicas» que empezó a pintar en los años cuarenta respondían a esa misma obsesión por vislumbrar los procesos mentales, los contenidos ideográficos no verbalizados, las emociones que se sacudían en el interior del ser humano. A diferencia de muchos otros, sobre todo de los políticos de la época, a Matta no le interesaba llegar a la luna, sino emprender el viaje opuesto, acceder a las profundidades humanas, ampliar el conocimiento de lo que no veíamos por estar oculto en regiones remotas de nosotros mismos. «Lo que se quiere —decía— es tener verdadera información sobre la vida del ser humano. Es decir, que se cree una especie de ética de la exactitud de la introspección».[104] Y eso fue su pintura: una lente que refractaba esa luz difusa que emanaba del interior de la consciencia. Sus telas recogían constelaciones pobladas de mecanismos, homúnculos, fuerzas, campos magnéticos, espirales, planos, estallidos, maquinaciones. Matta hizo cartografías fantásticas de la mente, mostró el dinamismo de la actividad espiritual; generó, por primera vez, la ilusión de haber expuesto a la vista ese espacio vedado (Fig. 23).

Matta no fue el único surrealista chileno. Antes que él, en 1938, Braulio Arenas, Enrique Gómez-Correa y Teófilo Cid habían fundado La Mandrágora, un grupo poético que publicaría una revista del mismo nombre y al que luego se uniría Jorge Cáceres. También ellos destacaron por detestar el nacionalismo y por odiar aún más a Pablo Neruda. El ídolo nacional se les indigestaba por dos razones: por haberse convertido en un poeta oficial, colgado siempre de la teta del Estado, y por haber puesto su poesía, una poesía que para colmo coqueteó con el surrealismo, al servicio del Partido Comunista. Quizá también por una tercera razón: por haberse convertido en un personaje similar a Diego Rivera, un revolucionario oficial, estandarte del *establishment* y beneficiario de toda suerte de reconocimientos públicos.

La Mandrágora se dio a conocer saboteándole el homenaje —otro— que le organizó la Alianza de Intelectuales de Chile en 1940, antes de su partida a México, donde lo esperaba un cargo diplomático —uno más—. «Yo protesto por que Neruda se atreva a usar de la palabra sin antes haber dado cuenta del resultado de las colectas que organizaba a favor de los niños españoles»,[105] gritó Braulio Arenas en medio del acto. Varios hombres, alertados previamente del posible saboteo, corrieron para escarmentar al surrealista, pero los otros saboteadores salieron en su defensa y lograron liberarlo. Si no del todo exitoso, el sabotaje al menos había dejado en claro lo mucho que los surrealistas aborrecían a los revolucionarios de salón que planeaban la subversión del Estado mientras gozaban de todas sus canonjías y mamandurrias. «Lo falso atrae lo falso —decían—. Es la ley de las afinidades afectivas. No es de extrañar que los falsos comunistas adoren a los falsos poetas, y que los falsos revolucionarios adoren la falsa cultura».[106] Neruda había sido funcionario de Arturo Alessandri, de Carlos Ibáñez y de Pedro Aguirre Cerda; no había pasado un solo día de su vida adulta a la intemperie, sin un cargo público, y eso se lo echaban en cara los surrealistas chilenos.

Como Breton, La Mandrágora pretendía eliminar por completo las dicotomías que limitaban la vida humana. Sueño y razón, noche y día, fantasía y realidad, blanco y negro, bien y mal, moralidad y crimen: todo debía desaparecer. Anhelaba liberar las fuerzas ocultas del inconsciente, del sueño, del sexo, del terror, de la magia, del amor; reivindicaba la poesía negra, la que surgía de lo prohibido y de lo oculto; perseguía lo que Gómez-Correa llamaba la «depuración total», que no era otra cosa que el derribo de las convenciones y de la moral establecida. Nadie los igualaba en malditismo. «La moral conduce a la debilidad del cerebro»,[107] decía Gómez-Correa, y como remedio recomendaba adjudicarse el derecho absoluto a hacerlo todo. La poesía revolucionaria de La Mandrágora no hablaba de las batallas de los pueblos, hablaba del poder subversivo de las pasiones y de los placeres, único principio legitimado para guiar los actos humanos. Gómez-Correa decía que al poeta negro nada le estaba prohibido, ni el incesto, ni el parricidio, ni el acto más abominable para la moral prevaleciente, porque en su caso todos estos actos eran un «estimulante a su instinto poético».[108] Todo valía para crear, y toda creación servía para destruir las cosas tal y como las conocíamos.

En medio de la batalla de los colectivismos, el de los fascistas y el de los comunistas, el individualismo feroz, casi criminal, de La Mandrágora abría un tercer camino hacia la revolución social. «No soy comunista, no soy partidario de nadie. Gózome, en cambio, refugiándome en mi propia vida. Desde allí, como francotirador disparo a voluntad contra el mundo»,[109] sentenciaba Teófilo Cid. El espíritu libertario y subversivo que estaba forjando el surrealismo latinoamericano les restaba importancia a las fronteras, los símbolos, las identidades, los partidos y las ideologías. Volvía a reivindicar el individualismo de algunos modernistas y el malditismo como una forma de rebelión frente a la moral progresista con la que se arropaban las burocracias autoritarias. Con el tiempo y mucha agua fría, iría acercando a los desencantados del comunismo y a los aborrecedores del nacionalismo y de los colectivismos identitarios al liberalismo político.

UN NUEVO AMERICANISMO LITERARIO: DE LA TIERRA A LA FANTASÍA

Lo que estaba ocurriendo en la poesía y en la plástica también tuvo consecuencias en la narrativa. Era bastante obvio: el surrealismo les había mostrado a los latinoamericanos que no vivían en un solo plano de realidad, sino en varios, y al mismo tiempo. El realismo social era por eso mismo la más irreal de las literaturas. Tres novelistas que coincidieron a comienzos de los años treinta en París se dieron cuenta de esto: Miguel Ángel Asturias, Alejo Carpentier y Arturo Uslar Pietri.

Asturias se había vuelto un americanista después de que el colombiano Porfirio Barba Jacob, durante su paso por Guatemala a comienzos de los años veinte, le hubiera despertado el interés por los problemas continentales, en especial por esa utópica unión de países americanos que frenaría el avance del imperio estadounidense. Desde entonces el joven guatemalteco se solidarizó con la raza latina; afirmaba que de un extremo a otro del continente un mismo grito de guerra llamaba a salvar el espíritu y se preocupaba por las condiciones de vida del indio. Influenciado por Manuel Ugarte, José Rodó, Vasconcelos y Haya de la Torre, dividía el mundo en latinos y sajones, y a los segundos los describía como nómadas bárbaros que no tenían un vínculo con la tierra y que por lo mismo carecían de valores espirituales. Era un arielista, sí, pero no hispanista, sino de izquierdas, poco familiarizado con el marxismo y cuyo indigenismo, aún alejado del de Mariátegui, buscaba la plena integración del indio en la sociedad. Esas dos capas en las que se dividía la sociedad guatemalteca, decía, la «masa negra» y los «semicivilizados», debían mezclarse para formar una «realidad superior» que forjara un verdadero espíritu nacional.

Asturias le daba importancia al folclore como elemento estructural del alma de los pueblos, y entendía la literatura como el canal que expresaba esa alma, esa voz surgida de la tierra. Cada vez que se sentaba ante la máquina de escribir lo apremiaba la urgencia de reivindicar lo americano y lo guatemalteco. Lo paradójico es que la clave literaria para hacerlo con efectividad y maestría, evadiendo las formas trilladas de la literatura panfletaria y los tics de la novela indigenista, no la encontró en América Latina, sino en Francia. «Para nosotros —confesó al final de su vida— el surrealismo representó (y esta es la primera vez que lo digo, pero creo que tengo que decirlo) el encontrar en nosotros mismos no lo europeo, sino lo indígena y lo americano».[110]

Eso no quiere decir que su preocupación por el indio guatemalteco hubiera surgido en París. Su tesis de derecho, presentada en 1923, llevaba como delator título *El problema social del indio*. Por esa fecha Asturias analizaba los males del indio con la lente positivista, señalando como factores de atraso la malnutrición, la higiene, las enfermedades y el alcoholismo. Luego, en París, asistió a las clases que en la Sorbona daba Georges Raynaud, experto en religiones mayas, y con él acabó volcando al español la traducción francesa del *Popol Vuh* y de los *Anales de los Xahil*. Era evidente que el tema del indio le interesaba mucho, pero ni el positivismo, ni el arielismo, ni las clases teóricas le daban las claves para convertir la realidad del indio en materia literaria. La llave que abría el alma indígena, se daría cuenta luego, no estaba en la academia; la tenían los surrealistas.

Después de frecuentar a los surrealistas, siguiendo las ideas psicoanalíticas que le había oído a Bretón, Asturias se propuso bucear en las profundidades de sí mismo. Sobrepasó los límites de su consciencia y creyó darse cuenta de que allí, en lo profundo de su mente o de su alma, no había un europeo ni un occidental, sino un indio. No un indio enfermo, alcoholizado o semiesclavo —la masa negra de su tesis—, sino un portentoso creador de mitos y de leyendas que expresaban con incomparable belleza y precisión todo lo que aquellos poetas franceses anhelaban plasmar en sus poemas. Asturias estaba a punto de hacer un descubrimiento fundamental para la renovación de las letras americanas. Hasta ese momento la novela de la tierra había mostrado las costumbres regionales, los particularismos lingüísticos, el sufrimiento de los indios, la idiosincrasia de los montuvios, los gauchos o los negros; la dura relación del hombre con la indómita naturaleza del continente. Eran novelas muy americanas, que sin embargo no daban cuenta cabal de la experiencia de la gente que habitaba el continente. Algo faltaba en ellas, justo lo que Asturias acababa de encontrar dentro de sí mismo: la voz india que no diferenciaba entre la realidad y el mito, entre lo soñado y lo vivido, entre lo real y lo irreal. La cabal expresión del alma latinoamericana tenía que incorporar elementos no visibles, pero fundamentales, en las formas de vida del continente. Esos elementos eran el mito, la leyenda, la creencia, la superstición: el repertorio de fantasmas inasibles que activaban todos los resortes afectivos y comportamentales de quienes aún no se habían integrado del todo a la modernidad occidental.

Dicho con otras palabras, Asturias, Carpentier y Uslar Pietri se dieron cuenta de que la realidad americana ya era surrealista. En sus reuniones parisinas, hablando de sus experiencias, fue evidente que cada uno venía de una América distinta. Asturias, de la india; Carpentier, de la negra; Uslar Pietri, de la mestiza. Lejos de Guatemala, Cuba y Venezuela, en París, se daban cuenta de la enorme complejidad del continente. Negra, india, andina, primitiva, moderna, gaucha, campesina, mestiza... Era imposible que una realidad forjada con tantos tonos y matices careciera de contradicciones, y era aún más absurdo creer, como habían hecho Figari, Sabogal y tantos otros, que uno solo de esos elementos representaría al continente entero. ¿Cuál era entonces el elemento común que permitía hablar de una experiencia americana? El surrealismo daba la respuesta: una realidad donde los hechos y los mitos, la historia y las leyendas se mezclaban de forma natural; una realidad confeccionada, a partes iguales, por los hechos y las fantasías.

Asturias experimentó con esta nueva forma de acercarse a los problemas sociales de América Latina. Sus novelas y relatos ya no daban cuenta objetiva, al modo del realismo social, de las desgracias e injusticias. Hacían algo distinto: integraban el trasfondo mítico americano para explicar las dinámicas y los ciclos de la vida. Empezó haciéndolo en *Leyendas de Guatemala*, de 1930, un experimento que Paul Valéry describió como «historias-sueños-poemas, donde se confundían graciosamente las creencias, los cuentos y todas las edades de un pueblo»,[111] y lo elevó a su máxima expresión en *Hombres de maíz*, una novela de 1949 en la que el mito y la magia —el nahualismo maya— se convertían en el mecanismo secreto que explicaba las relaciones entre la vida y la muerte. Asturias demostraba que lo americano no estaba en la superficie, en la particularidad exótica, sino en el fondo mítico, no nombrado y latente, pulsional, que necesitaba la voz de un novelista moderno para expresarse. En definitiva, lo americano era el trasfondo mágico y fantasioso de los herederos de los mayas, aztecas, incas, yorubas, tupíes; de los delirios de los conquistadores, de sus visiones fantásticas, de sus leyendas y errores, de todo un mundo de ficciones que ni la llegada de la modernidad ni la presencia de la hélice y del motor habían expulsado de la vida cotidiana. Más que latinoamericanos, éramos «delirioamericanos», hombres y mujeres marcados por sueños milenarios que se mezclaban con la realidad de todos los días.

Carpentier corroboraría esa intuición en 1943, cuando viajó a Haití para investigar su proceso independentista y el reino que fundó el exesclavo Henri Christophe. Al visitar el castillo que se hizo construir el nuevo monarca, inexpugnable gracias a que sus paredes habían sido cocidas con la sangre de cientos de toros, Carpentier entendió algo fundamental. Esos muros eran mitad reales, mitad mágicos. Más aún, la realidad americana, toda, buena parte de ella, era el resultado de esa misma mezcla. El vudú de los africanos conducidos al Caribe había impregnado por completo la vida cotidiana. Como decía Carpentier en *Los pasos perdidos*, «aquí, los temas del arte fantástico eran cosa de tres dimensiones; se les palpaba, se les vivía. No eran arquitecturas imaginarias, ni piezas de baratillo poético».[112] La pulla iba dirigida a los surrealistas, claro, porque todo lo que ellos invocaban en sus rutinas forzadas ya estaba en la realidad americana. No era necesario añadirle nada más, ni fantasía ni invenciones alucinatorias como las que pintaban Dalí o Ernst. La misión del escritor era aprender a ver la matriz oculta, hecha de creencias y supersticiones, que constituía y ponía en funcionamiento la realidad americana. Tenía que ver, oír, entender y narrar el mito y la leyenda, como haría Asturias; la superstición, la creencia y la magia, como haría Carpentier; los mitos y las fantasías proyectados desde la Conquista sobre América, como haría Uslar Pietri.

Cuando en *Hombres de maíz* Asturias contaba que el curandero se convertía en venado, no inventaba nada. Esa creencia formaba parte de la mitología maya desde hacía siglos. Y cuando Carpentier narraba cómo Mackandal, en *El reino de este mundo*, adquiría la forma de insectos, aves y mamíferos, tampoco fantaseaba. Era una creencia del vudú, que ya estaba ahí, en la realidad, y que había animado la rebelión de los esclavos. De no haber creído que Mackandal estaba entre ellos en forma de animal, los esclavos haitianos no habrían encontrado el valor o la razón última para desafiar el poder colonial de sus amos. Breton tenía razón: lo mágico inspiraba revoluciones. El problema para él era que lo mágico estaba muerto en Francia y vivo en América Latina. El surrealismo era un proyecto desahuciado; en adelante, y sobre todo para acercarse a la realidad americana, era mejor servirse de otro concepto, lo «real maravilloso», que llevaba implícitas una forma y una técnica literarias. Ahora la superstición, la creencia, el mito y la leyenda no serían tratadas como fantasías ajenas a la realidad, sino como parte constitutiva de esta última, como un hecho objetivo, porque en la práctica determinaba la vida de las personas con mucha más fuerza que los terremotos o los vendavales.

En los años cincuenta el mexicano Juan Rulfo usó los descubrimientos de estos tres escritores para darle un giro de tuerca a la novela de la revolución. Rulfo quiso mostrar en su literatura la vida de un grupo social que no participó en las revueltas, que no ganó ni perdió ni fue tenido en cuenta para nada: las hordas de pobres, testigos mudos que padecieron todas las consecuencias de la tormenta política y que se quedaron por fuera la historia. Y de paso, sin quererlo, o quizá sí, crear un fresco vivo y fecundo en el que se reunían el paisaje, el habla popular y los motivos, anhelos y temores inscritos en la idiosincrasia mexicana. Los personajes de sus obras son los hombres y mujeres que se quedaron sin un piso sólido después de la revolución. Todos van de un lado a otro. Huyen, persiguen, peregrinan, buscan algo o a alguien; suelen tener sed, siempre hambre, y por lo general acaban de la misma forma: muriendo. Hay tantos muertos en los relatos de *El llano en llamas*, el libro que publicó en 1953, que por eso Rulfo tuvo que inventar Comala, el pueblo donde transcurre *Pedro Páramo*, la novela que lo convirtió en un mito literario. Juan Preciado, el protagonista, es otro personaje errante que remonta el resquebrajado paisaje mexicano para llegar a Comala. Va en busca de un tal Pedro Páramo, que al parecer es su padre y el cabo suelto de su historia. Juan Preciado viaja a la tierra, a sus orígenes, pero acaba en un lugar muy distinto a la pampa de Ricardo Güiraldes, a la selva de José Eustasio Rivera, a la llanura de Rómulo Gallegos o a la sierra de Jorge Icaza. Juan Preciado no descubre la naturaleza indómita, ni la veta más profunda de la nacionalidad, ni los sufrimientos de los campesinos o de los indígenas. Juan Preciado traspasa las fronteras temporales y espaciales y llega a una especie de limbo habitado por personajes que le cuentan episodios de sus vidas y de la vida del pueblo, incluso de Pedro Páramo, pero que en realidad están muertos. Una vez más, la superstición y la creencia cruzaban la frontera y se mezclaban con la realidad. La constituían. Creaban una nueva realidad que nada tenía que ver con la que denunciaban los novelistas de los años treinta y cuarenta.

Había otro elemento fundamental en esta novela. Rulfo creaba un retrato de los personajes vernáculos y populares, mostraba con gran realismo a hombres y mujeres salidos del paisaje mexicano, casi terrones de barro resecos por el sol, pero no lo hacía con las técnicas narrativas propias del realismo social, el naturalismo o el indigenismo, sino con las técnicas literarias del modernismo anglosajón. En *Pedro Páramo* el tiempo no es lineal. Va de aquí para allá. Salta del pasado remoto al pasado cercano. Vuelve al presente, es esquivo, resbaladizo. Los acontecimientos van tomando forma a medida que las voces de los muertos van entrando y saliendo. Cuentan fragmentos de la revolución, de la guerra cristera, de la vida en Comala que el lector, poco a poco, va ordenando en su cabeza. Quizá la compleja realidad americana podía transformarse en materia literaria con mayor eficacia a través de todos estos procedimientos. Rulfo lo había hecho con una economía de recursos y una efectividad sorprendentes, y su ejemplo lo seguirían los renovadores de las letras latinoamericanas que protagonizaron el boom de los años sesenta.

El golpe de gracia a la literatura de la tierra y al indigenismo y sus derivaciones regionalistas vino del más impredecible de los lugares, de la revista *Marcha* de Uruguay. Era impredecible porque su fundador, Carlos Quijano, era un arielista convencido, con una larga trayectoria de activismo antiimperialista, cuya influencia había logrado que muchos escritores dejaran de observar el brillo europeo y voltearan la mirada para descubrir la entraña americana. Militante del Partido Nacional, Quijano en realidad profesó un nacionalismo latinoamericano, influenciado por Rodó, claro, pero también por la Reforma de Córdoba y por el socialismo. Habría podido estar cerca de Haya de la Torre de no ser por que su americanismo no estuvo atravesado por reivindicaciones raciales, sino por un socialismo más universalista y adaptado al entorno urbano, y por lo mismo menos dispuesto a digerir las manifestaciones vernáculas del arte que los experimentos modernizantes.

El folclorismo y la retórica patriótica que defendió el APRA fueron desterrados de *Marcha*. Juan Carlos Onetti, por ejemplo, un asiduo colaborador de la revista desde sus primeros días, se burlaba en 1939 de los escritores que, viviendo en Montevideo y no teniendo ninguna experiencia del mundo rural, se imponían «la obligación de buscar o construir ranchos de totora, velorios de angelito y épicos rodeos».[113] ¿Qué sentido tenía eso? Onetti se oponía al folclorismo artificial y más bien invitaba a los jóvenes creadores a fijarse en la realidad urbana. Montevideo era un terreno virgen, innombrado; inexistente para la literatura y por lo mismo inexistente para la imaginación y la memoria humanas. Se podían abandonar los temas de la tierra para explorar las frustraciones, anhelos y fantasías del habitante citadino, como hizo él mismo en *El pozo*, su primera novela, que también abrió un sendero para varios autores de la siguiente generación.

Onetti fue muy crítico con los escritores que renunciaban a la literatura creyendo que su deber moral era combatir a favor de alguna causa política. El verdadero escritor escribía. Punto. Contra viento y marea. Y si algo bue-

no salía de él sería en forma de literatura, no de política. Esa fe en la preeminencia del arte sobre la política esclarecería el camino a los autores que
venían detrás. Todos ellos podrían tener compromisos políticos furibundos
y arder en anhelos revolucionarios, pero a la hora de escribir primaría en
ellos el artista, no el militante panfletario o el moralista plañidero. Lo mismo defendía Marta Traba en el campo de la plástica: había que liberar a la
cultura de las servidumbres del realismo social para hacer una literatura y
un arte latinoamericanos universales. La denuncia política siempre constreñía
a un contexto, obligaba al arte a arrastrarse por los lodazales y a permanecer
ahí, mostrando heridas, sufrimientos, opresiones, sin lograr nunca elevarse
por encima de condicionantes concretos y hablarle a la humanidad entera.

Fue muy importante, además, que los dos críticos de *Marcha*, Ángel Rama
y Rodríguez Monegal, reconocieran la importancia que tenían las letras anglosajonas, y que escritores como Mario Benedetti o Carlos Martínez Moreno se nutrieran del modernismo estadounidense a pesar de mantener un
compromiso cívico rabiosamente antiyanqui. Esta generación estaba preparada, decía Rodríguez Monegal, para «oponerse al oficialismo y sus magras
prebendas […] restaurar los valores por medio de la crítica implacable […]
desmitificar ciertos temas que se habían convertido en estériles (sobre todo
la literatura gauchesca o campesina) […] rescatar el pasado útil […] vincular la
literatura uruguaya a la de América sin perder contacto con Europa o el
resto del mundo […] poner al día los valores literarios, facilitando el acceso
del Uruguay a las corrientes más fecundas de la vanguardia internacional».[114]

América Latina empezaba a sacudirse de prejuicios que habían convertido su literatura en una derivación de la sociología, la geografía, la política o la moral. En Barranquilla, un puerto muy alejado del Río de la Plata
pero igualmente activo, se observaba la misma disposición a la renovación.
Inspirados por el español Ramón Vinyes, un grupo de escritores, entre los
que sobresalían Álvaro Cepeda Samudio y José Félix Fuenmayor, compartían
la misma fascinación por la literatura yanqui y el mismo odio pertinaz a su
política imperial. Esa curiosa mezcla empezaba a definir el semblante del
escritor de finales de los años cincuenta, García Márquez entre ellos. El día
en que el escritor de Aracataca conoció al grupo de Barranquilla recibió una
de las lecciones literarias más importantes de su vida. Cepeda Samudio lo
llevó a su casa y le presentó autores que desconocía, William Faulkner, Vir-
ginia Woolf, James Joyce, John Dos Passos, y le dijo que se los leyera todos.
Esas lecturas, sumadas a las de Kafka y Rulfo, dejarían todas las piezas en su
sitio. Politizados, impregnados de americanismo, urbanos, enfrentados visceralmente a Estados Unidos, abiertos a toda influencia cultural provechosa,
interesados en las nuevas vanguardias abstractas, constructivas y surrealistas,

radicalmente modernos y universales y críticos con el telurismo y con la literatura atada a la naturaleza o la realidad nacional, plenamente conscientes, además, de que la realidad americana era una mezcla de hechos y creencias, de ilustración y fanatismo, la generación del boom latinoamericano empezaba a dar sus primeros pasos.

LAS REACCIONES CULTURALES AL NACIONALISMO ARGENTINO

Después de que las fantasías de Lugones se hicieran realidad y una nueva casta de militares llegara al poder, la atmósfera cultural en la que habían proliferado las vanguardias porteñas cambió por completo. Quienes más lo notaron fueron los jóvenes que habían salido en los años veinte de Argentina en busca de experiencias formativas, y que al momento de regresar, ya en los treinta, se encontraban con un país irreconocible. Fue el caso de Antonio Berni, un talentoso pintor que había viajado a París en 1925 para orbitar, también él, en torno al surrealismo, y que al volver a su natal Rosario en 1931 se dio cuenta que todo era distinto: los militares y los sacerdotes estaban en el poder, y el crac financiero de 1929 había enviado al paro a miles de trabajadores. «La dictadura, la desocupación, la miseria, las huelgas, las luchas obreras, el hambre, las ollas populares, eran una realidad que rompía los ojos».[115] Con esas palabras trataba de explicar por qué, un par de años después de su llegada, su surrealismo se había convertido en otra cosa. En escenas que a primera vista parecerían realismo social, fundía la crítica a la situación política con la corriente subterránea de emociones, temores, anhelos y desesperanzas que generaba la crisis económica. En sus cuadros empezó a mostrar las dos caras de la moneda: lo subjetivo y lo objetivo, el drama social y sus consecuencias psicológicas, los desastres de la política y los golpes que producía en la autoestima y la dignidad humana.

La clave para politizar su pintura y ensayar nuevas formas de realismo se la dio, cómo no, el muralismo. David Alfaro Siqueiros pasó por Rosario en 1933 promoviendo el arte revolucionario, y su estancia, aunque breve, dejó sembrado en algunos artistas el interés por la pintura política. Con Lino Enea Spilimbergo, Juan Carlos Castagnino, Enrique Lázaro y el mismo Berni, Siqueiros realizó el *Ejercicio plástico*, un mural pintado en el sótano de una quinta privada. En la Argentina de la Década Infame a ningún artista de izquierdas le iban a dar los muros públicos para que pintara obreros sublevados o consignas marxistas. Berni era muy consciente de que jamás le darían el apoyo institucional con el que sí contaban Alfredo Guido o los muralistas mexicanos. De manera que si quería hacer murales, y en efecto era lo que le interesaba, tenía que buscar una fórmula distinta, casi una estrategia guerrillera, para plasmar contenidos críticos y populares que pudieran ser observados por la gente de la calle, sin exponerse a la censura de los militares.

Su solución fue sencilla: les puso piernas a los murales para que pudieran salir corriendo. Los cuadros que Berni empezó a pintar a partir de entonces tenían formatos medianos (unos tres metros de largo por dos de alto), de manera que pudieran ser transportados y expuestos con facilidad ante distintos públicos. Murales portátiles, los llamó, porque el público ya no se encontraba con ellos en las paredes de las instituciones; eran los murales los que iban al encuentro del público. Estas pinturas, qué duda cabe, estaban emparentadas con el muralismo de Siqueiros; mostraban a las víctimas de la sociedad, a los desempleados, a los oprimidos, pero también tenían una personalidad propia. A diferencia de la pintura de Siqueiros, que era muy mexicana, la de Berni fue acusada de no ser lo suficientemente argentina. Y no les faltaba razón a los fascistas que señalaban aquel «defecto»; Berni no hacía una exaltación del gaucho ni una reivindicación identitaria. Al contrario, los personajes que empezó a pintar a partir de 1934, en especial en *Manifestación* (Fig. 24) y en *Desocupados*, eran trabajadores que protestaban o que dormían las malas horas de ocio a la espera de oportunidades laborales. Le había dado un giro al realismo social de Los Artistas del Pueblo para crear su estilo propio, el nuevo realismo, que claramente reflejaba los dramas sociales que todo comunista, como él mismo, debía denunciar, sin por ello sacrificar el vuelo imaginativo ni ciertos elementos surrealistas, como las atmósferas irreales o incluso los planos metafísicos de Giorgio de Chirico.

Berni no tardó en seguir el camino de Siqueiros y de los muralistas mexicanos, participando en empresas político-artísticas destinadas a frenar el tsunami fascista que avanzaba por Argentina. En 1934 fundó la Mutualidad Popular de Estudiantes Artistas Plásticos y en 1935 se vinculó a la Agrupación de Intelectuales, Artistas, Periodistas y Escritores, AIAPE, formada por comunistas, liberales, socialdemócratas y progresistas, todos aquellos que estaban hartos del discurso nacionalista o alarmados por sus consecuencias políticas. Por sus filas pasaron artistas como Spilimbergo o Deodoro Roca, el líder estudiantil de 1918. No fueron las únicas trincheras contra el fascismo. También surgieron el Teatro del Pueblo de Leónidas Barletta y la revista *Sur* de Victoria Ocampo, el primero internacionalista, la segunda cosmopolita. En la Argentina de 1930 los liberales y los comunistas acabarían en el mismo bando, tratando de resistir a la aplanadora nacionalista que había ocupado todo el espacio público, y allí seguirían durante los gobiernos de Perón.

La obra que empezó a escribir Jorge Luis Borges mientras Berni pintaba sus murales portátiles hay que entenderla en esta clave, como una repuesta al nacionalismo y al fascismo. Recordemos que en los años veinte todo era entusiasmo y novedad, una orgía en la que todos los poetas se encamaron con los demonios americanos sin saber qué engendrarían. Borges había sido un criollista entusiasta, y en sus ensayos de la segunda mitad de los años veinte expresó nostalgias patrioteras y exaltó los símbolos de la nacionalidad. Pero entonces nació la criatura, y el nacionalismo, incluso aquel que entusiasmó a Borges como una estrategia estética para independizarse de Europa, se convirtió en antisemitismo, rechazo a lo británico y exaltación de una virilidad gauchesca inasumible. También en una bola de fuego y de odio que llegó a las calles en forma de violencia. En una ocasión él y Xul Solar se vieron envueltos en una pelea contra los fascistas de la Legión Cívica, y desde entonces a Borges le resultó evidente que el nacionalismo no podía alimentarse por ninguna de sus dos bocas, ni la política ni la cultural. Renegó entonces de *El tamaño de mi esperanza*, *El idioma de los argentinos* y cuanto hubiera escrito que de alguna forma pudiera servir o exacerbar el nacionalismo. Neutralizó la tentación de exaltar al gaucho, la pampa, la jerga, y suspendió todo intento de mitificar a Buenos Aires. El tufo nacional de la literatura y de las mistificaciones patrioteras, dijo, le recordaba al nazismo, y en respuesta obtuvo una amenaza. En *Crisol* señalaron que su apellido materno, Acevedo, tenía que ser judío, es decir, extranjero, un elemento antiargentino.

A partir de entonces el escritor se convertiría en uno de los más duros críticos del antisemitismo y de la fiebre antibritánica que empezaba a carcomer los cerebros de sus compatriotas. Esa fue su respuesta política al nacionalismo; su respuesta literaria sería muy distinta. Borges empezó a vaciar sus poemas y cuentos de política, de referencias nacionales y de personajes locales, y renegó de la tradición literaria argentina en beneficio del legado cultural de la humanidad. «Nuestro patrimonio es el universo», dijo en 1953. Ni vacas, ni pampa, ni gauchos. Ya nadie tenía la obligación de concretarse «en lo argentino para ser argentino». [116] Como Mahoma, que no había mencionado un solo camello en el Corán, el escritor no tenía que sellar sus páginas con baqueanos o compadritos para darles legitimidad nacional a sus obras. Ezequiel Martínez Estrada se había equivocado. Dijo que los latinoamericanos estábamos solos y no, no lo estábamos; no teníamos que inventar de nuevo la rueda. Allí donde alguien hubiera erigido una cima intelectual, el latinoamericano podía apertrecharse para ir a conquistarla. El viejo ideal modernista, apolítico y cosmopolita, que apreciaba la belleza y la inteligencia sin importar su ubicación geográfica, volvía a cobrar vigencia como antídoto al nacionalismo estridente promovido por el fascismo de Uriburu y el populismo peronista.

El reto que se planteaba Borges era espectacular. ¿Cómo crear una obra literaria que se desvinculara por completo de la realidad, que no pudiera asociarse con Argentina y que por ningún motivo sirviera para la exaltación patriótica? De la manera más genial imaginable: jugando con las fronteras entre lo real y lo ficticio; convirtiendo la reflexión metafísica en torno a la ficción en la materia de sus cuentos y poemas. Borges empezó a explorar ese nuevo camino en 1935 con «El acercamiento a Almotásim», una reseña erudita sobre un libro supuestamente publicado tres años antes. El problema y lo interesante y lo genial era que el libro reseñado no existía, nunca había sido escrito. ¿Qué era entonces «El acercamiento a Almotásim»? ¿Un ensayo? ¿Una ficción? ¿Un juego? Con este experimento Borges había hecho pasar gato por liebre. Lo que parecía real era un simple invento, no había libro, no había autor, solo un reseñista, él, que se lo estaba inventando todo. Y esto, que parecía una broma o un experimento literario, en realidad cuestionaba la solidez del mundo que pisábamos. ¿Qué ocurriría si las entradas de las enciclopedias las hubiera escrito otro bromista como él? ¿O si los libros de historia estuvieran sustentados en libros inventados, o incluso si las categorías con las que organizamos la realidad fueran creaciones arbitrarias? La realidad tampoco tenía autor, solo reseñistas alucinados. Xul Solar tenía razón, lo que creíamos real solo era el vestigio de antiguas imaginaciones. Era una proyección de la mente o el sueño de la vigilia, como decía Borges. Si don Quijote era un sueño de Alonso Quijano y Alonso Quijano, un sueño de Cervantes, ¿quién nos garantizaba que Cervantes no era el sueño de alguien más? E incluso: ¿quién nos aseguraba a nosotros que éramos reales y no el sueño de algún dios o de un autor que fantaseaba nuestras vidas?

Estos juegos metafísicos abrían pasadizos inesperados para el arte de la ficción, y por ellos se coló Borges para escapar de su tiempo y de los compromisos con la nacionalidad. En sus cuentos un hombre creaba en sueños a otro hombre, solo para descubrir que también él era el sueño de otro soñador; los villanos eran convertidos, por efecto del teatro y la ficción, en héroes nacionales. En manos de Borges la realidad se ablandaba como los relojes de Dalí. «Tlön, Uqbar, Orbis Tertius» hablaba de un planeta inexistente, reseñado en una enciclopedia, que acababa confundiéndose con el mundo real hasta reemplazarlo. El mapa terminaba sustituyendo al territorio, porque el territorio había sido en origen otro mapa. Desde su idealismo radical, no había realidad, había imaginaciones, proyecciones, reseñas que ordenaban el caos. Tal vez por eso estábamos condenados a las ideologías, que eran la forma más evidente de la ficción política. «La realidad empezó a ceder —decía en uno de sus cuentos—. Lo cierto es que anhelaba ceder. Hace diez años bastaba cualquier simetría con apariencia de orden —el materialismo dialéctico, el antisemitismo, el nazismo— para embelesar a los hombres. ¿Cómo no someterse a Tlön, a la minuciosa y vasta evidencia de un planeta ordenado?».[117] Siempre íbamos a preferir el orden de la ficción al caos del mundo, y eso ayudaba a explicar el drama argentino, la fascinación por la ficción nacionalista, incluso por el melodrama peronista. Porque el político también podía creerse artista e inventar ficciones, que luego le imponía a un país entero. ¿No hacían eso los populistas? ¿No reinventaban la historia, no creaban nuevos héroes nacionales, no establecían una nueva clasificación de los buenos y los malos? La literatura de Borges no solo les negaba al nacionalismo y al populismo referentes que exacerbaran el patriotismo, también desentrañaba su mecanismo.

EL IMPULSO MODERNIZADOR E INTERNACIONALISTA DEL CONSTRUCTIVISMO

Borges no fue el único que purgó sus creaciones de referentes nacionales. Una nueva vanguardia, surgida justo cuando Perón llegaba al poder, también se deshizo de todo elemento figurativo o simbólico que pudiera vincularla con la tierra. Como Borges, esta vanguardia aspiró al universalismo absoluto, a borrar las huellas argentinas, incluso humanas, y rechazar de la forma más radical imaginable el nacionalismo y los intentos peronistas de convertir a Evita, al trabajador, al descamisado y al conductor en los símbolos de la patria. Para ello se afiliaron a una tradición artística, la iniciada en América Latina por Huidobro y continuada por Torres García, que se olvidaba de la representación y anulaba la emotividad, el idealismo, la expresión o el lirismo. Esta nueva vanguardia, el arte concreto argentino, promocionó un arte desindividualizado e impersonal, en el que no cabía la chispa del genio porque buscaba lo contrario, la uniformidad general. Fueron defensores a ultranza del ascetismo geométrico, críticos radicales de la mistificación fascista y de su continuación en el populismo peronista. Si la ambición estética de estas ideologías era la exaltación del líder carismático y de las turbas que le rendían culto, el arte concreto neutralizaba toda forma de exaltación popular o patriótica. Se trataba de un arte sin historia y sin mitos. Un arte sin héroes nacionales, ni gauchos, ni próceres, ni las dos figuras tutelares, Perón y Eva, cuya imagen se haría omnipresente en la gráfica argentina después de 1945. Irracional y místico, el peronismo; racional y materialista, el arte concreto, los dos estaban destinados a repelerse.

Los representantes del arte concreto argentino se dieron a conocer en 1944 a través de la revista *Arturo*. A pesar de que solo llegaron a editar un único número, aquella publicación sirvió para congregar a todos los artistas que se interesaban en el arte abstracto. Debido a matices teóricos y enemistades personales, la matriz original se dividió en varios movimientos. Tomás Maldonado, Lydi Prati y Edgar Bayley formaron la Asociación Arte Concreto-Invención; Carmelo Arden Quin, Rhod Rothfuss y Gyula Kosice, el arte madí, y Raúl Lozza, el perceptismo. La mayoría, si no todos, eran inmigrantes o hijos de inmigrantes, miembros de esa parte de la población argentina que desde los años veinte empezaba a ser vista con recelo por la ultraderecha nacionalista. Poetas, ensayistas y pintores, todos compartían un marcado interés por las vanguardias europeas, aunque no precisamente por aquellas que fomentaban el automatismo o la expresión, como el surrealismo, sino las que trataban de crear nuevas realidades a partir de elementos básicos como el color, la forma, el espacio y el movimiento.

Eran abstractos, pero no expresionistas. Les interesaban la ciencia, la matemática, la racionalidad, las leyes compositivas que permitían inventar mundos a partir de formas geométricas. Sus cuadros no eran ni contenían signos. Eran cosas, creaciones nuevas que no significaban nada y que remitían a ellas mismas, igual que los poemas creacionistas de Huidobro. Tampoco trataban de establecer vínculos o canales con las profundidades del alma humana o con los misterios cósmicos. Como los constructivistas rusos, se regían por el materialismo dialéctico marxista, y por eso mismo rechazaban cualquier forma de arte idealista basado en ficciones o en fantasmagorías. Aborrecían la representación. Esa era la prehistoria del espíritu humano, decían, el hombre nuevo demandaba un arte que lo remitiera a las cosas concretas, al mundo real; un arte que no lo obnubilara con ilusiones, sino que más bien lo incitara a la acción. «El arte representativo tiende a amortiguar la energía cognoscitiva del hombre», decían en su *Manifiesto invencionista* de 1946. El arte concreto, en cambio, «genera la voluntad del acto».[118] Creían que cuadros como *Sin título* (Fig. 25), de Maldonado, o como todas esas construcciones hechas con rigurosa geometría, habituaban al ser humano a relacionarse directamente con las cosas reales, no con las ficciones de las cosas.

Como la Bauhaus alemana, los artistas concretos creían en la utilidad práctica del arte; como los constructivistas rusos, estaban seguros de que su función era crear una sociedad nueva. Pero los concretos no solo tuvieron influencias europeas. Huidobro y Torres García les habían abierto el camino, y también los argentinos Emilio Pettoruti y Juan Del Prete, que habían experimentado con la abstracción. Las obras de estos artistas habían sembrado los cimientos de la plástica constructiva en América Latina, pero para el gusto de los concretos argentinos arrastraba demasiados americanismos, un residuo, podría decirse, de las búsquedas identitarias de los años veinte y treinta que para las nuevas generaciones marxistas e internacionalistas era un lastre reaccionario. Tomás Maldonado fue muy crítico con Torres García. De él dijo que estaba «enmohecido en el polvoriento arcaísmo de las "curiosidades americanas" y de los "pastiches" indigenistas».[119] Para él y para sus compañeros ya no se trataba de expresar ciertos rasgos americanos, sino lo que Edgar Bayley llamaba una «época de reconstrucción y socialismo». Ese nuevo mundo socialista estaba por hacerse, y el arte debía mostrar a hombres y mujeres que podían inventar, transformar, controlar. Esa era la experiencia libertaria que ofrecía el arte concreto. Al mostrarle al ser humano que podía dominar el mundo, le estaba señalando el camino de su liberación.

Los concretos se afiliaron al Partido Comunista en 1945, pero en 1948 ya los habían expulsado. El político comunista jamás entendió los valores internacionalistas de la abstracción y la utopía igualadora de la forma geométrica. En *Orientación*, el órgano del partido, se dijo de sus obras que eran «trabajos realizados por alumnos de una escuela de reeducación de retardados», y que además demostraban «depravación artística, estupidez y desvergüenza».[120] Algo similar dijo el ministro de Educación peronista Óscar Ivanissevich. En la apertura del Salón Nacional de Artistas de 1949, se refirió a los concretos en estos términos: «Ahora los que fracasan, los que tienen ansias de posteridad sin esfuerzo, sin estudio, sin condiciones y sin moral, tienen un refugio: el arte abstracto, el arte morboso, el arte perverso, la infamia en el arte. Son estas etapas progresivas en la degradación del arte. Ellas muestran y documentan las aberraciones visuales, intelectuales y morales de un grupo, afortunadamente pequeño, de fracasados».[121] El funcionario más vulgar del peronismo, encargado de organizar grandes puestas en escena durante las celebraciones patrióticas, con miles de estudiantes, soldados y trabajadores marchando hombro con hombro, de noche, portando antorchas y cantando «Los muchachos peronistas» para simbolizar la unidad del pueblo argentino, estaba condenado a detestar un arte que neutralizaba la exaltación sentimental de los espectáculos fascistas. El arte concreto era transgresor precisamente porque no enaltecía a Perón, porque no era instrumentalizable por el populismo y porque criticaba de forma implícita la idea del arte nacional y la fidelidad a la patria.

Solo en 1951, cuando el peronismo se dio cuenta de que tenía que mejorar su imagen internacional, trató de instrumentalizar el arte concreto. A partir de 1952 estaría presente en exposiciones oficiales, y en 1953 sería enviado a la II Bienal de São Paulo para proyectar una imagen moderna de Argentina que atrajera inversiones y mercados internacionales. Quizá Perón había advertido el enorme beneficio que obtuvo Getúlio Vargas de la diplomacia cultural brasileña, pero ya era demasiado tarde. A diferencia del getulismo, el peronismo pasaría a la historia como un movimiento reñido con la vanguardia y con la vida intelectual, más preocupado por las alpargatas que por los libros, como versaba uno de sus gritos de guerra, y todo esto a pesar de los esfuerzos de algunos peronistas contemporáneos por demostrar que había vida inteligente —hasta un diccionario de escritores peronistas publicaron— entre sus filas.

El arte concreto también llegó a Brasil gracias al crítico argentino Jorge Romero Brest, que dio una conferencia en el Museo de São Paulo sobre el tema; también a Tomás Maldonado, que viajó a exponer sus obras, pero sobre todo a la I Bienal de São Paulo, en 1951, que puso en contacto a los artistas brasileños con las obras del suizo Max Bill, ganador del certamen. Sus obras tendrían una influencia determinante en la plástica brasileña a lo largo de toda la década. En 1952 Waldemar Cordeiro y Geraldo de Barros escribieron el manifiesto *Ruptura*, una toma de posición con la que se desligaban del linaje de Di Cavalcanti y Portinari, rompían con el surrealismo, el informalismo y la abstracción expresionista, y se comprometían con un arte que tuviera «posibilidades de desarrollo práctico».[122] Tomaban el testigo de las corrientes constructivistas que intentaron acercar el arte a la vida dándole un fin práctico. Mientras todas las otras vanguardias, bien por su individualismo feroz, su nihilismo o su romanticismo, expresaban alguna forma de desencanto hacia la sociedad industrial, la Bauhaus, el constructivismo y su retoño latinoamericano, el concretismo, celebraban con euforia los nuevos tiempos de producción en masa. Era un estilo inspirado en ideas comunistas, que sin embargo se adaptaba bastante bien a los proyectos de caudillos desarrollistas de derechas como Getúlio. Ahí estaba su pecadillo: los concretos querían la construcción de un mundo nuevo, impersonal y colectivo, regido por una autoridad central encargada de planificar racionalmente la organización social y la producción industrial, y ese sueño no se diferenciaba mucho de la utopía getulista. Había un punto en el que la ideología derechista y autoritaria de Vargas confluía con los ideales izquierdistas de renovación del mundo y del hombre mediante la planificación total de la sociedad, y quizá fue por eso que el concretismo modernizador y el funcionalismo arquitectónico encajaron tan bien en su proyecto político. Lo de menos es que unos fueran fascistas y los otros comunistas: todos creían en el predominio de una autoridad central.

De manera que Brasil se hacía concreto justo cuando el paisaje arquitectónico de las ciudades se racionalizaba y cuando las figuras geométricas aparecerían en todas partes, en el diseño de carteles y el de jardines, en la fabricación de muebles y hasta en la poesía, como se verá. Era el resultado inevitable de las fuerzas históricas que arrojaban la modernidad hasta las costas brasileñas, pensaban los concretos. No había manera de escapar al ritmo de esta marea. Al contrario, lo racional era adaptarse, y el arte cumplía un papel primordial en esta tarea. Su misión era preparar al ser humano para la vida en un nuevo tipo de sociedad moderna y maquinizada, pero no pintando cuadros con máquinas o movimientos, al estilo de la pintura futurista, sino fabricando obras de arte como las haría un obrero: en serie, con materiales industriales, sin toques subjetivos, claramente racionales y prácticas.

La función social del artista era ayudar a la proletarización del mundo. Influenciado por Gramsci, Cordeiro veía en el artista al nuevo intelectual orgánico de las clases obreras. Al pintar no solo creaba arte, también reacomodaba las fuerzas ideológicas de la sociedad para favorecer la mentalidad productiva del trabajador de la fábrica. Si el arte se hacía proletario, y si el artista adoptaba dinámicas proletarias indistinguibles de las que facilitaban la producción de lámparas, tuercas o cortaúñas, entonces la cultura, ese gran campo en el que se luchaba por imponer hegemonías, se haría proletaria. La ideología triunfadora sería la que se había incubado en las fábricas gracias a los obreros. Desaparecería la noción de individualismo burgués, de genio romántico, de sensualidad hedonista. Triunfaría una mentalidad modernizante, colectivista, utilitaria y finalmente revolucionaria. Para los concretos, el arte debía estar en contacto con su tiempo, más que con el pueblo. Era una idea muy distinta a la del arte nacional popular que pintaba al pescador, al recolector de algodón o al carguero de café, y que no concebían un arte emancipador en el que las clases populares no pudieran reconocerse. Por eso Portinari y Di Cavalcanti, también comunistas, se enemistaron con Cordeiro. Era muy distinto entender el arte como contenido nacionalista y mensaje popular que como proceso proletario y ejemplo de una nueva forma de operar en el mundo. Lamentablemente para los concretos, en el Brasil de los años cincuenta el Partido Comunista, en absoluto familiarizado con las ideas de Gramsci, privilegió las posturas de los figurativos que hacían visibles, sin hermetismos ni agudezas teóricas, los oficios y costumbres brasileñas.

Al grupo Ruptura de São Paulo, liderado por Cordeiro, le salió en 1954 una competencia en Río de Janeiro, el grupo Frente, liderado por Ivan Serpa y compuesto, entre otros, por Lygia Clark, Lygia Pape y Hélio Oiticica. La mayor diferencia entre los dos grupos fue que los concretos de São Paulo se sometieron al dogmatismo racionalista, mientras los cariocas privilegiaron la intuición. En el grupo Frente no se sentían a gusto con la metáfora de la máquina, ni querían seguir fielmente los principios de la Gestalt a la hora de componer sus cuadros. El arte concreto había olvidado por completo la experiencia del ser humano con el mundo, protestaban, con su medio, con la sociedad. Se había petrificado en la ley perceptiva, en la ley matemática, en la ley marxista que exigía una producción planificada de objetos artísticos. El problema era que ni la sociedad ni el cuadro eran máquinas ni objetos. Eran organismos que solo se llegaban a entender entrando en contacto con ellos, experimentando sensorialmente con ellos.

Quien primero rechazó la lógica fría y racional del arte concreto fue Lygia Clark, y lo hizo con una serie de esculturas móviles que inició en 1958. Emparentadas con las esculturas manipulables del argentino Gyula Kosice, las llamó *Bichos*, un nombre que respondía a su naturaleza animada. Sin dejar de ser concretas, esas esculturas ya no estaban pensadas para que descansaran sobre un pedestal y fueran *solo* percibidas. Los *Bichos* necesitaban de alguien que los manipulara y alterara sus formas. No eran ascéticos ni meros ejemplos racionales para la vida y la organización social. Seguían siendo geométricos y universales, pero ya no eran meros epifenómenos de la razón; demandaban el tacto, el desplazamiento en el espacio físico y, por encima de cualquier cosa, la relación con el espectador. En definitiva, ofrecían una experiencia más sensorial que intelectual, que involucraba el cuerpo y abrían un nuevo camino para la experimentación.

Ya en 1959 los concretos de Río, animados por el crítico Mário Pedrosa y por el poeta Ferreira Gullar, habían dado un paso más allá fundando el arte neoconcreto. Querían preservar los mismos elementos con los que trabajaban los concretos —la forma, la estructura, el tiempo, el color, el espacio—, pero su propósito ahora era salir del plano expositivo y entrar en contacto con la realidad. El marco y el pedestal salían de la ecuación, un paso que Hélio Oiticica describió como la «liberación de la pintura hacia el espacio».[123] Los elementos que conformaban el cuadro ya no estarían sobre una superficie, sino en la realidad. Se presentaban sobre el espacio físico para que interactuaran con los espectadores. Ferreira Gullar lo resumió con gran precisión: el arte concreto le hablaba al ojo-máquina; el neoconcreto, al ojo-cuerpo. Y ese cuerpo estaba en las calles, en las barriadas, en los campos. Sin ser muy conscientes de ello, Clark, Oiticica y compañía estaban sacando el arte de la galería y del museo para desmitificarlo como objeto y transformarlo en una experiencia sensorial y colectiva. Al tocar las formas, al manipular los paneles de color, al vestirlos, incluso, el espectador activaba las obras, se convertía en un actor. Era algo similar a lo que estaba haciendo Allan Kaprow con sus *happenings* neoyorquinos. La pintura salía de marcos y paredes; el cuerpo empezaba a ganar un lugar prioritario en la concreción de las obras, y los años sesenta, con toda su carga espiritual, sensual, corporal y grupal, se vislumbraba ya en el horizonte. Del concretismo racional pasábamos al sensualismo neoconcreto, y del ascetismo comunista al hedonismo hippy: un cambio radical.

El auge del concretismo brasileño también influyó en la poesía. Décio Pignatari y los hermanos Haroldo y Augusto de Campos, miembros del grupo Noigandres, empezaron a usar los principios de la pintura concreta para reinventar la lírica brasileña. Con la austeridad racional y utilitaria del concretismo, dieron sepultura definitiva a la tradición parnasiana, y de paso pusieron una barrera al surrealismo. En los poemas concretos desaparecía por completo la expresión, el estado anímico, la interioridad del poeta. Como decía Haroldo de Campos, «la poesía concreta elimina lo mágico y devuelve la esperanza».[124] Estos creadores convirtieron el poema en un objeto compuesto de materiales visuales y sonoros, sin ningún significado profundo, sin ninguna remisión al mundo interno del poeta o a ficciones que establecieran conexiones cósmicas con el mundo.

En la sociedad de los años cincuenta, pensaban, la poesía también debía plegarse al proceso modernizador, debía hablarle a la mente contemporánea y adaptarse a la lógica de los carteles publicitarios, de los titulares de los periódicos, de los avisos luminosos, de los eslóganes y de las tiras aminadas. El poeta absorbido y envanecido por su inspiración era un personaje caduco que debía ser reemplazado por el poeta obrero. Adiós al creador que dialogaba con las musas, bienvenido el hacedor de cosas.

La finalidad era reintegrar la poesía en la vida cotidiana, tal y como había hecho la Bauhaus con las artes plásticas. Esto implicaba erradicar el poema que flirteaba con lo maldito y valorar el poema útil; rechazar el poema que pretendía crear canales hacia el interior o exterior y abrazar el poema que se bastaba a sí mismo. Objeto dinámico, organismo completo; eso debía ser un poema: una composición de elementos lingüísticos organizados en el espacio gráfico, siguiendo criterios ópticos y acústicos, con la misma prontitud y efectividad que los letreros y las señales de tráfico. En definitiva, una poesía adecuada al Brasil dinámico, expansivo, desarrollista de la época de Getúlio Vargas.

Influenciada por Ezra Pound, Joyce, e. e. cummings, Apollinaire y algunas ideas futuristas y dadaístas, la poesía concreta pretendió ubicarse, por primera vez en la historia de la literatura latinoamericana, a la vanguardia de las vanguardias. Y en efecto, tras la gran exposición de arte concreto que organizó el Museo de Arte Moderno de São Paulo en 1956, en la que se juntaron poetas, artistas y diseñadores, el movimiento de poesía concreta se internacionalizó y tuvo adherentes en Europa, principalmente en Inglaterra. Con el funcionalismo tropical en arquitectura, el concretismo en poesía y los experimentos neoconcretos en la plástica, Brasil demostraba ser un país plenamente moderno y visionario, al menos en cuestiones estéticas. Ya estaba listo para enfrentarse a la obra de arte más ambiciosa jamás creada en el siglo xx, el sueño delirante de toda mente enfebrecida con visiones de futuro, que de alguna forma respondía al sueño de Universópolis, de Olinka, de Vuelvilla o de la Ciudad Hidroespacial esbozada por Gyula Kosice en 1948; a las fantasías de los futuristas de los años veinte, de los autócratas de los treinta, de los industrialistas de los cuarenta, de los desarrollistas y de los arquitectos comunistas de los cincuenta, la creación de una ciudad americana y utópica, una sabana yerma transformada en la urbe más vanguardista del planeta: ¡Brasilia!

LAS VANGUARDIAS ABSTRACTAS, UNA NUEVA MODERNIDAD

Volvamos a Colombia e invoquemos de nuevo al incombustible Laureano Gómez; recordemos su ira católica, la abominación que expresó por el indigenismo y el muralismo y por los desnudos de Débora Arango, su desconfianza hacia toda expresión artística que no bebiera de las fuentes clásicas occidentales. Pues bien, una de las más hilarantes paradojas del arte colombiano es que a Laureano nadie le hizo caso, y no fue él, sino la modernizante y latinoamericanista Marta Traba, quien sepultó todas estas expresiones plásticas bajo la tinta de sus críticas demoledoras. Fue ella, no el reaccionario, no el Monstruo, quien le ató una roca al cuello al arte nacional popular y lo empujó por un despeñadero. Y lo hizo no porque las expresiones plásticas derivadas del muralismo y el indigenismo le parecieran un atentado contra la civilización, sino porque a su juicio era un arte mediocre, falto de chispa innovadora, que no merecía una casilla representativa en la historia cultural del continente. Enemiga del nacionalismo, un concepto que la crítica colomboargentina encontraba, a la vez, vago y siniestro, abominó de toda esa pintura que bebía de una realidad demasiado próxima, anclada siempre a los traumas y los símbolos patrios. Nadie pronunció una sentencia tan demoledora sobre esa pintura; ni siquiera César Moro, ni Rufino Tamayo, ni Octavio Paz, ni José Luis Cuevas fueron tan radicales con respecto al muralismo. Fue ella quien deslegitimó las intenciones de esa pintura por no ser ni academia ni revolución. Eran, dijo, progresismo, «el más paralizante entre todos los comportamientos endémicos de la cultura continental».[125]

No debe extrañar que Traba le concediera poco valor a la obra de Pedro Nel Gómez, ni que la tildara de conservadora, ni que despachara la obra de Luis Alberto Acuña como renacentista y puntillista, o la de Alipio Jaramillo, fruto de la «ortodoxa tradición tridimensional». En un ensayo de 1960, decía que en Colombia la pintura era «un arte sin pasado»,[126] un terreno baldío donde germinaron los primeros brotes promisorios apenas a mediados de los años cincuenta. Laureano criticaba el muralismo y el indigenismo por innovador; Traba, por viejo y anacrónico. El arte moderno en Colombia empezaba con Alejandro Obregón, decía ella, el primer artista del que podía decirse que no copiaba la realidad, sino que la reinventaba. Y además lo hacía con un estilo muy personal: una mirada que aportaba algo que no sabíamos ni imaginábamos que podía existir. Partiendo de la naturaleza, de esos elementos tan poco prometedores para la innovación como la flora y la fauna, había logrado destruir las formas orgánicas y reconvertirlas en elementos casi geométricos; en formas que se desplazaban por planos no naturales, inventados a la manera de Huidobro, y todo esto sin perder en el trazo un gesto único, personal y expresionista (Fig. 26).

Algo similar decía Traba con respecto a la escultura colombiana: tras la aparición del genial Edgar Negret y de sus composiciones geométricas, dejaba atrás el periodo «literario» de Ramón Barba y de Los Bachués, y también el de las escenas patrióticas esculpidas por Rodrigo Arenas Betancourt. Negret rescataba el arte primigenio de los geómetras prehispánicos, y despojaba sus obras de toda anécdota y todo elemento exotista. El símbolo folclórico y la referencia étnica se deshacían, y solo quedaban la forma y el color, elementos universales con los que Negret hiló sorprendentes estructuras, muy modernas y maquínicas, y a la vez muy arcaicas y orgánicas. Detrás de estos dos artistas vendrían muchos más: Eduardo Ramírez Villamizar, Fernando Botero, Enrique Grau y en general las generaciones de los años cincuenta y sesenta que apadrinó Marta Traba. Con ellos el arte colombiano adquiría originalidad. La raíz nacional dejaba de ser un cepo que forzaba a las obras a permanecer a ras de suelo, exaltando al indio o al campesino, o sumando su voz al coro de la demagogia. Traba liberó al arte del chantaje progresista y legitimó a los artistas colombianos, en general a los latinoamericanos, a desarrollar estéticas universales, detonadas, claro, por las formas, los colores, la naturaleza y el legado cultural del continente. Un arte que no replicara la dinámica de la vanguardia yanqui, programada para la obsolescencia, y que fuera americano y universal. Siguiendo esa pista, los artistas y escritores colombianos se preparaban para hacerse oír, por primera vez desde el modernismo, en todo el continente.

Lo mismo les ocurrió a los artistas venezolanos. La década de 1950 fue un periodo fértil para su plástica y su arquitectura, gracias a un nutrido grupo de creadores que dejó el nativismo y el realismo social y empezó a experimentar con la abstracción geométrica. No lo hizo sin una fuerte re-

sistencia por parte de otro grupo de artistas vinculados al Taller Barraca de
Maripérez, los representantes en Venezuela de la pintura figurativa y social,
muchos de ellos formados como muralistas en México.

Los abstractos venezolanos habían llegado a París en los años cuarenta.
Por allá pasaron Alejandro Otero, Mateo Manaure, Narciso Debourg, Carlos González Bongen y Armando Barrios, entre otros, y allá formaron Los
Disidentes, el grupo que rompió radicalmente con la plástica de las décadas
previas, centrada en el paisaje natural y en los tipos humanos venezolanos.
Los Disidentes se propusieron plasmar «los fundamentos de la propia existencia»,[127] como decía Debourg, lo cual suponía abandonar la anécdota para
centrarse en las estructuras esenciales, casi matemáticas, de la realidad. Dos
de estos artistas geométricos, Manaure y González Bongen, regresaron a
Venezuela en 1952 a difundir su doctrina en un nuevo espacio, la galería
Cuatro Muros, que acabaría convirtiéndose en el fortín de los valores plásticos esenciales, puros, no contaminados por la temática o los elementos
narrativos. Sus ideas universalistas llegaban a un país regido por militares
que intentaban imponer un «nuevo ideal nacional». Parecían condenadas a
la marginalidad, y sin embargo, como en el Brasil desarrollista de Getúlio,
fueron bien acogidas.

Desde mediados de los años cuarenta, cuando llegaron a la presidencia
Rómulo Betancourt y Rómulo Gallegos, la industrialización y la modernización del país se habían convertido en la prioridad del Estado. Venezuela
fue uno de los cuatro países latinoamericanos que habían enviado un representante al comité de las Naciones Unidas del que saldría en 1948 la CEPAL,
un organismo que generaría su propio pensamiento, el cepalismo, destinado a resolver problemas económicos mediante la industrialización y la planificación estatal. Por eso Perón dio un giro modernizante en 1951, y por
eso todos los políticos del continente empezaron a repetir la letanía del
desarrollo y del desarrollismo. Pero mientras la mayoría de ellos solo podía
fantasear con grandes obras públicas, el dictador que derrocó a los políticos
de Acción Democrática en noviembre de 1948, Marcos Pérez Jiménez,
contaba con una enorme renta petrolera para financiarlas. Modernidad,
protagonismo internacional, rascacielos, obras megalómanas que transformaran el entorno físico y la vida de las personas, eso era lo que quería el
dictador, y para lanzar estos proyectos modernizadores contaba, además,
con un arquitecto de enorme talento, Carlos Raúl Villanueva, y con los
modernistas abstractos llegados de París.

Como Niemeyer y Costa, Villanueva estaba influenciado por el modernismo de Le Corbusier y creía firmemente en la arquitectura como una
forma de intervención social, ejecutada desde y para el sector público. Su

lugar eran las oficinas del Estado, independientemente de quién las presidiera. Si en Brasil los comunistas habían trabajado para los fascistas, en Venezuela Villanueva no tendría reparo alguno en trabajar para la dictadura de Pérez Jiménez. De nuevo parecía claro que a los arquitectos con visiones redentoras y transformadoras de la sociedad les venían bien los gobiernos autoritarios y eficaces, con poder para poner en práctica grandes proyectos urbanísticos. Cuanto menos se discuta, mejor le va a la utopía. Le Corbusier no pudo llevar a la práctica sus más ambiciosos proyectos para transformar París, y en cambio sus discípulos latinoamericanos dieron con dictadores que impusieron su voluntad sin dilación ni trámites.

Villanueva también compartía con los arquitectos brasileños el interés por la fusión de las distintas artes, y fue esta apuesta por el trabajo colectivo la que les abriría las puertas a los artistas abstractos. Villanueva los invitó a intervenir los edificios públicos, en especial los que formaban parte de su proyecto más ambicioso, una de las grandes síntesis latinoamericanas de urbanismo, arquitectura, ingeniería y arte: la Ciudad Universitaria de Caracas. La idea de construir este gran campus universitario en el centro de Caracas la había tenido a principios de los años cuarenta el presidente Isaías Medina Angarita. Él mismo había llamado a Villanueva para que desarrollara un proyecto similar al del mexicano Mario Pani, un gran complejo de edificaciones para el estudio y la práctica de las artes y del deporte que involucró a los más importantes artistas de la década. No solo venezolanos, sino también grandes exponentes de las vanguardias internacionales como Wifredo Lam, Jean Arp, Fernand Léger, Victor Vasarely y Alexander Calder. Las «nubes flotantes» que este último artista instaló en el techo del Aula Magna se convertirían en un ejemplo icónico de la genial simbiosis del diseño y el arte abstracto. Otras contribuciones fueron la de Alejandro Otero, con el diseño de la fachada de la Facultad de Ingeniería (Fig. 27); la de Oswaldo Vigas, que pintó murales abstractos en el edificio del Rectorado y en el de Comunicaciones y Servicios Estudiantiles; la de Armando Barrios, con obra en el Museo del Este, y una más, un mural geométrico de Jesús Rafael Soto que se quedó en proyecto. Además de ellos, Francisco Narváez plantó varias esculturas por el campus, y Mateo Manaure y Pascual Navarro decoraron con murales la plaza Cubierta. En todos los edificios aparecieron el color y las formas, y el ejemplo más claro de esta apuesta por la abstracción geométrica fue la Biblioteca Central, una enorme construcción funcionalista, segmentada en bloques rojos, que servía como una perfecta declaración de intenciones de la modernidad venezolana. Era similar a la Biblioteca Central de la UNAM diseñada por O'Gorman, con la diferencia de que el mural del edificio venezolano demostraba que en aquel país la abstracción le había ganado la guerra cultural al muralismo (Fig. 28).

De nada valió que los muralistas nacional populares acusaran a los abstractos de reaccionarios por vincularse a los proyectos públicos del perezjimenismo. Venezuela se había convertido en un país abstracto y constructivo gracias a esas extrañas parejas de cama que generaban los apetitos modernizadores del desarrollismo. Como en Brasil, los arquitectos y artistas podían estar muy alejados ideológicamente del «nuevo ideal nacional» de Pérez Jiménez, pero les interesaba intervenir en la vida pública con sus obras y diseños. Y este impulso y esta legitimación cultural y social de la abstracción serían los cimientos de nuevas experimentaciones, de saltos hacia delante que transformarían el constructivismo en otra cosa, en un nuevo estilo de alcance universal destinado a conquistar museos y colecciones del mundo entero, sin por ello perder vínculos con la tradición plástica venezolana.

A mediados de los años cincuenta Alejandro Otero, Jesús Soto y Carlos Cruz-Diez empezaron a jugar con el movimiento y la luz. El primero inició su serie de coloritmos y los otros dos animaron la abstracción geométrica con efectos ópticos para generar la sensación de movimiento. Calder los había inspirado. También Mondrian y Albers, los impresionistas y los futuristas; Duchamp cuando experimentaba con discos en movimiento y Moholy-Nagy cuando jugaba con la luz. Pero sobre todo su compatriota Armando Reverón, un pintor inclasificable, tan particular en la plástica como Ramos Sucre en la poesía, que dedicó su vida a pintar el paisaje venezolano. O mejor: más que pintarlo, Reverón lo ocultaba detrás de filtros de luz —primero azul, luego blanca y después sepia— que alumbraban y cegaban. Con todas estas influencias, sumando a la abstracción el movimiento y la luz, Soto y Cruz-Diez abrieron nuevas posibilidades plásticas. Su obsesión empezó a ser el dinamismo. No se propusieron representarlo, como los futuristas; ni simularlo, como los impresionistas; ni sugerirlo, como Mondrian. Quisieron generar una sensación real en el espectador engañando al ojo. Para ello empezaron a construir estructuras cinéticas con planos de plexiglás superpuestos (Fig. 29). En cada uno de ellos creaban un diseño o un patrón geométrico, cuya armonía se veía alterada por la intersección del diseño del panel que tenía debajo o encima. El efecto en la retina de esta interrupción era la vibración, la animación del cuadro, un salto experimental que llevaba la abstracción latinoamericana al punto de partida de las vanguardias, al diálogo con el impresionismo y su interés por la luz y el movimiento. Soto, Cruz-Diez, Otero y una artista alemana afincada en Venezuela, Gego, que usó el alambre para dibujar en el espacio, le daban a la modernidad venezolana un sello propio y característico, el cinetismo, justo cuando acababa la dictadura de Pérez Jiménez y comenzaba la venedemocracia de Rómulo Betancourt.

En Perú estos mismos esfuerzos modernizadores no contaron con el respaldo público de la dictadura, y por lo mismo tuvieron mucha menos relevancia en la vida pública. En 1947 los artistas y arquitectos que, como Fernando de Szyszlo y Luis Miró-Quesada Garland, experimentaban con la abstracción y el funcionalismo formaron la Agrupación Espacio para impulsar los mismos fines: la modernización cultural. «En el Perú —decían en su manifiesto fundacional— la desorientación y la apatía toman contornos alarmantes. Los artistas que deben ser conductores y guías de generación se pierden aún en una temática folclórica —narrativa y escuetamente objetivada— o evolucionan a destiempo siguiendo la huella de antiguos y ya superados revolucionarios».[128] Eran los tiempos en que la izquierda creía en la modernidad ilustrada, en el progreso y en el mejoramiento de las condiciones de vida de los pobres con la aplicación de la técnica y la ciencia, no solo de pildoritas chamánico-performativas para la autoestima. Por eso en 1956 estos intelectuales dieron el salto a la política formando el Movimiento Social Progresista, una organización de izquierdas no marxista, liderada por Sebastián Salazar Bondy, su hermano Augusto, el antropólogo José Matos Mar y el escritor Abelardo Oquendo, entre otros. La fuerza de este movimiento radicaba en que sustituyó el discurso ripioso o demagógico por la ingeniería, los informes técnicos, los datos y las estadísticas. Creían en la planificación como antídoto a la tiranía de la contingencia; incluso presentaron un candidato a las elecciones presidenciales de 1962, motivados por el efecto utópico de la Revolución cubana. Era un ejemplo más de lo que estaba ocurriendo en todo el continente: la izquierda cultural se renovaba, dejaba atrás su idealización del oprimido y más bien reclamaba que los recursos de la modernidad mejoraran sus condiciones. Apostaba por un arte menos declamatorio y demagógico, y una política basada en datos y estadísticas, en el cemento y en el urbanismo. En Bolivia María Luisa Pacheco pasaba del indigenismo a la abstracción, en Ecuador Araceli Gilbert daba su pelea solitaria por la pintura abstracta, e incluso el grupo Arte Nuevo, liderado por Josefina Pla, Olga Blinder, Lilí del Mónico y José Laterza Parodi, organizaba en 1954 la Primera Semana de Arte Moderno Paraguayo para luchar contra lo que Pla llamaba el «inveterado enclaustramiento». La modernidad cultural llegaba a América Latina justo cuando Cuba iba a concitar, por primera vez desde la llegada de Colón, la atención de la humanidad entera.

LA UTOPÍA MODERNISTA HECHA REALIDAD: BRASILIA

Nos habíamos quedado en aquel momento trágico en que Getúlio Vargas se destrozaba el corazón de un balazo para evitar ser derrocado por el ejército. Ese disparo, como había pronosticado en la carta memorable que escribió, lo sacaba de la vida y lo hacía entrar en la historia, y de paso le complicaba la vida a cualquier aspirante a sucederlo. ¿Quién podía competir o estar a la altura del presidente que había dejado una impronta determinante en la idea de nación y en la identidad brasileña? Los candidatos que participaron en las elecciones de 1955 tuvieron que hacerse muchas preguntas. ¿Se debían continuar las políticas desarrollistas y modernizadoras de Vargas? ¿Debía imprimirse un giro a sus políticas? Uno de los candidatos, Juscelino Kubitschek, entró en la carrera por la presidencia empuñando las mismas banderas desarrollistas, pero duplicando la apuesta. Como promesa de campaña se comprometió a enfrentar el reto más descabellado jamás planteado por un candidato presidencial. Rescatando una vieja ambición brasileña, anunció que construiría una nueva capital para Brasil durante su mandato, y no, desde luego que no sería una simple ciudad, sino el proyecto que determinaría el ingreso definitivo del país en la modernidad y el progreso. Brasilia sería la ciudad del futuro, una urbe creada desde sus cimientos, planificada centímetro a centímetro y destinada a convertirse en un polo de desarrollo para el interior del país y en un nuevo símbolo de la unidad nacional.

Kubitschek, que en efecto ganó las elecciones, tenía lo más importante: un escuadrón de arquitectos modernistas de prestigio universal, dispuestos a demostrar una vez más que el arte de vanguardia servía bastante mejor que cualquier cuerpo diplomático para exaltar la grandeza de Brasil. Como en la Semana del 22, como en los cuarteles del Ministerio de Educación de Capanema, en Brasilia volvían a mezclarse la vanguardia y el compromiso nacional. La CEPAL ya le había dado al nacionalismo un nuevo rostro desarrollista. Industrialización hacia adentro, decía Raúl Prébisch, creación de industrias nacionales. Lo propio ya no serían los personajes que exaltaba el muralismo, sino la industria nacional, las marcas y las compañías que contribuían al desarrollo económico. Eduardo Devés lo explica muy bien en su historia del pensamiento latinoamericano: Rodó, sus valores espirituales y los cantos americanistas quedaban a un lado. La personalidad de una nación ya no la forjarían los poetas y los pintores, sino los nuevos hombres de acción, los empresarios nacionales encargados de llevar la técnica, la producción y el bienestar material a sus países. Y como los nuevos representantes de la identidad nacional, no tardarían en exigir lo mismo que pedían los nacionalistas vernáculos: que no entrara al país la corrupción, guion, competencia extranjera.

«50 años de progreso en 5», decía Kubitschek en su eslogan de campaña. Eso iba a ser Brasilia, un motor para la industria nacional que acabaría con la maldición latinoamericana diagnosticada por la CEPAL, la de ser un exportador de materias primas baratas y un importador de bienes industriales caros. Y no solo eso. La capital pondría los cimientos de una nueva sociedad, de un nuevo país fundado en valores y hábitos distintos. La utopía asomaba: por fin se quedarían atrás los vicios heredados de la colonia; la meseta selvática de Goiás se convertiría en el asentamiento de una gran fantasía, no de la quinta raza con la que había soñado Vasconcelos en los años veinte, pero sí del latinoamericano del futuro, un ser racional e industrioso, igualitarista y colectivista, plenamente integrado al flujo de la historia.

Kubitschek designó en 1956 a Oscar Niemeyer como arquitecto de las principales edificaciones, y abrió un concurso para elegir la propuesta urbanística más afín con los altos propósitos que tenía en mente. Lúcio Costa salió ganador, lo cual significaba que los dos grandes promotores del modernismo brasileño volvían a trabajar juntos, ya no en proyectos circunscritos a edificaciones concretas, sino para desarrollar el proyecto soñado por Le Corbusier, su maestro, en el que podrían poner en práctica sus ideales urbanísticos. Tanto el arquitecto francés como sus discípulos brasileños habían asimilado los principios promovidos por el Congreso Internacional de Arquitectura Moderna, un semillero de ideas que pretendió convertir la arquitectura en un arte social. Al intervenir el espacio, pensaban estos creadores, se podían reconfigurar las rutinas cotidianas y generar cambios sociales. La planificación urbana tenía ese poder, podía influir directamente en la forma de vida. Si en ausencia de planificación los intereses privados y capitalistas sumían las ciudades en el caos, bajo un estricto control racional podría dársele un orden a la vida citadina que estimulara la acción colectiva. Así nacía Brasilia, no como una simple ciudad, sino como un laboratorio del que saldría un hombre nuevo, racional e igualitarista.

Lo primero era segmentar la ciudad, dividirla según las funciones vitales. Trabajo en un lugar, vivienda en otro, oficinas administrativas más allá, lugares de ocio más acá, y grandes arterias viales que facilitaran el acceso a cada uno de estos sectores. El diseño en forma de avión con el que Costa ganó el concurso de Kubitschek ejemplificaba a la perfección esa manera de pensar. La ciudad estaba racionalmente ordenada, los planos eran casi una obra de arte concreta. A cada función se le daba un cuadrante. Brasilia había sido concebida como una máquina perfecta en la que el habitante podía realizar cada una de sus funciones vitales en sectores diferentes, accesibles sin dificultad alguna en automóvil. Todo estaba previsto. Se acababan los atascos, se acababa la entropía callejera, se acababa el crecimiento anárquico de esas ciudades incapaces de asumir su propio crecimiento o las olas migratorias. Nada quedaba sujeto al azar o a esa espontaneidad que había convertido las calles latinoamericanas en espectáculos de anarquía y caos. Es más, se acababa la calle. Por fin se cumplía el sueño que plasmó Le Corbusier en su Plan Voisin de 1925: una ciudad pensada para el nuevo rey del mundo moderno, el automóvil, no para el peatón.

Además de su funcionalidad, Brasilia perseguía fines sociales. Las *superquadras* en las que se dividieron los sectores habitacionales tenían edificios exactamente iguales, sin ningún elemento estético que diferenciara una vivienda de otra. Esta uniformidad pretendía eliminar cualquier signo visible que estableciera distinciones entre los habitantes. El alto funcionario y el funcionario raso vivirían en el mismo edificio, en apartamentos exactamente iguales. Costa y Niemeyer pretendían acabar así con el clasismo que corrompía la vida en el resto del país. En Brasilia nacería una sociedad igualitaria, como decía la publicación de la compañía urbanizadora que construyó

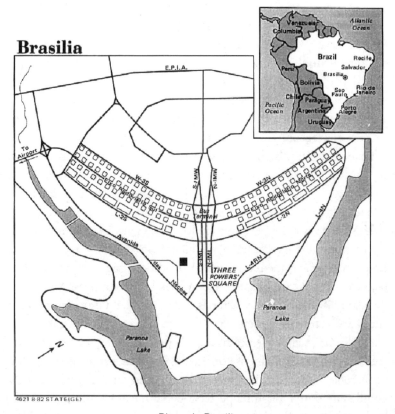

Plano de Brasilia

la ciudad: «Aunque algunos apartamentos tienen más y otros menos habitaciones, se adjudican a las familias en base al número de personas dependientes a su cargo. Y debido a esta forma de adjudicación y a que la discriminación de clase es inexistente, los habitantes de una *superquadra* están forzados a vivir en el entorno de una gran familia, en perfecta coexistencia social, lo cual redunda en el beneficio de los niños que viven, crecen, juegan y estudian en el mismo ambiente de camaradería, amistad y educación saludable. [...] Así crecerán en la meseta los niños que van a construir el Brasil del mañana, pues Brasilia es la cuna gloriosa de una nueva civilización».[129] Ni más ni menos: una nueva civilización fundada con los valores igualitaristas, impersonales e internacionalistas que animaron el arte concreto y la arquitectura funcionalista.

Los planificadores de Brasilia creyeron que para adquirir los hábitos racionales y colectivistas inspirados por las vanguardias socializantes no bastaba con ver arte impersonal y utilitario, producido en serie. Tenía que habitarse. Hombres y mujeres debían vivir entre formas geométricas, entre líneas y colores. El cuerpo debía chocar contra los muros simétricos, contra fachadas austeras, contra estructuras racionales. Los niños que nacieran en ese entorno serían los hombres nuevos del mañana, criados desde la cuna en un entorno controlado en cada uno de sus detalles. Sería el fin de la injusta distribución del privilegio en función de la clase, la raza o los vínculos familiares. Brasilia no era una simple ciudad, era un proyecto utópico de transformación del ser humano.

¿Qué pasó con ella? Bueno, lo mismo que con todas las utopías: se estrelló con los mosquitos y el tedio (la realidad). Una vez que empezó a ser poblada, la ciudad despertó entre sus habitantes las mismas críticas que los neoconcretos Clark y Oiticica les habían hecho a los artistas liderados por Waldemar Cordeiro. La ciudad había sido planificada para seres estrictamente racionales, que no se iban a relacionar con las cosas ni entre ellos. Brasilia era un monumento geométrico maravilloso, sí, pero para ser contemplado más que habitado. Las personas no eran tan racionales como creían Le Corbusier y sus discípulos brasileños, ni se resignaban tan fácilmente a vivir en medio de la estandarización y la uniformidad. Puede que las intenciones iniciales fueran buenas, muy acordes con los principios colectivistas y socialistas, pero el resultado, como cuenta el antropólogo James Holston en *The Modernist City*, no fue la igualdad, sino el sentimiento de anonimato, de impersonalidad, de desencanto; la sensación de habitar una ciudad fría, privada de todas las rutinas que cargan de sentido la vida cotidiana. Al final tenían razón los surrealistas: no se podía vivir sin dejar rastro de la individualidad en las cosas, sin darle un toque personal, acorde a los deseos e inclinaciones, al lugar que se habitaba. Y eso fue lo que ocurrió. Cuando la espléndida obra concreta tridimensional acogió a seres reales, resultó evidente que cada cual se apropiaría del espacio para imponer su propio estilo de vida. La tensión entre la individualidad y la uniformidad se decantó finalmente por la primera. Los funcionarios ricos dejaron las *superquadras* y empezaron a construirse casas exuberantes, barrocas, en los suburbios de Brasilia. La gente rechazó la supresión de la calle como espacio de socialización y sacó allí sus negocios, y las fachadas de cristal se cubrieron con cortinas para recuperar la privacidad. Costa y Niemeyer habían querido crear un hombre nuevo, pero a la larga fueron las personas de siempre, las de carne y hueso, emotivas, sensuales, caprichosas, quienes impusieron sus mundanas necesidades a la ciudad.

Las intenciones transformadoras y socializantes no se materializaron del todo, pero eso no impidió que Brasilia se convirtiera en un triunfo del nacionalismo modernizador de Kubitschek. Inaugurada en 1960 —un logro sobrehumano—, la nueva capital fue el augurio de un porvenir radiante para Brasil. Esa fantasía, lamentablemente, también se estrellaría con la realidad, ya no los mosquitos, sino los fusiles, y su debacle sería mucho más dura que la utopía fallida de la vanguardia arquitectónica. Porque entre 1964 y 1985 Brasilia no sería gobernada por desarrollistas, sino por militares, y la gran ciudad socializante que había eliminado los lugares de concentración y de protesta se convertiría en el lugar propicio para ejercer un nuevo mandato autoritario. La utopía mutaba en distopía, y la ciudad planificada por comunistas acabaría albergando a la cúpula militar y burocrática de una prolongada dictadura protofascista.

4. EL PROYECTO POPULISTA Y LAS DEMANDAS ESTÉTICAS Y POLÍTICAS DE DEMOCRATIZACIÓN

LAS AMBIGÜEDADES DE LA VANGUARDIA FRENTE A LA DEMOCRACIA Y EL *MEA CULPA* DE HUIDOBRO

Todas las corrientes culturales americanas, de un modo u otro, habían apoyado, confluido o convivido con el nacionalismo. Los mundonovistas, claro, y los vanguardistas vernáculos, pero hasta los comunistas que trabajaron para dictadores de derechas. El americanismo que venía de tiempos de Martí y Rodó había influido incluso en Torres García, en Huidobro, en Carlos Quijano: todos fueron nacionalistas latinoamericanos. Huidobro apoyó al nacionalista Carlos Ibáñez y llegó a decir en su diario *Acción* que prefería a un tirano que le hiciera bien a la patria que al demócrata corrupto.

Después repitió los tics antiimperialistas del modernismo y las utopías americanistas —Andesia— de la vanguardia. Tuvo que matizar su internacionalismo con un americanismo feroz, que arrastraba detrás el flirteo con el autoritarismo. Pero a medida que avanzaba la década de los treinta ocurrían cosas que pusieron en guardia al poeta. Le preocupaba la forma en que se robustecían el estalinismo ruso, el fascismo italiano y el nazismo alemán. Inquieto con el auge del totalitarismo, Huidobro iniciaba una revisión de sí mismo, de su pensamiento, que lo hizo reevaluar sus compromisos. De una cosa se dio cuenta, sorprendido: su latinoamericanismo era simple y llanamente otro nacionalismo, y quizá tan peligroso como el alemán o el italiano. Lo puso por escrito en un artículo de 1938 publicado en *La Opinión*. «Si buscamos la causa de todos los conflictos y desequilibrios que amenazan al mundo en estos días —dijo—, encontraremos que ella es el nacionalismo, la exacerbación del sentimiento nacionalista despertado por los países fascistas».[130] Al diagnóstico añadía una recomendación: «Si América quiere jugar un rol histórico en el siglo veinte, este es su rol, sembrar en el mundo el sentimiento internacional».[131]

El poeta intuyó muy pronto lo que pasaría en Europa con el fascismo y el nazismo, incluso lo anticipó en *La próxima*, una novela de 1934. Por eso, cuando estalló la Segunda Guerra Mundial, estaba listo para denunciar algunas ideas que habían marcado su vida y la vida intelectual del continente desde 1898. De pronto se vio a sí mismo haciendo algo que no hubiera imaginado años antes. Estaba escribiendo unas cartas abiertas al Tío Sam, tres en total, en las que, aun expresando ciertas reservas, se solidarizaba con la lucha de los yanquis por derrotar al nazismo. Mientras Vasconcelos defendía a Hitler y Siqueiros a Stalin, Huidobro se daba cuenta de que el problema del mundo no era la pelea del americanismo contra el imperialismo o de los latinos contra los sajones. Nada de eso, ya era hora de que América Latina cambiara de conversación, porque la verdadera pelea era otra, entre la democracia y la dictadura totalitaria.

¡Aleluya! Ocurría. Uno de los grandes héroes de la cultura latinoamericana —y de este libro— por fin se daba cuenta de algo terrible: los latinoamericanos habíamos replicado la dinámica de los países fascistas. Todas las fantasías y utopías que habíamos esbozado hablaban de unidad, de integración o de bloque contra los yanquis, pero ¿a alguien se le había ocurrido defender la democracia? Huidobro estaba proponiendo algo radical para la época, pedía que se dejaran a un lado las prevenciones incubadas durante tantos años en contra del vecino para tratar de conocerlo y entablar una nueva relación equitativa, purgada del rastacuerismo típico del pariente adinerado, y colaborar con ellos en la lucha contra Hitler.

El nacionalismo autoritario y el fascismo habían encontrado un terreno más que abonado en América Latina, y ni los artistas ni los intelectuales habían movido un dedo para detenerlos. Huidobro hacía examen de conciencia, recordaba sus días como heraldo de la novedad, la euforia vanguardista, el impulso redentor que los llevó a él y a tantos otros a revolucionar las ideas políticas y todas las creaciones del espíritu. Y entonces, en 1941, escribió las siguientes líneas en su «Tercera carta al Tío Sam»:

Debemos reconocer con honradez que todos hemos sido un poco culpables en el triunfo del nazismo y de las diversas formas de las tiranías fascistas. Todos, sin excepción. Es algo tremendo esto que afirmo aquí, pero es la verdad. ¿Sabes por qué somos culpables? Porque todos éramos algo fascistas. Aun sin saberlo nosotros mismos. Desde la extrema derecha hasta la extrema izquierda, todos éramos algo nazistizantes. Si el nazismo no hubiera encontrado en el mundo una atmósfera espiritual de debilidad, si hubiera encontrado un fuerte fluido espiritual contrario, como una muralla de piedra, no hubiera triunfado jamás en ninguna parte. [...] ¿Por qué razón todos éramos, cual más, cual menos, algo débiles? Porque todos estábamos cansados de la Democracia, desilusionados de su falta de vitalidad, de sus injusticias, de su lentitud, de su flojedad interna, descontentos, por lo menos, de sus modos de actuar. Había frialdad para defenderla, no inspiraba entusiasmo a nadie.[132]

Las revoluciones estéticas, espirituales y tecnológicas de los años veinte parecían haber sobrepasado por mucho a un sistema dormido «en un colchón de papeles inútiles», como decía Huidobro. Los creadores corrían más rápido, eran más intrépidos, más vitales. Tanta euforia generaba uno de los grandes dilemas de la modernidad occidental, una maravilla que arrastraba tras de sí una tragedia: los sueños de los artistas no cabían en las estrecheces de la democracia, la desbordaban, eran mucho más osados y ambiciosos, tenían el semblante de la utopía: nuevas razas, nuevas ciudades, nuevas civilizaciones. Todo era inspirador en el prometedor siglo xx menos la tibieza democrática. Hubo odas a las identidades raciales, a las máquinas, a las víctimas, al paisaje, a las patrias, al antiimperialismo, al comunismo, al fascismo; hubo de todo menos un miserable poema a la democracia. La sola idea resultaba, y sigue resultando, qué le vamos a hacer, irremediablemente cursi. La imaginación poética tomó un camino y la democracia otro, y aún hoy no acaban de encontrarse. Los intelectuales y los artistas son los primeros en verse reflejados en los políticos radicales, como si solo las promesas redentoras y la retórica más ardiente estuvieran a la altura de sus ambiciones espirituales.

Con esas cartas al Tío Sam, Huidobro rompía oficialmente con el arielismo e intentaba hacer las paces con la otra América, la de Calibán, la América sajona. Era un paso monumental. El primer vanguardista, el poeta que había recogido el testigo de Rubén Darío y que había odiado con la misma intensidad a Estados Unidos, reconocía no tener ni idea de lo que era aquel país. Excepto a Poe, y solo porque lo había traducido Baudelaire, no había leído a ningún escritor estadounidense. Lo contrario también era cierto: Estados Unidos no tenía ni idea de qué era América Latina. ¿Cómo no iban a prevalecer los prejuicios y el recelo si nadie se había preocupado por quitarle la sábana al fantasma? Esa terrible ignorancia que había distanciado a las dos Américas debía corregirse, más ahora que la amenaza nazi estaba en todas partes.

En medio de una atroz crisis personal, mientras su esposa lo dejaba por otro hombre, Huidobro consiguió un carnet de prensa que le permitió viajar a Alemania justo antes del desenlace de la guerra, según él, a tiempo para entrar en combate y dar pruebas de heroísmo. En una carta que envió a Luis Vargas Rosas, uno de los pintores del grupo de Montparnasse, le decía que había logrado desarmar a un oficial alemán, y que con su pistola había hecho siete prisioneros alemanes. También aseguraba haber entrado con las fuerzas aliadas a Berlín, seguramente hasta el mismísimo búnker de Hitler, porque de aquella peripecia juraba haber obtenido un invaluable botín de guerra: el teléfono del Führer. Huidobro defendía ahora la democracia y luchaba al lado de los yanquis, pero seguía siendo Huidobro.

A Chile volvió el poeta a morir. Aún tendría tiempo de renunciar públicamente a su fervor comunista, como también hizo Breton y haría Paz, y por motivos similares: era imposible congeniar con una doctrina que demandaba la sumisión absoluta, la claudicación humana, y que a la larga no era más que la tumba del pensamiento libre. Lo resumió con una frase, que luego Raymond Aron popularizaría: «El comunismo es el opio de la inteligencia».[133] Había que seguir luchando contra la burguesía, pero no más. En el futuro, uno mejor, quizá, el manejo de los asuntos públicos recaería en los científicos. Ojalá en los políticos no, y mucho menos en los artistas. El poeta, que llegó a fantasear con una comunidad de genios creadores en Angola, acabó desconfiando de su gremio.

Huidobro no llegó a ver si se cumplía su predicción. Después de sufrir un derrame cerebral, murió el 2 de enero de 1948. Se iba el fundador de la vanguardia latinoamericana, pero dejaba el creacionismo, un anecdotario salvaje y un *mea culpa* democrático. Podía morir tranquilo. Altazor lo escoltaría en ese gran salto a la inmortalidad.

DE LA DICTADURA AL POPULISMO: EL NACIONALISMO FASCISTA DA UN GIRO POPULAR

Si la Segunda Guerra Mundial y el nazismo forzaron a Huidobro a acercarse y conocer a los estadounidenses, Estados Unidos se vio ante la urgencia de vigilar la salud democrática del resto del continente, y de garantizar mediante presiones y prebendas que todos los países rompieran relaciones con el Eje. El huracán democratizador que desató la presión yanqui se llevó por delante a los dictadores nacionalistas. Desde Jorge Ubico en Guatemala hasta Edelmiro Farrell en Argentina, todos fueron desmoronándose. Cayó Tiburcio Carías en Honduras, cayó Hernández Martínez en El Salvador, cayó Arnulfo Arias en Panamá —aunque no por dictador, sino por antiyanqui—, cayó el heredero de Juan Vicente Gómez, Isaías Medina Angarita, en Venezuela, cayó Getúlio Vargas en Brasil, cayeron los militares en Bolivia. Después de 1945 fue difícil legitimar un gobierno dictatorial en América Latina, y para 1959 solo subsistían regímenes autoritarios en Nicaragua, República Dominicana, Haití y Paraguay, algo excepcional en un continente donde había predominado el nacionalismo autoritario.

Era una buena noticia, sin duda, pero no lo celebremos anticipadamente, que ahora viene la pregunta interesante. ¿Significaba esto que se habían extirpado las pulsiones autoritarias en América Latina? Ah, eso era otra cosa, ese era el problema. Las nuevas reglas de juego mundiales forzaban a los políticos a legitimarse mediante elecciones democráticas, independientemente de que pretendieran gobernar como demócratas o como tiranos. Esa necesidad, la de sintonizar con el clima mundial antifascista y democrático, fue la que obligó a Perón a inventarse el populismo. Con el fascismo sepultado bajo los escombros de la guerra, era impensable reeditar el uriburismo, el sanchezcerrismo o el Estado Novo. Había que pasar página e inaugurar un tiempo nuevo en el que los caudillos nacionalistas y autoritarios tendrían que dejar sus uniformes militares y vestirse de civil para presentarse a unas elecciones populares. Perón lo puso de moda, él fue el primero en desvincularse formalmente de su pasado golpista y dictatorial para reciclarse en demócrata. Desde luego no en un demócrata liberal, más bien en un demócrata iliberal o populista que se aferraría a uno de los elementos de la democracia, solo a ese, el proceso electoral, para arrastrar con él a las instituciones todos los tics autoritarios que había incubado en su pasado golpista. El populismo ya no intentaría alinear los tanques detrás del caudillo, o no solamente, sino las instituciones: la Constitución, el poder judicial, los tribunales, la fiscalía y los demás organismos de control. Los populistas demostraban que era mucho más efectivo justificar la arbitrariedad con argumentos jurídicos que con cañonazos.

Esto que se inventaba Perón no era la filosofía nacional popular del APRA o del PRI, era otra cosa: una forma de gobernar autoritaria, incluso de la derecha autoritaria, respaldada por un sistema corporativo de alianza con las clases populares y una gran efectividad publicitaria para conquistar el voto. Estos personajes podrían perfilarse como hombres de izquierdas, pero su modo de obrar sería el del nacionalista de derechas. Se apropiarían de los símbolos nacionales, hablarían de independencia económica, defenderían la armonía social o la unidad espiritual, y al crítico lo convertirían no en opositor, sino en un enemigo de la patria. En definitiva, simple nacionalismo; un nacionalismo reivindicativo, belicoso y asociado al principio de autoridad y a la mano dura, con un enorme componente popular y paternalista, grandes epifanías patrióticas y enormes espectáculos simbólicos. Antiimperialismo, recelo a los extranjeros y ensalzamiento de lo propio, mezclados con un discurso antielitista y con la promesa de milagrosas redistribuciones justicieras, que nunca contemplarían la creación de riqueza, sino la expropiación de las industrias y la nacionalización de los recursos. Recordemos que el nacionalismo era un comodín que servía para pescar votos en la derecha y en la izquierda, y que hasta los nacis chilenos se metamorfosearon en la Vanguardia Popular Socialista. Todos los populismos de los años cuarenta y cincuenta tendrían ese mismo origen, el nacionalismo, el golpismo militar y el fascismo. Son evidentes en Perón, se observan en el Estado Novo de Getúlio Vargas, aparecen en los orígenes intelectuales del MNR boliviano, se vislumbran en las complicidades partidistas de Carlos Ibáñez y despuntan en la defensa al Bolívar autócrata y a las democracias latinas que hizo otro de los grandes populistas latinoamericanos, el ecuatoriano José María Velasco Ibarra.

Los populistas más hábiles supieron usar las dos caras del nacionalismo al mismo tiempo o alternadamente, la autoritaria y la paternal, la elitista y la popular, para crear esa ensalada rusa que ni Dios entiende de la que hablaba Roberto Arlt. Quizá quien mejor se sirvió de la indefinición ideológica para llegar a distintos electorados fue Velasco Ibarra, no en vano poseedor de un portentoso récord: cinco presidencias no consecutivas sin haber militado nunca en un partido. Sin respaldo corporativo, sin aparato y sin un cuerpo doctrinario, solo ayudado de los balcones públicos y de su palabra efervescente, logró concitar apoyos suficientes para gobernar en cinco ocasiones; impresionante. Eso sí, solo en una de ellas logró terminar su mandato, porque con la misma facilidad que ascendía lo derrocaban. Sus primeras elecciones las ganó en 1933, apoyado por el sector obrero que se había desprendido de la Compactación Obrera Nacional, una agrupación conservadora y eclesiástica inspirada en los camisas negras de Mussolini. Ese gobierno no duró ni siquiera un año. Fue en su segundo mandato cuando comenzó el periodo populista ecuatoriano, justo después de la revolución de 1944 en la que tanto protagonismo tuvieron Nela Martínez y los comunistas. En La Gloriosa, como se la llamó, también participaron los conservadores, los socialistas, los liberales independientes y hasta los curas, una inverosímil alianza de partidos y de personalidades que en circunstancias normales hubieran estado condenados a odiarse, y que solo alguien como Velasco Ibarra, el «gran ausente», como le decían, podía liderar. Y si así era se debía a que el nuevo presidente era una pantalla en la que cada quien proyectaba sus expectativas. El grito «¡Viva Velasco Ibarra!» se convirtió en una conjura contra todos los males del país, desde el fraude electoral de los liberales hasta sus políticas económicas y diplomáticas entreguistas, desde la desidia antinacional en la guerra con Perú hasta la entrega de las islas Galápagos a Estados Unidos para que instalara una base militar. Después de cinco décadas de gobiernos liberales y de una derrota bélica aún no digerida, los consensos previos se deshacían y se clamaba con urgencia por algo nuevo que desterrara al liberalismo masón y promoviera la regeneración moral de la patria. La tarea le venía como anillo al dedo a Velasco Ibarra, porque el futuro caudillo se veía a sí mismo como un humanista tocado por la gracia de Ariel, llamado a instaurar en el alma de los ecuatorianos los más altos ideales.

El nuevo presidente era una suma de elementos contradictorios: se definía como liberal, pero sus apoyos venían de la oligarquía conservadora y católica; quería incorporar al indígena rural a la nacionalidad, pero desconfiaba del indio urbano que había leído libros; concedió el voto femenino, pero despreciaba a las mujeres que daban un paso más allá en su emancipación («desgreñadas, sin medias y fumadoras»,[134] las llamó); abrazaba como un «hecho definitivo de la historia» el liberalismo y la democracia, pero al mismo tiempo alababa como la más pura encarnación de la raza americana al Bolívar dictatorial. Era un demócrata que creía en las «minorías moral y espiritualmente selectas»,[135] y no dudaba en afirmar que ese poder de visión les daba potestad para aplastar a «calumniadores, rateros y sediciosos»; también para saltarse la ley cuando así lo consideraran pertinente: «El político que ante un conflicto de hecho entre la ley y el vigor moral biológico del grupo viola la ley para salvar al grupo, no es un político arbitrario ni contradice al pensador, sino que es simplemente un político realista, cumplidor de su misión, valiente y humano»,[136] explicaba en *Conciencia o barbarie*, su libro de 1938, algo similar a lo que en 2017 dijo otro de su estirpe, el populista catalán Carles Puigdemont, para quien las leyes no podían estar por encima del sentimiento de las nuevas generaciones.

Velasco Ibarra nunca militó en ningún partido ni se casó con ninguna idea. «Yo no serviré a ninguna ideología determinada [...] yo seré el Jefe de la Nación, yo seré el servidor del pueblo, yo seré el servidor del Ecuador en busca de nacionalidad. De moralidad»,[137] dijo el 4 de junio de 1944, recién posesionado en su segundo mandato. Podía gobernar con apoyo de quienes lo creían un aliado de los pobres y la clave para crear un movimiento de masas, o con aquellos que lo saludaban como un regenerador moral que eliminaría la concupiscencia, la haraganería y los demás vicios que debilitaban la nacionalidad. Velasco Ibarra aseguraba no representar a la oligarquía liberal, sino servir al pueblo. No seguía leyes inertes, sepultadas en la Constitución, sino que interpretaba en cada coyuntura la nacionalidad ecuatoriana. Dirigentes políticos eran los otros; a él le correspondía una función más elevada, la de un reformador moral destinado a cohesionar la sociedad mediante los valores católicos. Como líder de una minoría selecta, como profeta, como educador, se proponía «dar eficacia a las virtualidades de las masas y definir las aspiraciones de las gentes».[138] Es decir, llevar al pueblo por la senda del espíritu, transformar al hombre de placer en el hombre de esfuerzos desinteresados. Y, como ya había sugerido Rodó, erigir para Sudamérica una política acorde con su psicología, con su identidad, con sus rasgos biológicos; en definitiva, un ideal propio que les diera cauce a los impulsos y frenara el ciclo de sediciones y caudillismos que postergaban la valiosa aportación que América Latina tenía que hacerle a la humanidad. En cuanto a la forma de gobernar Ecuador, el ejemplo lo daba Bolívar, al menos tres de sus ideas: el rechazo de la monarquía, la adecuación del Gobierno a la particularidad americana y la fundación de un poder ejecutivo vitalicio; una presidencia eterna que durara lo que la vida del elegido para asegurar la estabilidad de la patria.

A eso aspiró Velasco Ibarra, a ser el presidente eterno de Ecuador, y a punto estuvo de lograrlo. De sus cinco mandatos tres de ellos degeneraron en dictaduras y solo concluyó el tercero, entre 1952 y 1956. El segundo infectó la economía con los males típicos del populismo, la devaluación de la moneda y el aumento de la inflación, y el resultado fue igualmente característico: las masas que lo habían acogido, ahora empobrecidas, se lanzaron a la calle. Querían que saliera del Gobierno y la respuesta de Velasco Ibarra fue autoproclamarse dictador. En marzo de 1946 suspendió su propia Constitución izquierdista, la que había promulgado un año antes, y la reemplazó por otra de corte derechista. Pero de muy poco le sirvió, porque en 1947 su propio ministro de Defensa le dio un golpe de Estado y por segunda vez fue expulsado del país. Si durante su primer exilio había estado en Colombia, esta vez optó por la Argentina de Perón.

Para su tercer mandato, entre 1952 y 1956, Velasco Ibarra ya no tenía el apoyo de la izquierda, que lo detestaba, sino de una extraña mezcla de partidarios derechistas en la que se contaba Acción Revolucionaria Nacionalista de Ecuador, un grupo anticapitalista, integralista y profascista que se había creado en 1942, después de la firma del Protocolo de Río de Janeiro, que oficialmente le cedía la mitad del territorio ecuatoriano a Perú. De manera que si su gobierno de 1944 había empezado bajo el sello de la extrema izquierda, este empezaba con el de la extrema derecha. Y aún tendría tiempo, en las elecciones presidenciales de 1960, para cambiar de discurso y teñirlo con una retórica antioligárquica y antiimperialista, muy en sintonía con la reciente Revolución cubana.

El de Velasco Ibarra era un populismo cesarista que respetaba las leyes mientras le convinieran o mientras no frenaran la sapiencia y los impulsos voluntaristas del líder. Convencido de que solo él, encarnación del ideal moral, entendía al país y era capaz de conducirlo hacia la redención, impuso su visión sobre las constituciones. Al parecer, también impuso su voluntad sobre la muerte, porque, según la leyenda, no fue ella la que le impuso sus aciagos azares, sino él quien decidió morirse, estando en perfecto estado de salud, como muestra de amor a su recientemente fallecida esposa.

Velasco Ibarra demostraba que un mismo discurso fundado en la regeneración moral de la patria y en el engrandecimiento de la nación podía venderse a diestra y siniestra con igual efectividad. El nacionalismo es siempre el mismo, y puede teñirse de elitismo y de moralismo o cargarse con munición antioligárquica y popular. Los populistas más hábiles siempre supieron inyectar dosis de una y de otra según soplara el viento. El chileno Carlos Ibáñez fue un experto en ello. Dictador en los años veinte, candidato de los nacis en 1938 y de la derecha en 1942, finalmente ganó unas elecciones verdaderamente democráticas en 1952, esta vez apoyado por la izquierda, o al menos respaldado por tres partidos con halo izquierdista: el Agrario Laborista, adonde fueron a dar sus viejos partidarios de los años treinta, incluidos algunos nacis; el Socialista Popular, una escisión del Partido Socialista con ímpetus radicales y sediciosos, y el Partido Femenino de Chile. Ibáñez emprendía una nueva campaña en hombros de revolucionarios de derecha y de izquierda, los primeros atraídos por el discurso nacionalista, corporativista y antioligárquico de Ibáñez, y los segundos, por el efecto que su imagen seguía teniendo en las capas populares. La base común que hermanaría a las tendencias derechista e izquierdista sería el principio de autoridad, la consigna de barrer con la corrupción y con los políticos tradicionales —el símbolo de Ibáñez fue la escoba—, y la promesa de satisfacer las aspiraciones de los sectores populares; el dictador corporativista y autoritario se reciclaba en populista.

En el discurso de Ibáñez se mezclaban el nacionalismo autoritario, la expansión de derechos y las mejoras sociales. No era un estribillo nuevo. Ya lo habían entonado Perón y Getúlio Vargas, dos personajes con el mismo perfil que el chileno: militares autoritarios y nacionalistas, con al menos un golpe de Estado en su historial y una decidida vocación popular. Ibáñez empezaría su gobierno pidiendo al Congreso facultades extraordinarias para implementar un ambicioso plan de desarrollo del Estado, que incluía la creación de ministerios, corporaciones y un Banco del Estado. Apoyó igualmente la creación de una Central Unitaria de Trabajadores, legalizó el Partido Comunista y protegió a una nueva burguesía nacional para que contrarrestara el poder de la burguesía ligada a los capitales extranjeros.

Esto no impidió que a Chile también llegara la inflación. El caudillo populista se vio de pronto enfrentado al malestar social y una avalancha de huelgas y manifestaciones que lo animaron, en un vano intento por enderezar la economía, a nombrar como ministro de Hacienda a Jorge Prat, el editor de la revista *Estanquero*, de corte nacionalista y ultraderechista, heredera de las ideas de Alberto Edwards y de Francisco Antonio Encina. Prat reforzó el proteccionismo económico y el nacionalismo desarrollista, pero no obtuvo resultados. La crisis inflacionaria se agudizó, e Ibáñez se vio forzado a tragarse sus preceptos patrioteros y populistas y a recurrir, como ya había hecho Perón en 1950, a la ayuda de los yanquis. Dicha ayuda no llegó en forma de préstamo, sino de asesoría económica. La misión Klein-Saks desembarcó en Chile en 1955 con un paquete de medidas que revertían el estatismo predominante desde los años treinta en buena parte de los países latinoamericanos. La misión recomendó tomar medidas ortodoxas, como reducir el gasto público, liberalizar el comercio exterior, los precios y los mercados, subir las tasas de interés, privatizar empresas estatales y hacer un ajuste fiscal. Todo esto, como era de esperar, generó una pequeña tormenta social. Los datos mejoraron y la inflación, que había subido a un inasumible 77,5 por ciento, se redujo al 17,2 por ciento. Fueron buenas noticias que, sin embargo, no lograron frenar el descontento social. La furia llegó a las calles, hubo nuevas manifestaciones, quemas de autobuses, muertos; la presidencia de Ibáñez naufragaba en una marea de frustración social. Su instinto autoritario lo tentó a frenar las protestas con métodos represivos, pero el Congreso le cerró el paso. Finalmente, logró acabar su periodo presidencial, y sus sucesores se encargarían de revertir el efecto de la misión Klein-Saks, Jorge Alessandri sutilmente y Salvador Allende de forma radical. Pero Ibáñez dejaba un precedente. Demostraba que el populista podía dar giros radicales y hacerse incluso «neoliberal» si de ello dependía su supervivencia política. Él fue el primero, pero no el último, en dar saltos mortales sin red de protección. Detras de él seguiría Víctor Paz Estenssoro.

El nacionalismo boliviano había sido el primero en escindir la sociedad en amigos y enemigos, en patria y antipatria, en nación y casta para deslegitimar moralmente a los rivales y convertirlos en un agente invasor y colonial. Esa ecuación aclaraba el tablero político: lo importante no era la política aplicada, sino quién la aplicaba. No importaba qué hicieran, los nacionalistas no podían obrar mal porque representaban las verdaderas esencias, estaban con el pueblo y siempre anteponían el país a cualquier otra consideración. Eso le permitió al MNR sufrir mutaciones notables. A lo largo de su extensa trayectoria fue adaptando nuevas ideas y amoldándose como bien pudo a los cambios económicos y políticos del mundo. En 1952 fundó el primer Gobierno nacionalista y revolucionario de América Latina, encargado de materializar ese sueño dorado de todos los partidos comunistas del continente: nacionalizar las minas, acabar con el latifundio, dar tierra a los campesinos y desactivar al ejército para reemplazarlo por milicias campesinas y mineras. En 1971, sin embargo, Paz Estenssoro apoyaba la dictadura fascista de Hugo Banzer, que llegaba al poder respaldada por el MNR y la Falange Socialista Boliviana, y en 1985 protagonizaba el más espectacular giro ideológico: deshacía lo hecho en los años cincuenta, privatizando las minas y defendiendo la terapia de choque diseñada por el coco yanqui Jeffrey Sachs. Después de los pinochetistas chilenos, los populistas bolivianos fueron los primeros en hacerse neoliberales.

El mismo tránsito del fascismo y del militarismo golpista al populismo lo intentaron, aunque sin demasiado éxito, el peruano Manuel A. Odría y el colombiano Gustavo Rojas Pinilla. Ya hemos visto algo de lo que ocurrió en el Perú de Odría. El dictador creó el Ministerio de Trabajo y Asuntos Indígenas, una institución que recogía las demandas de dos sectores muy distintos, trabajadores e indígenas, y que sin embargo tenían algo en común: eran una base electoral importante. Y para Odría, que cada vez se distanciaba más de las dictaduras filofascistas de Sánchez Cerro y de Benavides para acercarse al modelo de Perón, era de suma importancia cultivar nuevos electorados. Desde su llegada al poder se había encargado de ello, expandiendo la cobertura social de los trabajadores, siendo permisivo con las ocupaciones de tierra de las poblaciones migrantes que bajaban de la sierra a Lima, garantizando el pleno empleo con un ambicioso programa de obras públicas en la capital y en las zonas costeras. Al modo peronista, Odría se propuso establecer una relación especial con los sectores marginados. María Delgado de Odría, su esposa, quiso ser la Evita peruana, y para ello se entregó a las labores sociales. Más adelante, en 1955, se legalizaría el voto femenino, una medida que el ultraderechista Odría tomaba no por demócrata, sino por populista. Su intención era esa, legitimar su dictadura mediante las urnas, como Perón, pero a él las cosas no le salieron nada bien. Las elecciones que convocó en 1950 acabaron en farsa, sin candidatos rivales, con una revuelta en Arequipa que dejó muertos y heridos y el ciento por ciento de los votos para él. Ese triunfo espurio le permitió seguir en el poder, pero no conseguir la legitimad que anhelaba para su Gobierno. El ochenio de Odría pasaría a la historia como una larga noche autoritaria, una época de mediocridad y frustración por la que deambuló un personaje literario, Zavalita, tratando de entender si había sido entonces que se había jodido Perú.

Como en América Latina las ideas, las buenas y las malas, sobre todo las malas, se contagian rápidamente, el colombiano Rojas Pinilla también jugó las cartas populistas al final de su mandato, cuando perdió el apoyo de los conservadores que lo habían respaldado, Alzate Avendaño y Mariano Ospina Pérez, y su dictadura empezaba a desplomarse. El general dio la pelea apelando a medidas copiadas del peronismo: creó el Servicio Nacional de Asistencia Social, legalizó el voto femenino y creó un nuevo partido, Tercera Fuerza, para atraer a los sindicatos y a la clase obrera. Pero la cuadratura del círculo no le salió del todo bien. Su anticomunismo no le bastó para retener el apoyo de la Iglesia y de la clase empresarial; su obrerismo no fue suficiente para seducir a las masas ni a los estudiantes, y su populismo no le sirvió para crear una barrera social que neutralizara el influjo de las autoridades tradicionales. Al final solo tenía a su lado a un puñado de gaitanistas y de fascistas, un apoyo insuficiente para evitar su caída. El 10 de mayo de 1957 firmó su renuncia, y un año después entraba en función el pacto que los líderes liberal y conservador, Alberto Lleras Camargo y Laureano Gómez, habían concebido en Sitges el 20 de julio de 1957 para ponerle punto final a las guerras partidistas y pacificar el país.

Y así acabaría ese primer tiempo populista, porque a partir de 1959 la democracia perdería la legitimidad que había cobrado en los últimos tres lustros, y los caudillos y revolucionarios podrían volver a decir, henchidos de orgullo y providencia, sin pudor ante los yanquis ni ante nadie, que despreciaban la democracia. Ya no sería necesario cautivar al electorado desde los balcones con trucos melodramáticos ni demagógicos; ahora habría que ganarlo para una causa mayor, la revolución, otra, muchas otras, y sumarlo al nuevo delirio americano que ya no sería arielista, sino castrista y guevarista. Es decir, lo mismo pero con más violencia.

TIEMPO DE CONSPIRACIONES: LAS DEMOCRACIAS Y LAS TIRANÍAS
SE ENFRENTAN EN EL CARIBE

Si hubo una región en la que se exacerbaron las tensiones entre la democracia y la dictadura, sin duda fue el Caribe. Allí había empezado todo, esa había sido la puerta de entrada de Estados Unidos a América Latina, y allí se mezclaron en un contradictorio potaje los intereses económicos de la potencia invasora, su anhelo de controlar geopolíticamente la zona y su vacilación democrática durante la Guerra Fría. Hay que decirlo de una vez: los estadounidenses estaban muy preocupados por la tentación fascista de Perón y de Getúlio Vargas, pero llevaban muy bien el fascismo de sus dos alfiles caribeños, Anastasio Somoza y Rafael Leónidas Trujillo. Los demócratas argentinos tenían de su lado al embajador Braden, pero los demócratas nicaragüenses y dominicanos estaban solos. Su único recurso era respaldarse entre ellos, establecer redes de apoyo entre los objetores a las dictaduras y conspirar, conspirar mucho. De esos esfuerzos surgió la Legión del Caribe, un pacto de complicidad entre los demócratas para enfrentar y defenderse de lo que el cubano Eliades Acosta Matos llamó la Transnacional de la Mano Dura. El primer bando emprendería una lucha ideológica, incluso armada, para tumbar a los tiranos, mientras el otro promovería gobiernos dictatoriales y despóticos, e intentaría derrocar con todas las tretas a su mano, bombas incluso, las democracias vecinas. La lucha daría pie a desembarcos intrépidos, atentados contra presidentes, complots, invasiones y toda suerte de alianzas, traiciones e intrigas. El más reprochable crimen geopolítico de Estados Unidos fue haberse mostrado favorable a la mano dura antes que a la democracia. Apoyó las dictaduras nicaragüense y domini-nicana, patrocinó el derrocamiento de Jacobo Árbenz en Guatemala en 1954, apoyó a Fulgencio Batista en Cuba desde su golpe de 1952, así como al anticomunista François Duvalier en Haití, y tuvo buenas relaciones con la Venezuela de Marcos Pérez Jiménez y luego con los militares que derrocaron al novelista Rómulo Gallegos en 1948. Su papel en el Caribe durante esos años fue, como ya lo había sido entre 1898 y 1930, más que lamentable, un asco moral y una estupidez política, que se agravaría a partir de 1960 con el desafío que les planteó Castro.

Hubo dos países, sin embargo, que lograron resistir la presión autoritaria del entorno y refundarse como países democráticos: Venezuela y Costa Rica. En el primero de ellos, el lento tránsito a la democracia empezó en 1935, cuando la próstata de Juan Vicente Gómez, tan trajinada a lo largo de su vida —tuvo más de sesenta hijos—, se hinchó como un pandebono y le produjo una mortal insuficiencia renal. El cargo de presidente fue heredado por otros dos militares tachirenses, Eleazar López Contreras e Isaías Medina Angarita, que prolongaron la hegemonía andina hasta 1945. Ninguno de los dos fue la mitad de bárbaro que Gómez, e incluso incurrieron en la sutileza de abrir espacios de participación política a los comunistas y a un nuevo partido, Acción Democrática, fundado por uno de los líderes estudiantiles de 1928, Rómulo Betancourt. Eso, aunque notable, no era suficiente para graduarlos de demócratas. La sucesión presidencial seguía siendo potestad de un Congreso umbilicalmente atado a la herencia autocrática de Juan Vicente Gómez, que de manera sistemática elegiría para el cargo a un miembro de su grey. Betancourt lo dijo en 1935: «¿Ha cambiado sustancialmente la situación con la muerte de Gómez?». No, en absoluto, «su grupo ha permanecido en el poder».[139]

Esa manera de ver la situación política lo legitimó a él y a sus aliados a lanzar la revolución de octubre de 1945, un golpe que buscaba inaugurar un nuevo periodo democrático en Venezuela. «Los pueblos —se justificó Betancourt— estaban llevando al Gobierno, con votos o con balas, a gente democrática».[140] Y sí, no le faltaba razón: en Europa los líderes fascistas y nazis habían sido expulsados a balas de sus palacios, y por eso, pensaban los venezolanos, lo mismo les correspondía hacer a ellos con los gomecistas. Acción Democrática podía defender el voto popular, la participación plural y la división de poderes, pero en su nombre también estaba inscrito su destino, la acción. Si para promover todas estas virtudes políticas había que tomar las armas y meter las manos en el fango, pues se hacía. Todos eran revolucionarios en América Latina, hasta los demócratas, y por si no habían reparado en ello, en efecto, el golpe en el que participó Betancourt también fue llamado «revolución».

Cuenta el mismo Betancourt que la idea de deponer a Medina Angarita no fue de Acción Democrática, sino de un grupo de militares liderados por Marcos Pérez Jiménez. Los abordaron un día y les hablaron muy seriamente: se venía un golpe, no había otra alternativa. La Unión Patriótica Nacional, una especie de cofradía secreta que se había formado en el ejército para acabar de una buena vez con la hegemonía andina, lo tenía todo listo; iban a derrocar al presidente con o sin ayuda del sector civil. Eso sí, añadieron, como su intención no era instaurar otra dictadura militar, sino un Gobierno civil, contaban con que Acción Democrática participara para que Betancourt asumiera funciones como presidente provisional. El balón quedaba en el tejado de los políticos, la decisión era de ellos.

Rómulo Gallegos, el autor de *Doña Bárbara*, también fundador de Acción Democrática, hizo un último intento por evitar el golpe. Acudió a hablar con Medina Angarita para proponerle la candidatura de un presidente provisional que convocara unas elecciones populares, pero el tachirense, quizá sin sospechar que estaba accionando los engranajes del levantamiento, se mostró hostil. Esta suma de elementos creaba otra paradoja delirioamericana: los intelectuales de la generación del 28, la vanguardia venezolana, la única que profesó convicciones democráticas en el continente, llegaban al poder a través de la fuerza y respaldados por un grupo de militares. Esa contradicción no pasó desapercibida; algunos se opusieron, como el autor del manifiesto que prologaba la revista *Válvula*, Arturo Uslar Pietri. El novelista no compartió la interpretación histórica que condujo al golpe. Estaba convencido de que la lucha antidictatorial en Venezuela había concluido con la muerte de Gómez. López Contreras y Medina Angarita no eran lo mismo, eran un punto de no retorno, el quiebre que había dado inicio a un proceso cuyo desenlace era la democratización del país. También es cierto que Uslar Pietri no tenía más remedio que creerse esa versión de la historia, pues él mismo había trabajado para esos dos presidentes en cargos relevantes, como el Ministerio de Relaciones Interiores. El golpe, por tanto, también se lo hacían a él, y como funcionario depuesto le esperaba un destino infausto. Después de ese 18 de octubre, el novelista salió desterrado y buena parte de sus bienes fueron confiscados. El destino de Betancourt y de Uslar Pietri, dos de los intelectuales más importantes de Venezuela y quizá de América Latina, sería detestarse. Por momentos tendrían acercamientos, pero la rivalidad intelectual y política, acentuada en 1963 por la derrota de Uslar Pietri en las elecciones presidenciales que ganó el copartidario de Betancourt, Raúl Leoni, lo llevarían siempre a despreciar a su rival, incluso a mostrarse «demasiado comprensivo», como diría Gustavo Guerrero, con la intentona de golpe de Hugo Chávez en 1992, el ataque más directo a la democracia que había instaurado Betancourt en 1959.

Uslar Pietri criticó con fiereza a Betancourt en *Golpe y Estado en Venezuela*, un ensayo en el que culpaba al cuartelazo de 1945 del retroceso democrático que había sufrido Venezuela. Betancourt y su impaciencia habían descarrilado la democratización; además, le había dado protagonismo a una nueva camada de militares que no tardarían en traicionar a Acción Democrática y fundar otra dictadura. En eso no se equivocaba Uslar Pietri. El periodo de Acción Democrática en el poder fue corto, casi anecdótico. Después del golpe, Betancourt presidió el país, promulgó una Constitución democrática y el 15 de febrero de 1948, gracias a las primeras elecciones libres que se celebraban en Venezuela en lo que iba de siglo xx, traspasó la presidencia a Rómulo Gallegos. Pero el intachable novelista que soñaba con cercas y códigos civilizatorios para el trópico bárbaro, solo alcanzó a gobernar durante nueve meses. En noviembre de aquel mismo año, Pérez

Jiménez se deshizo de él y lo forzó a salir del país. Betancourt y sus copartidarios de Acción Democrática, convertidos en juguetes rotos, quedaron condenados al exilio o a la clandestinidad.

Casi diez años permanecería Betancourt fuera de Venezuela, luchando contra la dictadura venezolana y contra las otras que se incubaban en el Caribe y en Centroamérica. Las esperanzas del dictador renacieron cuando estuvo a punto de cumplirse el mandato de Pérez Jiménez y empezaron las presiones de la sociedad civil. El Congreso de Ingenieros de Venezuela financió un comunicado con un mensaje que recalcaba el deseo de un pronto regreso a la institucionalidad democrática. Los partidos políticos también se pusieron de acuerdo en formar una Junta Patriótica desde la cual reclamar elecciones. Los líderes exiliados —Betancourt y Jóvito Villalba— hicieron lo mismo, se unieron para recabar apoyo internacional. Pérez Jiménez sintió la presión y optó por una treta populista que lo salvara de convocar elecciones. Organizó un plebiscito para que el pueblo, siempre el pueblo, decidiera si debía prorrogar su mandato hasta 1963. Como era lógico, los opositores se negaron a participar en esa farsa que daba legitimidad a una propuesta ilegítima, y los resultados a favor del «Sí» fueron por eso mismo arrolladores, el 80 por ciento. Pero aquel fraudulento éxito acabó de restarle credibilidad a su imagen, y ahora sí, tras casi dos lustros de silencio y miedo, la gente se tomó las calles. Todos los partidos, apoyados por la Iglesia y por algunos sectores del ejército, se sumaron a las protestas. Hubo una gran huelga general que paralizó al país, y el 23 de enero de 1958 un grupo de oficiales se presentó en la casa de Pérez Jiménez a exigirle la renuncia. A las pocas horas el exdictador salía deportado hacia la República Dominicana de Rafael Leónidas Trujillo.

Pero ahí no acababa todo. La nueva junta militar que asumió el poder no tuvo ningún efecto balsámico. ¿Salir de Pérez Jiménez para darle la bienvenida a otro espadón? Aquello no tenía sentido; la ciudadanía se lo hizo ver a los militares redoblando las protestas. El resultado fue una carnicería, más de doscientos muertos que iban cayendo uno a uno en medio de las tropelías, hasta que dos civiles fueron incorporados a la junta. Aquella prueba de que no se incubaba una nueva dictadura apaciguó los ánimos. Las siguientes jugadas de los políticos fueron muy medidas. Nadie quería cometer ningún error que le diera un pretexto al ejército para volver a cobrar un protagonismo que ni merecía ni le correspondía asumir. Si la maldición colombiana era la violencia y la peruana el autoritarismo, la venezolana era el militarismo. Betancourt lo sabía y por eso buscó con sus oponentes acordar nuevas reglas de juego que protegieran la democracia, unos mínimos compartidos entre todos los actores que fueran a disputar el poder que previnieran peleas suicidas y exabruptos que justificaran la intervención de los militares. Los líderes de Acción Democrática, de COPEI y de la URD barajaron distintas alternativas. Se pensó en elegir un solo candidato de unidad nacional o en formar un cuerpo colegiado con cinco miembros de todos los partidos. Venezuela no padecía la situación de violencia descontrolada que justificó fundar, ese mismo año, el Frente Nacional colombiano, pero el riesgo de volver a la dictadura justificaba la unión y el acuerdo de todos los demócratas. Al final se limitaron a firmar lo que se conoció como el Pacto de Punto Fijo, una serie de acuerdos que forzaban a todos los partidos a respetar los resultados electorales, gobernar en base a un programa de mínimos compartido por todos, formar un Gobierno de unidad nacional con representación equitativa de las distintas facciones, promover una tregua política y desplegar una acción conjunta en beneficio de la democratización del país.

Con este pacto, firmado el 6 de diciembre de 1958, los venezolanos acudieron a las urnas por segunda vez en lo que iba del siglo XX para darle la presidencia a Rómulo Betancourt. Acción Democrática recuperaba el poder, pero perdía la unidad. Las corrientes ideológicas se habían agitado en esos años, y los jóvenes forjados en la lucha clandestina durante la dictadura militar acusaban ahora la influencia del marxismo-leninismo y recelaban del anticomunismo radical de Betancourt. A esto se sumaba la fascinación que produjo la Revolución cubana entre los jóvenes. Castro y Betancourt, dos líderes que habían pertenecido a la Legión del Caribe, que habían luchado por la democracia y que compartían ideas y sentimientos nacionalistas similares, llegaban al poder simultáneamente, pero no para hacer un frente común sino para odiarse y convertirse en símbolos de dos casusas y de dos opciones muy distintas para Latinoamérica: la revolución eterna y la institucionalización de la democracia. En los años sesenta esa sería la gran encrucijada de un sector de la población venezolana, y en general latinoamericana. ¿Democracia liberal o revolución socialista? Durante mucho tiempo pareció evidente que Betancourt había derrotado a Castro, hasta que Hugo Chávez reinstauró la tradición militarista venezolana.

Betancourt no fue el único líder latinoamericano a quien Castro aborreció por demostrar que se podía ser de izquierda y democrático, o peor aún, por atreverse a liderar un país desde la izquierda sin la tutoría cubana. El costarricense José Figueres fue ese otro líder que se convertiría en el reverso de Castro, su negativo fotográfico. Porque también él participó en una contienda civil, también él gobernó su país y también él promulgó ideas de izquierda; incluso defendió y le dio ayuda material a la Revolución cubana cuando la lucha de los barbudos se enmarcaba en los esfuerzos regionales por derrocar a las dictaduras. La gran diferencia es que Figueres terminó sentando las bases de un sistema democrático y Castro las de una dictadura comunista.

El salto a la política de Figueres no fue del todo premeditado. En 1940 había llegado al poder Rafael Calderón Guardia, del Partido Republicano Nacional, con un programa anticomunista. Dos años después, sin embargo, en medio de las tensiones propias de la Segunda Guerra Mundial, forjó una impredecible alianza con el Partido Comunista y con la Iglesia católica y su política dio un giro notable: fundó la Universidad de Costa Rica y la Caja Costarricense de Seguro Social, y fue el primer gobernante americano en declararles la guerra a Italia y a Alemania, incluso antes que Roosevelt. En ese mismo 1941, Calderón empezó una alocada persecución a las colonias de extranjeros asentadas en Costa Rica. Retuvo en campos de concentración a los alemanes, los italianos y los japoneses, y todo esto propició saqueos a sus comercios y una protesta airada, voceada a través de la radio, por parte de quien entonces era básicamente un empresario agrícola, José Figueres. Antes de que acabara su alocución radiofónica, el ejército ya estaba en la estación de radio. No solo lo silenciaron; después de unos días en la cárcel lo forzaron a dejar el país.

Figueres empezó entonces su transformación. De agricultor a político, de político al más fiero opositor de Calderón y del más fiero opositor al líder de un movimiento dispuesto a sacar del poder a Teodoro Picado, el continuador del calderonismo. El posible fraude en las elecciones de 1944 por parte de estos últimos, sumado a la cada vez más evidente influencia de los comunistas, se convirtieron en excusas para iniciar una guerra solapada. Una bomba explotó en *La Tribuna*, diario afín al régimen, y algunos líderes comunistas, incluido el mismo Calderón, sufrieron atentados. Las elecciones de 1948 crearon tanta tensión que de pronto Costa Rica, no Colombia, parecía ser el país condenado a pudrirse en ciclos eternos de violencia. Calderón se presentó y perdió, pero inmediatamente denunció la posibilidad de otro fraude y el Congreso le dio la razón, o se la dio parcialmente, porque anuló las elecciones presidenciales pero no las legislativas, una medida contradictoria que frustró las esperanzas de cambio y convirtió la violencia de baja intensidad en una manifestación explícita de odio partidista. «Al fraude gubernamental de los comicios electorales, vino a sumarse la hegemonía del partido comunista en las decisiones. Al pueblo, hambreado, no se le daba pan, sino demagogia. Y cuando no aceptaba la demagogia se le daba cincha, cárcel y bala»,[141] fue la justificación de Figueres. Unas semanas antes del asesinato de Jorge Eliécer Gaitán, que detonó una guerra civil no declarada en Colombia, Costa Rica se enzarzaba en una guerra civil más que declarada, clarísimamente declarada, que duró cuarenta y cuatro días, mientras que en Colombia aún no termina.

Y sí, la guerra costarricense, la veloz y a la postre fecunda guerra costarricense, sentenció el destino de Calderón y de Figueres: a uno lo puso del lado de las dictaduras y al otro de las democracias; a uno lo animó a aliarse con Somoza y al otro con la Legión del Caribe. Figueres fue el legionario caribeño y Calderón el aliado de la mano dura, y por eso mismo la victoria del Ejército de Liberación Nacional comandado por el primero también fue un golpe para los tiranos de la zona. Somoza no se resignó e invadió Costa Rica en tres ocasiones, en 1948, 1949 y 1955, la última con el apoyo de Pérez Jiménez y de Trujillo, para derrocar al demócrata y reponer al caudillo autoritario. El Caribe, se comprobaba una vez más, ya no era el mar de los piratas, sino de los tiranos, y lo más desconcertante y particular es que los comunistas siempre estuvieron de su lado. Apoyaron a Batista en Cuba, a Calderón en Costa Rica, a Pérez Jiménez en Venezuela y finalmente a Fidel Castro, y quizá por eso los demócratas Betancourt y Figueres se hicieron visceralmente anticomunistas. Lo más significativo es que ninguno, especialmente Figueres, se convirtió en derechista. Durante su gobierno, justo después de finalizada la guerra, el costarricense tomó medidas sorprendentes, desconcertantes, originalísimas para un continente como América Latina: abolió el ejército, dejó la retórica antiyanqui, nacionalizó la banca y fundó una Segunda República que no deshizo las reformas y las conquistas sociales del comunismo, sino que más bien las integró a un sistema institucional democrático, lo suficientemente sólido como para resistir hasta el presente. Costa Rica y Venezuela se convertían desde entonces en trincheras para los demócratas y para los perseguidos por las dictaduras de todo el continente; en los referentes de una izquierda democrática que se resistiría a los cantos de sirena del castrismo, y que le daba una oportunidad a la izquierda americana de asimilarse a la socialdemocracia o al socioliberalismo europeo. Al día de hoy, lo sabemos, solo queda en pie Costa Rica, adonde siguen llegando los perseguidos de las dictaduras vecinas.

LA RENOVACIÓN POÉTICA, ADIÓS A LA IDENTIDAD

Cardenal, el exteriorismo y la poesía antidictatorial

Mientras el Caribe se convertía en el reducto más estable para la tiranía, y en consecuencia, como era lógico, en la cuna de nuevas camadas de idealistas y redentores, los vanguardistas nicaragüenses que habían defendido la imposición de una dictadura nacionalista y dinástica, casi una monarquía criolla que eliminara las disputas por el poder y anulara para siempre la tentación de la guerra civil, empezaban a decepcionarse. Anastasio Somoza había subido con un golpe a la presidencia el 1 de enero de 1937, y allí se instaló durante casi veinte años, hasta que un poeta —así tenía que ser, tratándose de Nicaragua— lo mató en una fiesta de la Casa del Obrero de León en 1956. En nada afectó el magnicidio al sistema político, pues detrás del padre venían los hijos, Luis y Anastasio Somoza Debayle, que perpetuaron el sueño autocrático de los poetas. Pero la verdad es que ninguno de los Somoza, ni padre ni hijos, haría honor a los ideales patrióticos y antiyanquis de los fascistas nicaragüenses. Lejos de trabajar para el pueblo, la despótica dinastía hizo que el pueblo trabajara para ellos. Ningún Somoza fue en realidad antiyanqui ni antiburgués, y ninguno contribuyó al bienestar del país. Manolo Cuadra fue el primero en advertir que la utopía reaccionaria era un engaño y cambió de bando; incluso participó en un complot contra Somoza por el que acabó detenido y desterrado.

Más tarde o más temprano eso les pasó a todos: el otro Cuadra, Pablo Antonio, se dio cuenta de que Somoza no era un fascista, sino un gángster, y le retiró su apoyo; hasta difundió propaganda sandinista para demostrarlo, un delito por el que también pagó cárcel en 1937. Coronel Urtecho se desencantó pronto del puesto que le dio Somoza, la Subsecretaría de Instrucción Pública, un cargo burocrático con un bonito nombre y muy pocas competencias, pero no renunció al somocismo. Pasó luego por el Congreso y el cuerpo diplomático, y solo en los años setenta haría pública, con poemas, incluso, su ilusión de ver al segundo Anastasio derrocado por el Frente Sandinista de Liberación Nacional de Daniel Ortega. En realidad no serían los vanguardistas quienes se rebelarían contra el somocismo, sino sus discípulos, en especial un amigo cercano de Urtecho, también muy interesado en la nueva poesía yanqui: Ernesto Cardenal. Antes de ser sacerdote, el poeta, que además era primo de Cuadra, fue uno de los conspiradores de la Unidad Nacional de Acción Popular que en 1954 planeó un atentado contra Somoza. La misión de Cardenal fue asegurarse de que el dictador regresaba al palacio presidencial tras asistir a una fiesta en la embajada yanqui. Contaban con infiltrados del ejército y con el apoyo de José Figueres y de la Legión del Caribe, y aun así los planes fracasaron. Somoza salió vivo del asalto y dispuesto a cobrar con sangre la conjura. Los involucrados en el atentado fueron cazados y asesinados, y para escapar a las redadas Cardenal tuvo que pasar a la clandestinidad. Durante esos meses en la sombra, mientras tomaba la decisión de partir al monasterio trapense de Getsemaní, en Kentucky, para convertirse en sacerdote, escribió *Hora 0*, su primer libro.

Como explicó el mismo Cardenal en el primer volumen de su autobiografía, este poemario fue tejido a partir de cuatro fragmentos independientes, todos relacionados con la actualidad política de Nicaragua y Centroamérica; una labor apresurada que no lo dejó del todo satisfecho, aunque las prisas y las circunstancias adversas seguramente jugaron a favor del tono innovador del poema. *Hora 0* era interesante y distinto precisamente porque contaba cosas y porque además lo hacía en un lenguaje coloquial, sin caer en la reivindicación vernácula ni en la jerga negrista o criollista. Más bien parecía una conversación que Cardenal estuviera teniendo con algún amigo, y de ahí que a su poesía acabaran llamándola así, «conversacional» o «exteriorista», porque no había en ella introspección ni anhelo alguno de indagar los secretos de la conciencia. Cardenal rechazaba el hermetismo y el misterio. Las imágenes ultraístas y surrealistas, al igual que los juegos verbales de Urtecho y de sus compañeros, desaparecían de sus poemas. *Hora 0* narraba, denunciaba, hacía un recuento de los dramas vividos en toda la región. Empezaba con los atropellos cometidos por las compañías bananeras en Centroamérica, los desmanes de Jorge Ubico en Guatemala, las corruptelas de Tiburcio Carías en Honduras, la explotación de la United Fruit en Nicaragua. Seguía con Sandino; hablaba de su lucha emancipadora, de su triunfo, de la traición de Somoza y la llegada de la tiranía. Finalmente terminaba con el intento revolucionario de 1954 y con la represalia feroz de la dictadura. «Abril en Nicaragua es el mes de la muerte», decía. «En abril los mataron. / Yo estuve con ellos en la revolución de abril. / Y aprendí a manejar una ametralladora Rising».[142]

La ira que causaban las dictaduras, la urgencia de la denuncia y el relámpago de la indignación aclaraban la escritura, le imprimían a la poesía una expresión directa y combativa. No solo la de Cardenal, también la de Pedro Mir, un dominicano comprometido con la lucha para derrocar la tiranía que soportaba su país. Mir compuso dos largos poemas, «Hay un país en el mundo», de 1949, y «Si alguien quiere saber cuál es mi patria», de 1952, que expresaban el dolor patrio de quien veía cómo su país era explotado, oprimido y pervertido por Rafael Leónidas Trujillo, el Chivo. «Este es un país que no merece el nombre de país. / Sino de tumba, féretro, hueco o sepultura»,[143] decía. Mir se refería en sus poemas a la República Dominicana, pero no solamente; le preocupaba que el autoritarismo volviera a extenderse por todo el continente: «Veinte patrias para un solo tormento. / Un solo corazón para veinte fatigas nacionales. / Un mismo amor, un mismo beso para nuestras tierras / y un mismo desgarramiento en nuestra carne».[144]

Tras exiliarse en Cuba en 1947, Mir pudo desarrollar una voz crítica y social, y apuntar por igual a los abusos de la industria azucarera y la tiranía de Trujillo. Decir lo que pensaban, y decirlo con fiereza y calidad poética, fue un privilegio que solo se pudieron dar él y otros exiliados, como Juan Bosch, también escritor y futuro presidente. Porque los escritores que permanecieron en la República Dominicana durante los treinta y un años de trujillismo, esa cruel autocracia sustentada en la cursi mitificación del líder y en el uso indiscriminado de la violencia, no tuvieron más remedio que contribuir a la pantomima pública con vergonzantes elogios al Benefactor de la patria.

Trujillo doblegó y humilló a todo el país, pero sobre todo a los intelectuales; a ellos los forzó a redactar, bajo el efecto narcótico del miedo, las más delirantes y desquiciadas afirmaciones. Como todos los déspotas y populistas de los años treinta y cuarenta, también él puso el arte a su servicio, pero no a la manera de Hernández Martínez, para escudarse detrás de la imagen benévola que daban el indigenismo o el negrismo, sino a la de Perón, para que exaltaran su imagen hasta extremos de locura. Aunque en realidad lo del argentino fue un juego de niños al lado de lo que hizo Trujillo. Perón los sedujo para que lo convirtieran en el padre, en el conductor de la patria, una bobada; ya entrados en gastos, para qué quedarse en tan poca cosa. Desde su llegada al poder, precedida por un ciclón que devastó la capital dominicana en 1930, Trujillo les impuso la misión de divinizarlo. No es una metáfora ni una exageración: ese fue su trabajo, establecer un vínculo directo entre la aparición de Trujillo y los planes que Dios tenía para la República Dominicana. «El rebaño está ahí, bajo la mirada de Dios, en espera del regalo decisivo de Dios. Y entonces interviene la voluntad de Trujillo con ánimo de erigirse en candidato ideal de Dios para cumplir la obra magna de salvar al pueblo dominicano»,[145] escribió Ángel S. del Rosario Pérez, un funcionario de la cancillería y autor de un único libro de inquietante título, *La exterminación añorada.* Pedro Gil Iturbides, otro amanuense, describió a Trujillo como una suerte de salvador descendido de los cielos: «Porque queremos ser salvados, porque queremos que las promesas de Dios nuestro señor se cumplan en nosotros, seguimos y seguiremos a Trujillo».[146] Y Joaquín Balaguer, el melifluo intelectual que medró a la sombra del caudillo, llegó a decir, sin asomo de rubor, «que solo a partir de 1930, esto es, después de cuatrocientos treinta y ocho años del Descubrimiento […] el pueblo dominicano deja de ser asistido exclusivamente por Dios para serlo igualmente por una mano que parece tocada desde el principio de una especie de predestinación divina: la mano providencial de Trujillo».[147]

La mayor damnificada en esta dinámica perversa de miedo y culto a la personalidad fue la poesía. Como explica el ensayista dominicano Andrés L. Mateo, «la hegemonía ideológica del trujillismo obligaba a todos los escritores a participar de las antologías conmemorativas de las gestas del régimen».[148] No había ninguna otra opción. Bien porque el vate lo quisiera, o bien porque intuía el filo del hacha del verdugo, todos debían confirmar la imagen divina del dictador y enumerar las deudas contraídas por la patria hacia su regia persona. «Forjador de nuestra Patria Nueva», «sol americano»: las loas a Trujillo abundaron en los versos. Manuel del Cabral, Franklin Mieses Burgos, Aída Cartagena Portalín, Freddy Gatón Arce y muchos de los mejores poetas de la isla se vieron forzados a participar en estos homenajes líricos. Hasta el ritmo tradicional de la isla, el merengue, se convirtió en un canal popular de veneración del tirano, y entre 1930 y 1961 cerca de trecientos merengues cantaron sus proezas.

En medio del asco y de la asfixia, la poesía de verdad tuvo que andarse con mucho cuidado. Ni media crítica, nada que pudiera malinterpretarse, ninguna gracia y mucho menos una broma, porque el destino podía ser las fauces de los tiburones. El único acto combativo que podían hacer los escritores era abogar por la universalidad, como en efecto hicieron desde *La Poesía Sorprendida*, una revista fundada en 1943 y que permitió a Mieses Burgos, Cartagena Portalín, Gatón Arce y varios otros renegar del insularismo. Al pisoteado espíritu de los dominicanos trataron de insuflarle vida con una poesía sin fronteras temporales ni geográficas. Defendieron la contaminación de influencias venidas del pasado y del porvenir, del Caribe y del resto del mundo. Si algo detestaron los poetas de los años treinta y cuarenta que padecieron dictaduras nacionalistas, fue ese culto a lo vernáculo que extasió a los vanguardistas y a los americanistas. En eso se había convertido la exaltación de lo propio, en un tirano convencido, al menos envanecido con la idea, de ser el enviado de Dios para encauzar el rumbo de la patria. ¿Cómo seguir ensalzando los particularismos culturales y raciales en estos contextos?

Trujillo jugó ese juego. Fue un nacionalista que ofició como salvaguarda de la dominicanidad, la hispanidad, el catolicismo; se erigió en el fiero relámpago que mantendría a raya, mediante la violencia de ser necesario, a la contaminación haitiana. No tuvo ningún reparo en matar a quien se le opuso en la campaña que lo llevó al poder en 1930 —para eso tenía su propia banda paramilitar, La 42—, y tampoco vaciló en desenfundar la causa del hispanismo para mantener a raya a sus vecinos francófonos. Ellos, decía, eran africanos; nosotros, españoles. La farsa llegó al punto de negar la presencia de lo negro en la isla, forzando a los más morenos a declararse «indios» y al mismo Trujillo a maquillarse para ocultar su mestizaje. Lo dicho, la cursilería. Y la farsa, porque en adelante la sangre negra africana quedaría desterrada de la República Dominicana, y los dominicanos se dividirían en españoles e indios, en blancos o de color nativo.

La animadversión hacia Haití no se limitó a las expresiones xenófobas. Los intelectuales del régimen tuvieron que hacer grandes maniobras retóricas para justificar los miles y miles de haitianos que Trujillo mandó matar en 1937. La Masacre del Perejil, como se conoció el episodio, fue una matanza étnica tan brutal como la de Hernández Martínez, reconvertida por el nacionalismo isleño en otra gran hazaña del timonel de la patria. *Pensamientos a Trujillo*, dos tomos editados en 1938, recopilaron la zalamería más abyecta de los intelectuales de la isla que, por convicción o por miedo, empeñaron su prestigio para resarcir la imagen internacional del caudillo. Mientras él se autoadjudicaba títulos absurdos, como Salvador de la Dignidad Nacional, y les endilgaba a sus familiares unos aún más ridículos —Primera Dama de las Letras Antillanas para su esposa, Reina de la Paz y Confraternidad del Mundo Libre para su hija Angelita, La Promesa Fecunda para su hijo Ramfis—, los intelectuales tenían que hacer piruetas para justificar esta combinación de oprobio, delito y *kitsch*, un verdadero infierno. Por eso el Chivo no tuvo necesidad de apropiarse de ninguna vanguardia, porque el único movimiento espiritual permitido en la isla, el único ismo cultivado con obcecación y fanatismo, fue el trujillismo.

Fuera de la isla esa situación trágica y ridícula, inasumible, sublevaba a los escritores. Juan Bosch y Pedro Mir, junto con varios otros revolucionarios pertenecientes a la Legión del Caribe, entre ellos un estudiante de derecho llamado Fidel Castro, presidente del comité Pro Democracia Dominicana, se habían convertido en conspiradores y planeaban la forma de derrocar a Trujillo. A mediados de 1947 finalmente zarparon desde Cayo Confites, en la vecina Cuba, para desembarcar en la República Dominicana e iniciar una revuelta que tumbara al Chivo. En el último instante, sin embargo, Trujillo se enteró de la conspiración y amenazó al presidente cubano con bombardear la isla. La reacción de Ramón Grau San Martín fue interceptar las dos embarcaciones que ya partían hacia la isla vecina y apresar a sus ocupantes; a todos menos a un grupo en el que estaba Fidel Castro, que se lanzó al agua con dos ametralladoras y volvió a nado hasta las playas cubanas. El líder estudiantil tendría que esperar casi diez años para volver a subirse a un yate, esta vez zarpando desde México para derrocar a un dictador cubano.

Lezama, Orígenes *y el Barroco americano*

Fidel Castro podía darse el lujo de canalizar sus apetitos revolucionarios en la liberación de la República Dominicana porque Cuba, entre 1944 y 1952, estuvo gobernada por dos presidentes democráticos. Y sí, puede que Grau San Martín y Carlos Prío Socarrás hubieran sido corruptos y mediocres, pero al lado de Trujillo y de Somoza parecían ángeles. El periodo que gobernaron fue violento y caótico, hubo facciones enfrentadas, matonismo y balaceras, pero esa era la tónica en todas partes. Las habas no las cocían solo los cubanos; era normal que a los parlamentos llegaran los padres de las patrias armados con sus buenos pistolones. En todo caso, en esos años hubo cierta libertad política en Cuba que coincidió con un momento de gran fertilidad poética. Los escritores que se daban a conocer hacia 1937, hartos ya de los compromisos de la generación anterior y de todas sus falencias —exotismo, localismo, nacionalismo—, empezaban a orientarse por intereses muy distintos. Especialmente uno de ellos, José Lezama Lima, un escritor descomunal, muy difícil de fijar en una sola categoría. Por no caber, Lezama no cabía ni en su casa de la calle Trocadero, ni en Cuba, ni en América: todo en él fue tan desmedido que sin moverse del sillón de su casa consiguió expandirse por el mundo entero. Fue una especie de Borges varado en el Caribe, que cambió la precisión anglosajona por la exuberancia barroca y los juegos metafísicos por los enigmas del deseo. Su escritura fue críptica y luminosa, su vocación americana y humanista, su temple insular y cosmopolita, su fe católica y juanramoniana. Defensor de la libertad creativa, acabaría siendo víctima de un sistema autoritario, el de Castro, que nunca supo muy bien qué hacer con él. Lezama fue el verdadero rival del líder revolucionario, el único cubano capaz de eclipsarlo con su talento y su prestigio. Para colmo, fue un gay en una revolución homófoba, una prueba más de que en un continente de machos los verdaderos revolucionarios fueron siempre los homosexuales.

La revista *Orígenes* empezó a publicarla Lezama en 1944 junto con los poetas Fina García Marruz, Virgilio Piñera, Cintio Vitier, Eliseo Diego, Lorenzo García Vega, Octavio Smith, Ángel Gaztelu y Justo Rodríguez Santo. Todos ellos, además de los pintores René Portocarrero y Mariano Rodríguez y de los músicos Julián Orbón y José Ardévol, reconocieron el valor de la poesía afrocubana y la oportuna incorporación de la sensibilidad negra y la onomatopeya a la literatura, pero no limitaron la expresión nacional a lo negro, a lo mestizo o a cualquier otro elemento local o exótico. Su mirada era más amplia. Los origenistas querían darle a la sensibilidad insular una dimensión cosmopolita; querían entablar un diálogo entre Cuba y el resto del universo; por eso en *Orígenes* los autores nacionales compartieron páginas con escritores de Europa y Estados Unidos. Como la Antropofagia brasileña, los origenistas desarrollaron un aparato digestivo apto para asimilar lo hispánico, lo clásico, lo romántico, lo criollo, lo caribeño y lo europeo.

Lezama defendió la capacidad americana de nutrirse de todo lo humano. Toda creación que mostrara la tensión del ser humano, eso que en el editorial del primer número de *Orígenes* llamaban «su fiebre, sus momentos más vigilados y valiosos»,[149] podía convertirse en un nutriente para la imaginación americana. Como Xul Solar o como Borges, Lezama se interesó mucho por esos momentos en que los productos de la imaginación, las imágenes o las metáforas, irradiaban tanta novedad y tanta fascinación y tanto poder que se imponían a la historia. O mejor, hacían que un pueblo o una civilización entrara en la historia, hiciera historia. El poeta estaba convencido de que los humanos no recordábamos la realidad, sino la imagen de la realidad, las eras imaginarias, como las llamó, los frutos de la imaginación que conseguían fijarse en la memoria. Eso era lo que llegaba hasta la playa del presente; lo demás se lo llevaba el flujo de la consciencia.

Y el periodo en que los americanos habíamos logrado proyectar nuestra imaginación con un poder y un furor inusitados era el Barroco, el momento en que lo hispánico se fundió con lo indio y lo negro para crear algo nuevo. Lezama creía que el americano, por origen y destino, era barroco, un ser capaz de sucesivas y cada vez más complejas asimilaciones. Su horizonte inevitable era el cosmopolitismo, porque nuestra barroca imaginación era concupiscente y voraz, como habían entendido todos los mestizófilos del continente. De ella no se podía esperar más que contaminación e impureza, formas alocadas susceptibles siempre de nuevas mezclas y experimentos. Solo un complejo de inferioridad o un imperdonable olvido podían justificar la tendencia de algunos artistas a refugiarse en la autoctonía. La prueba de que el americano era capaz de apropiarse del mundo entero eran las soberbias creaciones de los artesanos que erigieron iglesias en Puebla, Oaxaca, Puno, Ouro Preto, Potosí; era la poesía de sor Juana Inés de la Cruz y la pintura de la escuela cuzqueña, con su estirpe de arcángeles mestizos. El deslumbrante hechizo de Tonantzintla o de la catedral de Oaxaca, cuyas paredes y techos eran invadidos por nuevas formas naturales, fusión de la sensibilidad hispánica y la sensibilidad india, superaba al Barroco europeo. Todas estas obras demostraban, según Lezama, que podíamos «acercarnos a las manifestaciones de cualquier estilo sin acomplejarnos ni resbalar, siempre que insertemos allí los símbolos de nuestro destino y la escritura con que nuestra alma anegó los objetos».[150]

Teníamos ventaja, es verdad, porque en América no solo el arte, sino también la naturaleza, eran barrocos. Aquel estilo estaba allí en origen, no dependía del entrecruzamiento de temporalidades y culturas, como creía Carpentier. Era el paisaje americano, era ese entorno rizado y exuberante de junglas, manglares y montes. Y no, no era una naturaleza raquítica ni desganada, como decía el tonto de Hegel. Lezama era enfático: «Nacer aquí es una fiesta innombrable»,[151] y su poesía reflejaba esa energía vital y la misma complejidad que se observaba en el entorno natural. Entender a Lezama es como entender el sistema que subyace a las filigranas de la capilla del Rosario en Puebla: imposible. Contemplando la suntuosa ornamentación, la mirada se agota, pierde la pista en la maraña de elementos, tiene que conformarse con la impresión general, que siempre, sin falta, resulta apabullante. Así es Lezama, su obra tiene el mismo efecto, desborda la capacidad de asimilación del ojo y de la mente. *Paradiso*, esa desafiante novela-poema que en sí misma es una catedral barroca y un hoyo negro, lo absorbe todo, lo mezcla todo, lo reordena todo. En esta enorme construcción las palabras crean una bóveda de metáforas e imágenes en donde priman los ecos, las llamaradas visuales y las impresiones olfativas. Entrar en *Paradiso* es como entrar en Tonantzintla: todos los sentidos se avivan, el raciocinio estorba, solo se experimenta un fogonazo sensual que ciega y alumbra. Lezama no se perdió en los laberintos de Borges, sino en el paisaje americano. Desde su pequeña ínsula, de la que apenas salió dos veces en su vida, voló hasta el mismo horizonte cosmopolita que frecuentaba el argentino. Allí llegaba oliendo a caracol y a tritón y a mariposa, y volvía luego a los orígenes cargado de referencias cultas de todas las épocas y todas las geografías, elementos que también eran vitales para expresar algo esencialmente americano. Lezama entendió que el poeta podía remontarse al pasado para crear versiones alternativas de la historia. La tradición le pertenecía; el futuro era suyo. A menos, claro, que al poder llegara un dictador poco dispuesto a que cuestionaran su versión de las cosas. Lezama llevó mal el castrismo, pero a la larga sería el castrismo el que llevaría peor el lezamismo. Es popular aquel chiste, atribuido a Gastón Baquero, según el cual las enciclopedias del futuro reservarán para Fidel Castro la siguiente entrada: «Dictador caribeño que vivió en tiempos de Lezama Lima». La era imaginaria que inventó el poeta con sus versos acabará compitiendo con la que inventó el revolucionario con su gesta, y seguramente, no me cabe ninguna duda, derrotándola.

Parra, la antipoesía y el anarquismo

Cardenal y Mir fueron autores fundamentales en el giro conversacional que estaba dando la poesía latinoamericana en los años cincuenta. Lucharon contra los tiranos, y por eso su poesía, a diferencia de la lezamiana, fue cristalina e incluyó elementos hasta entonces no considerados poéticos. De lo que sí careció fue de humor. Podía ser muy coloquial y muy campechana, pero seguía siendo seria y rotunda, trascendental, seguramente porque la lucha contra Trujillo y los Somoza lo exigía; no daba campo a las bromas o a las ironías, sino a la gravedad. El caso es que no fueron ellos, sino un poeta chileno, Nicanor Parra, quien logró la hazaña de incluir el humor y la ironía para abrir nuevos caminos para la poesía en el país de Huidobro, Neruda y Pablo de Rokha, algo nada fácil de hacer.

Parra se dio cuenta de que estos titanes de la vanguardia habían convertido la poesía en algo grandilocuente y pomposo. Huidobro se elevó a las alturas altazorianas, Neruda se refugió en la savia profunda, De Rokha se dejó arrastrar por los impulsos pasionales. Los tres, de una u otra forma, le devolvieron al poeta el papel de demiurgo, de exégeta, de cantor. Y Neruda, cumbre de las cumbres, desde que publicó *Canto general* en 1950, se vanaglorió en su rol de pope espiritual de las naciones victimizadas y en pie de lucha. Al poeta se le había subido a un pedestal de donde había que bajarlo para ponerlo a fregar suelos; de esto se dio cuenta Nicanor Parra a finales de los años cuarenta. Antes, en 1937, había escrito un poemario que mezclaba el anhelo de luminosidad con tentaciones lorquianas, criollistas y patrioteras, del que se distanció muy pronto. Ni el nacionalismo redentor de americanistas y vanguardistas lo sedujo, tampoco el subjetivismo arcano y mucho menos las exigencias santurronas del compromiso. Parra descafeinó la poesía latinoamericana con dosis de humor e ironía. Reemplazó las gestas trascendentales, los viajes cósmicos y las epopeyas introspectivas por anécdotas cotidianas y banales, y todo esto, además, en un lenguaje extraído del habla popular y de la calle. No le importó extralimitarse; si purgando el poema de todos los elementos líricos se traspasaban las fronteras y se llegaba a un territorio desconocido, el de la antipoesía, que así fuera.

Y en efecto así fue. Parra le dio la vuelta al poema hasta llegar al otro lado. Lo que escribió a partir de 1948, reunido en 1954 en la tercera parte de *Poemas y antipoemas*, no se parecía en nada a lo que habían escrito sus colegas chilenos. Parra taponaba los canales poéticos que conducían hacia dentro o hacia fuera, hacia el alma o hacia el cosmos, porque su antipoesía era otra cosa, era experiencia, anécdota, vida; vida ligeramente alterada por un elemento surrealista o kafkiano que le daba una coloración extraña. Vida iluminada por el humor y la autoironía.

Quebrantahuesos (Fig. 30), el diario mural que Parra realizó en 1952 con Enrique Lihn y Alejandro Jodorowsky, fue parte de su entrenamiento surrealista. Esta especie de *collages*, elaborados de forma azarosa mezclando titulares de prensa e imágenes, eran la antesala de *Artefactos* (sus poemas visuales) y de los memes de hoy en día. En todos ellos había humor, sor-

presa, dislocación del sentido. Parra había purgado al surrealismo de todo
subjetivismo y de todos sus cerrojos herméticos, para mezclarlo con elementos populares, casi un anticipo de lo que serían el pop o el arte conceptual.

Los antipoemas seguían este mismo impulso juguetón y vanguardista.
Le pedían al lector que se acercara a la poesía de forma distinta, sin una
pizca de solemnidad; no invitaban a la egolatría exaltada ni al colectivismo
patriotero, más bien defendían un individualismo tranquilo, casi un anarquismo contenido y tolerante. Parra exaltaba su propio punto de vista, pero
a la vez se vanagloriaba de sus propias limitaciones. El ideal que expresaba
su poesía era modesto, estaba ligado a la tierra y al cuerpo; estaba abierto a
la pluralidad. «Tratemos de ser felices, recomiendo yo, chupando la miserable costilla humana. / Extraigamos de ella el líquido renovador, / cada cual
de acuerdo a sus inclinaciones personales»,[152] proponía, como diciendo «vive
y deja vivir».

El mismo hecho de llevar la vida cotidiana a la poesía, de poblar los
versos con palabras vulgares, de incluir dichos populares, el humor y la ironía, imágenes y titulares de periódico a la manera de objetos encontrados,
reivindicaba el aquí y ahora, lo que se vive en la cotidianidad de las esquinas.
Por eso Parra siempre se mostró escéptico ante las ideologías de uno y otro
signo. En 1958 decía ser izquierdista no militante, casi apolítico, y aunque
simpatizó con el acontecimiento que cambiaría por completo la realidad
del continente a partir de 1960, la Revolución cubana, nunca se entregó
ciegamente a su causa. Al contrario, una visita a la Casa Blanca años más
tarde le generaría el desprecio de la izquierda latinoamericana. Desde entonces Parra renegó de las casillas artificiales que no contemplaban los
matices ni las contradicciones humanas. «Yo no soy derechista ni izquierdista. Yo simplemente rompo con todo»,[153] diría en uno de sus artefactos.
Tampoco fue católico, comunista o marxista. Simplemente ateo. «La vida
no tiene sentido»,[154] decía en el último verso de *Poemas y antipoemas*, y así
había que asumirla, huyendo de esos sistemas totalizantes que pretendían
darle un significado absoluto. A Parra le entusiasmaba lo espontáneo, las
formas, los rituales, las costumbres que surgían solas, sin planes racionales,
porque todo lo planificado adquiría un rostro monstruoso, como Brasilia,
un experimento que siempre le pareció atroz, la antítesis de su manera de
entender la vida y el arte. Porque Parra reivindicaba las contradicciones y
complejidades vitales a las que debía enfrentarse un individuo en su tránsito por el mundo. Y sobre todo la libertad. Que cada cual llamara a Dios
como quisiera, decía en el primer poema de *Versos de salón*; ese era un problema personal.

A nadie debería extrañarle que Parra hubiera fascinado a los jóvenes libertarios de la generación beat estadounidense. Ese camino, el de la revolución individual, hedonista, autoexpresiva, que tanto éxito cosecharía en Estados Unidos y Europa, por fin empezaba a tener voceros en América Latina, un lugar hasta entonces grandilocuente, obstinado con el absoluto y esa búsqueda inútil de la raza final, la ciudad perfecta, el idealismo puro o la armonía total. De haber dependido de Parra, quizá los años sesenta en América Latina habrían sido hippies y hedonistas, libertarios y antidogmáticos, pero en el camino se atravesó el Che Guevara, y entonces el guion de la historia cambió.

Arango, el nadaísmo y la iconoclasia

Parra sintonizaba a América Latina con la generación beat estadounidense y abría espacio para nuevos experimentos vanguardistas e iconoclastas. Lo curioso es que hubiera sido en Colombia, un país poco fértil para las transgresiones estéticas, donde surgió un grupo poético que convirtió el humor de Parra en una sátira irreverente con fines netamente destructivos. Se llamaron a sí mismos nadaístas, y a falta de cualquier causa en la que creer se hicieron nihilistas, le dijeron no a la muerte y a todo lo demás: a Colombia, a sus próceres, a sus glorias literarias; a todo menos a una cosa, a la vida. En 1958, el mismo año en que empezaba el Frente Nacional y acababa la guerra partidista, La Violencia, así con mayúsculas, los nadaístas hacían su triunfal aparición con un manifiesto incendiario que con mucho retraso ponía a Colombia en sintonía con el dadaísmo, y con mucha antelación lo encaminaba hacia el hippismo. En él se proclamaban escritores delincuentes, forjadores de una poesía subjetiva, maldita, ajena a los presupuestos éticos, racionales, sociales o políticos imperantes en la Colombia de los años cincuenta. Con sus desplantes forjaban una actitud desafiante y transgresora que sintonizaba muy bien con el nuevo espíritu, esa rebeldía que emanaba de la Sierra Maestra y que convirtió en saboteadores e innovadores culturales a unos cuantos —El Techo de la Ballena en Venezuela, Los Tzántzicos en Ecuador, La Espiga Amotinada en México— y en guerrilleros a muchos más.

Gonzalo Arango, el líder del grupo, saltaba a la escena pública para revisarlo todo, para cuestionar «todo lo que esté consagrado como adorable por el orden imperante en Colombia».[155] No iban a dejar un solo ídolo en su sitio, porque todas esas efigies literarias que habían sido amontonadas por la tradición eran el detritus de un sistema social y político que había condu-

cido a la carnicería en los campos y al aburrimiento en sus ciudades rezande-
ras. Como los dadaístas de Zúrich, que en 1916 emprendieron una labor
destructiva destinada a desechar toda la cultura que había encauzado, o que
no había impedido, la Primera Guerra Mundial, los nadaístas se rebelaban
contra una cultura aletargada, con olor a incienso y tufo grandilocuente, para
desquitarse de todo y de nada y crear una cultura nueva desde cero.

Su revolución fue existencial y poética. Hablaba de la vida, de lo maravilloso cotidiano, del amor, del sexo, del placer y de los paraísos inducidos
por las drogas. En política, a pesar de que su líder tenía un pasado como
censor en la dictadura de Rojas Pinilla, su única causa fue la rebelión hedonista. Como decía el mismo Gonzalo Arango, los nadaístas militaban en
las filas del PC, no en el Partido Comunista, sino en los Pecados Capitales,
todos y cada uno de ellos, incluso alguno más, porque a los siete del catolicismo añadían «El Vómito, La Concupiscencia del Estiércol, La Infamia
de la Belleza y La Exaltación de la Iniquidad Humana».[156] No querían,
como Huidobro, hacer florecer a la rosa en el poema. Querían preñarla. La
dignidad del cuerpo les importaba más que la dignidad del alma; la suya
era una cruzada encaminada a «colmar los apetitos del deseo», «realizar los
impulsos vitales de nuestro ser»,[157] y también, desde luego, a rebelarse contra cualquier tipo de opresión y dogmatismo que no fuera el que ellos
mismos predicaban.

La poesía fue para los nadaístas sinónimo de libertad y vida, y por eso
fueron poetas y vivieron como poetas y fueron sacrílegos y apasionados.
Combinaron las horas de escritura con *performances* que publicitaron de
manera espectacular su mensaje. Quemando libros, robando hostias consa-
gradas de las iglesias o saboteando actos académicos, promovieron una
actitud beligerante y transgresora que por fin sintetizó un antídoto para la
misma enfermedad que combatió Parra, la solemnidad de las instituciones
culturales. Los piedracielistas en los años cuarenta y sus sucesores, los poetas que fundaron la revista *Mito*, tan angustiados por la muerte, fueron
serios y llenaron la poesía colombiana de nostalgias por el paisaje y de
banderas acariciadas por el viento. Como decía Jotamario Arbeláez en su
poema «MCMLXIV», a ellos, a diferencia de las generaciones anteriores,
«los ideales le[s] parecían enfermedades de la idea. / Tenían en cambio ideas
geniales».[158]

Esas ideas geniales, y sobre todo vitales y descomprometidas, se espar-
cieron por el país, llegaron a Cali y allí fueron el fermento de un fabuloso
movimiento artístico que involucró a la literatura, el cine, la música, la
fotografía, el teatro y la pintura, y que en los años sesenta y setenta daría
figuras como Andrés Caicedo, Carlos Mayolo, Luis Ospina, Óscar Muñoz,

Fernell Franco, Ever Astudillo o Enrique Buenaventura, un grupo de creadores que ampliaron los registros estéticos colombianos con la truculencia gótica, el interés por la ciudad y por las historias de jóvenes en busca de existencias apasionadas y creativas. Su sabia felicidad sigue viva en el último heredero del grupo, el dramaturgo, novelista y cronista Sandro Romero Rey.

Saenz, el malditismo y el nazismo

Si los nadaístas fueron iconoclastas contraculturales, el boliviano Jaime Saenz fue un verdadero maldito, no el líder de una secta, sino un ermitaño nocturno y bohemio, alcohólico y errabundo, que sintió fascinación por los aparapitas, esos migrantes de la sierra que malvivían en las calles de La Paz enfundados en chaquetas de mil remiendos, trabajando aquí y allá, por lo general de cargadores, siempre para conseguir un dinerito con el cual meterse una borrachera apoteósica. Además de los aparapitas, a Sáenz le gustaban los nazis. En 1938, siendo un adolescente, había viajado a Alemania durante el apogeo de Hitler, y fue tal el impacto que le produjo lo que vio que quiso quedarse para invadir Polonia con las Juventudes Hitlerianas. No lo consiguió y tuvo que volver a Bolivia, pero desde ese momento se hizo nazi y lo seguiría siendo el resto de su vida. Eso sí, un nazi muy poco germánico, más bien un nazi borracho y vagabundo, que mezcló elementos modernistas como el dandismo aparapita y el malditismo telúrico con el nacionalismo y el indigenismo de la vanguardia. Todo esto logró anudarlo con un profundo sentido de la introspección que lo libró de reincidir en la poesía indigenista. Sáenz es interesante justamente porque no hizo nada de esto. Muy por el contrario, se sumergió en sí mismo, en su condición de adicto y en las pesadillas que le produjeron el alcohol y el enamoramiento.

Sáenz odiaba a los judíos por ser la encarnación del capitalismo, y amaba a los aimara porque eran justo lo contrario, una fuerza autóctona que podía frenar la llegada de la modernidad occidental y renovar la vida boliviana. Su nazismo era romántico, antimoderno y antiilustrado; Sáenz era un decolonialista ferozmente telúrico que tuvo genio para no contaminar su poesía con sus prejuicios políticos. Otro poeta fascista, Óscar Únzaga, fundador de la Falange Socialista Boliviana, sí lo hizo, y el resultado fue el horror más que el error. En «Canto a la juventud», un poema de 1950 en el que también exaltaba la raza aimara, decía: «Este soy yo, / guijarro de la montaña andina / que canta al Ande. / Gota de sangre indígena, / canto a la raza que es flor de la historia. / Ceniza de mis mayores muertos / hablan por mí, los que fueron / para aquellos que habrán de venir. / Canto a Bolivia / en su gloria mayor, en su mayor riqueza: / canto a la juventud».[159]

En Sáenz no había ninguna de estas cursilerías ni enaltecimientos fascistas, y en cambio sí un permanente desgarramiento emocional y existencial, algo así como el testimonio de un hombre imposibilitado para adaptarse a la realidad, asfixiado por la necesidad de evadirse mediante el delirio poético, el delirio amoroso o simplemente el *delirium tremens*. Sáenz quería detener el tiempo e ir hacia atrás, hacia tiempos mágicos y esotéricos, como el hombre solo y callado, en busca de su alma, que decía ser en *Muerte por el tacto*. Esa fue otra de las razones por las cuales le fascinaba el nazismo, por su vertiente esotérica, incluso teosófica, un punto en el que coincidía con Miguel Serrano, aquel poeta chileno que se hizo nazi después de la matanza del Seguro Obrero. Los dos se entusiasmaron con las revoluciones nacionalistas de sus países; Sáenz celebró la de 1952 saliendo a pasear por La Paz con el pie de un cadáver, y poco después empezó a trabajar para Paz Estenssoro en la oficina de prensa de la presidencia. Serrano entró en 1953 en el Gobierno de Carlos Ibáñez como diplomático, un oficio que desempeñaría hasta la llegada de Allende al poder, después de lo cual se dedicaría a escribir sobre el nazismo y promulgar en los medios chilenos el esoterismo hitleriano.

El nazismo y el fascismo abundaron en América Latina, siempre camuflados de antiimperialismo y de amor por lo propio, por el indio y por sus razas, pero solo en Sáenz estimularon una personalidad interesante y una obra misteriosa, que revelaba aspectos del miedo, de la posesión, del desdoblamiento y la locura que causan la insania y el amor. En *Aniversario de una visión* decía: «Y no sé si tú eres o si es el demonio quien me deslumbra y me hace ver lo que no se ve / y vivir una vida que no es vida ni es sueño, pero miedo, un miedo de soñar en lo que mi alma no conoce, / un milagro de dulzura y de verdad transformado en una broma cuando al vuelo de una mariposa prorrumpí en una queja / y buscando vida y sentido mis esfuerzos y penurias resultaron siendo un chiste».[160] Esto estaba a años luz de las mamarrachadas patrioteras de Únzuga, y en cambio se inscribía en lo que toda persona sobrecogida por un enamoramiento tenebroso experimenta. La obra de Sáenz quizá revela eso: lo que más se ama es lo que más se teme, porque impulsa más allá de lo conocido. A ese lugar incierto de donde surgen las visiones y las pesadillas.

EL CAMINO A LA REVOLUCIÓN CUBANA

Primer paso: el asalto al cuartel Moncada

No serían las visiones malditas hitlerianas —a pesar de que abundaron—, ni las racionalistas funcionales, ni las modernólatras que hinchaban las identidades raciales. Después de todo sería Ariel, la visión rodoniana, elitista y aislacionista, incluso jesuítica y monacal, la que se impondría en América Latina. Mojado y exhausto por el esfuerzo que supuso regresar a nado con dos metralletas colgando del cuello, Fidel Castro llegó a la costa cubana y evadió la cárcel. Su primera acción intrépida había fracasado, pero eso no lo desanimó en absoluto, lo sabemos muy bien. Desde que había llegado a La Habana en 1945 para convertirse en abogado, había deambulado en un entorno estudiantil radical y violento. Las pugnas gangsteriles entre facciones ideológicas estallaban de tanto en tanto, y Castro, que además de los libros de Martí siempre cargaba una pistola, se vio envuelto en alguna que otra balacera. Más adelante diría que el verdadero reto en su vida no había sido sobrevivir a las tropas de Batista en Sierra Maestra, sino a las trifulcas que se armaban entre el Movimiento Socialista Revolucionario y la Unión Insurreccional Revolucionaria, dos grupos de pistoleros al servicio de políticos locales.

Durante esos años, Castro se aprendió de memoria las largas frases de Martí que luego salpicarían sus discursos. Más que sus ideas, lo que conmovió al joven abogado fue su ejemplo, su inquebrantable fe en un ideal y en los valores patrióticos que lo condujeron al martirio. La idea del sacrificio sedujo a Castro desde muy joven. Puede que la idea de morir en el fuego cruzado entre bandas gangsteriles lo aterrorizara, pero la de caer portando las banderas de la causa nacionalista le pareció siempre un destino noble y hasta deseable. Nada extraño en un compulsivo lector de quien anticipó una y otra vez su propia muerte en sus poemas. Para Martí, como para Castro, y como para miles de jóvenes de los años sesenta, morir por un ideal sería la forma de darle sentido a la existencia. «Libres o mártires», diría luego en los discursos que profirió en Estados Unidos a los exiliados cubanos, cuando buscaba financiación para el desembarco que derrocaría a Batista. Mucho más que la inexorabilidad histórica de Marx, en Castro reverberaba el idealismo de los poetas modernistas. Como ellos, como Martí, Castro hablaba de los valores espirituales, nunca del materialismo histórico o de las clases oprimidas. Su misión era la misma que la de su ídolo: liberar a Cuba de una dictadura umbilicalmente conectada con el maligno imperio. Ya no España, sino Estados Unidos.

A diferencia de su hermano Raúl, que sí militó en las juventudes comunistas desde 1953, Castro sentía fascinación por Eduardo Chibás, fundador del Partido del Pueblo Cubano (u Ortodoxo) y era mucho más próximo a intelectuales como Haya de la Torre que a Mariátegui. Chibás promovía una cruzada contra la corrupción política, y profesaba un antiimperialismo vehemente aliñado con un nacionalismo popular y un reformismo con tintes socialistas. Sumados, todos estos elementos daban una suerte de socialdemocracia: un giro de tuerca más en los programas políticos de los arielistas de izquierda. Es verdad que había leído un libro de Lenin, *El Estado y la revolución*, que defendía la acción revolucionaria en contra del Estado burgués, pero por aquel entonces el estudiante estaba a años luz del comunismo. Es más, Castro creía en las instituciones, y la prueba es que su primer intento de derrocar a Batista no involucró la violencia, sino los recursos legales. Al fin y al cabo estábamos frente a un abogado que sabía de leyes y que podía, como en efecto hizo, dirigirse al Tribunal Supremo para denunciar la manera atrabiliaria en que el dictador había quebrantado con su golpe de 1952 la Constitución que él mismo había promulgado en 1940.

El fracaso en los tribunales no lo desanimó en absoluto. Al contrario, fue entonces cuando planeó el ataque a un símbolo del poder militar, el cuartel Moncada, ubicado en Santiago de Cuba. Con aquella toma, creía Castro, la sociedad entera se animaría a rebelarse. Para su acción intrépida contactó a los militantes del partido de Chibás, no a los comunistas del Partido Socialista Popular, desde luego, porque todos ellos habían gobernado con Batista entre 1940 y 1944, y solo se podía fiar de hombres impregnados con su misma fe nacionalista. Los reunió en una finca avícola, cerca de Santiago, el 24 de julio de 1953. Dos días después, aprovechando las festividades de carnaval, salieron protegidos por la penumbra a tomar sus posiciones. Esa sería la única vez que Castro no tendría la suerte de su lado. Una facción de las tropas se quedó a las puertas de la ciudad, esperando una señal que nunca llegó, mientras su escuadrón se encontró de forma inesperada con una patrulla militar. Frente a frente con el enemigo, no tuvieron más remedio que atacar, malogrando el efecto sorpresa y la ventaja que les hubiera dado. Para colmo, la tropa de reserva que debía socorrerlos erró la dirección y no llegó a tiempo. Viendo que la derrota era inminente, el líder del asalto se vio obligado a abortar la misión. Cerca de sesenta revolucionarios fueron capturados, torturados —les sacaron los ojos, les cortaron los testículos— y asesinados. Castro logró refugiarse en la Sierra Maestra durante unos pocos y angustiosos días de sed, hambre e insomnio, antes de caer en manos del ejército. Si no lo ajusticiaron allí mismo, en el monte, lejos de los focos, fue gracias a la presión social ejercida por la Iglesia, que desde luego no veía en Castro a un comunista ateo, sino a un patriota cubano comprometido con la libertad y la democracia.

Esa fue la imagen que Castro proyectó en el juicio al que fue sometido y en el que se jugó una sentencia de veintiséis años, la de un demócrata. En la historia latinoamericana, llena de acciones sangrientas y fulgurantes, sorprende que un juicio se hubiera convertido en un hito reseñable. Este, en efecto, lo fue, porque el joven revolucionario tuvo un desempeño memorable. Al mejor estilo de una película de Hollywood, decidió defenderse a sí mismo, demostrando desde ese instante el poder maratoniano de su verborrea. En las cuatro horas que le tomó exponer su causa, empleó argumentos que nada tenían que ver con las reivindicaciones revolucionarias o marxistas. Todo lo contrario, su discurso fue el de un patriota que quería restituir la democracia mancillada en 1952 por el golpe de Batista. Apelando a la sensatez de los jueces, justificó el asalto en nombre de Cuba y de José Martí. El poeta era el verdadero autor intelectual de la revuelta, dijo, así llevara más de medio siglo muerto. Castro se propuso demostrar que el Gobierno de Batista era ilegal, y que el asalto al cuartel Moncada solo pretendía reinstaurar la Constitución de 1940. Durante el juicio señaló que el poder constituyente y el poder legislativo no podían estar en las mismas manos si un gobierno pretendía llamarse democrático. Habló de la separación de poderes, citó a Montesquieu, invocó el derecho a la rebelión como una forma de enfrentar el despotismo. Al mismo tiempo, se proyectó como un político con ideas trascendentales para el progreso de Cuba. Desgranó un plan de gobierno que incluía reformas de todo tipo; defendió que se les otorgara la propiedad de la tierra a los colonos que la habían cultivado, que los obreros y empleados obtuvieran el 30 por ciento de las utilidades de las empresas, que se confiscaran las propiedades mal habidas durante los gobiernos corruptos de Ramón Grau San Martín y de Carlos Prío Socarrás, que se promovieran una reforma agraria y una reforma educativa y que se nacionalizaran los *trusts* eléctricos y telefónicos. Su programa era ambicioso, pero no comunista. Todos los gobiernos nacionalistas del continente, de izquierdas o de derechas, desde el PRI mexicano hasta Perón, desde el MNR al APRA, habrían visto con simpatía sus propuestas.

Transcrita, corregida y publicada en 1954 con el optimista título de *La historia me absolverá*, la defensa de Castro se convirtió en el primer manifiesto político del revolucionario cubano. Con el tiempo se demostraría que sí, que la historia sería benevolente con el asaltante del cuartel Moncada, pero ya no tanto con el líder político que traicionó todas estas ideas y propuestas cuando llegó al poder. Para eso aún faltaría un tiempo. Primero Castro tendría que esperar dos años en la cárcel, mientras la presión social hacía efecto y Batista se veía forzado a amnistiarlo a él y a otros detenidos. Un mes después, el 12 de junio de 1955, Castro formaba una agrupación clandestina, el Movimiento 26 de Julio, y se exiliaba en México para preparar el siguiente paso. Allá no solo buscaría recursos para emprender el viaje clandestino que derrocaría a quien lo había indultado; también conocería a su pareja de baile que lo acompañaría en lo que quedaba de aventura.

Segundo paso: el golpe a Jacobo Árbenz y la politización del Che Guevara

Mientras José Figueres derrotaba a los calderonistas costarricenses y Castro planeaba el derrocamiento de Batista, en Guatemala por fin parecía que la democracia echaba raíces. El terreno no podía ser más árido, porque desde los tiempos de Manuel Estrada Cabrera, es decir, desde 1898, el año en que empezaba toda esta historia, el poder había pasado de dictador a dictador como un testigo en una carrera de relevos. Jorge Ubico, tan atornillado en el Palacio de Gobierno como Estrada Cabrera, había caído en 1944 gracias a la ola democratizadora impulsada desde Estados Unidos. Empezaba la «primavera democrática», y durante una década Guatemala siguió el camino de Costa Rica. Pero de pronto pasó algo inesperado: los mismos yanquis que habían defendido la democracia, preocupados ahora porque los guatemaltecos habían votado a nacionalistas de izquierda, decidieron cancelar la primavera. Estados Unidos, incansable a la hora de meter la pata en América Latina, estaba a punto de cometer su peor error político, una traición a sus propios principios, a la causa que hacía solo diez años había comandado en todo Occidente, derrocando al Gobierno democrático de Jacobo Árbenz. Las consecuencias de su intervención de 1954 se verían unos años después, cuando los revolucionarios cubanos, escarmentados por los sucesos de Guatemala, descartaron la democracia como un destino posible para Cuba.

En toda esta historia la United Fruit Company desempeñó un papel determinante. La bananera había llegado a Guatemala en 1901, en tiempos de Estrada Cabrera, envuelta en un halo civilizador. Era la respuesta a las demandas de progreso, se dijo, algo así como un requisito para establecer relaciones comerciales y diplomáticas con Estados Unidos y con Europa, porque la United Fruit no solo sembraba banano. La compañía también sería la encargada de construir las vías férreas y un puerto que comunicaran al país consigo mismo y con el mundo. En medio del entusiasmo, no se advirtió que las concesiones que el Estado le hacía a los yanquis sobre el ferrocarril, el puerto, las líneas telegráficas y enormes zonas cultivables eran desproporcionadas, y pasarían casi dos décadas antes de que aquel frenesí desarrollista demostrara no haber sido un atajo a la modernidad sino todo lo contrario: un cepo que ataba la política interna de Guatemala a los intereses comerciales de Estados Unidos. Henry L. Stimson, secretario de Estado durante la presidencia de Hoover y uno de los promotores de la intervención yanqui en Nicaragua, lo dejó en claro: «Centroamérica ha comprendido que ningún régimen que no tenga nuestro consentimiento puede mantenerse en el poder».[161] Lo peor de esta afirmación no era su cinismo, sino que entrañaba una gran verdad.

Lo sabían también los demócratas guatemaltecos que llegaron al poder en 1945, primero Juan José Arévalo y luego Jacobo Árbenz, y por eso los dos declinaron cualquier intento revolucionario. Ambos presidentes emprendieron reformas encaminadas a dar protección laboral a los trabajadores y a recortar los inverosímiles privilegios de la United Fruit. Lo que no podían prever era que la United, «el pulpo», como la llamaban, se encargaría de tergiversar, en todo caso endemoniar, la imagen de Arévalo y de Árbenz hasta hacer aparecer al segundo ante la opinión pública como un redomado comunista, con cachos y cola, un castrochavista *avant la lettre*. Aunque la CIA tuvo un papel importante en esta historia, no fueron sus agentes quienes primero llamaron la atención sobre la supuesta amenaza que representaba el comunismo en Guatemala. El responsable fue un personaje que no tenía velas en ese entierro, un publicista, el inventor de las relaciones públicas Edward Bernays, que había sido contratado por la United Fruit para mejorar la deteriorada imagen de la compañía. Su acción en Guatemala estaba a punto de demostrar lo fácil que resultaba manipular a la prensa más seria para ponerla a trabajar a favor de una mentira.

Buena parte de los esfuerzos de Bernays estuvieron encaminados a convencer a la opinión pública de que la frutera promovía los valores democráticos y liberales en países bananeros infectados de comunismo. Con sus artes de relacionista, convenció a importantes diarios anglosajones de que enviaran corresponsales a Guatemala a investigar la supuesta conjura comunista que había urdido el presidente Arévalo y que luego continuaría Árbenz. El mismo Bernays se encargaba de que la información recabada confirmara su mentirosa hipótesis. En una fecha tan temprana como 1950, el *Herald Tribune* publicó una serie de artículos bajo el título «Communism in the Caribbean». Antes incluso de que Árbenz subiera al poder, ya los periodistas hablaban de comunistas en Guatemala, y hacia 1954 la opinión pública estaba convencida de que el nuevo presidente había sido cooptado por la Unión Soviética. Un importante periodista de *The New York Times*, Tad Szulc, llegó a decir que el bloque soviético actuaba «como si ya hubiera ganado una cabeza de playa en América Latina».[162] Y aunque es verdad que los comunistas guatemaltecos tenían cierta ascendencia sobre Árbenz, más aún sobre su esposa, la salvadoreña María Cristina Vilanova, inferir de esos vínculos que Guatemala, un país en el que Jorge Ubico, siguiendo el ejemplo de su vecino salvadoreño, había encerrado a toda la cúpula del Partido Comunista y fusilado a uno de sus miembros, al hondureño Juan Pablo Wainwright, era dejarse llevar por la fantasía.

No importaba. Iluminada por la alerta roja, Guatemala se convirtió en un lugar de peregrinaje obligado para los periodistas extranjeros. Bernays organizó giras por el país para que los corresponsales vieran lo que la United Fruit quería que vieran. El dinero de la frutera le permitió editar un boletín informativo con supuesta información privilegiada, que llegaba a las manos de un selecto grupo de periodistas con poder para moldear la opinión pública estadounidense. Bernays se las sabía todas. De nada sirvió que Arévalo hubiera prohibido las organizaciones políticas internacionales —es decir, el comunismo—, ni que tanto él como Árbenz se hubieran mostrado proclives al sistema político y económico estadounidense. Los reformistas guatemaltecos ya estaban sentenciados. Bastaba que Árbenz intentara revertir algunas de las concesiones que tenía la United Fruit Company en su país para que la última ficha revelara la imagen de un Lenin tropical. Los yanquis no se alarmaron cuando en 1952 el MNR puso patas arriba Bolivia nacionalizando, estatalizando y expropiando, pero bastó que Árbenz expidiera ese mismo año el decreto 900, una reforma agraria que ponía un poco de racionalidad a la anárquica concesión de tierras, libres de impuestos, a la multinacional frutera, para que se convirtiera en un peligro para la democracia del continente entero.

En efecto, ya estaba sentenciado; solo faltaba que funcionarios ligados al Gobierno empezaran a repetir el mismo mantra que había popularizado el relacionista público, y para ello la United Fruit contaba con la persona idónea, un lobista que antes se había desempeñado como embajador, y que con su torpe interferencia en la política argentina allanó el camino para que Perón se convirtiera en presidente: el siempre inoportuno Spruille Braden. Fue él quien se encargó de alertar a los poderes públicos sobre la amenaza comunista que se expandía por el continente de la misma forma en que antes había alertado sobre la amenaza fascista. «¡Es necesario combatir el fuego con el fuego!»,[163] dijo, en realidad gritó, en un simposio organizado por el Dartmouth College en 1953. Estaba desafiando a Eisenhower para que hiciera algo, para que no se quedara cruzado de brazos, y a su voz no tardó en sumarse la de John Foster Dulles, secretario de Estado y accionista de la United Fruit. Desde ese momento la CIA quedaba en guardia, a la espera de una orden para intervenir en Guatemala.

Y la orden llegó, claro. La CIA financió y entrenó a un grupo de cuatrocientos o quinientos mercenarios afincados en Honduras y liderados por el coronel Carlos Castillo Armas, que el 18 de junio de 1954 cruzaron la frontera para iniciar el golpe. Tras los primeros bombardeos de Castillo Armas, un joven aventurero que había llegado a Guatemala atraído por los rumores de lo que Árbenz estaba haciendo, corrió a enrolarse en una milicia comunista. Era la primera experiencia armada del Che Guevara. El joven médico había salido en su segunda expedición latinoamericana en busca de una conciencia política, y al cabo del tiempo, para su sorpresa, acabó encontrándola en Guatemala. Porque mientras estudiaba en Buenos Aires, Guevara nunca supo si era peronista o no lo era, quizá porque el tema no le importaba. Durante su viaje, en cambio, y especialmente en Centroamérica, pareció encontrar su destino. Desde allá le escribió a una tía un carta reveladora: «Me perfeccionaré y lograré lo que me falta para ser un revolucionario auténtico»,[164] le decía. Empezó a leer a Marx, a Lenin, a Mariátegui, algunos libros sobre la Revolución china, y cuando los vaticinios se cumplieron y tronaron las bombas ya sabía perfectamente de qué lado de la historia estaba.

La alharaca histérica y sin fundamento se convertía en una profecía autocumplida. No fue Árbenz, fue la invasión de la CIA lo que promovió el comunismo en América Latina. Todos los movimientos nacionalpopulares latinoamericanos, empezando por el APRA y el PRI y terminando por el MNR y los populismos peronista o getulista, eran una barrera contra el comunismo y en ocasiones su enemigo declarado. Más que un error, la acusación a Árbenz era una mentira, una *fake news* que marcó el rumbo ideológico del Che Guevara. A pesar de que no pudo luchar en el frente y más bien acabó en la retaguardia, recluido en un hospital curando heridos, sí extrajo lecciones importantes. La primera, que el comunismo era el destino de América Latina; la segunda, que no se podía confiar en el ejército: para consolidar una revolución primero había que depurarlo y no dejar un solo elemento que dudara o que se viera tentado por la traición. A partir de 1959, Guevara se esforzaría por poner en práctica esas dos lecciones en la Cuba revolucionaria, convirtiéndose en el verdugo de La Cabaña, la fortaleza donde los revolucionarios triunfantes fusilaron a cientos de militares de Batista.

Pero para encontrar su lugar en la historia primero tuvo que refugiarse en la embajada argentina, y esperar allí hasta que le permitieron salir exiliado a México. Allá conocería a Fidel Castro, allá se uniría a los revolucionarios cubanos, y desde allá zarparía para materializar en Cuba lo que tan solo era una especulación fantasiosa en Guatemala.

Tercer paso: el yate Granma, el desembarco en Cuba y el apoyo de la sociedad civil

En México, Fidel Castro seguía buscando apoyo para emprender su aventura revolucionaria. Allá donde iba, allá donde le daban un micrófono para dirigirse a una audiencia de exiliados cubanos, aseguraba que antes de que acabara 1956 desembarcaría en Cuba con un grupo de valientes dispuestos a liberar su patria. Se atrevía incluso a dar una fecha precisa: quería llegar a tiempo para conmemorar el aniversario del asalto al cuartel Moncada, algo que no pudo cumplir por una suma de obstáculos que pospusieron la excursión hasta principios de diciembre. Castro tuvo que buscar antes financiación para su causa, entrenar a su tropa y comprar un barco con el cual salvar la distancia entre México y Cuba. Finalmente encontró el famoso Granma, una embarcación destartalada, para no más de treinta personas, en la que el líder nacionalista metió 82 guerrilleros. El sobrepeso ralentizó la navegación, y eso les costó tres días extra en el mar. Cuando llegaron a Cuba, sus aliados del Movimiento 26 de Julio liderados por Frank País ya se habían sublevado en Santiago de Cuba. Ni siquiera consiguieron desembarcar en Niquero, como habían planeado, porque se les atravesó un manglar en el camino. Con mucha dificultad, tras verse obligados a dejar buena parte de su armamento en el yate encallado, llegaron a tierra firme hambrientos y perdidos, divididos en grupos que tomarían rumbos distintos y permanecerían incomunicados. Además, Batista estaba más que alertado del desembarco, y sus tropas ya habían tomado posiciones para esperar a los revolucionarios. El asedio fue inmediato y no pasaron muchos días antes de que el Che Guevara viera de cerca la muerte. Un balazo lo hirió en el cuello en el primer encuentro con los soldados. Tuvo suerte; otros, la mayoría, cayeron muertos o fueron detenidos en esas primeras y confusas horas. Era un inicio desastroso que hubiera hecho prever para Castro el mismo final que tuvo Martí. El joven abogado moriría por culpa de los afanes, de las torpezas y de la inexperiencia; las probabilidades de sobrevivir eran pocas, y sin embargo el azar quiso que se salvara. Él, su hermano Raúl, Camilo Cienfuegos y el Che Guevara, entre varios otros, lograron internarse en la Sierra Maestra, establecer contacto con algunos campesinos que simpatizaban con su causa, y finalmente recibir el apoyo logístico de Celia Sánchez y de Huber Matos, sus contactos civiles en la isla.

Empezaba una nueva revolución latinoamericana que de alguna forma encarnaba —para luego traicionarlas— las metas, valores y propósitos de las otras cinco grandes revoluciones lanzadas antes en el continente: la mexicana, la de Sandino, la puertorriqueña, la boliviana y la de Árbenz. Porque entre 1956 y los primeros días de enero de 1959, cuando Batista, asediado por los ataques de los barbudos y la insurrección generalizada de los cubanos, dejó la isla y se exilió en la República Dominicana de Rafael Trujillo, los objetivos de la Revolución cubana replicaban las demandas nacionalistas y antiimperialistas que habían inspirado hasta entonces todas las revoluciones del continente. Unas demandas y unas metas en las que podían coincidir los nacionalistas de derechas y los nacionalpopulistas de izquierdas, los arielistas y los vanguardistas, e incluso los fascistas y los demócratas antiimperialistas o los demopopulistas al estilo de Perón: básicamente, la independencia política, el control económico y la modernización de las sociedades, además de medidas que integraran a los sectores marginados mediante reformas educativas, agrarias y fiscales. Pero una cosa era el ideal que tenían en mente los combatientes y otra, la realidad a la que se enfrentan quienes obtienen el poder. Tras dos años de lucha, los revolucionarios habían triunfado allí donde Martí había perdido. Las estructuras legadas por Batista se deshacían como cubitos de azúcar, no solo por la acción de la guerrilla, sino porque muchos otros sectores de la sociedad estaban hartos de la dictadura y querían deshacerse de un tirano apoyado por Estados Unidos. Lo que pudo pasar por la cabeza de Castro cuando se vio en La Habana, convertido en el líder indiscutible de la revolución, es una incógnita. Parece claro que hasta ese momento, a diferencia del Che y de su hermano Raúl, seguía siendo un nacionalista y un liberacionista, eso y nada más, pero también es cierto que el hiperliderazgo recomendado por el marxismo-leninismo le venía como anillo al dedo al héroe de una revolución victoriosa. Solo los demócratas convencidos hacen revoluciones sabiendo que no serán ellos sino otros, civiles elegidos por las urnas, quienes determinarán el futuro de sus países. Y Fidel Castro no era ni José Figueres ni Rómulo Betancourt. Él, como ellos, quería la liberación del Caribe y el fin de las tiranías proimperialistas, pero una vez tuvo la sartén por el mango traicionó los propósitos iniciales. La revolución americanista acabaría convertida en otra cosa, algo que no se parecía a los sueños de Martí, Rodó, Vasconcelos, Haya de la Torre o tantos otros, y mucho menos a los de Figueres y Betancourt.

La comparación es elocuente: el costarricense sentó las bases de una socialdemocracia no antiimperialista, que cultivó buenas relaciones con Estados Unidos, y el venezolano fundó una democracia próspera que mantuvo a raya la injerencia norteamericana. Como decía el escritor Rodrigo Blanco, Venezuela no se convirtió en el patio trasero de Estados Unidos; Estados Unidos se convirtió en el *shopping mall* de Venezuela, algo muy distinto. Y mientras esto ocurría, a unas cuantas millas, en Cuba, la revolución de Castro se transformaba muy pronto en aquello que no pretendía ser: otra dictadura igual de autoritaria que la de Batista, con el agravante, si cabe, de que ni siquiera sería nacionalista, dependiente de sus propias energías y esfuerzos, sino comunista, sujeta al albur y a la caridad de una potencia lejana, envuelta en las tensiones de una impredecible guerra fría.

Porque eso fue lo que ocurrió muy pronto. Para Castro fue más fácil asumir un mando vertical y convertir Cuba en una tiranía, que compensar las expropiaciones de tierra. Fue más fácil retener la propiedad de las empresas, en lugar de darles a los trabajadores participación en sus utilidades. Y también fue mejor administrar la tierra mediante cooperativas estatales que crear una nueva clase de pequeños campesinos propietarios, como hicieron los bolivianos. Además, la independencia del Banco Nacional era un incordio. Y ni hablar del sistema judicial, que no dictaba las sentencias que Castro consideraba justas o correctas. Las necesidades del líder se fueron convirtiendo en acciones de gobierno, y quienes se atrevieron a criticarlas fueron declarados enemigos del pueblo y arrestados, entre ellos Huber Matos y quizá también Camilo Cienfuegos, cuya desaparición en octubre de 1959, poco después del arresto del primero, ha sido fuente interminable de suspicacias. Pero también es cierto que Estados Unidos contribuyó notablemente a que Castro traicionara los ideales que arrastraban los intelectuales latinoamericanos desde la guerra hispanoestadounidense. La gran potencia habría podido dirigir con enorme facilidad la revolución para que llegara a un puerto distinto. Con un poco de diplomacia, habría logrado acercamientos que legitimaran el pensamiento martiano y el nacionalismo de Castro, y que con suerte desactivaran a los sectores más radicales de la revolución. En lugar de ello, reincidieron en el error guatemalteco. Los funcionarios del Gobierno de Kennedy aprobaron una intervención militar para mediados de abril de 1961, la famosa invasión de bahía de Cochinos, que corroboró todos los temores del Che Guevara. Magníficos para innumerables cosas, a la hora de actuar en América Latina los estadounidenses demostraban una incompetencia abrumadora. Después del ataque, cuando las ráfagas de metralla cesaron, los yanquis tuvieron que hacer frente a dos nuevas realidades. Habían sido derrotados y habían creado un monstruo. Porque fue justo durante este episodio, mientras los combatientes caían muertos en playa Girón, cuando Castro hizo una declaración pública sorprendente: aseguró que la Revolución cubana era una revolución socialista. Ahí estaba: el molino de viento se había transformado en un gigante real. A unos cuantos kilómetros de Miami se erigía, ahora sí, esta vez de verdad, esa cabeza de playa del comunismo que tanto habían querido ver los yanquis en la Guatemala de Jacobo Árbenz. Todo cambiaba desde ese momento en América Latina. La emancipación nacionalista adquiría coloraciones marxistas. El modelo de la silenciosa Costa Rica, que ofrecía libertad, bienestar y paz, se empequeñecía frente al ejemplo heroico y revanchista de Cuba. Y ahora los jóvenes idealistas, nacionalistas, vanguardistas, izquierdistas, antiimperialistas y aventureros tendrían una nueva opción vital. Podrían replicar el ejemplo del Che y de Castro; podrían reunir unos cuantos rifles para lanzarse al monte y liberar a su país del dictador de turno, o en todo caso del sistema burgués y capitalista, que en adelante sería visto como algo tan perverso como la dictadura. Si entre 1920 y 1945 el fascismo había sido la principal amenaza de la democracia en Latinoamérica, desde 1959 lo sería el comunismo. Empezaba un nuevo ciclo. Nuevas ilusiones, nuevas confrontaciones, nuevas rebeldías...

Y el delirio y la violencia de siempre.

1. José Clemente Orozco, *La trinchera*, 1923-1926.
Antiguo Colegio de San Ildefonso

2. Diego Rivera, *Frida repartiendo armas*, 1922-1928. Secretaría de Educación Pública

3. Xul Solar, *Drago*, 1923. Museo Xul Solar

4. Pedro Figari, *Dia de trilla*, 1921. Museo Figari

5. Tarsila do Amaral, *A Negra*, 1923. Coleção Museu de Arte Contemporânea da Universidade de São Paulo

6. Tarsila do Amaral, *Abaporu*, 1928. Colección MALBA, Museo de Arte Latinoamericano de Buenos Aires

7. José Sabogal, *El Varayoc de Chinchero*, 1925. Pinacoteca Municipal Ignacio Merino

8. Rómulo Rozo, *Bachué, diosa generatriz de los chibchas*, 1925

9. Ramón Alva de la Canal, *Estación de radio de Estridentópolis*, c.1925

10. Joaquín Torres García, *Pintura constructiva*, c.1929.
Museo de Artes Visuales de Uruguay

11. Nahuí Olín fotografiada por Antonio Garduño, c.1924

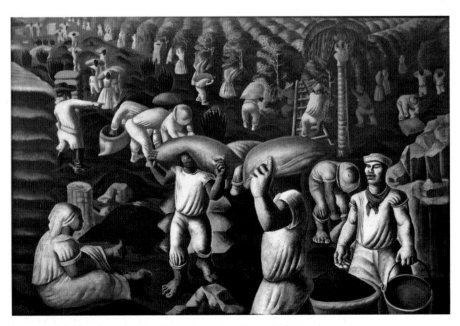

12. Cándido Portinari, *Café*, 1935. Museu Nacional de Belas-Artes

13. Lucio Costa, Óscar Niemeyer et al., Edificio Gustavo Capanema, 1936-1945

14. Juan O'Gorman, Gustavo María Saavedra y Juan Martínez de Velasco, murales de la Biblioteca Central de la UNAM, 1950-1956

15. Pedro Nel Gómez, *La república*, 1937. Palacio Municipal de Medellín

16. Débora Arango, *13 de junio*, 1953. Museo de Arte Moderno de Medellín

17. José Mejía Vides, *India de Pachimalco*, 1935. Museo de El Salvador

18. Rufino Tamayo, *Animales*, 1941. MoMA

19. César Moro en Lima, c-1935-1936.

20. Fernando de Szyszlo, *Sin título*, 1943

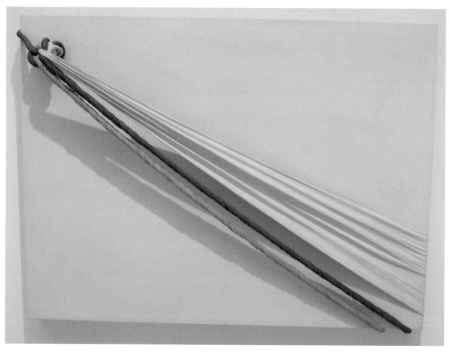

21. Jorge Eduardo Eielson, *Quipus 19 b2*, Jorge Eduardo Eielson, 1965-1970

22. Wilfredo Lam, *La jungla*, 1943. MoMA

23. Roberto Matta, *Sin título*, 1942-1943. Museo Thyssen

24. Antonio Berni, *Manifestación, 1934. Colección MALBA, Museo de Arte Latinoamericano de Buenos Aires*

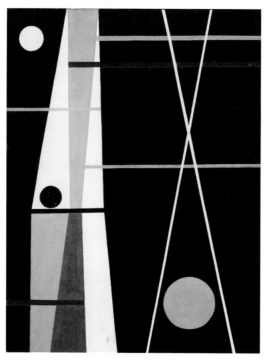

25. Tomás Maldonado, *Sin título*, 1950. Museo Reina Sofía

26. Alejandro Obregón, *Caribea*, 1982

27. Alejandro Otero, fachada de la Facultad de Ingeniería de la Universidad de Venezuela, 1954

28. Carlos Raúl Villanueva, biblioteca central de la Universidad de Venezuela, 1952-1954

29. Jesús Rafael Soto, *Doble transparencia*, 1956. MoMA

30. Nicanor Parra, Alejandro Jodorowsky y Enrique Lihn, *Quebrantahuesos*, 1952

31. Carlos Contramestre, *Estudio para verdugo y perro*, 1962. Fundación Noa Noa

32. León Ferrari, *La civilización occidental y cristiana*, 1965

33. Cuba colectiva, *La Habana*, 1967. Museo de Bellas Artes de Cuba

35. Regina José Galindo, ¿Quién puede borrar las huellas?, 2003

34. Jesús Ruiz Durand, *Los ojos bien abiertos*, 1968-1973. Colección MALBA, Museo de Arte Latinoamericano de Buenos Aires.

36. Doris Salcedo, *Shibboleth*, 2007. Museo Nacional Británico de Arte Moderno

---

Los delirios de la soberbia: revoluciones, dictaduras y la latinoamericanización de Occidente

Tú no existes.
Has sido inventado por la delirante soberbia.

RAFAEL CADENAS

LA HABANA, 1959: EL FIN DE UNA ETAPA INTELECTUAL Y EL INICIO DE UNA ETAPA IDEOLÓGICA

Ha sido un largo recorrido lleno de exaltación y creatividad, delirio artístico y político, que finalmente nos deja donde empezamos: en Cuba. Aún estamos de este lado de la historia, en la etapa americanista o mundonovista; en el nuestroamericanismo que unió a los intelectuales de derechas e izquierdas en la defensa del continente. Han pasado sesenta y cuatro años en los que ha ocurrido de todo, una guerra de independencia, dos invasiones imperialistas, dictaduras, democracias corruptas, rebeliones, conspiraciones, vanguardias literarias, hasta que por fin la gesta de José Martí parece haber tenido un desenlace meritorio en la revolución de Fidel Castro. Lo que no había logrado Sandino lo conseguía el joven abogado. Cuba se unía a la lista de revoluciones nacionalpopulares triunfantes. Repito: estábamos en aquel lado de la historia, cuando ninguna revolución exitosa —excepto la brevísima de Marmaduke Grove, en Chile— se proclamaba socialista o comunista. Todas eran nacionalistas y antiimperialistas. De derechas unas, de izquierdas otras; ninguna internacionalista. La Revolución cubana había navegado sobre la misma ola, impulsada por corrientes intelectuales netamente americanas —el modernismo, el arielismo, el reformismo universitario, el indoamericanismo—, no del comunismo.

Y de pronto ganaban, expulsaban a Batista, se hacían con el control de Cuba. La Legión del Caribe obtenía una nueva base desde la cual acelerar la lucha contra las dictaduras; esa era la prioridad del momento, el Caribe y Centroamérica eran casi el mismo país, y Cuba solo una estación en una lucha más extensa por la liberación del mar americano. Era lógico que a la isla fueran a dar conspiradores de todos los países vecinos, y que se diera un trasvase de población: los seguidores de Batista y los perjudicados por las expropiaciones de Castro partieron hacia la República Dominicana y Miami, y los opositores dominicanos, nicaragüenses y panameños llegaron a Cuba. En ese lado de la historia de lo que se trataba era de liberar todo el Caribe con nuevas expediciones revolucionarias.

La primera de ellas partió en abril de 1959 a Panamá, donde el Movimiento de Acción Revolucionaria, una de las primeras guerrillas que siguió el ejemplo de los barbudos cubanos, acababa de alzarse en armas desde el cerro Tute. «Esta ha sido mi patria de gringos, / de oligarcas y cuarteles. / La triste madre colectiva pordiosera en su camino»,[1] escribió el líder del grupo, un poeta y estudiante llamado Polidoro Pinzón. Dos meses después partieron las siguientes expediciones, una hacia la República Dominicana y la otra hacia Haití. Y también en junio dos conspiradores que se convertirían en famosos guerrilleros, Tomás Borge y Carlos Fonseca, salieron hacia Honduras con la intención de cruzar la frontera y liberar Nicaragua. Las cuatro expediciones fracasaron en los primeros días, lo cual demostraba que el éxito de Castro anulaba para siempre la fórmula del desembarco. Ningún dictador o gobernante se iba a tomar a broma la llegada de un puñado de revolucionarios a sus costas, por muy quijotesca que pareciera su aventura, y los aplastaría sin clemencia en cuanto tocaran tierra.

Hacia junio o julio de 1959, tras el fracaso de estas expediciones y después de que se pusieran en marcha la reforma agraria y las campañas sanitarias y de alfabetización, no muy diferentes a las de la Revolución mexicana, el régimen de Castro empezó a radicalizarse. El Gobierno provisional, liderado por Manuel Urrutia, mayoritariamente liberal y democrático, sintió la presión del líder guerrillero. El autoritarismo había sido la constante en todas las revoluciones latinoamericanas, y esta no iba a ser la excepción; era evidente que Castro, cobijado por el atractivo popular que le daba su gesta heroica, se sentía invulnerable, y solo cabía cruzar los dedos para que sus instintos no lo traicionaran. Urrutia ya se había dado cuenta de que su destino era convertirse en una figura decorativa, útil para que Estados Unidos reconociera al nuevo Gobierno cubano, poco más. Sus ideas se estrellaban frente al muro comunista que se fraguaba en La Cabaña, apadrinado por Guevara, y contra la vehemencia de Raúl Castro. Quería renunciar y no lo dejaban; se había convertido, como decía Huber Matos, en un rehén, en un maniquí: la fachada democrática y liberal que ocultaba al mundo los movimientos sospechosos de los Castro. Cuando finalmente decidió irse, Castro le devolvió el desplante con una estrategia teatral, digna de Juan Domingo Perón. El 17 de julio anunció a la prensa que quien se iba era él, que renunciaba a su cargo como primer ministro por las diferencias que había en el Gobierno. El efecto de aquel comunicado fue el esperado, potasio en agua, chispas por todas partes y hordas de cubanos que se echaron a las calles para exigir que se fuera el otro, Urrutia, porque Castro era intocable. Él era la revolución, y la revolución no podía defraudarse a sí misma, la defraudaban los enemigos del pueblo como Urrutia, sobre quien ahora recaía el odio de las masas. El presidente, cuya vida empezaba a peligrar, no tuvo más remedio que buscar asilo en la embajada venezolana. Todo su Gobierno se resquebrajaba. Castro, aupado por las masas, se sabía legitimado para hacer con la revolución lo que le diera la gana. Los otros liberales que ocupaban ministerios y cargos relevantes cayeron y fueron reemplazados por comunistas. Ahora el asunto iba en serio. Los miembros del Movimiento 26 de Julio, incluso figuras heroicas como Carlos Franqui y Huber Matos, que se oponían al influjo de los comunistas, quedaron en una situación precaria.

En Cuba estaba empezando una nueva etapa, este lado de la historia, la que conocemos, en la que los viejos tópicos americanistas tendrían que pasar por un nuevo prisma. La revolución, el nacionalismo, el latinoamericanismo y el antiimperialismo, que habían sido causa común de la derecha y la izquierda, se convertirían en un asunto de la segunda, de una izquierda radical, incluso próxima al comunismo, mientras la democracia se evaporaba de sus ideales y se convertía en la quintaesencia del espíritu burgués e imperialista. Para eso aún faltarían unos pocos años, pero ese sería el destino ideológico de la revolución. En cuanto a los cambios prácticos en su lucha revolucionaria, después de comprobar cómo el delirio se estaba tragando a todos esos jóvenes idealistas que desembarcaban en tierras hostiles, Castro dejó de planear nuevas expediciones caribeñas. Otra idea asomaba en su mente. Cuba ya no tenía que ser una lanzadera; debía convertirse en un campo de entrenamiento. A partir de entonces, jóvenes de todo el continente podrían viajar clandestinamente a Cuba para instruirse ideológica y militarmente; luego volverían a sus países convertidos en diestros combatientes. Cuba sería la hoguera que repartiría chispas revolucionarias por toda América Latina, al menos por todos los países que, como Venezuela, se mostraran recelosos o se atrevieran a criticarla en los foros internacionales. Había que llevar la revolución hasta sus últimas consecuencias. Eso es lo que empezaría a repetir Castro, una afirmación que daba a entender que la revolución no se acababa nunca. Si en 1900 fue la derecha hispanista y católica la que convenció a los jóvenes de que el destino de América Latina no era la democracia sajona, sino los gobiernos de las élites elevadas —lo que García Calderón llamó las «democracias latinas», con el Paraguay del doctor Francia como ejemplo idóneo—, desde 1963 sería la izquierda guevarista la que despreciaría la democracia y abogaría por la revolución de una élite guerrillera. Una élite igualmente inspirada y elevada; igualmente autoritaria y antidemocrática. Nos movíamos, pero seguíamos en el mismo sitio. En *Las venas abiertas de América Latina* Eduardo Galeano también haría un elogio encomiable del Paraguay del doctor Francia, «el país más progresista de América Latina», según él, por cerrarse a cal y canto y construir «su futuro sin inversiones extranjeras, sin empréstitos de la banca inglesa y sin las bendiciones del comercio libre».[2] A partir de los años sesenta las pretensiones de la derecha reaccionaria de principios de siglo las canalizaría la izquierda progresista. Una paradoja, sí, un delirio, por supuesto: América Latina.

LA HABANA, 1960: EL CHE GUEVARA ACTUALIZA UNA VIEJA FE

Se cumplían exactamente sesenta años de la publicación del *Ariel* de Rodó cuando el Che Guevara le ofreció a la juventud latinoamericana un recambio para sus fantasías utópicas: *Guerra de guerrillas*. No se trataba de un tratado teórico o filosófico, sino de una guía, casi un manual práctico en el que también chispeaban el idealismo, la pasión latinoamericana y la desconfianza hacia Estados Unidos. Su finalidad ya no era, como en Rodó, extender un cordón sanitario frente al utilitarismo y el igualitarismo anglosajones, sino ilustrar los pasos concretos para extirpar de raíz las fuerzas opresoras. Tampoco se proponía reformar o renovar el espíritu latino. Se trataba más bien de crear un hombre nuevo, un ser más noble y puro, el guerrillero. Si Rodó decía que había que «esperar la realidad del ideal soñado con nueva fe, con tenaz y conmovedora locura»,[3] Guevara decía que había que estar «dispuesto a morir, no por defender un ideal sino por convertirlo en realidad».[4] Rodó hablaba de los «combates por la causa del espíritu», de la energía viril del joven, de su papel activo de «renovación y de conquista»; Guevara describía al guerrillero como la vanguardia armada del pueblo, como un asceta, como un hombre moralmente superior legitimado para matar al enemigo. El libro de Guevara no solo explicaba por qué rebelarse sino cómo, desgranando estrategias y tácticas de combate, mostrando cómo debía organizarse una guerrilla, cómo planear una emboscada, cómo abastecerse, qué llevar en el morral, cómo mantener la disciplina en la tropa… todo. Su libro eliminaba cualquier excusa. Después de leer *Guerra de guerrillas*, los heraldos del antiimperialismo y de la justicia se veían ante un gran dilema. ¿Estaban del lado de los oprimidos o de los opresores? El guevarismo, la nueva doctrina o actitud vital que surgió en la Sierra Maestra y que tomaba forma definida en ese libro, deslegitimaba cualquier objeción o cualquiera de las excusas teóricas que daban los comunistas burocratizados en los partidos. Incluso Marx se llevaba su rapapolvo. No, no había que esperar a que se dieran las condiciones para la revolución: el foco guerrillero podía crearlas; no, la revolución no dependía del proletariado urbano: en los países subdesarrollados el actor de las insurrecciones debía ser el campesino; no, no había que tenerles miedo a los ejércitos profesionales: las fuerzas populares podían derrotarlos. En definitiva, no había excusa. A la aventura, a la insurrección, a crear las condiciones para forjar una sociedad nueva. El foco guerrillero era la fórmula mágica con la que podía encauzarse la revolución justiciera en los países subdesarrollados.

En ese libro de 1960 Guevara ponía un condicionante que luego retiraría en 1963. Una empresa guerrillera, decía, solo podía triunfar en una sociedad gobernada por un tirano. El presidente elegido por consulta popular tenía derecho a agotar todas las posibilidades de la lucha cívica. Tres años después, sin embargo, Guevara daba un salto mortal que radicalizaba su pensamiento y traicionaba los ideales de la Legión del Caribe. En *Guerra de guerrillas: un método* reevaluaba algunas de sus ideas de 1960, y llegaba a la conclusión de que la legalidad burguesa era una fachada que ocultaba el orden dictatorial que imponían las clases dominantes. No había ninguna diferencia entre la democracia de Betancourt y la tiranía de Somoza; es lo que decía Guevara de forma implícita. Contra ambas había que luchar, y contra ambas era legítimo emplear las armas. «No debemos temerle a la violencia, la partera de las sociedades nuevas»,[5] dijo, y con esas palabras tomaba el relevo de curas fascistas como Julio Meinvielle. Ya no serían ellos quienes legitimarían la violencia, sino guerrilleros ascéticos como Guevara, dos rostros muy distintos animados por el mismo corazón fanático y purificador. Siguiendo esta pista de fuego, ideal y sangre, los jóvenes de América Latina dejarían de verse seducidos por la violencia fascista para caer rendidos ante la violencia revolucionaria. El imperialismo o cualquier otro molino de viento sería la excusa para matar, y desde luego no a los yanquis, que observarían perplejos desde la distancia cómo en su nombre, para acabarlos, para eliminar su influencia en el mundo, los latinoamericanos empezamos a matarnos y destruirnos entre nosotros.

En efecto, empezaba la inmolación absurda de miles de jóvenes a lo largo y ancho del continente; eso y muchas cosas más. La Revolución cubana y su decidido intento de hacer estallar sublevaciones antiimperialistas en los países vecinos, sin importar que fueran democracias o dictaduras, marcarían el inicio de una nueva etapa para América Latina.

CARACAS, 1959: ¿LA REVOLUCIÓN O LA DEMOCRACIA?

Rómulo Betancourt se había posesionado para su segunda presidencia el 13 de febrero de 1959, solo un mes y unos días después de que en Cuba asumieran labores de gobierno los hombres de Fidel Castro. Esa coincidencia temporal marcaría sus destinos, los enfrentaría y a la postre los convertiría en símbolos de dos opciones muy distintas para Latinoamérica: la revolución constante de corte comunista y la institucionalización de la democracia. Aquella tensión, condenada a derivar en un odio perpetuo, quedó patente en el viaje que Castro hizo a Caracas el 23 de enero de 1959. Era la primera visita oficial que hacía el guerrillero después del triunfo de la revolución, y no por casualidad su destino fue la rica Venezuela. Castro no fue a apoyar la recién recuperada democracia, sino a pedirle a Betancourt ayuda económica, trescientos millones de dólares o su equivalente en petróleo —según cuenta el historiador Jonathan C. Brown— con los cuales sufragar el costo de su propia revolución. En el discurso público que dio ante la gran masa de jóvenes enfebrecidos que lo recibió, Castro agradeció el «formidable y grandioso apoyo moral que el pueblo de Venezuela» le había dado a la revolución. Pero también advertía que el apoyo moral ya no bastaba; necesitaba el apoyo económico y Venezuela, a pesar de que no atravesaba un buen momento, era una potencia petrolera. El revolucionario añadió algo más que no debió de gustarle nada a Betancourt: «Si alguna vez Venezuela se volviese a ver bajo la bota de un tirano, cuenten con los cubanos»;[6] luego señaló El Ávila y dijo que, con tantas montañas, nadie volvería a perder la libertad en Venezuela.

No era lo que un presidente democrático recién posesionado esperaba oír en boca de Fidel Castro. ¿Qué finalidad tenían sus palabras? ¿Eran una amenaza? ¿Eran una incitación a los jóvenes? Desde ese momento, Betancourt quiso tener a Castro lo más lejos posible, y desde luego no le permitió hacer cuentas alegres con el petróleo venezolano, sin importar que eso le granjeara un enemigo incómodo. Ni un centavo, estimado camarada. Betancourt logró evadir la trampa y el chantaje de Castro, pero los jóvenes no; ellos cayeron fascinados. Al lado del gran héroe antiimperialista, el presidente demócrata proyectaba una luz tibia y moderada; además, los jóvenes no olvidaban que en su discurso de posesión Betancourt había dicho que la filosofía política del comunismo no encajaba con la estructura democrática del Estado venezolano. Como si fuera poco, quería normalizar las relaciones con Estados Unidos, una concesión injustificada al imperialismo y la burguesía. Castro les guiñaba el ojo desde la distancia, y su canto de sirena los animó a escindirse de Acción Democrática y fundar en abril de 1960 el

Movimiento de Izquierda Revolucionaria (MIR). Esta facción izquierdista y procubana se entrenó en Cuba, promovió actos de violencia urbana, y en 1963 acabó aliándose con el Partido Comunista para fundar las Fuerzas Armadas de Liberación Nacional. Betancourt tenía ahora razones para desconfiar de Castro, como las tenía ya para desconfiar de los otros dictadores de la región. Quedaba entre dos fuegos: Trujillo intentaría matarlo el 24 de junio de 1960 con una bomba, y Castro acabaría apoyando a los jóvenes que quisieron derrocarlo con una revolución. Ninguna de las dos fuerzas logró descarrilar su proyecto, pero desde entonces, hasta que finalmente cedió, Venezuela viviría el asedio del radicalismo de izquierda y derecha.

LA HABANA, 1959: LA REVOLUCIÓN TAMBIÉN ES CULTURAL

Una nueva sociedad no solo necesitaba nuevas políticas y nuevos líderes, también requería de una nueva cultura. Había que romper con el pasado: era la sensación que tenían los escritores e intelectuales que habían acompañado la revolución o participado en ella. Empezaba un nuevo mundo, y para construirlo era indispensable forjar una cultura que reflejara el espíritu revolucionario y las altas aspiraciones empeñadas en una lucha. Lo entendieron muy bien Carlos Franqui, Guillermo Cabrera Infante y Pablo Armando Fernández, los fundadores y directores de *Lunes*, el suplemento cultural de *Revolución*, el órgano informativo del Movimiento 26 de Julio. Franqui tuvo la idea y Fernández y Cabrera Infante la llevaron a la práctica: una plataforma para difundir ideas y propuestas estéticas y literarias que ayudara a crear una sociedad revolucionaria, en sintonía con las nuevas corrientes y experimentos estéticos del mundo. En aquel momento eso estaba muy lejos de los rigores de la ideología y aún más de la rigidez estalinista. Ni Franqui ni Cabrera Infante eran comunistas. El primero creía que la finalidad de la revolución era cambiar la vida, una idea muy propia de la vanguardia, y por eso consideraba que los nuevos escritores debían acercarse a las expresiones políticas, sociales y económicas de su sociedad y de su tiempo. En el primer editorial de *Lunes* decían que la revolución había derribado todas las barreras que impedían al intelectual, al escritor y al artista integrarse en la vida nacional. Ya no querían más poetas herméticos y oscuros refugiados en torres de marfil. Había que ser modernos, y eso suponía más de un parricidio. Como recordaba Cabrera Infante, no les importó «liquidar» a los escritores del pasado, incluso al más visible de ellos, Lezama Lima, y a todo el movimiento de la revista *Orígenes*. Heberto Padilla, un escritor de la nueva generación, publicó incluso un artículo diciendo que *Orígenes* era «un ejemplo de nuestro mal gusto, prueba de nuestra ignorancia, evidencia de nuestro colonialismo literario, y de nuestra esclavitud a las antiguas formas literarias».[7] En ese momento, cuando se ponían las primeras paredes del nuevo mundo, todo lo viejo podía ser desechado.

Lunes no solo había criticado los excesos barrocos de Lezama; también había demostrado hostilidad hacia los comunistas cubanos y su pobre visión de las artes. Cómo iban a imaginar sus editores que el 16 de abril de 1961, mientras los yanquis desembarcaban en playa Girón, Castro se acercaría al bloque socialista. Desde ese día la suerte de los escritores que entendían su actividad como una rama de las artes, no de la propaganda, estaba sentenciada. Sobre los editores de *Lunes* cayó la sombra de la sospecha por haber apadrinado la filmación de una película documental de 16 minutos, *P. M.*, dirigida por Sabá Cabrera Infante y por Orlando Jiménez-Leal. Se trataba de un ejercicio de *free cinema* que hacía un recorrido por la vida nocturna de La Habana. Sin un argumento definido, todo el protagonismo se lo llevaban la música, la ebriedad, la noche, el goce, elementos que sintonizaban a las mil maravillas con una revolución cultural similar a la que impulsaba la generación beat en Estados Unidos, pero desde todo punto de vista inmoral y perniciosa para los burócratas estalinistas. Por eso la película fascinó a los nuevos intelectuales y ofendió a los comunistas. Enseñar al lumpen borracho y lúbrico no era un ejemplo revolucionario, al menos no el ejemplo que querían transmitir Guevara y Castro.

Las reglas cambiaban. El arte ya no sería un espacio de experimentación y búsqueda, sino una muestra de compromiso con la revolución. Castro se explicó detalladamente el 30 de junio de 1961 en su discurso «Palabras a los intelectuales». Si los escritores estaban preocupados porque la revolución iba a asfixiar su espíritu creador, le dijo al gremio de la cultura reunido en la Biblioteca José Martí, entonces no tenían de qué preocuparse. Al menos no los verdaderos revolucionarios, claro, porque un verdadero revolucionario que actuaba con absoluta libertad siempre iba a escribir, pintar u opinar en beneficio de la revolución. Hablaba un Castro rousseauniano para el que no había conflicto entre libertad y revolución porque la voluntad individual y la voluntad revolucionaria eran la misma. El verdadero revolucionario no querría hacer otra cosa que servir a la revolución, y quien sintiera alguna duda se desenmascaraba. Eso, aunque grave, tenía remedio: el Estado acudiría para recordarle cuál era el camino del verdadero revolucionario y, de ser necesario, para orientar su espíritu creador. ¿Significaba eso que no había libertad creativa en Cuba? Desde luego que no, explicó sin inmutarse, significaba que la revolución, apelando a su derecho a existir, a desarrollarse y a vencer, no iba a tolerar nada que la pusiera en riesgo. «Dentro de la revolución, todo; contra la revolución, nada», sentenció, y no hizo falta que aclarara lo evidente, que él sería el encargado de establecer qué estaba dentro y qué no. Se acababan de borrar los límites entre ser crítico con la revolución y estar en contra de ella. Todo lo que no le gustaba a Castro, lo que proyectara una imagen de Cuba que no se ajustara a la que él tenía en mente, como *P. M.*, o cuanto le diera argumentos al enemigo, estaba fuera. Y estar afuera significaba dejar la isla o pagar las consecuencias.

El último número de *Lunes* apareció en noviembre de 1961, y en los siguientes años todos sus editores y colaboradores, empezando por Guillermo Cabrera Infante, el primero que lo vio venir, se exiliaron para no acabar en alguna de las cárceles de Castro. La Revolución cubana patrocinaría de forma notable una cultura que cuestionara todos los tópicos latinoamericanos —las dictaduras, el machismo, el imperialismo, las oligarquías— siempre y cuando no pusiera en duda que Castro y su revolución eran el remedio contra todas estas lacras.

CARACAS, 1962: LOS POETAS TAMBIÉN QUIEREN SER REVOLUCIONARIOS: EL TECHO DE LA BALLENA

Mientras en Cuba los comunistas se apropiaban de las instituciones culturales, imponían rigurosos parámetros neorrealistas en el cine y se preparaban para expulsar, censurar o perseguir a todos los escritores que se negaran a purgar su escritura de críticas, al resto del continente llegaba el aura seductora del nuevo estilo subversivo: hombres viriles, melenudos y barbudos que rompían todos los protocolos estéticos y normativos de la burguesía; hombres cuyo arrojo convertía la voluntad en destino y los ideales en acciones; hombres nuevos, guerrilleros que transformaban la realidad con una efectividad y prontitud que ningún gobernante tradicional podía emular.

La fascinación procubana fue arrolladora y traspasó las fronteras de la política, llegó a la cultura y animó a los jóvenes de todo el continente a convertir las artes en instrumentos revolucionarios. Quizá el primer intento ocurrió en Venezuela, con una agrupación de vanguardia revolucionaria que se autodenominó El Techo de la Ballena. El origen de esta cofradía de escritores y artistas fue el grupo Sardio, un nicho de intelectuales de vanguardia creado en 1955 para oponerse a la dictadura de Pérez Jiménez. Al igual que los nadaístas colombianos, Sardio rescataba de forma un tanto tardía las gestas poéticas de las primeras vanguardias revolucionarias, claramente las del dadaísmo. Eran libertarios que creían que el arte y la literatura debían hablar de su tiempo y ser críticas, sin por ello subordinarse a una función social a la manera del indigenismo. Aborrecían el arte nacionalista, el realismo socialista y el esteticismo. Confiaban, más bien, en la libertad comprometida; una libertad al servicio de la moral humanista.

Sin embargo, después del triunfo de la Revolución cubana, de la llegada de Betancourt al poder y de las tensiones que surgieron entre Acción Democrática y los comunistas, estos jóvenes empezaron a diferenciar la libertad de la democracia. Defendieron la primera y condenaron la segunda por tratarse, según la interpretación que sugería los nuevos tiempos, de un eufemismo que en los países de la periferia de Occidente camuflaba dictaduras. El mensaje del Che Guevara empezaba a calar entre los artistas. ¿Qué debían hacer, apoyar al demócrata Betancourt, que demostraba aburguesamiento y una actitud apaciguadora con Estados Unidos, o al revolucionario Castro, en quien recaía ahora todo el brillo antiimperialista y transformador? En el interior de Sardio se vivió esa disyuntiva, y fue tan intensa y obcecada que al final el grupo tuvo que disolverse en 1961, después de haber editado ocho números de una revista con el mismo nombre. Algunos de sus miembros quisieron seguir conspirando desde las artes, y fueron ellos quienes dieron el salto a El Techo de la Ballena. Purgado de artistas vacilantes, este grupo adquirió un perfil mucho más radical. Como decía Ángel Rama, fueron ellos «el equivalente literario y artístico de la violencia armada».[8]

Aunque compartían con los nadaístas las burlas al *establishment* cultural, a las élites y la Iglesia, El Techo de la Ballena fue mucho más virulento. Los venezolanos no eran nihilistas que buscaban el placer como una compensación al sinsentido; eran revolucionarios que querían ejercer la violencia mediante el arte y apoyar, a través de la poesía y la pintura, a la insurgencia armada. «Cambiar la vida, transformar la sociedad», el lema surrealista, aparecía en cada una de sus publicaciones; querían cambiar la existencia burguesa que florecía bajo la nueva democracia, querían sabotearla mediante la agresión estética, usando en sus pinturas y poemas elementos vulgares, sórdidos, nauseabundos. Uno de los poetas más importantes del grupo, Caupolicán Ovalles, publicó en 1962 un poema que se nutría de los antipoemas de Nicanor Parra y de la línea narrativa y combativa de Ernesto Cardenal, pero que ante todo era una provocación y una trampa para el enemigo de Castro.

¿Duerme usted, señor presidente?, se tituló el largo poema, un delicioso insulto a Betancourt. «Se cree el más joven / y es un asesino de cuidado», decía en los primeros versos. Luego le reprochaba su amistad con los yanquis y se burlaba de su estilo personal: «Si en vez de llorar / te murieses un día de estos, / como una puerca elegante con sus grasas / importadas del Norte, / nosotros, / que estamos cansados / de tanta estúpida confesión, / pondría-

mos a bailar las piedras / y los árboles darían frutos manufacturados».[9] Betancourt picó el anzuelo y censuró el poema, dando con su torpe maniobra razón a las voces guevaristas: la democracia era una dictadura encubierta. Bastaba buscarle las pulgas para que expusiera su rostro autoritario.

Si Ovalles provocaba con la poesía, Carlos Contramaestre, Juan Calzadilla y los demás artistas del grupo lo hacían con la pintura (Fig. 31). Alejados de todas las prácticas estéticas promovidas por el comunismo o por los comunistas —el muralismo, el nativismo, el realismo o el arte concreto—, también del arte cinético que convivió con el perezjimenismo, los pintores de El Techo de la Ballena optaron por el informalismo, un estilo agresivo, casi un golpe sobre la tela que permitía incorporar a la plástica los mismos elementos pobres y vulgares de los que se nutría la poesía de Ovalles. Cierto feísmo, acentuado por títulos irritantes («Homenaje a la necrofilia», se tituló una exhibición de Contramaestre en 1962), pretendía ser una ofensa a la burguesía, y de paso una ofensa a Betancourt. El Techo de la Ballena quiso deslegitimarlo, avergonzarlo, corroer su imagen, siempre con la esperanza de que en el horizonte habría una revolución marxista-leninista.

Pero la revolución no llegó nunca y la sublevación artística y la revolución armada perderían fuelle hacia 1967. Ese año Teodoro Petkoff, uno de los líderes más influyentes, abandonó la guerrilla, y no mucho después los artistas seguirían su ejemplo y desarmarían sus ánimos para entrar en las instituciones culturales y ganar los premios nacionales de literatura. Con su renuncia a la sublevación, Betancourt pudo dormir tranquilo. La democracia venezolana entraba a la década de los setenta sin enemigos visibles, convertida en la única que por su prosperidad podía dar cobijo a los cientos de perseguidos políticos exiliados de las dictaduras militares de todo el continente; un oasis de estabilidad que desmentía las teorías de García Calderón. Eran las democracias las únicas que podían contener la anarquía y el desgobierno, no las dictaduras.

BUENOS AIRES, 1962: CAE ARTURO FRONDIZI Y CONFLUYEN
EL PERONISMO Y EL CASTRISMO

La actividad subversiva también empezó muy pronto en Argentina, por dos razones: porque el derrocamiento de Perón en 1955 había dejado focos de resistencia activos, unas protomilicias inspiradas en las proclamas del más nacionalista entre los peronistas, John William Cooke, y porque el influjo del Che resonaba con enorme fuerza entre sus compatriotas. No dejaba de ser una enorme paradoja que Perón y el Che, dos personajes con políticas tan distintas, estuvieran destinados a inspirar a partes iguales a los nuevos revolucionarios argentinos. De haber coincidido en el tiempo y el espacio, muy probablemente se habrían odiado, y sin embargo entonces, en 1960, mientras Perón se refugiaba en la fascistoide República Dominicana de Trujillo y Guevara gobernaba en Cuba, el milagroso sincretismo delirioamericano los reunía en una misma fantasía. Cooke y las nuevas camadas peronistas estaban convencidas de que el peronismo y el guevarismo confluirían, y el primer síntoma de que aquel ensueño podía ser factible fue la facción de jóvenes peronistas de Tucumán, el Comando 17 de Octubre, que dio el paso a la lucha armada siguiendo el modelo castrista.

Se llamaron a sí mismos los uturuncos, «hombres tigre», aunque su nombre oficial fue Ejército de Liberación Nacional-Movimiento Peronista de Liberación. La empresa de estos jóvenes, no más de veinte, fue producto de una locura contagiosa. Como si estuvieran en Cuba frente al cuartel Moncada, en 1959 atacaron una estación de policía en Salta. Tuvieron éxito, creyeron que la revolución triunfaba. «¡Viva Perón!», gritaron, y volvieron a Tucumán a refugiarse en el monte. Pero allí vieron que la vida de guerrillero era tan dura y aburrida como la del anarquista utópico. No encontraron comida ni refugio. Perdieron kilos, las lluvias los empaparon y los debilitaron, y a los pocos meses estaban de regreso en sus casas. Los que no acabaron presos tuvieron que huir a Bolivia; era el final de los uturuncos, pero solo el inicio de las sublevaciones peronistas.

Cooke y su esposa, la poeta Alicia Eguren, viajaron en 1960 a Cuba para unir formalmente las causas del castrismo y el peronismo. Tenían argumentos que demostraban la compatibilidad de los movimientos: ambos defendían el nacionalismo y el antiimperialismo, ambos tenían una vocación popular, y no había un argentino que odiara tanto a los yanquis como Perón. Tal vez Cooke no deliraba; tal vez era un observador privilegiado que se dio cuenta de que los dos líderes no eran tan distintos. A pesar de que el primero buscó el asilo de Stroessner, Pérez Jiménez, Trujillo y finalmente Franco, los representantes del fascismo hispánico, sus ideas se parecían a las de Castro. Perón defendía una tercera posición que distanciaba a Cuba y Argentina de la Unión Soviética y Estados Unidos, y que legitimaba las alianzas estratégicas en función de los intereses nacionales. No solo eso. Ambos abogaban por la descolonización, identificaban la patria con el pueblo y la revolución y al colonialismo con la oligarquía. Habían surgido en ese lado de la historia, el de allá, en el que una semilla nacionalista podía germinar fascismos, americanismos o populismos. Cooke también se daba cuenta de que ahora lo que defendía la derecha lo podía defender con más efectividad la izquierda. La matriz era la misma, no había nada original. Fue tal su convencimiento y persistencia que consiguió algo sorprendente: en 1962 Castro invitó a Perón a instalarse en Cuba. Al caudillo populista, que estaba asilado en la España franquista, la idea le pareció un disparate.

Aunque Perón no quiso tener ningún vínculo con Castro, las circunstancias históricas los acercaban. La democracia había regresado a Argentina en 1958, con las elecciones que ganó Arturo Frondizi. Su triunfo había sido posible gracias al apoyo que le dieron los peronistas en la campaña a cambio de un compromiso: que legalizara su partido. Como si eso no fuera suficiente para alertar a los militares, el nuevo presidente expresó un entusiasmo mal o en absoluto disimulado por la Revolución cubana. Castro viajó a Argentina en visita oficial, y Frondizi defendió la permanencia de Cuba en la OEA. Hasta el Che entró de forma clandestina desde Uruguay a despachar con él, lo cual causó un pequeño terremoto. De pronto al presidente le salían dos rabos de paja: la alianza con los peronistas y la complicidad con los castristas. Los militares mostraron su descontento y Frondizi trató de remediar la situación rompiendo relaciones con Cuba, pero un mes después, en marzo de 1962, las elecciones legislativas dieron como vencedor al peronismo; eran demasiados sapos para el estómago castrense.

El 29 de marzo Frondizi fue derrocado y los resultados electorales, anulados. Aunque después de proscribir el peronismo los civiles siguieron en los puestos de poder, Argentina volvía a ver su proceso democrático interrumpido. Castristas y peronistas volvían a quedar desplazados a los márgenes, y allí no tardarían en reconocerse, unirse, lamerse las heridas y confluir en nuevos proyectos guerrilleros. Jorge Ricardo Masetti, el periodista que había creado Prensa Latina y reclutado a García Márquez para informar sobre Cuba, decidió poner en práctica —para fracasar estrepitosamente— la teoría del foco guevarista.

Durante sus días al servicio informativo de la Revolución cubana, García Márquez y Masetti habían sufrido en carne propia las tensiones que produjo el giro inesperado de Castro al socialismo. Ambos periodistas apoyaban sin restricciones a los barbudos, pero ninguno de los dos era comunista ni toleraba las formas conspirativas y verticales del estalinismo. El colombiano anhelaba una revolución caribeña e informal, sin burocracia ni tiranía, popular, sabrosa y liberada de dogmatismos e intransigencias, pero entonces habían llegado los comunistas a estropearlo todo. García Márquez acabó despedido de su puesto en la sucursal neoyorquina de Prensa Latina; le dijo adiós a la revolución y se marchó a México a convertirse en publicista y en el autor de *Cien años de soledad*, una decisión afortunada. Masetti, en cambio, quiso volver a las esencias guevaristas y fundó el Ejército Guerrillero del Pueblo.

La historia de esta guerrilla fue anecdótica, sobre todo trágica, porque de la treintena de hombres que la componían buena parte murió, Masetti entre ellos, unos por las inclemencias del monte, otros por la inclemencia de sus propios compañeros, que los fusilaron, y unos más por la inclemencia de los militares, que los ajusticiaron. Fue un episodio absurdo y cruel, que sin embargo encendía el fuego de lo que vendría luego, cuando un nuevo avance de los peronistas envalentonó a los militares para dar un nuevo golpe de Estado. En 1966 el general Juan Carlos Onganía se deshizo de los civiles y asumió el poder, imponiendo un mandato militar que se prolongaría, con tres cabezas distintas, hasta 1973. A partir de ese momento la reacción de los jóvenes peronistas y castristas sería violenta. Entre 1967 y 1970 surgieron el Ejército Revolucionario del Pueblo, que renegó de Perón pero no del Che; las Fuerzas Armadas de Liberación, también procubanas; las Fuerzas Armadas Peronistas, donde confluyeron antiguos fascistas del grupo Tacuara y peronistas de izquierda; las Fuerzas Armadas Revolucionarias, procubanas y autodefinidas como marxistas-leninistas-peronistas, y finalmente los Montoneros, los peronistas de izquierda que se dieron a conocer mundialmente gracias al secuestro y asesinato del exdictador Pedro Aramburu. Si el peronismo iba a volver al poder, ya no lo haría al modo populista, ganando elecciones, sino al modo castrista, mediante la lucha armada. Cuba atizaba el delirio y el resultado no era la creatividad sino la violencia, una nueva mezcla de nacionalismos de izquierda y derecha.

BUENOS AIRES, 1963: LOS FASCISTAS TAMBIÉN QUIEREN SER EL CHE

«¡Viva Eichmann!». «¡Mueran los judíos!». Las frases aparecieron pintadas en Buenos Aires en 1960, después de que una misión secreta del Mosad ubicara al jerarca nazi en la zona norte del Gran Buenos Aires, lo secuestrara y lo sacara furtivamente de Argentina para ser juzgado en Israel. Fueron obra del Movimiento Nacionalista Tacuara, una asociación juvenil cebada con la prédica fascista y clerical del sacerdote Julio Meinvielle, y con las ideas de Ricardo Rojas, Manuel Gálvez y Leopoldo Lugones. Su nombre, como el grito de guerra del integralismo brasileño, remitía a elementos vernáculos argentinos. La tacuara era la lanza que usaban los indígenas y los montoneros en el siglo XIX, un símbolo muy apropiado para una vanguardia fascista que legitimaba el uso de la violencia para defender a la nación de sus enemigos internos, especialmente de los judíos y toda la fauna izquierdista. Tacuara quería proteger la estirpe criolla, combatir el materialismo que amenazaba el pasado, abolir el espíritu mercantil que corrompía el espíritu y romper cualquier vínculo con poderes imperiales, bien se tratara del soviético y sus comunistas, del inglés y sus conservadores o del yanqui y sus partidarios del radicalismo. La única fe que toleraban, porque la creían consustanciada a la nacionalidad argentina, era el catolicismo.

Pero, por muy católicos que fueran, Tacuara estaba lejos de ser una escuela de piedad y tolerancia. Sus líderes, Alberto Ezcurra y José Luis Nell, conocido como Joe Baxter, fueron jóvenes de mentalidad totalitaria y violenta, dispuestos a purgar el mundo de amenazas e impurezas. Todo lo que a su juicio atentara contra la nacionalidad argentina, contra su esencia, su pureza o su historia, entraba en su diana. Lo curioso es que el fascismo de Baxter mezclaba fantasías importadas de Cuba. En «Nüremberg», un poema sobre los famosos juicios a los nazis, expresaba su sincretismo delirante: «Quien defiende a su tierra, a su ciudad, / el que mata al enemigo, el que lucha, / ese… ese es un criminal de guerra. / Y sobre Nüremberg se levantaron / horcas para asesinarlo. / Que descansen tranquilos los mercaderes. / Que sonría el fabricante de conservas. / Estadistas, traficantes prostituidos, / horda de canallas que gobernáis el mundo, / podéis reír, podéis descansar: / la última estrella ha muerto en Nüremberg. / La luz de la justicia no alumbrará ya / sobre el destino del hombre. / Pero nos habéis dejado el odio… / sí… el odio. / Y contra todas las leyes de la conducta humana / el odio engendrará el amor, / nuestro odio hará justicia. / El viento juvenil de nuestra idea nacida en las pampas y en los cerros / de la América guerrillera / levantará a los hombres de Europa. / Su odio los hará arrojarse / contra los viejos ídolos de vuestra / sucia democracia, / y volverán los grandes líderes / que un día levantaron su gesto / contra vuestra perfidia».[10]

El odio justiciero de Baxter mezclaba el fanatismo fascista con un llamado a la aventura revolucionaria. El éxito deslumbrante y heroico de la rebelión nacionalista impulsada por Fidel Castro lo había deslumbrado. ¿Cómo renegar del mayor golpe al imperialismo desde la independencia de América? Podrían ser o parecer de izquierda, era cierto, pero eso no invalidaba la fortaleza de su causa y la efectividad de su violencia. La Revolución cubana había sacudido los prejuicios de Baxter, hasta el punto de que Perón, el quemador de iglesias que se había convertido en la bestia negra del nacionalismo católico, ya no le parecía tan malo. Alberto Ezcurra, más católico e intransigente, notó que algo le estaba ocurriendo a su compañero y se lo hizo saber. Las diferencias se ensancharon, hasta que Baxter decidió escindirse de Tacuara con su propia facción de militantes. Más escorado a la izquierda, formó el Movimiento Nacionalista Revolucionario Tacuara, una protoguerrilla que volvía a incurrir en la dinámica delirioamericana por exelencia: convertir el fascismo en nacionalismo de izquierda, así, de la noche a la mañana, sin contradicción alguna. Ya no se trataría de convertir el nacionalismo de derecha en populismo, sino a las milicias fascistas en guerrillas de izquierda.

En 1963 el nuevo Tacuara comenzó a planear una serie de robos, entre ellos el de un camión de caudales. Pasaron luego a la clandestinidad, se desplazaron a Montevideo y allí entraron en contacto con otra guerrilla urbana, los Tupamaros. Desde Uruguay, Baxter logró viajar a Madrid para conocer a Perón. El joven de veintitrés años, lleno de brío y anhelo revolucionario, iba en busca de su venia. Y, a pesar del desconcierto que debió de sentir, Perón quedó impresionado. Los clerofascistas buscaban el respaldo del peronismo para formar una guerrilla de izquierda. ¿Cómo era posible eso? El prisma nacionalista convertía el azul en rojo o en verde olivo, y ahora los ultraderechistas reconvertidos en guevaristas querían un Perón enfundado en traje guerrillero.

Lo que ocurrió con Baxter estaba ocurriendo con muchos otros jóvenes católicos y nacionalistas. Tacuara y Acción Católica se convirtieron en las incubadoras de las que salieron las nuevas guerrillas izquierdistas o peronistas. El mismo Baxter acabó formando, con Mario Roberto Santucho, el Ejército Revolucionario del Pueblo en 1970. Otros jóvenes fundaron las Fuerzas Armadas Peronistas, y otros más los Montoneros. Entre los líderes de esta última organización, Fernando Abal Medina, Carlos Gustavo Ramos y Rodolfo Galimberti provenían de Tacuara. Como toda esa generación que orbitó en torno a la revista *Cristianismo y Revolución*, también ellos fundieron el nacionalismo, la religión, el marxismo, el peronismo, el guevarismo y el ejemplo de Camilo Torres. Hasta el escritor Rodolfo Walsh, que había pasado por la Alianza Libertadora Nacionalista, el grupo ultranacionalista de Patricio Kelly, acabó emulando al Che Guevara. El fascismo, al fin y al cabo, siempre había sido antiimperialismo; el cristianismo, anticapitalismo o ascetismo, y la violencia siempre se justificó como una defensa de la pureza identitaria y una protección contra el invasor o el opresor, que bien podía ser un judío, un liberal, un comunista, un empresario, un migrante o un yanqui. La prueba reina de que un mismo grupo de ultras nacionalistas podía justificar la violencia izquierdista y la violencia derechista, es que de Tacuara también saldrían los miembros del grupo paramilitar que operó al servicio de Perón. En 1973, con su venia y la de su tercera esposa, Isabelita, futura presidenta de Argentina, el siniestro José López Rega creó la Alianza Anticomunista Argentina para eliminar físicamente a los Montoneros, ese grupo al que Perón había llamado «juventud maravillosa», los muchachos que «han aprendido a morir por sus ideales».[11] En otras palabras, y para que quede claro, de Tacuara salieron los Montoneros y la Triple A, los dos para servir al líder matándose entre ellos. Nadie estaba preparado para entender a Perón, para descifrar su cinismo camaleónico y su sentido de la oportunidad, menos aún su habilidad para parecer una cosa y la contraria, para convencer a unos de que era un revolucionario de izquierdas y a otros un nacionalista de derechas, y todo esto al mismo tiempo, con la misma sonrisa, y todo con el mismo propósito: llegar al poder, conservar el poder o volver al poder. Y nada más. Eso y nada más.

SAN VICENTE DE CHUCURÍ, 1966: CAE CAMILO TORRES Y LOS CURAS SE METAMORFOSEAN EN EL CHE

Como si el tiempo no avanzara en América Latina, o como si los mismos ciclos se repitieran una y otra vez, ahora era un cura, Camilo Torres, quien caminaba con su revólver por las veredas boscosas de San Vicente de Chucurí. La mezcla de religión y violencia revolucionaria no se había dado solo en Argentina. En Colombia, Torres se convertía en el primer religioso que acudía al llamado guerrillero, convencido de que las armas obrarían el milagro que el amor cristiano no había podido cumplir. Llevaba unos pocos meses en el Ejército de Liberación Nacional, la guerrilla que Fabio Vásquez, líder de un grupo de colombianos becados por Fidel Castro, había formado en 1964. Camilo ya no era cura y ni siquiera se llamaba Camilo. Lo habían expulsado de la Iglesia y en la guerrilla fue rebautizado con el nombre de Argemiro, pero a pesar de ello seguía siendo cristiano hasta la médula. Es más, fue su reflexión sobre el cristianismo lo que determinó su conversión en guerrillero. La frase más célebre que se le recuerda era bastante explícita: «El deber de todo cristiano es ser revolucionario y el deber de todo revolucionario es hacer la revolución». Todo sacerdote, creía Torres, acabaría convirtiéndose en guerrillero, y cientos de religiosos del mundo entero, desde españoles a estadounidenses, sucumbieron a su ejemplo.

Antes de ingresar en el ELN Camilo ya era una personalidad política muy conocida y querida en Colombia. Llevaba varios años haciendo investigación sociológica con estudiantes de la Universidad Nacional, y había organizado una plataforma política, el Frente Unido, con la que había pretendido congregar a todos los sectores populares y a todos los partidos excluidos por el bipartidismo del Frente Nacional. Había congregado a la divergencia liberal del MRL, al Partido Comunista, a la ANAPO del exdictador Rojas Pinilla y al MOEC, el primer grupo que en Colombia se entusiasmó con la Revolución cubana. Si las élites liberal y conservadora habían forjado el Frente Nacional, los sectores excluidos les opondrían el Frente Unido. O, como decía Camilo, si los intereses de la oligarquía ya estaban representados, ahora llegaba la hora de que las clases populares hicieran oír sus demandas y presionaran desde abajo a los de arriba. Los ecos de Jorge Eliécer Gaitán eran evidentes, pero solo en el discurso, no en su programa. En el Frente Unido primaba el dogmatismo camilista, una mezcla de horror cristiano a la riqueza y el imperativo planificador del socialismo. El cura estaba a miles de kilómetros del político. Quería confiscar, a menos que el propietario demostrara que esa renta era su único ingreso, segundas viviendas; quería multar por tener habitaciones vacías en la propia casa, imponer límites a la ganancia individual, nacionalizar los medios de comunicación, los transportes, los recursos naturales, los bancos y los servicios de salud; quería la sustitución de importaciones y la industrialización, aplicar una reforma agraria sin reparar por las tierras confiscadas, que derivara en la organización cooperativa de los campesinos.

Es difícil saber si Torres se tomaba en serio el Frente Unido o si fue una simple ocurrencia, porque de la noche a la mañana, cuando apenas llevaba unos meses trabajando en su plataforma política, lo dejó todo para ingresar en el ELN. Hasta entonces había creído que el cristianismo —su amor, sus valores— podía humanizar las estructuras más podridas de cualquier sistema, hasta las del capitalismo, pero después de aplicar ese bálsamo de Fierabrás y descubrir que el capitalismo no se plegaba al servicio de los pobres, su pensamiento tomó otro curso. Ni los hombres se humanizaban ni las estructuras se ablandaban; para conseguir cambios sociales se necesitaba otra cosa, y tratando de entender qué era, dónde se hallaba, con sorpresa y hasta culpa se vio de pronto con un libro de Marx entre las manos. No fue capaz de reconocerse a sí mismo como comunista, eso era demasiado, pero después de unas cuantas páginas estaba seguro de que las ideas ahí expuestas le darían herramientas útiles para su lucha. Como san Francisco, que hacía comer del mismo plato al ciervo y al león, Camilo estaba mezclando a Marx con la Biblia, y no tardaría en lograr otro prodigio de la alquimia latinoamericana: una fantasía en la que Jesucristo cargaba un fusil y la Biblia se convertía en un texto protomarxista. Ni el mismo ideólogo alemán lo hubiera adivinado: en América Latina, ese continente sin clase obrera al que nunca le dio importancia, sus ideas encontraban en los curas a los más eficaces divulgadores.

Camilo obtuvo del marxismo dos visiones claras: sin influencia en la planificación económica de la sociedad, las buenas intenciones del cristianismo se quedaban solo en eso, en entelequias que estallaban al contacto con la realidad. La otra, que para incidir en la economía de un país subdesarrollado como Colombia primero había que transformar por completo las estructura del poder. La ayuda de los marxistas se hacía aquí imperante, eran los Ahab que luchaban contra esa ballena blanca, los únicos que pretendían revolucionar las estructuras sociales. Camilo volaba. Si «este bien —dijo— no se puede realizar sino cambiando las estructuras temporales, sería pecaminoso que el cristiano se opusiera al cambio». El marxismo daba las herramientas para cumplir los designios del cristianismo, y por lo mismo se convertía en la guía práctica del catolicismo.

Y así había llegado el cura Torres a los campamentos del ELN en el departamento de Santander. Aún no había entrado en combate y por eso no tenía fusil, el trofeo que cada guerrillero debía ganar arrebatándoselo al enemigo. Sabían que una columna del ejército los perseguía, y que la meta para los primeros días de 1966 era emboscarla y liquidarla. A Fabio Vásquez no le gustaba la idea de que Camilo participara en el operativo. Aún lo veía verde y no quería exponer a su activo propagandístico más valioso. El cura guerrillero, sin embargo, quería acción, siempre la quiso, y se negó a permanecer en la retaguardia. Se plantó con los demás en la orilla de los caminos, cavó trincheras, pasó noches en vela, y por fin vio asomar al primer soldado. Estaba junto a Fabio cuando empezaron los disparos, y en la refriega agotó la carga de su revólver. Cuando el polvo y el humo se disiparon, vio tendido en el camino a un soldado. ¿Lo había matado él? Difícil saberlo. Lo que sí supo fue que el rifle que descansaba al lado del cuerpo era su trofeo. Entonces se puso al descubierto; la misma impericia de José Martí lo animó a precipitarse, y después de unos pasos recibió un disparo en el hombro. Esa bala lo dejó a merced de otro soldado, que lo remató cuando intentaba volver a la trinchera. Moría Camilo Torres, otro mito, otro mártir que invitaba, como ya lo había hecho Martí con los poetas, a los sacerdotes a morir por la revolución americana.

El mismo año en el que se fundó el ELN, en Bogotá se debatía intensamente un problema heredado de La Violencia y agravado por el influjo de la Revolución cubana. Los focos de resistencia campesina que habían surgido a raíz del enfrentamiento entre liberales y conservadores nunca se reintegraron a la vida civil. Seguían ahí, viviendo con sus propias leyes e imponiendo su mando sobre su pequeño territorio, con el agravante de que allí no entraba nadie, ni la policía ni los jueces, solo el comunismo. «Repúblicas independientes», las llamó Álvaro Gómez, hijo de Laureano, un término demasiado sofisticado para esa colcha de retazos en que se había convertido Colombia, llena de fronteras invisibles trazadas por el gamonalismo, el bandolerismo y el comunismo; un problema serio, sin duda, para el cual había que tomar una decisión rotunda. ¿Debía primar la autoridad del Estado para imponer su mando y recuperar el control del territorio, o había que negociar y recuperar la confianza de campesinos que llevaban diez, quince años instalados en el monte? Lo primero suponía entrar con el ejército a

doblegar a los rebeldes; lo segundo, tal vez, porque no se hizo, hubiera forzado al país a reconocer que sus instituciones, aunque sólidas, no cobijaban
a la población entera, eran un traje fino, zurcido por élites cultivadas, que
llegaba solo hasta la pantorrilla. Bonito de la cintura para arriba, una miseria de ahí para abajo.

En 1964 finalmente se optó por la acción armada, y uno de estos asen-
tamientos, el de Marquetalia, fue atacado por tierra y aire por más de dos
mil soldados. Pero el intento de sofocar la rebelión lo que consiguió fue
agitar el avispero, y todos los campesinos hostigados se internaron en el
monte a limar sus diferencias ideológicas, asumir el padrinazgo del Partido
Comunista y fundar las FARC. Era evidente que esta guerrilla, por su origen,
por su composición campesina y no de jóvenes intelectuales, debía poco a
Cuba. Por lo mismo, también sería la prueba de que la teoría del foco era
un delirio voluntarista que conducía a la inmolación absurda. Si las FARC
sobrevivieron al militarismo de los años sesenta y setenta, fue porque estaban
plenamente integradas al territorio desde mucho antes de que llegaran noticias de la Revolución cubana. Y si el ELN logró sobrevivir al naufragio de
las otras guerrillas guevaristas, fue por lo mismo, porque siguió los pasos
de las FARC. Puede que ninguno de esos campesinos hubiera leído a Althusser o a Régis Debray, mucho menos a Rodó o a Mariátegui, pero la intemperie les había curtido la piel y la paciencia para vencer a los mosquitos y al
aburrimiento.

Con los años se irían sumando a estas dos estructuras guerrilleras el Ejército Popular de Liberación, maoísta; el Quintín Lame, indigenista, y el M-19,
nacionalista. Con ellos la violencia mutaba, dejaba de ser partidista y paraestatal para convertirse en violencia revolucionaria y contraestatal, un cambio
gigantesco, sin duda, pero no en la dirección correcta. Porque el país seguiría
donde estaba, en medio de una guerra civil o de un conflicto interno no declarado, con ciertas zonas rurales bajo el control del más fuerte y las ciudades
reguladas por instituciones relativamente sólidas, un contraste esquizofrénico
al que aún no se le ha puesto remedio.

1968, MEDELLÍN: LOS SACERDOTES BUSCAN LA LIBERACIÓN DEL OPRIMIDO

Tras su muerte, Camilo Torres se convirtió en un símbolo muy poderoso
dentro y fuera de la Iglesia, algo que no debe extrañar que ocurriera. En un
país pobre y desigual, su martirio reunía muchos elementos que apelaban directamente a la conciencia de las élites: la vocación de servicio, el compromiso
con los desheredados, la renuncia a los privilegios y a la membresía de una

clase social alta y de un Iglesia desconectada de las necesidades materiales de sus fieles. Todo esto coincidía con el aura mítica que rodeaba a la Revolución cubana y con el Concilio Vaticano II de 1962, un intento de la Iglesia por mirarse a sí misma y ponerse al día. Como a los poetas de los años veinte, ahora les correspondía a los sacerdotes bajarse de la torre de marfil para contaminar el Evangelio, no los versos, con los problemas que estallaban a ras de calle. No más escapismo, no más evasión modernista, que era lo que había promovido la pastoral tradicional; ahora había que transformar la realidad presente, el aquí y ahora: liberar, emancipar. Si los artistas de 1920 usaban mucho la palabra «acción», los curas empezarían a hablar de «praxis», y siguiendo el ejemplo de Camilo Torres leerían a Marx para acabar con más frecuencia en la guerrilla que en el Infierno. Se necesitaban nuevas herramientas; herramientas sociológicas teórico-prácticas que afectaran a la realidad. Había que remangarse la sotana y entrar en el fango, chapotear en la política y cuestionar la alianza que la Iglesia había establecido con el poder institucional desde la colonia. Si el cristianismo entrañaba una vocación por los pobres, entonces era con ellos con quienes había que estar, y si se suponía que la praxis cristiana debía ser transformadora, entonces no se podía rechazar la praxis más transformadora de todas, la marxista.

Los sacerdotes tuvieron la oportunidad de verbalizar todas estas dudas e inquietudes en la reunión del Episcopado latinoamericano celebrada en Medellín en 1968. Allí se expusieron una serie de ideas que tres años después, cuando el teólogo peruano Gustavo Gutiérrez publicó *Teología de la liberación. Perspectivas*, se convertirían en un programa general destinado a intervenir en el mundo con fines cristianos y revolucionarios. El ejemplo de los teólogos contagiaría a los filósofos, y en 1972 varios de ellos se reunirían en Córdoba para responder a una pregunta parecida: cómo desarrollar una filosofía latinoamericana emancipadora. Como si fuera la consigna de los tiempos, por todos lados se empezaron a oír las mismas palabras: «liberación» y su contraparte, «opresión» y «servidumbre». Los brasileños Paulo Freire y Augusto Boal, pedagogo el primero, dramaturgo el segundo, imaginaron prácticas educativas y culturales destinadas a combatir las segundas en nombre de las primeras. Después de la euforia desarrollista de los años cincuenta, las mentes más audaces trataban de entender por qué la urbanización no había generado un proceso de industrialización real, y por qué el resultado de las economías latinoamericanas seguía siendo tan pobre. Los economistas también entraron en la discusión con su teoría de la dependencia, un concepto que remitía a una discusión similar: la sumisión de las economías débiles a las poderosas de Europa y Norteamérica.

Por todas partes parecía haber sogas, cadenas y yugos; dependencias, opresiones, servidumbres y sometimientos. Tras la euforia nacionalista que impulsó el desarrollismo, la teoría social de los sesenta fue una gran epopeya sadomasoquista. América Latina dejaba de ser el continente que podía cerrar sus fronteras para crecer hacia adentro con sus fuentes nutricias, y se convertía en el sumiso esclavo que gozosa e irracionalmente dependía o se dejaba explotar de su primermundista amo. Empezaba la victimización generalizada del continente entero, la aparición del latinoamericano víctima. El problema no era el subdesarrollo, como habían creído los cepalistas, el problema era la dominación, algo muy distinto porque operaba con la complicidad de la víctima, como si un terrible mal anidara en lo profundo de su conciencia o de su alma. No estábamos ante un problema económico, o no solamente, sino frente a una cuestión espiritual.

Y era aquí donde entraban con autoridad los religiosos a la conversación pública, porque si había que liberar a América Latina de ese mal, del Mal a secas, nadie mejor que ellos. El análisis de Gutiérrez y de sus colegas apuntaba allí, al hombre y a su alma; afirmaba que su liberación pasaba por hacerlo consciente de la realidad y de su situación en ella, y de combatir el vicio que entorpecía los planes de Cristo en el mundo. No solamente había que señalar al otro; había que indagar en la propia alma cómo se manifestaban el egocentrismo, la envidia, el desprecio a los otros, el egoísmo. Sobre todo el egoísmo, la madre de todos los pecados porque suponía replegarse sobre sí mismo y negarse a amar a Cristo. «Cristo salvador —decía Gutiérrez— libera al hombre del pecado, raíz última de toda ruptura de amistad, de toda injusticia y opresión, y lo hace automáticamente libre, es decir, vivir en comunión con él, fundamento de toda fraternidad humana».[12] Ese sería el hombre nuevo forjado por la teología de la liberación, un ser liberado del pecado, emancipado del egoísmo. Con este énfasis en las cuestiones espirituales, Gutiérrez no estaba negando que hubiera razones estructurales y condicionamientos objetivos de la opresión; estaba diciendo que detrás de toda estructura y de todo condicionamiento también se agazapaba el pecado. Marx tenía razón, desde luego, pero también Dios, ni más faltaba. La liberación del pecado repercutía en dos niveles, uno material y otro espiritual. Desde la teología el destino era la comunión con Dios y con todos los hombres, el amor universal y el reino de los cielos; desde el marxismo, la revolución social, el fin de la explotación y la justicia en la Tierra. Sin egoísmo el hombre se liberaría del pecado, la sociedad, de la opresión y América Latina, de la dependencia. De lo micro a lo macro. De lo espiritual a lo material. De la teología al marxismo. Del desarrollismo a la revolución.

La teología de la liberación dejaría una marca indeleble en el pensamiento latinoamericano, más aún cuando llegó Michel Foucault, otro pensador de tintes sadomasoquistas y cristianos, para quien detrás de todo problema social también se escondía el pecado, otro Mal, ya no el egoísmo sino el poder. Esta escuela buscó el absoluto, la causa última de todos los males, el vicio original que se agazapaba detrás de las estructuras sociales, de las grandes violencias y de las cotidianas microagresiones, y por eso siempre llegó a conclusiones similares, bíblicas: el Mal nos perseguía, la voluntad de poder, el colonialismo, el privilegio o el egoísmo estaban ahí, en el alma de cada uno de nosotros, doblegándonos, convirtiéndonos en siervos pecadores. El único camino liberador era la introspección, el reconocimiento de la culpa, la confesión pública de los privilegios, la deconstrucción de la masculinidad, la entrega total a las víctimas, el rechazo de la contaminación colonizadora; solo la salvación liberaba.

El diagnóstico teológico-marxista de Gutiérrez o de todas las otras filosofías del absoluto requerían de un segundo paso, hacer que la gente entendiera el problema, que se «concientizara», como empezó a decirse en esos años, de que era un siervo y de que estaba esclavizado por el pecado que algún maligno —la colonia, Estados Unidos, el capitalismo, Satanás— había inscrito en su alma o en su mente. Gutiérrez recurrió entonces a Paulo Freire y a su pedagogía del oprimido, que le parecieron bastante útiles porque intentaban que la gente se diera cuenta de que estaba actuando según los intereses de quienes los oprimían. Tanto él como Boal, los teóricos de la dependencia, los teólogos y los filósofos de Córdoba trataban de mostrarle al latinoamericano que estaba esclavizado, que no era libre. Gutiérrez lo decía casi con esas palabras: «Caracterizar a América Latina como un continente dominado y oprimido conduce, naturalmente, a hablar de liberación y, sobre todo, a participar en el proceso que lleva a ella».[13] Lo primero era buscar las cadenas para después romperlas. Y, como quien busca encuentra, los avistamientos proliferaron por todas partes. Uno de los filósofos del congreso de Córdoba decía que se nos había impuesto una «cultura domesticadora extraña», responsable de «anestesiar la conciencia de nuestros pueblos».[14] Nuestras conciencias estaban intelectualmente colonizadas, y además vivíamos en contextos aplastados por lo que otro de los filósofos de Córdoba llamaba una «estructura económico-social, política y cultural de dominación».

Lo que estaba ocurriendo aquí era fascinante: si el indigenismo había puesto en primer plano al indio y al campesino como víctimas de la sociedad, estas filosofías, teologías y pedagogías estaban borrando la diferencia entre los personajes vernáculos y el resto de la población. A partir de los años setenta el latinoamericano adquiría su condición oficial de víctima (muchos no tardarían en convertirse en víctimas profesionales), porque con la excepción de las oligarquías y de las élites aliadas a los intereses extranjeros, todos estábamos sometidos a las lógicas colonizadoras y opresoras. Ser un verdadero latinoamericano suponía ser consciente, «concientizarse», ay, de que tanto las condiciones económicas como las estructuras mentales y las influencias intelectuales y culturales que predominaban en nuestra vida eran ajenas y opresoras. Y de que detrás de todo esto estaba, cómo no, el pecado: «Consideramos un derecho y un deber —decía un grupo de sacerdotes brasileños— denunciar como señales del mal y el pecado la injusticia salarial, las privaciones del pan cotidiano, la explotación del pobre y de la nación, la opresión de la libertad».[15]

El asunto era serio, trascendental. Estábamos en una batalla contra el Mal, en una batalla espiritual y material que justificaba otro camino a la salvación más drástico, no limitado a la introspección o al reconocimiento de culpas. Gutiérrez lo decía, lo anunciaba; por un lado condenaba enfáticamente la violencia del opresor, y por otro justificaba la del oprimido. Como sus colegas fascistas, ahora también los sacerdotes de izquierdas levantaban la veda. Las víctimas podían armarse para doblegar las estructuras donde anidara el pecado. La relación sadomasoquista seguía siendo la misma, pero ahora los papeles se invertían: le llegaba el turno a la víctima de empuñar el látigo.

1967, LA HIGUERA: EL CHE GUEVARA MUERE EN BOLIVIA Y SE REENCARNA EN UNA CAMISETA

Un ejemplo claro de la pulsión tanática que estaba convirtiendo este capítulo de la historia latinoamericana en un martirologio fue la torpe peripecia del Che Guevara en Bolivia. Es curioso que un año después de su muerte los jóvenes de medio mundo invocaran su nombre en rebeliones hedonistas y surrealizantes, cuando todo aquello le hubiera resultado repulsivo. Su misión en la vida no fue potenciar el individualismo ni hacer de la existencia una obra de arte, sino crear un hombre nuevo, el guerrillero ascético, esa máquina de matar movida por el odio hacia todo lo que alejara a América Latina de su destino socialista. Guiado por ese ideal llegó a Bolivia, donde le esperaba el mismo final que tuvo José Martí: una muerte tonta y cruel. Tonta, porque Guevara era consciente de las dificultades que entrañaba hacer una revolución justo en Bolivia; cruel, porque el guerrillero ni siquiera cayó en la lucha, sino preso, con un disparo ordenado por uno de los muchos generales autoritarios que pasó por el palacio Quemado.

La suma de eventos que acabaron en su muerte empezó en 1964. Desde la revolución boliviana de 1952, el poder había estado en manos del MNR. Paz Estenssoro gobernó hasta 1956; le dio luego el relevo a Hernán Siles Zuazo y volvió a la presidencia en 1960. Pero entonces ocurrió algo inesperado. En lugar de pasarle el testigo a Juan Lechín, el dirigente obrero a quien se le había prometido la candidatura presidencial, Paz Estenssoro se saltó la prohibición constitucional y se postuló para un segundo periodo consecutivo. La tentación populista provocó un terremoto político y una terrible fractura en el interior del MNR. Las fuerzas sociales que hasta entonces habían apoyado a los nacionalistas se alejaron, y Lechín y los sindicatos le dieron la espalda al candidato reincidente, lo mismo que Siles Zuazo y algunos otros sectores de su partido. El MNR explotó, y esas divisiones internas le impidieron convertirse en un partido hegemónico, indiferenciable del Estado, como el PRI mexicano. Paz Estenssoro se quedó sin el apoyo de las bases y del electorado, y entonces cometió un terrible error, otra inclinación populista: aliarse con el ejército. Como fórmula presidencial para las elecciones de 1964 eligió al general René Barrientos, un aviador mestizo y quechuahablante, hijo de una indígena, que sin embargo estaba lejos de encarnar el nacionalismo estenssorista. Al contrario, Barrientos se había formado en Estados Unidos y adoraba el estilo de vida yanqui, algo que resultó evidente tres años después, cuando invitó a los boinas verdes a cazar al Che Guevara en las selvas bolivianas.

Para ese entonces Barrientos ya era el gobernante de Bolivia, claro. Había ascendido a la vicepresidencia de la mano de Paz Estenssoro, y a los tres meses le había dado un golpe de Estado. En noviembre de 1964, aprovechando el inconformismo de los mineros y de los maestros, lo montó en un avión rumbo a Lima y se deshizo de él. Desde entonces Bolivia era una dictadura militar típica de los sesenta, aliada de Estados Unidos y brutal, uno de los peores lugares del mundo para iniciar una revolución y justo el lugar que escogió Guevara para armar un Vietnam latinoamericano. Es verdad que a Guevara también lo entretenía la idea de cruzar la frontera sur de Bolivia para llegar a la región de Salta y liberar a Argentina, pero eso no dejó de ser un sueño. La realidad es que estuvo muy lejos de ese objetivo porque ni siquiera en Bolivia logró instalarse y armar una guerrilla digna del nombre. No tuvo el apoyo de Mario Monje, líder del Partido Comunista de Bolivia, porque Castro le dijo que tenía que recibir a un alto mando cubano que quería cruzar hasta Argentina, no que Guevara —el Che, ni más ni menos— se disponía a iniciar una revolución en su propio país. Ni siquiera el mismo Monje veía viable una lucha armada en Bolivia, y mucho menos una en la que tuviera que subordinarse a las órdenes de un argentino.

¿De verdad un extranjero iba a liberar a Bolivia? Muy poco probable. Monje se encargó de ponérselo difícil a Guevara recomendándole Ñancahuazú como destino, un territorio húmedo y selvático, poblado por colonos favorecidos por la reforma agraria, algo que no era irrelevante. El mismo Guevara era consciente de que en el país andino ya había habido una revolución. Los campesinos bolivianos, a diferencia de los cubanos, se habían convertido en propietarios de las tierras, y sabía, o al menos debió de saberlo, que quien tiene una tierra no se ve motivado a hacer la revolución, y más bien se alarma al ver a un grupo de forajidos merodeando por sus terrenos. Eso, y la alianza entre militares y campesinos, acabarían dificultándoles al Che y a su incipiente foco ganarse la confianza de los lugareños. En uno de los países más nacionalistas del continente, donde además el ejército había sido la encarnación del alma nacional, las lealtades de los campesinos eran claras. El gran pedagogo de la revolución mundial cometía errores de principiante. Pensaba que vencería obstáculos históricos y sociológicos enormes, y no. Tampoco logró establecer enlaces locales fiables, perdió rápidamente contacto con la ciudad y se jugó la suerte con el febril entusiasmo de Régis Debray, el francés que acabó escoltando su aventura suicida. Porque su puñado de visionarios no eran la vanguardia de nada, solo un blanco fácil que poco a poco fue rastreado, cercado, mermado y finalmente, el 8 de octubre de 1967, emboscado en la quebrada del Yuro. Guevara no pudo hacer nada para impedir la derrota. Vio cómo algunos guerrilleros caían muertos y otros, él mismo, resultaban heridos. Los sobrevivientes fueron trasladados luego a La Higuera, un pequeño caserío, y allá llegó la orden de Barrientos: que parecieran bajas en combate.

Moría el Che Guevara en Bolivia para resucitar a los pocos meses en las camisetas y carteles de los sesentayochistas europeos. Ese fue el destino trágico del guerrillero, acabar siendo el símbolo de una revolución que no era la suya, el souvenir revolucionario que mejor se adaptó al sistema capitalista que tanto odió. De paso, y tal vez esto sí le habría gustado, ayudó a que América Latina se convirtiera en un imán y en un símbolo de distinción para todos los primermundistas con ganas de aventura, ínfulas de superioridad moral e iconoclasia revolucionaria.

BUENOS AIRES, 1970: LOS MONTONEROS ASESINAN A ARAMBURU

Después del martirio de Camilo Torres y de las mezclas ideológicas que hicieron los teólogos de la liberación, sobre todo después de que los militares se deshicieran de los civiles en 1966 y Onganía volviera a forzar la clandestinidad del peronismo, los jóvenes de Tacuara y de Acción Católica pudieron sentirse más cerca del Che que de Franco. También ellos contribuyeron a la mezcolanza teórica de la época, sumando el peronismo al cristianismo y el marxismo. En 1967 formaron el Comando Camilo Torres, y Fernando Abal Medina y su pareja, Norma Arrostito, viajaron a Cuba a entrenarse. Un año después ya eran los montoneros. Como «tacuara», ese nombre también remitía al pasado decimonónico en que los gauchos indóciles luchaban por la independencia argentina. Después del periodo cosmopolita de los años cincuenta, en los sesenta las guerrillas nacionalistas e indigenistas volvían a rescatar ciertos elementos vernáculos como símbolo de su lucha. Serían nacionalistas y vanguardistas, como el criollismo, pero no promoverían una revolución cultural sino armada.

En 1968 nadie sabía aún que los montoneros eran una guerrilla. Esperaban el gran golpe de efecto, una incursión justiciera y autopublicitaria que los llevara a las páginas de todos los diarios. En esto las guerrillas también remedaron el comportamiento de las vanguardias artísticas. Estuvieron forzados a llamar la atención, algunas mediante actos simbólicos, casi *performances*, y otras mediante la violencia. Los montoneros optaron por la segunda estrategia, y vaya de qué forma. El 29 de mayo de 1970, dos de ellos se hicieron pasar por militares, subieron al apartamento de Pedro Eugenio Aramburu, el general que había derrocado a Perón en 1955, y lo engatusaron para que bajara y los acompañara. En realidad estaban secuestrando al mayor símbolo del antiperonismo, a la bestia negra que había forzado el exilio del conductor y que había expatriado el cadáver de Eva Duarte. Querían someterlo a un juicio popular, una de esas farsas que acababan inevitablemente con un balazo en la sien del acusado. El 1 de junio, los montoneros tuvieron su bautismo de sangre «pasando por las armas» al exdictador Aramburu. Empezaba una guerra santa que tendría como meta el poder para Perón. Así lo decían en su «Comunicado n.º 5»: «Nuestra organización es una unión de hombres y mujeres profundamente argentinos y peronistas, dispuestos a pelear con las armas en la mano por la toma del Poder para Perón y por su Pueblo y la construcción de una Argentina Libre, Justa y Soberana».[16]

Los artículos que se escribieron en *Cristianismo y Revolución* apoyaban esta empresa y legitimaban el uso de la violencia. En el número 17 de junio de 1969, un tal Olivier Maillard decía que el dilema moral no consistía en establecer si la violencia era buena o mala, sino en decidir si se podía permitir que más niños murieran de hambre. La conclusión a la que llegaba era predecible: si para alimentar al pobre había que usar la violencia, bienvenida era. Algo similar decía el sacerdote Rubén Dri en el número 22 de enero de 1970. La violencia de las personas explotadas no era condenable; al contrario, era el único camino para solucionar las injusticias. Los católicos de izquierda y los teólogos de la liberación eran ahora los más entusiastas promotores de la violencia. Adelante, a matar: el oprimido estaba en todo su derecho de liberarse del opresor con todos los recursos a su alcance. En un comunicado que apareció en *Cristianismo y Revolución*, los montoneros analizaban la historia argentina desde un ángulo que recordaba al de Carlos Montenegro en *Nacionalismo y coloniaje*. A lo largo del proceso histórico, decían, se habían desarrollado dos corrientes políticas, «por un lado, la de la Oligarquía liberal, claramente antinacional y vendepatrias; por el otro, la del Pueblo, identificada con la defensa de sus intereses que son los intereses de la Nación, contra los embates imperialistas». Hablaban luego de las luchas independentistas lanzadas por el ejército de San Martín y por las montoneras gauchas, refiriéndose a ellas como la expresión de una corriente nacional y popular que había aflorado en dos momentos fundamentales: en 1810, con la revuelta de mayo que antecedió a la declaración de la independencia, y en 1945, cuando el pueblo se levantó para liberar a Perón. De ahí extraían dos lecciones cruciales. Una, que el peronismo era «la única expresión de unidad nacional en 160 años desde la Quiaca hasta Tierra del Fuego y desde Mendoza hasta Misiones», y dos, que Perón era «el principal freno al imperialismo y a los opresores nativos».[17] Habían hecho una extraña síntesis entre socialismo y peronismo, y ahora estaban convencidos de que la lucha contra el imperio pasaba por la revolución social, y que el peronismo era el dique que frenaría a la democracia liberal. Los autodenominados «peronistas de base» lo decían: «El peronismo representa la imposibilidad del capitalismo argentino para consolidarse como democracia liberal-burguesa».[18] Se trataba del viejo nacionalpopulismo y del viejo arielismo de izquierdas, mezclado con el nuevo elemento que introdujo Castro: la guerrilla armada. Lo mismo pero peor.

Lo más sorprendente es que ninguna de estas derivaciones, teorizaciones e hibridaciones contaba con la venia de Perón. Mientras él vivía tranquilamente en la España franquista, muy atento a lo que ocurría en Argentina pero al margen de las actividades subversivas, sus seguidores jóvenes luchaban contra los militares en su nombre. Perón los alentaba, desde luego, eran un regalo caído del cielo; les hacía guiños, hasta celebraba su martirio. Le interesaba que perpetuaran el proselitismo armado, que dieran golpes con simbología nacionalista, que se sumaran al Cordobazo de 1969 y luego al Viborazo, al Mendozazo, al Rocazo, a todas las insurrecciones populares que estallaban en los pueblos para protestar contra la dictadura, cómo no. Para demostrar que estaba con ellos, nombró a Héctor Cámpora como su delegado en Argentina y a gente del entorno montonero en cargos importantes. Su proyecto nacional, sin embargo, no los contemplaba en absoluto.

Con Perón en la Casa Rosada, Mario Firmenich y otros líderes montoneros acabaron encarcelados y *El Descamisado* y *El Peronista*, cerrados, y la lucha de clases y el socialismo nacional no aparecieron por ningún lado. Perón era un nacionalista de derechas que se disfrazaba, cuando le convenía, de nacionalpopulista de izquierdas. Usó a los montoneros para debilitar a la dictadura, y luego usó a la Triple A para aniquilar a los montoneros. La escenificación de ese drama, de ese absurdo malentendido, fue la carnicería en que degeneró el recibimiento que sus seguidores, los de derecha y los de izquierda, le prepararon a Perón en junio de 1973, cuando acababa su exilio y volvía para reemplazar a Cámpora en la presidencia. Durante la espera, los derechistas emboscaron a los izquierdistas con ráfagas de metralleta que dejaron trece muertos y decenas de heridos. Todos eran peronistas, todos estaban ahí esperando al salvador de la patria, pero se mataban entre ellos. Delirio y más delirio inducido por el genio de la ambigüedad política.

1968, BUENOS AIRES, ROSARIO: LOS ARTISTAS DECIDEN HACER LA REVOLUCIÓN: «TUCUMÁN ARDE»

En 1958, con Arturo Frondizi en el poder, se fundó una institución que renovaría notablemente la cultura argentina, el Instituto Di Tella. Después del estancamiento y el aislamiento cultural del peronismo, Argentina quería ponerse al día en cuestiones estéticas y convertir a la cultura en una fuerza modernizadora. Gracias a la participación de críticos extranjeros y a la ayuda de la Fundación Ford, que permitió a muchos artistas y científicos sociales pasar temporadas de estudio y formación en el extranjero, el Di Tella produjo resultados notables. Las nuevas tendencias germinaron muy rápidamente y pusieron al país a la cabeza de la vanguardia latinoamericana. El informalismo llegó de la mano de Alberto Greco, Kenneth Kemble y algunos otros a finales de los años cincuenta, y en 1961 Luis Felipe Noé y Ernesto Deira introdujeron la nueva figuración. Buenos Aires sincronizaba sus agujas culturales con las de Nueva York y se convertía en el puerto donde desembarcaban los últimos hallazgos artísticos estadounidenses: el pop, los happenings, el arte conceptual. De Europa también llegaban noticias interesantes. En París, Alberto Greco y Marta Minujín dejaban de hacer arte con elementos plásticos y experimentaban con la vida cotidiana. Greco llamó a los actos espontáneos que hacía lejos del taller y de la galería arte vivo, *vivo-ditos*, y los describió en un manifiesto como señalamientos que buscaban el «contacto directo con los elementos vivos de nuestra realidad». En sintonía con lo que hacía la Internacional Situacionista, también planeó acciones que alteraban la realidad cotidiana, como cuando soltó una manada de ratas en la Bienal de Venecia al paso del presidente Antonio Segni. Marta Minujín quemó todas sus obras como una declaración de intenciones: en adelante se dedicaría a los happenings. En el Di Tella, con la complicidad de Rubén Santantonín, creó *La Menesunda*, un recorrido o una experiencia que se vivía en varios ambientes que recibían al espectador con distintas descargas sensoriales.

El arte se convertía en experiencia, en situación, en vida. Algunos de los nuevos artistas combinaron las innovaciones técnicas con las preocupaciones políticas del momento. La guerra de Vietnam entró en sus discusiones; también la descolonización de Argelia, las gestas del Che Guevara y la última invasión yanqui en América Latina, la de 1965 en la República Dominicana. El mundo entero estaba en lo mismo, queriendo liberarse; no solo los sacerdotes marxistas, también los argelinos, los vietnamitas y los dominicanos. En general, los jóvenes de todo Occidente. La generación más libre de la historia se sintió esclava y se empeñó en emanciparse de algo, de la tradición, de la tutela paterna, del pasado nazi, de los viejos valores, de la omnipresencia del Estado, del bienestar en Europa o de la pobreza en Latinoamérica, de lo que fuera y como fuera, mediante la revolución cultural o mediante la revolución armada, liderados por los artistas de vanguardia o por sacerdotes tercermundistas. León Ferrari plasmó en 1965 algunas de estas preocupaciones en *La civilización occidental y cristiana* (Fig. 32), una escultura en la que Cristo aparecía crucificado, no sobre una cruz sino sobre un avión de guerra estadounidense. La imagen iba acompañada de otras tres obras que aludían a los bombardeos e invasiones yanquis en la República Dominicana y en Vietnam. Como el mismo Ferrari dijo, pretendían «condenar la barbarie de Occidente»; eran piezas plásticas claramente antiimperialistas, de las primeras que se hacían en América Latina.

El arte latinoamericano, que desde los años treinta se venía estetizando y despolitizado, se sumergía de lleno una vez más en la lucha revolucionaria. Como en tiempos del Dr. Atl, el arte volvía a ser acción política y la estética, un incordio burgués. Lo prioritario era la utilidad política de las acciones, que todas tuvieran una dirección clara y concreta a favor de la lucha contra el imperio. Si las guerrillas hacían propaganda armada, la nueva vanguardia argentina haría propaganda cultural con el mismo fin: sublevar a la población, deslegitimar a las instituciones y autoridades y promover una revolución social. La experimentación con los happenings había demostrado que el arte podía ser un acontecimiento que removía, que aguijaba, que molestaba. En 1966, por ejemplo, en la Antibienal de Córdoba, un grupo de artistas convocó la exhibición «En el mundo hay salida para todos». Los asistentes llegaron a un local vacío, sin obras en las paredes porque la obra —o sus víctimas— eran ellos mismos. En cuanto entraron al local, los convocantes sellaron las puertas y allí los dejaron encerrados durante una hora. Ese mismo año Argentina volvía a ser oficialmente una dictadura militar, con Onganía al frente, y entonces los artistas ya no tuvieron que buscar motivos de protesta en Vietnam o en la República Dominicana porque ahora la represión la tendrían en sus propios barrios. Como si fuera poco, su ídolo, el Che Guevara, era asesinado en Bolivia en octubre de 1967. Todo se prestaba para que los vanguardistas de Buenos Aires y Rosario radicalizaran su discurso y empezaran a distanciarse de todas las instituciones culturales vinculadas a organismos extranjeros. La apuesta por la renovación de los lenguajes plásticos del Di Tella les pareció entonces un simple dinamizador de la cultura burguesa, un engranaje más del desarrollismo que pretendía encajar a Argentina en el capitalismo occidental. Llegaba el momento de la ruptura, había que dar el paso a una suerte de clandestinidad artística.

La ocasión fue la entrega del Premio Ver y Estimar celebrada en el Museo de Arte Moderno en abril de 1968. El artista Eduardo Ruano presentó a la muestra una obra que constaba de un retrato de Kennedy enmarcado y de un ladrillo de plomo al lado. Pero la verdad es que esa no era la obra; más bien un caballo de Troya que le había permitido infiltrar en el museo las armas que luego usaría para interrumpir la inauguración del acto. Su plan era esperar a que empezara el evento para entrar voceando consignas antiyanquis, tomar el ladrillo y hacer estallar en pedazos el cristal que protegía el retrato de Kennedy. Ruano saboteaba su propia obra para sabotear la exposición en general. Dejaba «la representación de la violencia política —como explicaban Ana Longoni y Mariano Mestman—, para pasar a realizar actos (artísticos) de violencia (política)».[19] Aquí empezaban los desencuentros entre la vanguardia y la institución artística. Seguirían luego en «Experiencias 1968», otra exhibición celebrada en el Di Tella, en la que Ruano se las volvió a ingeniar para estar presente haciendo circular una carta que denunciaba los vínculos del Di Tella con el Museo de Arte Moderno de Nueva York. El cosmopolitismo ya no les hacía ninguna gracia a él y a sus amigos; lo que querían Ruano y varios otros artistas era una lucha popular que no cumplía con las exigencias estéticas de críticos como Jorge Romero Brest ni mucho menos de los museos internacionales. En «Experiencias 1968» la policía acabó entrando en el Di Tella para censurar la obra El baño, de Roberto Plate, una instalación que reproducía los servicios públicos de cualquier bar en los que el público asistente se sintió autorizado a escribir consignas contra Onganía.

A partir de ese momento la obra de estos artistas empezó a parecerse menos a los cuadros colgados en un museo que a las incursiones guerrilleras

Eduardo Ruano, *Kennedy*, 1968.

del Che Guevara. En una conferencia que daba Romero Brest el 12 de julio de 1968 en Rosario, en la sala de Amigos del Arte, la vanguardia rosarina tomó el salón como lo habría hecho un escuadrón guerrillero. Cortaron la luz, y en medio de la oscuridad leyeron un manifiesto que también era una amenaza. «Aquí les ofrecemos a Uds. —dijeron— y a Vuestras Conciencias, este acto, este simulacro de atentado, como una Obra de Arte Colectiva, y también los principios de una nueva estética». El arte había dejado de ser «una actividad pacífica» que decoraba la vida burguesa, añadían, porque el arte verdaderamente importante era «la vida del Che Guevara y la acción de los estudiantes franceses». Los artistas se habían convertido en guerrilleros que contribuirían al derrocamiento del sistema luchando contra el mundillo cultural en el que hasta entonces se habían movido. El grito con el que acabaron el simulacro lo decía de forma explícita: «Mueran todas las instituciones, ¡viva el arte de la Revolución!».[20]

Si la revolución era violenta, el arte también tendría que serlo. En el Encuentro Nacional de Arte de Vanguardia, celebrado en agosto de 1968 en Rosario, esa misma consigna sobrevoló varias ponencias. Uno de los artistas, Juan Pablo Renzi, lo dijo: «El futuro cambio social al que aspiramos solo puede darse por medio de la revolución popular armada».[21] El lenguaje de los artistas debía ser la violencia; su marco ideológico, el marxista; su aspiración, la revolución y el cambo social. En otra ponencia el argumento tronó con más contundencia. León Ferrari tomó la palabra para decir que en adelante «el arte no será ni la belleza ni la novedad, el arte será la eficacia y la perturbación. La obra de arte será aquella que dentro del medio donde se mueve el artista tenga un impacto equivalente en cierto modo al de un atentado terrorista en un país que se libera».[22]

Estos artistas estaban destinados a abandonar el sistema y a convertirse en subversivos. Conmemoraron el primer aniversario de la muerte del Che tiñendo de rojo el agua de las fuentes de las principales plazas bonaerenses. «Nuestro acto guerrillero», lo llamó Margarita Paksa. Los vanguardistas de Buenos Aires y Rosario estaban aprendiendo a ser insurgentes, y ahora soñaban con actos de sabotaje que pusieran en evidencia a la dictadura de Onganía. Se reunieron, discutieron. De pronto les resultó claro que podían producir un pequeño escándalo, un acto de información o de contrainformación que desvelara la mediocridad de los militares y las verdaderas condiciones de vida de la gente; en definitiva, un golpe artístico y mediático que humillara al Gobierno de Onganía.

Así nació el proyecto más radical de la vanguardia argentina, «Tucumán arde», una exhibición colectiva que abrió sus puertas el 3 de noviembre de 1968 en Rosario y el 25 del mismo mes en Buenos Aires. La muestra era el resultado de varios viajes a Tucumán y de una investigación que revelaba las consecuencias sociales y económicas del cierre de los ingenios azucareros. Se componía de fotos, consignas, material fílmico, señalamientos. Había happenings; se servía café amargo, sin azúcar, en clara referencia a los ingenios clausurados, y se recolectaban alimentos para Tucumán que ponían en evidencia la situación económica de la provincia. Un cartel colgaba con la frase «Libertad a los patriotas de Taco Ralo», una alusión a las Fuerzas Armadas Peronistas, las FAP, que se habían dado a conocer en septiembre de 1968 con una fallida acción armada en aquel pueblo tucumano. Aunque la mayor parte de la vanguardia plástica era marxista, no peronista, los artistas se adhirieron a la lucha armada y por eso se solidarizaron con los guerrilleros. En Rosario la exhibición logró estar abierta dos semanas; en Buenos Aires, solo unas horas. «Tucumán arde» fue censurada y silenciada, lo cual le daba un aura mítica, pero a la vez le restaba efectividad política. El público porteño se había quedado sin ver la obra y eso produjo una sensación de derrota entre algunos artistas. ¿Había servido de algo? Y si no, ¿cuál era el siguiente paso? ¿Se podía realmente atacar a la dictadura desde el arte? Eran las preguntas de la época; no solo se las hacían los artistas argentinos, rondaban la cabeza de todos los vanguardistas revolucionarios de los años sesenta.

Algunos artistas argentinos se vieron tentados a dar un paso más allá e ingresar en la lucha armada. Quizá había que dejar la violencia simbólica y golpear a la sociedad con violencia real, la que no sacudía con gestos sino con terror. Dos artistas, Eduardo Favario y el mismo Ruano, dejaron el arte,

Vanguardia de Buenos Aires y de Rosario, «Tucumán arde», 1969.

entraron de lleno en política y en 1970 ingresaron en el Ejército Revolucionario del Pueblo. Favario cayó en una balacera cuando él y otros guerrilleros
fueron sorprendidos por el ejército en un campo de entrenamiento cerca de
Santa Fe. No fueron los únicos que dejaron el arte. En realidad, casi todos
lo hicieron, al menos temporalmente. Los artistas que luego obtendrían
becas y exposiciones y serían ampliamente reconocidos en los museos de
Occidente, ese Occidente que despreciaban, como León Ferrari o Roberto
Jacoby, estuvieron varios años al margen de la actividad plástica. «Después
de esa experiencia tan contundente y traumática —dijo uno de ellos, Rubén
Naranjo— [...] todo el grupo dejó de trabajar [...]. El que en menor tiempo empezó a pintar demoró cinco años. Habíamos recibido un shock».[23] «Lo
de «Tucumán arde» nos paralizó a todos durante muchos años y a varios
para siempre —dijo otro, Emilio Ghilioni—. Muchos creímos que el arte
no servía para nada».[24] Luego, con la llegada de un nuevo ciclo de dictaduras militares en 1976, con Jorge Videla a la cabeza, la situación empeoraría
y muchos artistas tendrían que exiliarse. El Di Tella fue clausurado mucho
antes, en 1970, por Onganía. La victoria había sido de los militares. Si en
Europa triunfaba la revolución cultural impulsada por los jóvenes, en Argentina el ejército acabaría liquidando a la vanguardia y luego a las guerrillas.
Lo único que nunca podría ser derrotado en Argentina, ni por el ejército, ni

por los yanquis y ni siquiera por Dios o por el Diablo, sería el peronismo, y el peronismo, claro, volvería a reinar.

1969, MONTEVIDEO: LA GUERRILLA COPIA A LA VANGUARDIA ESTÉTICA

Por aquellos años fue un juego de ida y vuelta. La vanguardia argentina había organizado su exhibición más importante, «Tucumán arde», a partir del drama social provocado por Onganía y su decisión de desmantelar la industria azucarera tucumana, y la vanguardia armada uruguaya, el Movimiento de Liberación Nacional-Tupamaros, surgía de las protestas del sector azucarero en Artigas. La historia empezó a principios de los años sesenta. Los grupos de izquierdas que acompañaron a los cañeros en sus marchas a Montevideo acabaron agrupándose en lo que se llamó El Coordinador, un organismo que reunió a la izquierda radical, a los ácratas de la Federación Anarquista Uruguaya, a los maoístas del Movimiento de Izquierda Revolucionaria y a los espartaquistas y anarcosindicalistas entre quienes militaba Raúl Sendic, uno de los futuros líderes tupamaros; también al Movimiento de Apoyo al Campesinado, e incluso a nacionalistas agraristas del Partido Nacional como José Mujica. Era una mezcla extraña, que solo podía aglutinarse gracias al espíritu revolucionario que llegaba desde Cuba y al sentimiento nacionalista o antiimperialista, que al fin y al cabo eran la cara y el sello de la misma moneda.

No eran los socialistas de siempre quienes estaban ingresando en las guerrillas, sino los jóvenes nacionalistas reconvertidos en liberacionistas de izquierda. En su «Documento n.º 5», de 1971, los tupamaros lo explicaban bien. «La contradicción fundamental hoy es imperialismo-nación —decían—, de ahí la importancia de la liberación nacional como tarea». Y añadían: «El socialismo en América Latina será nacionalista y a la inversa».[25] El marco mental de la época, una mezcla de nacionalismo latinoamericano, teología de la liberación, economía de la dependencia y victimismo generalizado, convencía a los jóvenes de que sus países eran víctima de un sistema económico internacional que condenaba al hambre, y por lo mismo su defensa de la nación los graduaba como revolucionarios antiimperialistas de izquierda.

Uruguay, siempre distante, se había impregnado de americanismo. Los jóvenes que antes miraban a Europa descargaban ahora su rabia contra locales de compañías estadounidenses como Coca-Cola, International Harvester Co. o Western Telegraph al enterarse de que Estados Unidos frustró en 1965 la llegada de Juan Bosch, el presidente legítimo, al Gobierno de

República Dominicana. Por esas fechas se disolvió definitivamente El Coordinador y surgieron los tupamaros, una guerrilla que adaptó la teoría del foco guevarista al entorno urbano, y que asumió la acción revolucionaria como catalizadora de situaciones revolucionarias que debían atraer a toda la izquierda y cambiar las estructuras del poder.

Estaban listos para iniciar lo que llamaron una campaña de «propaganda armada», que consistiría en robos y golpes muy precisos, por lo general a compañías o delegaciones diplomáticas estadounidenses, con pocas víctimas mortales y mucho eco en la prensa. A pesar de que vivían en el país más democrático, abierto, libre y pacífico de América Latina, estaban convencidos de que la Constitución y las leyes ya no protegían a los socialistas. Raúl Sendic lo había dicho en 1963 en *El Sol*: «Hoy en día nos podría dar más garantías individuales un revólver bien cargado que toda la Constitución de la República».[26] En una famosa entrevista que le hicieron tiempo después, en 1968, «Treinta preguntas a un tupamaro», defendió la violencia y la urgencia revolucionaria. Habló, como el Che, de crear varios Vietnam, y se mostró seguro, como Castro, de que la revolución no podía esperar. El trabajo de masas y la conquista de las urnas tomaban demasiado tiempo, un desperdicio de horas que se podían emplear actuando, dando golpes que precipitaran la revolución.

Y fueron precisamente esos golpes y esa campaña de propaganda armada los que hicieron de los tupamaros una guerrilla particular, mucho más interesada en llamar la atención del público con gestos simbólicos que en destruir o matar al enemigo. En ocasiones, como en la famosa toma de Pando de 1969, incorporaron elementos teatrales que de alguna forma recordaban a las acciones artísticas de Eduardo Ruano: alquilaron un cortejo fúnebre y llegaron a la ciudad con un ataúd lleno de armas y un séquito de dolientes que desde luego no eran plañideras, ni viudos ni huérfanos. Eran guerrilleros que llegaban para robar los bancos, tomar los cuarteles de policía, la estación de bomberos y la central de teléfonos. Sin embargo, la acción revolucionaria más próxima al happening o a la *performance* en realidad no la hicieron los tupamaros sino el grupo OPR-33, la facción armada de la Federación Anarquista Uruguaya. El 16 de julio de 1969 se propusieron incursionar en una institución y perpetrar un robo colosal. Lo curioso es que no se trataba de un banco, ni de una empresa extranjera, ni de un cuartel, ni de una embajada, sino del Museo Histórico Nacional. Y el botín que querían llevarse tampoco era un bien material, con una utilidad práctica y concreta, sino un paño de tela que solo tenía un valor histórico y simbólico. Sobre todo eso, simbólico; la Bandera de los Treinta y Tres Orientales que extrajeron del museo aludía a las luchas independentistas de 1825 y al heroísmo de un puñado de hombres que cruzó las fronteras nacionales para pelear por la independencia. El OPR-33 se apropiaba de un poderoso símbolo nacionalista para identificarse a sí mismos con los patriotas de 1825, y para dar a entender que la lucha por la independencia seguía vigente, que no había acabado. Los artistas aprendían de los guerrilleros y los guerrilleros empezaban a realizar acciones con enorme valor simbólico y comunicativo. La insurgencia uruguaya tendría luego imitadores. En Colombia, el M-19 robó la espada de Simón Bolívar para dar a entender lo mismo, que la lucha por la independencia del país no había acabado, y en Ecuador la guerrilla Alfaro Vive ¡Carajo! sustrajo del Museo Municipal de Guayaquil la espada de Eloy Alfaro con el mismo fin. Eran golpes de efecto. Ilegales, claro, pero sobre todo efectivos, performances espectaculares y simbólicamente poderosas que decían lo mismo: «Somos los nuevos patriotas que recogemos las armas de los próceres para terminar lo que ellos empezaron». Históricamente podían ser tramposos, pero a nivel performático y publicitario eran geniales.

Los métodos anárquicos de los tupamaros, su organización horizontal, sin líderes, y sobre todo su uso limitado de la violencia, que en diez años de lucha solo produjo 66 muertos —muchos, sí, pero pocos en comparación con otras guerrillas—, les granjearon la simpatía popular, especialmente entre los jóvenes. Respondían a un sentimiento generalizado de crisis causado por el decaimiento de la economía y por la apatía y el conformismo inoculados por las fantasías europeizantes, blanco predilecto de la generación del 45, pero iban mucho más lejos: deslegitimaban el sistema democrático. A escala política, su influencia fue nociva. Uruguay era un país con una de las tradiciones democráticas más sólidas del continente, en el que una misión liberadora, violenta y antidemocrática era un absoluto sinsentido. Servía, más bien, para soliviantar a los sectores más radicales de la derecha nacionalista, que acabaron formando asociaciones juveniles de ultraderecha y comandos paramilitares para cazar a los tupamaros. La lucha armada latinoamericana quiso revelar el «verdadero» rostro autoritario de la democracia, y lo que hizo fue legitimar la violencia de todos, de los fascistas y de los izquierdistas, que se escudaron en las acciones de los otros para pervertir la vida política uruguaya. Jorge Pacheco Areco, el vicepresidente que había llegado al Gobierno en 1967 tras la repentina muerte de Óscar Diego Gestido, acabó dando un giro autoritario para tratar de controlar la situación de orden público. Cerró periódicos, reprimió las protestas callejeras y apresó huelguistas, y al final terminó delegando en el ejército la lucha contra los tupamaros. El protagonismo que las guerrillas les dieron a los militares en la vida pública se pagó con una pila de muertos que sepultó definitivamente el ciclo democrático iniciado en los años cuarenta. En Uruguay ocurrió en 1973. Los militares se sintieron necesarios e importantes, tanto que finalmente prefirieron tomar el control total de la nación. No tumbaron al sucesor de Areco, Juan María Bordaberry, pero sí lo convirtieron en una figura decorativa, y la misma suerte correrían sus sucesores hasta 1984. *Marcha*, el semanario que tanto había hecho por latinoamericanizar Uruguay, sufría en carne propia el nuevo mal latinoamericano: la clausura definitiva en 1974 por orden militar.

1964, BRASILIA: EMPIEZA LA NUEVA OLA DE DICTADURAS MILITARES

Brasil entró en la década de 1960 en buena forma. El país se modernizaba, fabricaba automóviles para todo el continente, ganaba mundiales de fútbol, alimentaba espiritualmente a millones de seres humanos con una cultura única, musicalmente privilegiada, llena de mitos que lucían muy bien en el cine y la literatura, y además tenía los mejores arquitectos del mundo. El nacionalismo ardía. El Fondo Monetario Internacional consideraba que el proyecto desarrollista propulsado por Brasilia había sido una irresponsabilidad económica, pero a Juscelino Kubitschek eso no le quitaba el sueño. El país se había mantenido unido en torno a su proyecto, y al presidente no le importó fortalecer esos vínculos con algo de vigorizante demagogia anti-Washington.

Kubitschek terminó su mandato sin sobresaltos, orgulloso de haberse convertido en el único presidente latinoamericano capaz de cumplir la más ambiciosa y disparatada propuesta de campaña. Pero hasta ahí llegaba la suerte de Brasil; en adelante vendrían serias complicaciones para sus gobernantes, y en menos de lo que tardó en construirse Brasilia se derrumbaría la vía modernizadora y democrática por la que transitaba el país. Unas elecciones libres le dieron en 1961 el mando a Jânio Quadros, un candidato que llegaba apoyado por un partido liberal-conservador, pero que una vez en la presidencia dio un giro inesperado y riesgoso: se acercó a Cuba y a la Unión Soviética, e incluso condecoró al Che Guevara con la Orden de la Cruz del Sur. Todo esto mientras los vaticinios del FMI se cumplían y la economía se deterioraba. La inflación aumentó al 50 por ciento, hubo malestar social y seguramente también movimientos en los cuarteles. El caso es que Quadros sorprendió al país entero con la reacción menos esperada: renunció. En sus fantasías quizá esperaba que ocurriera en Brasil lo mismo que en Cuba, y que un levantamiento popular lo restituyera a él en el poder como había restituido a Castro, pero nada de eso ocurrió. El poder quedó en manos del vicepresidente João Goulart, antiguo ministro de Trabajo de Getúlio Vargas, cuya misión inmediata fue visitar a Kennedy para calmar las tensiones que estaba generando la política internacional brasileña. Goulart se mostró partidario de la Alianza para el Progreso y trató de convencer al presidente de Estados Unidos de que no era comunista ni tenía en su equipo a ningún comunista, y de que Brasil bien podía mantener relaciones cercanas con Cuba y con los países del Este sin por ello entrar en la órbita soviética. Quizá debió haberle explicado que en Brasil, como en casi toda América Latina con la notable excepción de Colombia, mostrarse partidario de Estados Unidos era la mejor forma para perder unas elecciones, a lo que Kennedy le habría podido responder con lo mismo: en Estados Unidos tampoco era fácil ganar unas elecciones dándole ayuda económica a un país que condecoraba al Che Guevara. Tal vez ese era el problema entre las dos Américas: la del Sur le echaba la culpa a la del Norte de todos sus fracasos, y la del Norte proyectaba en la del Sur sus ansiedades, desde la inmigración marrón y católica hasta el comunismo y las drogas. Así era muy difícil sumar esfuerzos.

La visita de Goulart solo calmó las aguas temporalmente. En 1963, antes de que fuera asesinado, a Kennedy le rondaba la idea de una intervención militar, convencido de que Brasil estaba cada vez más cerca de los países del Pacto de Varsovia que de las democracias occidentales. De la embajada le llegaban cables diciendo que Goulart preparaba un autogolpe para perpetuarse en el poder como un dictador de izquierda, a la manera de Castro, y el mismo rumor circulaba entre los militares brasileños. La Revolución cubana había enloquecido a los generales de todo el continente, que ahora repetían el discurso de los nacionalistas bolivianos y paraguayos de los años cuarenta: el enemigo estaba en casa, eran agentes que pretendían destruir los valores tradicionales y las instituciones con ideas disolventes y extranjeras, antibrasileñas, antipatrióticas; había que prepararse para la guerra interna. Tan radical y derechista era el discurso decolonialista de los bolivianos como el discurso anticomunista de los militares. La diferencia era que los segundos tenían poder y armas, y además ganas de entrar en acción para curarse en salud y tomar el poder antes de que lo hiciera algún emulador de Castro.

Y en efecto, en abril de 1964 el ejército perpetró un golpe de Estado que los yanquis respaldaron, seguramente aliviados. El mariscal Humberto Castelo Branco subió al poder como el primero de una larga estirpe de militares —cinco en total— que gobernarían el país durante los siguientes veintiún años. Con este golpe, que recordaba al que depuso a Árbenz, empezaba un nuevo ciclo en América Latina, una nueva etapa en la que los militares se aprovecharían de la guerrilla y de la «amenaza comunista» para mostrarse ante Estados Unidos como los únicos capaces de salvar a los países de la amenaza castrista. Ya no solo tendríamos la amenaza subversiva; ahora también viviríamos bajo el terror militar, los estados de excepción, la legitimación de la tortura y el encogimiento radical de las libertades individuales. No todo fue culpa de Castro, desde luego, pero es evidente que su proselitismo americanista, eso de convertir los Andes y las montañas de cada país en nuevas Sierra Maestras, le dio argumentos a la ultraderecha para ganar posiciones en el debate público. Queriendo liberar al continente, el líder cubano lo estaba convirtiendo en un infierno.

1967, SÃO PAULO: TROPICÁLIA, LA NUEVA VANGUARDIA BRASILEÑA

En 1967, cuando la dictadura brasileña aún no había mostrado su rostro más represivo, un joven de Bahía llamado Caetano Veloso entró en un cine de São Paulo para ver *Tierra en trance*, la séptima película de Glauber Rocha, el director más importante del *cinema novo* brasileño. Por aquel entonces Veloso era un estudiante de filosofía que había empezado a experimentar con la música brasileña, y, aunque estaba en la búsqueda de estímulos culturales, seguramente no imaginó que una película pudiera provocarle una pequeña epifanía.

La película de Rocha era una especie de sueño o delirio en el que un poeta obsesionado con la belleza y la justicia abandonaba su labor creativa para participar en política. Su alma y su pluma quedaban bailando en un campo de fuerza donde se enfrentaban una derecha populista, que enarbolaba la causa de la patria y de la familia, y una izquierda nacionalista, que decía luchar contra los enemigos internos y externos del pueblo brasileño. Era la misma encrucijada en que se había visto el modernismo brasileño desde los años treinta, cuando los artistas entraron a trabajar para Getúlio Vargas. Lo interesante es que *Tierra en trance* desmitificaba por completo la acción del poeta que ponía su talento al servicio del político populista. Mostraba lo inútil de sus esfuerzos, lo manipulables que eran sus palabras, lo ridículo que se veía exigiéndole al pueblo que estuviera a la altura de sus ideales, y lo patético que resultaban esos poemas que supuestamente respondían a las necesidades de la gente o que señalaban el camino de su emancipación. La película era pesimista y crítica, pero a Veloso le pareció liberadora. El populismo había muerto, pensó, las fuerzas populares, idealizadas por la izquierda, quedaban expuestas, vaciadas de virtudes éticas e inútiles como herramienta política. Se trataba de una conclusión desmitificadora y arriesgada, incómoda en un medio cultural que se apoyaba en dos fuerzas ideológicas muy potentes, el nacionalismo y el populismo de izquierdas. Eran los años en que surgía la música popular brasileña (MPB), una renovación de la bossa nova que llevaba un mensaje de protesta, el teatro Arena de Augusto

Boal defendía el maniqueísmo entre izquierdistas buenos y derechistas malos, y los centros de cultura popular que surgieron durante el Gobierno de Goulart promovían obras de arte didácticas, con mensaje aleccionador e ideológicamente orientado.

La película de Rocha deslegitimaba todos estos clichés del arte izquierdista, y eso, se dio cuenta Veloso, liberaba de la demagogia y el victimismo y permitía abordar aspectos culturales, míticos, místicos, morales, antropológicos, formales; se abrían nuevos campos para explorar, nuevas formas de rebelión. Esa sensación la volvió a tener al poco tiempo, al ir al teatro Oficina, el proyecto del dramaturgo experimental José Celso, a ver *Roda viva*, una obra de Chico Buarque, la cabeza más visible de la música popular brasileña. La obra lo sorprendió por su radicalidad expresiva y por su osadía. Era iconoclasta —se burlaba de la Virgen—, erótica —los actores se desnudaban— y sobre todo antropofágica. En la última escena, el protagonista, un cantante famoso, acababa devorado por sus seguidores. Literalmente se lo comían, y para dar realismo usaban el hígado de un animal que acababa salpicando de sangre a los espectadores de la primera fila.

Ese mismo año, José Celso estrenó *O rei da vela*, una obra que Oswald de Andrade, el viejo vanguardista, había escrito treinta años antes y que nunca había sido llevada a escena. Él y Pagu se habían marginado de la escena cultural del Estado Novo debido a su comunismo y su cosmopolitismo, y la muerte de Oswald en 1954, cuando solo tenía sesenta y cuatro años, lo condenó prematuramente al olvido. Ahora, sin embargo, Celso, y también Veloso, que descubrió al poeta gracias a *O rei da vela*, empezaban a desempolvar el espíritu de la vanguardia antropofágica, en especial de una idea que tendría enormes repercusiones en la música brasileña: la impureza, el apetito y las ganas de digerir las corrientes culturales extranjeras.

La constatación de que algo nuevo estaba ocurriendo en Brasil la tuvo Veloso al ver la obra plástica de uno de los artistas neoconcretos de Río, Hélio Oiticica, también de 1967, ese *annus mirabilis* de Veloso. Oiticica había sacado las formas concretas y racionales del cuadro y las había puesto a interactuar con la gente. Esos experimentos, que llamó «parangolés», derivaron en una instalación más compleja a la que le puso el sugestivo nombre de *Tropicália*. En ella Oiticica ponía a interactuar paneles geométricos con elementos de la realidad brasileña —la vegetación, la fauna, el paisaje, la arquitectura de las favelas—, a los que añadió un elemento moderno muy propio de la sociedad de masas y de consumo de los años sesenta: la televisión. La obra expresaba ese anhelo de una nueva modernidad tropical y brasileña, algo que apelaba directamente a Veloso porque también él quería abrir la música tradicional a sonidos y ritmos que llegaban a Brasil a través de los medios de comunicación. Ese mismo nombre, *Tropicália*, bautizaría una de sus canciones más famosas, y a la larga el nuevo movimiento musical y estético que él, Gilberto Gil, Gal Costa, Tom Zé, Nara Leão, el grupo de rock Os Mutantes, los poetas Torquato Neto y José Carlos Capinam y algunos más dieron a conocer en 1968 con un disco colectivo, *Tropicália ou Panis et Circencis*.

Una particularidad brasileña de aquellos años era que los asuntos culturales, sociales y hasta políticos se empezaron a discutir y a negociar en el campo de la música. Fue allí, en los festivales, en los programas de televisión, en los espectáculos y shows, donde se evidenciaron las pugnas entre las distintas facciones de la izquierda brasileña. En esos escenarios, una estética, una actitud, un arreglo musical o la letra de una canción se convertían en declaraciones de lo que era o debía ser la cultura brasileña, de lo que era o no era el arte revolucionario, de lo que podían o no podían hacer los exponentes de la música brasileña. En Brasil la música era un asunto de intelectuales. Los cantantes no solo creaban melodías que entretenían o conmovían, también defendían una concepción del mundo. Además, la potente industria musical que surgió en los años sesenta, apoyada por la aparición de TV Globo en 1965 y a salvo de las terribles censuras que aplicarían los militares a partir de 1968, les daba una exposición masiva.

Las disputas fueron feroces. Cuando Veloso y Gil empezaron a participar en festivales y programas de televisión con nuevas propuestas musicales que mezclaban la bossa nova y el rock, los instrumentos tradicionales con las guitarras eléctricas, y que además llevaban mensajes novedosos, con letras juguetonas, montajes sonoros y una puesta en escena disruptiva y performática acentuada por atuendos estrafalarios, no fueron los militares los que pusieron el grito en el cielo. Fueron los militantes de izquierdas. La casi totalidad de los músicos defendían el purismo musical y rechazaban como la peste, por corruptora y extranjerizante, la modernidad capitalista propulsada por la industria cultural estadounidense. Aborrecían el rock y criticaban sin piedad sus expresiones locales, en especial a la Jovem Guarda, un movimiento de música urbana y popular influenciado por el rock yanqui y liderado por Roberto Carlos. Para los exponentes de la música popular autóctona, el rock brasileño era un producto inauténtico y políticamente alienado. Pero para Veloso y sus amigos era una manera de expresar la sensibilidad y los problemas cotidianos de las clases trabajadoras de las ciudades del país. Tropicália estaba a medio camino: no rompió con la música popular brasileña ni con la bossa nova, pero tampoco rechazó la influencia del rock ni los instrumentos eléctricos, y mucho menos la nueva sensibilidad moderna que fluía a chorros con cada acorde y con cada estridencia juvenil. Todos estos eran los elementos que los tropicalistas estaban fagocitando para renovar el repertorio musical brasileño. Como Oswald de Andrade, no le temían a la invasión cultural yanqui, al contrario: se divertían tomando elementos del arte de vanguardia, de la poesía concreta, de la música pop, del rock, de los *mass media*, de lo *kitsch* y *camp* para componer nuevas canciones.

Gilberto Gil valoraba la efectividad de la música pop. Era directa, decía, simple como un aviso luminoso, precisa como un afiche informativo. Si se quería transmitir algo importante, cómo no hacerlo de esta forma. Caetano Veloso se rebelaba contra la condena al subdesarrollo y a su folclorismo. En Brasil había grandes ciudades conectadas con el mundo en las que se respiraba la misma modernidad cultural que en Nueva York o Londres. ¿Por qué negarlo, por qué mantener la identidad brasileña dentro de una campana neumática, protegida y al margen de la turbulencia del mundo contemporáneo? El «sonido universal» de Gil y Veloso mezclaba lo nacional y lo extranjero, lo popular y lo elevado, el mal gusto y el refinamiento estético, el juego y la ironía, el sexo y la política, a Marilyn y al Che, y por eso mismo a la izquierda nacionalista le parecía degradante, perjudicial para la identidad brasileña. Los tropicalistas, por su parte, desdeñaban el berrinche antiimperialista y la brasileñidad como una esencia inmutable. Su objetivo era demostrar que la bossa nova podía canibalizar a los Beatles y a Jimi Hendrix sin dejar de ser brasileña.

Después de ofender a la izquierda nacionalista, les llegó el turno de ofender a los militares de derechas. El desenfreno juvenil y el desenfado gozoso que expresaban con su música buscaban reblandecer todo dogmatismo y todo autoritarismo. Su proyecto artístico incluía música, elementos estéticos, incluso escenográficos. Tanto en la televisión como en los distintos clubes donde se presentaron a lo largo de 1968, hicieron música y happenings, y serían estos montajes azarosos e interactivos, cada vez más subversivos debido a la inclusión de elementos visuales críticos con la dictadura, los que terminarían metiéndolos en serios problemas.

En 1967 se dio un relevo en la cúpula militar. Salió Castelo Branco y entró Artur da Costa e Silva, el cabecilla del sector más autoritario e intransigente del ejército. Su llegada a la presidencia coincidió con una oleada de insatisfacción popular que estalló a comienzos de 1968, el año en que los jóvenes se levantaron en el mundo entero, y también en Brasil. Este acontecimiento masivo, promovido por los estudiantes y los artistas, se conoció como la Marcha de los Cien Mil. Participaron los tropicalistas y sus rivales de la MPB, entre ellos Chico Buarque, ahora unidos por la causa común contra la dictadura. Después de ese episodio la vida empezó a ser más difícil para los artistas brasileños. Los militares lanzaron un grupo de choque, el Comando de Caza de Comunistas, para interrumpir las obras del teatro Oficina y aterrorizar a los actores. Los tropicalistas respondieron elevando el tono de sus críticas. Tenían una plataforma importante, *Divino, maravilloso*, un programa de televisión que empezaron a producir en TV Tupi, y también el escenario del club Sucata, donde lograron que las noches se hicieran tropicalistas de la misma forma en que en el pasado, en Zúrich o en Milán, las noches se hacían dadaístas o futuristas. La euforia, el azar y el desplante se mezclaban en veladas de música y fiesta. También de crítica a la dictadura, porque la escenografía que usaban para sus happenings incluía una obra de Hélio Oiticica, el homenaje a un joven delincuente apodado Cara de Cavalo, asesinado por la policía. En la obra, el joven delincuente aparecía tendido sobre el suelo, recién abaleado, seguido del lema «Ser marginal, ser héroe».

Los tropicalistas habían logrado una gran proeza, llevar sus mensajes al gran público a través de los medios de comunicación. Para un artista de vanguardia era un logro espectacular, justo lo que soñaba el argentino Roberto Jacoby con su propuesta de un arte de los medios, que básicamente consistía en infiltrar la televisión o la prensa con mensajes subversivos. Esto lo pudieron hacer los tropicalistas hasta el 13 de diciembre de 1968. Ese día, Costa e Silva promulgó el Quinto Acto Institucional, una medida autoritaria con la que liquidaba definitivamente los espacios de libertad que Castelo Branco había tolerado. Cerró el Congreso, acorraló a la oposición y persiguió a los artistas contestatarios. Catorce días después de promulgadas las nuevas medidas, ya tenía dos trofeos importantes: Veloso y Gil. Los dos artistas fueron arrestados y forzados a salir del país, un destierro que significó el fin del tropicalismo. No importaba, al menos no tanto, porque en muy poco tiempo este grupo de artistas había conseguido mucho, había promovido una revolución cultural que defendía una actitud subversiva inédita, distinta, no fundada en el nacionalismo de izquierdas, mucho menos en el cliché o en el victimismo antiimperialista, sino en la autoexpresión y la agresividad antropofágica; una actitud cosmopolita y anárquica, libérrima y al mismo tiempo arraigada en la cultura brasileña, que llevaba del neoconcretismo al hippismo y a la postre a posturas libertarias y democráticas. Con los años, Veloso llegaría a defender el valor universal de la modernidad, la democracia liberal y «ciertas conquistas históricas e irreversibles de Occidente»,[27] justo lo que estuvo en peligro durante las dos décadas de mando militar, especialmente a partir de 1968. Ese año en que la revolución cultural quedaba desarticulada, entraban en escena los guerrilleros e iniciaba en serio la revolución armada.

1969, RÍO DE JANEIRO: LA GUERRILLA SECUESTRA AL EMBAJADOR YANQUI
PARA COLAR UN MENSAJE EN LA RADIO

Aunque la fantasía de una revolución armada no surgió como respuesta a la dictadura, sino por el contagioso efecto de la Revolución cubana, fue a partir de 1964 cuando se aceleró la acción subversiva en Brasil. Algunos de los primeros en pasar a la clandestinidad fueron los militares de izquierdas represaliados por la dictadura, que acabaron formando la única guerrilla rural brasileña, la guerrilla de Caparaó, y que en realidad nunca llegó a perpetrar ningún ataque subversivo. La otra veintena de grupúsculos que surgieron entre 1966 y 1967, y que se mantuvieron en activo unos pocos años, hasta 1971 o 1972, fueron urbanos y en su mayoría surgieron de disidencias del Partido Comunista, e incluso de disidencias de las disidencias. No tuvieron mayor protagonismo antes de 1968, porque en realidad fue el Quinto Acto Institucional lo que estranguló por completo la libertad y lo que les dio argumentos a cientos de jóvenes que vieron en la revolución armada el único camino para recuperarla derrocando la dictadura. Confluyeron en estos grupúsculos libertarios jóvenes como Fernando Gabeira, para quienes la simple búsqueda de placer se había convertido en un asunto subversivo, y viejos militantes comunistas que después de ver lo que había ocurrido en Cuba dejaban de creer en el proceso evolutivo decretado en el VI Congreso de la III Internacional Comunista, ese lento paso de la revolución burguesa a la revolución socialista. Placer y revolución, hedonismo libertario y redentorismo justiciero, por qué no, las dos causas podían confluir en una aventura liberacionista que acabara de un golpe, mañana mismo de ser posible, con el imperialismo, con sus cómplices de la oligarquía nacional y a la postre con el capitalismo.

Carlos Marighella fue el rostro más visible de la guerrilla brasileña, un militante comunista que visitó Cuba en 1967 y que sufrió la conversión de tantos otros: de resignado militante de partido a impaciente revolucionario. Al regresar a Brasil rompió con el Partido Comunista de Luís Carlos Prestes, y a los pocos meses ya había creado una guerrilla urbana, la Acción Libertadora Nacional (ALN). La corta experiencia que llegó a tener como guerrillero le sirvió para escribir su célebre *Minimanual de la guerrilla urbana*, un texto que acabaría en manos de más de un alucinado europeo que intentó hacer la revolución en Berlín, Roma o alguna otra capital europea.

Las primeras acciones de la guerrilla fueron asaltos a bancos; dieron luego un paso más grande, cuando tomaron la Radio Nacional de São Paulo y transmitieron un mensaje redactado por Marighella. Si para los artistas de vanguardia era importante infiltrar los medios, ni hablar de lo que eso significaba para la vanguardia armada. En septiembre de 1969, en colaboración con el MR-8, otra guerrilla, la ALN secuestró al embajador estadounidense Charles Elbrick para chantajear al Gobierno militar y exigirle, entre otras cosas, una nueva locución radiofónica dirigida a la nación entera. En la nueva sociedad de masas toda acción se enmarcaba en una estrategia comunicativa, desde las intervenciones artísticas hasta las incursiones armadas, y transmitir un mensaje revolucionario de la forma más potente y expresiva se convirtió en la obsesión de artistas y guerrilleros.

En 1970 Vanguardia Popular Revolucionaria (VPR), otra guerrilla urbana, replicó la misma operación de la ALN en tres ocasiones, secuestrando a diplomáticos de Japón, de la República Federal de Alemania y de Suiza. Los medios de comunicación internacionales cubrieron la acción subversiva, como era lógico, y el Gobierno nacional quedó maniatado. Tanto el secuestro de Elbrick como los perpetrados por la VPR tuvieron una gran repercusión mediática en el mundo entero. Las guerrillas consiguieron la liberación de algunos camaradas encarcelados y publicidad para su causa, lo cual las benefició momentáneamente. Pero la verdad es que el entorno urbano no le facilitaba las cosas a ninguna guerrilla, y todas, tanto las latinoamericanas como sus emuladoras europeas, fueron desmanteladas. Sus acciones podían ser espectaculares y generar impacto noticioso, pero sus cuadros quedaban demasiado expuestos y vulnerables. Carlos Marighella cayó muerto a finales de 1969, durante un tiroteo; poco después la VPR fue infiltrada y desmantelada, y la misma suerte corrió la ALN en 1974. El ejército doblegó la revolución cultural y la revolución armada de los años sesenta y setenta, y solo se inquietaría una década después, cuando una movilización masiva de la sociedad civil, liderada nuevamente por artistas como Chico Buarque, pero también por futbolistas como el centrocampista Sócrates, forzó la convocatoria de unas elecciones libres en 1985. Tuvieron que pasar veintiún años.

MADRE DE DIOS, 1963: MUERE JAVIER HERAUD, EL POETA GUERRILLERO

El intelectual que marcó el pensamiento latinoamericano con su indoamericanismo, sus universidades populares y su proyecto político multiclasista, por fin se preparaba para tomar posesión de la presidencia. Tras casi cuarenta años de militancia, una de las trayectorias políticas más agónicas del continente, en junio de 1962 Víctor Raúl Haya de la Torre lo conseguía, obtenía la mayoría en las urnas. Se habían alineado los astros a favor del APRA: contaba con el apoyo ciudadano y hasta con el beneplácito de Estados Unidos, que en aquel momento, con Cuba ardiendo, vio con buenos ojos a un líder nacionalpopulista enemistado con los comunistas peruanos y alejado de La Habana. «¡APRA sí, comunismo no!», era su lema. Pero no todo era tan sencillo, porque aquello que aceptaban los yanquis resultaba intolerable para los militares. Haya de la Torre, su mortal enemigo, no iba a gobernar Perú, por nada del mundo, jamás mientras ellos pudieran impedirlo, y, en efecto, eso fue lo que hicieron. Antes de que tomara posesión de su cargo, sacaron los tanques a la calle para expulsar del Gobierno a Manuel Prado e impedir el relevo democrático. Una vez más, y ya iban seis gobiernos autoritarios en lo corrido del siglo xx, Perú se convertía en una dictadura.

Con los militares en el poder, los sectores de izquierdas se movilizaron. En los entornos rurales, Hugo Blanco, un líder campesino quechuahablante y trotskista, animó a los campesinos a tomar las grandes haciendas de la región del Cuzco. La Revolución cubana volvía a poner sobre la mesa el tema de la reforma agraria en Perú, un país en el que los grandes hacendados poseían extensiones de tierra descomunales, casi provincias enteras con vías férreas, puertos y poblados, y donde se venía discutiendo la necesidad de una mejor distribución de las tierras desde tiempos de Mariátegui. Los jóvenes intelectuales, por su parte, viajaron a Cuba a entrenarse como guerrilleros. Quizá el ejemplo de Hilda Gadea, una líder aprista que acabó casándose con el Che Guevara, resultó contagioso, porque también ellos cambiaron a Haya por Guevara y formaron, bajo el liderazgo de Luis de la Puente Uceda, el Movimiento de Izquierda Revolucionaria.

Algo similar les pasó a algunos comunistas, que para entonces ya debían de estar hartos de presentarse inútilmente a los procesos electorales y de ser siempre la gran amenaza, los proscritos, los perseguidos, cuando en realidad nunca pintaron nada, porque las verdaderas asonadas las habían lanzado siempre los nacionalistas de izquierdas y de derechas. En el continente de las revoluciones, ellos no habían hecho ninguna, solo simples escaramuzas. Hasta que de pronto ocurría algo que lo cambiaba todo, el nacionalismo martiano se convertía en comunismo cubano, y esa transformación se llevaba por delante la eterna tertulia y el paciente trabajo de masas. Ahora la consigna era la acción y el foco, dos palabras que significaban lo mismo, porque el foquista sabía que no había excusa: bastaban diez hombres con sus fusiles para cambiar el mundo, una fórmula seductora que llevó a un grupo de jóvenes, entre los que estaba Héctor Béjar, estudiante de Bellas Artes, a formar el Ejército de Liberación Nacional.

Fueron ellos los que primero entraron en acción. Un rocambolesco viaje los llevó de Cuba a Brasil, de allí se desplazaron a Bolivia, y tras establecer contacto con el vacilante Partido Comunista, que dudó en apoyar a la guerrilla peruana, finalmente cruzaron la frontera selvática a pie para ingresar en Perú. Entre el puñado de combatientes también había poetas. Edgardo Tello era uno y Javier Heraud, el otro. Heraud había estudiado Derecho y Letras y estaba involucrado en el Movimiento Social Progresista de los hermanos Salazar Bondy. Pero de pronto le ocurrió lo mismo, vio el gran rayo que dividía a la generación del cincuenta de la del sesenta, la Revolución cubana. Los mayores se quedaban en el trabajo político y la del sesenta imitaba a los barbudos cubanos. «Yo no creo que sea suficiente llamarse revolucionarios para serlo», les escribió en su carta de renuncia. Revolucionario era quien hacía la revolución, no quien aspiraba al «gaseoso [así lo definió Heraud] socialismo humanista» que promovían los progresistas. Heraud asumió el compromiso con su época y aceptó una de las becas de estudio que Cuba repartía entre estudiantes de izquierdas. La beca era para estudiar cine, pero todo el mundo sabía que de Cuba no se volvía a ejercer una profesión burguesa, sino a hacer la revolución.

«Yo nunca me río / de la muerte. / Simplemente / sucede que / no tengo / miedo / de / morir / entre / pájaros y árboles».[28] Heraud había escrito esos versos en 1961, antes de partir con la guerrilla. Recordaban, no hace falta decirlo, a José Martí: eran una solemne y entusiasta anticipación de su propia muerte. Porque en aquella travesía selvática de 1963, cuando apenas habían cruzado la frontera y daban sus primeros pasos en suelo peruano, la policía creyó que eran contrabandistas y los detuvo. Rumbo a la comisaría, alguno de ellos disparó su arma y mató a un policía. Los jóvenes guerrilleros aprovecharon el caos para escapar desordenadamente, unos por un lado, los demás por otro, ninguno plenamente consciente de lo que hacía. A la policía no le costó trabajo seguir el rastro y dar con ellos, al menos con Heraud y Alaín Elías, que al verse descubiertos trataron de escapar por el río Madre de Dios. Alcanzaron a subirse en una canoa para cruzar a la otra orilla, y allí mismo recibieron la descarga. Alaín cayó herido; Heraud, entre pájaros y árboles, rodando por ese río que tanto evocó en sus primeros poemas, tuvo menos suerte. Los disparos que recibió fueron mortales, como también lo serían los que recibió Edgar Tello, su colega poeta, dos años después en las montañas de Tincoj, en Ayacucho. Washington Delgado dijo de esa generación que eran de «imaginación desatada, lozana inocencia, optimismo audaz y sonriente».[29] Sí, como todos los que se enredaron en las aspas de los molinos de viento.

Otro de estos poetas, Rodolfo Hinostroza, estuvo a punto de repetir el destino de Tello y de Heraud. También él llegó a Cuba con una de esas becas, la fabulosa fachada con la que Castro estaba reclutando jóvenes de todo el continente, y cuando menos lo pensó se vio con un fusil al hombro, entrenando para convertirse en guerrillero. Como poeta quizá creyó que la vanguardia artística ya no podía disociarse de la vanguardia armada, y por eso fue en busca de los revolucionarios. Pero una vez en Cuba, y sobre todo después de la muerte de Heraud, advirtió que aquella no era su revolución. En los poemas que alcanzó a escribir en la isla, luego publicados en *Consejero del lobo*, confesaba su incapacidad para verse persuadido por la utopía o las exigencias de pureza y ascetismo revolucionario. Influenciado por el surrealismo, seducido por los placeres que prometen el desorden de los sentidos y la indisciplina del cuerpo, Hinostroza no estaba dispuesto a sufrir un martirio inútil. Su instinto vital le permitió vencer el chantaje de las autoridades cubanas, dejar la isla y radicarse en un París sesentayochista lleno de jóvenes hedonistas. «Este siglo de catástrofes y trágica grandeza / penderá ante mis ojos que vieron el fulgor de la / matanza. Entonces / querré decir que no participé y que mi amor fue más hondo / que el devenir de los espejos y las esferas naturales»,[30] dejó dicho.

Era mejor perder la pureza y seguir vivo; era mejor no haber contribuido al cataclismo. Los impuros que intuyeron la debilidad de su egoísmo, la intuición del amor o del impulso sensual, tuvieron que reconocer su imperfección. Para ellos no era el paraíso socialista ni la algarada guerrillera. Para los poetas que proyectaron la herencia surrealista en lo que quedaba de siglo XX había un camino alternativo: la imperfecta, modesta y vacilante democracia. No llegaron a ella por gusto, pues no dejaron de odiar sus concesiones burguesas y sus compromisos capitalistas. No se ahorraron una sola crítica, pero a la larga, después de presenciar la experiencia totalitaria y las consecuencias del fanatismo ideológico, le perdonaron la vida. Mejor era un sistema plural y abierto a las distintas necesidades, inclinaciones y fantasías políticas que uno en el que solo cupiera una, la del líder, la del hombre fuerte que se imponía con un fusil al hombro. Hinostroza no fue el único poeta de esa generación que cambió la revolución totalitaria por opciones más anarquistas, surrealizantes y libertarias. Al chileno Enrique Lihn le pasó lo mismo. También él llegó a Cuba a mediados de los años sesenta, no como un estudiante becado sino como un poeta prestigioso, ganador del Premio Casa de las Américas, y allí trabajó para la revolución, se casó con una cubana y creyó que dedicaría su vida a la causa, hasta que se hartó. Se hartó de que lo vigilaran y de que Fidel, siempre rodeado de intelectuales, fuera el único que podía pensar y hablar con libertad. En 1969 regresó a Chile y publicó estos versos, igual de explícitos que los de Hinostroza: «De la revolución prefiero la necesidad de conversar con los amigos / aunque sea por las razones más débiles / hasta diletando; y soy, como se ve, un pequeño burgués no vergonzante / que ya en los años treinta y pico sospecha que detrás del amor a los pobres de los sagrados corazones / se escondía una monstruosa duplicidad».[31]

Algo ocurría en Cuba; tal vez muchos lo sabían pero se negaban a aceptarlo: cientos de jóvenes estaban empezando a morir por la difusa liberación de sus países, mientras Cuba se convertía en una jaula para sus propios poetas.

LA HABANA, 1967: LA NUEVA MECA CULTURAL DE OCCIDENTE TERMINA DEVORANDO A SUS HIJOS

Como ha explicado Rafael Rojas,[32] en la Cuba revolucionaria confluyeron dos corrientes ideológicas con tendencia a repelerse y con una larga historia de enemistad en países como Argentina, Brasil o Bolivia: el nacionalismo y el comunismo. La revolución había sido inspirada por el nacionalismo revolucionario de los años cincuenta, pero en 1961 ya estaba totalmente infiltrada por los comunistas. Esa confluencia de los dos bandos en un mismo proyecto hizo inevitable que artistas e intelectuales de una y otra tendencias convivieran y chocaran en las revistas y las instituciones culturales cubanas. Comunistas de vieja data, herederos de las luchas vanguardistas de los años veinte y treinta como Juan Marinello, Nicolás Guillén y Alejo Carpentier, rivalizarían por cuestiones estéticas con nacionalistas jóvenes y viejos que detestaban a Estados Unidos, sí, pero también a la Unión Soviética, como Carlos Franqui, Guillermo Cabrera Infante, Heberto Padilla o Jorge Mañach. Los primeros se irían acercando cada vez más a la ortodoxia estalinista, mientras los segundos soñaron hasta finales de los años sesenta con un izquierdismo heterodoxo receptivo a la vanguardia, las críticas y las disidencias. A la larga sería un tercer grupo, los nacionalistas que no defendían ni la ortodoxia marxista ni la heterodoxia vanguardista, sino más bien un realismo del que se pudiera nutrir simbólicamente la revolución, el que acapararía las instituciones culturales: Haydée Santamaría, Roberto Fernández Retamar y Lisandro Otero, entre otros. Su predominio desencadenaría la censura y la represión de las disidencias, empezando por la de Heberto Padilla en 1971, y la pérdida total del prestigio que llegaron a tener las instituciones culturales cubanas. Mientras tanto, antes de que eso ocurriera, Cuba se convertía en la meca cultural del continente, y casi del mundo entero.

Los autores del boom latinoamericano, Julio Cortázar, Carlos Fuentes y Mario Vargas Llosa, empezaron a ser invitados con frecuencia a los eventos que organizaba la Casa de las Américas. García Márquez no, o aún no, porque mientras sus colegas se hacían famosos con sus primeras obras y esa fama les daba un pasaporte a Cuba, García Márquez no era conocido como novelista y además había visto la revolución por dentro, mientras trabajaba en Prensa Latina, y con mucha antelación se había dado cuenta de que todo aquello lo estaban corrompiendo los comunistas. Su decepción lo mantuvo mucho tiempo alejado de Cuba, al menos hasta 1975. García Márquez no era un comunista, era un nacionalista latinoamericano, incluso un nacionalista caribeño que sintonizaba con todas las demandas de la izquierda antiimperialista, pero no con las de quienes despectivamente llamaba «mamertos», los emisarios de ese reino de grisura y tristeza que se extendía al otro lado del Telón de Acero, y que él había visitado a finales de los años cincuenta para llevarse una terrible decepción.

Mientras el colombiano se ganaba la vida en México como publicista y escribía *Cien años de soledad*, Cuba se convertía en un lugar de peregrinaje para escritores y artistas de todo el mundo. En 1967, gracias a Wifredo Lam y a Carlos Franqui, el Salón de Mayo que venía celebrándose en París desde 1944, con ocasionales escapadas a otros países, se realizó por primera vez en América Latina. La Cuba castrista acogió una muestra de doscientas obras que completaban un recorrido por el arte del siglo XX, desde Picasso hasta Isodore Isou. Estaban representadas las vanguardias de las primeras décadas del siglo XX, por supuesto, pero también las últimas, las más actuales, como el letrismo, el situacionismo, el grupo COBRA, el op art o el nuevo realismo. Grupúsculos y tendencias revolucionarias que hasta el día de hoy no se conocen bien en América Latina, se expusieron en Cuba en tiempo real, justo en el momento en que agitaban las conciencias juveniles que luego lanzarían las revueltas de mayo del 68.

Castro botó la casa por la ventana. Invitó a una centena de personalidades a Cuba, no solo artistas, también críticos como Edward Lucie-Smith, futuros curadores como Harald Szeemann, dramaturgos como Peter Weiss, etnógrafos como Michel Leiris y escritores como Marguerite Duras, Jorge Semprún y Juan Goytisolo. Todo esto formaba parte de la diplomacia cultural con la que Castro quería contrarrestar los efectos del bloqueo. Los invitados llegaron entre cinco y nueve semanas antes de que abriera la muestra, tiempo que Castro aprovechó para que se impregnaran del mito revolucionario. A disposición de los artistas puso talleres donde pudieran seguir produciendo, con el compromiso tácito de que las obras se quedarían en Cuba; un buen negocio. Los artistas pagaban la hospitalidad de la revolución con cuadros, y de paso dejaban constancia de su solidaridad con Cuba. Castro se ocupó de que su estancia en la isla fuera reveladora. Los llevó de turismo al cuartel Moncada y al Museo de la Revolución; los acercó hasta la base de Guantánamo para que vieran el imperialismo yanqui; los paseó por Varadero y Cienfuegos, y los sentó delante del escenario en la celebración del 26 de julio, en Santiago, donde pronunció uno de sus míticos discursos. «Entre el intelectual europeo y el campesino de la Sierra Maestra, o el cortador de caña, existe en común algo que nosotros, los revolucionarios, podemos comprender bien —dijo—, y es ese afán por la justicia, ese afán por el progreso de la humanidad, ese afán por la dignidad del hombre».[33] Los artistas extranjeros y los trabajadores cubanos eran lo mismo, estaba diciendo, trabajaban con las manos y tenían los mismos valores; eran cómplices, «esculpidores de esta revolución».

La obra más importante de todas las que se exhibieron fue un mural colectivo, coordinado por Lam, en el que participaron buena parte de los invitados. Se trataba de una gran espiral dividida en segmentos, cada uno reservado a un artista o a un poeta (Fig. 33). Algunos plasmaron a Castro y al Che; otros escribieron alusiones a la revolución; unos más dejaron mensajes y poemas. «La poesía sangra», se leía en una de las casillas; «Con la revolución hasta Marte», en otra. Juan Goytisolo, quizá previendo lo que se venía en Cuba, escribió una conjura: «Revolución permanente / Insumisión al orden / Revolución en la revolución». Y el poeta Heberto Padilla escribió «vivan las guerrillas / mira la vida al aire libre / los hombres remontaron los / caminos recuperados y canta el que sangraba». Solo una casilla quedó en blanco, la 26, el simbólico número, reservada para el gran artista, para el *curator* de todo aquello, Fidel Castro. Naturalmente, esa casilla se quedó en blanco.

Con el Salón de Mayo, Castro quiso proyectar la imagen de una revolución modernizadora, creativa, abierta, libre, colectiva y solidaria. Había aprovechado una megaexposición para lanzar un mensaje muy potente: la revolución estaba con los artistas de vanguardia y los artistas de vanguardia estaban con la revolución. Pintar, cantar, escribir, actuar era apoyar indirectamente a Cuba, porque a diferencia de los yanquis, esos calibanes bárbaros y colonizadores, frívolos y materialistas, los revolucionarios entendían y fomentaban la causa del espíritu y del ideal.

La política de nacionalizaciones le había valido a Cuba el bloqueo de Estados Unidos, y el patrocinio de las guerrillas, el distanciamiento de los presidentes latinoamericanos. Cuba estaba aislada política y económicamente del resto del mundo. No podía intercambiar artículos de consumo ni firmar tratados políticos, tampoco hacerse oír en la OEA, pero sí podía robustecer su diplomacia cultural y apostarlo todo al prestigio de los intelectuales y a la publicidad que pudieran hacer por la causa cubana. Además del Salón de Mayo, la Casa de las Américas organizó en 1967 el Encuentro Internacional de la Canción Protesta, con intérpretes de los cinco continentes, e invitó a cientos de escritores de todo el mundo al Congreso Cultural de La Habana que se celebraría el año siguiente. Quinientos simpatizantes de distintos campos creativos, la mayoría de ellos literatos, se reunieron en enero de 1968 para discutir en torno a un único tema, la descolonización cultural de América Latina, África y Asia y el imperialismo estadounidense. Hubo representantes del boom latinoamericano, como Vargas Llosa, Cortázar y Jorge Edwards; poetas surrealistas, como Joyce Mansour; intelectuales progresistas, como Susan Sontag, John Berger y Hans Magnus Enzensberger, y pintores diversos, como el muralista David Alfaro Siqueiros, el surrealista Roberto Matta o el repitente de COBRA, el danés Asger Jorn. Eran tantas personalidades famosas, con tan disímiles sensibilidades revolucionarias, que inevitablemente saltaron chispas. Al cruzarse con Siqueiros, Mansour le dio un sonoro patadón en el trasero.

—¡Por Trotski! —le gritó.

O «¡Por Breton!», según otro testimonio.

Castro quiso que los escritores fueran testigos de los abusos cometidos contra Cuba y que se convirtieran en embajadores de la gesta revolucionaria. En la Declaración General que se redactó al final de las jornadas se decía que defender la revolución era defender la cultura, y que la guerra popular, un eufemismo para referirse a la acción de las guerrillas, era «la manifestación más alta de la cultura».[34] La revolución era un asunto cultural, de los artistas y los escritores, porque el resultado que se extraía de ella era la más noble y más necesaria obra de arte para América Latina y el Tercer Mundo: el fin del subdesarrollo. La metaobra de Castro era esa, el progreso de Cuba, y la misión de los intelectuales amigos, combatir al imperialismo en cada uno de sus países. «Convertirse en vanguardia cultural dentro del marco de la revolución supone la participación militante en la vida revolucionaria»,[35] acordaron. El artista o el escritor debía rescatar las tradiciones culturales patrióticas y purgar cualquier elemento imperialista que supusiera un obstáculo a la independencia nacional. Lo significativo era que Castro y sus funcionarios culturales estaban dirigiendo el foco de todas las amenazas afuera, sobre el imperio yanqui, como si las coacciones sobre la cultura provinieran del imperialismo y no del seno mismo de la revolución. Era el truco de un prestidigitador: decirle a la pupila que mirara allá lejos, mientras aquí, en Cuba, la revolución empezaba a devorar a sus propios hijos.

Una fantasía rondaba a Fidel Castro: que aquel congreso fuera un Vietnam en el campo de la cultura. Así lo sugirió en su discurso de clausura y así quiso que los escritores asistentes entendieran lo que había ocurrido en esos días. Habían dejado de ser simples escritores; ahora eran guerrilleros de la cultura, enemigos del imperio como los demás revolucionarios cubanos. Y así, mientras los escritores extranjeros partían de Cuba obnubilados por el hechizo del gran *curator* que transformaba la realidad con ayuda de la cultura, en la isla empezaban las purgas. Los primeros que pagaron las consecuencias de no encajar en el molde del hombre nuevo guevarista fueron los escritores homosexuales agrupados en torno a la editorial El Puente. Su estilo de vida y sus gustos extranjerizantes —Allen Ginsberg y los Beatles— desafiaban la moral revolucionaria, y por eso mismo acabaron en las cárceles y en las Unidades Militares de Ayuda a la Producción, las UMAP, poco más que campos de concentración donde se recluía a los disidentes y a la población perniciosa. Estos primeros abusos fueron «perdonados» o pasados por alto, como si no fueran cosa grave, pero luego vinieron otros hechos que aguaron definitivamente el entusiasmo y las ilusiones de que el socialismo cubano pudiera alejarse de las formas autoritarias de la Unión Soviética. En agosto de 1968, los tanques soviéticos invadieron Praga, y Castro, en lugar de censurar aquel abuso, aprobó la represión de Moscú.

La reacción de escritores como Vargas Llosa fue inmediata y enérgica. «Resulta lastimoso ver reaccionar a Fidel de la misma manera condicionada y refleja que los mediocres dirigentes de los partidos comunistas latinoamericanos»,[36] escribió, y con esas palabras puso fin a la luna de miel que había tenido con Cuba. Al mismo tiempo, en la isla empezaba una suerte de guerra fría entre los escritores. Lo percibió muy bien Jorge Edwards cuando llegó a La Habana en 1970, enviado por Allende como encargado de negocios para restablecer las relaciones diplomáticas entre Chile y Cuba. Sus amigos escritores ya no conformaban un solo grupo; se habían escindido en dos bandos irreconciliables. Uno era el círculo de Heberto Padilla, donde se ventilaban críticas y burlas a la revolución, y otro el de Roberto Fernández Retamar y Lisandro Otero, funcionarios sumisos del poder estatal. La idea de usar la cultura para romper el bloqueo había derivado en un clima irrespirable para los intelectuales que no querían dejar de ejercer como tales; es decir, para los escritores que entendían lo básico, que el proceso político que estaba transformando sus vidas no podía escapar a la supervisión crítica, tampoco a la ironía y a la burla. Pero eso no estaba permitido. Heberto Padilla y su esposa, la también poeta Belkis Cuza Malé, fueron los siguientes en pagar en carne propia sus comentarios y poemas irreverentes. Los dos fueron acusados de actitudes contrarrevolucionarias y posteriormente detenidos. No solo eso, Padilla fue luego obligado a una humillante e interminable confesión, horas y horas en las que hizo una forzada autocrítica de sus posturas y en las que despotricó contra los escritores extranjeros que habían denunciado su arresto. Este episodio —el caso Padilla— supuso la ruptura de buena parte de los asistentes al Congreso de La Habana con la revolución. Muchos de ellos firmaron las dos cartas enviadas a Castro, la primera expresando el desconcierto por una medida que contradecía el proyecto revolucionario que todos ellos habían apoyado y seguían apoyando, y la segunda enfatizando el desagrado que sentían por los métodos estalinistas que habían usado para forzar la autocrítica de Padilla.

Los cuatro rostros más visibles del boom —Vargas Llosa, García Márquez, Cortázar y Fuentes— firmaron la primera. En la segunda, sin embargo, solo aparecieron los nombres de Fuentes y de Vargas Llosa, y en realidad en la primera no debió aparecer el de García Márquez. Plinio Apuleyo Mendoza, que creía conocer las inclinaciones políticas de su amigo, asumió que estaría de acuerdo con el contenido de la carta y pidió que se agregara su firma. Para sorpresa de muchos, el colombiano no se sintió cómodo con el asunto, pues temió que se pudiera tergiversar o manipular su gesto y que salieran favorecidos los enemigos de Cuba. Fue el primer indicio de que iba a contracorriente: mientras todos los otros escritores se alejaban de Cuba, García Márquez empezaba a reconciliarse con la revolución.

AMÉRICA LATINA, 1962-1971: EL BOOM Y LA REVOLUCIÓN CUBANA

El boom fue la culminación o el punto más alto del americanismo artístico, que coincidió en el tiempo con la culminación y mutación del americanismo político en comunismo. El boom, tanto como la Revolución cubana, fue impulsado por las corrientes estéticas y las preguntas identitarias que habían lanzado los modernistas de principios de siglo. Su gran virtud fue sumar elementos: el interés por la exuberancia del paisaje americano, la importancia de los tipos humanos, la aclimatación del surrealismo a las ensoñaciones y los delirios americanos, la experiencia en la gran ciudad y la vida urbana. Por encima de todo, fue una literatura muy americana que no le temió a la contaminación extranjera y que no desechó las herramientas y las técnicas literarias anglosajonas y europeas que pudieran hacer más persuasivas, modernas, vanguardistas y exaltantes las historias que contaban. Y otra cosa más: su tema no fue el gaucho, ni el indio, ni el negro, ni el criollo; tampoco la tierra, el paisaje, el medio. Su tema fue la peripecia vital de todos los americanos en un continente que seguía siendo un producto de la fantasía, de la superstición, de la creencia ideológica y del fanatismo, y que a pesar de la eterna indagación sobre sí mismo no había logrado ni integrarse ni definirse. América Latina seguía siendo un archipiélago de nacionalismos, y solo a partir de la Revolución cubana y del boom todo el continente empezó a tener un referente político común y a leer masivamente a los autores latinoamericanos. Si la revolución ilusionó unos años con la posibilidad de un nuevo proyecto político para el continente, el boom le dio la certeza, y de forma perdurable, de que América podía ser el tema de un arte universal. Había sido un camino largo. El americanismo de principios de siglo había descubierto el tema americano, la vanguardia se había obsesionado con la identidad esencial del continente, la poesía de los años treinta había vuelto al paisaje, la novela de los cuarenta había introducido el surrealismo para aclimatarlo a los trópicos y las urbes latinoamericanas. A todo esto se sumaron las técnicas literarias de Faulkner, Joyce, Kafka, Woolf, y la ambición y los procedimientos de Flaubert, Tolstói, Cervantes. El resultado fueron novelas con el apetito totalizador de las narraciones decimonónicas y la agilidad y experimentación de las creaciones más modernas y contemporáneas. Fueron un paso más allá de la poesía americana y la novela de la tierra. Vicente Gerbasi, por ejemplo, uno de los miembros del grupo Viernes, surgido en 1936, despojó sus versos de exaltaciones o nostalgias indigenistas y se centró en la naturaleza venezolana; la analizó, la imaginó y la reinventó con la fascinación y el esplendor de quien sueña más que de quien observa. Porque en Gerbasi los procesos terrenales parecen fenómenos oníricos, actos de creación fantástica, latigazos de exuberancia como esos relámpagos extasiados, como esos juncales de miedo o como esos estallidos de semillas que mencionaba en *Mi padre el inmigrante*, su poema extenso de 1945. El realismo mágico ya podía intuirse en su poesía y también en el mundo bárbaro de los llanos venezolanos que Santos Luzardo, el protagonista de *Doña Bárbara*, pretendía civilizar con sus cercas y códigos penales. Quizá García Márquez se dio cuenta de que para describir la vida en el trópico caribeño había que sacar a Santos Luzardo de la historia y hacer justo lo contrario: en lugar de cercar, acotar y civilizar, permitir que ese mundo mítico y feraz pastara libremente y se expandiera sin la intervención de ningún emisario de la cordura o de la racionalidad. García Márquez derribó las alambradas que Rómulo Gallegos creía indispensables para civilizar la manigua latinoamericana, y su mundo se llenó al instante de prodigios y fantasmas. Los seres fantásticos anduvieron desde entonces con total normalidad por Macondo, como ciudadanos legítimos de un continente que también era eso, superstición y delirio, mientras que la tecnología que llegaba del otro lado de la cerca, de un mundo racional y científico —la lupa, el imán, el hielo, la dentadura postiza—, causaba el más terrorífico sobresalto.

Esa realidad era distinta a la europea, llevaba el sello latinoamericano. Era una realidad que surgía del mestizaje, de un nudo nuevo en el que, como decía Gustavo Guerrero, se trenzaban «las creencias animistas de los indígenas, la fe de los santeros, el asombro de los conquistadores, la ideología de la emancipación, las utopías mundonovistas, las ambiciones metafísicas e históricas de las vanguardias, la fascinación por el arte primitivo y la filosofía de Spengler y hasta las conversaciones de tres muchachos latinoamericanos [Uslar Pietri, Asturias y Carpentier] que se reunían allá por los años veinte en una terraza de Montparnasse».[37] Todos estos elementos se habían mezclado y el efecto era una realidad con tonalidades y densidades distintas, plagada de fantasía, superstición, mitología y creencias capaces de desatar fanatismos cataclísmicos, dictaduras de hombres providenciales, revoluciones mesiánicas y proyectos creativos de apetitos descomunales.

El boom también fue un experimento político arriesgado e innovador; defendió el americanismo antiimperialista y un izquierdismo o un nacionalismo libertario y continental, sin censuras ni talanqueras para la libertad de creación o pensamiento, ni miedo a las influencias culturales extranjeras. Es decir, un arielismo antropófago, experimental y barroco, popular y libertario, izquierdista y cosmopolita, poco marxista y poco democrático. Cuba pareció ser su meca, la Universópolis de esta nueva criatura, y sin embargo estuvo lejos de serlo. Y no porque Castro estuviera impregnado de otros sistemas de pensamiento, en absoluto, la matriz era la misma; el problema fue que en él primaba el arielismo antisajón, un arielismo elitista, además, camuflado de amor al pueblo e interés por los artistas internacionales, que se horrorizaba con el contacto y la perversión yanqui, y que añoró el aislamiento total, una Cuba convertida en el Paraguay del doctor Francia. Ese mundo era una cárcel antidemocrática y totalitaria, desde luego; lo comprobaron los escritores con el caso Padilla, un golpe y un remezón que forzó el desplazamiento intelectual de algunos de ellos en busca de nuevas ideas. Y esa búsqueda acabaría donde acabó la reflexión de Huidobro: dándole a la democracia una segunda oportunidad sobre tierra americana.

MÉXICO D. F., 1968: LA REVOLUCIÓN CULTURAL SE ENFRENTA
A LA REVOLUCIÓN INSTITUCIONALIZADA

En México no hizo falta el caso Padilla para que algunos de sus intelectuales se hartaran del autoritarismo revolucionario. Tres años antes, en 1968, el país vio con desconcierto cómo la revolución se convertía en un monumento de piedra que aplastaba de forma sangrienta a sus propios hijos. El sistema que surgió hacia 1920 y que terminó engendrando al PRI, llevaba al menos dos décadas de inmovilidad e institucionalización burocrática y autoritaria. Como todas las revoluciones triunfantes, había impuesto sus ideales y valores, y estaba preparada para combatir a todo aquel que pretendiera socavar su legitimidad.

Si Castro fue implacable con los primeros gérmenes de una revolución cultural que promovía una moral hedonista, muy incómoda tanto para el puritanismo anglosajón como para el puritanismo guevarista, encarcelando a los artistas de El Puente y expulsando de la isla a Allen Ginsberg en 1965, en México fue a Gustavo Díaz Ordaz a quien le tocó enfrentar, como representante máximo del nuevo *establishment*, una revolución desarmada y cultural que ponía en duda las prácticas autoritarias del régimen priista.

La revolución había creado un sistema único en América Latina. Asignaba a sus representantes y herederos el monopolio del poder, pero ninguno podía incumplir la máxima de Madero, no reelegirse; tampoco ejercer el terror político o el terror ideológico típico de las dictaduras militares del Cono Sur o de las autocracias comunistas. La simbiosis entre el PRI, el Estado y el Gobierno dejaba espacios a la sociedad civil para que desarrollara proyectos económicos y culturales, pero impedía que surgieran liderazgos no tutelados. Aquel que tenía bríos o ambiciones era cooptado por la revolución, y una vez en el complejo sistema de jerarquías, sindicatos y organizaciones quedaba sometido a los rituales del poder. Es decir, a los rituales del PRI.

El cuestionamiento a todo este entramado empezó en el campo de la cultura, ya lo vimos en la segunda parte, con una nueva generación de artistas que rechazó la tradición del muralismo y el arte nacionalpopulista. Aquellos llamados a exaltar el perfil popular que daba legitimidad al PRI decidieron rebelarse. Surgieron nuevos estilos ligados al surrealismo y a la abstracción que abrieron un hueco en la lápida del muralismo y el indigenismo. José Emilio Pacheco escribió su famoso poema, «Alta traición», en el que confesaba: «No amo mi patria. / Su fulgor abstracto / es inasible».[38] Y en el campo de las ideas el marxismo se mezcló con los libros de Marcuse, con el ejemplo antiautoritario de los anarquistas, vanguardistas, trotskistas y libertarios, y *La cultura en México* y Carlos Monsiváis impulsaron las actitudes de la Nueva Izquierda. La generación de los años sesenta, impregnada de nuevos referentes culturales e ideológicos, se convirtió en una fuerza crítica potencialmente revolucionaria. No aspiraba a reeditar la gesta cubana, sino a hacer en la política lo mismo que ya habían hecho José Luis Cuevas, Vicente Rojo, Rufino Tamayo y otros más en el campo de la plástica: abrir un orificio en la lápida para que entrara el aire y regenerara el sistema.

Su consigna fue la democratización del PRI; su músculo, las movilizaciones masivas de estudiantes que asumieron el compromiso antiautoritario de la revolución cultural europea y estadounidense. Surgido casi por accidente después de una gresca entre colegiales, el movimiento estudiantil se unificó para hacer frente a la policía. Con el paso de los días tomó fuerza, y a finales de agosto de 1968 era un fenómeno inédito que agrupaba a decenas de miles de jóvenes. Era la versión latinoamericana de la revolución hedonista y vital que entusiasmó a Octavio Paz cuando la vio estallar en París unos meses antes. Mientras que la Revolución cubana lo había dejado un poco frío, en las movilizaciones juveniles reconoció el influjo del surrealismo y de sus demandas vitales, filosóficas y eróticas, «una tentativa por unir la política, el arte y el erotismo».[39]

El 2 de octubre esas dos revoluciones, la nacionalista institucionalizada y la cultural libertaria, colisionaron de forma brutal en la plaza de Tlatelolco. Díaz Ordaz se empecinó en ver en las marchas una conjura comunista contra los Juegos Olímpicos que se inaugurarían diez días después en México, y los jóvenes no se dieron cuenta de que desconocer la autoridad del régimen era, como dijo Christopher Domínguez Michael, cometer «una suerte de delito de lesa majestad».[40] En medio de la confusión, la dictablanda del PRI se transformó en lo que se preciaba de no ser, un Moloch asesino, y el resultado fueron decenas de cadáveres tendidos en la plaza de Tlatelolco, cubiertos por el silencio oficial.

Las balas y la impunidad derrotaron la revolución cultural. Como en Praga, donde las manifestaciones fueron sofocadas por los doscientos cincuenta mil soldados que llegaron de los países comunistas vecinos, en México el balance de 1968 fue trágico y descorazonador. Pero la victoria del PRI también llevaba la semilla de su propia destrucción. La matanza no fue olvidada y desató reacciones inmediatas y radicales. Octavio Paz escribió *Posdata*, una revisión de sus ideas sobre México, su revolución y su historia, en la que calificó el sistema del PRI como una dictadura institucionalizada, y la cultura juvenil y el arte de vanguardia rompieron toda relación con el régimen. La guerra estaba declarada. Para el PRI los jóvenes se convirtieron en enemigos potenciales y sus productos culturales, en armas sediciosas. Algunos artistas que iban a participar en una exposición prevista para coincidir con los Juegos Olímpicos, se desvincularon de la convocatoria y montaron su propia exposición, el Salón Independiente. Monsiváis decretó el fin de la cultura oficial mexicana, y los jóvenes que prestaron oídos a su consigna siguieron la pista de la contracultura. Muchos empezaron a hacer películas en super 8, y poco a poco gestaron un movimiento de cine *underground* en el que la matanza de Tlatelolco fue el tema recurrente. Luis Echevarría, el sucesor de Díaz Ordaz y señalado como responsable directo de la masacre de Tlatelolco, llevó su guerra contra los jóvenes hasta el extremo absurdo de prohibir el rock. Toda la cultura juvenil fue desplazada a los márgenes, y por lo mismo su mera existencia simbolizó un acto de resistencia o de crítica directa al régimen del PRI.

La deslegitimación del régimen priista también favoreció la radicalización ideológica. Quienes tenían espíritu de aventura acabaron militando en las guerrillas que eclosionaron después de 1968; los que no, entraron en las universidades para convertir las facultades en epicentros de radicalismo marxista. Esto desbordaba la revolución cultural y más bien empezaba a ser otra fuente de dogmatismo totalitario que no servía como alternativa al PRI. Al igual que en Argentina, ahora era la izquierda la que legitimaba la violencia guerrillera, algo que a Paz le pareció una «alianza ilegítima e inmoral entre las ideas socialistas y las prácticas fascistas y gansteriles».[41] Era exactamente eso; lo peor es que las universidades, en lugar de criticar el fenómeno, lo fomentaban. En las ideas que salían de la academia Paz vio un «activismo radicaloide» que convertía la universidad en un teatro para la performance revolucionaria y no en lo que debía ser: un espacio para la crítica y el pensamiento.

Paz lanzaba estas ideas entre 1973 y 1974, un poco antes de que Vargas Llosa empezara a criticar el fanatismo y la ceguera que estaban produciendo las ideologías en América Latina. Al escritor peruano le preocupaba el doble rasero con el que algunos intelectuales, entre ellos su amigo Julio Cortázar, evaluaban las injusticias cometidas en los países capitalistas y socialistas: en los primeros siempre se combatían como un vicio abominable; en los segundos se justificaban como «errores de ruta». La fe en las ideologías alejaba de los problemas reales y convertía al intelectual en un fanático. «En nombre del anticomunismo —decía Vargas Llosa en 1978— el general Pinochet ha cometido crímenes parecidos a los que los jemeres rojos de Camboya cometen en nombre del comunismo».[42] Y sin embargo se criticaban unos y se justificaban otros, algo que solo podía explicarse por el esquematismo ideológico.

Por decir cosas como estas, Vargas Llosa y Paz fueron repudiados por la izquierda latinoamericana. Aún no se definían a sí mismos como liberales y todavía mantenían muchas reservas frente al capitalismo y la política exterior yanqui, pero ya no se sentían cómodos en las filas de una izquierda que defendía los atropellos de Castro y la violencia redentora. Los dos tenían un pasado surrealista y antiautoritario, y tanto en la acción de las guerrillas como en el nuevo marxismo académico, con su desprecio a la democracia y su justificación del despotismo justiciero, encontraban rastros de la misma pulsión autoritaria que antes había criticado a la derecha y a los militares. Empezaban a hacerlo, poco a poco, y aunque resultó desgarrador se convertían en los dos primeros intelectuales de renombre que dejaban las filas del americanismo nacionalista y del socialismo en los que se habían formado para defender la democracia. América Latina no podía seguir siendo el continente de la promesa eterna, de la revolución en ciernes, del asalto al cielo que ahora sí, por fin, bajaría el paraíso a la Tierra. De las independencias habíamos pasado a las guerras civiles, luego a las guerras entre países y finalmente, de forma abrupta, a las revoluciones —la mexicana, la chilena, las militares de Uriburu, Getúlio Vargas y Sánchez Cerro; la de Sandino, las populistas, las socialistas, las antiimperialistas—; llegábamos a los años ochenta exhaustos, rindiéndole una fidelidad absurda y masoquista a un conjunto de ideas obsoletas, crueles y tiránicas que los latinoamericanos parecíamos condenados a repetir como loros tropicales: la descolonización, el antiyanquismo, el enemigo interno, la pureza de las tradiciones, el líder telúrico, la legitimidad de la violencia.

En los años setenta Paz y Vargas Llosa estaban torciéndole el cuello ya no al cisne, sino a ese loro. Quizá esa fue la razón del rencor que despertaron, porque desacomodaban al intelectual y al artista que se habían acostumbrado al rol del otro, del exótico, del buen salvaje o del buen revolucionario, como diría Carlos Rangel. Si renunciábamos a la utopía y a la revolución, ¿qué lugar tendría América Latina en el conjunto de naciones? ¿Qué interés iba a tener un intelectual, un escritor o un artista que no reincidía en los tópicos tercermundistas, si no confirmaba los clichés de la víctima, del explotado, el colonizado, el oprimido o, más recientemente, el epistemólogo de la Pachamama, el subalterno antiglobalización, el albacea de los cuidados, el guardián de Abya Yala, el sabio sentipensante y de toda esa fauna de personajes míticos y angelicales inventados —casi todos— en las hipercompetitivas, megacapitalistas, puritanas, globalizadísimas y nada pachamámicas universidades estadounidenses?

Es verdad que después de haberle dado al mundo revoluciones, utopías, militares de caricatura, víctimas de todo tipo y redentores en busca de pueblos a los cuales guiar, la inercia animaba a rizar el rizo y a seguir espantando fantasmas similares: ya no el imperialismo sino el colonialismo, ya no el capitalismo sino la modernidad entera, y ya no con el marxismo sino con el deconstruccionismo. Pero en realidad eran todos estos estereotipos contra los que había que rebelarse. Porque convertirnos en el continente de la alucinación arcaica estaba bien para las películas de Alejandro Jodorowsky, pero en la realidad suponía marginarnos de los avances científicos y tecnológicos, de los centros de decisión global y de los debates internacionales, de los mercados y de las rutas de la economía. Esa América Latina reducida a la miseria *kitsch*, al bazar de artesanías, al escenario vacacional de sabidurías alternativas y de rituales chamánicos, no era una fantasía liberadora. Todo lo contrario, era la continuación de los sueños opresivos que desde los tiempos de Colón habían convertido el continente en el sitio donde proyectar las pulsiones violentas, comunitarias y primitivistas proscritas en París, Madrid o Londres.

LIMA, 1969: LA REVOLUCIÓN IZQUIERDISTA DE LOS MILITARES PERUANOS

En los años sesenta Perú era uno de los países más desiguales de América Latina. El 85 por ciento de la tierra cultivable estaba concentrada en el 2 por ciento de las propiedades,[43] una herencia de la colonia que había perpetuado el vasallaje y que resultaba ofensiva para cualquier mentalidad moderna, en especial para los sectores desarrollistas, nacionalpopulares e izquierdistas. Acción Popular y el APRA tenían en su agenda una reforma agraria que agitaban en campaña y que luego archivaban cuando se acercaban al poder. Haya de la Torre ni siquiera defendió el intento —más bien al contrario— que hizo Belaúnde Terry de promoverla durante su Gobierno. El siglo XX avanzaba, ocurrían revoluciones nacionalistas en Bolivia y Cuba, y aquella cápsula del tiempo, trasplantada del virreinato a la década de los hippies y el rock, se convertía en un anacronismo que impedía el ingreso de Perú en el mundo moderno. Hasta los militares se dieron cuenta de ello a mediados de los años sesenta, mientras liquidaban a Luis de la Puente Uceda, líder del MIR, y ponían punto final a la etapa guerrillera. Se trató de uno de esos fenómenos inesperados y fabulosos que ponen de manifiesto que en América Latina nadie sabe para quién trabaja. Hay que imaginar a los militares incautando el material de la guerrilla, sus panfletos, sus documentos; hojeándolos subrepticiamente; luego, quizá, estudiándolos para entender la mentalidad del enemigo, y de un momento a otro, para sorpresa de ellos mismos, asintiendo ante lo que ahí decían. Después de aplastar a las guerrillas, un mayor del ejército dijo en 1965 que el fenómeno subversivo había sido el efecto de un problema. La pregunta que quedaba era otra: «¿Qué hacemos ahora con las causas?».[44]

Sin quererlo, la guerrilla estaba obligando al ejército a reflexionar sobre la realidad en la que había intervenido con las armas, y a la conclusión que llegaban era que sí, en efecto, había un problema muy serio en Perú, un problema que también ellos, con su corazón castrense y patriótico, podían detectar. Sin necesidad de leer a Marx, llegaron a la misma conclusión que sociólogos como Julio Cotler. Había una «coalición oligárquico-imperialista» que frenaba el desarrollo del país. De pronto los militares soñaban el mismo sueño que el ELN y el MIR: recuperar el control de la economía, aniquilar la influencia extranjera y reducir el poder político que ejercían los grandes hacendados. Los militares provenían de sectores populares, no de las élites hacendadas, y también empezaban a sentir fastidio por esos señorones que vivían rodeados de indígenas a los que administraban como si fueran parte de su patrimonio. Estaban esperando la oportunidad para tomar el mando, y ese momento llegó en octubre de 1968, cuando Belaúnde Terry volvió a Perú después de fracasar en su intento de renegociar los contratos con la International Petroleum Corporation. El escándalo de la hoja faltante en el contrato con el que llegó de Estados Unidos el presidente, y la posibilidad de que Haya de la Torre ganara las siguientes elecciones animaron al general Juan Velasco Alvarado a dar el golpe. Como en Argentina, como en Ecuador, como en Brasil, como en Bolivia, en Perú también empezaba un nuevo periodo militar. Lo desconcertante fue que los peruanos, aunque autoritarios, no encausaron políticas de derechas ni les declararon la guerra a los estudiantes ni a los movimientos de izquierdas. Es verdad que marxistas como Julio Cotler y Aníbal Quijano tuvieron que exiliarse, pero el nuevo Gobierno militar no metió a la izquierda en la cárcel. Más bien al contrario: sacó de prisión al trotskista Hugo Blanco y a los pocos guerrilleros procubanos que, como Héctor Béjar, habían sobrevivido a 1965, y los invitaron a trabajar en el nuevo Estado militar revolucionario. En efecto, después de México, Bolivia y Cuba, le llegaba el turno a Perú, porque los militares habían tomado el poder para promover su propia revolución nacional popular de izquierdas.

El 1971 Fidel Castro fue en visita oficial a Perú, invitado por los militares que habían liquidado a las guerrillas entrenadas en Cuba, y seguramente no sintió nostalgia alguna por el MIR y el ELN. El general Velasco Alvarado y la cúpula militar habían tomado medidas tan radicales como las que él y sus barbudos habían aplicado en Cuba. La International Petroleum Corporation había sido nacionalizada, al igual que la explotación minera de Cerro de Pasco, la banca y la industria pesquera. Habían creado cerca de doscientas compañías públicas y habían acorralado a la empresa privada en una economía regulada por el Estado. Por encima de todo, habían puesto en marcha la reforma agraria más agresiva de toda América Latina, expropiando las grandes haciendas y transformándolas en cooperativas estatales. Todo esto, sorpresivamente, con el visto bueno de Estados Unidos, para quien lo importante no era que los presidentes latinoamericanos pusieran patas arriba sus países, sino que no tuvieran veleidades comunistas, y Velasco nunca las tuvo. «¿De dónde voy a ser yo comunista? —decía—. Yo he sido militar toda mi vida [...]. Yo tenía ciertas simpatías hacia la Democracia Cristiana [...]. Lo demás era puro blablablá».[45] Era verdad. Para marxistas como Cotler lo que había hecho Velasco Alvarado no dejaba de ser una mera transformación impuesta desde arriba, que negaba la participación de las organizaciones populares y la sociedad civil, y que lejos de revolucionar las estructuras sociales las sincronizaba con los proyectos desarrollistas de la CEPAL. Y sí, lo que Velasco defendía era el nacionalismo corporativista más que el marxismo. Apostaba por la conciliación de las clases sociales, no por la sangrante lucha entre ellas; quería eliminar a la oligarquía para igualar a la nación, no para soliviantar al proletariado. En sus fantasías este era el camino para forjar una soñada alianza entre el ejército y el pueblo que encausaría esa segunda independencia de la que él, después de Túpac Amaru, se veía como la principal lanza. «¡Campesino, el patrón ya no comerá más de tu pobreza!»; la frase del líder indígena se convirtió en uno de los lemas de su Gobierno.

Influenciado por la teoría de la dependencia, Velasco Alvarado estaba convencido, como dijo en un discurso el 28 de julio de 1969, de que Perú y América Latina financiaban el desarrollo de los países industrializados. Todas las ideas que Eduardo Galeano sintetizaría luego en *Las venas abiertas de América Latina* ya formaban parte del discurso de los militares peruanos. Y mucho antes de que este libro se convirtiera en el lugar común para explicar el subdesarrollo latinoamericano, Velasco ya había actuado de la más radical de las maneras para suturar cada una de esas venas y negarle al mundo desarrollado una gota más de la riqueza peruana. Si las recetas estatistas, las confiscaciones de tierra y la nacionalización de las empresas y de la banca eran el camino hacia el desarrollo, entonces Perú lo había hecho todo bien, con puntualidad militar y radicalismo revolucionario. Si la sustitución de importaciones, la recuperación nacionalista de los recursos naturales, la estatización de los medios de comunicación (para que el pueblo no fuera engañado por la oligarquía), la reconversión del Estado en motor de un capitalismo desarrollista y la desarticulación de la democracia (otro asunto, como decía Velasco, de «una minoría favorecida») eran el antídoto a la pobreza, entonces solo era cuestión de tiempo que las medidas sacaran al país del subdesarrollo.

La revolución tuvo repercusiones inmediatas e inevitablemente positivas, como acabar con una élite que vivía anclada en el siglo xviii y perpetuaba un sistema semiesclavista. Pero, al acabar con la gran hacienda, el Estado no les otorgó en propiedad las tierras al indígena y al campesino. Simplemente sustituyó al patrón y al gamonal por el Estado, convirtiéndolos en un engranaje más del sistema corporativo idealizado por los fascistas y los populistas de toda la vida. Sí, ya no iban a padecer la opresión del hacendado, pero tampoco se iban a convertir en actores políticos relevantes. En cuanto a las cooperativas, durante los primeros dos años funcionaron. Después, hacia 1971, empezaron las protestas y las rebeliones de los campesinos. El ejército trató de canalizar esta insatisfacción a través del Sistema Nacional de Apoyo a la

Movilización, SINAMOS, creado ese mismo año para mediar entre el Estado y los campesinos, pero la institución se burocratizó muy pronto y no consiguió cooptar al pueblo para que siguiera dócilmente los mandatos de la cúpula militar. La estrategia populista ya no funcionaba, y la famosa alianza entre el pueblo y las fuerzas armadas se había convertido en una ficción que nadie se creía. El descontento de los trabajadores aumentó, las cooperativas quebraron, el desafecto de los campesinos se incrementó y al final mandaron el proyecto de Velasco a los mil demonios. Saquearon las haciendas, renunciaron a las cooperativas y parcelaron las tierras en microfundios que cada cual se puso a trabajar como bien pudo.

Ni los pronósticos de la CEPAL, ni los de la teoría de la dependencia, ni los del nacionalismo revolucionario convirtieron a Perú en la nación desarrollada que estaba destinada a ser. En 1975 la recesión y la inflación avanzaban sin control. Para 1980 esta última ya se había desbocado y superaba el 59 por ciento, y desde entonces no pararía de crecer hasta superar, una década más tarde, durante el gobierno populista de Alan García, la inverosímil cifra del 7.500 por ciento. Con la reforma agraria Perú había corregido una anomalía que generaba terribles injusticias, pero en su desenfrenado impulso nacionalista y estatista la revolución había desarticulado al menos la mitad del aparato productivo y la absoluta totalidad del sistema democrático. El experimento militar duró doce años. La primera etapa, con Velasco a la cabeza, se extendió hasta 1975, y la segunda, que empezó con el golpe dentro del golpe de Francisco Morales Bermúdez, trató de sanear la destrozada economía y se resignó a devolver el poder a los civiles en 1980.

La transformación radical de la vida de las provincias tuvo consecuencias sustanciales a medio plazo, no del todo evidentes, pero visibles para la perspicaz mirada del politólogo Alberto Vergara. Los militares no solo se deshicieron de los hacendados y los gamonales, sino también de los partidos políticos antioligárquicos, el APRA y Acción Popular, que a lo largo de las dictaduras de Velasco Alvarado y de Francisco Morales Bermúdez, doce años en total, no pudieron presentarse a elecciones y perdieron por completo su influencia social. Sin una actividad económica y política independiente, sin poderes económicos y sin cargos de representación popular, la provincia perdió toda relevancia política, cultural y económica. La paulatina despoblación y la centralización del país fueron dos de sus consecuencias. Otra fue la importancia repentina que tuvo la universidad de provincia, que se convirtió en el único contrapoder al centralismo y el autoritarismo de la dictadura militar. A esas universidades, en especial a la Universidad Nacional San Cristóbal de Huamanga, en Ayacucho, llegaron los intelectuales radicales que se habían quedado sin espacios de participación en la vida pública. Allí leyeron los manuales editados en la Unión Soviética que proliferaron en los años setenta, convirtieron los cursos de introducción a las ciencias sociales en seminarios de materialismo dialéctico, y al marxismo-leninismo sumaron el maoísmo, una doctrina difundida por profesores radicalizados y asimilada por los estudiantes de la sierra como la nueva verdad emancipadora. La provincia subyugada, empezó a decirse, sería liberada con la destrucción del Estado opresor. La revolución socializante de los militares había empobrecido la sierra y concentrado la actividad económica en Lima; un acto justiciero había sembrado un nuevo agravio que se pagaría con azufre de los mismísimos infiernos. Empezar de cero, fue la consigna. «Demoler, demoler», como cantaron en 1965 Los Saicos, el primer grupo punk de la historia. Demoler para fundar una sociedad nueva, demoler para empezar desde cero, para promover, ahora sí, una verdadera revolución económica y cultural que forjara un mundo y un hombre nuevos. Abimael Guzmán, el líder de la más apocalíptica guerrilla latinoamericana de todos los tiempos, Sendero Luminoso, fue quien popularizó ese estribillo en el medio universitario ayacuchano.

1969, LIMA: LA REVOLUCIÓN MILITAR RECURRE AL ARTE POP

Como toda revolución política, la de los militares peruanos también intentó hacer un uso propagandístico de la cultura. Habían expulsado a los grandes propietarios de sus haciendas sin disparar un solo tiro, y con aquella medida estaban a punto de transformar —al menos eso esperaban, ojalá para bien—, el funcionamiento del agro peruano. Pero la cosa no era tan fácil ni sencilla. Para completar su programa necesitaban otra cosa igual de importante, la confianza de los campesinos, que creyeran en el Gobierno y respaldaran con su participación las nuevas cooperativas estatales. Porque el Estado no les iba a dar tierras en propiedad, los iba a poner a trabajar en sus proyectos, algo muy distinto, y la verdad es que para entonces el ejército aún estaba lejos de consolidar esa alianza con el pueblo a la que aspiraba Velasco. Y sin la aquiescencia de la población rural, de los intelectuales y los estudiantes, lo sabían muy bien, el proyecto se debilitaba. Los campesinos tenían que entender la reforma agraria y darse cuenta de que cada medida redundaría en su beneficio. La pregunta era entonces ¿cómo hacerlo?, ¿cómo llegar al indio y al campesino?, ¿cómo convertirlos en protagonistas?, ¿cómo animarlos a participar en la obra del Gobierno? Y la respuesta obvia fue: a través de la propaganda.

El desafío cayó en manos de Efraín Ruiz Caro, un periodista, antiguo militante del Movimiento Social Progresista, que se encargó de fundar la

Dirección de Difusión de la Reforma Agraria (DDRA), un organismo estatal destinado a comunicar, de la forma más clara y masiva posible, la ideología del Gobierno militar. Al igual que todos los funcionarios culturales de gobiernos nacionalistas o revolucionarios, desde Vasconcelos a Raúl Apold, Ruiz Caro también se rodeó de artistas y escritores. En 1969 vinculó a la DDRA a un grupo de jóvenes sintonizados con la estética de las nuevas vanguardias, entre los que se contaban artistas como Jesús Ruiz Durand, José Bracamonte y Emilio Hernández Saavedra y escritores como José Adolph y Mirko Lauer. Ellos serían los encargados del diseño y la ejecución de carteles y folletos, programas radiofónicos y funciones de títeres que expresaban dos mensajes prioritarios. Primero, que el ejército estaba llevando a cabo una nueva liberación en beneficio del campesino oprimido, y segundo, que ahora, con el Gobierno revolucionario, el indígena y el campesino dejarían de ser sujetos marginales y se convertirán en los estandartes oficiales de la nación peruana.

Con medio siglo de retraso, Perú intentaba imitar al México revolucionario. Los militares querían que los indígenas entendieran que con ellos la modernidad llegaba a las sierras y a las costas peruanas, porque la reforma agraria también suponía un proceso de desarrollo que integraría al campesino y al indio en el proyecto nacional. Los afiches realizados por la DDRA tenían que llevar ese mensaje, como antes, en México, los murales habían puesto en el centro de la vida pública a los campesinos. Pero los tiempos eran otros y los artistas de la DDRA, especialmente Ruiz Durand, el más prolífico, ya no estaban influenciados por el indigenismo o la escuela mexicana sino por el arte pop. Sus carteles podían representar una vez más a los indios y campesinos, pero sus contornos adquirirían un aspecto muy distinto al que tenían en las pinturas de Sabogal. Ruiz Durand los pintaba en colores vibrantes, sin volumen, con rasgos más esquemáticos y fondos explosivos, algunos diseñados con trucos del op art. Retomaba la estética de las tiras cómicas, la misma que había rescatado el pop neoyorquino, para trasladar la ideología del Estado a la población rural peruana. Las figuras que dibujaba Ruiz Durand siempre estaban hablando, señalando, recordando, exhortando, y sus mensajes solían aparecer en bocadillos como los de Mafalda o cualquier otra historieta. También aquí, como en la poesía futurista de Puno, había algo anacrónico. Los personajes vernáculos aparecían transformados en seres vibrantes y cinéticos, tan modernos como las Marilyn de Warhol o las rubias de Lichtenstein. No se trataba de una visión futurista, como en los años veinte, sino desarrollista: el indio como símbolo del progreso peruano.

Ruiz Durand se apropiaba y subvertía la lógica del pop en sus carteles, perpetuando y contradiciendo la lógica de sus referentes neoyorquinos. En lugar de celebrar a las estrellas de Hollywood, homenajeaba a las clases populares. Tampoco aplaudía la individualidad desenfada o la frivolidad de la sociedad de consumo, sino su opuesto, la seriedad de una revolución colectivista que centralizaba el poder económico en el Estado. Se trataba de un pop achorado, revolucionario y reivindicativo, que comunicaba un mensaje antitético al narcisismo individualista y al capitalismo. «Somos libres, la revolución nos está dando la tierra», decía una mujer con una pica en la mano. «Las mujeres norteñas estamos con la revolución, ¡¡¡tú también debes estar presente formando un hogar revolucionario!!!», decía otra, agitando una bandera roja. «Compadre, los ojos bien abiertos para defender nuestra tierra, el Norte es revolucionario… ¡¡¡Y arriba la producción!!!» (Fig. 34), decía un hombre con un machete al hombro. «¡¡Tú estás con la Revolución!! La reforma agraria te está devolviendo la tierra que te quitaron los gamonales, ¡¡¡jatariy!!!», gritaba un indio señalando al espectador con el dedo. «Grandes cosas están pasando. No se te vaya a pasar. El proceso peruano necesita tu participación revolucionaria para alcanzar sus metas. Cada paso que tú no das es una demora para la Revolución. Acuérdate que la reacción no descansa ni de día ni de noche», explicaba otro cartel. Todos estos textos los escribía Mirko Lauer, un experto en la vanguardia peruana de los años veinte, con el fin de convencer a la gente de que la acción del Gobierno iba en su beneficio y de que debía ser apoyada. Sus mensajes, sin embargo, eran ambiguos: celebraban que el trabajador se emancipara del hacendado, pero le pedían que obedeciera al Gobierno; ponían en primer plano al indio, pero no era su voz la que se oía sino la de los militares. En todos los afiches también aparecía el logo de la DDRA, una imagen de Túpac Amaru II diseñada por Ruiz Durand que actualizaba los motivos iconográficos que José Sabogal había realizado para la revista *Amauta*. El Túpac Amaru de Ruiz Durand estaba hecho de figuras geométricas. Su gorro de fieltro, unido al rostro, formaba una letra «T», y su pelo largo, unido a la copa del sombrero, formaba la letra «A». «T» de Túpac, «A» de Amaru. El indígena aparecía modernizado. Era geométrico, cinético y pop. No debe extrañar que estos afiches terminaran convertidos en piezas de arte, con un altísimo valor estético y una bajísima capacidad para vincular las clases populares al proyecto del Gobierno militar. Ninguno de ellos quedó en manos de los indios, sino de los multimillonarios, que hoy se los pelean en el mercado del arte. El mensaje estatista y revolucionario acabó convertido en una suculenta mercancía para un puñadito de coleccionistas.

Esta imagen de Túpac Amaru se convertiría luego en el símbolo de SINAMOS, la institución que reemplazó a la DDRA a partir de 1971 y que siguió impulsando el proyecto militar a través de la cultura. El organismo de propaganda organizó festivales, como Contacta 72, que mezclaba las expresiones de arte contemporáneo con el folclore, e Inkari, que reivindicaba las artes populares de todo Perú. La radio empezó a transmitir programas en quechua y los libros de texto incluyeron fenotipos indios. SINAMOS pretendía demostrar que la revolución era un fenómeno cultural, un acto de creación colectiva que debía aspirar a «cancelar efectiva y realmente todas las formas de enajenación social y cultural existentes».[46] La cultura de la cancelación contemporánea ya estaba insinuada en estos gobiernos nacionalistas y autoritarios, que mientras más se radicalizaban menos toleraban la mezcla y más alentaban la defensa de una cultura pura, expresada en los representantes más autóctonos de la nacionalidad. No debe extrañar que la innovación estética de SINAMOS fuera menos elocuente que la de la DDRA, ni que artistas como Ruiz Durand acabaran finalmente retirándose. Tampoco que su actividad propagandística, destinada a convertir una revolución lanzada por el ejército, desde arriba, en una revolución popular, hubiera sido insuficiente. SINAMOS pretendía que la reforma total de las estructuras capitalistas culminara en la participación popular, y que los obreros y campesinos ascendieran socialmente poco a poco hasta acercarse al poder. La culminación del proceso sería la transferencia del mando al pueblo organizado, pero en 1975 ya parecía claro que las reformas de Velasco estaban abocadas al fracaso. Los campesinos querían tierra, no cooperativas, y ni el mejor arte de vanguardia los haría cambiar de opinión.

Los afiches progubernamentales de la DDRA no fueron la única forma en que el pop se manifestó en América Latina. Hubo otras estrategias empleadas por artistas que también vivieron bajo dictaduras, pero desde el otro lado: no desde las instituciones culturales encargadas de adoctrinar a los gobernados, sino desde la calle para atacar a los gobernantes. El brasileño Cildo Meireles fue un ejemplo paradigmático. También él, como Warhol, se interesó por los productos de consumo masivo, pero en lugar de convertirlos en mitos de la sociedad de masas los usó como soporte para hacer circular mensajes críticos en contra de la dictadura. *Inserciones en circuitos ideológicos*, las obras que empezó a realizar en 1970, cuando la dictadura brasileña ya había estrangulado todos los espacios de expresión libre, eran la respuesta ingeniosa a esas limitaciones: sin tribunas, sin espacios para exponer, sin canales de información en los cuales expresar sus puntos de vista, los artistas debían hackear los circuitos por donde circulaban otro tipo de mercancías. La Coca-Cola, por ejemplo. Sabiendo que las botellas de vidrio en las que se embotellaba el refresco eran recicladas, Meireles empezó a intervenirlas con mensajes críticos antes de volverlas a integrar en el circuito comercial. En algunas de ellas escribió «Yankees go home», en otras

«¿Cuál es el lugar del arte?», y en unas más añadió instrucciones para convertir esa misma botella en una bomba molotov. Todo lo hizo con tinta blanca, de manera que las frases y los dibujos pasaban inadvertidos hasta que la Coca-Cola era reenvasada. Y lo mismo hizo luego con los billetes de un cruzeiro: les estampó mensajes que contrainformaban las versiones oficiales que daba el Gobierno sobre los abusos judiciales.

El chileno Alfredo Jaar usó canales publicitarios con fines similares. Entre 1979 y 1983 utilizó las pancartas plantadas en la ruta 69, rumbo a Valparaíso, y en distintos lugares de Santiago para escribir la frase «¿Es usted feliz?». En ocasiones era el propio Jaar quien se paseaba por las calles con una pancarta que se hacía la misma pregunta. En el contexto en que hizo esta obra, la dictadura de Pinochet, el objetivo estaba claro: que la gente empezara a manifestar su descontento con la situación en que vivía. La pancarta que debía anunciar un producto de consumo lanzaba ahora un cuestionamiento velado a la dictadura. Era otra forma de infiltrar los recursos del sistema oficial, esta vez la publicidad, para hacer circular mensajes que desacreditaran a los militares.

El problema artístico en los años sesenta y setenta dejó de ser la innovación estilística o la ruptura con el muralismo, y se convirtió en un asunto de información. El reto fue buscar la manera de transmitir mensajes revolucionarios que tuvieran un impacto en la sociedad, bien para movilizar a la gente a favor o en contra del Estado. Ruiz Durand y Lauer buscaron la integración de las masas en él; Meireles, Jaar y otros colectivos que también recurrieron a la gráfica y al pop, como los colombianos de Taller 4 Rojo o Antonio Caro, las quisieron rebelándose y en contra de él. En términos políticos los resultados de unos y otros fueron menores; en términos plásticos, se convirtieron en ejemplos latinoamericanos de la revolución conceptual. Arte al servicio de la causa gubernamental o popular, siempre revolucionaria, y cada vez más desvinculada de la acción. El arte conceptual sería un regreso al hermetismo, algo así como publicidad opaca, con mensajes cifrados para que pasaran el filtro de la autoridad.

1980, CHUSCHI: SENDERO LUMINOSO INICIA SU GUERRA CONTRA EL ESTADO PERUANO

En Chuschi, un pequeño municipio andino de la provincia de Cangallo, en el departamento de Ayacucho, algo inesperado ocurrió en la madrugada del 17 de mayo de 1980. Un maestro rural formado en la Universidad de San Cristóbal, en Ayacucho, atacó al guardia del local electoral y quemó las urnas y el libro de registro, un acto difícil de interpretar. Aquel 17 de mayo los peruanos volvían a votar en unas elecciones libres después de doce años de dictadura militar. En 1978 se había celebrado una Asamblea Constituyente con la participación de la izquierda más radical. La democracia peruana parecía tener una segunda oportunidad; había un nuevo consenso y todas las fuerzas políticas apoyaban la Constitución del 79. Todas menos una. De aquel acuerdo se había autoexcluido una organización minúscula, de la que muy poca gente había oído hablar y en la que militaba aquel maestro rural exaltado: el Partido Comunista del Perú-Sendero Luminoso.

Los sabotajes no se detuvieron con el ataque al local electoral. Sendero Luminoso había iniciado la primera de cinco fases con las que, estaban seguros, más seguros que ninguna guerrilla en la larga historia de las guerrillas latinoamericanas, conseguirían vencer al Estado peruano y reconstruir por completo el país en base al marxismo-leninismo-maoísmo. O, mejor aún, en base a lo que con el tiempo se llamaría el «pensamiento Gonzalo», una pretendida mezcla de las anteriores ideologías con las enseñanzas de José Carlos Mariátegui y las aportaciones del autoproclamado «cuarta espada del comunismo», Abimael Guzmán Reynoso. El líder senderista había adaptado las ideas de Marx, Lenin y Mao a la realidad peruana, y había convencido al gremio letrado de Ayacucho de que su pensamiento fijaba el sendero a la anhelada revolución mundial. Su mesianismo fue contagioso, y cientos de profesores rurales creyeron haber dado con el futuro líder revolucionario de Perú. Prueba de ello fue que empezaron a llamarlo Presidente Gonzalo.

A lo largo de esta primera fase de agitación y propaganda, Sendero Luminoso dinamitó algunas torres eléctricas y atentó contra bancos y oficinas públicas, entre ellas la embajada china, sin lograr que saltaran las alarmas del Gobierno ni de la sociedad civil. Perú no se daba cuenta de que un nuevo grupo guerrillero había iniciado una guerra popular, hasta que el 27 de diciembre de 1980, adelantándose diez años a las estrategias mórbidas y escandalosas de los Young British Artists y a las instalaciones con potros muertos de la mexicana Teresa Margolles, Sendero Luminoso colgó de los postes del centro de Lima siete perros muertos acompañados de carteles con distintos mensajes. «Deng Xiaoping, hijo de perra», decía uno; «Cuidado, bomba de tiempo, explota en cualquier momento», advertía otro. Todos llegaron a la prensa nacional porque la imagen que los acompañaba era de una efectividad escalofriante. La macabra intervención de los senderistas mandaba un mensaje autopromocional muy efectivo. Hacía saber que una nueva fuerza sin rostro y con vagos vínculos maoístas estaba ahí, mezclada entre la gente, generando un shock estético que anticipaba shocks mucho más violentos.

Sendero Luminoso, perros colgados en el centro de Lima, 1980.

Sendero Luminoso usaba animales muertos como anticipo del horror que sembraría en la sociedad peruana. Esa sería la estrategia de Sendero Luminoso, con ese elemento jugaría para doblegar al Estado y desmoralizar a la sociedad civil: terror, terror y más terror. Bombas que resonaban en medio de la noche y dejaban la ciudad en penumbras. Súbitas hogueras que iluminaban la noche desde los cerros de Lima con la hoz y el martillo entrelazados. Agitprop violento y aterrador. Una estrategia que le hacía saber a la ciudad que estaba cercada, que el peligro acechaba y que era cuestión de tiempo que la sociedad colapsara. Y funcionaba. A medida que llegaban recuentos sangrientos de las matanzas senderistas y a medida que la guerra se prolongaba en el tiempo, más y más personas creían que el terrorismo lograría doblegar a los distintos gobiernos que se sucedieron, el de Belaúnde Terry, el de Alan García, el de Alberto Fujimori. Hasta el 30 por ciento de la población llegó a prever la derrota del Estado a manos de esa fuerza sin rostro ni uniforme, que mataba con piedras y machetes y escarmentaba a los poblados campesinos de la sierra con asesinatos múltiples y el aislamiento comercial.

La guerra senderista había empezado a gestarse en 1962, cuando Abimael Guzmán, filósofo y jurista arequipeño, llegó como profesor a la Universidad de San Cristóbal de Huamanga, en Ayacucho. Un año después ya lideraba el comité regional del Partido Comunista y debatía ardientemente con las distintas facciones. La suya era la maoísta, porque después del cisma sino-soviético se había quedado con los chinos. Apoyaba al PCP-Bandera Roja y despreciaba a los prosoviéticos del PCP-Unidad. En 1965 viajó a China y al volver ya era un fanático que no toleraba la más mínima idea que se desviara de su forma de entender el comunismo. Todo aquel que no se sometiera a su sistema era un desviacionista, un revisionista, un derechista o un burgués. Ni Castro ni el Che lo impresionaban; al contrario, los llamó pequeñoburgueses. Hasta el líder de Bandera Roja, Saturnino Paredes, le parecía un derechista, y ni hablar de Velasco Alvarado: un fascista de manual. El único puro era él; las esencias revolucionarias del comunismo las preservaba él, por lo que era lógico que terminara dejando Bandera Roja para formar Facción Roja, el embrión de lo que sería Sendero Luminoso.

Dentro de la izquierda peruana Abimael Guzmán era un personaje anodino; un militante de provincia, fanático y sectario, con muy poca fuerza entre los obreros y el campesinado. Habría estado condenado a la irrelevancia revolucionaria de no ser por su plaza de docente. Su verdadero trabajo de masas no lo hizo en los fundos de la sierra ni en las fábricas de las ciudades, sino en la Universidad de San Cristóbal. Allí demostró una sorprendente habilidad para cooptar la burocracia y las estructuras administrativas. En 1969 ya controlaba la dirección de personal, un botín fabuloso que le permitió ubicar a sus partidarios en todos los puestos relevantes de la universidad. Otro de sus camaradas estaba al frente de la dirección de bienestar y administraba valiosos recursos como viviendas, becas y ayudas de investigación. Habían logrado algo importante para sus propósitos, eliminar el examen de admisión, y ahora luchaban por la gratuidad de la matrícula. A Abimael Guzmán no le interesaba la calidad de la educación; su objetivo era convertir la universidad en un centro de reclutamiento. Lo que hacía ya era evidente en 1969, como podía inferirse de una noticia en el diario *Paladín*: «La Universidad de Huamanga está totalmente prostituida y enrollada bajo el dominio fanático y sectario de la secta pequinesa, la más aberrante, brutal y odiosa facción política que se encuentra entronizada en una universidad peruana».[47] El Gobierno del general Velasco, sin embargo, estaba demasiado ocupado planeando su revolución nacional populista como para darle importancia al delirio apocalíptico de un grupo de profesores maoístas. De manera que en 1970, cuando Guzmán finalmente creó el Partido Comunista del Perú por el Sendero Luminoso de José Carlos Mariátegui, los maoístas, en lugar de un foco guerrillero, tenían una universidad donde ejercían un control caudillista y doctrinario.

Durante sus años de docencia, Guzmán había tenido tiempo de desarrollar un delirio totalizador. La revolución armada era un asunto sencillo, pensaba, siempre y cuando se aplicara la teoría correcta. No se requería de un diagnóstico adecuado de la realidad, no se necesitaba dinero, ni siquiera armas, todo dependía de la teoría verdadera. Y esa teoría que establecía los pasos que se debían dar para conquistar el poder era el marxismo-leninismo en su versión maoísta, que Guzmán intentó peruanizar forzando las ideas de Mariátegui para que casaran con las de Mao. Así llegó a la conclusión de que en un país semicolonial y semifeudal como Perú, con una fuerte penetración imperialista, solo una guerra popular que avanzara del campo a las ciudades y que arrasara a su paso cualquier elemento burgués, cualquier desviacionismo revisionista o cualquier asomo derechista o individualista, podría conducir al destino prefigurado por la verdad universal revelada en el marxismo-leninismo-maoísmo: la dictadura del proletariado. El corolario de esta teorización fue la inevitabilidad de la violencia; una predisposición al ataque implacable de milicianos que, aunque pocos y mal armados, se mostraron feroces con quien cuestionara la pureza de su teoría o albergara dudas revisionistas, capitalistas o burguesas que entorpecieran la marcha heroica de la historia.

«Salvo el poder, todo es ilusión», fue uno de sus lemas, y para conquistar esa única cosa real convirtieron el partido en una secta cerrada y clandestina, con una frontera más allá de la cual solo había enemigos. Esa misma deriva fanática los llevo a convertir la ideología en religión y la militancia en un rito sagrado y purificador. La población rural, sobre todo los indígenas, se vio acechada de un momento a otro por fanáticos que hablaban de asuntos incomprensibles, consignas a las que debían adherirse o padecer las consecuencias. Una década de lucha dejó decenas de miles de víctimas, 69.280 entre muertos y desaparecidos, casi el 80 por ciento quechuahablantes. Ya no era un fascista como Hernández Martínez el que perpetuaba el etnocidio, sino una banda terrorista con trasfondo bíblico y consignas maoístas. «El pueblo —decía Guzmán— se encabrita, se arma y alzándose en rebelión pone dogales al cuello del imperialismo y los reaccionarios, los coge de la garganta, los atenaza; y necesariamente los estrangula. Las carnes reaccionarias las desflecan, las convierten en hilachas y esas negras piltrafas las hundirá en el fango, lo que quede lo incendiará [...] y sus cenizas las esparcirá a los vientos de la tierra para que no quede sino el siniestro recuerdo de lo que nunca ha de volver porque no puede ni debe volver».[48] Ya no había cursilería, solo horror: eran las palabras de un profeta dispuesto a erradicar el mal del mundo con el exterminio purificador.

El momento en que Sendero Luminoso lanzó su ataque estuvo muy bien calculado. Esperó a que volviera la democracia y a que se conformara un Gobierno civil, poco dispuesto a dar poder y protagonismo a los militares. Además, en 1981 Perú volvió a tener un pequeño conflicto bélico con Ecuador que desviaba la atención pública. Eso dio tiempo a las guerrillas para crecer en Ayacucho y declararla «zona liberada». Belaúnde reaccionó después de que los senderistas tomaran la cárcel en 1982, dándole luz verde al ejército para que interviniera en la lucha antiterrorista. A partir de ese momento empezaron las masacres, las ejecuciones arbitrarias, los secuestros. La llegada de las fuerzas armadas solo empeoró las cosas para la población civil, porque Sendero Luminoso nunca tuvo campamentos selváticos; se mezclaba con la población rural en los pueblos y caseríos, y cuando el ejército quería capturar a sus miembros se les escurrían como el agua entre los dedos. La alternativa de los militares fue atacar a la población civil casi con la misma sevicia que demostraban los terroristas. Quienes debían conformar la República Popular del Presidente Gonzalo y a quienes el ejército debía proteger de la barbarie fueron los primeros en caer. Y así fue hasta 1992, cuando el Grupo Especial de Inteligencia logró dar con el rastro de Guzmán en una casa residencial de Lima. Su captura fue un golpe mortal para la organización. Como toda secta, al quedar descabezada se deshizo al instante.

Para ese entonces Perú había pasado por la terrible crisis económica que causaron las políticas económicas de los años setenta y ochenta. Mario Vargas Llosa había sido derrotado en las elecciones de 1990 y el vencedor, Alberto Fujimori, se consolidaba en el poder con la captura de Guzmán y con los golpes que dio al Movimiento Revolucionario Túpac Amaru, otra guerrilla, esta guevarista, que emprendió ofensivas en 1984. Su triunfo frente al terrorismo y la recuperación económica le habían dado una enorme popularidad, demasiada, quizá, porque apoyado por la gente se sintió legitimado para deshacerse de todo obstáculo que frenara su voluntad. Estaba listo para actualizar una vieja treta latinoamericana, la misma que habían empleado Getúlio Vargas y el uruguayo Gabriel Terra para ganar control y perpetuarse en el poder. El 5 de abril de 1992 Fujimori cerró el Congreso y dio un autogolpe que, además de pudrir las instituciones peruanas y corromper a la sociedad, sobre todo a sus clases altas, perpetuaría la tradición autoritaria hasta el año 2000.

CIUDAD DE PANAMÁ, 1968: OMAR TORRIJOS, OTRO MILITAR NACIONALISTA Y POPULISTA, TOMA EL PODER

Ocurrió primero en Perú, pero solo nueve días después se replicaba el mismo fenómeno en Panamá. Los militares que habían perseguido a las guerrillas izquierdistas patrocinadas por Castro daban un cuartelazo y, una vez en el poder, asumían las consignas izquierdistas que antes habían lanzado los jóvenes revolucionarios. En Panamá el golpe no había tenido motivaciones ideológicas, al menos no inicialmente. En el poder estaba el máximo exponente del nacionalismo panameño, Arnulfo Arias, cuyas reclamaciones eran similares a las que finalmente defenderían los militares. No lo tumbaron porque estuvieran en desacuerdo con su Gobierno, sino porque el líder del panameñismo parecía interesado en alterar la cúpula de la Guardia Nacional, y eso, claro, no les gustó nada a los posibles perjudicados. Tres militares, al frente de los cuales quedaría el coronel Omar Torrijos, se anticiparon a cualquier movida y derrocaron a Arias de su tercera presidencia. No había tenido suerte el líder nacionalista: sus otros dos gobiernos también habían acabado en golpes, y de una factible cuarta presidencia lo privaron los militares con un fraude en las elecciones de 1984.

Si Arias era el político más popular de Panamá, de Omar Torrijos, en cambio, no se sabía casi nada. Los panameños tuvieron que esperar el paso del tiempo para que se revelara el perfil de un líder campechano —«folclórico», lo llamó un presidente colombiano—, menos influenciado por la ideología que por la intuición, y apoyado siempre en el encanto personal y en su empatía caribeña. Mezcla de tigre y mula, eso era Torrijos, dijo García Márquez, así lo describió, un hombre tan astuto y sagaz como el felino y tan terco e imperturbable como el équido. Y además de eso, como buen populista, muy perspicaz para interpretar hacia dónde soplaban los vientos. No le hacía falta lamerse un dedo y elevarlo a la intemperie, su instinto bastaba: en los años sesenta, en América Latina, los vientos soplaban hacia la izquierda. Desde 1959 los derechistas como Arnulfo Arias habían perdido las banderas del nacionalismo y ahora todas las tenían los izquierdistas. El campo internacional, con los procesos de descolonización de África y Asia, magnificaba ese efecto. Todo el que gritara «yankies go home» se convertía en un izquierdista, así tuviera más de nacionalista que de socialista. La única ideología que había dado América Latina era esa, el nacionalismo, el nacionalismo disfrazado de elitismo espiritual, indigenismo, americanismo, criollismo, populismo o incluso comunismo, pero al fin y al cabo nacionalismo y poco más: amor a lo propio y miedo y recelo hacia lo demás.

Torrijos no fue la excepción, excepto por un detalle. Fue el único que no tuvo miedo, el único que no se conformó con el gesto y la retórica y que buscó una negociación que favoreciera a los panameños. Su «nacionalismo popular», como lo llamó Jorge Turner, podía estar inspirado en las experiencias de Perú y Cuba, pero no incurrió en los errores ni en el extremismo de Castro o de Velasco Alvarado. Las medidas que Torrijos empezó a tomar inmediatamente después de que intentaran darle un golpe, en 1969, se iniciaron de forma gradual y terminaron en una mezcla de fervor estatista y pragmatismo capitalista. A los yanquis lo primero que les quitó fue el campo de entrenamiento de Río Hato, que tenían en arriendo, y a una compañía en particular, la Boston Coconut Co., le quitó 180.000 hectáreas improductivas. La reforma agraria que inició en 1969, y que adelantó con mayor ímpetu en 1970, se concretó en la formación de trescientas cooperativas como las de Velasco Alvarado. La Constituyente de 1972 lo declaró Líder Máximo de la Revolución Panameña y le otorgó poderes acordes al rimbombante título: surgía el «hombre fuerte» de Panamá, el dictador benevolente y paternalista que alternó medidas como la creación de ingenios azucareros y cementeras y la nacionalización de empresas eléctricas y de cítricos, con el estímulo a la inversión extranjera y a la banca internacional. Atacó algunos símbolos del imperialismo y otros los dejó en paz; los bancos, por ejemplo, camparon a sus anchas, pero a la United Fruit la puso contra las cuerdas. Con la «guerra del banano» que le montó a la compañía, la forzó a pagar un dólar de impuesto por cada caja de banano exportada. La bananera recurrió al soborno y al chantaje, pero al final solo le quedó la resignación. Fue entonces cuando Torrijos subió la apuesta. «La lucha por la dignidad y la soberanía nacional no ha terminado —dijo—; apenas comenzó el primer reclutamiento».[49] En la mira quedaba ahora un objetivo mucho más importante, el canal. Torrijos quería ver la bandera panameña, no la yanqui, ondeando en ese centro neurálgico de su país y del mundo.

Desde el 9 de enero de 1964 eso era lo que pedían los estudiantes que se manifestaban en la valla de la Zona del Canal, bajo dominio estadounidense. A Graham Greene, el otro gran escritor que sintió fascinación por él, Torrijos le dijo que, si los jóvenes se decidían finalmente a invadir la Zona del Canal, a él solo le quedarían dos alternativas, liderarlos o reprimirlos, y desde luego no estaba dispuesto a lo segundo. Apoyándose en ese movimiento estudiantil, Torrijos llamó a la Casa Blanca para decirle a Jimmy

Carter que algo había que hacer. Sabía muy bien que la explosiva situación de Panamá jugaba a su favor; sabía que la presión popular era una bomba de tiempo y que los yanquis eran muy conscientes de la fragilidad del canal. Una carga de dinamita o un sabotaje guerrillero podían destruir la presa y dejar inhabilitado el sistema de esclusas, y nadie dudaba de que el mismo Torrijos era capaz de perpetrar un ataque con tal de conseguir lo que se proponía: un tigre y una mula. De pronto Torrijos se daba cuenta de que todas las cartas estaban en su mano. Si el canal paraba, la mitad del comercio del mundo también se detendría; los países no alineados apoyaban sus reclamaciones, todos los líderes terceristas estaban de su lado, desde Perón hasta Castro. Y con ese apoyo logró que un Jimmy Carter deseoso de fomentar el panamericanismo y de enmendar la política yanqui hacia América Latina, negociara en 1977 la descolonización de Panamá y la entrega del canal en 1999. Para convertirse en un mito popular latinoamericano, a Torrijos solo le restaba ayudar a la guerrilla sandinista a derrotar a Somoza y embarcarse en una avioneta averiada. En 1981, en la cumbre de su éxito, murió en un accidente aéreo. Mientras Bolivia se preparaba para privatizar todo lo que había nacionalizado, mientras Cuba se convertía en una dictadura comunista, mientras Perú se arruinaba y Argentina quedaba en manos de Isabelita, la bailarina que Perón conoció precisamente en Panamá, y con Torrijos como escolta, el líder panameño lograba alterar el juego de fuerzas y torcerle el brazo al imperialismo yanqui. De todos los revolucionarios izquierdistas y nacionalistas, él fue quien logró verdaderas conquistas antiimperialistas. Su error, el peor de ellos, fue dejar muy cerca del poder a Manuel Noriega, el miembro de la Guardia Nacional que corrió a ayudarlo y a impedir el golpe de 1969. En agradecimiento por su fidelidad lo ascendió a jefe del Servicio de Inteligencia, sin sospechar que estaba tratando con un viejo colaborador de la CIA. Luego Noriega tomaría el control de la Guardia Nacional y finalmente, en 1983, del país. La gran paradoja es que sus actos delincuenciales, especialmente su complicidad con el cártel de Medellín, le darían una excusa a Estados Unidos para intervenir una vez más en el Caribe.

1970, SANTIAGO DE CHILE: LA VÍA AL SOCIALISMO DE SALVADOR ALLENDE

«¡Ese hijo de puta! ¡Ese hijo de puta!». Fue lo poco que logró balbucir Richard Nixon cuando le confirmaron que Salvador Allende había ganado las elecciones de 1970. Ya era demasiado; primero el MNR, luego Árbenz, después Castro, Goulart, los militares peruanos, Torrijos... ¿Qué estaba pasando en América Latina? Hacía solo tres décadas los yanquis tenían que espantar fascistas como moscas de los palacios de gobierno, ¿y ahora un marxista ganaba unas elecciones democráticas? No podía ser. Es más, no iba a ser. Nixon se reunió de urgencia con Henry Kissinger, su secretario de Estado, para analizar la situación. Allende, le dijo Kissinger, había jugado con las cartas descubiertas. Era un marxista serio, con un amplio bagaje político e incluso una experiencia de gobierno como ministro de Salubridad de Pedro Aguirre Cerda. No estaban ante un advenedizo o un oportunista. Era, como su amigo Rómulo Betancourt, un político curtido en las disputas políticas e ideológicas del siglo XX latinoamericano, con varias campañas presidenciales a su espalda, todas democráticas, porque tanto Chile como Allende creían en la democracia. La diferencia con Betancourt era que el venezolano dejó el dogmatismo y se emancipó de la teoría. Allende, en cambio, siguió siendo fiel a sus primeras lecturas. «No soy un gran teórico marxista —reconoció—, pero creo en los fundamentos esenciales, en los pilares de la doctrina, en el materialismo histórico, en la lucha de clases».[50]

A la campaña de 1970 había concurrido con un programa de gobierno diseñado por una coalición de partidos de izquierda, Unidad Popular, en el que exponía con total claridad lo que haría en caso de llegar a la presidencia. Chile era un país con enormes riquezas naturales, decía, regido por un sistema económico que no se correspondía con los tiempos. Convencido de que el diagnóstico neomarxista difundido por la teoría de la dependencia era el correcto, se propuso reformular las reglas del comercio internacional y de la inversión extranjera. Eso para empezar, porque Allende quería reformas más radicales; en sus propias palabras, se proponía «reemplazar la actual estructura económica, terminando con el poder del capital monopolístico nacional y extranjero y del latifundio, [e] iniciar la construcción del socialismo».[51] Ni más ni menos, y todo esto de la más excepcional de las maneras, sin disparar un solo tiro, sin revoluciones ni golpes militares, nada de eso, con los votos de la gente. Allende fue el primer político ambicioso y radical que no soñó con tomas, emboscadas, desembarcos, asonadas, solo con votantes depositando su papeleta en una urna, algo inédito. También era muy consciente de que un proyecto tan ambicioso necesitaba el apoyo de la inmensa mayoría de los chilenos. Así lo dijo en su programa, «la inmensa mayoría», porque su revolución democrática solo podía funcionar si lograba persuadir a mucha, a demasiada gente, de que el mejor camino para Chile era el socialismo. Esto es lo que hacía tan interesante a Allende. Creía sinceramente que un cambio de semejantes dimensiones, de semejante gravedad, podía darse manteniendo unos niveles incuestionables de libertad, pluralidad y legalidad democráticas. El reto era titánico: unir dos tradiciones, la liberal y la comunista, controlar desde el Estado todo el aparato económico sin amordazar a la prensa ni anular a la oposición política, imponer un único sistema educativo sin desterrar la pluralidad ni la libertad de culto, reestructurar el Estado para que no frenara las medidas progresistas sin maniatar a jueces, senadores y funcionarios. Titánico no, faraónico. Tan improbable, tan lleno de incompatibilidades que la Democracia Cristiana solo se decidió a secundar a Allende después de que aceptara un Estatuto Constitucional de Garantías Democráticas. Eso convenció a la derecha cristiana chilena, pero desde luego no a los yanquis, que ni por un segundo creyeron en el espíritu democrático de Allende.

«Bullshit!», dijo Kissinger. Nadie propiciaba un giro total del sistema económico, del funcionamiento de la sociedad y del Estado para luego, una vez cumplido su mandato, dejar la presidencia y permitir que un nuevo presidente desmontara todo lo que se había hecho. «Estas serán las últimas elecciones democráticas en Chile», dijo, y Nixon se llevó las manos a la cabeza. No quería otro Castro, tenían que parar a Allende antes de que el Congreso chileno lo ratificara, como fuera. ¿Se necesitaba dinero? Ponía sobre la mesa diez millones de dólares. Si hacía falta más, habría más. Quería a los mejores hombres al frente, que lo detuvieran, y si lograba tomar posesión que hicieran chillar la economía; eso dijo, «chillar», lo cual significaba que nadie le soltara un dólar cuando Allende saliera a mendigar préstamos en el mercado financiero.

El primer plan que diseñaron Kissinger y la CIA, el TRACK I, falló. Se trataba de una maniobra palaciega, presionar para que el Congreso no eligiera a Allende sino a Jorge Alessandri, segundo en las elecciones, con la idea de que luego este renunciaría y permitiría a Eduardo Frei medirse de nuevo en las urnas con Allende. Frei, con buen criterio, no se prestó para la farsa. El Congreso nunca había dejado de ratificar al ganador en las elecciones, y habría sido un despropósito que la primera excepción se hiciera justo con Allende. El TRACK I quedaba descartado; a la CIA le tocaba ahora activar el TRACK II.

Este plan era más complejo e involucraba a los militares, o al menos pretendía instrumentalizarlos. Con la ayuda de Roberto Viaux, un general que había pasado a retiro el año anterior por insubordinación, decidieron secuestrar a altos cargos militares. Era la manera, creían, de confundir al ejército, de hacerle creer que la izquierda estaba detrás de ese ataque a la institución y que la única reacción acorde era dar un paso al frente e impedir la posesión de Allende. Contaban con la ayuda de otros militares de ultraderecha, e incluso con la de la ITT, una multinacional de telecomunicaciones yanqui que desde hacía años repartía dinero bajo cuerda entre todos aquellos que conspiraran contra Allende. Viaux finalmente decidió secuestrar a René Schneider, el comandante en jefe del ejército, con la posible ayuda, es solo una sospecha, de algunos jóvenes ultraderechistas de Patria y Libertad. El 25 de octubre, tres días antes de la sesión del Congreso, interceptaron a Schneider en la calle. El militar los vio venir; se dio cuenta de que lo estaban emboscando y tuvo tiempo de desenfundar y defenderse, y unos segundos y varios disparos después, disipada la humareda, los secuestradores habían huido y él quedaba herido de muerte en su vehículo.

El fracaso de los golpistas y de Nixon y la CIA reforzó a Allende, y sobre todo ocultó o desvió la atención de un hecho importantísimo: la Unidad Popular había ganado con un margen mínimo, de solo 39.000 votos, sobre Alessandri. El 36,63 por ciento de la población había votado por Allende, poco más de la tercera parte de los votantes, un resultado muy alejado de esa «inmensa mayoría» que necesitaba para producir, democrática y pacíficamente, un cambio de sistema. Su punto de partida era incómodo, poco prometedor, porque los resultados no engañaban a nadie: más de la mitad de la población chilena desconfiaba de sus planes. Y seguramente por eso empezó su mandato de forma impetuosa, incrementando el gasto público para estimular la economía. Con la nacionalización del cobre y de las empresas, y con el aumento de las plantillas y la subida de los salarios, consiguió que toda la población se pusiera a trabajar y que en sus bolsillos hubiera más dinero que antes. Estas medidas fueron premiadas —aunque no lo suficiente— en las elecciones municipales de abril de 1971. Sus resultados rozaron el 50 por ciento, un aumento notable pero insuficiente. ¿Era razonable convertir un país capitalista en otro socialista con el apoyo del 36 por ciento, del 40 por ciento o del 49 por ciento de la población? ¿Se podía hacer eso sin usar la fuerza, de verdad? El asunto era tan espinoso como pretender —por poner un ejemplo contemporáneo— independizar Cataluña de España con menos de la mitad de los votantes catalanes. Una medida tan radical, con un respaldo tan poco elocuente, no garantizaba un cambio de sistema sino un conflicto social aterrador, la transformación del paraíso socialista en un infierno de confrontación social, huelgas, parálisis, polarización y violencia. Intuyendo que esto ocurriría, Allende estuvo tentado de convocar un referendo que le permitiera reducir las dos cámaras del Parlamento a una sola, la Asamblea del Pueblo, y así evitar el bloqueo de los senadores de Alessandri. Finalmente no lo hizo y perdió la oportunidad, porque en adelante su popularidad no haría más que caer en picado.

Allende tuvo mala suerte, además, porque después de expropiar las compañías mineras a los yanquis sin indemnizarlos —los absurdos beneficios obtenidos en los años previos, dijo, ya eran suficiente compensación—esperaba una bonanza económica que no llegó. Los precios del cobre bajaron en el peor momento, cuando Allende ya se había gastado las reservas del país inflando nóminas y salarios en las nuevas compañías estatales. Sus exportaciones perdían rentabilidad, sus importaciones seguían siendo caras, se quedaba sin reservas, no tenía crédito y ningún capitalista del mundo era tan tonto como para invertir un centavo en un país orgullosamente socialista. Tampoco los mismos chilenos estaban interesados en producir más. Para qué si ya empezaban a entender de qué iba la vía al socialismo, ya entendían cómo invertía la lógica a la que estaban acostumbrados: los negocios exitosos no eran premiados sino nacionalizados, al capitalista exitoso lo penalizaban quitándole su empresa, y por lo mismo lo racional era medrar con lo mínimo, sin reinvertir un centavo en tecnología ni contratar a un solo empleado más. Los terratenientes estaban en la misma situación: esperaban una reforma agraria agresiva, bastante más que la iniciada por Frei en el Gobierno anterior, y por eso, mientras llegaban los funcionarios a establecer nuevos linderos, vendieron todo lo vendible y dejaron de invertir en las tierras. La economía, cómo no, empezó a chillar, a berrear, a gemir, pero menos por efecto de Nixon y del imperialismo que del marxismo. O más exactamente, porque el marxismo y el imperialismo se habían aliado para hacer fracasar cada una de las iniciativas de Allende. Las empresas nacionalizadas habían incrementado costes, tenían plantillas enormes y funcionaban con un control de precios que les impedían cubrir los gastos de producción. Allende descubría desconcertado que la riqueza confiscada había dejado de serlo y se había transformado —alquimia inversa— en déficit fiscal. Ahora necesitaba créditos que le permitieran mantener en funcionamiento las empresas que debían generar riqueza, pero ¿quién se los iba a dar?

La Unión Soviética, desde luego, de no ser por que los rusos no acababan de entender su experimento y recordaban claramente que Allende, a diferencia de Castro, había condenado la invasión soviética de Checoslovaquia en 1968. Además, Allende vestía trajes elegantes, le gustaba perfumar las cartas y escaparse furtivamente con sus amantes, algo que para los soviéticos delataba un corazón irremediablemente burgués. Como si fuera poco, aunque Cuba no apareciera mencionada en la teoría de la dependencia, los rusos sabían perfectamente que el país más dependiente del mundo era ese, el que gobernaba Castro, y ahora se les acercaba Allende con el mismo cuento. ¿De verdad iban los soviéticos a financiar otra revolución latinoamericana? «Поцелуй меня в жопу и отъебись!», debieron de pensar. Ni de fundas. En diciembre de 1972, cuando Allende estuvo con el agua hasta el cuello y viajó a Rusia, solo encontró paños tibios en forma de créditos para comprar tecnología soviética: necesitaba salvar su economía y le ofrecieron Ladas.

Si los soviéticos no creían en Allende, menos aún Fidel Castro. En noviembre de 1971 visitó Chile, y en uno de sus habituales discursos le hizo a su camarada lo que ya le había hecho a Betancourt. Recurriendo a su deslumbrante capacidad para ofender mientras halagaba, Castro dijo que había aprendido muchas cosas en su visita a Chile. Ah, pero no precisamente las que le señalaban los reaccionarios, esos que decían que debía tomar nota del caso chileno y democratizar su socialismo. La democracia, dijo, era algo bueno, sin duda, pero solo si se la ubicaba en una corriente histórica y se la comparaba con sistemas anteriores, como el feudalismo o la esclavitud. Otra cosa muy distinta era defender la democracia hoy, cuando el mundo había dado un paso evolutivo hacia el socialismo. Todo aquel que tuviera como arma «la interpretación correcta de las leyes científicas que rigen la marcha de la sociedad humana»[52] sabía muy bien que ese modelo chileno que pretendía crear Allende, dando espacios de participación a sus enemigos, no conducía a ningún lado. Sabemos lo que ocurre, la «ley de la historia» lo indicaba, añadió, «los reaccionarios, los explotadores en su desesperación, apoyados fundamentalmente desde el exterior, generan y desarrollan este fenómeno político, esa corriente reaccionaria que es el fascismo».[53] Con su mezcla de historicismo ramplón y de instinto político hiperdesarrollado, Castro estaba prediciendo punto por punto lo que en efecto ocurriría. Si Allende no usaba la violencia para eliminar a sus enemigos, serían ellos quienes terminarían eliminándolo a él. En pocas palabras, eso del socialismo en democracia era un cuento infantil, y más le valía dejar de creer en hadas antes de que fuera demasiado tarde.

Castro se fue y en las calles de Santiago se quedaron las amas de casa con sus cacerolas protestando porque ya sentían la crisis económica. En el Parlamento, Unidad Popular había perdido el apoyo de los democristianos y las facciones juveniles de los dos partidos se rompían la crisma en las calles. Dentro de la misma coalición que apoyaba a Allende, los sectores más radicales de la izquierda empezaban a huir hacia delante. Carlos Altamirano, el líder del Partido Socialista, animaba a los trabajadores a tomar las fábricas; el ministro de Economía, Pedro Vuskovic, estaba dispuesto a llevar a Chile hasta el último anillo del Infierno con tal de seguir la ortodoxia marxista, y los jóvenes radicales del Movimiento de Izquierda Revolucionaria (MIR), mucho más cercanos a Castro que a Allende, querían acción, armar al pueblo, formar cordones industriales con los obreros y esperar en las trincheras la ofensiva del fascismo. No era solo el país el que empezaba a descuadernarse, era la propia coalición de Gobierno la que hacía aguas.

En 1972 la situación económica era crítica. El costo de la vida se había incrementado en un 163 por ciento y Vuskovic seguía nacionalizando lo que se le atravesara en el camino. Estaba decidido a acabar con las bases económicas del imperialismo y de las clases dominantes, y si para ello también había que destruir la economía entera, pues peor para ella. Su guerra contra la propiedad privada no estaba impulsando un giro al socialismo, sino a la miseria. Finalmente el funcionario fue destituido en junio, pero no se revirtieron sus políticas. Al contrario, en la remota región de Aysén, en el sur de Chile, se anunció que el Gobierno regional se disponía a crear una compañía estatal de transportes y la noticia generó un enorme malestar entre los camioneros. Temiendo perder su independencia, iniciaron una protesta que al cabo de los días se convirtió en un paro nacional secundado por los tenderos, los taxistas, los artesanos y la pequeña industria. Los gremios profesionales no tardaron en unirse, ni los yanquis en aprovechar el descontento: los huelguistas podían protestar todo lo que quisieran, durante el tiempo que consideraran necesario, porque la CIA iba a sufragar los gastos. Allende tenía la tormenta perfecta: los yanquis no se habían aliado con la oligarquía vendepatrias, sino con los camioneros de la provincia chilena. El Gobierno se vio tan golpeado que Allende tuvo que reconfigurar su gabinete. Tomando una medida arriesgada, decidió incluir en él a tres militares, entre ellos a Carlos Prats, el reemplazo de Schneider al frente del ejército.

El anuncio de que ni el transporte ni el pequeño comercio serían nacionalizados calmó las protestas, pero no tardó en llegar otra medida conflictiva, la reforma de la educación. Allende buscaba con su programa educativo el «desarrollo pleno de la singularidad humana y social y de los objetivos del proyecto socialista de la nación chilena».[54] Eso incluía el trabajo de los colegiales en empresas del Estado, la igualación de todos los estudiantes del país y una permanente inmersión en los valores propugnados por Unidad Popular. La Iglesia, como era predecible, fue la primera en protestar, pero no la única. A los democristianos tampoco les gustó la medida, y menos aún a la Federación de Estudiantes de la Universidad Católica, que denunció el adoctrinamiento implícito en los planes del Estado y defendió el pluralismo del sistema educativo.

En 1973, con las elecciones parlamentarias de marzo, se abrió una opción para los opositores. Si obtenían las tres cuartas partes del voto podrían promover la destitución legal del presidente, lo que convertía la campaña en un asunto de vida o muerte. La sociedad chilena perdía la cordura, las tensiones eran feroces y se acentuaba aún más la división entre allendistas y antiallendistas. Los resultados, sin embargo, no resolvieron absolutamente nada. Allende mejoró el porcentaje que había obtenido en 1970, pasando del 36 al 43 por ciento, pero empeoró en relación con el de 1971 y seguía lejos de la añorada «inmensa mayoría». Por su parte, la oposición tampoco pudo iniciar una vía legal de destitución en el Congreso. La situación política y la economía estaban condenadas a desmoronarse.

La prueba reina de que la insatisfacción se expandía por toda la sociedad fue que los siguientes en protestar fueron los mineros, el mayor símbolo del allendismo, por la bajada en sus salarios. A Santiago llegaron marchando, y allá se les unieron los profesores, los estudiantes, los médicos, los dentistas, las enfermeras y otros sectores profesionales. Fue en esos días, a finales de junio de 1973, cuando los militares sediciosos y la ultraderecha conspirativa lanzaron un primer intento de golpe, el «tanquetazo», que dejó veintidós muertos en las calles de Santiago. El mismo ejército, al mando de Carlos Prats, se encargó de debelar la intentona y devolver los tanques a los cuarteles. En las calles, mientras tanto, cuando no se hablaba de una guerra civil se hablaba de otro golpe de Estado. La vía democrática al socialismo se hundía. A tres años de finalizar su mandato, ya eran pocos los que apostaban por la continuidad del presidente.

1973, SANTIAGO DE CHILE: LOS ULTRAIZQUIERDISTAS DEL MIR Y LOS ULTRADERECHISTAS DE PATRIA Y LIBERTAD ABONAN EL CAMINO AL GOLPE

Moviendo los hilos del «tanquetazo» que sacudió a Chile no solo estaban los militares; también había participado en la intentona un grupo de jóvenes orgullosamente de derechas, nacionalistas y enemigos del importado proyecto político de Allende y de toda ideología foránea. Todos ellos militaban en Patria y Libertad y mantenían relaciones fluidas con empresarios y mandos militares intermedios, en especial con coroneles del Regimiento de Blindados n.º 2. Estos coroneles eran los más dispuestos a promover un alzamiento militar inmediato, sin mayor dilación. «Si no lo hacen los superiores lo haremos los más jóvenes»,[55] dijo uno de ellos, justo las palabras que estaban anhelando los de Patria y Libertad. Sabían que rebelarse sin la complicidad de los altos mandos militares podía ser un suicidio, pero los jóvenes derechistas, más que nadie, esperaban entrar en acción desde 1970, cuando se constituyeron como fuerza de choque antiallendista.

Los sectores juveniles ligados al nacionalismo de Jorge Alessandri también se habían propuesto lo mismo que los yanquis, frenar la candidatura de Allende antes de que la ratificara el Congreso. Odiaban a la Unidad Popular porque les parecía un fenómeno ajeno a la idiosincrasia chilena; abominaban del marxismo por ser una ideología ajena a cualquier tradición patria, y además estaban seguros de que la presión social torcería la voluntad popular reflejada en las urnas. Pablo Rodríguez Grez, el joven abogado de ideas radicales, muy próximas al fascismo, que fundó el Movimiento Cívico Nacional Patria y Libertad, jugaba esa carta: promoviendo la violencia en las calles y el caos, el ejército se vería forzado a dar un golpe que reinstaurara el orden social.

La vieja tradición nacionalista y revolucionaria emergía una vez más en Chile, ya no bajo las banderas del nacismo de los años treinta sino del pensamiento de Jorge Prat, el viejo ministro de Carlos Ibáñez, y de su revista *Estanquero*. Rodríguez Grez y los demás miembros de Patria y Libertad intentaron desligarse del fascismo y del nazismo y mostrarse como auténticos revolucionarios, pero tanto su discurso como su reivindicación de la violencia los delataban. También su símbolo, la «araña», una derivación de la esvástica, y los himnos con letras sobre el «insurgente pueblo viril» y los jóvenes que marchaban «sin miedo a la muerte» que cantaban. Si la izquierda latinoamericana se desgarraba las vestiduras porque la burguesía les vendía la patria a los imperialistas, la ultraderecha lo hacía porque los comunistas la entregaban a la Unión Soviética. Para impedirlo, ambos extremos estuvieron dispuestos a tomar las armas.

Entre septiembre y octubre de 1970, mientras la CIA conspiraba en los pasillos, Patria y Libertad salió a incendiar la calle. Quiso provocar un enfrentamiento con el Movimiento de Izquierda Revolucionaria, porque en medio del desgobierno el ejército tendría que elegir, y estaban seguros de que se pondrían de su lado. El MIR no era una organización nueva. Había surgido en 1965 como una secuela más de la Revolución cubana, y se había dado a conocer en 1968 con una campaña de actos terroristas —«acciones directas», según ellos— que involucró decenas de bombas (una en un microbús, otra en la sede de *El Mercurio*, una más en el consulado estadounidense), asesinatos de carabineros y varios robos de bancos, que tampoco reconocerían como tales sino como «expropiaciones». El MIR repetía los mismos clichés que se oían en toda Latinoamérica y que para 1968 no eran más que una torpe justificación de la violencia. El subdesarrollo, decían, era un efecto inevitable del capitalismo y de los tumores que engendraba: la burguesía nacional e internacional. A tan simplón análisis sumaban una solución fulminante: «La destrucción violenta del aparato estatal burgués y su sustitución por un instrumento especial de represión de la mayoría sobre la minoría [...] único camino que lo conducirá [al proletariado] a una democracia real y directa».[56] Las ideas asesinas en América Latina han tenido el fastidioso añadido de ser tremendamente estúpidas.

Y en esto los ultraderechistas no se diferenciaban mucho de los miristas. Patria y Libertad también legitimó la violencia y deliró su propia versión corporativa de la democracia, la verdadera, por supuesto. Cuando el Congreso ratificó a Allende en la presidencia, Rodríguez Grez convirtió su movimiento cívico en el Frente Nacionalista Patria y Libertad, y redactó un texto fundacional, el *Manifiesto nacionalista*, en el que se despachó en contra de la democracia liberal por caduca e incapaz de representar a la totalidad del pueblo chileno. Como alternativa proponía una «democracia funcional» que integrara a toda la población a través de los gremios, las asociaciones laborales, los colegios profesionales o las confederaciones de propietarios. Como los ultraizquierdistas del MIR, Rodríguez Grez recelaba de los partidos y pretendía que Chile dejara de ser una nación de políticos y pasara a ser una nación de trabajadores. Si sus enemigos buscaban la dictadura del proletariado, Patria y Libertad pretendía armonizar los intereses de todos los agentes sociales bajo el liderazgo autoritario de una cúpula militar.

De manera que el pobre Salvador Allende recibía fuego amigo y fuego enemigo. Soportaba la arremetida violenta y conspirativa del filofascismo y hacía malabares para que sus potenciales aliados del MIR, que él mismo había indultado para que participaran legalmente en política, no lo saboteáran. En el Chile de 1970 no eran los revolucionarios de izquierda los perseguidos por el Gobierno, sino los de derecha. El MIR gozaba de un amplio margen para infiltrarse entre los trabajadores, organizar los cordones industriales, movilizar al proletariado, levantar campamentos guerrilleros, invadir tierras y fábricas y fortalecer sus milicias como si el horizonte fuera el enfrentamiento armado. Patria y Libertad tenía el apoyo de la CIA y la simpatía de algunos militares, pero no contaba con demasiados recursos ni tenía influencia en la cúpula militar, encabezada por Carlos Prats, un general que pagaría cara su fidelidad a la Constitución chilena. Ambos grupos, sin embargo, coincidían en un mismo punto: no daban un peso por Allende. Sabían que el presidente se había metido en un callejón sin salida porque su proyecto era lo suficientemente revolucionario para alarmar a la mitad de la población, pero no lo suficientemente radical para satisfacer a los sectores armados de la izquierda. Patria y Libertad sabía que de una u otra forma Allende perdería, y lo mismo el MIR, cuyos miembros ya asumían que serían ellos los llamados a conducir a los obreros y las masas. Mientras tanto, Chile ardía. Los derechistas volaban torres de energía (como después haría Sendero Luminoso en Perú), ponían bombas, infiltraban marchas, peleaban los muros para marcarlos con su araña y atacaban la editorial Quimantú, especializada en textos marxistas. Al igual que los guevaristas, también montaron un campamento guerrillero en Argentina, cerca de la frontera, y empezaron a conspirar con dos de los personajes más fascinantes y abominables que deambularon por los nichos fascistas latinoamericanos: el gringo Michael Townley y la chilena Mariana Callejas.

Después del fallido «tanquetazo», la cúpula de Patria y Libertad corrió a la embajada de Ecuador en busca de asilo. No escogieron su destino al azar.

El general Guillermo Rodríguez Lara, «Bombita» para los amigos, había fulminado en 1972 la quinta presidencia de Velasco Ibarra para formar su propio Gobierno nacionalista y revolucionario, al gusto de Patria y Libertad. Su exilio ecuatoriano, sin embargo, no alivió la situación en Chile. Puede que Allende hubiera sobrevivido al «tanquetazo», pero el país seguía en medio de enormes tensiones. Para colmo, Carlos Prats perdía apoyos dentro del ejército. Los militares involucrados en el golpe lo abuchearon y se negaron a reafirmar su lealtad, forzándolo a tomar una decisión que reblandecía aún más al Gobierno de Allende: su renuncia al Ministerio de Defensa y al ejército. El militar que había debelado el «tanquetazo» y que ponía la Constitución por encima de sus filias y fobias, abandonaba el barco. Su puesto quedaba libre para que lo ocupara su segundo de a bordo, un hombre de su entera confianza, tan respetuoso de la legalidad —la doctrina Schneider— como él mismo, o eso parecía: Augusto Pinochet.

Todo esto ocurrió mientras otra huelga de transportistas volvía a paralizar el país y el edecán naval de Allende, Arturo Araya, era asesinado por un francotirador presuntamente relacionado con Patria y Libertad. Los izquierdistas y los derechistas subieron la temperatura; hubo muertos en las calles, atentados; Chile estaba a punto de explotar. Los jefes de la fuerza aérea y de la armada querían un golpe ya, tenían señalado el día en el calendario, el 11 de septiembre de 1973, y además contaban con el apoyo de los yanquis. Lo único que faltaba era la aprobación de Pinochet. A pesar de que inicialmente dudó, dos días antes de la fecha acordada llegó su venia; adelante, Allende debía caer. Lo que ocurrió luego es ampliamente conocido: el ejército atacó el palacio de La Moneda, y Allende, protegido por un casco militar y armado con una metralleta que le había regalado Castro, accionó el arma cuando vio que ya todo estaba perdido. Disparó un solo tiro: la bala salió de la metralleta, le entró por el mentón y salió luego por el cráneo. Cayó muerto al instante. El sueño de un socialismo en democracia se esfumaba.

Con Pinochet en el Gobierno la moneda volvió a girar y cayó del otro lado: ahora los jóvenes del MIR tuvieron que pasar a la clandestinidad y los de Patria y Libertad se desmovilizaron y se insertaron sin problema en la sociedad chilena. Algunos de sus contactos acabaron en la temible Dirección de Inteligencia Nacional (DINA), creada por Pinochet para cazar a los miristas y a los opositores. Fue el caso de Mariana Callejas y Michael Townley, la insólita pareja que trabajó para Patria y Libertad. A ella, la militancia clandestina le permitiría combinar sus pasiones, el asesinato y la literatura, porque cuando no estaba en el taller literario de Enrique Lafourcade, un prestigioso novelista de la generación del 50, planeaba atentados con su esposo, dos actividades que se tomó con mucha seriedad y en las que incluso llegó a destacar: ganó premios literarios y mató, siguiéndolo en su exilio argentino y poniéndole una bomba en los bajos de su carro, al funcionario más importante de Allende, el exministro Carlos Prats.

Su pasión por la escritura parece no haber sido una simple fachada. Cuando Lafourcade cerró su taller, Callejas trasladó los encuentros a su residencia, una enorme casona que le pagaba la CIA en Lo Curro, un barrio de clase alta de Santiago. Era un riesgo absurdo que no habría tomado de no ser por que realmente le interesaba el gremio cultural. En su casa convivieron la civilización y la barbarie, el refinamiento cultural de los escritores más prometedores de Chile y la corrupción más profunda del pinochetismo. En la parte alta de la casa se hablaba de literatura, pero en las plantas inferiores el gringo Townley hacía experimentos con gases letales, preparaba bombas, planeaba ataques terroristas y posiblemente torturaba a presos políticos. La literatura y el mal, los temas de Roberto Bolaño, estaban ahí, y seguramente por eso usó esa anécdota para escribir *Nocturno de Chile*. La gran genialidad y la gran innovación de Bolaño fueron haberse dado cuenta de algo que este mismo libro también hace evidente: en América Latina la civilización y la barbarie estuvieron siempre juntas; las ideas y la cultura no sirvieron para desactivar la violencia, sino para justificar el odio, la división, la extranjerización y la negación del otro.

1970-1984, SANTIAGO DE CHILE, BUENOS AIRES Y SÃO PAULO: EL ARTE CONTRA LA DICTADURA

América Latina se volvió irreconocible, casi un monstruo; peor aún, una caricatura trágica. La ultraderecha y la ultraizquierda se enfrentaron en Chile y el resultado fue un golpe militar que terminaría instaurando un sistema parecido a las dictaduras positivistas de finales del siglo XIX: autoritarismo político y liberalismo económico. Pinochet tomó esos dos elementos, el control social y político del fascismo y la liberalización y privatización de todos los recursos y de todos los servicios, para embarcarse en un experimento tan radical como el de Allende pero en la vía opuesta. Lo más curioso es que por la misma fecha China hizo lo mismo. También emprendió reformas que demostraban la posible convivencia de la economía de mercado con un sistema autoritario de izquierda. Ni el fascismo ni el comunismo habían visto con buenos ojos el capitalismo internacional, y ahora Pinochet y Deng Xiaoping se convertían en los promotores más elocuentes de un giro globalizador en el orden mundial; sorprendente.

Mientras tanto América Latina seguía cayendo en manos de los milita-res. La muerte de Perón en 1974 les permitió a las guerrillas peronistas atacar sin merced al Estado, que ahora quedaba bajo el mando esotérico de Isabelita, un anticipo de lo que sería la nicaragüense Rosario Murillo. El peor servicio de Perón a Argentina fue ese, haber nombrado vicepresidenta a su esposa. Ella, López Rega y la Triple A tuvieron que enfrentarse a la nueva ola de violencia guerrillera, pero al final no serían ellos, sino los mi-litares, quienes llegarían una vez más para aprovecharse del caos e imponer el orden, su orden. Desde 1976 Argentina volvía a ser una dictadura militar, un miembro más de un club en el que estaban Paraguay, Brasil, Chile, Uru-guay, Bolivia, Ecuador y buena parte de Centroamérica. América Latina se había convertido en un lugar tóxico. Era el contexto menos propicio para que floreciera la cultura; las dictaduras latinoamericanas eran intolerantes a la crítica y a las expresiones desenfadadas de la individualidad, más aún a los gestos iconoclastas o vitalistas que desafiaban al nuevo orden castrense y clerical que se imponía desde arriba bajo la amenaza de tortura o muerte. Porque una dictadura también es eso, un código moral, un manual de con-ducta que impide al individuo vivir según su capricho, su gusto o su deseo.

Todas las dictaduras, las militares y las teocráticas, las de izquierdas como la de Castro y las de derechas como la de Pinochet, persiguieron la disi-dencia sexual, el hedonismo, la excentricidad, el rock y cualquier corriente cultural que llamara a la expresión de la individualidad. Todo exabrupto libertario se convertía en un desafío y una molestia para quien quisiera la armonía social basada en normas e imperativos morales rígidos. Nada per-turba más al personaje autoritario que la gente que se divierte, que aquel que fornica en libertad y vive como le da la gana, sin plegarse al catecismo de los militares, de los curas o de los nuevos santones moralistas que desde las redes sociales se adjudican el derecho de supervisar y censurar todo lo que no se adapte a su puritana visión del mundo.

En Chile, Argentina y Brasil hubo artistas que tampoco se resignaron al autoritarismo y que impulsaron iniciativas plásticas y performáticas que siguieron la línea del teatro de guerrillas y del foquismo artístico de los años sesenta. Fueron grupos que se enfrentaron a las dictaduras, casi disidencias urbanas que operaron transmitiendo mensajes antiautoritarios, denuncian-do los crímenes de los militares o realizando performances que visualizaban la inconformidad de la gente. Artistas cuya actividad se confundió con el activismo político y su expresividad vital, con la fiesta y la música, en especial con el rock, el punk y las nuevas escenas *subte* o *under*. En América Latina lo *underground* surgió menos para escapar de la mercantilización y del *mains-tream* que para librarse del control miliar. Las nuevas dictaduras ya ni siquiera intentaron cooptar la cultura —prefirieron el fútbol— como emblema de la nueva nacionalidad, pero su influjo siguió mancillando todos los espacios institucionales. Esa orfandad, y el nulo deseo de ser parte de un sistema autoritario, forzaron a los artistas a repensar sus prácticas para ajustarlas a un nuevo contexto marginal. Sabían que sus obras ya no tendrían existencia pública, ni reconocimiento oficial, ni espacio en los circuitos comerciales. No serían expuestas en galerías ni museos, ni se representarían en teatros. El único espacio que les quedaba era la ciudad, las calles por donde circulaba espontáneamente la gente.

El Colectivo de Acciones de Arte (CADA), formado en Chile en 1979 por la escritora Diamela Eltit, el poeta Raúl Zurita, el sociólogo Fernando Balcells y los artistas Lotty Rosenfeld y Juan Castillo, fue uno de estos nuevos grupos que decidieron atacar la dictadura con obras performáticas y conceptuales. En ocasiones usaban sus acciones para contrastar las políticas de Allende con las de Pinochet, como en *Para no morir de hambre en el arte*, una obra que aludía al medio litro de leche diario que el primero les dio a todos los niños de Chile y que el segundo quitó. En otra ocasión arrojaron desde una avioneta cuatrocientos mil panfletos con un pequeño texto, *Ay Sudamérica*, escrito por Zurita, con el que invitaban a ampliar física o mentalmente los espacios de la vida. La más política e influyente de sus obras fue *No+*, una incursión que CADA y sectores afines hicieron en las calles de Santiago a finales de 1983 y principios de 1984 para dejar un «No» y un «+» en el

CADA, *No+*, 1983.

espacio urbano. El mensaje era tan claro que muy pronto se lo apropió la gente para completarlo: «No + Pinochet», «No + dictadura», «No + miedo». La consigna llegó a otros países donde también se usó en campañas de presión contra la dictadura. El «No+» perduró en la memoria, e incluso entró en el plebiscito que finalmente sacó a Pinochet del palacio de La Moneda en 1989. La campaña publicitaria por la no continuidad del dictador confluyó con ese «No+» que se pintaba desde 1983 en las paredes.

En esta «escena de avanzada», como la llamó Nelly Richard, gestada durante la dictadura tuvieron protagonismo la performance, el conceptualismo y el registro fotográfico. Mientras que en Estados Unidos y en Europa los artistas desmaterializaban la obra de arte para no caer en las horrorosas garras del capitalismo, los artistas chilenos lo hacían para no caer en las garras asesinas de la DINA. Eludir la censura con un lenguaje poético, como hacía Zurita en los comunicados de CADA, o golpear y escapar, como hacían Mujeres por la Vida, una réplica izquierdista del movimiento de amas de casa que abucheaban a Allende con sus cacerolas, y el Movimiento Contra la Tortura Sebastián Acevedo, era la única manera de expresar la inconformidad. La toma performática de las calles para denunciar las desapariciones y las torturas y dejar constancia, aunque fuera de manera fugaz, de la presencia de opositores, era todo lo que podían hacer. Incluso cometer actos radicales y fatales, como el que protagonizó el mismo Sebastián Acevedo, un obrero que denunció la desaparición de sus dos hijos prendiéndose fuego e inmolándose a lo bonzo en la plaza de la Independencia de Concepción. De nuevo el problema era hacer llegar un mensaje, ya no el llamado a la revolución de los años sesenta, sino la denuncia de la violencia de las dictaduras de los setenta.

En Argentina, el señalamiento de las desapariciones forzadas se llevó al campo estético mediante los *Siluetazos* de septiembre y diciembre de 1983. Fueron eventos organizados por tres artistas en colaboración con las Madres de Plaza de Mayo y con decenas de hombres y mujeres que se sumaron al proyecto. Su finalidad era dejar cubierta la ciudad de Buenos Aires con miles de siluetas humanas que simbolizaran a los ausentes. Otros colectivos, como el Grupo de Artistas Socialistas-Taller de Arte Revolucionario (GAS-TAR), luego convertido en el Colectivo de Arte Participativo-Tarifa Común (CAPaTaCo), también tomaron la calle con acciones gráficas y performativas. En las protestas sociales se encargaban de los elementos comunicativos y estéticos. Organizaron actos de solidaridad con la revolución sandinista y en repulsa de Pinochet. *Vela x Chile* fue el más famoso, una campaña internacional de solidaridad con los represaliados de la dictadura.

En Brasil, los artistas también intervinieron el espacio público para denunciar los crímenes de la dictadura. La agrupación 3NÓS3 se subió en 1979 a

Siluetazo, Buenos Aires, 1983.

las estatuas públicas de São Paulo para atar las figuras humanas con cuerdas y ponerles bolsas de plástico en la cabeza. En lugar de tumbar las estatuas, como se hace ahora, las resignificaban para hacer visible en el espacio público lo que ocurría en secreto en las mazmorras. Los momentos cruciales de la historia brasileña quedaban convertidos en escenas del presente ominoso de la dictadura. Viajou sem Passaporte, un grupo de teatro influenciado por el surrealismo, el Living Theatre y el Teatro Oficina, realizó acciones similares, aunque con un contenido político menos evidente y más simbólico. Su estrategia era interrumpir el orden cotidiano introduciendo elementos maravillosos que transfiguraran la experiencia. Se subían por turnos a un mismo autobús hasta cubrir toda su ruta, todos llevando un ojo parchado. Un detalle mínimo, muy a lo Cortázar, que sin embargo resultaba desconcertante para los viajeros que lo advertían. Otros grupos añadieron a la fantasía el poder subversivo del erotismo, de la desnudez y del sexo, como la Compañía Argentina de Mimo y los brasileños de Overgoze. También los chilenos Pedro Lemebel y Francisco Casas, Las Yeguas del Apocalipsis, con el añadido de que ambos artistas ponían por delante su identidad como homosexuales. El cuerpo desnudo reivindicando sus deseos, pulsiones censuradas o sexualidades proscritas se convertía en un desafío flagrante para los sistemas autoritarios. El Living Theatre tal vez fue el pionero en este tipo de acciones antidictatoriales. Por sugerencia de José Celso viajaron a Brasil en 1970 para combatir a los militares con sus obras de teatro, y allá, después de un año de actividades y agitación, acabaron encarcelados y torturados. No tanto por sus obras como por haber convertido Ouro Preto en un sitio de peregrinaje para los jóvenes que no querían plegarse al guion moral de la dictadura. Eso fue lo que desencadenó la persecución. La dictadura quiso cortar en seco el efecto contagioso de la irreverencia y de la libertad.

Todas estas acciones revelaron el desafecto y los intentos de insubordinación durante los años amargos de las dictaduras en el Cono Sur. Aunque es difícil calibrar sus efectos, todas estas experiencias, sumadas a los espacios nocturnos y a la casa del Living Theatre en Ouro Preto, donde se permitieron la expresividad y la individualidad, sirvieron para mantener vivo el espíritu libertario hasta que la guerra de las Malvinas sepultó la dictadura argentina, hasta que la campaña «Diretas Já» arrinconó a los militares brasileños y hasta que el «no» le puso fin al Gobierno de Pinochet. Cuando esta experiencia militar de los años setenta finalmente se agotó en la siguiente década, América Latina le dio una oportunidad real a la democracia. Ni revoluciones castristas ni dictaduras como la de Velasco Alvarado o como la de Pinochet: democracias civiles. Sería a ellos, a los nuevos gobernantes de saco y corbata, a quienes les tocaría hacer frente a la terrible crisis de los años ochenta, la década perdida, que pondría final a los experimentos desarrollistas de la CEPAL, a las nacionalizaciones, a la teoría de la dependencia y al crecimiento hacia adentro, y más bien alinearía a toda América Latina con lo que Chile estaba haciendo; empezaba la apertura de los noventa.

1961-1979, MANAGUA, GRANADA, LEÓN, SOLENTINAME: LA POESÍA Y LA REVOLUCIÓN EN NICARAGUA

Si el lema de los jóvenes estadounidenses de los años sesenta fue «Haz el amor, no la guerra», en Nicaragua Beltrán Morales lo corrigió y lo adaptó a la realidad latinoamericana. «Haz el amor / y la guerrilla». Con aquel sencillo lema revelaba el abismo que se abría entre las dos Américas. Allá habría sexo, drogas y pacifismo; aquí, sexo, fusiles y guerra, una diferencia importante. En Nicaragua, la lucha por derrocar a los Somoza, la gran obsesión nacional, haría convivir las ideas de los marxistas, las preocupaciones vitales de la contracultura y las esperanzas milenaristas de los sacerdotes.

Era imposible que los poetas nicaragüenses no hicieran la guerrilla (lo del amor se da por hecho) debido a que en su país lo habían hecho todo. Habían impulsado cada una de las ideas y propuestas revolucionarias que tuvieron impacto: la rebelión antiimperialista y nacionalista, la acción católica de corte fascista, la revolución guerrillera castrista, la utopía cristiana y comunista, la rebelión metafísica e individualista, la insurrección cultural y sexual, incluso el autoritarismo esotérico y populista. Todo: Rubén Darío convirtió a su país en la cuna de la literatura latinoamericana, el modernismo y el arielismo inspiraron a Sandino, la vanguardia enrumbó al país hacia el fascismo, la posvanguardia y la neovanguardia se encargaron de enfrentar a Somoza —matarlo, incluso— y de promover la segunda revolución guerrillera que triunfaba en América Latina, la que lanzó el Frente Sandinista de Liberación Nacional en 1961, y que casi veinte años después, en 1979, expulsaba al tercer Somoza de la presidencia y tomaba las riendas del país durante una década. Como si fuera poco, la actual «copresidenta» y responsable del esoterismo dictatorial que malgobierna Nicaragua, Rosario Murillo, también fue una importante poeta.

La mezcla de revolución cultural y revolución armada empezó a gestarse muy pronto. Además del Frente de Liberación Nacional, que luego se convertiría en el FSLN, en 1960 también se formó el Frente Ventana con la misma vocación revolucionaria y justiciera, pero menos dispuesto a expresarla con las armas que con la pluma. Lo fundaron los escritores Fernando Gordillo y Sergio Ramírez en la Universidad Autónoma de León, en respuesta a la masacre estudiantil de 1959 y con el claro propósito de ventilar las preocupaciones patrióticas y sociales de los jóvenes. El Frente Ventana fue un petardo en un medio cultural más preocupado por Dios que por los pobres. Quisieron hablar de los frijoles y no de los chicles, del hambre y no de las modas extranjeras, de los problemas que se padecían aquí y ahora y no de la trascendencia o de cualquier otro problema metafísico. Tenía como referente a los poetas de los años treinta, pero no a todos, o en realidad solo a uno, a Manolo Cuadra, el único izquierdista de la vanguardia nicaragüense, de quien rescataron su espíritu popular y reivindicativo. En sintonía con él, el Frente Ventana quiso convertirse en la voz del pueblo y hacer de la poesía un campanario donde resonaran sus males y desgracias.

Mucho menos sociales fueron sus contemporáneos y rivales de Managua, los poetas de la generación Traicionada, un grupo igualmente apadrinado por la generación de los treinta, específicamente por Pablo Antonio Cuadra y por Coronel Urtecho. También ellos fueron unos insatisfechos, pero su rebelión se dirigió contra males más abstractos y generales; no la miseria nicaragüense, sino las ansiedades que exasperaban a los poetas beat estadounidenses: la alienación moderna y la falta de sentido. Su poesía fue espiritual, autobiográfica, confesional; defendieron un americanismo humanista —por momentos una especie de indocristianismo— en reemplazo del nacionalismo y el marxismo. Buscaron la reclusión monástica, la vida zen y nuevas formas de convivencia. Algunos de ellos, como Beltrán Morales, se deslizaron por todas las corrientes ideológicas y existenciales de la década, pasando de los retiros espirituales y de la pastoril convivencia en la comunidad de Ernesto Cardenal en Solentiname a la guerrilla sandinista y a la turbulencia vital de los años sesenta.

Varios de estos poetas acabarían emulando a la generación previa, la de Cardenal, y confluyendo en la lucha contra Somoza, ahora comandada por la guerrilla sandinista. Hasta 1960 esta lucha la había encabezado Pedro Joaquín Chamorro, un periodista de ideas liberales que estuvo involucrado en todos los actos subversivos lanzados contra la dictadura. Tuvo que producirse la Revolución cubana para que el antiimperialismo, el nacionalismo y el antisomocismo se mezclaran con el marxismo y el guevarismo. Eso no significó que todos los antisomocistas fueran sandinistas. Más que la ideología, lo que animaba la resistencia era la «conducta ética», como la llamó Sergio Ramírez, un compromiso que podía empezar al pie de la Iglesia, en la profesión de amor por los pobres y en la renuncia a los bienes materiales, y que podía terminar en la lucha de clases o en las muchas utopías, unas hedonistas y sensuales, otras primitivistas y regresivas, que proyectó la poesía sobre el mundo. Después de décadas de dictadura, una Nicaragua sin los Somoza era un lienzo en blanco donde se podía proyectar cualquier fantasía.

Al FSLN acabaron llegando escritores como Fernando Gordillo y Sergio Ramírez, Leonel Rugama y Julián Roque, Gioconda Belli y Rosario Murillo, Ernesto Castillo Salaverry y Ernesto Cardenal. En los años setenta convivieron el misticismo de los católicos y el erotismo de las poetas, en especial de Gioconda Belli, cuyos versos exploraban experiencias sensoriales primigenias —el «salvajismo delicioso»— y glorificaban el cuerpo femenino. Sus poemas exaltaban la convicción guerrillera y el deseo sexual, la revolución armada y el delirio amoroso. La vertiente mística y religiosa vino claramente de Ernesto Cardenal, el poeta que después del atentado contra Somoza, en 1954, se había ordenado como sacerdote y convertido al gandhismo y el pacifismo. Pasó por seminarios de Kentucky, Cuernavaca y La Ceja, cerca de Medellín, y luego se aisló del mundo en las islas de Solentiname, en medio del Gran Lago de Nicaragua, donde fundó una comunidad cristiana de artistas y artesanos. Pero en 1970 viajó a Cuba y entró en contacto con los curas rojos; luego conoció el Perú de Velasco Alvarado y el Chile de Allende, y cuando volvió a Nicaragua ya había sufrido una nueva conversión. Su pacifismo había mutado en socialismo y su teología, en milenarismo revolucionario.

El apoyo que recibió de las letras y de los salmos le dio al FSLN un nuevo aire. Fundado por Carlos Fonseca, Silvio Mayorga y Tomás Borge, lectores de Coronel Urtecho, cómo no, el frente guerrillero había tenido unos años duros, marcados por las derrotas militares, las bajas en combate y las detenciones. Su suerte empezó a cambiar después del terremoto de 1972 que destruyó Managua, y que dejó más de diez mil muertos y otras tantas personas sin casa. La ignominia de Somoza Debayle afloró con tal descaro que nadie pudo mirar hacia otro lado. El dictador no solo acaparó la ayuda internacional; también creó un entramado privado con el cual monopolizar la reconstrucción de Managua. La grotesca rapiña enfureció al sector empresarial nicaragüense, y su desprestigio se tradujo en una creciente simpatía por el FSLN. Con la imagen de Somoza por los suelos, la guerrilla estaba lista para propinar golpes autopublicitarios, performances armadas, que la convertirían en noticia mundial.

El primero de esos ataques tuvo como escenario la casa de José María «Chema» Castillo, un alto funcionario de Somoza, el 27 de diciembre de 1974. Aquel día se reunían importantes personalidades políticas, diplomáticas y sociales para homenajear a Turner B. Shelton, el embajador estadounidense. Al FSLN no le interesaba meterse en líos con los gringos, y por eso esperaron a que Shelton se despidiera. Fue entonces cuando entraron en la casa disparando y con facilidad redujeron a todos los presentes. Uno de ellos resultó ser un botín valioso: un cuñado de Somoza. Por su liberación el FSLN exigió al dictador cinco millones de dólares —que se redujeron a uno—, además de la liberación de varios presos —entre ellos Daniel Ortega— y la difusión de un comunicado por la radio, la televisión y la prensa. Una vez más, el arte de los medios que se había inventado Jacoby. El resultado fue la simpatía entre la gente, que vitoreó a los guerrilleros mientras se dirigían en autobús al aeropuerto, donde tomarían un avión con destino a Cuba.

La segunda gran acción del FSLN fue aún más espectacular. En 1978 repitieron estrategias y propósitos, pero ya no para tomar una residencia particular sino el Palacio Nacional. Se trataba de una acción mucho más arriesgada que, de salir mal, podía degenerar en una gran matanza, como en efecto ocurriría siete años después, en Bogotá, cuando el M-19 replicó la hazaña en el palacio de Justicia. En Managua, milagrosamente, las cosas salieron según los planes de Edén Pastora, el Comandante Cero, líder de la operación, y el FSLN consiguió retener a varios pesos pesados del Gobierno y torcerle una vez más el brazo a Somoza. A cambio de los parlamentarios retenidos, obtuvieron la liberación de Tomás Borge y otros guerrilleros, además de dinero y la publicación de un nuevo comunicado; lo que había que hacer antes de Twitter para captar la atención de la gente. Pero lo más significativo de este ataque fue que puso en evidencia la debilidad de la dictadura. Para ese entonces Somoza ya había ordenado el asesinato de Pedro Joaquín Chamorro —su propio suicidio, según Pablo Antonio Cuadra— y había un sentimiento de indignación nacional que animaba a muchos nicaragüenses a celebrar los triunfos del FSLN. Los golpes y la aprobación social subieron la moral de la tropa. Solo faltaba que llegara Fidel Castro a limar las diferencias entre las tres facciones ideológicas que formaban parte del FSLN —la proletaria, la de guerra popular prolongada y la tercerista—, y que toda la guerrilla se coordinara para la ofensiva final.

Un apoyo fundamental se lo dio el Grupo de los Doce, formado por prestigiosos empresarios, religiosos e intelectuales que le dieron credibilidad a un posible gobierno de los sandinistas. Somoza empezó a sentir la presión que le llegaba de todos lados, de la OEA y Estados Unidos, de la sociedad civil y la guerrilla. A Nicaragua llegaban extranjeros para luchar como si se tratara de la Guerra Civil española, y en Washington Somoza perdía respaldo político. Finalmente, el 17 de julio de 1979, después de más de cuatro décadas, una gran ofensiva sobre Managua forzó al último de la dinastía a renunciar y a huir al Paraguay de Alfredo Stroessner. Allá encontraría la muerte en 1980 a manos del Ejército Revolucionario del Pueblo, la guerrilla del argentino Mario Santucho.

1979, MANAGUA: LA REALIDAD REVIENTA LA UTOPÍA

Al menos desde 1975, cuando el FSLN se escindió en tres tendencias con estrategias militares y políticas diferentes, estaba claro que en la guerrilla también convivían distintas ideologías. En el vientre del FSLN bullían el castrismo-guevarismo, el maoísmo, el marxismo-leninismo y el tercerismo, ese antisomocismo difuso y multiclasista que auguraba un triunfo rápido si la guerrilla se unía a los sectores semiburgueses. Esta última postura, defendida por Daniel Ortega, demostró ser la acertada. Al igual que en Cuba, no era el sueño comunista sino el odio al dictador lo que aglutinaba a sectores muy diversos de la oposición nicaragüense, y a la postre fue la unión de todos ellos lo que propició el triunfo de la revolución.

Pero entonces, solo dos meses después de su victoria, los líderes más importantes de la guerrilla fueron convocados a una asamblea de cuadros, y allí, luego de tres días de discusiones, aprobaron «El documento de las 72 horas», un texto programático en el que se definía el «carácter» de la revolución y la «táctica» que había que seguir desde el Gobierno. El documento intentaba despejar dudas con respecto al futuro del FSLN, y la más clara era la desconfianza contra todo aquel que pareciera un enemigo ideológico de la revolución, desde los trotskistas a la burguesía vendepatrias. Desde ese momento pareció claro que el FSLN estaba destinado a convertirse en un partido marxista-leninista y a seguir la deriva autoritaria de las organizaciones que buscaban el control total de la economía y de la sociedad. Los revolucionarios triunfantes habían quedado un paso más cerca de la dicta-dura del proletariado que del antiimperialismo de Sandino. Como Cuba, el Perú de Velasco y el Chile de Allende, Nicaragua se preparaba para implan-tar una economía centralizada, nacionalizada y dependiente del Estado.

Para lograr estos fines, los sandinistas recurrieron a una treta que les permitió arrinconar y sobrepasar a los sectores liberales que también con-formaban el nuevo Consejo de Estado. Ampliaron el número de miembros de 33 a 47 e incorporaron a organizaciones sociales afines al sandinismo. Los no sandinistas del Consejo advirtieron el burdo truco y renunciaron, rompiendo, de paso, la unidad nacional antisomocista. Los sandinistas em-prendieron entonces medidas ambiciosas: subieron las pensiones, duplicaron algunos salarios, subvencionaron el transporte, redujeron jornadas laborales, trasladaron a las poblaciones indígenas del Caribe, impusieron un servicio militar patriótico, expropiaron a todos los somocistas, ricos y pobres, colec-tivizaron las tierras y crearon Unidades de Producción Agropecuaria. Todas las propuestas surgían de buenas intenciones, pero no calculaban el corrosi-vo efecto que tendrían para las finanzas públicas y los modos de vida del campo nicaragüense.

El resultado fue una inflación tan surrealista como los milagros econó-micos que se proponía obtener —más del 14.000 por ciento a finales de los años ochenta— y la enemistad de las capas más humildes de las zonas ru-rales. Los indígenas que fueron arbitrariamente expulsados de sus territorios formaron guerrillas antisandinistas, y los campesinos, frustrados al verse trabajando en las Unidades de Producción y no en sus propias parcelas, terminaron cambiando de bando y combatiendo al Gobierno con las armas. Muchos de ellos fueron acogidos en la Contra, la guerrilla que desde 1980 se opuso al nuevo Gobierno del FSLN.

Estados Unidos volvía a cumplir puntualmente su papel de villano en América Latina, reactivando la vieja tradición intervencionista en Nicaragua y prestándole apoyo, a través de la CIA, a un ejército formado por los residuos de la Guardia Nacional y los sectores que se vieron afectados por las medi-das del FSLN. El guion parecía copiado de la historia de Cuba. La guerrilla que había recabado el apoyo de toda la población cambiaba de banderas estando en el poder, y entonces se producía un terremoto que encaramaba a Nicaragua al primer renglón de la lista negra de los yanquis y que reajustaba las relaciones entre la cúpula revolucionaria. Miembros importantes del FSLN, como Edén Pastora, rompieron con Daniel Ortega y retomaron las armas, esta vez para enfrentarse a sus antiguos camaradas. Su guerrilla, que llamó Alianza Revolucionaria Democrática (ARDE), además de la Contra, le hizo difícil la vida al nuevo Gobierno. Ortega tuvo demasiados frentes abiertos, y muchos de sus planes se frustraron y muchos de sus recursos se dilapidaron. Aun así, como reconoció uno de los protagonistas de aquellos años, Sergio Ramírez, «las sustancias filosóficas del modelo que buscábamos aplicar habrían conducido de todos modos a un colapso económico».[57]

Este colapso, además de la oposición de la Iglesia y los sectores civiles, de la guerra interna y la presión de Estados Unidos y la OEA, forzaron al FSLN a desviarse del camino de Cuba y a inventar un sistema nuevo, más parecido al de Allende. Algo así como un socialismo de Estado con urnas impuestas o forzadas por las circunstancias. Porque al FSLN, como a toda la izquierda marxista de los años setenta, la democracia le parecía el ADN del sistema burgués, un formalismo foráneo que debía combatir para lograr objetivos mucho más urgentes e importantes. No imaginaban que en Nicaragua las cosas se darían de tal manera que el sandinismo, como decía Ramírez en sus memorias, terminaría dejando en herencia lo que no se propuso, la democracia, y fallando en aquello por lo que luchó, el fin de la pobreza y la marginación. El fracaso económico, la tensión social y la falta de apoyos internacionales no les dieron más opción: tenían que poner las urnas y exponerse a una flagrante derrota. Los guerrilleros que habían llegado al poder mediante las armas acababan expulsados en 1990 por los votos, un final inédito, porque ni en Cuba, ni en Perú, ni en Panamá, ni en Chile había salido democráticamente la izquierda revolucionaria del poder. En Nicaragua, en cambio, la guerrilla pasaba a la oposición, y la presidencia democrática quedaba en manos de Violeta Chamorro, viuda de Pedro Joaquín Chamorro.

Antes de dejar el Gobierno, el FSLN incurrió en una vergonzosa rapiña de bienes públicos, «la piñata», que terminaría destrozando su reputación. Se iban, sí; dejaban las instituciones, claro; pero no con las manos vacías. El estatismo iba a defenderse mientras ellos fueran el Estado, pero si las urnas no los favorecían los bienes públicos volverían a manos privadas. Las de ellos, obvio. Las movidas turbias de Ortega y su autoritarismo desbocado le hicieron perder al FSLN las figuras más respetables, entre ellas a Sergio Ramírez y Ernesto Cardenal. Todo parecía prever que Ortega se convertiría en un personaje irrelevante, el eterno candidato que jamás lograría engatusar al electorado, y sin embargo en 2006 consiguió ganar unas elecciones democráticas y volver a la primera línea de la política. Había aprendido de la experiencia, se había transformado en otra cosa, en un populista. Su tercerismo era historia, incluso su marxismo, su ateísmo y hasta su izquierdismo, porque ahora Ortega se había aliado a Arnoldo Alemán, la encarnación más pura del viejo somocismo. Los años le habían mostrado que la fórmula que garantizaba llegar al poder, acapararlo y conservarlo no era la de Castro.

Tampoco la de Allende o la de Velasco Alvarado. Nada de eso, era la de Perón: insistir hasta ganar legítimamente unas elecciones para después destrozar la democracia desde dentro hasta pervertir todos sus procedimientos e instituciones.

1980, SAN SALVADOR, CIUDAD DE GUATEMALA: EL FASCISMO Y EL COMUNISMO INCENDIAN CENTROAMÉRICA

Si el sueño de la razón, como decía Goya, produce monstruos, en Guatemala y El Salvador esos monstruos tuvieron el aspecto de guerrillas comunistas y escuadrones de la muerte filofascistas. El levantamiento comunista de 1932 y la presidencia de Jacobo Árbenz convirtieron el anticomunismo en una suerte de religión de Estado en los dos países. En Guatemala la extrema derecha tuvo dos nombres propios: el coronel Carlos Castillo Armas, jefe de la operación militar que derrocó a Árbenz, y el político Mario Sandoval Alarcón, secretario personal del dictador y cómplice en el golpe. Su destino sería encabezar la derecha nacionalista guatemalteca tras la prematura muerte de Castillo Armas en 1957, muy posiblemente a manos de algún agente de su antiguo aliado, Rafael Leónidas Trujillo. Su partido, el Movimiento de Liberación Nacional (MLN), empezó desde ese instante a tejer una red de contactos y macabras complicidades que llevarían a Sandoval Alarcón a relacionarse con los militares del Cono Sur —los mismos que urdieron la Operación Cóndor—, con los Tecos, un grupo ultraderechista, antisemita y antiimperialista mexicano, heredero de los cristeros de los años veinte e influenciado por el jesuita Julio Meinvielle y por Tacuara, también con asociaciones neonazis europeas como la Ustasha croata o la Guardia de Hierro rumana, y con las estructuras paramilitares de El Salvador y Honduras.

Si en los foros internacionales el líder del MLN se convirtió en uno de los rostros más visibles del anticomunismo —la nueva tapadera políticamente correcta del fascismo—, en Guatemala no le hizo falta eufemismo alguno y directamente se le conoció como el «padrino de los escuadrones de la muerte», un mote en absoluto arbitrario, pues él mismo se refería al MLN como «el partido de la violencia organizada». Y violencia en Guatemala hubo mucha, organizada y desorganizada, de derecha y de izquierda, y desde el instante mismo en que las ondas sísmicas de la Revolución cubana llegaron a Centroamérica. Los primeros en sentirlas fueron un grupo de militares insatisfechos con el gobierno del sucesor de Castillo Armas, otro general, Miguel Ydígoras Fuentes, a quien le hicieron una pequeña revolución el 13 de noviembre de 1960 inspirada en las ideas castristas. El levantamiento no dio resultados, pero sí forzó a dos de sus líderes, Luis Augusto Turcios Lima y Marco Antonio Yon Sosa, a pasar a la clandestinidad. Contagiados por el militarismo socializante cubano, entraron en contacto con los jóvenes comunistas del Partido Guatemalteco del Trabajo, y para finales de 1962 ya habían formado las Fuerzas Armadas Rebeldes (FAR). Empezaban los años sesenta guatemaltecos, con todo lo que eso significaba: ni paz ni amor sino mucha guerra.

Fue en respuesta a las acciones de las FAR que se formó el principal escuadrón de la muerte, la Mano Blanca, o simplemente la MANO (Movimiento de Acción Nacionalista Organizado). En realidad, más que un simple escuadrón fue una fachada, un monstruo que se desdoblaba en siglas y nombres distintos para dar la sensación de que había muchos grupúsculos de ultraderecha operando en el país, cuando en realidad la única mano, la verdadera, la que señalaba y apretaba el gatillo, no era blanca sino verde: la de los militares. Su lema fue «comunista visto, comunista muerto», y entre sus acciones se contaron asesinatos, torturas e intimidaciones de sindicalistas, estudiantes y colaboradores de las guerrillas. Llegaron incluso a matar a una Miss Guatemala, Rogelia Cruz, y a secuestrar al arzobispo de Guatemala. Y detrás de ellos, legitimando política e ideológicamente su proceder, estuvo desde el primer momento Sandoval Alarcón, como quedó registrado en el informe de la Comisión para el Esclarecimiento Histórico.

La izquierda subversiva sembró el terror, y la respuesta de los sectores amenazados fue auspiciar y legitimar a la derecha radical para que la combatiera en operaciones furtivas. «Si tengo que deshacerme de la mitad de Guatemala para que la otra mitad pueda vivir en paz, lo voy a hacer»,[58] llegó a decir Sandoval Alarcón en 1985; así estaban las cosas, así era —es— América Latina: el otro, el contaminado, el judío, el capitalista, el comunista, el antipatria, el indio, el colonizado o el colonizador sencillamente no cabía, no tenía un lugar en su propio país. Ese vicio intelectual desató en Centroamérica unas de las peores guerras del continente, de las más bárbaras y desquiciadas, y todas ellas promovidas por partidos políticos poderosos y por intelectuales o militares reconvertidos en guerrilleros. Sandoval Alarcón no llegó nunca a la presidencia —a la vicepresidencia sí—, pero el MLN fue la organización política más poderosa entre 1970 y 1978, llevó a dos militares, aunque con sospechas de fraude, al Palacio Nacional, y luego ayudó a urdir el golpe que pondría al exmilitar Efraín Ríos Montt al frente del país.

La nueva dictadura se instauró en medio de la barbarie, cuando Guatemala ya era un país en guerra lastrado por las acciones de la insurgencia y los escuadrones de la muerte. Otras dos guerrillas se habían formado a comienzos de los años setenta, el Ejército Guerrillero de los Pobres y la Organización Revolucionaria del Pueblo en Armas, esta última dirigida por Rodrigo Asturias, hijo de Miguel Ángel Asturias, y en 1980 habían lanzado una ofensiva violenta. Durante los siguientes cuatro años la guerra se llevó por delante todo lo que se le puso enfrente. Cualquier sospechoso de ser un colaborador de la insurgencia era torturado y asesinado, y si la guerrilla ganaba control sobre determinadas zonas, el ejército llegaba luego a arrasarla. Una frase maoísta, «hay que quitarle el agua al pez», que paradójicamente les resultó iluminadora a los militares, los legitimó para involucrar a la población civil en el conflicto. El agua, claro, eran las aldeas rurales. Convencidos de estar exterminando una plaga internacionalista, los mandos militares vieron comunistas rabiosos allí donde solo había indígenas mayas que tuvieron la mala suerte de habitar los territorios donde se instaló la guerrilla. Entre 1978 y 1982, durante el Gobierno de Fernando Romeo Lucas García, el ejército operó con voracidad y anarquía, y solo desde 1982, con la llegada de Ríos Montt al poder, las acciones del ejército ganaron algo de orden y racionalidad.

El dictador, un renacido cristiano, inició la mala costumbre de dar sermones a través de los medios, señalándose a sí mismo como un enviado por Dios para salvar Guatemala de la inmoralidad y del comunismo. Ríos Montt facilitó la incursión de las iglesias evangélicas para contrarrestar la influencia de la teología de la liberación, inculcó las doctrinas nacionalistas y creó las Patrullas de Autodefensa Civil en las poblaciones rurales. Esta nueva institución forzó al indígena, lo quisiera o no, a ser colaborador del ejército. La filosofía de los militares no era matar indios, según Ríos Montt, sino reconquistarlos. Pero que quedara claro: «Si una operación subversiva existe donde los indígenas están involucrados con la guerrilla, los indígenas morirán».[59]

Sus declaraciones describían muy bien lo que estaba ocurriendo en el campo. A pesar de que el dictador logró controlar los escuadrones de la muerte y bajar la intensidad de las masacres, durante sus primeros meses de gobierno, según cuenta el antropólogo David Stoll, 300 campesinos fueron asesinados en la zona ixil, 71 en Ixcán, 302 en Huehuetenango y 268 en Rabinal. El logro de Ríos Montt, si así puede llamarse, no fue detener la barbarie, sino forzar a los indígenas y campesinos a aliarse con el ejército y darle la espalda a la guerrilla. Esa estrategia las debilitó notablemente, y hacia 1983, reconociendo que no tenían opción de tomar el poder, iniciaron una negociación que acabaría en 1996.

Con un vecino tan convulso y una historia tan parecida de nacionalismo y fobia anticomunista, El Salvador estaba condenado a repetir la tragedia guatemalteca. El mismo Sandoval Alarcón puso su grano de arena, apadrinando a un exmayor del ejército, Roberto d'Aubuisson, y relacionándolo con el anticomunismo internacional y el fascismo latinoamericano. Pupilo aventajado, D'Aubuisson siguió los mismos pasos que Sandoval Alarcón. Mezcló la política y el crimen hasta convertirse en un fenómeno popular y en el ejemplo de todo lo que funciona mal en América Latina. Entre los delitos más notorios de D'Aubuisson se cuenta el asesinato del arzobispo Óscar Arnulfo Romero en plena misa, con el certero disparo de un francotirador que le destrozó el corazón. Y esto, aunque de una gravedad alarmante, solo era la punta del iceberg. La Comisión de la Verdad responsabilizó al exmayor de haber establecido vínculos con terratenientes y empresarios que pusieron a su servicio fincas, casas, vehículos y guardaespaldas para la conformación de escuadrones de la muerte. Todo esto bajo el auspicio del partido político que D'Aubuisson fundó en 1981, la Alianza Republicana Nacionalista (ARENA), un calco del MLN guatemalteco con el que tuvo un exitoso recorrido por las instituciones salvadoreñas. El desconcierto que producía la visibilidad pública de un personaje semejante quedó plasmado en *El asco*, la novela más ferozmente antinacionalista escrita en América Latina, por la que su autor, Horacio Castellanos Moya, fue amenazado de muerte. «La gente —decía— lleva la estupidez humana a récords inusitados, solo así se puede explicar que el político más popular del país en los últimos veinte años haya sido un psicópata criminal que mandó a asesinar a miles de personas en su cruzada anticomunista».[60]

La historia del exmayor D'Aubuisson como promotor del asesinato político empezó en 1979, tras el golpe de un grupo de militares jóvenes y reformistas que, al estilo del peruano Velasco Alvarado, desbancaron a sus superiores con ánimos reivindicativos y sueños justicieros. Lo primero que hizo la nueva junta militar fue disolver la Organización Democrática Nacionalista, un grupo de vigilancia destinado a mantener a la población rural bajo control, alejada de las ideas subversivas, y la Agencia Nacional de Seguridad. D'Aubuisson, que trabajaba en esta central de inteligencia, no tuvo reparo en marcharse, pero antes saqueó los archivos de inteligencia. Con ese pequeño botín en su poder, renunció al ejército y viajó a Guatemala a pedirle consejo a Sandoval Alarcón. Dos años después fundó ARENA, un partido que le permitió participar en las elecciones a la Asamblea Constituyente convocada por los jóvenes militares en 1982 y convertirse en una de las voces más influyentes de El Salvador. El lema de ARENA fue «Dios, Patria y Libertad», y sus soflamas y patriotismos hicieron creer a los salvadoreños que D'Aubuisson era la persona llamada a salvar al país de la amenaza comunista.

Porque sí, esa amenaza existía, era real. Como en Guatemala, la radicalización de la derecha salvadoreña era el resultado de la acción de las guerrillas. Desde comienzos de los años setenta habían surgido cinco agrupaciones, que finalmente, en 1980, confluyeron en el Frente Farabundo Martí para la Liberación Nacional. Agrupada en un solo bloque, la insurgencia inició una serie de atentados injustificables, no solamente contra los objetivos típicos de la guerrilla —militares, diplomáticos—, sino también contra los sectores moderados de la sociedad. Guiados por la tonta convicción de que, cuanto más represivo fuese el Gobierno de turno, menos espacio habría para el centro político, y hasta los moderados, reacios a la acción violenta, tendrían que ponerse del lado de los revolucionarios, la guerrilla salvadoreña incurrió en terribles acciones criminales. Decenas de empresarios, alcaldes y funcionarios públicos, a quienes se sentenció a muerte solo por trabajar para el Estado, cayeron en los años ochenta. Era lo mismo que había ocurrido en Guatemala, donde las FAR preferían tener en la presidencia al general Arana Osorio, del MLN, que a su rival de izquierda, y donde los paramilitares de derecha asesinaron a los líderes de la izquierda democrática Alberto Fuentes Mohr y Manuel Colom Argueta. La estúpida idea de que el centro político no existía o era siempre cómplice del enemigo, dejó en El Salvador y Guatemala dos extremos fanatizados, uno comunista y el otro anticomunista, condenados a exterminarse mutuamente.

La escalada de los dos conflictos degeneró en guerras civiles declaradas. Después del asesinato de monseñor Romero, el FMLN lanzó en El Salvador una ofensiva general. Atacaron bases militares y promovieron una huelga general apoyada por sus movimientos de masas, convencidos de que con estas acciones replicarían el triunfo de los sandinistas nicaragüenses. Lo único que consiguieron, sin embargo, fue que el ejército emprendiera una campaña desquiciada y que en su afán por exterminar a la guerrilla perpetrara una de las peores matanzas de la guerra, la de El Mozote, una verdadera carnicería en la que cientos de niños, mujeres y hombres fueron indistintamente torturados y asesinados.

Los ataques, emboscadas, masacres, secuestros y asesinatos selectivos de uno y otro bando involucrados en la guerra salvadoreña se prolongaron a lo largo de la década, y solo cuando el democristiano José Napoleón Duarte ganó las elecciones, en 1984, convirtiéndose en el primer civil que llegaba al poder desde aquel lejano 1931 en que el general Hernández Martínez dio su golpe de Estado, se intentó un primer acuerdo de paz. Fue un fracaso. Faltaban seis años de sangre para que el FMLN asimilara que matando alcaldes, secuestrando a los hijos de políticos, asediando ciudades y liquidando ministros y supuestos informantes del ejército no iba a bajar el paraíso comunista a tierra salvadoreña, y para que el ejército entendiera que liquidando jesuitas, bombardeando a la población civil, pacificando las zonas rurales con metralla y lanzando de cacería a los escuadrones de la muerte, tampoco conseguiría nada.

Solo en 1990, cuando el comunismo se desvanecía en Europa del Este, las negociaciones tomaron un rumbo estable. Dos años después se firmaba la paz y el FMLN se transformaba en un partido político llamado a disputarle a ARENA la presidencia en futuras elecciones. Como testimonio de la sevicia y del fanatismo que marcaron las guerras de El Salvador y Guatemala quedaron los sacrificios de dos poetas guerrilleros, Roque Dalton y Otto René Castillo. El salvadoreño Dalton, que en 1969 había escrito: «Lo que sí puedo decirte es que / la única organización pura que / va quedando en el mundo de los hombres / es la guerrilla»,[61] acabó asesinado a sangre fría en 1975 por sus propios camaradas. Y el guatemalteco Castillo, que en 1965 había escrito: «Ay, patria, / a los coroneles que orinan tus muros / tenemos que arrancarlos de raíces, / colgarlos de un árbol de rocío agudo, / violento de cóleras del pueblo»,[62] fue atrapado en 1967 por uno de estos soldados, luego torturado y lanzado al fuego mientras en voz alta le leían sus poemas.

AMÉRICA LATINA, 1975-1981: LOS ESCRITORES ANTE LA DEMOCRACIA

Ser demócrata en América Latina siempre pareció muy poca cosa. Ante tantas injusticias, cómo conformarse con promulgar leyes; ante la radicalidad del enemigo, cómo resignarse a la moderación; ante la titánica labor que suponía sacar a un país del subdesarrollo, cómo empantanarse en la reforma y el procedimiento. Todas estas reservas hacían ver al demócrata como un personajillo insípido, sin fosforescencia en los sesos ni pólvora en los testículos, cuando no como un simple burgués que cuidaba su bolsillo y sus intereses manteniendo el *statu quo*. En un continente de revolucionarios y reaccionarios, la democracia era vista como un sistema vetusto o importado, incompatible con la raza y las realidades latinoamericanas. A muchos les pareció más ajustada a nuestras necesidades la imposición vertical de un caudillo como Castro o Torrijos, justicieros modernizadores que con incentivos morales, más que materiales, y apelando a un voluntarismo irracional y a un mando irrebatible, cambiarían la faz de sus países. De las fantasías de estos hombres providenciales quedó, sí, el canal de Panamá, pero poco más. Castro fue un fantaseador incansable cuyas visiones prometeicas solo dejaron la frustración y la ruina. En 1970 movilizó al país entero para alcanzar en una sola zafra la cifra olímpica de diez millones de toneladas de azúcar, algo inverosímil que ralentizó los otros sectores de la economía y que nunca llegó a cumplirse. Castro soñó con mezclas imposibles de razas bovinas que producirían manantiales de leche y quesos camembert mejores que los de Francia. Transformó el paisaje agrícola de Cuba a partir de intuiciones y supuestos que nunca se hicieron realidad. Un entusiasmo valía para reorientar la isla hacia la industria pesquera, la energía nuclear, el cultivo de ostras o cualquier otra ocurrencia. Cuanto más fantaseaba Castro, peor estaba Cuba.

Toda esa locura megalómana fue tolerada hasta que a Heberto Padilla lo encarcelaron por escribir poemas contrarrevolucionarios. Después fue imposible. Quedaba demostrado que Castro había sido muy malo plantando café y muy bueno plantando micrófonos, y que Cuba se había convertido en un sitio hostil para cualquier voz que se riera de sus desvaríos josearcádicos o que quisiera hablar libremente. Se acababa la fiesta: Cuba era otra utopía que fallaba, y ya no por los mosquitos sino por la locura liberticida de Castro. Llegaba la hora de mirar hacia atrás, ver el estropicio y enmendar el camino. Para un escritor como Vargas Llosa, eso supuso renunciar a la influencia de Sartre, el autor que más lo había inspirado en su juventud, y valorar los esfuerzos de un escritor como Camus, mucho más moderado y crítico de la exaltación revolucionaria. «La experiencia moderna —escribió en 1975— nos muestra que disociar el combate contra el hambre, la explotación, el colonialismo, del combate por la libertad y la dignidad del individuo es tan suicida y tan absurdo como disociar la idea de la libertad de la justicia verdadera».[63] No sin dudas y desgarramientos, Vargas Llosa empezaba a ver que los ideales que había defendido siempre —la libertad creativa, la libertad de expresión y una modernidad que trajera justicia y prosperidad económica— podían disputarse sin necesidad de revoluciones de izquierda ni transformaciones armadas radicales.

El escritor peruano se hacía demócrata justo en el momento en que García Márquez fundaba una revista de izquierda, *Alternativa*, que también era un pretexto para volver a acercarse a las revoluciones latinoamericanas. La primera crónica que publicó en esta revista fue «Chile, el golpe y los gringos», un reportaje de 1974 que expresaba muy bien el desdén del intelectual de izquierdas por la democracia. La pieza denunciaba todos los obstáculos que le pusieron los gringos a Allende antes y después de llegar al palacio de La Moneda, y las mil vilezas que finalmente condujeron a su muerte. García Márquez hacía un retrato perfecto de la encrucijada de Allende. El presidente chileno, decía, era un demócrata que había querido llevar la revolución a Chile con los votos y un revolucionario que no estaba dispuesto a traicionar la legalidad. Luego añadía: «La experiencia le enseñó demasiado tarde que no se puede cambiar un sistema desde el Gobierno sino desde el poder».[64]

En esta frase había una concepción de lo que era la política y de cuáles eran sus fines. El Gobierno, con sus instituciones, legalismos y formas para dirimir antagonismos y adelantar leyes, era un obstáculo, no un instrumento, para los cambios verdaderos. El martirio de Allende había sido tonto y estéril, porque era inútil morir «defendiendo a bala el mamarracho anacrónico del derecho burgués», o, como añadía García Márquez más abajo, «la parafernalia apolillada de un sistema de mierda que él se había propuesto liquidar sin disparar un tiro».[65] La moraleja de la crónica era que Allende había perdido el tiempo y la vida respetando las formas democráticas, sin entender, como sí lo habían hecho Castro o Torrijos, que la realidad solo se cambiaba con el poder.

Las diferencias ideológicas entre Vargas Llosa y García Márquez empezaban a aflorar en esos años, y sus respectivas opiniones con respecto a Torrijos estaban ahí para ilustrarlas. El colombiano fue íntimo amigo del panameño, seguramente porque en él veía a un exponente de la izquierda que le gustaba, la no ideologizada, la antiimperialista, la terca y vehemente, caribeña y mundonovista; y también porque Torrijos, a diferencia de Allende, no fue un hombre de gobierno sino de poder. Para Vargas Llosa, en cambio, Torrijos representaba otra cosa. Antes de morir en su avioneta, el hombre fuerte de Panamá le concedió una entrevista en una de esas haciendas rurales donde se refugiaba para despachar con los ministros y emborracharse con ocasionales invitados, y también el peruano se quedó impresionado con el astuto militar que había logrado recuperar el canal de Panamá. Pero, como dijo en la crónica de su encuentro, «a los pocos segundos de estar con él comprendí que, pese a su inmensa vitalidad y a su desbordante simpatía, no era el tipo de personalidad que aprecio más entre los políticos [...]. Pertenecía al tipo de conductor carismático, hombre providencial, caudillo epónimo, fuerza de la naturaleza, héroe ciclónico que está por encima de todo y de todos».[66] Vargas Llosa aborrecía el poder y empezaba a defender el gobierno, y García Márquez seguía despreciando al político burgués y apostaba por el líder telúrico.

Mientras Vargas Llosa se hacía demócrata y García Márquez torrijista y castrista, Borges veía con incredulidad cómo el general Perón volvía a arrasar en las elecciones populares de 1973. Hasta entonces el poeta argentino había sido, mal que bien, en medio de su escepticismo, un demócrata. Pero si las engañosas artes del peronismo volvían a hechizar a sus compatriotas para llevar al poder, ya no solo al conductor, sino a una aspirante a astróloga como su fórmula vicepresidencial, entonces lo que estaba mal era la democracia. No servía. No resolvía ningún problema político, los creaba. Era tan absurda y anacrónica como usar un destornillador para cambiar un bombillo o una calculadora para abrir un coco. Los enigmas matemáticos o artísticos no se resolvían consultando a la gente ni esperando a que la mayoría se pronunciara. ¿Qué tonta ilusión nos había hecho creer que los problemas políticos eran distintos? ¿Por qué asumíamos que la mayoría podía elegir correctamente a sus gobernantes, cuando los aspirantes eran expertos trovadores de la demagogia populista? Borges se daba por vencido. Ya no estaba dispuesto a defender un sistema que premiaba el trampantojo nacionalista y la promesa vacua de dignificar al pueblo mientras lo hacía cada vez más pobre y dependiente. Al carajo. Borges dejó de mirar hacia delante y volvió a sus viejas influencias, al poeta Leopoldo Lugones y a su celebración de la espada y del mando militar. El poeta que había luchado contra el nacionalismo y contra el antisemitismo celebró la llegada al poder de militares como Pinochet y Videla, males menores para países anárquicos, que por lo menos prometían enmendar los trastornos que habían dejado el peronismo y el allendismo. En 1976, mientras recibía un premio de manos del primero, soltó la famosa frase que tanto recordaba a la que lanzó Lugones en 1924: «Yo declaro preferir la espada, la clara espada, a la furtiva dinamita».

A pesar de haber sido un experto en laberintos, Borges se perdió en el del peronismo y ya no supo encontrar la salida democrática, la misma que muy probablemente lo hubiera conducido al Premio Nobel. La visión de Borges, sin embargo, era la misma que compartía buena parte del conservatismo latinoamericano. En estas tierras las independencias se habían convertido en levantamientos caudillistas y luego en revoluciones de todo signo. Arrojados a unos trópicos que no habían tenido un segundo de tranquilidad y de reposo, donde todo sedimento de la historia era de nuevo arrasado por el capricho de un visionario o el resentimiento de algún intelectual, los conservadores terminaban por hastiarse. Se cansaban de ver que a su alrededor solo se sostenía la obra del despropósito y de la demagogia, la floración de la estupidez y la fealdad irremediables, y entonces llegaban a la más descorazonadora de las conclusiones: aquí no había nada que conservar. Era el instante en el que hasta el anarquista más radical debía echarse a temblar, porque el conservador mutaba en reaccionario y salía de su salón monárquico o de su biblioteca colonial para consagrar todo su esfuerzo a la más destructiva de las labores. Empezaba con la modernidad, seguía con la secularización y acababa con la democracia, acusándola a ella de ser una forma de absolutismo popular que premiaba la incultura y la mendacidad. Y si a ese desencanto se sumaban el genio, la erudición y la ironía de un Nicolás

Gómez Dávila, teníamos entonces a un francotirador de derechas mil veces más destructivo que el dinamitero de izquierdas.

Qué duda cabe, ser demócrata en América Latina no era fácil. Entre el Che Guevara y sus focos y Nicolás Gómez Dávila y sus escolios; entre el populismo de Perón, el hombre fuerte del trópico y el militar de espada y picana, y entre el nacionalista y el nuestroamericanista, el demócrata parecía una babita endeble y tibia, por completo insignificante. El temperamento romántico de los escritores latinoamericanos tampoco los predisponía a la moderación, el pluralismo y las imperfectas soluciones de la democracia liberal. Octavio Paz, por ejemplo, incluso el mismo Vargas Llosa, tenían personalidades románticas y exaltadas, muy difíciles de domar y acostumbrar a la vida institucional y a las soluciones parciales de la democracia. En el caso de ambos escritores fue la razón, más que el instinto, lo que finalmente los acercó a la tradición liberal. Paz se reconoció a sí mismo como liberal en 1981, en el discurso de aceptación del Premio Cervantes, cuya idea central era toda una novedad para un latinoamericano. Llegaba la hora de reconocer, dijo, que la libertad sin democracia no era más que la imposición forzada de lo que un visionario podía vislumbrar como fantasía emancipadora. Con esas palabras renunciaba a la tradición revolucionaria que tanto lo había inspirado. Cinco años después volvería sobre ello. «No fue fácil llegar a ciertas conclusiones —dijo—: nací en 1914 y pertenezco a una generación que, en sus dos expresiones mayores, la marxista y la nacionalista, vio siempre con desdén la herencia democrática».[67]

En su discurso de 1981, además de acoger el liberalismo, Paz se adhería al legado de Cervantes, el autor que más se burló de los absolutos, de las verdades blindadas, de la seriedad de los ideólogos. *Don Quijote de la Mancha* era una exaltación y una burla de quien se dejaba llevar por ideales sin atender a la realidad, un espejo que reflejaba el perfil cómico y ridículo del visionario. La novela de Cervantes invitaba a la modestia, a aceptar la fragilidad y falibilidad humanas, a reconocer que no hay una clave que lo explique todo y que por lo mismo las sociedades deben ser abiertas y plurales, lugares donde cada cual pueda vivir sus gestas, siempre gloriosas y ridículas, como las de don Quijote, sin llevarse a los demás por delante.

En los años ochenta muchos latinoamericanos pasaron por el mismo tránsito de Paz, y para 1990 todo el continente, excepto Haití, se había despiojado de militares y empezaba a gatear por el sendero de la democracia. Solo dos países notables seguirían anclados a sistemas surgidos en el pasado: Cuba y México. Por lo demás, hasta en Nicaragua se consolidaba la democracia. La izquierda revolucionaria se fue extinguiendo en todo el continente, menos en Colombia, y los intelectuales también fueron rebajando sus expectativas revolucionarias y resignándose a la vida institucional y parlamentaria.

Si la Guerra Civil española había enloquecido la política latinoamericana, la transición a la democracia y la aparición de un izquierdista como Felipe González contribuyeron a devolverla a la racionalidad. En 1977 los colombianos García Márquez, Antonio Caballero y Enrique Santos Calderón le hicieron una entrevista para *Alternativa*, y en ella, para sorpresa de muchos, el dirigente español no se mostró como un marxista exaltado sino como un defensor de la democracia. González decía que era una «barbaridad comparar el régimen colombiano con un régimen dictatorial como los del Cono Sur». Se mostraba solidario con las guerrillas que operaban en países dictatoriales, sí, pero solo porque su propósito era «liquidar regímenes que impiden el ritmo democrático». La impresión que les dejaba González a los tres periodistas quedaba resumida en el título de la entrevista, «Un socialista serio», y en la entradilla que antecedía el cruce de preguntas y respuestas: «A la izquierda le convendría estudiarlo».[68]

Justo en el momento en que García Márquez consolidaba su relación con Fidel Castro y empezaba a ejercer ese rol, más triste que noble, de mediador en la liberación de los presos políticos cubanos, la izquierda europea se moderaba y asumía un compromiso inquebrantable con la democracia. García Márquez terminaría entusiasmándose con sus representantes, en especial con François Mitterrand, y desde entonces alternaría sus estancias en Cuba con las alfombras rojas de la socialdemocracia europea, una situación contradictoria, sin duda. Castro y Cuba seguían siendo símbolos que apelaban a valores hondamente enraizados en su alma caribe: el antiimperialismo, el mundonovismo, la cultura popular, la imaginación alocada, la terquedad de las mulas, la fantasía de hacer en política algo tan original como lo que él había hecho en literatura, y por eso a Cuba se le podía perdonar todo. La izquierda del mundo entero podía democratizarse, pero la isla podía esperar; tal vez allá llegaría también, quién sabe, pero el caso es que serían ellos los encargados de marcar el ritmo.

Esto no significaba que García Márquez hubiera sido un decolonialista interesado en devolver el tiempo y regresar a ese momento edénico en el que los latinoamericanos aún no habían sido infectados con la técnica, la industria, la internacionalización de la vida y los demás males modernos, ni tampoco que hubiera idealizado al indio y los saberes ancestrales. El socialismo que defendió podía no ser comunista, pero sin duda era moderno, y nada lo emocionaba más de la experiencia cubana que sus campañas masivas de vacunación y alfabetización. En 1975 llegó a decir, lleno de orgullo y esperanza, que «en 1980 Cuba será el país más desarrollado de América Latina».[69]

El problema no era la meta —la modernidad, el desarrollo— sino los métodos y los tiempos. En el discurso de aceptación del Premio Nobel, «La soledad de América Latina», García Márquez pedía encarecidamente a su público europeo, a sus intelectuales y políticos, que nos tuvieran paciencia. Palabras más, palabras menos, eso era lo que estaba diciendo: la proyección sobre nosotros de las expectativas europeas, de sus soluciones políticas, de sus escalas de valores y de sus objetivos inmediatos, conducía a la incomprensión y la distancia; a la soledad de América Latina. «La búsqueda de la identidad propia es tan ardua y sangrienta para nosotros como lo fue para ellos —dijo—. Londres necesitó trescientos años para construir su primera muralla y otros trescientos para tener un obispo». ¿Qué insinuaba con estas alusiones? Que deseábamos lo mismo y que allá llegaríamos. Nuestros «designios» latinoamericanos podían aspirar a convertirse en «una aspiración occidental», plenamente integrada al mundo, pero a su debido tiempo, a nuestra manera, con nuestros métodos e idiosincrasias, que bien podían parecerles inadecuados a los europeos pero que eran los nuestros. «No traten de que seamos iguales a ustedes, no pretendan que hagamos bien en veinte años lo que ustedes han hecho tan mal en dos mil —se reafirmaba siete años después en *El general en su laberinto*—. ¡Por favor, carajos, déjennos hacer tranquilos nuestra Edad Media!».[70]

Ahí estaba otra diferencia, quizá la más grande, la verdadera, entre García Márquez y Vargas Llosa; quizá ese era el núcleo de las diferencias políticas que no solo bifurcaría sus caminos, sino que forjaría dos maneras de entender el lugar de América Latina en el mundo. Por su propia experiencia vital, por haber padecido de niño la violencia de un padre autoritario, por haber sido forzado a estudiar en un colegio militar que debía frustrar sus inclinaciones literarias y hacer de él un macho, por haber nacido en Perú en 1936 y haber padecido las dictaduras de Óscar Benavides, Manuel Prado, Manuel Odría, Ricardo Pérez Godoy, Nicolás Lindley, Juan Velasco Alvarado, Francisco Morales Bermúdez y Alberto Fujimori, nadie podía resentir más esas palabras que Vargas Llosa. El autoritarismo, el paternalismo, el caudillismo y el hombre providencial podían ser cualquier cosa, una creación idiosincrática, el sedimento de nuestra historia, nuestro «método distinto», lo que fuera, pero desde luego no una condena que debíamos soportar con resignación debido a la juventud de América Latina. Ni Torrijos, ni Castros, ni Velasco Alvarados, ni Odrías, ni Trujillos, ni Videlas. Nada de líderes telúricos e idiosincráticos llamados a descubrir la forma de gobierno americana. Vargas Llosa no lo aceptaba ni lo iba a aceptar. Había criticado esa idea o esa creencia desde el inicio de su carrera literaria. Más aún, era el centro de sus preocupaciones, la semilla de su vocación, el mayor de sus demonios literarios. Estuvo presente en *La ciudad y los perros*, en sus ensayos sobre

Bataille y la transgresión literaria, en sus denuncias de los años sesenta al autoritarismo soviético, en su repudio a todas las dictaduras latinoamericanas —la de Castro y la de Videla, la de Pinochet y la de Chávez, la del PRI y la de Fujimori—, en su abominación del nacionalismo y de las idiosincrasias que justifican al cacique telúrico y al redentor de bandera y estrofa patria.

Estos fenómenos sociales y esta fauna dirigente formaban parte de América Latina, sin duda, pero no la agotaban ni la definían, y mucho menos constituían el ADN de su idiosincrasia o el fruto de una originalidad que debía comprenderse y tolerarse. A la inevitabilidad que García Márquez adjudicaba a ciertos procesos por los que tenían que pasar las naciones jóvenes, Vargas Llosa respondía señalando la efectividad que en otros lugares habían tenido las instituciones liberales. No era necesario esperar trescientos años, como había sugerido García Márquez en Estocolmo. La democracia era un instrumento que podía emerger en cualquier lugar porque apelaba a una intuición humana universal, presente en Europa tanto como en Perú o Colombia: el anhelo de libertad. Si América Latina se encontraba en el Medievo, había que dar el salto al presente ya, con más urgencia, sin ninguna dilación, ahorrándonos el horrible tránsito de las monarquías, el feudalismo y el totalitarismo. En otras palabras, no estábamos solos; no teníamos que inventar la rueda. Podíamos ver qué experimentos sociales y económicos habían funcionado en otros países e importarlos, sin miedo a ver contaminada nuestra alma o nuestra cultura. Y no, nada de pedirle paciencia al resto del mundo. Al contrario, que interviniera denunciando los atropellos dictatoriales, los desafueros populistas, la reincidencia en ideas inservibles.

Para Vargas Llosa no había ninguna razón para no aspirar a los parámetros democráticos de las naciones más pacíficas y desarrolladas, y ninguna característica idiosincrática o proceso histórico, bien fuera la historia colonial o el imperialismo yanqui, podía justificar atropellos liberticidas ni horizontes morales distintos al universalismo ilustrado y a los derechos humanos. La identidad nacional, siempre invocada para explicar la inercia cultural que frenaba el tránsito a la modernidad, ya no podía ser el as bajo la manga de todo aspirante a déspota. La pobreza, el autoritarismo, la dictadura y la violencia no eran un destino impuesto por la historia o las particularidades culturales. Eran el resultado de ideas reaccionarias y obsoletas, y de la poca legitimidad que tuvieron desde los años veinte las ideas liberales en el continente. La alternativa para los países latinoamericanos, diría Vargas Llosa en 1987, era dar «la batalla por el desarrollo uniendo su destino histórico a aquello de lo que, en verdad, siempre han formado parte: el Occidente democrático liberal».[71]

América Latina quedaba ante dos caminos opuestos. El que Vargas Llosa sugería era el de la integración a Occidente, a los mercados, al comercio, a los debates intelectuales, al desarrollo científico y a los principios humanitarios y democráticos universales. El de García Márquez suponía seguir un sendero distinto, propio, que entrara y saliera de Occidente, que buscara una modernidad impregnada de progreso occidental y de formas, rituales y respuestas políticas americanas.

A ese Occidente democrático y liberal se fueron acercando, por la propia evolución de sus ideas y después de comprobar que el despotismo no era un asunto de derechas o de izquierdas sino de ausencia de legalidad, de instituciones democráticas y de un espacio público plural y tolerante, distintas sensibilidades. Octavio Paz llegó desde el antiautoritarismo surrealista, Vargas Llosa desde el libertarismo romántico, Carlos Fuentes desde el socialismo, Sergio Ramírez y Teodoro Petkoff desde el desencanto guerrillero, Gabriel Zaid y Carlos Rangel desde las tradiciones liberales, y algunos de los líderes de la corriente democratizadora brasileña, como Caetano Veloso, desde la vanguardia antropofágica, tropicalista y cosmopolita. A pesar de que no todos ellos estarían de acuerdo en muchas cosas, seguramente suscribirían las críticas que Veloso le hizo a Samuel Huntington cuando intentó expulsar a América Latina de Occidente.

En cuanto a García Márquez, también él acabó resignándose al juego democrático. La bolsa del Premio Rómulo Gallegos que recibió por *Cien años de soledad* se la dio a Petkoff para que financiara el MAS, un partido de izquierda democrática. E incluso él mismo sonó como candidato por FIRMES, un movimiento que surgió en torno a la revista *Alternativa*. Nunca dio el paso, como sí lo hizo Vargas Llosa, a la política activa, pero sí se convirtió en una figura influyente, en ocasiones incómoda, en la vida pública colombiana. También es muy sintomático que García Márquez, a pesar de seguir con atención el desarrollo de la política mundial, no demostró mucho interés por las nuevas expresiones de la izquierda radical latinoamericana. Como señala Rafael Rojas, en ningún momento se le relacionó con el Foro de São Paulo de 1990, y tampoco expresó confianza en los procesos populistas de la década de 2000. Cuando tuvo la oportunidad de manifestarse a favor de Hugo Chávez en la entrevista que le hizo justo antes de su posesión, en 1999, se mostró cauto. Había conocido dos Chávez, dijo: uno podía salvar su patria; el otro, condenarla al despotismo.

El paso del tiempo también había ablandado el radicalismo de García Márquez. Tal vez se había dado cuenta de que en América Latina no había habido, ni habría nunca, estirpes condenadas a la soledad ni a ningún otro mal. Lo que había abundado era gente terca, gente empeñada en obrar milagros con ideas inservibles, gente empeñada en ver los problemas no como un asunto colectivo, que demandaban transformaciones colectivas, sino como el resultado de un grupo de impuros corruptores que debían ser eliminados. La cuestión era, claro, que la terquedad había sido uno de los temas fundamentales de su literatura; tercos fueron la mayoría de sus personajes, desde Bolívar hasta Florentino Ariza, y tercos fueron los políticos con los que mejor congenió. Y qué duda cabe: hay algo digno, y en el caso de García Márquez estéticamente deslumbrante, en la terquedad de un coronel que espera una carta que no llega, en el empeño del coronel Aureliano Buendía por ganar una guerra que siempre pierde, o en el hombre a quien no le importa esperar toda la vida para enamorar a la mujer que ama. La espera y la terquedad son virtudes en el mundo de García Márquez, y quizá por eso el empeño estéril y absolutista de Fidel Castro, el mayor ejemplo de terquedad en la historia americana, lo conmovió tanto. La pregunta era si lo que funcionaba y era una virtud en las novelas, también funcionaba y era encomiable en la realidad. ¿América Latina debía ser igual de terca, debía seguir buscando respuestas propias a todos sus problemas, debía seguir intentando y experimentando con las versiones izquierdistas y derechistas del nacionalismo? Vargas Llosa diría que no. García Márquez...

Hasta los años ochenta, probablemente, hubiera dicho que sí, pero a partir de los noventa tal vez que no. El populismo de izquierda, identitario y nacionalista, demagógico y grandilocuente, tal vez se le habría indigestado como se le indigestó la presidencia más izquierdista que tuvo Colombia en las últimas décadas del siglo xx, la de Ernesto Samper. Para cuando empezaban los noventa García Márquez estaba más cerca de Bill Clinton que de cualquier caudillo latinoamericano. Le había devuelto el golpe al imperio, doblegando con el poder de la prosa y la fantasía, no con el de las armas y el dinero, a la Casa Blanca, a los *scholars* yanquis, a Oprah Winfrey y al público en general. La deuda estaba sellada. Tal vez ahora sí la América latina podía congraciarse con la América sajona.

1990, SÃO PAULO: SE ACABA EL CICLO REVOLUCIONARIO EN AMÉRICA LATINA Y LA IZQUIERDA SE REINVENTA

La prueba más evidente de la terquedad de Castro fue creer, o fingir que creía, que la caída del Muro de Berlín, el fin de la Unión Soviética y la apertura de Rusia y China al capitalismo no tenían nada que ver con Cuba. Mientras todos los países de la órbita comunista recobraban con abrazos y euforia su libertad, el régimen castrista hacía cuentas para ver cómo iba a sobrevivir sin la inyección de rublos que le proporcionaba su valedor extran-

jero. Era evidente que, una vez desconectada del respirador artificial soviético, Cuba se asfixiaría, pero en lugar de hacer lo que estaban haciendo los
países de Asia y la Europa del Este —bajarse de la ideología, tocar tierra y
hacer reformas para adaptar sus gobiernos y economías a un mundo posco-
munista—, Castro dejó encallado su país en la utopía más gris del siglo xx.
Para más de media humanidad el siglo había acabado en 1989 —al menos
sus espejismos ideológicos y sus coartadas totalitarias—, menos para Castro.
Instalado en la vieja animadversión latina a lo sajón, se negó a dejar la Guerra Fría y, en lugar de sintonizar a Cuba con las urgencias del momento,
buscó la manera de descargar en un país distinto a la URSS la responsabilidad de mantener a flote su revolución. Castro estaba convirtiendo Cuba en
un museo lleno de sueños en desuso y de símbolos apolillados que alguien
tenía que cuidar y financiar.

Al nuevo mecenas ya no lo seduciría con el canto de sirena comunista,
pero tal vez sí, con algo de suerte, con el canto americanista que tantas luchas
había inspirado hasta los años cincuenta, incluida su propia revolución.
A lo largo de los años ochenta América Latina se despercudía de las mons-
truosas dictaduras de ultraderecha —la última, la de Pinochet, cayó en 1990—,
y por simple lógica pendular se abrían opciones para la izquierda en varios
países. En Brasil, por ejemplo, Luiz Inácio «Lula» da Silva, un joven sindi-
calista desconocido en el resto del continente pero muy popular en Brasil,
había estado a punto de ganar las elecciones presidenciales de 1989. Lula
era un obrero metalúrgico que había perdido el meñique izquierdo trabajando con maquinaria pesada. Provenía del Partido de los Trabajadores (PT),
una agrupación formada en 1980 por sindicalistas, a la que se habían sumado toda suerte de facciones izquierdistas, entre ellas el trotskismo de Mário
Pedrosa, un viejo revolucionario que había apoyado el arte neoconcreto y
dirigido la Bienal de São Paulo. Aunque antiestalinista, el PT era la encarnación del radicalismo de los años setenta. Esgrimía políticas estatistas y
amenazaba con nacionalizaciones masivas, y su líder era un confeso admirador de Castro. Para el líder cubano la figura de Lula era muy seductora.
Se trataba del primer obrero con opciones presidenciales, provisto además
de un enorme carisma y un sorprendente arrojo. Cuando lo conoció en Cuba,
a finales de aquella década, no tuvo dudas: Lula era la persona llamada a
ayudarle a reencauchar la izquierda latinoamericana y a proyectarla en un
nuevo mundo huérfano de la Unión Soviética.

De aquella reunión cubana surgió la idea de organizar un encuentro de
partidos y movimientos de izquierda. Para Castro era un acto instintivo
de supervivencia, y quizá no solo para él. Toda la izquierda, desde la democrática a la revolucionaria, veía la necesidad de reunirse y discutir cuál sería su

futuro, si es que aún había alguno, en un mundo que se despedía sin nostalgia del comunismo. Esas preocupaciones no tardaron en ser oídas. En julio de 1990, cuarenta y ocho delegaciones de catorce países que en total ofrecían un fresco amplio de opciones políticas a la izquierda de la socialdemocracia, se reunieron en el I Foro de São Paulo. Algunos de estos partidos o movimientos estaban perfectamente adaptados a los procesos electorales, como el mismo PT, mientras que otros seguían umbilicalmente unidos a guerrillas o contemplaban la vía armada como un camino al poder. El espectro iba desde el Frente Amplio uruguayo, el PRD de Cuauhtémoc Cárdenas, el Partido Socialista de Chile y el MAS de Teodoro Petkoff hasta organizaciones extremistas como el MIR chileno. Todos estaban allí para cerrar el ciclo revolucionario que había inaugurado la Revolución cubana, y para adaptarse al nuevo orden mundial en el que la democracia volvía a imponerse como sistema inevitable. En 1990 ocurría lo mismo que en 1945. Si la Segunda Guerra Mundial había forzado al fascismo a amoldarse a las buenas o a las malas a esta forma de gobierno, la caída del Muro de Berlín hacía lo propio con el comunismo.

Se acababan las asonadas, la propaganda armada, el secuestro de diplomáticos, la boina y el Kaláshnikov. Eso no significaba renunciar a sus ideas ni a sus objetivos, por supuesto; las ideas y metas podían seguir intactas, como siguieron intactas las de Perón cuando mutó en demócrata. Significaba que los medios y las estrategias tenían que cambiar por completo. Ya no privilegiarían el foco guerrillero sino la movilización social; ya no se definirían como izquierda revolucionaria sino como «izquierda transformadora», y dejarían de hablar de la dictadura del proletariado para empezar a hablar de la democracia. Los temas tratados en el I Foro daban cuenta de esta evolución: «las alteraciones en el orden mundial y su significado para América Latina», el «balance de las luchas por la democracia y el socialismo en el continente» y los «problemas estratégicos de la lucha por el socialismo».[72] Se acababan las disputas por matices ideológicos y la fascinación por esos símbolos de la izquierda, como el Che, el puño en alto, la hoz y el martillo; de São Paulo la izquierda salía comprometida con la democracia. Dejaba de pelear con el concepto o de adjudicárselo a la burguesía, y más bien lo ajustaba para apropiárselo. En la declaración final de aquel primer encuentro, a la nueva izquierda la redefinían en estos términos: «Para nosotros, la sociedad libre, soberana y justa a la que aspiramos y el socialismo no pueden ser sino la más auténtica de las democracias y la más profunda de las justicias para los pueblos. Rechazamos por eso mismo toda pretensión de aprovechar la crisis de Europa oriental para alentar la restauración capitalista, anular los logros y derechos sociales o alentar ilusiones en las inexistentes bondades del liberalismo y el capitalismo».[73]

La izquierda, que desde la conversión de Cuba al comunismo se había hecho marxista y soviética, volvía a sus orígenes nacionalistas, populares, nuestroamericanistas y antiimperialistas, e incluso les añadía enfoques de género y reivindicaciones étnicas. El enemigo que había que combatir ya no era el intervencionismo yanqui directo, a través de la CIA o de los marines, sino el neoliberalismo, ese paquete de medidas económicas que varios países latinoamericanos se vieron forzados a aplicar para revertir el fracaso económico de las medidas estatistas de los años setenta. Al estar el Banco Mundial y el Fondo Monetario Internacional detrás del refinanciamiento de la deuda externa y al frente de la imposición de reformas económicas que reducían el papel del Estado y liberalizaban los mercados, el neoliberalismo se prestaba para ser la nueva bestia de la izquierda latinoamericana. Era, dijeron, un simple mecanismo de dominación que obligaba a las naciones latinoamericanas a aceptar imposiciones y compromisos que las encadenaban a los principios económicos yanquis. Lo que callaban era que las crisis inflacionarias y deficitarias exigieron en los años ochenta medidas urgentes, y que esa urgencia limitó las opciones de los gobernantes latinoamericanos. La prueba es que los primeros en adoptar las medidas neoliberales no fueron liberales, ni defensores del capitalismo y casi ni demócratas. Fueron su antítesis, los nacionalistas de derechas y de izquierdas: en Chile, Pinochet: fascista; en Bolivia, Paz Estenssoro: nacionalista; en México, Carlos Salinas de Gortari: priista; en Argentina, Carlos Menem: peronista; en Perú, Alberto Fujimori: populista autoritario.

El neoliberalismo se convirtió en el caballo de batalla, y esto a pesar de que el mismo Lula, fundador del Foro, respetaría la herencia liberal del socialdemócrata Fernando Henrique Cardoso cuando llegó a la presidencia. Como cuenta Michael Reid en *El continente olvidado*, Lula podía tener una prédica inflamada, pero a la hora de la verdad pactó con Cardoso llevar una política fiscal y monetaria responsable, condición impuesta por el FMI para recibir un préstamo. De manera que el Foro de São Paulo estaba lejos de ser un bloque homogéneo de izquierdistas totalitarios. Al menos durante su primera década, las mismas tensiones entre demócratas y revolucionarios generaron muchas grietas que a punto estuvieron de hacer estallar esos encuentros. No todos estaban dispuestos a aceptar el juego democrático y, sin embargo, ese fue el resultado más significativo del Foro: democratizó a la izquierda en su conjunto, a la mayoría; por razones estratégicas la forzó a declinar su vieja retórica antidemocrática y le impuso la obligación de ir en busca del voto popular. La consecuencia más notable fue que Castro dejó de servir como ejemplo; ahora la izquierda debía aprender del verdadero maestro, de Juan Domingo Perón. Quién lo iba a decir. La iniciativa de Castro ratificaba su lugar como símbolo intocable del americanismo popular, pero a la larga demostraba que no era él, sino el argentino, quien tenía las claves para proyectar a la izquierda en un mundo que miraba con repudio y terror al comunismo. Rechazando el ejemplo del cubano y copiando el de Perón, a partir de 1999 los líderes izquierdistas empezarían a llegar a las presidencias latinoamericanas, algunos para instalarse allí indefinidamente, o al menos para intentarlo.

La estrategia del Foro de São Paulo mezcló el trigo con la paja, y el gran error de los sectores democráticos fue no denunciarlo, actuar en bloque sin condenar los abusos populistas y abrazarse con líderes que terminaron destrozado las democracias de sus países. Esa renuencia a criticar el extremismo del propio bando distanció a la izquierda latinoamericana de la socialdemocracia europea y creó el escenario perfecto para la polarización de la última década. A un lado quedó una izquierda proclive o tolerante con el populismo, actuando en bloque en el continente y enfrentándose a una derecha que también, desde comienzos de los años noventa, con Alberto Fujimori, adquiriría los mismos vicios demagógicos y la misma exaltación populista. En este contexto, no tardarían en explotar los partidos tradicionales. La socialdemocracia latinoamericana prácticamente desaparecería, lo mismo que el centro liberal, y toda la atención recaería en una izquierda nacionalista, popular, identitaria y justiciera decidida a liberar al continente de los males de siempre, del capitalismo internacional, el colonialismo y las élites tradicionales, y en una derecha de mano dura, patriótica, economicista y redentora, en pie de lucha contra espantajos igualmente abstractos y aterradores como el castrochavismo. Un retorno al pasado, al enfrentamiento entre arielistas de izquierda y de derecha, a la guerra entre nacionalpopulares y nacionalautoritarios, que está destrozando por completo la convivencia social.

SAN CRISTÓBAL DE LAS CASAS, 1994: EL NEOZAPATISMO Y LA GLOBALIZACIÓN DE LA IDENTIDAD

La caída del Muro de Berlín también tomó por sorpresa a una de las últimas guerrillas latinoamericanas, que por esos días se entrenaba en la selva chiapaneca. El Ejército Zapatista de Liberación Nacional (EZLN) llevaba seis años oculto en el sur de México y aún no había llevado a cabo ninguna acción armada ni ningún acto propagandístico que alertara al Gobierno de su existencia. Es más, a muy pocos en México se les ocurría que después de 1990 hubiera sobrevivido alguna de las facciones subversivas que surgieron en 1969, después de la masacre de Tlatelolco, y sin embargo así era. Algunos miembros de las viejas Fuerzas de Liberación Nacional, una guerrilla que hacia mediados de los años setenta estaba prácticamente desarticulada, se convirtieron en 1983 en el Ejército Zapatista de Liberación Nacional y se instalaron en Chiapas. Este grupo acabaría siendo liderado por un joven filósofo intoxicado con las ideas de Althusser y de Foucault, que se había vinculado a las FLN cuando se desempeñaba como profesor de la Universidad Autónoma Metropolitana. Su nombre era Rafael Sebastián Guillén, pero el mundo entero acabaría conociéndolo como el Subcomandante Marcos. No Comandante Segundo ni Comandante Cero. Subcomandante.

Antes de ingresar en la guerrilla, el profesor había recibido entrenamiento en Cuba y se había encaprichado con la imagen del Che Guevara. En sus fantasías revolucionarias aún no había emergido la figura del indio. Marcos y los otros miembros del EZLN fueron guerrilleros clásicos que se desplazaron a Chiapas por la impenetrabilidad de la zona, no porque allí hubiera sujetos subalternos a los cuales liberar. El marxismo althusseriano y el foquismo guevarista aún no se habían encontrado con el indigenismo ni con el mariateguismo. La selva Lacandona era un lugar estratégico, no la cuna de una nueva conciencia planetaria, donde además uno de los teólogos de la liberación más influyentes de Latinoamérica, el obispo Samuel Ruiz, había predispuesto a las comunidades locales a la lucha por la redención espiritual y material. Daba la casualidad de que esas comunidades eran indígenas, y que tras la caída del Muro las reivindicaciones clasistas perderían vigencia a favor de las reivindicaciones culturalistas e identitarias.

Ese rasgo indígena, que al comienzo fue solo un elemento más del paisaje local, no tardaría en convertirse en el eje central del movimiento zapatista. En la selva Lacandona se darían cita tres corrientes ideológicas muy latinoamericanas: el foquismo guevarista, la teología de la liberación y el indigenismo mariateguista, y entre esas tres el indigenismo acabaría imponiéndose. Tras el fin del comunismo y el horror y la fascinación que estaba produciendo el nuevo fenómeno globalizador, la aparición de internet, la apertura económica de América Latina y la mundialización de las grandes marcas y de los estilos de vida, la vuelta a la tierra y a la cultura local se convertiría en la reivindicación izquierdista que reemplazaría al marxismo. El indigenismo se impondría en sus tres versiones: como núcleo identitario enraizado en la tierra y opuesto a todo lo global, como víctima de la opresión blanca y occidental, y como fuerza estética y cultural revolucionaria. Porque aunque el EZLN era una guerrilla, y aunque como tal realizó acciones armadas con muertos, terror y poblaciones desplazadas, muy pronto eclipsaría su imagen belicista con una impronta muy distinta: la de un grupo que luchaba por reivindicar a las víctimas de la globalización, a los marginados, a los silenciados. El resultado sería una síntesis muy efectiva de estética, arte de los medios, clichés tercermundistas y performance revolucionaria *tourist friendly*. Más que una revolución, lo que Marcos estaba haciendo era volver a juntar la identidad indígena y el arte con el fin de llamar la atención mundial como no lograba hacerlo ningún latinoamericano desde García Márquez, y convertir Chiapas en el nuevo museo de autenticidad para los peregrinos del ideal del mundo entero. Marcos sabía lo que hacía: la materia que enseñaba en la UAM era diseño para la comunicación gráfica.

Pero el Subcomandante no inventó de la nada su indigenismo performático. La mezcla de arte, política y legado indígena no era en absoluto extraña a la tradición mexicana; venía de los años veinte y la había actualizado en los sesenta el oaxaqueño Francisco Toledo. También él, como los primeros vanguardistas, descubrió el arte prehispánico en París, en el Museo del Hombre y el Louvre. Y también él, como ellos, viendo el arte primitivo a los pies de la torre Eiffel sintió que salía del tiempo y se sumergía en una dimensión mítica y onírica. Desde Europa invocó la fauna de su natal Oaxaca, los sapos, alacranes y chapulines, sedimento actualizado de un pasado lejano, y el resultado fueron pinturas que, como dijo Cardoza y Aragón, «parecían ensueños de un niño muy anciano».[74] Tenían la novedad de lo nunca visto y arrastraban la gravedad de lo que siempre había existido.

Toledo fue el último pintor afrancesado, el último heredero de esa vanguardia para la que lo moderno no eran el pop, el happening o el conceptualismo yanqui, sino los misterios culturales y humanos del surrealismo. Toledo fue el heredero de Tamayo, y seguramente Paz lo habría sumado a la tradición surrealista en algún ensayo de no haberse enemistado con él. El poeta acogió al pintor en París, sin sospechar que Toledo acabaría enamorando a su amante, Bona Tibertelli, y llevándosela a vivir con él a Juchitán, Oaxaca, en 1966. Allá estaba el pintor cuando se produjo la masacre de Tlatelolco, y en señal de solidaridad con los estudiantes descolgó una exposición que estaba a punto de inaugurar en el convento de Santo Domingo. El gesto animó a varios jóvenes perseguidos a pedirle refugio en Juchitán. Una de ellos, la poeta y antropóloga Elisa Ramírez, acabaría quedándose a vivir con Toledo once años. Y fue ella, según cuenta Olivier Debroise, la que tentó al pintor con la política.

Cuatro años después, en 1972, ya habían fundado la Casa de la Cultura de Juchitán, un lugar destinado a rescatar el folclore, la tradición y la lengua zapotecos, una iniciativa que recordaba a la peña Pancho Fierro de Lima. Allí no solo se gestó un movimiento cultural impulsado por un poeta indígena, Macario Matus, y la revista cultural *Guchachi Reza* («Iguana Rajada»); también surgió un movimiento político que fundía ideas de izquierda y las reivindicaciones indígenas. Mezclando al Che y a Lenin con la cultura zapoteca, movilizaron a la población y convirtieron su folclore y su lengua en instrumentos políticos. Lo que estaba ocurriendo en Europa y Estados Unidos con los movimientos feministas, negros y gays, ocurría en México con los zapotecos: su identidad se politizaba. Y con enorme éxito, pues a finales de la década el movimiento se convirtió en un partido político, la Coalición Obrera, Campesina, Estudiantil del Istmo (COCEI), y en 1981 se presentó a las elecciones municipales para obtener unos resultados históricos: por primera vez en su historia el PRI perdía unas elecciones municipales y se veía obligado a dejar el poder en manos de un partido de izquierda indigenista.

A dejarlo temporalmente, claro, porque de inmediato se puso en marcha la maquinaria del PRI para invalidar el resultado de las urnas. En julio de 1983 hubo una gran trifulca entre seguidores del COCEI y priistas que acabó con dos muertos. Hasta Toledo fue agredido. Los disturbios le permitieron a la Cámara de Diputados de Oaxaca retirar el reconocimiento legal a la alcaldía y convocar unas nuevas elecciones, que esta vez, como era de esperarse, ganó el PRI. Juchitán se convirtió entonces en un lugar de peregrinaje de artistas e intelectuales que apoyaban al COCEI y a los zapotecos. Parecía un adelanto o un ensayo de lo que ocurriría once años después, no muy lejos de allí, cuando de la nada, para sorpresa de México y del mundo entero, apareció el Ejército Zapatista de Liberación Nacional.

El 1 de enero de 1994, justo el día en que iba a entrar en vigor un Tratado de Libre Comercio entre México, Estados Unidos y Canadá, y cuando la etapa guerrillera ya era historia en el continente, el EZLN tomó con las armas algunos municipios de Chiapas. Se trataba de un anacronismo, de una guerrilla al uso, sesentera. Pero entonces llegó el impacto mediático mundial de la aparición de los zapatistas y todo cambiaría. El 2 de enero Marcos lanzó la «Primera declaración de la selva Lacandona», un texto en el que dejaba a un lado el marxismo y trataba de apropiarse de la herencia de la Revolución mexicana, la Constitución y los símbolos nacionales. Atacaba al PRI llamando a sus líderes «vendepatrias» y hablaba de la democratización del país. Aún no había mencionado una sola vez a los indígenas, porque en realidad los indígenas no formaban parte de su discurso ideológico. En el himno zapatista se hablaba de los campesinos, los obreros y el pueblo, pero nada se decía de ellos.

Pero entonces la prensa y la diócesis de San Cristóbal empezaron a insistir en el carácter indígena de la revuelta. El 4 de enero, en una entrevista para el diario italiano *L'Unità*, Marcos dijo que el comité directivo de la guerrilla estaba formado por indígenas de varias etnias. A los dos días se refirió a ellos como «nuestros hermanos indígenas», y denunció explícitamente el olvido al que habían sido sometidos. Ese mismo 6 de enero, el presidente Salinas de Gortari salió por televisión desmintiendo los rumores: no, dijo, no se trataba de ningún levantamiento indígena, solo de un grupo violento. De nada sirvió; las retinas del mundo entero ya habían visto, bajo las capuchas de revolucionario, subjetividades subalternas oprimidas por los blancos colonialistas.

El 13 de enero Marcos le escribió a Bill Clinton denunciando que la ayuda económica que enviaba a México la usaba el Gobierno para matar indígenas chiapanecos. En abril, el mismo Marcos ya se había convertido en indio. Escribía con una sintaxis indígena y salpicaba sus textos con alusiones mitológicas. Hablaba de un «nosotros, los sin nombre y sin rostro», y hacía extensas taxonomías de víctimas y oprimidos: «Los autodenominados "profesionales de la esperanza", los más mortales que nunca [...] los que montaña somos [...] los despojados de la historia, los sin patria y sin mañana [...] los de la larga noche del desprecio».[75] En pocas semanas se había obrado el milagro. Marcos dejaba de ser la reencarnación del Che Guevara para convertirse en la voz de los que no tienen voz. Mejor aún, en el defensor de todas las identidades minoritarias que hubieran podido sentirse discriminadas u oprimidas en la historia humana. Esto ya no iba de marxismo ni de comunismo; esto iba de víctimas que se levantaban contra sus opresores. El viejo indigenismo volvía a estar más vivo que nunca, ya no gracias a los cuadros de Sabogal o de Julia Codesido, ni a las novelas de Ciro Alegría o de Jorge Icaza, sino al *tableau vivant* que había creado Marcos, irresistible para el ojo exotista de Europa y Estados Unidos. La revuelta neozapatista era una actualización de las vanguardias del siglo XX que servía para revivir la vieja obsesión identitaria latinoamericana. Con el viento intelectual a favor, además, porque a medida que los países perdían sus fronteras con la globalización, las academias anglosajonas reaccionaban impulsando el multiculturalismo y sus derivados: la necesidad de reconocimiento, el comunitarismo, la ética de la autenticidad, el sentido de pertenencia, el fin del canon occidental, el poscolonialismo, las críticas a las pretensiones de universalidad del liberalismo y del pensamiento ilustrado. Antes del levantamiento chiapaneco, Charles Taylor ya había publicado *El multiculturalismo y «la política del reconocimiento»*, un ensayo en el que hablaba de la visibilidad que debía dárseles a quienes habían estado excluidos, y Robert Hughes se había dado cuenta de lo que se venía, de cuál sería en adelante el tema prioritario de debate en Estados Unidos: la tentación victimista de las identidades minoritarias. La discusión ya había empezado; solo faltaba una performance sobre la cual aplicar los nuevos conceptos filosóficos y sociológicos,

y el levantamiento de Marcos le dio al mundo lo que esperaba: un caso latinoamericano de una identidad minoritaria, marginada y olvidada en la
región más pobre de México.

El Subcomandante Marcos fue muy perspicaz y entendió perfectamente lo que estaba ocurriendo. Después de apropiarse del discurso indigenista,
no tardaría en apuntar sus baterías hacia el enemigo perpetuo de la izquierda, el capitalismo internacional, pero ya no por los males que denunciaba
Marx sino por unos nuevos: la homogeneización del mundo, la pérdida de
la diferencia y la macdonalización de las sociedades, una causa más cultural
que ideológica, con la que también estaban comprometidos artistas como
Toledo. A principios de 1996, cuando Chiapas ya había reemplazado a La
Habana y Managua como santuario del turismo revolucionario, Marcos
emprendió una campaña contra el mismo enemigo del Foro de São Paulo,
el neoliberalismo. En sus escritos previos, los de 1994 y 1995, apenas aparecía el término, pero a partir de 1996 se convirtió en un blanco recurrente,
casi en lo único que le preocupaba. El neoliberalismo le permitió a Marcos
mezclar las peleas tradicionales de la izquierda con su nueva bandera. Los
bandos enfrentados ahora no eran simplemente el capitalismo y el socialismo; eran «la muerte moderna contra la vida ancestral, el neoliberalismo
contra el neozapatismo»,[76] ni más ni menos.

En julio de 1996, Marcos organizó el I Encuentro Intercontinental por
la Humanidad y en contra del Neoliberalismo. Su propósito, dijo en el discurso de bienvenida, ya no era cambiar la realidad sino «hacer un mundo
nuevo». Y luego, con ínfulas poéticas, dijo algo que tendría consecuencias
inesperadas para las futuras luchas de la izquierda internacional. Detrás de
la máscara de los zapatistas no estaban solo los indios chiapanecos, dijo,
«detrás estamos ustedes. [...] / Los mismos excluidos. / Los mismos into-
lerados. / Los mismos perseguidos. / Somos los mismos ustedes».[77] Se refería a las mujeres silenciadas, a los homosexuales perseguidos, a los jóvenes
despreciados, a los migrantes golpeados, a los trabajadores humillados, a los
presos políticos privados de libertad. Todo aquel que pudiera sentirse maltratado, victimizado, o que simplemente hubiera sentido la dura fricción del
capitalismo, era un neozapatista, porque también tenía al neoliberalismo y la
globalización como enemigos. No hacía falta ser maya de Chiapas, se podía
ser un joven italiano, un desempleado español, una mujer alemana maltrata-
da, un agricultor francés compitiendo con productos importados: todos eran
víctimas del mismo mal, de la misma «globalización de la desesperanza».

El éxito propagandístico de Marcos convirtió su guerrilla en tema de
todos los debates públicos. Si a principios de los años sesenta los artistas
habían aprendido de las guerrillas la manera de hacer acciones artísticas trans-

gresoras, ahora la guerrilla aprendía de los artistas la manera de estetizar una revuelta para convertirla en un espectáculo mediático. Los intelectuales de izquierda se entusiasmaron, como era predecible. Pero no solamente. La revuelta indigenista, con su actualización de lo arcaico al estilo vanguardista, resonó en Octavio Paz, que se interesó por Marcos y por sus escritos, y en 1995 promovió un mensaje firmado por otros intelectuales pidiéndole que depusiera las armas. Ese mismo año, el Subcomandante convocó un referéndum en el que un millón de personas le pidieron que transformara el EZLN en un partido político y participara activamente en la vida pública. Marcos desaprovechó esas oportunidades, como si en el fondo supiera que el arte político solo llegaba hasta cierto punto. La performance podía llamar la atención sobre un problema, podía forzar a las autoridades a atenderlo y podía darle fama mundial al artista-guerrillero. Pero hasta ahí llegaba. El neozapatismo se agotaba en la escenificación de la protesta, en la caravana pública y en la foto con celebridades extranjeras. Marcos no tenía una propuesta política para México. Y, si la tuvo, no aprovechó las muchas oportunidades que se le dieron para defenderla mediante la acción política. Como los indigenistas de los años treinta y cuarenta, logró poner en primer plano al indio y convertirlo una vez más en sujeto artístico y político, pero después de hacer esto Marcos fue saliendo del escenario hasta desaparecer del todo.

Si en México sus logros se limitaron a poner en la agenda política al indio y en el mapa turístico a Chiapas, algo muy distinto ocurrió en el extranjero. El encuentro neozapatista de 1996 reunió en México a jóvenes izquierdistas de toda Europa, que volvieron a sus países exaltados, odiando la globalización pero sirviéndose de ella para seguir conectados y con ganas de seguir debatiendo. En 1997 se congregaron de nuevo, esta vez en España, y allí los neozapatistas del Primer Mundo hicieron suyo el discurso antiglobalización. En 1998 surgió en Ginebra la Acción Global de los Pueblos, y en las ciudades de Europa los jóvenes adoptaron peinados tribales, colgaron carteles con un lema de Marcos, «Otro mundo es posible», y desde 1999 empezaron a organizar las grandes manifestaciones antiglobalización de Seattle, Washington, Bangkok, Praga y Génova. Lo más significativo fue que, entre los muchos turistas de la revolución que pasaron por Chiapas, uno de ellos se dio cuenta de que lo interesante de Marcos no era su defensa de los indios sino la manera en que manejaba los medios internacionales. Esa era la verdadera revolución de Marcos. La forma en que había transformado su alzamiento en una performance para las cámaras le había garantizado horas de publicidad gratis en los medios más importantes del mundo. Marcos había logrado usar los instrumentos del enemigo capitalista para infiltrar mensajes anticapitalistas.

Este turista de la revolución tomó nota, y años más tarde, después de hacer una tesis doctoral sobre las estrategias performáticas de un colectivo antiglobalización italiano, de pasar por los escenarios en grupos universitarios de teatro —una afición que Marcos también tuvo— y de formarse como presentador de televisión, empezó a hacer exactamente lo mismo que el encapuchado mexicano: infiltrar los medios con performances combativas. La diferencia entre Marcos y este personaje, que no era otro que Pablo Iglesias, es que el español sí formó un partido y aprovechó la fama mediática para impulsar electoralmente una marca política. La táctica performática que había aprendido de Marcos y de los activistas antiglobalización le había permitido conseguir en España lo que Marcos no logró, o no intentó, en México: llegar al poder. En 2018 pactó la vicepresidencia del Gobierno de España con el Partido Socialista. El neozapatismo había llegado a la presidencia, pero no en México sino en España, y no con pasamontañas sino con coleta. E Iglesias, como Marcos, al ver que la performance se acababa, que gobernar era algo muy distinto a escenificar una revolución para los medios, también salió del escenario.

Mientras todo esto ocurría y mientras Marcos renunciaba a las urnas y se aferraba a las armas, un nuevo Gobierno priista daba pasos importantes hacia la verdadera democratización de México. En 1997, Ernesto Zedillo convocó elecciones legislativas y se comprometió a respetar los resultados, fueran los que fuesen. Esa decisión inauguró para México una «nueva época», como diría Paz. El PRI renunciaba a sus prácticas sucias y a sus amaños palaciegos, y se resignaba a someterse a la aprobación de la gente. Estaba escrito que en 2000, con las nuevas elecciones, por primera vez desde el final de la revolución habría alternancia en el poder. Tras una larga espera de ciento veinticinco años en los que tuvieron que aguantar el porfiriato, revueltas y levantamientos y la hegemonía del PRI, los mexicanos recuperaban la democracia.

CIUDAD DE MÉXICO, SANTIAGO DE CHILE, 1996: LOS ESCRITORES
FRENTE A LA GLOBALIZACIÓN DEL EXOTISMO

Después de la Revolución cubana, del boom latinoamericano y del éxito sin precedentes de *Cien años de soledad*, el levantamiento neozapatista había puesto una vez más América Latina bajo los focos. En un mundo que empezaba a hablar compulsivamente de la globalización y en el que McDonald's y las multinacionales parecían una apisonadora que amenazaba con borrar del planeta las culturas tradicionales y los lugares que aún no habían sufrido procesos de modernización, el pintoresquismo latinoamericano volvió a tener para estadounidenses y europeos el mismo interés que había tenido en los años cincuenta y sesenta. Recordemos a los escritores de la generación beat y el contraste que hacían entre la artificialidad de la vida yanqui y la autenticidad que veían en la pobreza mexicana, en el yagé colombiano o en la revolución guerrillera de los cubanos. El sociólogo Charles Wright Mills quedó tan impactado con este último episodio que interpretó el proceso cubano como una oportunidad de redención para los yanquis. La necesaria crítica a la política internacional de Estados Unidos se convertía en la acrítica asimilación de todos los clichés del tercermundismo exótico y violento. Ahí quedaban, latentes, listos para aflorar de nuevo en los noventa: la espiritualidad y el conocimiento alternativo, que acabarían llamándose «epistemología otra»; la autenticidad cultural de pueblos al margen de los procesos globalizadores y la beatífica violencia que liberaba al oprimido. Los estadounidenses volvían a tener la oportunidad de redimirse a sí mismos diferenciándose del *mainstream* yanqui con la otredad latinoamericana.

América Latina se convirtió entonces en símbolo de resistencia a la modernidad, en la némesis del neoliberalismo, en la fuente primigenia de identidades y razas auténticas. El antiyanquismo se puso de moda entre los yanquis, y en adelante serían más críticos consigo mismos que Manuel Ugarte o que Haya de la Torre y amarían la otredad más que Mariátegui o que Valcárcel. La moda fue despreciar a Estados Unidos y viajar a Guatemala, Perú o México para tener una experiencia real en una comunidad indígena. El exotismo ardía entre los *scholars* yanquis. Los sidatorios de Castro, que de proponerse en Estados Unidos habrían sido tildados de cárceles o campos de concentración, en Cuba eran experimentos interesantes que respondían a las particularidades de la isla, como le oí decir a una antropóloga en la Universidad de Berkeley en 2004. Y ni hablar de lo que vendría en 1999 con Hugo Chávez y su revolución bolivariana.

Este escenario plagado de clichés exotistas y nacionalpopulares suponía un desafío para los escritores latinoamericanos. Sus novelas ya tenían un mercado. El boom había abierto rutas internacionales que llevaban libros escritos en Cuba, Chile o México a las librerías del mundo entero. La literatura latinoamericana había sido invitada al gran baile de la cultura universal, pero no en su conjunto, solo ciertas tendencias, y sobre todo aquellas que confirmaban los clichés latinoamericanos. Los yanquis querían soflamas antiimperialistas y voces que denunciaran el sufrimiento del pueblo; querían violencia liberadora, magia, otredad radical, y todo esto cuando los escritores latinoamericanos ya no podían más con tanto cliché y con tanto tercermundismo y con tanta identidad, y más bien buscaban la forma de ser tenidos en cuenta en las discusiones globales como iguales, no como el caso particular o exótico.

Los escritores que llegaban a la madurez en los años noventa no habían vivido la euforia revolucionaria y estaban hartos de eslóganes ideológicos que resonaban en sus mentes desde que tenían uso de razón. Querían, más bien, cultura pop, cine de Hollywood, rock, vida urbana, cosmopolitismo. Y sobre todo querían libertad para escribir de temas no necesariamente americanos, y mucho menos con el acento magicorrealista que se consumía con tanto apetito en el extranjero. Estas preocupaciones llevaron a dos grupos, uno surgido en México y el otro en el Cono Sur, a romper con la tradición americanista. No era simplemente que abandonaran la literatura de la tierra, o que se desentendieran de las poblaciones vernáculas o que prefirieran la novela urbana, no, era mucho más radical. En 1996 el chileno Alberto Fuguet y el argentino Sergio Gómez editaron la colección de cuentos *McOndo*, y los mexicanos Jorge Volpi, Ignacio Padilla, Jorge Ángel Palou, Ricardo Chávez Castañeda y Eloy Urroz lanzaron el *Manifiesto Crack*. Las dos propuestas coincidían en el mismo hartazgo y en el mismo intento de alejarse de lo que en el exterior se entendía por latinoamericano; en el caso de *McOndo* del realismo mágico, y en el de los mexicanos del tema americano, incluso de la idea misma de América Latina o de escritor latinoamericano. Los crackianos rescataban la ambición de las novelas del boom y su idea de novela total, pero no para explicar América Latina sino la Alemania nazi o la transformación del mundo con el fin del comunismo. Resistiéndose a las demandas de la academia anglosajona, en lugar de hablar de la particularidad latinoamericana prefirieron salir de la comarca para hablar de temas globales. Los autores de *McOndo* apostaron por la novela urbana, pop, juvenil, cosmopolita e híbrida; los mexicanos, por una novela ambiciosa, polifónica e internacional. Ambos grupos tenían muy claro que no querían ser exotizados. Eso significaba liberarse del compromiso político, del deber de interpretar América Latina e incluso de responder al estereotipo del intelectual latinoamericano. Rompían por fin con el arielismo y abandonaban las asfixiantes búsquedas identitarias, y en algunos casos hasta la pelea entre lo sajón y lo yanqui. En los planteamientos tanto de los mcondianos como de los crackianos había más autoironía que animadversión hacia Estados Unidos, y les preocupaban más los ominosos efectos del realismo mágico en Estados Unidos que los del Pato Donald en México o Chile. Eran el negativo perfecto de Ariel Dorfman, antiimperialistas a la inversa. Estaban hartos de que García Márquez y sus imitadores promovieran una imagen estereotipada de lo que era América Latina, y les preocupaban los nocivos y exotizantes efectos que había tenido *Cien años de soledad* en las virginales mentes sajonas.

El choque era inevitable. La segunda mitad de los años noventa fue ese periodo loco en el que los escritores cosmopolitas y urbanos de América Latina se deshicieron de su identidad para entrar en debates globales y hablar de tú a tú con el resto de Occidente, mientras esos occidentales se manifestaban en contra de la globalización y latinoamericanizaban sus luchas defendiendo lo orgánico —otra forma de consumir autenticidad—, la dignidad de los pueblos y toda costumbre, ritual, vestimenta, peinado, dieta o música que pareciera no occidental, así la tocara el francés Manu Chao. En medio de la globalización de lo exótico, varios de estos escritores lograron ganar premios, ser traducidos y obtener notoriedad pública. Pero al final tendrían que rebajar sus expectativas y volver a las discusiones públicas de sus respectivos países. La voz del latinoamericano sería oída en el mundo, sin duda, a condición de que mantuviera un vínculo con América Latina y sus problemas. La emancipación intelectual quedaba pendiente. El latinoamericano seguiría arrastrando su continente y su identidad, y seguiría siendo el bufón que animaba la utopía occidental. Al menos ese sería su destino estadounidense: sumarse a las voces yanquis que detestaban la modernidad y el *mainstream* de su país, y soñar a su lado, en los departamentos de *postcolonial studies*, con una América decolonial, pura, indígena, donde todos los prejuicios occidentales, todos sus saberes y estructuras de razonamiento, todos sus vicios individualistas y modelos euroamericanos, serían por fin borrados de la faz de la Tierra. América se redefiniría como Abya Yala, y gracias a libros redactados en inglés —como *The Idea of Latin America*, de Walter Mignolo—, destinados a comunidades académicas anglosajonas y escritos para labrar carreras académicas en universidades yanquis, América Latina volvería a ser América Latina en su peor versión: la que alimentaba el romanticismo recalentado y anacrónico de los yanquis, el que nos convertía en el continente de la resistencia a la modernidad, la pantalla de fantasías que solo servían para escribir *papers* en los que el continente solo era un mercadillo de baratijas antioccidentales o el deshuesadero de las ideologías que fracasaron en el resto de mundo. El filósofo Gianni Vattimo, por ejemplo, salía con esta estupidez: «La importancia de Latinoamérica reside en que allá todavía resisten las ideas concretas, ideologías que han desaparecido de Occidente». La cuestión es que si desaparecieron de Occidente fue porque acabaron esclavizando países y matando gente, pero menos mal que existía América Latina, porque allá sí podría emerger «el mundo alternativo a la racionalidad capitalista moderna», y porque allá aún se podía «dar un impulso a la renovación, a la "revolución". Signifique eso lo que signifique».[78] Las mil y una revoluciones latinoamericanas a Vattimo no le parecían suficientes, quería más, porque América Latina era la encargada de incendiar el mundo —poniendo los muertos, la reacción tiránica, la pobreza— para que un filósofo primermundista siguiera albergando sueños y utopías. Con esos prejuicios tan absurdos y nocivos, ¿cómo iban a abrirse campo en los debates globales los intelectuales latinoamericanos?

1990, MÉXICO D. F.: LOS ARTISTAS DEJAN DE SER LATINOAMERICANOS Y SE HACEN CONTEMPORÁNEOS

Lo que no se consiguió en la literatura se logró con mucha más facilidad en el arte. Los creadores de los años noventa, en especial los mexicanos, pudieron decirle adiós al continente y olvidarse con más naturalidad de los líos identitarios, la realidad política, los símbolos autóctonos y las referencias locales, aunque antes tuvieron que quemar algunas etapas. En los sesenta y setenta los artistas mexicanos, como los argentinos, tendieron a operar como grupos o guerrillas para intervenir en el espacio público. En esos años tuvieron protagonismo grupos como Tepito Arte Acá o Suma, que hacían pintura mural, esténciles o carteles para manifestaciones callejeras, o colectivos como Proceso Pentágono, que denunciaba la tortura, o Germinal, que hacía parafernalia para asociaciones políticas, o el No Grupo, que parodiaba las acciones guerrilleras con performances como el secuestro del artista Gunther Gerzso. Después, en los años ochenta, hubo un regreso a la pintura y el trabajo individual. La tradición que vinculaba la escuela mexicana con Tamayo y Toledo recibió con los brazos abiertos el estilo neomexicanista de pintores como Julio Galán, Enrique Guzmán y Nahúm B. Zenil. Con ellos la pintura se llenó de referencias urbanas, religiosas, populares y locales. Pintadas con cierta distancia irónica y algo de sensibilidad *kitsch*, las imágenes conciliaban de forma improbable la identidad mexicana con la identidad gay. Coincidiendo con la transvanguardia europea —otra vuelta a la pintura— y con las corrientes posmodernas que mezclaban temporalidades y estilos, esos pintores despertaron de nuevo el interés internacional por el arte mexicano. Fueron la antesala al gran momento globalizador de los noventa.

Lo que ocurrió en México también se replicó en varios otros lugares del continente. En países como Argentina y Brasil, donde caían las dictaduras militares y se recuperaba la libertad de expresión, ya no fue necesario recurrir a las sutilezas del conceptualismo para colar críticas políticas. Después de largos años de grisura dictatorial, de actos institucionales y estatutos y doctrinas de seguridad nacional, empezaba la fiesta. Los artistas podían salir de las catacumbas, despolitizarse, expandir sus temas y lenguajes, volver a la pintura. Artistas como Guillermo Kuitka y Marcia Schvartz, en Argentina,

Beatriz Milhazes, en Brasil, o Beatriz González y Miguel Ángel Rojas, en Colombia, utilizaron este medio para expresar vivencias íntimas, analizar la cultura local o criticar a las figuras públicas de sus respectivos países. El neoexpresionismo, el ensamblaje, el pop, el neorrealismo y la cita del pasado tuvieron un momentáneo predominio. Fueron estilos empleados para hablar de la realidad social, examinar la política o revelar elementos de las identidades sexuales y culturales.

A partir de los años noventa, sin embargo, se despertó un apetito de contemporaneidad y cosmopolitismo que dejaría en un segundo lugar las referencias nacionales, locales o biográficas. Mientras los críticos de la globalización se quejaban del impulso homogeneizador y mcdonalizante causado por la erosión de fronteras y el tránsito masivo de mercancías y capitales alrededor del mundo, los artistas jóvenes se sumaron a este proceso sin mayor fricción ni réplica. Adiós al color local y al exotismo; el reto sería otro: ser contemporáneos antes que latinoamericanos, aprender el lenguaje de la institución internacional del arte. Fue determinante que la nueva sede de la institución artística se trasladara de París a los países anglosajones y centroeuropeos, donde primaban los happenings, el minimalismo, el conceptualismo y el neodadaísmo. El surrealismo y sus indagaciones culturales y sus delirios fantásticos desaparecían, y el arte perdería interés visual y ganaría densidad teórica; se convertiría en un interrogante filosófico: qué más y qué otra cosa podía ser considerado arte, que más y qué otra cosa podía entrar en la institución artística.

En México, Guillermo Santamarina, un influyente curador, fundó en 1991 el Foro Internacional sobre Teoría de Arte Contemporáneo y empezó a organizar exhibiciones desenraizadas de la cultura nacional y ligadas a los nuevos referentes del arte internacional: Joseph Beuys, Marcel Duchamp, Bruce Nauman, Yves Klein o los minimalistas yanquis. Unos años después, en 1994, el artista Yoshua Okón abrió La Panadería, uno de los principales espacios artísticos independientes que inspiraría experimentos similares en otros países. Durante los años noventa se disolvió el americanismo y las prácticas artísticas se fueron igualando en todos los países. Dejaron de tener relevancia las vanguardias de los años veinte y cuarenta, desplazadas ahora por la vanguardia internacional de los sesenta y setenta. El *ready-made*, la performance, la instalación, la intervención, la documentación, el archivo, la apropiación, el vídeo y la participación serían los procedimientos, y la teoría que los justificaba incluiría palabras como «no-lugar», «subversión», «dispositivo», «desmaterialización», «relacional», «memoria», «descontextualización», «transgresión», «Foucault», «Deleuze» y «Benjamin». Ser artista contemporáneo era ahora entender las nuevas reglas de juego y tener a la mano una nueva batería de conceptos filosóficos y teorías sociológicas. Siguiendo esa pista, aprendiendo a comunicar el *International Art English*, ocurrió el milagro. Artistas latinoamericanos como el mexicano Gabriel Orozco y sus discípulos del Taller de los Viernes, Damián Ortega, Abraham Cruzvillegas, Gabriel Kuri y Dr. Lakra, al igual que brasileños como Ernesto Neto y Vik Muniz, se integraron en el circuito artístico internacional. Con sus propuestas conceptuales que replicaban las majaderías de los yanquis y de los europeos, como la caja de zapatos vacía que Orozco expuso en la Bienal de Venecia de 1993, estos artistas empezaron a convertirse en invitados frecuentes a la fiesta del arte globalizado. Latinoamérica entraba en la programación de los *curators*, las bienales, ferias y exhibiciones del mundo entero.

Incluso aquellos artistas que le dieron al *ready-made* un giro radical y mórbido, como el proyecto mexicano SEMEFO y su integrante más visible, Teresa Margolles, empezaron a tener protagonismo internacional. Estos artistas trabajaron con trozos humanos, como la lengua con piercing de un punk, fluidos corporales o animales muertos; muerte para criticar la muerte, pero sobre todo para producir un shock en el espectador y un pequeño escándalo, otra de las tácticas del arte internacional de los noventa que la guerrilla, en especial Sendero Luminoso, ya había explotado no para cambiar, sino para aterrorizar conciencias. Así como los Young British Artists llamaron la atención del mundo con sus tiburones disecados, sus esculturas de sangre y sus imágenes de asesinos, SEMEFO se abrió un espacio con su teatro de los horrores, un espectáculo tan macabro como banal. La globalización del arte contemporáneo liberaba a los latinoamericanos de las servidumbres de la identidad, pero a cambio les imponía la marca estandarizada de experimentos plásticos que no tardarían en convertirse en fórmulas predecibles y estereotipadas.

LA HABANA, 1990: SE AVINAGRA LA RELACIÓN ENTRE LOS ARTISTAS Y EL CASTRISMO

El 30 de abril de 1971, apenas unas semanas después de que estallara el caso Padilla, Fidel Castro aprovechó la clausura del Congreso Nacional de Educación y Cultura para renegar de los escritores que habían osado criticarlo. Ante la audiencia de La Habana, apoderado de los micrófonos, como siempre, los llamó «agentillos del colonialismo», y luego explicó por qué su programa estético era incompatible con la Revolución cubana: «Porque independientemente de más o menos nivel técnico para escribir, más o menos imaginación, nosotros como revolucionarios valoramos las obras cultu-

SEMEFO, *Lavatio corporis*, 1994.

rales en función de los valores que entrañen para el pueblo [...]. Nuestra valoración es política [...]. No puede haber valor estético contra la justicia, contra el bienestar, contra la liberación, contra la felicidad del hombre. ¡No puede haberlo!».[79]

Este discurso era la actualización del que ya había pronunciado ante los intelectuales diez años antes. La revolución tenía márgenes anchos y podía tolerar la experimentación formal y las innovaciones plásticas o poéticas, pero no estaba dispuesta a permitir un arte que encapsulara mensajes antipatrióticos, contrarrevolucionarios o críticos con el régimen. Estar dentro de la revolución era apoyar las bases ideológicas que movían a la revolución —el americanismo, el nacionalismo, el identitarismo, el antiimperialismo— y los valores que defendía —la justicia, la igualdad, la solidaridad—; estar fuera era hacer un arte que encarnara otros valores. Como en todo régimen totalitario, o como en toda sociedad vigilante y puritana, desviarse de lo que el líder o la horda consideraran el lado bueno de la historia, lo políticamente correcto o lo moralmente edificante se pagaría con la cancelación. Castro, en resumen, quería un arte que confirmara sus prejuicios, no que los cuestionara.

Esta imposición del régimen fue menos amenazante para los artistas plásticos que para los poetas y novelistas. Los pintores podían seguir el legado del arielismo y de la vanguardia americanista y explorar todos los temas que habían abierto José Martí, Nicolás Guillén, Wifredo Lam o Alejo Carpentier: el afrocubanismo, el paisaje americano, los mitos yoruba, los tipos humanos, la fantasía mítica, la santería, las fuerzas telúricas, el primitivismo naíf, la cultura popular cubana. Los artistas de los años setenta que exploraron estos temas, lejos de tener líos con la revolución, recibieron el apoyo de comunistas míticos como Juan Marinello, uno de los miembros de la vanguardia minorista de los años veinte, que en 1977 los llamó la «generación de la esperanza cierta». Sus cuadros hablaban del destino americano, del legado negro, del *kitsch* popular y de las figuras míticas de la revolución, en particular el Che. Experimentaban con el fotorrealismo, la abstracción, el arte naíf, el pop y medios modernos como la instalación y la performance. Eran muy de su época, sí, pero también muy de Cuba y de la revolución. Lo mismo se podía decir de la primera camada de los años ochenta, los artistas que expusieron en «Volumen 1», una exhibición de 1981, que dio a conocer a José Bedia, Juan Francisco Elso, Flavio Garciandía, Ricardo Rodríguez Brey y José Manuel Fors, entre otros. También ellos demostraron que la creación cubana podía aspirar al cosmopolitismo formal, siempre y cuando siguiera ligada a la identidad cubana o al análisis conceptual de la historia, el colonialismo, la transculturación o la memoria. El pacto no era malo: los artistas se libraban de poner su talento al servicio de la patria o de la revolución, lo cual les daba mucha libertad para realizar creaciones de gran interés, a cambio de evitar la tentación de cuestionar al régimen.

El desencuentro entre la dictadura y los artistas se produjo en la segunda mitad de los años ochenta, después de la I Bienal de La Habana. Por aquellos años ocurrió en Cuba lo que ya había pasado en Argentina y

México: los artistas empezaron a formar colectivos y a salir a la calle a realizar performances e interactuar con el público callejero. Colectivos como Arte Calle, Grupo Puré, Grupo Imán, 4x4, Hexágono o Grupo Provisional empezaron a explorar la relación del arte con el público y la dependencia de la institución artística, y aquel movimiento anómalo inquietó al régimen. Las autoridades podían predecir y vigilar lo que se exhibía en las galerías y los museos, pero no los movimientos anárquicos y espontáneos de la calle. El resultado fue que a uno de estos grupos, Imán, del que hacían parte Juan Sí González y Jorge Crespo, lo acusaron de crear imágenes potencialmente ofensivas.

Empezaba a avinagrarse la relación entre los artistas y el régimen. Muy al estilo del conceptualismo de la época, estos artistas generaban situaciones inesperadas que alteraban las rutinas cotidianas. En *Yo no te digo cree, yo te digo lee*, de 1987, solicitaban a la gente en la calle que escogiera alguna palabra que quisieran hacer desaparecer o perpetuar en el vocabulario. En varias ocasiones acabaron detenidos por «incentivar actividades ilícitas» o simplemente porque en un régimen autoritario todo lo que desconcierta o resulta anómalo parece una amenaza. La represión los animó a fundar Ar-De (Arte y Derecho), una agrupación artística preocupada por los derechos humanos en Cuba, y que apuntaba al problema que ocuparía la atención de las siguientes generaciones: la censura y la represión.

El desacato implicaba consecuencias nocivas, claro; la más grave era perder el estatus de artista para ganar el de disidente. Eso suponía dejar de contar con la posibilidad de exponer en Cuba, viajar al exterior y prácticamente existir como artista. Y el criterio para saber si alguien era artista o disidente era la dosis de política que mezclaba en sus obras. En el mundo entero los artistas podían hacer piezas políticas radicales sin que a nadie se le ocurriera cuestionar su calidad artística —se daba por hecho que no la tenían, que no importaba, porque lo único en juego era su capacidad para ofender o cuestionar al poder—, menos en Cuba. Allí sería un pecado mezclar el arte y la queja, el arte y la crítica, y hasta Luis Camnitzer, que veía en las incursiones guerrilleras de los Tupamaros formas conceptuales de arte, se hacía eco de quienes consideraban que las obras públicas de Juan Sí González y de Jorge Crespo carecían de mérito artístico. En los países libres la estupidez se convertía, por obra y gracia del discurso museístico o curatorial, en un pertinente cuestionamiento al poder, mientras que en Cuba se les aplicaba el rigor formal para demostrar que no eran arte sino activismo. El relativismo delataba al gremio artístico internacional: se permitiría toda sublevación, insubordinación y crítica en las democracias, pero no en la dictadura de Castro. La utopía era intocable.

Pero después cayó el Muro, la utopía se hizo inviable y la distancia entre los artistas y las instituciones cubanas se hizo más grande. La escenificación de la ruptura definitiva tuvo lugar el 4 de mayo de 1990, en La Habana, durante la inauguración de la muestra «El objeto esculturado». Ese día Ángel Delgado, un artista que no hacía parte de la muestra, llegó a la inauguración con un número de *Granma*, el periódico oficial del régimen, y varios grabados con imágenes de huesos. Con estos pequeños cartones hizo un círculo sobre el suelo de la sala, tomó luego el diario *Granma* y a una de sus páginas dobles le rasgó un círculo en la mitad. La extendió sobre el suelo dentro del círculo que había formado y, acto seguido, se bajó los pantalones, se puso en cuclillas y defecó allí mismo, delante de todos los asistentes, en el periódico convertido en letrina. Comandante Castro, plumígrafos del régimen, revolucionarios, artistas que se contentaban con los huesos que les lanzaba la dictadura, ahí estaba su *objeto esculturado*.

Ángel Delgado, *La esperanza es lo último que se está perdiendo*, 1990.

El título de la acción de Delgado, *La esperanza es lo último que se está perdiendo*, aludía directamente a la situación política de la isla y ponía de manifiesto la indigencia en la que quedaban los cubanos tras la disolución de la Unión Soviética. Después de la esperanza, Delgado no tardaría en perder la libertad. Unos días después de su acción transgresora, las autoridades encontraron razón suficiente para convertir su performance en una ofensa pública y sentenciarlo a seis meses de cárcel.

La revolución ya había perdido a los escritores y ahora empezaba a perder a los artistas. Los creadores de los años setenta y ochenta, los de «la esperanza cierta», y artistas jóvenes que, como Kcho, fueron fácilmente cooptados después de formular unas primeras críticas, mantendrían relaciones con el régimen. Pero otro grupo convertiría su trabajo artístico en una permanente crítica a las instituciones culturales revolucionarias. El espíritu vanguardista cambiaba de bando. La revolución petrificada se convertía en el nuevo blanco de creadores independientes, que a partir de 1994 tendrían en el Espacio Aglutinador un refugio donde exponer. Por allí pasaron Ángel Delgado, Ezequiel Suárez y una performer que unos años después se convertiría en la crítica más tenaz a la falta de libertad y a la censura: Tania Bruguera. Por esa misma época, a mediados de la década, empezó la fuga masiva de los balseros, una estampida que puso de manifiesto que la creatividad, tan de moda hoy en el discurso del emprendimiento capitalista, fue mucho más decisiva bajo el socialismo caribeño. Recurriendo a todos los objetos que tuvieran a mano, desde carrocerías de automóviles a contenedores y canecas, miles de cubanos construyeron vistosas balsas y más de treinta mil se lanzaron al mar para llegar a Miami. Aquellas esculturas flotantes fueron la imagen más contundente del fracaso cubano, esas y las imágenes de opositores que, como Guillermo Fariñas, denunciaron los excesos represivos del sistema mediante huelgas de hambre. Sus cuerpos maltrechos también tenían un fuerte elemento performático y crítico, al igual que las presentaciones en público de las Damas de Blanco, un grupo de mujeres que se manifestaba, tal y como lo habían hecho antes las Madres de Plaza de Mayo, para exigir la liberación de los presos políticos encerrados en las cárceles de Castro.

Las acciones a favor de la libertad de expresión cobraron intensidad en la siguiente década, sobre todo a partir de 2008, cuando Fidel Castro renunció a la presidencia y dejó en el cargo a su hermano Raúl. A partir de esa fecha los blogueros cubanos colonizaron las redes. Con Yoani Sánchez a la cabeza, cuyo blog, *Generación Y*, le contaba al mundo cómo era la vida cotidiana en una Cuba llena de espías, incomunicada del mundo, marginada de todo cuanto ocurría en internet, y en la que solucionar cualquier problema cotidiano era una epopeya, surgió una nueva generación de periodistas que criticaban al régimen desde la isla, padeciendo las consecuencias de ser voces críticas con audiencia en el exterior. Para incentivar ese bien escaso, la libertad de expresión, Tania Bruguera montó en 2009 su performance *El susurro de Tatlin # 6*, un podio con micrófonos igual al que había usado Fidel Castro durante cincuenta años, pero no para que siguiera el monólogo sino para que el público asistente, cualquier cubano, pudiera subirse a decir lo que pensaba. Siguiendo esa pista, en 2018, año en el que Raúl Castro anunció que dejaría su cargo en el Gobierno, Bruguera aprovechó la coyuntura para nominarse públicamente como candidata a la presidencia. Con este acto provocativo ponía en evidencia que ni la muerte de Fidel Castro en 2016 ni el retiro de su hermano significaban nada. El Partido Comunista seguiría en el poder, y Cuba permanecería instalada en el eterno siglo xx latinoamericano, atenazada por los jirones ideológicos de todas las utopías fallidas en América, desde las misiones jesuíticas a la dictadura del proletariado.

En las últimas dos décadas han sido muchos los artistas y músicos —como los roqueros de Porno para Ricardo o los raperos contemporáneos Ramón López o Pupito en Sy— quienes han sufrido la represión por el contenido de sus obras. El grafitero El Sexto, por ejemplo, fue detenido en 2015 por planear una performance que involucraba a dos cerdos en los que había escrito los nombres «Fidel» y «Raúl», y desde 2018 el Movimiento San Isidro, conformado entre otros por el escritor Carlos Manuel Álvarez, el performer Luis Manuel Otero Alcántara y los raperos Denis Solís y Maykel Castillo, ha sufrido el acoso constante de las autoridades. Este movimiento surgió en respuesta al Decreto 349, una medida con la que el régimen pretendía regular la prestación de servicios artísticos en espacios independientes. Su implicación más amenazante era la incorporación de un inspector encargado de dar el visto bueno a las obras plásticas o musicales antes de ser expuestas al público. Eso significaba, sin ir más lejos, que todos los artistas que no participaban en el circuito oficial acabarían bajo el radar del Estado, seguramente censurados o cancelados. Para criticar estas medidas, el Movimiento San Isidro realizó una serie de performances, encierros y huelgas de hambre, con los que además hizo visible otra cosa: la falta de interlocución entre los artistas y el Gobierno. En 1994, durante el Maleconazo, la revuelta más seria que había tenido que enfrentar el régimen desde 1959, los manifestantes bajaron la guardia cuando vieron llegar al mismísimo Fidel Castro. Fue él quien sofocó en persona los disturbios. Pero Castro ya no está, y sin él parece no haber con quién negociar, como resultó evidente en julio de 2021, cuando los cubanos volvieron a salir a la calle pidiendo libertad y cantando «Patria y vida», la canción de un grupo de importantes músicos que desafiaba el macabro lema de la Revolución cubana, «Patria o muerte». El resultado fueron cientos de personas encarceladas, un clima social más tenso y una nueva generación para la que no hay vuelta de hoja: el destino de Cuba tiene que ser la liberación.

Estos episodios recientes, sumados al boicot de los artistas cubanos a la Bienal de La Habana de 2021, demuestran que la mayor oposición al régimen revolucionario proviene de los artistas, del sector cultural. Puede que sean reprimidos y escarmentados y que la dictadura se muestre sólida y unida, pero la presión de los artistas, su ejemplo contagioso, el virus libertario que inoculan, tarde o temprano se esparcen hasta generar una masa crítica que desborda al *establishment* y rompe las lápidas que sofocan la disidencia y la libertad.

BUENOS AIRES, 1997: LAS VÍCTIMAS DE LA DICTADURA INVENTAN EL ESCRACHE Y SALEN A LAS CALLES EN BUSCA DE JUSTICIA POPULAR

En el sur del continente, en Argentina, la situación cultural y política en los años ochenta y noventa era muy distinta de la de Cuba. Aunque se había superado el periodo atroz de la dictadura, los militares no habían desaparecido ni habían mutado en ángeles; ahí seguían, armados y poco dispuestos a reconocer su responsabilidad en la barbarie. Eran una clara amenaza, lo sabía todo el mundo y en especial Raúl Alfonsín, el presidente que hizo el tránsito a la democracia y que juzgó a las Juntas Militares de la dictadura, un hecho excepcional en la impune historia política latinoamericana. El juicio había sido de enorme relevancia, quizá insuficiente, pero sin duda importante. Y muy riesgoso, sujeto a muchas presiones y amenazas, y para no alborotar al recién descabezado hormiguero, el presidente se resignó a dejar que los mandos medios, cómplices o ejecutores de crímenes de lesa humanidad, pasaran inadvertidos y se los tragara la historia. En 1986 y 1987 promulgó las leyes de Punto Final y de Obediencia Debida, con las que quiso cambiar la discusión y dejar quieto el pozo séptico de la dictadura. No era un simple capricho o una complacencia con los canallas, era un acto de racionalidad en un momento imposible. Porque los militares podían resignarse al desprestigio y a legar el control político en manos de los civiles, pero no a que se les arrastrara por las cárceles argentinas. Entre 1987 y 1990 se rebelaron en cuatro ocasiones —los «levantamientos carapintadas»— para que a Alfonsín le quedara claro. Y seguramente por eso, para quitarse de una vez por todas ese problema y empezar desde cero, su sucesor, Carlos Menem, promulgó en 1990 una amnistía general que cobijaba a todos los actores enfrentados, los líderes montoneros y los altos mandos militares; a todos los que hubieran podido cometer algún crimen durante el Proceso de Reorganización Nacional. Argentina enterraba sus horrores, iniciaba una nueva etapa, eso creía; en realidad solo conseguía que el pasado se convirtiera en una adictiva droga tóxica.

En 1995 ese pasado reprimido empezó a salir a la superficie en boca de varios militares arrepentidos. Sus inesperadas confesiones detallaban las muchas infamias cometidas y las muchas complicidades, entre ellas la de la Iglesia, que les había permitido doblegar a la Argentina de los años setenta. Los testimonios descarnados de las torturas y los vuelos de la muerte echaron gasolina al fuego y el país volvió a mirar al pasado con ánimo revanchista. Una de las consecuencias inmediatas fue la aparición de Hijos e Hijas por la Identidad y la Justicia contra el Olvido y el Silencio (H.I.J.O.S.), una agrupación conformada por los descendientes de los desaparecidos por la dictadura. De pronto era como si el pasado no hubiera pasado y como si nada se hubiera aprendido de la historia. Estos jóvenes salían a la vida pública con objetivos claros: pedían el «castigo a los genocidas y a sus cómplices», la «nulidad efectiva de las leyes de impunidad» y la «reivindicación de la lucha de nuestros padres y sus compañeros».[80] H.I.J.O.S. escarbaba en el tiempo no solo con ánimos revanchistas, sino reivindicativos, para legitimar la violencia guerrillera. Se felicitaban de que sus padres no hubieran hecho «concesión al espíritu antiviolencia»,[81] y ahora se proponían tomar su testigo, intervenir en las luchas sociales del momento o, como ellos mismos decían, «estar donde nuestros padres hubieran estado».[82] Su movilización en contra de la Ley de Educación y a favor de los reclamos obreros fue un breve preámbulo que precedió al invento justiciero con el que quisieron reparar por la vía de hecho lo que no se había podido enmendar en los tribunales: el escrache.

El tiempo pareció devolverse a la época de los colectivos artísticos que operaban como guerrillas, con la diferencia de que los activistas de los años noventa no tenían que enfrentarse a una dictadura sino a la memoria o a la falta de memoria. La manera más efectiva de vencer el paso del tiempo y de revivir los horrores del pasado en el presente fue esta nueva práctica, a medio camino entre la performance, el carnaval, el activismo político, la violencia simbólica y el escarnio público. El primer escrache se celebró en 1997, y su primera víctima fue un médico obstetra conocido como «el partero de la ESMA». Después de averiguar su identidad y su ubicación, los miembros de H.I.J.O.S. emprendieron una marcha hasta su casa, porque en eso consistía el escrache, en ir hasta su domicilio y desenmascararlo públicamente. «Si no hay justicia, hay escrache», era el lema. Muchos médicos y curas, además de los mismos militares, se habían reinsertado en la vida civil y ya nadie recordaba o conocía su pasado ominoso. H.I.J.O.S. buscaba pistas de los culpables y, una vez ubicados, montaban un seudocarnaval con música y ambiente festivo que terminaba con manchas de pintura roja en su fachada, mensajes grafiteados, carteles que señalaban el nombre de la víctima y sus culpas pasadas. Aunque los escraches no implicaban violencia física, su finalidad era la muerte cívica del implicado.

En 1998 empezó a organizar escraches el Grupo Etcétera, un colectivo artístico que convirtió estos eventos en actos teatrales. Con máscaras grotescas que representaban a Galtieri o a otros militares, buscaban a los escracheados y bajo sus ventanas presentaban pequeños sainetes que recreaban su historial delictivo. Todas estas performances caminaban sobre una delgada línea. Aprovechaban el amplio margen de libertad que tiene el arte para decir y hacer cosas que van mucho más allá de lo que puede o debe hacer un político. La actividad política no puede pasar por encima de las leyes que ella misma ha sancionado, así esas leyes no gusten o parezcan insuficientes, y mucho menos puede permitir que la gente se tome la justicia por su mano. Pero ¿qué decir de la performance y de su justicia poética? El teatro y el arte sí pueden señalar, criticar, acusar y caricaturizar con total libertad; incluso pueden mentir, falsear y desfigurar la realidad. Tienen toda la libertad para hacerlo en los escenarios, sin duda, pero ¿podían hacerlo en la puerta de la casa del señalado? ¿En qué momento su acción performática se convertía en un tribunal popular o en una especie de linchamiento simbólico?

Ese era el dilema que planteaba el escrache. Sí, los torturadores argentinos, al igual que los nazis refugiados, habían escapado al juicio de la historia y se-

Escrache, H.I.J.O.S, Buenos Aires, 2018.

guía siendo históricamente relevante saber quiénes eran y qué crímenes habían cometido, pero ¿podía una comparsa operar como un tribunal paralelo, podía hacer justicia popular mediante el hostigamiento? Y si se legitimaban estos actos de justicia poética, ¿qué ocurriría luego? ¿Todo el que se sintiera víctima de algún mal o de alguna injusticia podría salir a escrachear al responsable de su indignación? Estas prácticas artístico-políticas, claramente populistas porque dejaban la justicia en manos del pueblo, no de los jueces, terminaban legitimando el oprobio público de todo sospechoso de haber cometido actos dudosos, o de defender ideas o de tener creencias censurables. Abrían la veda para que cualquiera saliera a la caza de quien consideraba una amenaza. Pablo Iglesias, el fundador de Podemos que recurrió a todos los trucos del populismo latinoamericano para labrarse una carrera política en España, introdujo el escrache en la Universidad Complutense de Madrid con el fin de impedir a políticos de otros partidos defender sus ideas. No sabía que les estaba mostrando el camino a sus propios enemigos para que le devolvieran la jugada, hostigando de forma miserable a su familia.

Y ni hablar de lo ocurrido en las redes sociales, el hábitat natural de esta estrategia de linchamiento público. En el espacio virtual ya no era necesario organizar comparsas ni performances, ni camuflarse entre hordas o con antifaces. Bastaba con abrir un hilo en Twitter o hacer circular los nombres de personas que por alguna razón merecían ser vapuleadas públicamente. Los escraches virtuales autorizaban a saldar cuentas con lo que cada cual considerara incorrecto, nocivo, agraviante o tóxico, y el resultado era la predisposición a sentirse ofendido y la autojustificación para atacar, señalar o cancelar. Los dos, tres, cuatro Vietnams que vaticinaba el Che no estallaron en las selvas latinoamericanas sino en las redes, donde cada dos por tres un bombazo incineraba la reputación de alguien. La mezcla de victimismo y superioridad moral legitimaba el contraataque. No con las armas, desde luego —eso ya no se puede hacer—, sino con avalanchas de tuits ofensivos. Nos adentrábamos en la segunda década del siglo XXI, en la que los oprimidos ya no estaban geolocalizados en un solo continente. El mundo entero se latinoamericanizaba, se convertía a la filosofía de la liberación y a las ideas del Subcomandante Marcos: subalternos somos todos. La víctima ya no era el peón explotado de una hacienda salvadoreña, sino aquel que en cualquier lugar del mundo, y sobre todo en las universidades más elitistas de Estados Unidos, pudiera ofenderse por un comentario, una imagen o una obra de arte. Ya tenía un arma para desquitarse, el levantamiento en redes, el escrache, el boicot, la cancelación. El victimismo empezaba a profesionalizarse y a dar suculentos beneficios en la nueva economía de la atención.

BLANES, 1998: ROBERTO BOLAÑO RESCATA UNA TRADICIÓN
LATINOAMERICANA DISTINTA

Los escritores de los noventa parecían ser los elegidos para apagar las luces y decirle adiós a América Latina; parecían ser los mejor preparados para deshacer la ilusión y decir lo que nadie había dicho hasta entonces: América Latina era un invento de franceses y anglosajones, América Latina no existía, no era nada concreto, no era un ente que pudiera describirse o analizarse desde la filosofía y mucho menos desde la literatura. Ya no tenían que crear novelas que sirvieran como metáfora de un continente enfermo, sano, mestizo, vernáculo, solitario, incomunicado, popular, utópico o salvaje, ni desentrañar el mecanismo secreto de los males que lo aquejaban. América Latina no se podía joder, como habría dicho Vargas Llosa, porque no existía, y por lo mismo carecía de sentido sumergirse en la historia o las conciencias, o en las costumbres o los mitos, o en las leyendas o los grandes dramas o puntos críticos, porque de ahí no se extraerían claves para entender nada. América Latina tenía hartos a los escritores latinoamericanos.

Pero entonces ocurrió algo impensado. Un escritor de la generación previa, nacido en 1953 y radicado desde 1977 en España, invisible en el radar de los mcondianos y de los crackianos y en general de la humanidad entera, publicó en 1998 una novela que volvió a despertar el interés por América Latina. Ya no la América Latina rural, mágica o popular nacional, sino la oscura, marginal y contracultural. Roberto Bolaño, un chileno expatriado y errabundo, acababa de publicar *Los detectives salvajes* y la reacción del público y de la crítica hizo recordar la euforia del boom de los años sesenta. No se trataba de su primera novela y mucho menos del primer paso que daba en el mundo de las letras. Tampoco de un milagro espontáneo sin raíces latinoamericanas; nada de eso, Bolaño sí provenía de una tradición muy importante pero un tanto olvidada, la de los poetas de vanguardia urbanos y cosmopolitas, la de los ultraístas y estridentistas. El mismo Bolaño había fundado uno de esos grupúsculos que a partir de los años sesenta trataron de revivir el espíritu transgresor de los años veinte. Su guarida poética fue el infrarrealismo, una propuesta inspirada en Hora Zero, los poetas de la catástrofe peruana, y en el ejemplo vital de las vanguardias francesas de posguerra, en especial de los letristas y los situacionistas. Los infrarrealistas tuvieron como ética la revolución y como estética la vida. Fueron los últimos herederos mexicanos de Rimbaud, callejeros, marginales, nómadas, saboteadores, terroristas culturales, lumpen, manifiestos andantes; quisieron revolucionar la existencia con la poesía, y seguramente habrían pasado de largo por la historia cultural mexicana de no ser por que Bolaño los mitificó en su novela de 1998. En *Los detectives salvajes* el lector ya no encontraba los grandes conflictos latinoamericanos ni los perversos mecanismos del poder. Lo que encontraba era una generación perdida y sin redención posible, jóvenes marginales de la marginal Latinoamérica, seres pequeños y desesperados tratando de extraerle un tris de sentido, de poesía y de risa a la catástrofe americana.

Aunque no tenía la intención de convertirse en un gran intérprete del continente, Bolaño sí tenía una obsesión, evidente a partir de sus novelas de 1996, *La literatura nazi en América* y *Estrella distante*. Ambas novelas mostraban que las artes no frenaban los más bajos instintos, ni las pulsiones irracionales y antisociales; al contrario, podían estimularlos. El problema no parecía ser la clásica disyuntiva decimonónica entre civilización y barbarie, sino la permanente complicidad entre una y otra. La vanguardia había inoculado ideas y pasiones sectarias: nacionalismos, identitarismos, anhelos destructivos. Los ministerios de Educación y Cultura estuvieron en manos de gente como Hugo Wast, Francisco Campos o Riva-Agüero, fascistas enfebrecidos, y por las universidades pasaron Abimael Guzmán, el subcomandante Marcos y todos los profetas de la revolución sangrienta. En el discurso que dio al recibir el Premio Rómulo Gallegos decía que el protagonista de *Estrella distante* era la personificación del «destino terrible del continente». Se refería a un aviador que asistía a un taller literario, y después empezaba una siniestra carrera artística en la que mezclaba la glorificación de la muerte y la práctica del asesinato. Su peripecia vital mostraba que la cultura no frenaba las pulsiones siniestras, sino que las avivaba. La violencia se legitimó y se estimuló desde los periódicos, desde los parlamentos, desde las universidades. Su generación, recordaba Bolaño en el mismo discurso, había apoyado causas que sabían desahuciadas: «Pusimos toda nuestra generosidad en un ideal que hacía más de cincuenta años que estaba muerto, y algunos lo sabíamos». Eso, siendo malo, no era lo peor. «Lo más grave», añadía, era que habían luchado por partidos que «de haber vencido nos habrían enviado de inmediato a un campo de trabajos forzados».[83] El discurso era la confesión más honesta del error latinoamericano. Bolaño ya no culpaba de todos los males al imperio o al pasado colonial; ponía el foco en el presente y sobre los intelectuales, porque su lucidez y su talento no les habían impedido ser cómplices de su propia destrucción. Bastaba con estar al tanto de la literatura de los años veinte, treinta y cuarenta, como lo estaba él, para saber que durante esos años lo normal para los poetas latinoamericanos fue abrazar radicalismos peligrosos. En un principio América Latina no fue fascista por culpa de los militares ni comunista por culpa de los obreros. El fascismo y el comunismo habían sido el delirio de los poetas. Bolaño lo sabía, se limitaba a recordarlo.

AMÉRICA LATINA, 2004-2022: LA INFLUENCIA DE BOLAÑO
Y LO SINIESTRO LATINOAMERICANO

Las novelas de Bolaño que ventilaban la pulsión salvaje y destructiva de la vanguardia, o en las que se retrataban contextos sociales en los que el mal parecía haberse enquistado, abrieron nuevos caminos literarios. Varios autores contemporáneos han examinado el lado siniestro de la realidad latinoamericana, los puntos ciegos donde confluyen las artes y el mal, la cultura y la abyección, la arquitectura y la muerte, la civilización moderna y sus ansiedades patológicas. Uno de los grandes logros de Bolaño fue jubilar a personajes latinoamericanos que, como el dictador, el caudillo o el guerrillero, habían inspirado a las generaciones previas, sin darles protagonismo a los otros dos que tomaron el relevo en los noventa, el mafioso y el sicario. Sus personajes, aunque muy variados, solían tener algún vínculo con las letras. Eran poetas, críticos o escritores; siempre estaban perdidos, buscaban algo que no sabían a ciencia cierta si existía, y no pocas veces acababan rondando los hoyos negros del horror: la casa de María Canales (Mariana Callejas) donde se escribía y se torturaba; Santa Teresa, el pueblo ficticio que padecía una epidemia de feminicidios, o las muestras artísticas de Carlos Wielder, que documentaban asesinatos reales.

Aunque en las últimas dos décadas el panorama narrativo del continente se expandió de manera afortunada e irreductible, la huella de Bolaño puede rastrearse en ciertos novelistas que hablan de una América Latina distinta, no necesariamente la que interesó al boom. Si García Márquez, Vargas Llosa o Fuentes pensaron que la realidad y la historia del continente podían explicarse por la influencia que tenían el mito, la superstición o el fanatismo en los fenómenos sociales y políticos, los narradores actuales proyectan la impresión de que la causa de los males es más difusa y ubicua: una especie de Mal o de toxina que flota en el ambiente y que se apodera de los cuerpos para enfermarlos, enloquecerlos o maltratarlos. Sus herramientas ya no son las del realismo mágico o las del realismo flaubertiano, sino las de la literatura gótica. Pueblan sus historias con eventos y seres sobrenaturales —casas embrujadas, vampiros, curanderos milagrosos— o personajes malditos, apartados de la civilización por sus patologías o su fascinación por la tortura y la violencia. Pueden ser una estudiante de colegio, un cineasta, un psiquiatra, una madre o miembros de sectas misteriosas, y pueden aparecer en novelas como *Mandíbula*, de la ecuatoriana Mónica Ojeda; *Vivir abajo*, del peruano Gustavo Faverón; *The Night* y *Malasangre*, de los venezolanos Rodrigo Blanco Calderón y Michelle Roche, o *Mátate, amor*, *Distancia de rescate* y *Nuestra parte de noche*, de las argentinas Ariana Harwicz, Samantha Schweblin y Mariana Enríquez.

En estas novelas —apenas una muestra— los personajes merodean por casas que devoran personas, catacumbas de las dictaduras donde se tortura, laboratorios subterráneos donde se viola, edificios en ruinas donde se ensayan pequeños juegos perversos, bosques y descampados que incitan a la locura o donde se engendra el mal. Lo interesante es que, mientras hablan de eventos sobrenaturales o de conductas malévolas, también están hablando de otra cosa. De refilón, sin querer queriendo, están contando otra historia, también aciaga e incomprensible, también oscura e irracional: la del poder en América Latina, la de países que incomprensiblemente acabaron gobernados por seres como Juan Vicente Gómez, Alberto Fujimori, Hugo Banzer, Hugo Chávez o la Junta Militar argentina, personajes mucho más siniestros y malignos que el señor Hyde, Drácula o Dorian Grey. Ahí estaba lo interesante: en América Latina los monstruos no fueron inventos literarios, sino realidades que presidieron países, y las casas embrujadas en realidad existieron, fueron los centros de torturas, arquitecturas que literalmente devoraban a sus moradores: el que entraba no salía. La realidad latinoamericana, después de todo, no era mágica, sino gótica y siniestra, y los novelistas solo daban cuenta de ella. Estaban analizando las consecuencias del mando delirante, la manera en que comportamientos desmedidos y monstruosos contaminaron y maldijeron a las sociedades.

Era imposible que la violencia a la que ha estado sometido el continente desde hace décadas, violencia política, además, irradiada desde arriba, desde los palacios de gobierno, no creara entornos viciados, sociedades enfermas donde el Mal, como un virus, entrara por la piel o por las vías respiratorias. En estas sociedades contagiadas la violencia se hacía inevitable; el crimen se multiplicaba de forma endémica, inexplicable, como los feminicidios de *2666*. Se trataba de un fenómeno siniestro derivado de la muy siniestra historia política delirioamericana.

AMÉRICA LATINA, 2005-2022: LOS MUCHOS CAMINOS LITERARIOS Y LAS NUEVAS REGLAS DEL CAMPO LITERARIO

El que Roberto Bolaño hubiera abierto caminos fascinantes para la narrativa no significa que los demás se hubieran cerrado. En absoluto. El complejo y tumultuoso momento literario en el que estamos acoge innumerables tendencias, desde los experimentos cuasi conceptuales de Diamela Eltit, Mario Bellatin y César Aira a la novela distópica de Rita Indiana, Fernanda Trías o Juan Cárdenas; desde la autoficción de Jeremías Gamboa y Renato Cisneros a la introspección poética de Carolina Sanín. Cada país ya tiene su propio canon de literatura LGBTI. Han surgido nuevos sellos que publican experimentos genéricos como la ciencia ficción o el terror, y hay autores que, como Santiago Roncagliolo, toman elementos de estos géneros populares para hacer sofisticadas novelas. También hay otros, como Yuri Herrera, que tienen un oído muy fino para captar voces locales, modismos, ritmos particulares que enriquecen el lenguaje. Hay historias íntimas, como las de Alejandro Zambra, en las que la historia está al otro lado de la puerta, y hay novelas donde los dilemas y conflictos históricos se cuelan por las rendijas de las casas para llevarse por delante a sus protagonistas. Muchos novelistas exploran la manera en que los grandes acontecimientos y los conflictos políticos enquistados afectan a las vidas pequeñas de las personas comunes y corrientes. En *El olvido que seremos*, de Héctor Abad Faciolince, la turbulencia política de Colombia se inmiscuye en la vida íntima hasta trastocar por completo la existencia de una familia. Algo similar ocurre en *La escalera de Bramante*, de Leonardo Valencia, o en *El espíritu de mis padres sigue subiendo en la lluvia*, de Patricio Pron, novelas en las que los protagonistas descubren el presente y el pasado revolucionarios de sus familiares.

Si la generación del boom exploró y jugó con la historia latinoamericana, un autor como Juan Gabriel Vásquez ha creado un universo literario en el que la historia universal, eventos que han ocurrido muy lejos y que parecen no tener nada que ver con Latinoamérica, acaba repercutiendo en un país como Colombia. Sus novelas muestran una y otra vez que no estamos solos, que no podemos estarlo, porque para bien o para mal lo que ocurre en la Alemania nazi, en el Estados Unidos de Nixon o en la China de la Revolución cultural repercute en las vidas concretas de colombianos anónimos. La soledad ya no es nuestro problema. La fascinación por esos cruces entre la historia universal y la historia de sus países también se observa en Carlos Franz y Raúl Tola, y el impacto individual de los traumas políticos nacionales se intuye en las novelas de Arturo Fontaine, Alonso Cueto y Jorge Eduardo Benavides. O también en esa Cuba petrificada, convertida en un museo de ruinas, que obsesiona a Antonio José Ponte. En fin, el panorama es muy extenso, casi inabarcable, lleno de gente genial e inclasificable como Juan Esteban Constaín, o de poetas versátiles como Luigi Amara o Piedad Bonnett. Estar al día en la producción literaria de un solo país supone un reto enorme, y seguirle el rastro a un continente entero es una misión imposible. En mi caso, más que trazar las rutas por las que circula la literatura, me limito a señalar dos fenómenos que vienen determinando el campo literario en América Latina: la irrupción de las voces femeninas y el triunfo de las industrias culturales.

Ambos fenómenos se entienden mejor a la luz de esas iniciativas paralelas de 1996, el *Crack* y *McOndo*. En esos tiempos lejanos —aunque no tanto— todavía se hacían cosas que hoy ya no se hacen. En 1996 los escritores preservaban un lazo, así fuera paródico o autoirónico, con el legado vanguardista, patente en su propio intento de agruparse y diferenciarse del resto lanzando unas pautas estéticas y hasta morales propias. Y otra cosa más: en 1996 los hombres podían juntarse sin invitar a las mujeres, como ocurrió con el Crack y la antología de McOndo, sin que aquello justificara un escrache o una cancelación. Ambas cosas hoy en día no ocurren, son impensables. Los escritores ya no organizan guerrillas literarias ni lanzan manifiestos autopromocionales, y la paridad se ha impuesto en la vida literaria; los premios, congresos o festivales que no respeten ese imperativo se convierten en blancos fáciles del escándalo y la polémica.

De manera que sí, las cosas han cambiado en los campos culturales. Ni los artistas ni los escritores jóvenes se buscan hoy en día en los cafés ni salen al mundo con manifiestos delirantes. Se quedan en casa con los dedos cruzados, a la espera de que el Hay Festival los escoja en la lista Bogotá 39, a que la revista *Granta* los incluya en su listado de «Mejores escritores menores de treinta y cinco años», o a que la FIL de Guadalajara los invite a participar en «Los 25 secretos mejor guardados de América Latina». La presentación pública de los novelistas ha cambiado drásticamente; ya no son ellos mismos, con su vehemencia y afán de protagonismo, sino la industria cultural, con sus potentes plataformas, la que da a conocer a las nuevas generaciones y la que lleva sus libros a manos de los lectores alrededor del mundo. Muy sintomático es que las diputas y los zafarranchos literarios ya no se dan entre quienes están a favor o en contra de la industria (todos están a favor), sino entre los que fueron invitados a algún evento y los que no.

La importancia de estas industrias culturales radica en que desbordan el campo cultural y cada vez son más importantes como fenómenos turísticos y diplomáticos. Sus marcas ya tienen el poder de atracción para convertir una ciudad en un lugar de peregrinaje y congregar allí no solo a la élite intelectual de un país, sino también a las élites políticas y económicas. La preeminencia de estas plataformas quedó reconocida con el Premio Princesa de Asturias de Comunicación y Humanidades que recibieron, conjuntamente, la FIL de Guadalajara y el Hay Festival en 2020. Su labor como intermediarios entre lectores y escritores y como promotores de intercambios culturales en el interior del continente y con el resto del mundo, del cosmopolitismo y el diálogo, quedó refrendada. Porque todos estos espacios son plurales, inclusivos y en absoluto ideologizados, como sí lo fueron los congresos de Casa de las Américas en los años sesenta. Más aún, su neutralidad es la que les ha permitido convertirse en el principal escenario donde proponer ideas y propuestas literarias. Se han convertido en los nuevos cafés donde los escritores se reúnen, quizá ya no a escribir manifiestos ni a emprender batallas por la renovación del mundo y la forja del hombre nuevo, pero sí para dar a conocer las propuestas literarias, artísticas e intelectuales que están moldeando el presente.

En cien años hemos visto un cambio notable. En 1921 Borges salía a las calles de Buenos Aires a pegar su revista-mural *Prisma* en las paredes, mientras que hoy, de estar vivo y de haber sobrevivido a la pandemia, sería el invitado estrella de estas plataformas culturales. No tendría que salir a agitar conciencias al espacio público; su imagen y su voz llegarían a través de Zoom a las casas de la gente. ¿Hay vida literaria más allá de las industrias culturales? Puede que sí, pero si es vida inteligente o vida potencialmente mercantilizable su destino serán estas plataformas. La pelea entre la cultura y el capitalismo se acabó. Ni siquiera los escritores más escorados a la izquierda pretenden acabar con las industrias culturales. Un escritor como Juan Cárdenas podrá fantasear, como ya hicieron los surrealistas hace cien años, Sartre hace cincuenta, los *wokes* yanquis ayer y los europeos románticos cada día, con «la aniquilación definitiva del Hombre Blanco»,[84] pero esa misión no es incompatible con la participación en festivales y ferias.

LIMA, QUITO, BUENOS AIRES, BOGOTÁ, 1990-2022: LA MALA SUERTE
DE LA DEMOCRACIA LATINOAMERICANA: LA SEGUNDA
OLA DE POPULISMOS DERECHISTAS

Entre 1979 y 1990 fueron cayendo uno a uno todos los dictadores militares, desde el ecuatoriano Alfredo Poveda Burbano hasta el chileno Augusto Pinochet, pero el regreso de la democracia no supuso la normalización de la vida institucional. Los años ochenta habían dejado al continente quebrado, con hiperinflaciones, deudas externas, monedas desvalorizadas y nuevas amenazas como el narco, la corrupción de los partidos tradicionales y los grupos armados contra o paraestatales. Lo único claro era que ya no había espacio ni para revoluciones de izquierdas ni para cuartelazos de derechas. Excepto Cuba y México, que tenían sus propios sistemas autoritarios, quien quisiera ascender al poder tenía que usar medios legales. América Latina volvía a estar como en 1945, forzada a seguir el camino democrático, así fuera a regañadientes. Y con una tradición liberal tan débil era de preverse que en esta segunda ola democratizadora se repetiría el fenómeno populista de la primera.

Ocurrió muy pronto en Perú y luego en Ecuador, donde Alberto Fujimori y Abdalá Bucaram recurrieron a las viejas estrategias nacionalpopulares, con sus alusiones a la raza o al antielitismo de los candidatos, para conquistar electorados. Fujimori llamó la atención durante su campaña manejando un tractor o vistiendo ponchos y chullos, y se vanaglorió de ser un «chinito» con un vicepresidente «cholito», las razas humildes y mayoritarias de Perú, siempre menospreciadas por las élites blancas. Bucaram, por su parte, exageró su campechanía hasta la extravagancia, compartiendo con el público su afición a las guatitas, el fútbol y las vedetes, soltando insultos y procacidades en sus mítines y haciendo estallar en carcajadas a los espectadores con sus imitaciones. En los escenarios cantaba, lanzaba chistes de dudoso humor criollo y tronaba en contra de la oligarquía. Lo acompañaba un grupo de rock, Los Iracundos, con el que convertía sus apariciones públicas en conciertos y pachangas. Él mismo grabó su propio disco, *Un loco enamorado*, subastó su bigote hitleriano y hasta puso su nombre en las bolsas de la leche.

Todas estas excentricidades y guiños les sirvieron para llegar al poder. Pero una vez allí, al menos para Fujimori, las cosas cambiaron. El nuevo presidente se quitó el disfraz de cholito, se puso saco y corbata y adoptó el semblante de un caudillo autoritario y neoliberal. Impuso el shock económico con el que había demonizado a Vargas Llosa en comerciales televisivos, y vio con satisfacción cómo las medidas de las que abominó en campaña controlaban la inflación, atraían la inversión extranjera y volvían a insertar a Perú en los circuitos financieros internacionales. Una vez que la economía mejoró y su imagen pública se fortaleció, estuvo listo para hacer la misma jugada que Velasco Ibarra: convertir su Gobierno populista en una dictadura personalista. Con el respaldo de las fuerzas armadas, en abril de 1992 cerró el Congreso y empezó a gobernar por decretos leyes. También en la línea del populista ecuatoriano, justificó su golpe como una medida moralizadora que le permitiría luchar contra la corrupción y el terrorismo de Sendero Luminoso. Luego procedió a legitimar su autogolpe al modo peronista, convocando una Asamblea Constituyente encargada de refundar el país y forjar, ahora sí, una verdadera democracia. Como el garante de ese horizonte de honestidad, pureza, justicia e igualdad era el mismo caudillo, el primer artículo que debía reformarse era el que impedía su reelección. Empezaba en ese instante un nuevo periodo en América Latina en el que los líderes populares y autoritarios, tanto de derechas como de izquierdas, buscarían romper los consensos constitucionales para redactar un nuevo texto a su medida.

Fujimori fue un pícaro oportunista sin proyecto ideológico que supo interpretar muy bien las ansiedades que estaba generando el terrorismo senderista. También tuvo suerte. A falta de un programa económico, copió el de Vargas Llosa justo cuando las medidas aperturistas estaban dando resultados positivos en América Latina. La reactivación económica y la derrota de Sendero Luminoso y del MRTA le darían a Fujimori una popularidad y un capital político descomunales. Ni la evidencia del desfalco —seis mil millones de dólares, se calcula que robó al Estado— ni la manera en que corrompió a las élites y destrozó las instituciones desplazaron al fujimorismo de la primera línea de la política. Hasta el día de hoy, aunque cueste creerlo, es una fuerza determinante en la vida pública peruana. Bucaram copió el modelo peruano, pero no fue tan hábil ni tuvo tanta suerte. Sus payasadas divirtieron al público-elector hasta que tuvo que subir los precios de la electricidad y el gas y se hicieron públicas las acusaciones de corrupción. Su pachanga dejó de hacer gracia y la ciudadanía se le echó encima. Solo llevaba seis meses en el Gobierno cuando el Congreso le volteó las cartas: aprovechó su extravagancia desmadrada para acusarlo de estar incapacitado mentalmente para presidir el país. El presidente había jugado a ser loco, sin sospechar que entregaba a sus adversarios una disculpa poco rigurosa, pero efectista, para destituirlo. Su salida del Gobierno en 1997 dejó a Ecuador hundido en un desgobierno y en una crisis brutal, que hicieron rodar por el palacio de Carondelet a diez presidentes durante los siguientes diez años, todo esto en medio de crisis bancarias y monetarias que golpearon con enorme fuerza a países como Ecuador, Argentina y Colombia. El desmadre que dejó Bucaram con su populismo neoliberal estaba allanando el camino para un nuevo populismo, esta vez de izquierdas, el de Rafael Correa.

La crisis bancaria de 1998, pero sobre todo los problemas de orden público ocasionados por la terrible ofensiva que emprendieron las FARC después del fallido proceso de paz de Andrés Pastrana, predispusieron a la sociedad colombiana a depositar sus esperanzas en un político que, por primera vez en casi cien años, llegaba a unas elecciones presidenciales sin el respaldo de los partidos liberal o conservador. La exitosa estrategia de Álvaro Uribe consistió en prometer lo que un país frustrado y humillado ansiaba oír. Seguridad, mano dura. Ese sería el eje de su gobierno, seguridad en las vías públicas y una lucha frontal y decidida contra la guerrilla. Su lema de campaña para las elecciones de 2002, «Mano firme, corazón grande», no dejaba ninguna duda al respecto: llegaba el populismo de derecha a Colombia. Como Fujimori, la promesa uribista de apretarle las tuercas a la insurgencia calmó las ansiedades de gran parte de una sociedad aterrorizada con los secuestros, chantajes y asaltos de las FARC. Su estrategia no fue el recurso racial o popular, sino el nacional. En un país —excepción latinoamericana— poco dado a los excesos nacionalistas, Uribe alimentó el patrioterismo, para aglutinar muchos apoyos y arrojar resultados importantes durante su primer gobierno: recuperó las carreteras, forzó a la guerrilla a replegarse en las zonas que había ocupado históricamente, devolvió la sensación de seguridad, y todo esto mientras el país, como buena parte del continente, vivía un boom económico con la exportación de materias primas. Sus éxitos en estos dos terrenos, el económico y el bélico, tendrían el mismo efecto que en Perú: una alianza inquebrantable entre sectores de las élites con el uribismo, y un camino despejado para modificar la Constitución.

El uribismo se debatió entre los actos heroicos y cinematográficos, como la liberación de Íngrid Betancourt, y la banalidad del mal encarnada en los falsos positivos, asesinatos extrajudiciales de más de seis mil civiles para engrosar los partes de guerra del ejército. Unos y otros sirvieron para apuntalar un relato o un espejismo que hacía creer que la derrota militar de las FARC estaba a la vuelta de la esquina. Los colombianos de bien estaban derrotando a la insurgencia terrorista: ¿quién no quería creer esa historia después de medio siglo de guerra de guerrillas? Era un recurso populista de enorme efectividad, que le permitió a Uribe corromper la tradición institucional y liberal colombiana para reformar la Constitución y mantenerse en el poder hasta 2010. No contento con dos mandatos, promovió un plebiscito que seguramente, de no haberse estrellado contra la Corte Constitucional, le habría permitido ejercer como presidente por un tercer periodo.

La popularidad y el fervor que generaron los populismos neoliberales y antiterroristas en buena parte del *establishment* político, empresarial y mediático dieron a Fujimori y Uribe un ancho margen para obrar de forma dudosa. Durante los gobiernos de Uribe los periodistas fueron perseguidos y los jueces, espiados; se sobornó a congresistas para aprobar la reelección, y se hicieron pactos con políticos ligados al paramilitarismo. Por algunas de estas acciones fueron a dar a la cárcel dos ministros, dos directores del DAS, dos secretarios de seguridad y dos secretarios de la presidencia, mientras que Uribe, protegido por lo que en Colombia se conoció como el «efecto teflón», salió siempre limpio de investigaciones sobre paramilitarismo y narcotráfico que iban descabezando a su hermano, a su primo y a sus colaboradores más cercanos. Hasta una acusación bastante bien fundada por manipulación de testigos, que lo forzó a renunciar al Senado y produjo una detención domiciliaria, parece desvanecerse en los archivos de la Fiscalía. Con mucha menos suerte contó Fujimori, que sí acabó en la cárcel acusado de un par de masacres, usurpación de funciones, corrupción y algún que otro delito, lo cual no impidió que su «capital» político pasara a manos de su hija Keiko, ni que el fujimorismo sobreviviera como una fuerza desestabilizadora, destinada a proteger intereses mafiosos y a entorpecer el sistema democrático. Desde 2016, después de dos derrotas electorales, la mayoría parlamentaria de Keiko Fujimori hizo ingobernable Perú, y en junio de 2021, incapaz de digerir su tercera derrota consecutiva, congregó al poder mediático y a los bufetes de abogados más prestigiosos de Lima para intentar socavar el resultado electoral con una acusación de fraude basada en rumores e indicios, sin ninguna prueba real.

A la fiesta populista de los noventa también se unió el peronismo, como era de esperarse, esta vez en su versión neoliberal, menemista, para privatizar el sector público y controlar la crisis inflacionaria. Pero lo que inició bien, produciendo una pequeña bonanza, muy pronto se convirtió en una fiesta de negociados sin auditorías, deuda externa descontrolada, frivolidad y corrupción, que finalmente acabó en una enorme crisis económica que facilitó la aparición de los Kirchner, populistas de izquierda. También en Perú y en Colombia el fujimorismo y el uribismo alimentaron a sus némesis, políticos cuyo comportamiento en el poder al día de hoy es impredecible. En Perú una de estas candidaturas, la del improvisado Pedro Castillo, representante de un partido marxista-leninista-mariateguista con ideas cavernarias y autoritarias difícilmente compatibles con la democracia, ganó las elecciones de 2021. En Colombia ha mantenido inflada la imagen de Gustavo Petro, un exguerrillero de retórica grandilocuente que se arropa con etiquetas como «humanidad», «paz», «pacto» o «vida» para camuflar una personalidad mesiánica, capaz de pactar con grupos evangélicos y hasta con un exgobernador de dudoso pasado, vinculado a una masacre paramilitar, pero no de renegar explícitamente de los liderazgos autoritarios de Venezuela.

La guerra populista cada vez se impregna de más elementos religiosos porque ambas retóricas reducen la complejidad social y los muchos conflictos que surgen del choque de intereses a una simple batalla entre amigos y enemigos, entre el Bien y el Mal, entre Dios y Satanás o, como decía Gustavo Petro, entre las políticas de la vida y las políticas de la muerte. Todo viene a ser lo mismo, porque al final de lo que se trata en cada elección es de salvar a la patria del antipueblo o del anticristo; salvar a la nación del castrochavismo o del imperialismo colonialista heteropatriarcal. La causa moralista, como la patriótica, moviliza afectos, borra los matices y desemboca en una cruzada del todo o nada.

El hecho de que el marco ineludible de todas las contiendas políticas recientes haya sido la democracia, no ha fortalecido el sistema sino todo lo contrario. Las instituciones se han convertido en un campo de batalla en el que se ha abusado de todos los recursos a la mano: la vacancia, el *impeachment* o el obstruccionismo parlamentario. A falta de proyectos y soluciones para los problemas, el recurso inmediato es tumbar o desgastar al enemigo. Y esto, como es entendible, deslegitima el sistema; siembra sospechas anticipadas sobre los procesos electorales, la fiabilidad de los jueces, la solidez de los tribunales, la imparcialidad del periodismo y la posibilidad de dirimir objetivamente los conflictos que surgen en las luchas por el poder; una sospecha generalizada que ha disparado la tendencia conspirativa, la creación de realidades paralelas y la polarización extrema. El resultado puede verse en Perú, Brasil, Chile, México. Las sociedades empiezan a dividirse en dos bloques, ambos populistas, ambos exaltados y redentores, menos interesados en establecer verdades objetivas que en ganar el relato mediático, en forzar las leyes para destronar, arrinconar o apresar al enemigo político, y desde luego en ganar el poder para que el otro bloque no lo tenga. Esta dinámica perpetúa uno de los problemas latinoamericanos, el adanismo, la tendencia a refundar la nación con revoluciones cada dos por tres sin darle continuidad a ninguna política de Estado. La revolución es ahora legal y con votos, pero el resultado es el mismo: un cambio de gobierno es un nuevo comienzo con nuevas constituciones y hasta con nuevos nombres para los países. Es como si no se hubiera asimilado ninguna de las lecciones del siglo XX. Ahí seguimos, divididos entre los nuestroamericanistas-identitarios-globalifóbicos-autoritarios que se miran en el ejemplo del castrismo y el peronismo, y los evangelistas-neoliberales-militaristas-patrióticos que evocan las dictaduras económicamente eficaces que acabaron con el terrorismo de izquierdas. Sigue habiendo democracia, pero cada elección es una guerra en la que el centroizquierda y el centroderecha, en lugar de pactar para frenar el delirio populista, acaban arrastrados por los radicalismos. Como quedó demostrado en las elecciones peruanas de 2021 y con la Asamblea Constituyente chilena, este empieza a ser el panorama de América Latina. Vale la pena ver cómo llegamos hasta aquí.

CARACAS, BUENOS AIRES, MANAGUA, LA PAZ, QUITO, MÉXICO D. F., 1999-2022: EL POPULISMO DE IZQUIERDAS Y LA GUERRA POR OTROS MEDIOS

Un momento crucial en esta historia fue la victoria electoral de Hugo Chávez en 1999, que sepultó el proceso democrático iniciado en 1958 por Acción Democrática y el COPEI. Chávez no surgió de la nada, desde luego; fue el efecto retardado del Caracazo de 1989, la primera manifestación masiva detonada por los ajustes económicos recomendados por el FMI, «el paquetazo» de Carlos Andrés Pérez. Este fue el «momento populista» venezolano, es decir, el instante en que la crisis económica y social ponía en duda los viejos consensos y los viejos liderazgos, y en medio de la desafección surgía un nuevo líder que le explicaba con sagacidad a la gente lo que ocurría:

«Nosotros, el pueblo, hemos sido explotados y oprimidos sistemáticamente por unas élites corruptas, subordinadas a poderes foráneos». Era una vieja tonada: «Nos han quitado la nación, nos han quitado la dignidad y ahora las medidas neoliberales nos van a quitar el agua, la tierra, el medio ambiente. La culpa de la pobreza, la insatisfacción, el racismo, el clasismo, el desempleo, los malos servicios públicos y cualquier otro mal espiritual o material que afecte a la vida de cualquier compatriota tiene un responsable, ellos, la élite vendepatrias, los pitiyanquis, los colonizados. Son, o dicen ser, compatriotas, pero en realidad no hacen parte del pueblo, del nosotros. Son los enemigos que se camuflan para corromper la patria con ideas gringas y valores extranjeros, y que impiden al pueblo auténtico unirse para defender lo que más importa, la nación. Pero aquí estoy yo, que he sabido interpretar la voz del pueblo, su insatisfacción, su malestar y sus anhelos. La patria soy yo, el pueblo soy yo, y como no puedo ir contra mí, tampoco iré contra ustedes. Toda mi ira apuntará hacia los traidores que nos han arrojado a esta situación; hacia las compañías extranjeras que han hurtado todas y cada una de nuestras riquezas y hacia sus cómplices nacionales. Este es un país rico lleno de pobres por culpa del expolio imperialista y colonialista, que acabará cuando yo esté en el poder.»

Este discurso populista empezó a ser muy efectivo en el momento en que las medidas neoliberales que se aplicaron en los años noventa empezaron a fallar. Si en esa década Carlos Menem, Alberto Fujimori, Fernando Collor de Mello y Abdalá Bucaram prometieron milagros económicos con la apertura económica y las privatizaciones, sus sucesores de la década de 2000 ofrecerían lo mismo con las fórmulas opuestas. El ciclo internacionalista de los noventa daba paso a un nuevo ciclo americanista. Hugo Chávez, Evo Morales, Rafael Correa, Daniel Ortega y Néstor y Cristina Kirchner se convirtieron en los purificadores encargados de revertir estas políticas. Todos estos líderes subieron gracias a los conflictos originados por la reducción de los estados, las presiones del FMI, el alza en servicios públicos privatizados, las reformas monetarias y el malestar social achacado a la venta de las industrias nacionales a firmas extranjeras. Las protestas airadas, el caos y la sensación de que los intereses de la gente no eran representados por ningún partido político —«¡Que se vayan todos!», gritaban en Argentina en 2001 y en Ecuador en 2005— abrieron distintos momentos populistas. Y ahí estuvieron los futuros presidentes formando nuevos electorados, nuevos consensos y aglutinando en torno a ellos nuevas identidades populares. A diferencia de sus antecesores, ellos sí tendrían en cuenta al pueblo, no solo a los mercados financieros, el FMI o las cifras macroeconómicas: el mismo discurso empezaría a resonar en todo el continente.

Este relato épico y emancipador movilizó a nuevos electorados y permitió a los líderes populistas establecer formas de gobierno plebiscitarias, en las que importaba mucho más el sentimiento del pueblo, su voz, su deseo, siempre interpretado sabiamente por el líder, que los legalismos del sistema democrático. Chávez fue el primero en instrumentalizar la movilización popular con una estrategia que luego copiarían sus imitadores. Aprovechó el fervor popular para replicar la fórmula de Fujimori, convocar una Asamblea Constituyente que alumbró un nuevo texto que le daba más poderes al presidente, empezando por la reelección. Armados con este nuevo texto, la acción de los líderes populistas empezaría a parecerse a la acción de un comando guerrillero, con la diferencia de que ya no actuarían en el monte sino en el mismo corazón de las instituciones democráticas. Su misión no sería destruirlas, sino quitarles poder o cooptarlas con jueces, fiscales o procuradores leales. Chávez, por ejemplo, reformó el Tribunal Supremo para incorporar doce jueces chavistas y convertirlo, en palabras del director de Human Rights Watch, José Miguel Vivanco, «en un apéndice del Ejecutivo».[85]

Las crisis económicas de finales de los años noventa y principios de la década de 2000 también serían aprovechadas en Argentina y Bolivia para renovar los liderazgos con propuestas de izquierda populista. En Ecuador la llegada de Rafael Correa al poder estuvo igualmente precedida por la crisis institucional que dejaron Bucaram y sus sucesores, en especial el «dictócrata» Lucio Gutiérrez, que intentó sin éxito la fórmula fujimorista: llegar al poder como izquierdista para gobernar como derechista. Ante la crisis institucional y la falta de legitimidad de los partidos, Correa ofreció nacionalismo, soberanía y una nueva Constitución. Con estas propuestas logró ganar la presidencia en la segunda vuelta, aunque formalizar la Asamblea Constituyente con la que soñaba le costó un poco más. Para hacerla viable tuvo que emprender una guerra contra los opositores que intentaron frenarlo en el Congreso. Según Correa, el pueblo quería una Constituyente y los congresistas no podían oponerse. La guerra se saldó con la destitución de cincuenta y siete congresistas y nueve jueces del Tribunal Constitucional. Despejado el camino, pudo redactar una nueva Constitución que le permitiría reelegirse.

La fórmula de Correa fue típicamente populista. En lugar de cerrar las instituciones, las duplicó o aumentó el número de jueces o de diputados para diluir el voto de sus contradictores. Siguiendo el ejemplo de Chávez, el ecuatoriano se inventó un Congresillo que debía funcionar después de la aprobación de la nueva Constitución, con potestad para nombrar cargos importantes en las otras instituciones del Estado. Todas las instancias encargadas de fiscalizar y de pedir cuentas al presidente quedaron en manos de sus amigos. Dos de ellos, Galo Chiriboga y Gustavo Jalkh, fueron nombrados en la Fiscalía y el Consejo de la Judicatura. Ahora Correa podía perseguir judicialmente, y con una implacable eficacia, a todos sus enemigos desde las instituciones democráticas. Eso era el populismo: una guerra a muerte que aprovechaba vacíos o triquiñuelas legales para alinear todas las instituciones con la presidencia. Su consecuencia más evidente fue la pérdida de credibilidad e imparcialidad de las instituciones.

El ascenso de Evo Morales al poder tuvo similitudes con el de Correa. En Bolivia también hubo una crisis social muy fuerte. Empezó en 1997, cuando Hugo Banzer, forzado por Estados Unidos, emprendió una guerra absurda contra la hoja de coca. «Coca cero», fue el americanizado nombre que le puso a su campaña, una estrategia idiota para atacar un producto tradicional, símbolo de la resistencia indígena y del localismo antiglobalizador. Banzer, lo habrán adivinado, no consiguió erradicar la planta, pero sí sublevar a los cultivadores y las poblaciones indígenas. De las intensas movilizaciones surgieron los liderazgos de dos cocaleros que acabarían teniendo una enorme influencia en la vida pública boliviana: Evo Morales y el exguerrillero Felipe Quispe.

Las protestas catapultaron a Morales al Congreso y lo convirtieron en un líder anfibio: representaba al *establishment* político, claro, pero si se sancionaba una ley que no le gustaba movilizaba protestas callejeras multitudinarias. Era una fórmula que le permitía estar al mismo tiempo en dos mundos distintos, el del poder y el de la protesta, el de las instituciones y el del activismo antiinstitucional. Y entonces en el año 2000 ocurrió algo que aceleró su carrera hacia el poder: movilizó a miles de seguidores para protestar por la privatización que hizo Banzer del servicio del agua en Cochabamba. A estos disturbios, que se conocieron como la «guerra del agua», no tardaron en sumarse nuevas causas de malestar social. El rechazo nacionalista a la exportación de hidrocarburos a través de Chile desató una nueva guerra, la del gas, que volvió a paralizar Bolivia. Sumando los dos conflictos, Bolivia estuvo en constante efervescencia durante todo un lustro, entre 2000 y 2005, y durante ese periodo dos presidentes, Gonzalo Sánchez de Lozada y Carlos Mesa, se vieron forzados a renunciar. Era el momento populista por excelencia, un periodo de turbulencia y caos que el mismo Morales avivó y aprovechó para erigirse en defensor de una nueva identidad nacional popular escaldada por las políticas neoliberales, que incluía a los indígenas, los pobres urbanos, las clases medias y a todo el que albergara sentimientos nacionalistas. Morales no hacía nada que antes no hubiera hecho el MNR o que no hubiera teorizado Carlos Montenegro: dividió la sociedad en pueblo y extranjeros, en nacionales y colonialistas; en buenos y malos.

A pesar de que Felipe Quispe lo deslegitimó como indígena por no hablar aymara, el gran logro de Morales fue integrar a las comunidades indígenas en el proceso de construcción nacional. Esta depuración democrática contrastó con el irrespeto que demostró por el entramado institucional boliviano. Porque también él, como Chávez, refundó la patria con una nueva Constitución, atacó la Corte Suprema y el Tribunal Constitucional; no creó un Congresillo paralelo, pero sí aumentó el número de representantes para diluir el poder de la oposición e intentó por todos los medios prolongar su mandato, entre ellos mediante un referéndum que finalmente perdió. El descalabro no frenó su decisión de perpetuarse indefinidamente en el poder. Presentó una demanda ante el Tribunal Constitucional Plurinacional, que falló en su favor con uno de los argumentos más descabellados jamás oídos: reelegirse como presidente era un derecho humano fundamental. Morales se presentó a las elecciones de 2019, pero esta vez no tuvo a la suerte de su lado. En medio de acusaciones muy serias de fraude, una de ellas lanzada por la OEA, el ejército forzó su renuncia y la de sus aliados más cercanos.

En Argentina el nuevorriquismo menemista también acabaría en un descomunal caos que terminaría beneficiando a Néstor y Cristina Kirchner. La conversión monetaria de Menem, los elevados gastos públicos y el magro flujo de divisas por importaciones forzaron al Gobierno de Fernando de la Rúa a endeudarse masivamente con el FMI para mantener la paridad del peso con el dólar. La jugada no devolvió la confianza en la economía, y todo aquel que tenía capitales empezó a sacarlos del país. Al borde de la quiebra, el FMI sugirió la imposición de una medida desesperada y fatalmente nociva para las clases medias: el corralito. Sin poder sacar más de 250 dólares semanales de los bancos, la economía se paralizó, sobre todo la informal, y el país estalló. Cuatro presidentes rotaron por la Casa Rosada en diez días, hasta que finalmente llegó Eduardo Duhalde para estabilizar la situación. Ese estallido callejero, para quien supiera oírlo, decía lo mismo que estaba diciendo la calle en Bolivia y Ecuador: «No nos representan». Bastaba con encontrar un nuevo discurso, una nueva narrativa, que justificara el descontento y prometiera remediarlo con un proyecto alternativo. Néstor Kirchner, un peronista desconocido, gobernador de Santa Cruz, lo entendió en las elecciones de 2003. Con su esposa Cristina como jefa de campaña, levantó las mismas banderas que Chávez: el nacionalismo y el progresismo y la ruptura con las políticas neoliberales.

Sus primeros resultados fueron positivos. El ciclo económico mundial le vino muy bien, y la demanda de materias primas hizo crecer la economía a ritmos elevadísimos. A la recuperación económica sumó la causa progresista por excelencia en Argentina: saldar cuentas pendientes con la dictadura. Kirchner decidió ganar la guerra que no había peleado, descolgando los retratos de los generales Videla y Bignone de las galerías del Colegio Militar, una pequeña performance extemporánea y facilona con la cual ganar popularidad. Hasta ahí el show era digerible, pero en 2007, cuando empezaron a buscar la sucesión dinástica, Néstor Kirchner dio preocupantes muestras de populismo: intervino el Instituto Nacional de Estadística y Censo, dejando a los argentinos sin ninguna cifra real con la cual juzgar el desempeño de la economía. Como la inflación volvía a crecer y la realidad se empeñaba en no comportarse como a los Kirchner les hubiera gustado, la negaron, la dejaron a un lado, cubierta por una sábana o por una narrativa esplendorosa. La pobreza estigmatizaba, dijo Axel Kicillof, ministro de Economía, un topicazo políticamente correcto con el que se libraba de dar datos. Los Kirchner iniciaban una fuga hacia delante, hacia un mundo de palabras que debían convencer a los argentinos de que se encontraban en medio de una guerra entre víctimas y culpables, entre demócratas y destituyentes, entre patriotas y agentes del FMI, entre secuestrados y torturadores. Era otra táctica populista por excelencia. Tener otros datos, los *alternative facts* que servían para iniciar una guerra de relatos, la reinterpretación de la realidad desde un marco discursivo que acomodaba los hechos para que dijeran lo que me servía a mí y no a mi enemigo. Cuando Cristina Kirchner llegó a la presidencia, Ernesto Laclau ya había publicado *La razón populista*, el libro que guio a quienes querían replicar de forma práctica y premeditada lo que Perón y Chávez habían hecho instintivamente. Laclau había estudiado el peronismo, su lógica schmittiana de seccionar la sociedad en dos campos, amigos y enemigos, para polarizar el juego político, y en lugar de encontrar aquello repulsivo había quedado fascinado con la manera en que movilizaba emociones políticas. La enseñanza que legaba a los futuros príncipes populistas no advertía de los enormes males que se gestaban al dividir a las sociedades. Al contrario, señalaba que no había otra forma de entrar en una contienda electoral; eso era lo que definía lo político, la disputa por el alma de la gente.

En esa guerra no entraban en juego las armas convencionales, sino el símbolo, la memoria, la neolengua y todos los espacios donde se negocian significados y valores: las calles, los medios, las academias, las asociaciones civiles y las instituciones culturales. Quien planteaba su actividad política en estos términos, como una guerra discursiva, como un proceso de construcción del pueblo o, en la redundante jerga del propio Laclau, como «la constitución de fronteras antagónicas dentro de lo social y la convocatoria a nuevos sujetos de cambio social»,[86] se proponía dividir a la sociedad confiando en que su bando, el nosotros, lograra imponerse en cada asalto al enemigo.

Cristina Kirchner se graduó como alumna de Laclau en 2008, cuando, ya como presidenta, tuvo que enfrentarse a su primera crisis de gobierno.

Debido a una nueva renta a las exportaciones de productos agrícolas, los cultivadores de soja iniciaron una protesta que paralizó el país durante casi un mes. Ese fue el instante en que Cristina Kirchner se inventó un enemigo, el campo, al que acusó de ser un poder «destituyente» amangualado con la prensa —el Grupo Clarín— para dar un golpe de Estado. El resultado fue la guerra contra periodistas concretos, cuyas imágenes llegó a exponer en las calles para que la gente les escupiera, y que incluyó un inverosímil juicio popular que le montó al consorcio mediático con la complicidad de las Madres de Plaza de Mayo. Pero el golpe más fuerte no fue simbólico ni performático; fue la Ley de Medios de 2009, con la que pudo atacar directamente los intereses de sus oponentes y usar programas de televisión, en especial el fútbol, como una maravillosa coartada populista. Cristina Kirchner no creó misiones, como Chávez, pero sí dio fútbol gratis a los argentinos. Los goles estaban «secuestrados», dijo, para equiparar al Grupo Clarín con la Junta Militar que secuestró a miles de argentinos, y convertirse ella en la emancipadora de la pasión popular.

Esta segunda ola repetía los vicios de los populismos de los años cuarenta, sobre todo uno: la guerra por controlar los medios de comunicación. Empezando por Fujimori y las decenas de pasquines que financió —la «prensa chicha»— para desinformar o embarrar la imagen de sus enemigos, los caudillos de esta segunda ola contaminaron el espacio público con informaciones interesadas o se convirtieron en emisores de noticias. Su hiperactividad ante los medios ha sido una manera de imponer a la prensa una agenda y de estar presente en periódicos, radios y noticieros permanentemente. Ocupan ese espacio para asegurarse de que es su versión de los hechos la que recogen los periodistas. Se muestran benevolentes con la prensa dócil, que les sigue el juego, y autoritarios con los medios que no se adaptan a esta nueva lógica de *reality show*. Es como si hubieran aprendido la lección de Roberto Jacoby. Lo único que importa es infiltrar la comunicación para que se hable de su obra. Que esta obra exista o no, o que sea de provecho para la ciudadanía, es indiferente. El populista necesita transmitir un mensaje, y ese mensaje siempre es él mismo: su propia imagen, su amor a la patria, su devoción por el pueblo, su defensa de la gente buena, su ataque a los enemigos de la nación. Todo se queda en la performance mediática; en hacer creer que detrás hay mucha obra, que se trabaja, que hay una profunda preocupación por el pueblo, cuando en realidad solo hay un propósito: conservar el poder.

Álvaro Uribe escenificó su hiperactividad mediante *Consejos comunales*, más de trescientas transmisiones de hasta diez horas, difundidas por todo el país, en las que se hablaba de las necesidades de cada municipio o región y se daba a entender que Uribe era un trabajador incansable a quien no se le escapaba ninguna de las necesidades del país. Hugo Chávez se desinhibía en su programa *Aló presidente*, en el que hacía de *host* o anfitrión de sí mismo. Siguiendo su ejemplo, Rafael Correa utilizó su programa sabatino, *Enlace ciudadano*, para atacar a sus enemigos. Este idilio con los medios contrastaba con el odio que podían demostrar hacia los periodistas críticos. Uribe siempre mantuvo una relación muy tensa con quienes no le hacían las preguntas correctas, y algunos de ellos, como Daniel Coronell, fueron espiados por el DAS. Fujimori secuestró a Gustavo Gorriti, y Cristina Kirchner utilizó sus cadenas nacionales como un medio contrainformativo en el que corregía la versión de los acontecimientos que daban los medios independientes, según ella agentes del pesimismo y de la desmoralización. Chávez se encargó de prohibir la crítica, igualándola a difamación, un argumento que empleó para atacar a *El Nacional* de Miguel Henrique Otero y a *Tal Cual* de Teodoro Petkoff, entre otros medios. Rafael Correa hizo algo similar con *El Universo*, imponiéndole multas absurdas, de hasta cincuenta millones de dólares, con las que buscaba quebrarlo y cerrarlo, o promulgando la Ley de Comunicación, que le permitía sancionar a los medios críticos o forzar la autocensura de la prensa. Cristina Kirchner recortó los suministros de papel, una táctica peronista, e incluso inició una campaña de desprestigio contra Ernestina Herrero de Noble, una de las propietarias del Grupo Clarín, deslizando la sospecha de que sus hijos adoptivos eran bebés secuestrados durante la dictadura. Para completar el cuadro, en junio de 2021 Daniel Ortega emprendió una cacería de periodistas independientes y rivales políticos acusándolos de blanquear dinero y ser enemigos del pueblo y la revolución. La ley que promulgó a finales de 2020, la 1055, de Defensa de los Derechos del Pueblo, era el sueño húmedo de los populistas: proteger al pueblo de cualquier ataque interno o externo, pero claro, como el pueblo y el líder eran la misma cosa, en la práctica esto suponía una autorización para perseguir judicialmente a cualquier opositor que menoscabara la independencia, la soberanía y la autodeterminación de Nicaragua. Abusando de esta fórmula, en junio de 2021 Ortega envió a la cárcel a legendarios guerrilleros del FSLN, a la prensa crítica y a todos los políticos de la oposición. El camino quedaba despejado para que Ortega y Murillo siguieran en el poder indefinidamente.

A esta lista de gobernantes que establecen extrañas relaciones con los medios se suma Andrés Manuel López Obrador. Desde el inicio de su gobierno en 2018, AMLO decidió citar a los periodistas a una especie de ruedas de prensa, las «mañaneras», en las que cualquier cosa podía pasar, desde salidas ocurrentes del mandatario que convertían las comparecencias en sketches cómicos, hasta trances místicos en los que sacaba su colección de estampitas religiosas y soltaba sus extraviados consejos sobre cómo enfrentar la pandemia del Covid 19. Con más frecuencia desviaba los cuestionamientos críticos con su frase mágica, «tengo otros datos», que inevitablemente recordaba a las coartadas de Donald Trump. Pero lo fundamental de las mañaneras era que convertían a AMLO en la fuente y en el emisor de la noticia. Él informaba; la prensa difundía. Ese era el trato que imponía a los medios. Ya no había necesidad de salir a la calle y ver qué ocurría, porque AMLO les ahorraba el trabajo. El presidente mexicano era el verdadero artista de los medios.

En la guerra política contemporánea, y no solo en América Latina, la comunicación es la nueva arma. Las estrategias comunicativas son fundamentales para desviar la atención del votante con problemas inventados o extemporáneos, o con versiones de los hechos amoldadas a la narrativa de quien gobierna. Si atraviesan crisis o se ven acorralados y necesitan movilizar afectivamente a sus partidarios, los populistas apelan a temas que generan debate social y que movilizan a la ciudadanía. Lo hacen con las cadenas nacionales o con Twitter, como el nuevo aprendiz de tirano, el salvadoreño Nayib Bukele. Cristina Kirchner escarbó en los traumas de la historia para arroparse con la causa justiciera y asociar al enemigo indigno del pasado con el rival político del presente. La jugada era estratégica porque sacó de su letargo a los intelectuales de los años setenta, que no dudaron en ponerse de su lado. La presidenta logró lo que Perón no pudo: rodearse de intelectuales talentosos. A través del Espacio Carta Abierta, escritores, cineastas y artistas se sumaron a la batalla cultural, reforzando el relato del poder con el prestigio de sus firmas, y de paso socavando la veracidad de los medios independientes. Esos medios, decía la primera carta abierta, «privatizan las conciencias con un sentido común ciego, iletrado, impresionista, inmediatista, parcial. Alimentan una opinión pública de perfil antipolítica, desacreditadora de un Estado democráticamente interventor en la lucha de intereses sociales».[87] Ortega, Chávez, Maduro, Correa, Fujimori o Bukele, el último en sumarse a las persecuciones a la prensa independiente —El Faro—, hubieran pagado para que un intelectual les escribiera la misma carta.

La lucha por el relato dejó en Argentina una polarización extrema, «la grieta», que también produjo dos bandos enfrentados por las heridas del pasado, por los símbolos del presente, por las utopías del futuro. Mientras tanto lo que ganaba no era «lo político», como pretendía Laclau, sino la más abyecta corrupción y las prácticas autoritarias y mafiosas. De pronto aparecía muerto el fiscal Alberto Nisman, el funcionario que había señalado a Cristina Kirchner de buscar la impunidad de los prófugos iraníes involucrados en el caso AMIA; de pronto la fortuna declarada de los Kirchner aumentaba 46 veces; de pronto los funcionarios kirchneristas eran detenidos por el cobro de coimas millonarias y uno de ellos, el secretario de Obras Públicas, era sorprendido arrojando maletas llenas de dólares sobre la tapia de un convento. Hasta 120.000 millones de dólares pudieron haber sido robados durante los largos años del kirchnerismo, un monto que convierte a autócratas como Alberto Fujimori en simples aficionados. Nada de esto impidió que volviera a la primera línea de la política como fórmula vicepresidencial de Alberto Fernández, su antiguo enemigo. Cristina Kirchner no había logrado torcer la Constitución para perpetuarse en el poder, pero sí logró perpetuarse en la conciencia de la gente.

Los populismos de la década de 2000 revivieron las ilusiones revolucionarias de los años setenta, y donde más claramente se dio este fenómeno fue en Nicaragua. Dos figuras míticas del sandinismo, Daniel Ortega y Rosario Murillo, volvieron al poder en 2007, después de casi dos décadas en la oposición. Pero para entonces Ortega y Murillo no eran los mismos. La distancia que los separaba del guerrillero y de la poeta que habían sido era casi la misma que separaba a Néstor y Cristina Kirchner de Perón y Evita: se habían convertido en una mala copia de ellos mismos, en una mala copia populista y despótica.

A pesar de que repitió los lugares comunes de la crítica antineoliberal, difícilmente podía decirse que el exguerrillero siguiera siendo un hombre de izquierdas. Además de arrastrar la acusación de haber abusado sexualmente de su hijastra Zoilamérica y de pactar con el somocista Arnoldo Alemán, había lanzado el marxismo al basurero de la historia y ahora era un católico devoto. A los jóvenes a los que antes había animado a rebelarse contra la dictadura, ahora los reprimía con violencia. Más de trescientos manifestantes cayeron muertos durante las protestas estudiantiles de 2018, un espectáculo tan dantesco que ni sus aliados, entre ellos la Iglesia, pudieron guardar silencio. Desde entonces Ortega acusó a los religiosos de haberse puesto de parte de los «golpistas», se alejó del catolicismo y él y su esposa simpatizan ahora con las iglesias evangélicas, un viraje típico de los populistas de ultraderecha.

El relato delirante y tiránico que intentan legitimar Ortega y Murillo es que ellos han forjado una Nicaragua bendita y libre, cristiana y revolucionaria, el paraíso nacional y popular soñado por Sandino, que lamentablemente sufre el asedio de bandas asesinas y golpistas aliadas con el Gobierno yanqui. Mezclando el recelo arielista hacia la democracia y la retórica decolonial, en 2009 Ortega dijo que «el pluripartidismo no es más que una manera de dividir a nuestros pueblos […] las elecciones en las democracias burguesas impuestas por Occidente, son impuestas porque ahí están los yanquis, los europeos. ¿Por qué? Porque es la mejor manera de dominarnos».[88]

Lo americano, lo verdaderamente americano, era la autocracia, porque el democrático era un sistema impuesto para dominarnos. Fantástico. Aún seguían vigentes las ideas de Francisco García Calderón. Los argumentos podían vestirse de teoría poscolonial o de cualquier invento posmoderno, pero la clave era la misma que entonaban los modernistas desde 1900: la democracia es un invento yanqui, sajón, no latino; la democracia es ajena al pueblo, lo divide, nos vulnera.

La gran obsesión del populista es esa, construir, inventarse un pueblo. «Usar la ficción para crear la realidad»,[89] como decía Manuel Arias Maldonado, y esa criatura que se inventa y que le da votos es intocable. Es suya, le pertenece, él la interpreta, la guía, la cuida. A cambio, solo pide lo que ya les había pedido Perón a sus descamisados: que lo respaldaran en todos sus intentos por quedarse en el poder. Se trataba de una solución perversa a un problema real; un problema, además, que ha sido desatendido por los liberales y por quienes ponen mucho énfasis en la legalidad y en el funcionamiento institucional de sus países. Los populistas aprovechaban la crisis de representación política y la exclusión de millones de personas para inventarse esa identidad, un nosotros popular-nacional que los incluía y los ponía en el centro mismo de todos sus proyectos y reivindicaciones. La forma de crear ese pueblo era la ficción, el melodrama, la fórmula de Carlos Montenegro: inventar una historia de buenos y malos, de opresores y oprimidos, cuanto más maniquea mejor, cuanto más cargada de rabia e indignación más efectiva, que congregara a una masa social en torno a un enemigo común (la casta, las élites). Esa identidad nacional popular daba un certificado de autenticidad: los verdaderos peruanos, la voz del pueblo venezolano, los colombianos de bien o los mexicanos no fifís; los autorizados, en todo caso, a mandar y a explotar las riquezas del país. A su vez creaban una enorme dependencia del líder. Sin él, el país se desmoronaba; sin él, su voz dejaría de ser oída; sin él, quedarían expuestos a la ferocidad de algún enemigo interno o externo, ya fueran los intereses imperiales del FMI, la corruptora ideología de género, las multinacionales depredadoras o el castrochavismo expropiador.

El paso del populismo ha dejado sociedades divididas en bloques antitéticos, pueblo y antipueblo, buenos patriotas y malos patriotas, convirtiendo la democracia en un nuevo campo de batalla. «Patria o muerte», «Viva la coca, mueran los yanquis», «Muerte al somocismo» (cuarenta años después de muerto el último Somoza): son gritos que llaman a la movilización fervorosa y performática, a veces acompañados de expresiones de violencia. Sus objetivos siempre son los mismos: tomar el espacio público y conquistarlo para apabullar al enemigo y hacer ver la propia como la única opción legítima, la única acorde con los fundamentos de la patria, las esencias del pueblo, el bien, la dignidad o la moral. El núcleo performático del populismo siempre será pequeño, pero su movilización constante intentará crear la ilusión de hegemonía. Intentará colonizar el espacio público con sus símbolos o mensajes y permear la sociedad entera, desde los debates serios a las conversaciones de cafetería, para estar en boca de todos y convertirse en un asunto insoslayable. Como sus antecesores fascistas, los populistas estetizan su lucha política. Crean afiliación tribal a través de colores y símbolos, o montando espectáculos revolucionarios (marchas con antorchas, plebiscitos ilegales, cadenas humanas, gestos amenazantes, banderas descomunales, escraches reales o virtuales, juicios populares, comandos paraestatales, performances callejeras en contra de las instituciones representativas) que transgreden las reglas del juego democrático.

El populismo impone una lógica de comunicación salvaje. Todo lo convierte en munición para avanzar en la guerra por la hegemonía; todo lo convierte en símbolo y todo lo politiza. Lo personal lo hace político y cada aspecto de la vida, hasta el más nimio, empieza a tener connotaciones ideológicas. El resultado es obvio. La convivencia se degrada. Surgen fracturas no causadas por las divisiones sociales y económicas, sino por lo que representa el líder. Así han quedado muchos países latinoamericanos después de largos años de populismo. Argentina con el kirchnerismo, Perú con el fujimorismo, Venezuela con el chavismo, Colombia con el uribismo, Bolivia con el evismo, Nicaragua con el sandinismo y, más recientemente, Brasil, El Salvador y México con el particular liderazgo de Bolsonaro, Bukele y AMLO. Chile, con su nuevo experimento constitucional, y una izquierda que intenta aprender del peronismo cómo dejar una impronta jurídica que garantice un cambio de régimen puede seguir el mismo camino. Eso nos lleva de nuevo al problema de la dinámica de dos bloques cada vez más radicales e incomunicados, y a la lógica de enfrentamiento y polarización que impone. Como lo que prima es la desconfianza, el triunfo de uno se experimenta como la derrota total del otro, con todo lo que eso conlleva: la posible persecución política, el asedio mediático, la expropiación o la inevitable migración. Por eso las elecciones empiezan a convertirse en juicios finales. Todo vale para ganar, porque la llegada del bloque rival a palacio implica lo mismo que antes suponían los golpes de Estado o las revoluciones: un cambio total. ¿Cómo se pueden trazar políticas económicas, educativas, sociales, de seguridad nacional, de infraestructura y de salud estables, a largo plazo, con esta dinámica? El enemigo no es el imperio, ni el castrochavismo, ni el colonialismo; el enemigo es la pulsión redentora que ciega, que incomunica, que divide a la sociedad, que excluye al otro y niega la posibilidad del pacto, de la negociación, del acuerdo.

AMÉRICA LATINA, 2000-2022, LA VUELTA DEL INDIGENISMO: EL ARTE
POLÍTICAMENTE CORRECTO Y LA LATINOAMERICANIZACIÓN DE OCCIDENTE

Durante la primera década del siglo XXI los nuevos gobiernos de izquierdas latinoamericanos despertaron un interés inédito por el Sur. Así, con mayúscula, el Sur. Con nuevos liderazgos y el viento a favor debido a los precios históricos que alcanzaron las materias primas, América Latina parecía tan seductora que hasta algunos líderes europeos decidieron que también ellos eran latinoamericanos. El Sur se convirtió en una categoría global. Participaban de ella la región comprendida entre México y Chile, obvio, pero también España y Grecia, países que a partir de la crisis financiera de 2008 descubrieron que también tenían un Norte que los miraba con recelo puritano. De pronto se empezaban a oír en Europa declaraciones sospechosamente familiares. Entre 2014 y 2015, políticos como el griego Alexis Tsipras y el español Pablo Iglesias fraguaron nuevos discursos políticos que señalaban a la Unión Europea, en especial a Alemania, de ejercer un dominio imperial sobre el sur del continente. La ultraderecha nacionalista no se quedó atrás y también señaló a la Unión de ser una fuente de autoridad espuria, un centro de dominio colonial. El presidente húngaro, Viktor Orbán, llegó a acusarla de ejercer un «imperialismo moral» y de querer deshacer las identidades nacionales. La retórica populista daba barra libre a todo el que quisiera sentirse oprimido por algún poder.

El lenguaje y los gestos políticos de Europa se latinoamericanizaban, y no por accidente. Pablo Iglesias y su partido político, Podemos, fueron el eco primermundista de las políticas populistas que dominaban por entonces América Latina. Fascinado con el levantamiento del Subcomandante Marcos, escribió en 2004 una ponencia que tituló, no por casualidad, «Los indios que invadieron Europa». Iglesias se pensaba a sí mismo en esos términos, como un chamán ungido no por la epistemología de la pachamama, sino por la estrategia performática de Marcos y las tácticas populistas para cooptar mayorías electorales de Hugo Chávez y Evo Morales. Su propósito explícito era precisamente ese, latinoamericanizar Europa. Tanto él como su escudero, Íñigo Errejón, habían estudiado muy de cerca los procesos populistas de Bolivia, Venezuela, Ecuador y Argentina, analizaban frase a frase los textos de Ernesto Laclau, y su meta como políticos recién llegados a la disputa por el poder en España era poner en práctica sus ideas. «Construir pueblo», decían, un proceso que pasaba por inocular en la política española los peores vicios de la latinoamericana: resentimiento e indignación para formar un «nosotros» víctima enfrentado a un «ellos» victimario. Ese «ellos» podía ser un país extranjero, una comunidad de inmigrantes, una élite casposa y corrupta, un proceso económico y sociológico, como la globalización, o invenciones político-administrativas al estilo de la Unión Europea.

Entre 2016 y 2018 ocurrieron cosas desconcertantes, inesperadas: salió adelante el Brexit en Reino Unido, Donald Trump fue elegido presidente de Estados Unidos, ganaron poder y legitimidad gobiernos en Hungría y Polonia para los que tuvo que inventarse la categoría de «democracias iliberales», y los independentistas catalanes organizaron un simulacro separatista que fue, al mismo tiempo, una performance sediciosa y un disimulado intento de golpe de Estado. No solo las tácticas populistas y el uso incendiario y fraudulento de las redes sociales y la información fueron indispensables en todo este proceso; también el discurso victimista e identitario. La política de la identidad estadounidense, el nacionalismo europeo y el populismo latinoamericano forjaron una extraña alianza que ponía en primer plano a las víctimas. Víctimas en un sentido amplio, que no solo englobaba a quienes directamente habían sufrido violencia física o violencia política, sino a todo aquel que, en base a una historia de segregación racial, a casos de discriminación sexual o al empeoramiento general de sus condiciones de vida, expresara un dolor subjetivo fundado en la falta de reconocimiento, el menosprecio, la invisibilización social o el menoscabo de la autoestima personal. Si la política de la identidad, el poscolonialismo y el decolonialismo decían que la modernidad occidental o el sistema político estadounidense eran esencial y estructuralmente racistas, heteropatriarcales y excluyentes, Trump entraba en la guerra cultural revirtiendo este mensaje y convenciendo al hombre blanco del Medio Oeste, damnificado a causa de la desindustrialización y la globalización, de que también él era víctima de las élites académicas y culturales de las ciudades. Toda invención identitaria tenía un fin similar: echar en cara las propias miserias y exigir de la contraparte reconocimiento, visibilidad, espacios y cuotas de poder.

De la «dignidad de los pueblos» pasamos a la «dignidad de las identidades». Pero las identidades contemporáneas no son como las que exaltó el negrismo caribeño o el andinismo de vanguardia, vigorosas, mesiánicas, revolucionarias; nada de eso: ahora las identidades no sirven para proyectar futuros sino para examinar el pasado. En el arte contemporáneo y en la cultura en general hay una obsesión por el archivo, por analizar la forma en que se ha narrado la historia oficial y ver qué ha sido excluido, y todo aquel que se sumerge en esos temas vuelve al presente con la predecible revelación de que a su grupo o a su identidad no se les ha tratado con justicia. La pregunta ya no es ¿qué hacer?, ¿cómo proyectarse ante el futuro?, sino ¿qué me han hecho?, ¿qué me deben? Por eso decía Robert Hughes que la obsesión contemporánea en Occidente es la «fabricación de víctimas». Si en el siglo xv se inventaron santos y en el xix héroes, hoy, como dice Daniele Giglioli, «la víctima es el héroe de nuestro tiempo»;[90] un actor que cohesiona identidades, otorga derechos, reivindica la autoestima. Y lo más importante: blinda contra la crítica; la víctima siempre tiene la razón.

Si el mundo entero empezaba a latinoamericanizarse en la década de 1990 era porque había descubierto la utilidad política del sufrimiento. Si sufrir no diera nada, lo que más querría la víctima sería dejar de serlo. Pero cuando la identidad-víctima crea un discurso inevitable, imposible de soslayar porque hacerlo se interpreta como falta de virtud o de complicidad con el victimario, el victimismo se hace rentable. Quizá por eso resulta tan tentador crear enemigos invencibles. El nazismo, por ejemplo, era una ideología asesina y radicalmente nociva, pero estaba encarnada en personas e instituciones concretas. Por eso pudo ser derrotado. Los males actuales, en cambio, se entienden como fallas de origen, como malformaciones genéticas difícilmente amputables de la civilización occidental o de la sociedad estadounidense. El sistema-mundo es capitalista y por lo tanto colonialista y heteropatriarcal, y hasta que ese sistema-mundo no cambie la víctima no dejará de serlo. Para intelectuales como Boaventura de Sousa el capitalismo necesita del racismo, el machismo, la islamofobia y de varios otros males, y por eso nada cambiará hasta que cambie todo. Una parte de la sociedad arrastrará una culpabilidad de origen y otros, una experiencia heredada de sufrimiento y victimización, que se hará evidente cada vez que no aparezcan negros, gays o transexuales en un programa de televisión, un congreso literario o una entrega de premios. Si uno cree estar viviendo bajo una cúpula de opresiones, rodeado de personas esencialmente tóxicas, es inevitable desarrollar una hipersensibilidad a la ofensa y equiparse con el arma de la corrección política. Partiendo de la premisa teórica de que la sociedad es intrínsecamente perversa porque ha sido construida para segregar a las mujeres y a todas las identidades minoritarias, basta escarbar unos milímetros para comprobar que todos sus productos culturales, desde la gramática del lenguaje hasta el canon literario, desde el cine clásico hasta los museos, confirman la premisa inicial: todo, absolutamente todo, está impregnado del mismo pecado de origen.

Volvemos a estar como en 1916, cuando los dadaístas sentenciaron a la civilización occidental por sus pulsiones nacionalistas y bélicas. La diferencia es que los artistas odiaban las identidades, mientras que los *wokes* estadounidenses y los decolonialistas las aman. Si dadá abominaba de las fronteras y soñaba con un internacionalismo jocoso y lúdico, los *wokes* defienden el separatismo cultural y la incomunicabilidad de la experiencia racial y sexual. La destrucción cultural que ejercen no es nihilista, sino puritana. Supone eliminar todo lo que no confirme mis propios prejuicios, mis propios valores y mi propia autoimagen; supone entablar una guerra contra el nuevo pecado, que ya no es la lujuria ni el poder, sino lo blanco.

Lo decía el intelectual negro John McWorther: en este contexto moralista y punitivo los blancos estadounidenses han empezado a actuar como si la blancura fuera el nuevo pecado original. Hacen examen de conciencia y realizan autocríticas de triste tinte estalinista para reconocer los injustos privilegios de los que han gozado. Quieren reeducarse, deconstruirse, dejar de ser racistas, machistas; anhelan purgar todo pecado que lleven en su alma por el hecho de ser blancos, y en medio de su performance de autoinculpación y de autohumillación se laceran y exponen sus llagas hasta convertirse también ellos en víctimas. De nuevo: todos quieren ser víctimas, porque las víctimas son las únicas puras, sin mácula ni deudas con nadie.

Y si de víctimas se trata, ahí está América Latina. El continente está lleno de ellas. Víctimas reales. Víctimas que han sido asesinadas y torturadas por dictaduras militares, que han sufrido amenazas y desplazamientos por paramilitares de ultraderecha o guerrillas de ultraizquierda; víctimas que han sufrido persecución y exilio por denunciar la corrupción política o los vínculos *non sanctos* entre el poder político y el crimen organizado; víctimas que han sido violadas como estrategia de guerra o para intimidar a comunidades campesinas e indígenas; víctimas a quienes la violencia les ha llegado al pueblo, la casa o la familia sin pedirlo ni encontrar en ello más que la desgarradora experiencia del horror. Víctimas que por su manera de pensar, por habitar en zonas en disputa, por su condición sexual, sus orígenes étnicos o por ser simplemente pobres o marginados, han sufrido en carne propia la persecución y el acoso estatal, paraestatal e insurreccional. Víctimas que no se enorgullecen de ser víctimas y que hubieran preferido no tener nunca que cargar con ese estigma. Víctimas de las tropelías estadounidenses en el Caribe y Centroamérica en las primeras décadas del siglo XX y las de los dictadores sanguinarios de los años treinta; víctimas de la fobia anticomunista, el despotismo populista, los militares y los guerrilleros; víctimas del narco y el paramilitarismo.

Al menos desde los años veinte, con el indigenismo y el muralismo mexicano, el arte empezó a registrar estas víctimas y a representar a los marginados y oprimidos. Rivera, Siqueiros, Sabogal, Portinari y Guayasamín pusieron en primer plano al negro, al campesino y al indio para incorporarlos al proyecto de construcción nacional. Fueron los primeros en exaltar artísticamente a la víctima, y aunque a finales de los años cuarenta, convertidos en un proyecto oficial al servicio del Estado, estas corrientes fueron rechazadas por las nuevas generaciones, no desaparecieron del todo. A partir de los años noventa volverían a convertirse en una práctica común, avalada, además, por las corrientes plásticas europeas y estadounidenses. Al menos desde 1994, las preocupaciones de los artistas de la vanguardia latinoamericana tuvieron un inesperado resurgimiento en Estados Unidos. A finales de aquel año, la crítica de danza Arlene Croce provocó un pequeño incendio al negarse a asistir y reseñar la obra de Bill T. Jones, *Still/Here*. Adujo que aquel montaje en el que participaban enfermos de VIH y se proyectaban imágenes de pacientes terminales era «incriticable». El arte de la víctima, o *victim art*, como lo llamó, instrumentalizaba la danza y el teatro para promover causas sociales, y por lo tanto estaba más allá del juicio estético. No había nada que decir, no había nada que criticar. ¿Cómo hacerlo? Tenía razón, evidentemente tenía razón en lo que hiciera y como lo hiciera porque nadie podía decirle a un paciente terminal, discriminado y estigmatizado, que su obra era un asco. La víctima estaba más allá del juicio, era invulnerable; lo único que podía hacer la sociedad era darle protagonismo, exaltarla, recompensar de algún modo su padecimiento.

La postura de Croce estimuló un interesante debate, con artículos en varios medios prestigiosos, del que claramente salió derrotada. La cultura estadounidense estaba fascinada con la invención de víctimas, y el arte, por supuesto, no iba a quedarse al margen. Habiendo arrinconado las preocupaciones estéticas y formales, y un tanto exhausto de los experimentos conceptuales e institucionales, el mundo del arte dejaba de mirarse el ombligo y abría las ventanas para que las preguntas sociales entraran al museo. Bastaba con que llegara el auge de la corrección política, de la victimización generalizada y de las políticas de identidad para que el *victim art* ganara una enorme presencia en los acontecimientos artísticos y culturales más importantes del mundo.

Y eso fue lo que ocurrió con enorme fuerza en la segunda década del siglo XXI. Ciertos acontecimientos sociales, como el movimiento Black Lives Matter de 2013, la crisis de los refugiados sirios de 2015, el movimiento Me Too de 2017 y la aparición de Greta Thunberg en 2018 como rostro de la lucha climática, pusieron en primer plano el problema de la víctima y legitimaron un discurso moralista que se apoderó del debate público. Llegaba la hora del indigenismo primermundista. El campesino, el gaucho, el andino, el tupí, el negro, el montuvio o el indio cedería su espacio a los enfermos, los migrantes, el ecosistema y las minorías raciales y sexuales en las nuevas prácticas culturales (y publicitarias) estadounidenses y europeas. Parecía algo nuevo y moralmente edificante, pero era muy viejo, muy latinoamericano, y muy fácilmente cooptable. Así como el etnocida Maximiliano Hernández Martínez se apropió del indigenismo, las grandes multinacionales yanquis se han vuelto ecologistas, feministas y antirracistas en menos de lo que canta un gallo. El progresismo es un recurso que se presta para promocionar marcas personales o industriales, y a él recurren tanto Jeff Bezos como las víctimas profesionales que viven de enseñar sus sufrimientos: marketing para tiempos de economía de la atención, redes sociales, escraches virtuales, quince minutos de escándalo, corrección política e infantilización social.

Esto explica la notoriedad global que ha cobrado el arte latinoamericano en los últimos años, y el hecho de que la primera edición del Premio Nomura, que aspira a ser el Nobel del arte, haya sido otorgado en 2019 a una artista como la colombiana Doris Salcedo. Todo lo que ahora interesa al *establishment* cultural europeo y estadounidense ya estaba en el arte latinoamericano. Desde mucho antes de que la corrección política se impusiera como el nuevo ismo occidental, la nueva vanguardia que copó los museos, los festivales, las bienales y los premios de todas las expresiones artísticas, muchos artistas latinoamericanos habían retomado el hilo de sus tradiciones. Desde los noventa el arte había vuelto a la calle, volvía a hacerse público; con lenguajes contemporáneos, actualizaba la dinámica de la primera vanguardia. En Bolivia el colectivo anarcofeminista Mujeres Creando pintó grafitis y realizó performances urbanas que señalaban la violencia machista y la homofobia. Este colectivo ha sido insobornable, incooptable; ha denunciado a la izquierda, el indigenismo de Evo Morales, el fascismo, el neoliberalismo, a todas las ideologías en las que ha visto brotes homófobos o racistas, sin adoptar la actitud de víctima. Su vocación es la contraria, similar a la del andinismo de vanguardia: el fortalecimiento de las identidades que han sido desplazadas o menospreciadas. Varias otras artistas, sobre todo mexicanas, han explorado en los últimos quince años la grieta de horror que se abre detrás de los feminicidios. La fotógrafa Mayra Martell reconstruye la identidad de las mujeres desaparecidas en Ciudad Juárez a través de sus objetos y los espacios que habitaban, Sonia Madrigal deja testimonio de los lugares donde han sido abandonados los cuerpos de niñas, y Elina Chauvet llena los espacios públicos con zapatos rojos en alusión a las mujeres ausentes. Además de estas artistas, podrían sumarse muchos nombres, como Lorena Wolffer o las precursoras Teresa Serrano y Mónica Mayer. Al igual que en el literario, las mujeres han cobrado un protagonismo innegable en el campo artístico, donde se han convertido en las voces que con más vehemencia señalan ese mal endémico, una epidemia para la que ningún Gobierno, y mucho menos el de AMLO, enemigo declarado del feminismo mexicano, ha dado una solución. De esta inquietud también surgió un fenómeno nuevo, la primera performance viral de la historia, *Un violador en tu camino*, inventada en 2019 por el colectivo feminista chileno Lastesis. La constante en todas estas expresiones es la vuelta al recurso fundamental del muralismo, el espacio público. Sobre todo a partir de las expresiones de ira e insatisfacción difusa que generaron estallidos sociales en países como Colombia, Ecuador, Bolivia y Chile en ese mismo 2019, y un año después, agravado por la pandemia, en México, Perú y Paraguay, las calles se convirtieron en escenarios de grandes manifestaciones donde el elemento estético —el grafiti, el disfraz, la música, la performance— fue determinante para acaparar la atención de los medios y desafiar a las autoridades. Estos acontecimientos hicieron evidente que la protesta y la estética volvían a estar vinculadas. Como en tiempos del Dr. Atl, los levantamientos populares se acompañaron de gestos, acciones y murales públicos que denigraban al enemigo y exaltaban la propia causa.

Pero quizá las dos artistas que han recuperado con más claridad los recursos de la primera vanguardia, el muralismo y el indigenismo, son la misma Salcedo y la guatemalteca Regina José Galindo. Sus obras, como los murales de Siqueiros o los lienzos de Guayasamín, eternizan momentos de dolor, ausencia, pérdida o duelos inconclusos, y ya no solo causados por la violencia machista, sino también por las dictaduras y los conflictos políticos. Aunque buena parte del trabajo de Galindo está influenciado por el *body art* europeo y por su derroche gratuito de violencia autoinfligida, en ocasiones realiza performances que fijan en la memoria algunos de los sucesos más dramáticos de la larga guerra civil que vivió Guatemala entre 1960 y 1996. En 2003, por ejemplo, después de oír que la Corte Suprema autorizaba al exdictador Ríos Montt a presentarse como candidato a las elecciones presidenciales, Galindo se bañó los pies en sangre humana y caminó hasta el Palacio Nacional para recordar el genocidio de la población maya ixil (Fig. 35). En otra ocasión, para *La verdad*, una performance de 2013, leyó testimonios de los indígenas victimizados por el ejército mientras un odontólogo le anestesiaba la boca, una metáfora del proceso fallido por genocidio contra Ríos Montt en el que de nada sirvieron las acusaciones de los indígenas porque el juicio fue anulado.

Mucho más sobria y aséptica, la obra de Doris Salcedo se ha convertido en un recordatorio y un homenaje constante a las víctimas de conflictos políticos recientes. Inicialmente sus obras giraron en torno a las víctimas de la guerra colombiana, pero su proyección internacional le ha permitido sumar otros colectivos de víctimas, como los migrantes que se ahogan en el Mediterráneo (*Palimpsesto*, 2017) o aquellas que los teóricos decoloniales, Salcedo incluida, llaman víctimas de la modernidad europea, los otros, los no occidentales, en especial los migrantes que interrumpen repentinamente el orden de la metrópolis transatlántica (*Shibboleth*, 2007, Fig. 36). Sus obras son muy distintas a las de Galindo. En ellas el dolor no se ve ni se reedita;

se intuye y se evoca. Su reivindicación no pasa por la acción del cuerpo, sino por la mención del nombre. Galindo sustituye a la víctima, toma su lugar y siente en su carne las muchas violencias padecidas; Salcedo las acompaña, las llora, les hace un último homenaje. Usando los suelos más que las paredes, sus monumentales obras son la más clara continuación del muralismo mexicano. Replicando en su propia piel los dolores de *Huasipungo*, la guatemalteca es la más clara continuadora del indigenismo.

El caso de Salcedo es muy relevante porque gracias a sus obras las víctimas del conflicto armado colombiano, durante mucho tiempo invisibilizadas, cobran protagonismo. Salcedo busca a la víctima, se mimetiza con ella, inmortaliza su presencia y en ocasiones, como en *Sillas vacías del palacio de Justicia*, de 2002, reedita minuto a minuto el suceso trágico en que perdió la vida. «Son un esfuerzo vano por restaurar la presencia de la víctima en nuestro tiempo presente»,[91] explica. En sus murales la víctima aparece, aquí y ahora; en ellos el tiempo no pasa, queda detenido en un duelo que compensa el silencio y las lágrimas que nadie derramó durante su agonía. La artista devuelve la memoria de la víctima al centro de todos los debates, un logro moral, sin duda, que a su vez engendra un dilema: la víctima queda presa de su condición. La identidad de la persona queda atada al sufrimiento y la violencia. Obtiene reconocimiento y voz, al precio de ligar su nombre a la condición eterna de víctima.

En las obras de Salcedo hay reparación, y eso es moralmente encomiable; también memoria, y eso es políticamente relevante, pero no hay emancipación. Como en *Fragmentos*, el contramonumento realizado con las armas de las FARC, la víctima logra desfogarse, ser llorada o ganar visibilidad, pero no puede dejar de ser víctima. Ni siquiera la misma Salcedo consigue rasgar el aura luctuosa que la rodea, como si estuviera obligada a convertir sus presentaciones públicas en la continuación performática de sus murales. Su obra le da importancia a la víctima en el mundo contemporáneo, a condición de que la víctima lo sea eternamente; toda una metáfora de la condición latinoamericana, la de un continente visible y relevante en el mundo siempre y cuando confirme su estereotipo: víctima del imperio, del colonialismo, de la globalización, de la depredación o de cualquier otro mal foráneo. Víctima inerme e inocente, paralizada en su duelo y su dolor, mostrando sus grietas, sus fragmentos, sus duelos, sus gestos desgarrados, sus venas abiertas al resto de la humanidad.

Esto no es irrelevante, porque el victimismo paraliza. Como ilustra la obra autobiográfica de otro creador colombiano, el escritor Héctor Abad Faciolince, tan importante como reconocer a la víctima es esforzarse en dejar de serlo. Como sabe todo aquel que haya leído *El olvido que seremos*,

Abad Faciolince sufrió en carne propia la sevicia del conflicto armado. Su padre fue asesinado por el paramilitarismo y él se vio forzado al exilio. Pero el escritor, a diferencia de la artista, no se mimetizó con su dolor ni con el trauma del país, sino todo lo contario: intentó liberarse del peso del pasado, del dolor y el resentimiento, y se negó a interpretar el papel estereotipado del mártir latinoamericano. En *Traiciones de la memoria*, publicado en 2009, contaba su experiencia como exiliado en Turín. Allá encontró el apoyo de Amnistía Internacional, que lo integró en una red de víctimas de otros despotismos latinoamericanos, y lo invitó a participar en reuniones con argentinos que habían sufrido las torturas de la dictadura; hasta tuvo el privilegio de ser saludado por estrellas del rock que daban conciertos solidarios.

Lo revelador es que en todos esos eventos el colombiano no encontraba consuelo ni reparación, sino el malestar terrible que produce la sensación de estar aceptando un lugar indeseado. El traje de víctima no se ajustaba a su horma, le incomodaba; Héctor Abad no quería ni el reconocimiento que da la conmiseración del otro, ni la solidaridad, ni sumar recuerdos dolorosos de su propia tragedia a las miserias que contaban los otros latinoamericanos. Le desagradaban los reiterativos lamentos que eternizaban la condición de víctima, «una evocación permanente de nuestras lacras, de nuestros dolores, de nuestro destino de derrotados, de nuestros Tristes Trópicos y nuestros tristes tópicos».[92] Se daba cuenta de que la condición de víctima era una camisa de fuerza, y de que el reto era librarse de ella en vez de explotar la conmiseración que genera y la inmunidad y protagonismo que otorga. «Aprovecharme de mi desgracia para sobrevivir, eso era lo más horrible. ¿Habrá algo peor que intentar sacar algún beneficio de la propia miseria?».[93] Hay, desde luego, un abismo entre la víctima real y la víctima profesional.

A través de las obras de Salcedo y de Abad Faciolince se ven dos actitudes muy distintas ante la condición de víctima: una detiene el tiempo para que no se olvide el dolor y el atropello; la otra lo acelera para regresar al flujo de la vida. Una mira al pasado y lo reactualiza en el presente; la otra abraza el futuro sin petrificarse en el pasado. Una obliga a identificarse con el trauma; la otra pide la posibilidad de liberarse, de no ser el mismo toda la vida. Estas dos actitudes cobran mayor interés cuando se trasladan de la experiencia individual a la continental. ¿Debe América Latina seguir exhibiendo la herida colonial, definiéndose como víctima del comercio internacional, de la modernidad o de los mercados; víctima de la indiferencia del mundo, de la soledad, de la envidia, de los prejuicios, del racismo, de la codicia, del subdesarrollo, de no haber sido invitados a tiempo a la mesa de la civilización; víctima de despotismos, dictaduras, autoritarismos y tiranos de opereta? Todas las construcciones victimistas del continente han desembocado en lo mismo, en «tiempos de rebelión y de cambio»,[94] como decía Eduardo Galeano en el último párrafo de su famoso libro. Rebelión y cambio: ese ha sido el destino del continente, desde 1898 y seguramente desde antes, propulsado por lo único que destila el victimismo latinoamericano: el delirio de la soberbia. No la emancipación ni la autonomía; no la mayoría de edad ni la asimilación de las propias culpas, los propios errores, los propios vicios y las propias intransigencias, no: los actos adánicos y dramáticos que cambiándolo todo no cambian nada. Idea Vilariño lo anotaba en uno de sus poemas. En él se preguntaba por qué esta tierra, América, no estallaba de una vez en cien mil pedazos. «Si no habrá nunca paz —decía—, si lo obligado / lo que puede limpiarnos la conciencia / es salir a matar / limpiar el mundo / darlo vuelta / rehacerlo. / Y tal vez y tal vez / y tal vez para nada / tal vez para que a poco / vuelvan los puros a emporcarlo todo / a oprimir a vender / a aprovecharse / acorralándonos / cerrando las salidas».[95]

En eso radicaba el problema, en querer lo puro, en querer lo que no existe; en redimir la injusticia y el dolor aspirando a lo imposible: el regreso al pasado indígena, la anulación de la colonia, el fin de la globalización, el derrumbe del capitalismo, un mundo sin Estados Unidos, la pureza nacional, el cristianismo primitivo, el gobierno de ángeles racializados, la nobleza del buen salvaje, la existencia de Abya Yala, la aniquilación del hombre blanco. ¿Cuántos esfuerzos se han perdido luchando por sueños irrealizables? Las víctimas merecen dejar de serlo en este mundo, no en la utopía, no en la ficción de algún nuevo Adán que prometa hacer bien lo que lleva más de un siglo haciéndose con torpeza y violencia: refundar países, lanzar una nueva revolución, otra, la definitiva, a ver si así finalmente, de una vez por todas, se encuentra al victimario, se limpia el mundo y se elimina el Mal.

ANTES DEL FINAL: LA MUERTE DE FIDEL CASTRO Y EL LARGO SIGLO XX LATINOAMERICANO

Esta historia empezó en Cuba, con la muerte de Martí, y después de un largo recorrido vuelve al mismo punto, a la isla caribeña, para terminar con otro fallecimiento, el de Fidel Castro. Su muerte, ocurrida el 25 de noviembre de 2016, me sorprendió en el escenario donde ahora transcurren las vidas de los escritores. No los campos de batalla, ni los cafés ni las células de conspiradores, sino las ferias del libro. Una en concreto, la más importante, la de Guadalajara. Era el mejor sitio del mundo para mediar la reacción que una noticia como esta podía tener, porque allí se congregaban los más prestigiosos escritores e intelectuales latinoamericanos. Ese año, además, el país invitado a la feria era el continente entero, el sueño o la utopía o el cliché que Castro tanto había contribuido a inventar, América Latina, y justo en esos días él se moría.

Había caído el hombre. Pero era una caída que estaba lejos de suscitar el interés y la conmoción que generó Nicolás Guillén allá por 1955, en el París de García Márquez, cuando salió de su pensión de latinoamericanos pobres a gritar lo mismo: «¡Se cayó el hombre!». Aquella vez paraguayos, nicaragüenses, dominicanos y colombianos se ilusionaron con la posibilidad de que sus dictadores hubieran caído y de que su derrocamiento significara algo. En esta ocasión, en cambio, la espuma y la exaltación fueron decayendo poco a poco. Los escritores comentaban el acontecimiento mientras acababan sus desayunos, pero poco a poco cambiaron de tema y siguieron con sus planes. Nadie, al enterarse de la noticia en la mañana del 26, dejó sus huevos rancheros enfriándose en el plato para subir a su habitación a escribir sobre las implicaciones geopolíticas del deceso. Insisto, moría el líder latinoamericano más icónico de la segunda mitad del siglo XX y nadie interrumpía su agenda ni cambiaba de planes. No pasaba nada. Eso era lo más extraño de todo: moría Castro y no pasaba absolutamente nada. La muerte de Martí, o su influjo poético, o sus ideas, o sus advertencias, o sus predicciones, o su espectro habían puesto punto final al siglo XIX y nos había proyectado de manera anticipada, en 1898, a las preocupaciones antiimperialistas y nuestroamericanistas que marcaron el siglo xx latinoamericano. La muerte de Castro, en cambio, era un hecho predecible. Nadie tenía la menor esperanza en que su ausencia significaría el fin de la dictadura cubana o el comienzo de una transformación política. Parecía claro que Cuba seguiría una línea de pequeños ajustes, ligeras aperturas, apaños para aligerar la ruina venezolana, pero que las estructuras del poder seguirían igual, y que su lugar en la historia seguiría marcado por las disputas y los conflictos de la Guerra Fría. El país que durante mucho tiempo representó la vanguardia del continente, ahora estaba atrás, muy atrás. Y pesaba. La Cuba creada por Castro seguía en el siglo xx, y de alguna forma mantenía al continente entero anclado a las disputas ideológicas y promesas averiadas de aquel siglo que se resistía a acabar para nosotros.

Qué largo había sido el siglo xx latinoamericano. Había empezado en 1898 con la arremetida imperial de Estados Unidos sobre el Caribe, y 124 años después, con Castro muerto, ahí seguíamos: pendientes del imperio, buscando amenazas y enemigos debajo de cada piedra, enseñando heridas, lanzando lamentos y quejas. Y esto a pesar de que el castrismo ya había muerto hacía mucho, como reconoció el mismo Castro en esa entrevista de 2010 en la que aceptó que el modelo cubano ya no servía ni en Cuba. Ni el castrismo ni el guevarismo habían ganado la batalla de las ideas en América Latina. Mucho menos el aprismo peruano o el priismo, esa construcción política de la Revolución mexicana. Ninguna de estas corrientes sobrevivió. El guevarismo sacrificó a una generación entera de jóvenes, el castrismo legitimó la tiranía de izquierda, el aprismo nunca supo comportarse de forma democrática y el priismo llegó a su fin en 2000, cuando salió del poder después de siete décadas. El peronismo y el indigenismo, en cambio, los proyectos político y cultural que pusieron el énfasis en la víctima, el personaje vernáculo y el marginado —personajes a los que simultáneamente representaban, reivindicaban e instrumentalizaban para llegar al poder y a los museos—, resurgieron en las últimas tres décadas y están más vivos que nunca.

Esos discursos fueron rentables para los políticos locales y para los utopistas foráneos que se encandilaron con la visión de un continente lleno de víctimas edénicas expuestas a nefastos poderes occidentales. Esa ficción les servía como fermento para sus propias revoluciones. El nuestro era el continente que siempre iba a la contra, rebelándose contra Occidente, la modernidad, el capitalismo, contra lo que fuera. Así hemos sido instrumentalizados, y esta imagen, aplaudida en el extranjero, es la que más ha beneficiado a los tiranos locales. Lo latinoamericano, incluso lo auténticamente latinoamericano, sería sacudirse de ese estereotipo, olvidarnos de la imposible pureza premoderna, huir del lugar del «otro» que nos han asignado y tratar de entender que América Latina no es la tierra del prodigio, ni de la utopía, ni de la revolución, ni del realismo mágico, ni de la descolonización, ni de la resistencia, ni del narco, ni de la violencia eterna, ni del subdesarrollo, ni de la esperanza, ni siquiera del delirio. Tan solo es un lugar donde gente muy diversa tiene que convivir y prosperar. Un lugar exuberante por su geografía, complejo por su historia y barroco por las improbables mezclas a las que ha dado lugar. Solamente eso. Cualquier otra cosa que se diga tal vez no deje de ser solo una proyección o una fantasía. Incluso una maldición.

No hay más remedio que vivir con lo real, y lo que hay es imperfección, complejidad, diferencia, antagonismo, increíble diversidad; tampoco hay otra opción que convivir con lo que nos ofende, nos asusta y nos incomoda. Eso también lo hemos sabido desde inicios del siglo XX. Mientras unos poetas buscaban las esencias nacionales, otros se daban cuenta de que América era el lugar del encuentro, de la mezcla, de la antropofagia cultural que todo lo deglutía y todo lo hacía suyo. En esa actitud tolerante palpita una esperanza. Sus mejores creaciones han sido mestizas. La iglesia de Tonantzintla tanto como la música de Caetano Veloso han sido el resultado de entrecruzamientos caprichosos, influencias bien digeridas, fértiles contaminaciones. Los creadores que han engrandecido al continente han sido precisamente esos, los que no han temido al recurso extranjero y no han desdeñado la complejidad local. Pero la suerte que hemos tenido en el plano creativo no se ha repetido en el político. Los populistas se han empeñado en no reconocer la importancia de las instituciones democráticas, y han fabricado pueblos tan artificiales como los indígenas de Ventura García Calderón, esos seres impenetrables, que guardaban secretas complicidades con los cóndores. En cuanto a los liberales, su responsabilidad ha sido no haber logrado integrar a los sectores populares y marginados, una tarea pendiente y un problema grave, porque ha hecho creer que la democracia es un asunto de élites urbanas, no el menos malo de los instrumentos que tenemos a mano para administrar el acceso pacífico al poder y forjar una ciudadanía igualitaria.

De manera que ni arielismo, ni indigenismo, ni nuestroamericanismo, ni peronismo, ni priismo, ni castrismo ni guevarismo, porque ninguna de estas mitologías, a pesar de sus buenas intenciones y de sus sueños salvadores, cohesionó las sociedades ni las hizo prosperar. Quizá la antropofagia sea una mejor guía: un liberalismo no redentor, cosmopolita e impuro, que fomente liderazgos plurales. Como cualquier otro lugar, Latinoamérica amasa una historia compleja y bárbara de vergüenzas y luces. Pero nada nos ata a ese pasado. El futuro está ahí, como para cualquier otra comunidad humana.

Es hora de poner un pie en el siglo XXI.

AGRADECIMIENTOS

A lo largo de los casi diez años que llevo fantaseando y delirando con este libro he organizado varios cursos de verano, participado en seminarios y conferencias y hablado con mucha gente que me ha sugerido libros, sacado de confusiones y dado pistas interesantes para comprender mejor la intrincada historia de la política y la cultura latinoamericanas. Entre todas estas personas, me gustaría mencionar al menos a Natalia Bustelo, Mariano Mestman, Carlos Franz, Will Corral, Leonardo Valencia, Gustavo Guerrero, Cristina Maya, Juan Estaban Constaín, Christopher Domínguez Michael, Alberto Vergara, Raúl Tola, Gustavo Faverón, Juan Bonilla y Juan Manuel Bonet. Este libro fue finalista del Premio de Literatura Eccles Center & Hay Festival, un incentivo que fue crucial para enfrentar el tramo final de escritura y corrección, y por el que estoy en deuda con Phil Hatfield, Cristina Fuentes, Catherine Eccles, Erica Wagner y Mercedes Aguirre. Eduardo Vernier me ayudó a digitalizar la primera versión del mapa que ordena esta historia, y luego Pepe Mediana se encargó del diseño final. Con ambos estoy muy agradecido. Cristina González rastreó colecciones, museos y archivos para encontrar las imágenes que acompañan este libro, y Pedro Ruiz nos permitió usar su fantástica obra *Desplazamiento #8* para la cubierta. Por último, toda mi gratitud para Elena Martínez Bavière y Pilar Reyes, que han acompañado, apoyado y supervisado el largo proceso de escritura de este ensayo, y para Fiorella y Joaquín, que han hecho lo mismo y mucho más.

NOTAS

PRIMERA PARTE

1898-1930

Un continente en busca de sí mismo: El americanismo y los delirios de la vanguardia

1 José Martí, *Abdala*, 1869, <http://www.cervantesvirtual.com/obra-visor/abdal a--0/html/fef77c2c-82b1-11df-acc7-002185ce6064_1.htm>.

2 José Martí, *Claves del pensamiento martiano. Ensayos políticos, sociales y literarios*, L. R. Hernández y A. Esteban, eds., Madrid, Verbum, 2013, p. 116; «Vindicación de Cuba», carta al director, *The Evening Post*, 21 de marzo de 1889.

3 José Martí, «Al extranjero», *Flores del destierro (1878-1895)*, en *Poesía completa*, ed. de Carlos Javier Morales, Madrid, Alianza, 2013, p. 218.

4 Manuel González Prada, *Páginas libres. Horas de lucha*, Caracas, Biblioteca Ayacucho, 1976, p. 46.

5 Manuel Gutiérrez Nájera, «Monólogo del incrédulo», en *Poesía*, México, Impresora del Timbre, 1896, p. 240.

6 Citado en Max Enríquez Ureña, *Breve historia del modernismo* (1954), México D. F., Fondo de Cultura Económica, 1962, p. 261.

7 José Asunción Silva, «La respuesta de la tierra», en *Obra completa*, Caracas, Biblioteca Ayacucho, 1977, pp. 46-47.

8 Salvador Díaz Mirón, «Excélsior», en *Lascas*, Xalapa, México, Tipografía del Gobierno del Estado, 1901, p. 29.

9 Rufino Blanco Fombona, «Explicación», en *Pequeña ópera lírica. Trovadores y trova*, Madrid, América, 1929, p. 25.

10 Rafael Maya, *Los orígenes del modernismo en Colombia*, Bogotá, Biblioteca de Autores Contemporáneos, 1961, p. 24.

11 Leopoldo Lugones, *Lunario sentimental*, Buenos Aires, Arnoldo Moen y Hermano, eds., 1909, p. 12.

12 Rufino Blanco Fombona, *Diarios de mi vida. Una selección*, Caracas, Monte Ávila, 2004, p. 11.

13 Rubén Darío, *El triunfo de Calibán*, Biblioteca Virtual Universal, <http://www.biblioteca.org.ar/libros/155.pdf>.

14 Paul Groussac, *Del Plata al Niágara*, Buenos Aires, Administración de la República, 1897, p. 282.

15 José Rodó, *Ariel* (1900), en *Ariel. Motivos de Proteo*, Caracas, Biblioteca Ayacucho, 1985, pp. 33 y 43.

16 José María Vargas Vila, *Ante los bárbaros. El yanqui; he ahí el enemigo* (1917), Barcelona, Ramón Palacio Viso, 1930, p. 157.

17 Martí, *Claves del pensamiento martiano, op. cit.*, p. 153.

18 Rubén Darío, *Cantos de vida y esperanza. Los cisnes y otros poemas* (1905), en *Del símbolo a la realidad. Obra selecta*, Madrid, Real Academia Española, Asociación de Academias de la Lengua Española y Alfaguara, 2016, p. 90.

19 *Ibid.*, p. 96.

20 *Ibid.*, p. 114.

21 José Santos Chocano, «Blasón», en *Alma América. Poemas indo-españoles*, París, Librería de la Vda. de C. Bouret, 1906, p. 35.

22 Leopoldo Lugones. *La guerra gaucha* (1905), <http://pdfhumanidades.com/sites/default/files/apuntes/Lugones%2C%20Leopoldo%20-%20La%20Guerra%20Gaucha.pdf>.

23 Leopoldo Lugones, *Cuento, poesía y ensayo*, Buenos Aires, Colihue, 1989, p. 197.

24 Leopoldo Lugones, «Al Plata», en *Odas seculares*, Buenos Aires, Arnaldo Moen y Hermano, eds., 1910, p. 21.

25 Leopoldo Lugones, *La torre de Casandra*, Buenos Aires, Biblioteca Atlántida, 1919, pp. 27-28.

26 Leopoldo Lugones, «El payador» (1916), en *El payador y antología de poesía y prosa*, Caracas, Biblioteca Ayacucho, 1979, p. 41.

27 <https://www.ingenieria.unam.mx/dcsyhfi/material_didactico/Literatura_Hispanoamericana_Contemporanea/Autores_L/LOPEZ/VE.pdf>.

28 Franz Tamayo, *Creación de una pedagogía nacional*, en *Obra escogida*, Caracas, Biblioteca Ayacucho, p. 13.

29 José de la Riva-Agüero y Osma, *El carácter de la literatura del Perú independiente* (1905), Lima, Universidad Ricardo Palma, Instituto Riva-Agüero, 2008, p. 215.

30 Francisco García Calderón, *Las democracias latinas de América* (1912), Caracas, Biblioteca Ayacucho, 1987, pp. 54, 58, 63, 82, 88 y 74.

31 Citado en Raúl Porras Barrenechea, «Introducción», en *Obras completas de José de la Riva-Agüero V. Estudios de historia peruana. La civilización primitiva y el Imperio incaico*, Lima, Pontificia Universidad Católica del Perú, 1966, p. 27.

32 De la Riva-Agüero y Osma, *El carácter de la literatura del Perú independiente, op. cit.*, p. 207.

33 Citado en Beatriz Espejo, *Dr. Atl. El paisaje como pasión*, México D. F., Fondo Editorial de la Plástica Mexicana, 1994, p. 24.

34 José Vasconcelos, «El movimiento intelectual contemporáneo de México», en *Obra selecta*, estudio preliminar, selección, notas, cronología y bibliografía de Christopher Domínguez Michael, Caracas, Biblioteca Ayacucho, 1992, p. 22.

35 *Ibid.*, p. 96.

36 José Vasconcelos, «Nueva ley de los tres estados», *El Maestro. Revista de Cultura Nacional* (México), vol. 2, n.º 2 (noviembre de 1921), pp. 150-158.

37 Christopher Domínguez Michael, *Tiros en el concierto. Literatura mexicana del siglo V*, México D. F., Era, 1997, p. 117.

38 D. Roca, «Manifiesto liminar», en *Transatlántica de Educación* (México), vol. 5 (2008), pp. 39-40.

39 «Manifiesto de la juventud universitaria de Córdoba», en *Deslinde. Cuadernos de Cultura Política Uuniversitaria*, n.º 23, D. F., Universidad Nacional Autónoma de México.

40 Víctor Raúl Haya de la Torre, *Por la emancipación de América Latina*, Buenos Aires, M. Gleizer, ed., 1927, p. 168.

41 *Ibid.*, p. 149.

42 Vicente Huidobro, *Poesía y creación*, selección y prólogo de G. Morelli, Madrid, Fundación Banco Santander, 2012, p. 274.

43 «Arte poética», en *ibid.*, p. 21.

44 Vicente Huidobro, *La creación pura* (1921), en Jorge Schwartz, *Las vanguardias latinoamericanas. Textos programáticos y críticos* (1991), México D. F., Fondo de Cultura Económica, 2002, pp. 110-111.

45 Volodia Teitelboim, *Huidobro. La marcha infinita* (1993), Santiago de Chile, LOM, 2006, p. 83.

46 Jorge Luis Borges, *Al margen de la moderna lírica*, en *Las vanguardias literarias en Hispanoamérica (Manifiestos, proclamas y otros escritos)* (1986), selección y prólogo de H. J. Verani, México D. F., Fondo de Cultura Económica, 2003, p. 272.

47 Maite Hernández, *David A. Siqueiros*, Madrid, Dastin, 2003, p. 41.

48 Manuel Maples Arce, «Actual N.º 1», en Schwartz, *Las vanguardias latinoamericanas, op. cit.*, p. 191.

49 Arqueles Vela, *El Café de Nadie* (1926), <https://artemex.files.wordpress.com /2010/12/lectura-5-el-cafc3a9-de-nadie.pdf>.

50 Manuel Maples Arce, *Vrbe. Super-poema bolchevique en 5 cantos*, México, Andrés Botas e Hijo, 1924, pp. 43-45.

51 Germán List Arzubide, «El movimiento estridentista», en *El estridentismo. México (1921-1927)*, Luis Mario Schneider, ed., México D. F, Universidad Nacional Autónoma de México, 1985, p. 293.

52 Citado en Silvia Dolinko, «Modernidad de arrabal. Artistas gráficos de realismo social argentino en los años veinte», en *Redes de vanguardia. Amauta y América Latina 1926-1930*, Lima, Asociación Museo de Arte de Lima, 2019, p. 174.

53 Xul Solar, *Entrevistas, artículos y textos inéditos*, Patricia M. Artundo, ed., Buenos Aires, Corregidor, 2005, p. 87.

54 Pedro Figari, «El gaucho», en Schwartz, *Las vanguardias latinoamericanas, op. cit.*, p. 651.

55 *Ibid.*, p. 653.

56 «Luna Park» y «Siglo xx», tomados de *Tierra negra con alas. Antología de la poesía vanguardista latinoamericana*, ed. de Juan Manuel Bonet y Juan Bonilla, Sevilla, Fundación Juan Manuel Lara, 2019, pp. 722 y 727.

57 Menotti del Picchia, *O Gedeão do modernismo: 1920/22*, São Paulo, Civilização Brasileira, 1983, p. 218.

58 <https://transtierrosblog.wordpress.com/2018/01/07/poema-pitagoras-luis-aranha/>.

59 Jorge Luis Borges, «Arrabal», *Fervor de Buenos Aires*, en *Obras completas I*, RBA, Barcelona, 2005, p. 32.

60 Cit. en E. Williamson, *Borges. A Life*, Nueva York, Viking, 2004, p. 117.

61 Oliverio Girondo, «Café-Concierto», «Fiesta en Dakar» y «Exvoto», en *Veinte poemas para leer en el tranvía* (1922), en *Obra completa*, ed. de Raúl Antelo, Barcelona, Galaxia Gutenberg, 1999, pp. 8, 15 y 16.

62 José Carlos Mariátegui, *Oliverio Girondo*, <https://www.marxists.org/espanol/mariateg/oc/temas_de_nuestra_america/paginas/oliverio.htm>.

63 Oliverio Girondo, *Membretes*, en *Obra completa, op. cit.*, p. 70.

64 *Ibid.*, p. 5.

65 Ricardo Güiraldes, *Don Segundo Sombra* (1926), Barcelona, Bruguera, 1985, p. 226.

66 Carlos Pellicer, «Piedra de sol. Poema iberoamericano» (1924), en *Obras. Poesía*, ed. de Luis Mario Schneider, México D. F., Fondo de Cultura Económica, 1994, p. 63.

67 La redacción [Mário de Andrade], «Klaxon», en *Klaxon. Mensário de Arte Moderna*, n.º 1 (15 de mayo de 1922), São Paulo, p. 3.

68 Cit. en Juan Manuel Bonet, «A "Quest" for Tarsila», en *Tarsila do Amaral*, catálogo de la exposición, Madrid, Fundación Juan March, 2009, p. 75.

69 Ronald de Carvalho, *Toda a América* (1926), São Paulo, Editora Hispano-Brasileña, 1935, p. 10.

70 Oswald de Andrade, «Manifiesto da poesía pau-Brasil», en Schwartz, *Las vanguardias latinoamericanas, op. cit.*, p. 167.

71 Menotti del Picchia, Plínio Salgado, Alfredo Élis, Ricardo Cassiano y Cándido Mota Filho, «Nhengaçu verde-amarillo», en *ibid.*, p. 183.

72 *Ibid.*, p. 185.

73 Plínio Salgado, «La revolución del tapir», en *ibid.*, p. 566.

74 Plínio Salgado, *Literatura e política* (1927), en *Obras completas*, vol. XIX, São Paulo, Editora das Américas,1956, p. 54.

75 Mário de Andrade, «O trovador», *Paulicéia,*en *Poesias Completas*, ediçao crítica de Diléa Zanotto Manfio, Editora Italiana, Belo Horizonte, 2005, *op. cit.*, p. 83.

76 Oswald de Andrade, «Una adhesión que no nos interesa», en Schwartz, *op. cit.*, p. 574.

77 Plínio Salgado, *Ezequiel*, en *Manifesto de outubro de 1932*, São Paulo, Editora Voz de Oeste, 1982, p. 55.

78 «Catinga de pobrezinho», en *ibid*, p. 40.

79 Citado en Hélgio Trindade, *Integralismo. O fascismo brasileiro na década de 30*, São Paulo, Difel, 1979, p. 75.

80 Leopoldo Lugones, *Acción. Las cuatro conferencias patrióticas del Coliseo*, Buenos Aires, Est. Gráfico A. de Martino, 1923, p. 54.

81 *Ibid.*, p. 57.

82 *Ibid.*, p. 63.

83 *Ibid.*, p. 61.

84 Leopoldo Lugones, *El payador y antología de poesía y prosa*, Caracas, Biblioteca Ayacucho, 1992, p. 306.

85 Antonio Ramos Sucre, *Obra poética*, ed. crítica de Alba Rosa Hernández Bossio, Nanterre, colección Archivos, 2001, pp. 522-526.

86 Cit. en T. Nelson Osorio, *La formación de la vanguardia en Venezuela (antecedentes y documentos)*, Biblioteca de la Academia Nacional de Historia, 1985; Biblioteca Virtual Miguel de Cervantes, 2000, pp. 256 y 259.

87 Luis Tejada, crónica «Elogio de la guerra», en *Gotas de tinta*, Bogotá, Andes, 1977, p. 61.

88 Silvio Villegas, *No hay enemigos a la derecha*, Manizales, Casa Editorial y Talleres Gráficos Arturo Zapata, 1937, p. 231.

89 Cit. en Ricardo Arias Trujillo, *Los Leopardos. Una historia intelectual de los años 1920*, Bogotá, Uniandes, 2007, p. 181.

90 Luis Tejada, crónica «Los versos», en *Gotas de tinta*, *op. cit.*, p. 283. También fue publicado como «Estética futurista» en *El Sol*, 1922.

91 Cit. en Gerardo Molina, *Las ideas liberales en Colombia 1915-1934* (1974), Bogotá, Tercer Mundo, 1978, p. 139.

92 *Ibid.*, p. 189.

93 Luis Vidales, «La ciudad infantil», en *Suenan timbres* (1926), Bogotá, Instituto Colombiano de Cultura, 1976, p. 150.

94 «Cristología», en *ibid.*, p. 80.

95 «Editorial de Los Nuevos», en T. Nelson Osorio, *Manifiestos, proclamas y polémicas de la vanguardia literaria hispanoamericana*, Caracas, Biblioteca Ayacucho, 1988, p. 157.

96 Humberto E. Robles, «Arte Poética (n.º 2)», en *La noción de vanguardia en el Ecuador. Recepción – Trayectoria – Documentos. 1918-1934*, Guayaquil, Casa de la Cultura Ecuatoriana, 1989, p. 86.

97 *Ibid.*, p. 114.

98 Cit. en Óscar Terán, «Amauta: vanguardia y revolución», en *Historia de los intelectuales en América Latina. II. Los avatares de la «ciudad letrada» en el siglo XX*, ed. de C. Altamirano, ed., Madrid, Katz, 2010, p. 173.

99 José Carlos Mariátegui, *Peruanicemos al Perú*, Lima, Amauta, 1986, p 168.

100 Tristán Marof, *La justicia del inca*, Bruselas, La Edición Latinoamericana, 1926, p. 10.

101 *Ibid.*, p. 23.

102 José Carlos Mariátegui, *Correspondencia, 1915-1930, Selección*, Lima, Amauta, 1984, p. 372.

103 José Sabogal, *Del arte en el Perú*, Lima, Instituto Nacional de Cultura, 1975, p. 111.

104 Alejandro Peralta, «Lecheras del ande», en *Boletín Titikaka. Puno 1926-1930*, 4.ª ed. facsimilar, Lima, Centro de Estudios Literarios Cornejo Polar, Lluvia, 2016, p. 25.

105 Cit. en Cynthia Vich, *Indigenismo de vanguardia en el Perú. Un estudio sobre el Boletín Titikaka*, Lima Pontificia Universidad Católica del Perú, 2000, p. 89.

106 Federico More, «El andinismo», en *Boletín Titikaka. Puno 1926-1930*, *op. cit.*, p. 33.

107 Cit. en Manuel Pantigoso, «Temperamento y estética de dos notables pintores. Cartas de José Sabogal a Manuel Domingo Pantigoso», *Mana Tukuk Illapa. Revista del Instituto de Investigaciones Museológicas y Artísticas de la Universidad Ricardo Palma*, vol. 13, n.º 13 (2016), p. 63.

108 J. Uriel García, «El neoindianismo», en *ibid.*, p. 64.

109 Emilio Armaza, «Panteísmo», en *Falo*, 1926.

110 «Sensación de Puna», en *Tierra negra con alas, op. cit.*, p. 321.

111 Carlos Oquendo de Amat, «Film de los paisajes», en *5 metros de poemas*, Lima, Minerva, 1927.

112 César Vallejo, poema «LIX», en *Trilce* (1922), en *Poesías completas*, ed. de Ricardo Silva-Santisteban, Madrid, Visor, 2008, p. 354.

113 César Vallejo, «Espergesia», en *Los heraldos negros* (1919), en *Poesías completas*, ed. de Ricardo Silva-Santistenban, Madrid, Visor, 2008, p. 257.

114 «El pan nuestro», en *ibid.*, p. 225.

115 Abraham Valdelomar, «La génesis de un gran poeta», *Sudamérica*, 11.ª ed., Lima, 1918, p. 10.

116 Antenor Orego, «Palabras prologales», en *Trilce* (1922), Barcelona, Red, 2017, p. 14.

117   Pablo Neruda, «Sabor», en *Residencia en la tierra* (1935), en *Obras completas I*, Barcelona, RBA, 2005, p. 263.

118   Joaquín Torres García, *Historia de mi vida* (1939), Barcelona, Paidós, 1990, p. 200.

119   Joaquín Torres García, *Escritos*, selección analítica y prólogo de Juan Fló, Montevideo, Arca, 1974, pp. 36-37.

120   *Ibid.*, p. 129.

121   Gabriel García Moroto, «La obra de Diego Rivera», en *Antología de la revista «Contemporáneos»*, introducción, selección y notas de Manuel Durán, México D. F., Fondo de Cultura Económica, 1973, p. 258.

122   Jorge Cuesta, «¿Existe una crisis en nuestra literatura de vanguardia?», en *Contemporáneos. Prosa*, antología a cargo de Domingo Ródenas de Moya, Madrid, Fundación Santander Central Hispano, 2004, p. 26.

123   Bernardo Ortiz de Montellano, «Literatura de la Revolución y literatura revolucionaria», en *Antología de la revista «Contemporáneos»*, *op. cit.*, p. 227.

124   Salvador Novo, *La estatua de sal*, México D. F., Fondo de Cultura Económica, 2008, p. 91.

125   Ortiz de Montellano, *op. cit.*, p. 227.

126   Jorge Cuesta, «Hora que fue, feliz y aun incompleta», en *Obras reunidas I. Poesía*, México D. F., Fondo de Cultura Económica, 2003.

127   Xavier Villaurrutia, «Nocturno miedo», en *Nostalgia de la muerte. Nocturnos*, en *Poesía completa*, México D. F., Oasis, 1982.

128   «Nocturno grito», en *ibid.*

129   Cit. en Dr. Atl, *Gentes profanas del convento* (1950), México D. F., Senado de la República, 2003, p. 11.

130   *Ibid.*, p. 96

131   Adriana Malvido, *Nahui Olin*, México D. F., Diana, 1993, p. 36.

132   Vicente Palés Matos y Tomás L. Batista, «Segundo manifiesto euforista», en *Manifiestos vanguardistas latinoamericanos*, recopilación de Claudia Apablaza, Madrid, Barataria, 2011, p. 86.

133   Clemente Soto Vélez, *Manifiesto atalayista*, en Nelson Osorio, *Manifiestos...*, *op. cit.*, p. 345.

134   Clemente Soto Vélez, «Tinchera atalayista: coloniaje: guillotina del intelecto», en *La Linterna*, 21 de diciembre de 1930, <http://atalayadelosdioses.tripod.com/trincheraatalayista.htm>.

135   Cit. en Manuel Maldonado-Denis, *Puerto Rico. Una interpretación histórico-social* (1969), Madrid, Siglo XXI, 1988, pp. 115-116.

136   *Ibid.*, p. 34.

137   Pablo Neruda, «Luis Muñoz Molina», en *Canción de gesta*.

138   Ana Cairo, *El Grupo Minorista y su tiempo*, La Habana, Editorial de Ciencias Sociales, 1978, p. 46.

139   *Ibid.*, p. 68.

140   En José Olivio Jiménez, *Antología de la poesía hispanoamericana contemporánea. 1914-1970*, Madrid, Alianza, 1971, p. 84.

141   Luis Palés Matos, *Raza y paisaje*, prólogo y selección de Toni Montesinos, Carmona, Palimpsesto, 2015, p. 61.

142   Nicolás Guillén, «Canto negro», en *Summa poética*, ed. de Luis Íñigo Madrigal, Madrid, Cátedra, 1976, p. 79.

143   Cit. en Fernando Ortiz, «Más acerca de la poesía mulata», en *Las vanguardias literarias en el Caribe: Cuba, Puerto Rico, República Dominicana. Bibliografía y antología crítica*, William Luis, ed., Madrid, Iberoamericana Vervuert, 2010, p. 572.

144   Alejo Carpentier, *Écue-Yamba-Ó* (1933), en *Narrativa completa I*, Barcelona, RBA, 2006, p. 118.

145   Augusto César Sandino, *El pensamiento vivo. Tomo I* (1974), introducción, selección y notas de Sergio Ramírez, Managua, Nueva Nicaragua, 1981, p. 207.

146   *Ibid.*, p. 191.

147   *Ibid.*, p. 206.

148   *Ibid.*, p. 207.

149   Cit. en José Antonio Funes, «Froylán Turcio y la campaña a favor de Sandino en la revista *Ariel* (1925-1928)», en *Cuadernos Americanos. Nueva Época*, vol. 3, n.º 133 (2010), p. 191.

150   José Vasconcelos, «Palabras iniciales. La Antorcha» (1931), en Schwartz, *Las vanguardias latinoamericanas, op. cit.*, p. 326.

151   José Coronel Urtecho, «Oda a Rubén Darío», en *Pol-la d'ananta katanta paranta. Imitaciones y traducciones*, León, Editorial Universitaria de la UNAN, 1970, pp. 16-21.

152   Francisca Noguerol Jiménez, «Villancico indio», cit. en «Canto de guerra de las cosas en la cintura de América», en *Centroamericana 16*, Milán, EDUCatt, 2009, p. 63.

153   Coronel Urtecho, *op. cit.*, p. 150.

154   Pablo Antonio Cuadra, «Intervención», en *Poesía selecta*, selección, prólogo, cronología y bibliografía de Jorge Eduardo Arellano, Caracas, Biblioteca Ayacucho, 1991, p. 11.

155   Luis Alberto Cabrales, *Opera parva*, Managua, Nueva Nicaragua, 1989, p. 64.

156   Cit. en Julio Valle Castillo, *El siglo de la poesía en Nicaragua. Modernismo y vanguardia 1880-1940*, tomo I, Managua, Colección Cultural de Centro América, 2005, p. 356.

157   Cit. en Julio Valle Castillo, «Prólogo», en Cabrales, *Opera parva, op. cit.*, p. 31.

SEGUNDA PARTE
1930-1960
Los delirios de la identidad: la cultura al servicio de la nación

1 Federico Finchelstein, *Fascismo, liturgia e imaginario. El mito del general Uriburu y la Argentina nacionalista*, Buenos Aires, Fondo de Cultura Económica, 2002, p. 79.

2 Cit. en Federico Finchelstein, *La Argentina fascista. Los orígenes ideológicos de la dictadura*, Buenos Aires, Sudamericana, 2008, p. 72.

3 *Ibid.*, p. 93.

4 Cit. en J. Alejandro Gropp, *Los dos príncipes: Juan D. Perón y Getulio Vargas. Un estudio comparado del populismo latinoamericano*, Villa María, Eduvim, 2009, p. 352.

5 Joseph A. Page, *Perón. Primera parte (1895-1952)*, Buenos Aires, Javier Vergara, 1984, p. 87.

6 Milcíades Peña, *El peronismo. Selección de documentos para la historia*, Buenos Aires, Fichas, 1972, p. 100.

7 Cit. en Mariano Plotkin, *Mañana es San Perón*, Buenos Aires, Ariel, 1994, p. 110.

8 Cit. en Pedro Salmerón Sanginés, «La fundación (1928-1933)», en Miguel González Compeán y Leonardo Lomelí, coords., *El partido de la Revolución. Institución y conflicto (1928-1999)*, México D. F., Fondo de Cultura Económica, 2000, p. 49.

9 Roque Dalton, *Antología*, selección y prólogo de Mario Benedetti, Madrid, Visor, 2015.

10 Francisco Campos, *O Estado Nacional* (1940), p. 379, <http://bibliotecadigital.puc-campinas.edu.br/services/e-books/Francisco%20Campos-1.pdf>.

11 *Ibid.*, p. 378.

12 Varios autores, *Manifesto dos mineiros*, 23 de octubre de 1943, <https://pt.wikisource.org/wiki/Manifesto_dos_Mineiros>.

13 Daniel Cosío Villegas, *La crisis de México* (1947), <http://aleph.academica.mx/jspui/handle/56789/5978>.

14 *Ibid.*

15 Enrique Krauze, *La presidencia imperial. Ascenso y caída del sistema político mexicano (1940-1996)*, Barcelona, Tusquets, 1997, p. 134.

16 Roberto Cortés Conde, «La economía política del peronismo (1946-1955)», en *Anuario del Centro de Estudios Históricos Prof. Carlos S. A. Segreti*, vols. 2-3, n.º 1, 2-3 (2002-2003), p. 215.

17 Cit. en Page, *Perón, op. cit.*, p. 272.

18 Cit. en Plotkin, *Mañana es San Perón, op. cit.*, p. 302.

19 Peña, *El peronismo, op. cit.*, pp. 146-147.

20 Getúlio Vargas, *Carta testamento del 24 de agosto de 1954*, <http://carpetashistoria.fahce.unlp.edu.ar/carpeta-3/fuentes/el-tercer-mundo/carta-testamento-degetulio-vargas.-24-de-agosto-de-1954>.

21 Plotkin, *Mañana es San Perón, op. cit.*, p. 176.

22 Cit. en Joseph A. Page, *Perón. Segunda parte (1952-1974)*, Buenos Aires, Javier Vergara, 1984, p. 37.

23 Plotkin, *Mañana es San Perón, op. cit.*, p. 115.

24 *Ibid.*, p. 163.

25 Peña, *El peronismo, op. cit.*, p. 108.

26 <https://www.youtube.com/watch?v=cMrVm7j4nzU>.

27 Jorge Luis Borges, «L'illusion comique», *Sur*, Buenos Aires, n.º 237 (noviembre-diciembre de 1955).

28 <http://peronlibros.com.ar/sites/default/files/pdfs/aprox_a_maria_alicia_dominguez.pdf>.

29 «Volveré y seré millones», <https://www.historiahoy.com.ar/volvere-y-sere-millones-n531>.

30 Horacio Rega Molina, «En la Argentina la cultura es un fruto al alcance de todos», en *Una nación recobrada. Enfoques parciales de la nueva Argentina*, Buenos Aires, Subsecretaría de Informaciones, 1952, p. 226.

31 Guilherme de Almeida, «Brasilianidad», en *Arte y arquitectura del modernismo brasileño (1917-1930)*, Caracas, Aracy A. Amaral, ed., Biblioteca Ayacucho, 1978, p. 152.

32 Daryle Williams, *Culture Wars in Brazil. The First Vargas Regime, 1930-1945*, Durham, Duke University Press, 2001, p. 57.

33 Cit. en Héctor Pérez Brignoli, *Historia global de América Latina*, Madrid, Alianza, 2018, p. 366.

34 Samuel Ramos, *El perfil del hombre y la cultura en México* (1934), Madrid, Espasa Calpe, 1951, p. 91.

35 *Ibidem*.

36 Cit. en Elizabeth Fuentes Rojas, «La Liga de Escritores y Artistas Revolucionarios. Una producción artística comprometida», tesis doctoral, México D. F., Facultad de Filosofía y Letras, Universidad Nacional Autónoma de México, 1995, p. 227.

37 Ricardo Pérez Montfort, *La cultura. México 1930/1960*, Madrid, Taurus, 2012, p. 44.

38 Percy Murillo Garaycochea, *Historia del APRA. 1919-1945*, Lima, Atlántida, 1976, p. 117.

39 *Ibid.*, p. 120.

40 Cit. en Gerardo Molina, *Las ideas liberales en Colombia*; t. III: *De 1935 a la iniciación del Frente Nacional*, Bogotá, Tercer Mundo, 1977, p. 252.

41 Jorge Eliécer Gaitán, *Antología de su pensamiento social y económico*, Bogotá, Suramérica, 1968, p. 412.

42 Plínio Salgado, *Manifesto de outubro de 1932*, en *Obras completas*, vol. IX, São Paulo, Editora das Américas, 1956, p. 98.

43 Plínio Salgado, *O que é o integralismo* (1933), en *Obras completas*, vol. IX, São Paulo, Editora das Américas, 1956, p. 22.

44 *Ibid.*, p. 124.

45 Cit. en José Díaz Nieva, *El Movimiento Nacional Socialista o el nazismo con «c»*, Concepción, Escaparate, 2016, p. 20.

46 Germán Arciniegas, «El sentido de la escultura nacional» (20 de agosto de 1933), en Álvaro Medina, *Procesos del arte en Colombia*, Bogotá, Instituto Colombiano de Cultura, 1978, p. 309.

47 *El Tiempo*, Bogotá, 14 de julio de 1934.

48 Laureano Gómez, *Obras completas*, t. I: *Crítica sobre literatura, arte y teatro*, compilación y notas de Ricardo Ruiz Santos, Bogotá, Instituto Caro y Cuervo, 1984, p. 67.

49 *Ibid.*, p. 72.

50 *Ibid.*, p. 71.

51 *Ibid.*, p. 71.

52 Cit. en Ana María Rosas Gallego, «El arte moderno en Colombia y sus relaciones con la moral y la política. A propósito de la pintora Débora Arango», *Sociedad y Economía*, Cali, Universidad del Valle, n.º 15 (2008), pp. 1-25.

53 Eduardo Carranza, «Himno para cantar en los Juegos Bolivarianos», en *Seis elegías y un himno*, en *Cuadernos de Piedra y Cielo*, Bogotá, Instituto Colombiano de Cultura, 1972, p. 86.

54 Carlos Montenegro, *Nacionalismo y coloniaje. Su expresión histórica en la prensa de Bolivia* (1943), La Paz, Biblioteca del Centenario de Bolivia, 2016, p. 239.

55 Speratti. *La Revolución del 17 de febrero de 1936*, Asunción, Escuela Técnica Salesiana, 1984, p. 23.

56 <http://www.portalguarani.com/500__juan_emiliano_oleary/22494_himno_a_jose_gaspar_rodriguez_de_francia.html>.

57 Cit. en Herbert S. Klein, *Orígenes de la revolución boliviana. La crisis de la generación del Chaco*, La Paz, Juventud, 1968, p. 265.

58 Speratti, *La Revolución del 17 de febrero de 1936, op. cit.*, p. 216.

59 *Ibid.* p. 169.

60 *Ibid.*, pp. 240-241.

61 <https://www.portalguarani.com/419_gomes_freire_esteves.html>.

62 Speratti, *La Revolución…, op. cit.*, p. 189.

63 *Ibid.*, p. 324.

64 *Ibid.*, p. 392.

65 José Cuadros Quiroga, «Movimiento Nacionalista Revolucionario. Sus bases y principios de acción inmediata» (1942), en Mariano Baptista Gumucio, *José*

Cuadros Quiroga. Inventor del Movimiento Nacionalista Revolucionario, La Paz, autoedición, 2002, p. 164.

66 *Ibid.*, p. 173.

67 *Ibid.*, p. 196.

68 *Ibid.*, p. 199.

69 *Ibid.*, p. 201.

70 Augusto Céspedes, *El dictador suicida (40 años de historia de Bolivia)*, La Paz, Juventud, 1968, p. 269.

71 Montenegro, *Nacionalismo y coloniaje, op. cit.*, p. 49.

72 *Ibid.*, p. 194.

73 Natalicio González, *Proceso y formación de la cultura paraguaya* (1938), Asunción, Cuadernos Republicanos, 1988, p. 143.

74 «El mestizo», <https://www.portalguarani.com/436_juan_natalicio_gonzalez_pare des/13578_antologia_poetica_1984__poemario_de_juan_natalicio_gonzalez.html>.

75 Natalicio González, *El Paraguay eterno*, Asunción, Guaranía, 1935, p. 56.

76 Roque Dalton, «El general Martínez», en *Antología, op. cit.*, p. 61.

77 Rafael Lara Martínez, *Política de la cultura del martinato*, San Salvador, Universidad Don Bosco, 2011, p. 88.

78 *Ibid.*, p. 118.

79 José María Arguedas, *Qepa Wiñaq… Siempre literatura y antropología*, ed. crítica de Dora Sales, Madrid, Iberoamericana Vervuert, 2009, p. 182.

80 Manuel A. Odría, «Mensaje a la nación del presidente de Perú, general Manuel A. Odría Amoretti, 27 de julio de 1949», <http://www.congreso.gob.pe/par ticipacion/museo/congreso/mensajes/mensaje_nacion_congreso_27_ julio_1949>.

81 *Ibid.*

82 II Congreso Indigenista Interamericano, *Acta final*, suplemento del *Boletín Indigenista*, México D. F., Instituto Indigenista Interamericano, septiembre de 1949, p. 23.

83 Wilfrido H. Corral, *Cartografía occidental de la novela hispanoamericana*, Quito, Centro Cultural Benjamín Carrión, 2010, pp. 103-104.

84 Benjamín Carrión, *Índice de la poesía ecuatoriana*, en *Obras*, Quito, Casa Editorial de la Cultura Ecuatoriana, 1981, p. 305.

85 Cit. en Leonardo Valencia, *El síndrome de Falcón*, Quito, Paradiso, 2002, p. 174.

86 Benjamín Carrión, *Ensayos de arte y cultura*, Quito, Centro Cultural Benjamín Carrión, 2007, p. 149.

87 César Moro, «Los anteojos de azufre», en *Obra poética completa*, ed. crítica a cargo de André Coyné, Poitiers, CRLA Archivos, 2015, p. 618.

88 *Ibid.*, p. 622.

89 *Ibid.*, p. 224.

90 *Ibid.*, p. 225.

91 César Moro, «poema 2», en *La tortuga ecuestre, op. cit.*, p. 41.

92 Emilio Adolfo Westphalen, «No te has fijado…», *Las ínsulas extrañas* (1933), en *Simulacro de sortilegios. Poesía completa*, Marco Martos, ed., Madrid, Visor, 2006, p. 48.

93 Mario Vargas Llosa, «Nota sobre César Moro» (1958), en *Literatura. Edición facsimilar, 1958-1959*, Lima, Facultad de Letras y Ciencias Humanas, Universidad Nacional Mayor de San Marcos, 2011, p. 5.

94 Cit. en Judith Alanís y Sofía Urrutia, *Rufino Tamayo. Una cronología. 1899-1987*, México D. F., Museo Rufino Tamayo, 1987, pp. 18-19.

95 *Ibid.*, p. 37.

96 *Ibid.*, p. 45.

97 *Ibid.*, p. 47.

98 José Luis Cuevas, «La cortina de nopal», <https://www.academia.edu/35337806/Cuevas_Jos%C3%A9_Luis_La_cortina_de_nopal_In_Ruptura_>.

99 *Ibid.*

100 *Ibid.*

101 Cit. en Luis Rebaza Soraluz, «Los años cuarenta: los poetas de posguerra, la república ácrata y la construcción de una poética peruana moderna», en *Historia de la literatura en el Perú*, vol. 4: *Poesía peruana: entre la fundación de su modernidad y finales del siglo XX*, Raquel Chang-Rodríguez y Marcel Velázquez Castro, dirs., Giovanna Pollarolo y Luis Fernando Chueca, coords., Lima, Universidad Católica del Perú, 2019, p. 186.

102 Aimé Césaire, *Discurso sobre el colonialismo* (1955), <http://www.ram-wan.net/restrepo/decolonial/4-cesaire-discurso%20sobre%20el%20colonialismo.pdf>.

103 Aimé Césaire, *Cuaderno de un retorno al país natal* (1939), México D. F., Era, 1969, pp. 101 y 103.

104 Cit. en Gaspar Galaz y Milan Ivelic, *La pintura en Chile. Desde la Colonia hasta 1981*, Valparaíso, Ediciones Universitarias de Valparaíso, 1981, p. 238.

105 Naín Nómez, ed., *La Mandrágora. Surrealismo chileno: Talca, Santiago y París*, Talca, Universidad de Talca, 2008, p. 48.

106 *Ibid.*, p. 49.

107 Enrique Gómez-Correa, «Yo hablo desde Mandrágora», en *ibid.*, p. 68.

108 *Ibid.*, p. 68.

109 Teófilo Cid, «Por qué escribo», en Nómez, *op. cit.*, p. 157.

110 Luis López Álvarez, *Conversaciones con Miguel Ángel Asturias*, Madrid, Magisterio Español, 1974, p. 80.

111 Paul Valéry, «Carta de Paul Valéry a Francis de Miomandre», en Miguel Ángel Asturias, *Obras completas*, t. I, Madrid, Aguilar, 1968, p. 17.

112   Alejo Carpentier, *Los pasos perdidos* (1953), en *Narrativa completa I*, Barcelona, RBA, 2006, p. 602.

113   *Ibid.*, p. 212.

114   Emir Rodríguez Monegal, *op. cit.*, pp. 80-81.

115   Cit. en Guillermo A. Fantoni, «La pura objetividad y lo más íntimo de los seres: claves de un nuevo realismo», en Cristina Rossi, *Antonio Berni. Lecturas en tiempo presente*, Buenos Aires, EDUNTREF, 2010, p. 6.

116   Jorge Luis Borges, «Discusión» (1932), en *Obras completas I*, Barcelona, RBA, 1996, p. 273.

117   Jorge Luis Borges, *Ficciones* (1944), en *Obras completas I*, Barcelona, RBA, 2005, p. 442.

118   Edgar Bayley, *et al.*, «Manifiesto invencionista», en Nelly Perazzo, *El arte concreto en la Argentina*, Buenos Aires, Gaglianone, 1983, p. 176.

119   *Ibid.*, p. 48.

120   Cit. en Daniela Lucena, «El Gobierno peronista y las artes visuales», *Questión*, <https://perio.unlp.edu.ar/ojs/index.php/question/article/view/719/622>.

121   Cit. en Andrea Giunta, *Vanguardia, internacionalismo y política. Arte argentino en los años sesenta*, Buenos Aires, Paidós, 2001, p. 67.

122   Waldemar Cordeiro, Gerardo de Barros, *et al.*, «Manifiesto *Ruptura*» (1952), en *Heterotopías. Medio siglo sin-lugar: 1918-1968*, Madrid, Museo Nacional Centro de Arte Reina Sofía, 2000, p. 503.

123   Hélio Oiticica, «Liberación del objeto hacia el espacio» (1962), en *Heterotopías, op. cit.*, p. 520.

124   Haroldo de Campos, «Evolução de formas: poesia concreta», en *Teoria da poesia concreta. Textos críticos e manifestos 1950-1960*, Livraria Duas Ciudades, São Paulo, 1975, p. 52.

125   Marta Traba, *Historia abierta del arte colombiano*, Colcultura, 1984, pp. 128-129.

126   Marta Traba, «La pintura de hoy en Colombia», *Revista Plástica* (Bogotá, Colombia), n.º 17 (mayo-diciembre de 1960), pp. 2 y 4.

127   Cit. en Carlos Silva, *Historia de la pintura en Venezuela*, t. III, Caracas, Ernesto Armitano Editor, p. 115.

128   <https://habitar-arq.blogspot.com/2008/12/agrupacion-espacio-manifiesto-1947.html>.

129   James Holston, *The Modernist City. An Anthropological Critique of Brasilia*, Chicago, University of Chicago Press, 1989, p. 21.

130   Vicente Huidobro, «América la para la humanidad. Internacionalismo y no americanismo», en *Obras completas*, t. I, Santiago, Andrés Bello, 1976, p. 879.

131   *Ibid.*, p. 879.

132   Vicente Huidobro, «Tercera carta al Tío Sam» (28 de agosto de 1941), en *Obras completas, op. cit.*, p. 886.

133 Vicente Huidobro, «Por qué soy anticomunista» (1947), en *Obras completas, op. cit.*, p. 908.

134 Cit. en Carlos de la Torre Espinosa, *La seducción velasquista*, Quito, Ediciones Libri Mundi, 1993, p. 137.

135 José María Velasco Ibarra, *Una antología de sus textos*, estudio introductorio y selección de Enrique Ayala Mora, México D. F., Fondo de Cultura Económica, 2000, p. 195.

136 *Ibid.*, p. 173.

137 Cit. en De la Torre Espinosa, *op. cit.*, p. 194.

138 Velasco Ibarra, *Una antología de sus textos, op. cit.*, p. 195.

139 Robert J. Alexander, *Rómulo Betancourt and the Transformation of Venezuela*, New B runswick, Transaction Books, 1982, p. 85.

140 Rómulo Betancourt, *El 18 de octubre de 1945. Génesis y realizaciones de una revolución democrática*, Obra selecta 4, Barcelona, Seix Barral, 1979, p. 302.

141 José Figueres Ferrer, *Escritos de José Figueres Ferrer. Política, economía y relaciones internacionales*, San José, EUNED, 2000, pp. 7-8.

142 Ernesto Cardenal, *Hora 0* (1957), en *Antología poética*, Managua, Nuevo Amanecer, 2005, p. 23.

143 Pedro Mir, «Hay un país en el mundo» (1949), en *Poemas*, Alpedrete, Ediciones de La Discreta, 2009, p. 62.

144 Pedro Mir, «Si alguien quiere saber cuál es mi patria» (1952), en *ibid.*, p. 73.

145 Cit. en Andrés L. Mateo, *Mito y cultura en la era de Trujillo*, Santo Domingo, Librería La Trinitaria e Instituto del Libro, 1993, p. 137.

146 Cit. en *ibid.*, p. 143.

147 Joaquín Balaguer, «Dios y Trujillo: una reinterpretación de la historia dominicana» (1954), <http://www.cielonaranja.com/balaguer-diostrujillo.htm>.

148 Mateo, *op. cit.*, p. 188.

149 «Editorial de la revista *Orígenes*», en *Manifiestos vanguardistas latinoamericanos*, recopilación de Claudia Apablaza, Madrid, Barataria, 2011, p. 210.

150 José Lezama Lima, *La expresión americana* (1957), Madrid, Alianza, 1969, p. 77.

151 Varios autores, «Noche insular: jardines invisibles», *Los poetas de «Orígenes»*, selección, prólogo, bibliografía y notas de Jorge Luis Arcos, México D. F., Fondo de Cultura Económica, 2002, p. 54.

152 Nicanor Parra, «Los vicios del mundo moderno», *Poemas y antipoemas* (1954), René de Costa, ed., Madrid, Cátedra, 2007, p. 109.

153 Nicanor Parra, *Artefactos*, en *Obras completas & algo +. De «Gato en el camino» a «Artefactos» (1935-1972)*, Barcelona, Galaxia Gutenberg, 2006, p. 327.

154 Parra, «Soliloquio del individuo», *Poemas y antipoemas, op. cit.*, p. 116.

155 Gonzalo Arango, *Primer manifiesto*, en Eduardo Escobar, *Manifiestos nadaístas*, Bogotá, Arango Editores, 1992, p. 56.

156 Gonzalo Arango, *Obra negra*, Madrid, Punto de Vista, 2018, p. 56.

157 *Ibid.*, p. 65.

158 Eduardo Escobar (selección y prólogo), *Antología de la poesía nadaísta*, Arango Editores, Bogotá, 1992, p. 198.

159 <http://bolivianismo.blogspot.com/2011/10/canto-la-juventud-poema-1950.html>.

160 Jaime Saenz, *Anversario de una visión* (1960), en *Poesía*, Madrid, Amargord, 2017, p. 111.

161 Cit., en Edelberto Torres Rivas, «Guatemala: medio siglo de historia política (un ensayo de interpretación sociológica)», en Pablo González Casanova, coord., *América Latina: historia de medio siglo*, vol. 2: *México, Centroamérica y el Caribe*, México D. F., Siglo XXI, 1981, p. 146.

162 Tad Szulc, *The Winds of Revolution. Latin America Today – And Tomorrow*, Nueva York, Frederick A. Praeger, 1963, p. 81.

163 Cit. en Stephen Schlesinger y Stephen Kinzer, *Bitter Fruit. The Story of the American Coup in Guatemala*, Boston, Harvard University Press, 2005, p. 97.

164 Cit. en Jon Lee Anderson, *Che Guevara. Una vida revolucionaria* (1997), Barcelona, Anagrama, 2006, p. 129.

TERCERA PARTE

1960-2022

Los delirios de la soberbia: revoluciones, dictaduras y
la latinoamericanización de Occidente

1 «Esta es la patria que yo sueño», en *Nuestro Polidoro*, Panamá, Cerro Tute, 1963, p. 3.

2 Eduardo Galeano, *Las venas abiertas de América Latina* (1971), Bogotá, Siglo XXI, 1979, p. 298.

3 José Enrique Rodó, *Ariel. Motivos de Proteo*, Caracas, Biblioteca Ayacucho, p. 5.

4 Ernesto Che Guevara, *Guerra de guerrillas*, <https://latinoamericanos.files.wordpress.com/2007/05/guevara-ernesto-guerra-de-guerrillas.pdf>.

5 Ernesto Che Guevara, *Guerra de guerrillas: un método*, *Cuba Socialista*, n.º 25, septiembre de 1963, <http://www.lctcwb.be/images/pdfs/Autres/guevara_guerra_de_guerillas_1963.pdf>.

6 <http://www.cuba.cu/gobierno/discursos/1959/esp/f230159e.html>.

7 Cit. en William Luis, *Lunes de Revolución. Literatura y cultura en los primeros años de la Revolución cubana*, Madrid, Verbum, 2003, p. 32.

8   Ángel Rama, *Salvador Garmendía y la narrativa informalista*, Caracas, Universidad Central de Venezuela, 1975, p. 33.

9   Caupolicán Ovalles, *¿Duerme usted, señor presidente?*, en *En (des) uso de la razón. Antología poética y otros textos*, Caracas, Rayuela Taller de Ediciones, 2016, pp. 41 y 44.

10 Cit. en Daniel Gutman, *Tacuara. Historia de la primera guerrilla urbana argentina*, Buenos Aires, Vergara, 2003.

11 Cit. en Richard Gillespie, *Soldados de Perón. Los Montoneros* (1982), Buenos Aires, Grijalbo, 1998, p. 66.

12 Gustavo Gutiérrez, *Teología de la liberación. Perspectivas* (1971), Salamanca, Sígueme, 1975, p. 69.

13 *Ibid.*, p. 175.

14 Osvaldo Ardiles, «Bases para la destrucción de la historia de la filosofía en la América indo-ibérica», en *Hacia una filosofía de la liberación latinoamericana*, Buenos Aires, Bonum, 1973, p. 23.

15 *Ibid.*, p. 151.

16 <http://archivoperonista.com/documentos/comunicado/1970/comunicado-ndeg5-montoneros/>.

17 «Hablan los montoneros», *Cristianismo y Revolución*, n.º 26, noviembre-diciembre de 1970, <http://www.ruinasdigitales.com/cristianismoyrevolucion/cyrnumero26/>.

18 Sin autor, «Por qué somos peronistas de base», *Cristianismo y Revolución*, n.º 30, septiembre de 1971, p. 9

19 Ana Longoni y Mariano Mestman, *Del Di Tella a «Tucumán arde». Vanguardia artística y política en el 68 argentino*, Buenos Aires, Eudeba, 2002, p. 97.

20 *Ibid.*, p. 122.

21 *Ibid.*, p. 162.

22 *Ibid.*, p. 174.

23 *Ibid.*, p. 252.

24 *Ibid.*, p. 256.

25 Julio Bordas Martínez, *Tupamaros: derrota militar, metamorfosis política y victoria electoral*, Madrid, Dykinson, 2015, p. 283.

26 *Ibid.*, p. 218.

27 Caetano Veloso, *Tropical Truth. A Story of Music and Revolution in Brazil*, Nueva York, Knopf, 2002, p. 323.

28 Javier Heraud, «Yo no me río de la muerte», en *El viaje*, <https://www.lainsignia.org/2001/julio/cul_105.htm.>.

29 Cit. en Eduardo Chirinos, «La poesía peruana en los años sesenta», en Raquel Chang Rodríguez y Marcel Velázquez Castro, dirs., Giovanna Pollarolo y Luis Fernando Chueca, coords., *Historia de las literaturas en el Perú*, vol. 4: *Entre la*

fundación de su modernidad y finales del siglo XX, Lima, Universidad Católica de Perú, 2019, p. 275.

30 Rodolfo Hinostroza, «La voz en la playa», en *Consejero del lobo* (1965), Lima, Lustra, 2015, p. 111.

31 Enrique Lihn, «Revolución», en *Poesía, situación irregular*, ed. de Óscar Hahn, Madrid, Visor, 2014, p. 90.

32 Rafael Rojas, «Anatomía del entusiasmo. Cultura y revolución en Cuba (1959-1971)», en Carlos Altamirano, ed., *Historia de los intelectuales en América Latina. II. Los avatares de la ciudad letrada*, Buenos Aires, Katz, 2010.

33 <http://www.cuba.cu/gobierno/discursos/1967/esp/f260767e.html>.

34 *Congreso Cultural de la Habana*, La Habana, Cor, 1968, p. 19.

35 *Ibid.*, p. 26.

36 Mario Vargas Llosa, *Obras completas IX. Piedra de toque I (1962-1983)*, ed. de Antoni Munné, Barcelona, Galaxia Gutenberg-Círculo de Lectores, 2012, p. 467.

37 Gustavo Guerrero, «Uslar Pietri, cronista del realismo mestizo», *Cuadernos Hispanoamericanos*, n.º 605 (noviembre de 2000), pp. 53-62, Biblioteca Virtual Miguel de Cervantes, 2016.

38 José Emilio Pacheco, «Alta traición», en *De algún tiempo a esta parte. Antología poética*, ed. de Minerva Margarita Villarreal, Monterrey, UANL, 2009, p. 15.

39 Octavio Paz, *Obras completas VI. Ideas y costumbres. La letra y el cetro. Usos y costumbres*, Barcelona, Galaxia Gutenberg-Círculo de Lectores, 2003, p. 853.

40 Christopher Domínguez Michael, *Octavio Paz en su siglo*, México D. F., Aguilar, 2014, p. 303.

41 Octavio Paz, *El ogro filantrópico. Historia y política 1971-1978*, México D. F., Joaquín Mortiz, 1979, p. 164.

42 Mario Vargas Llosa, *Sables y utopías. Visiones de América Latina*, Madrid, Aguilar, 2009, p. 262.

43 Alberto Vergara, *La danza hostil. Poderes subnacionales y Estado central en Bolivia y Perú (1952-2012)*, Lima, IEP, 2015.

44 Cit. en Juan Martín Sánchez, *La revolución peruana. Ideología y práctica de un gobierno militar 1968-1975*, Sevilla, CSIC, Universidad de Sevilla, 2020, p. 152.

45 *Ibid.*, p. 200.

46 *Sinamos Informa* (Lima, Perú), «La revolución es cultura», vol. 13 (1973), pp. 23-24, <https://icaa.mfah.org/s/es/item/1139293#?c=&m=&s=&cv=&xywh=231%2C1273%2C2193%2C1227>.

47 Jerónimo Ríos y Marté Sánchez, *Breve historia de Sendero Luminoso*, Madrid, Catarata, 2018, p. 41.

48 Citado en Comisión de la Verdad, *Informe final*. <https://www.cverdad.org.pe/ifinal/pdf/TOMO%20II/CAPITULO%201%20-%20Los%20actores%20armados%20del%20conflicto/1.1.%20PCP-SL/CAP%20I%20SL%20ORIGEN.pdf>.

49 Cit. en Ricaurte Soler, *Panamá, historia de una crisis*, México D. F., Siglo XXI, 1989, p. 86.

50 Frida Modak, coord., *Salvador Allende. Pensamiento y acción*, Buenos Aires, Lumen, 2008, p. 20.

51 *Programa básico de gobierno de la Unidad Popular*, <http://www.memoriachilena.gob.cl/archivos2/pdfs/MC0000544.pdf>.

52 <http://www.cuba.cu/gobierno/discursos/1971/esp/f021271e.html>.

53 *Ibid.*

54 <http://www.memoriachilena.gob.cl/602/w3-article-93740.html>.

55 Manuel Fuentes Wendling, *Memorias secretas de Patria y Libertad*, Santiago de Chile, Grijalbo, 1999, p. 269.

56 MIR, *Dos años de la lucha de la resistencia popular del pueblo chileno, 1973-1975*, Bilbao, Zero, 1976, p. 26.

57 Sergio Ramírez, *Adiós muchachos* (1999), México D. F., Alfaguara, 2015, pp. 241-242.

58 Cit. en Scott y Jon Lee Anderson, *Inside the League. The Shocking Expose of How Terrorists, Nazis, and Latin American Death Squads Have Infiltrated the World Anti-Comunist League*, Nueva York, Dodd, Mead & Company, Inc., 1986, p. 185.

59 Cit. en Comisión para el Esclarecimiento Histórico, <https://web.archive.org/web/20120709084234/http://shr.aaas.org/guatemala/ceh/mds/spanish/cap1/agud.html>.

60 Horacio Castellanos Moya, *El asco. Tres relatos violentos*, Barcelona, Casiopea, 2000, p. 103.

61 Roque Dalton, «Taberna», en *Antología*, Madrid, Visor, 2015, p. 185.

62 Otto René Castillo, «Vámonos patria», en *Vámonos patria a caminar, yo te acompaño*, <http://memoriacentroamericana.ihnca.edu.ni/uploads/media/Vamonos_patria_a_caminar.pdf>.

63 Vargas Llosa, *Sables y utopías, op. cit.*, p. 603.

64 Gabriel García Márquez, *Por la libre. Obra periodística 4. 1974-1995*, México D. F., Diana, 2003, p. 21.

65 *Ibid.*, p. 22.

66 Vargas Llosa, *Sables y utopías, op. cit.*, p. 198.

67 Octavio Paz, *Obras completas V. El peregrino en su patria. Historia y política de México*, Barcelona, Galaxia Gutenberg-Círculo de Lectores,, 2002, p. 473.

68 *Alternativa*, n.º 129 (29 de agosto-5 de septiembre de 1977).

69 García Márquez, *Por la libre, op. cit.*, p. 81.

70 Gabriel García Márquez, *El general en su laberinto* (1989), Bogotá, Norma, 2002, p. 127.

71 Mario Vargas Llosa, *Obras completas X. Piedra de toque II (1984-1999)*, ed. de Antoni Munné, Barcelona, Galaxia Gutenberg-Círculo de Lectores, 2012, p. 215.

72 Roberto Regalado, *Encuentros y desencuentros de la izquierda latinoamericana. Una mirada desde el Foro de São Paulo*, México D. F., Ocean Sur, 2008, pp. 37-38.

73 <https://forodesaopaulo.org/wp-content/uploads/2014/07/01-Declaracion-de-Sao-Paulo-19901.pdf>.

74 Luis Cardoza y Aragón, *Ojo/Voz*, México D. F., Era, 1988, p. 85.

75 Subcomandante Marcos, *Nuestra arma es nuestra palabra: escritos selectos*, Nueva York, Seven Stories Press, 2001, p. 20.

76 *Ibid.*, p. 101.

77 *Ibid.*, p. 114.

78 Gianni Vattimo, «La renovación del mundo sólo puede venir de Latinoamérica», *El Cultural*, 25 de noviembre de 2019, <https://elcultural.com/gianni-vattimo-la-renovacion-del-mundo-solo-puede-venir-de-latinoamerica?fbclid=IwAR0S 97f5p7QzhK6DXTeyTaA-QZaGF6BGwk_lwIdn4q-ko9FZK2Pd9Huya_U>.

79 Fidel Castro, discurso pronunciado en la clausura del I Congreso Nacional de Educación y Cultura, 30 de abril de 1971, <http://www.cuba.cu/gobierno/discursos/1971/esp/f300471e.html>.

80 Samanta Salvatori y Santiago Cueto Rúa, «Hijos. Identidad y política», en *Memoria en las aulas*, dosier n.º 9, Comisión Provincial por la Memoria.

81 *Ibid.*

82 *Ibid.*

83 Roberto Bolaño, *A la intemperie*, Madrid, Alfaguara, 2019, pp. 315 y 322.

84 Juan Cárdenas, *Elástico de sombra*, Madrid, Sexto Piso, 2020, p. 6.

85 <https://elpais.com/diario/2008/09/19/internacional/1221775204_850215.html>.

86 Ernesto Laclau, *La razón populista*, Buenos Aires, Fondo de Cultura Económica, 2005, p. 195.

87 Espacio Carta Abierta, «Carta abierta / 1», <https://www.pagina12.com.ar/diario/elpais/1-104188-2008-05-15.html>.

88 Cit. por Sergio Ramírez, «Una fábrica de espejismos», en Álvaro Vargas Llosa, coord., *El estallido del populismo*, Barcelona, Planeta, 2007, p. 106.

89 Manuel Arias Maldonado, *Nostalgia del soberano*, Madrid, Catarata, 2020, p. 79.

90 Daniele Giglioli, *Crítica de la víctima* (2014), Barcelona, Herder, 2017, p. 11.

91 Doris Salcedo, «La visión de los vencidos es una mirada invertida». <http://www.pac.org.mx/uploads/sitac/pdf/6.-Salcedo.pdf>.

92 Héctor Abad Faciolince, *Traiciones de la memoria*, Bogotá, Alfaguara, 2009, p. 203.

93 *Ibid.*, p. 219.

94 Eduardo Galeano, *Las venas abiertas de América Latina* (1971), Bogotá, Siglo XXI, 1979, p. 410.

95 Idea Vilariño, «A René Zavaleta», en *Poesía completa*, Madrid, Lumen, 2008, p. 256.

CRÉDITOS DE LAS ILUSTRACIONES

pp. 55: *Paisaje*, Vicente Huidobro / ©Fundación Vicente Huidobro.

pp. 110: *Magistrado en el estudio*, Martín Chambi / MARTIN CHAMBI Archivo fotográfico. ©Martín Chambi, a quien la editorial no ha podido contactar, pero le reconoce la titularidad de los derechos de reproducción y su derecho a los royalties que pudieran corresponderle.

pp. 110: *El gigante de Paruro*, Martín Chambi, 1929 / Coleção Joaquim Pavia MAM Rio. Gelatina y plata, 45,3x35 cm. Crédito fotográfico: Jaime Acioli / ©Martín Chambi, a quien la editorial no ha podido contactar, pero le reconoce la titularidad de los derechos de reproducción y su derecho a los royalties que pudieran corresponderle.

pp. 290: *Plano de Brasilia*, Lúcio Costa.

pp. 370: *Kennedy*, Eduardo Ruano / ©Eduardo Ruano, a quien la editorial no ha podido contactar, pero le reconoce la titularidad de los derechos de reproducción y su derecho a los royalties que pudieran corresponderle.

pp. 372: *Tucumán arde*, Vanguardia de Buenos Aires y de Rosario / Archivosenuso.org, Carlos Militello, Graciela Carnavale / ©Graciela Carnavale, a quien la editorial no ha podido contactar, pero le reconoce la titularidad de los derechos de reproducción y su derecho a los royalties que pudieran corresponderle.

pp. 410: *Perros colgados en el centro de Lima*, Sendero Luminoso / ©Carlos Bendezú, a quien la editorial no ha podido contactar, pero le reconoce la titularidad de los derechos de reproducción y su derecho a los royalties que pudieran corresponderle.

pp. 429: *No+*, CADA, Lotty Rosenfeld / Fundación Lotty Rosenfeld. Crédito fotográfico: Jorge Brantmayer / Obra reproducida con la autorización de Alejandra Coz.

pp. 431: *Siluetas y canas. El Siluetazo*, Buenos Aires, 21-22 de septiembre de 1983, Eduardo Gil / ©Eduardo Gil.

pp. 471: *Lavatio corporis*, Colectivo SEMEFO / ©Teresa Margolles, a quien la editorial no ha podido contactar, pero le reconoce la titularidad de los derechos de reproducción y su derecho a los royalties que pudieran corresponderle.

pp: 474: *La esperanza es lo último que se está perdiendo*, Ángel Delgado. 4 de mayo 1990. Exhibición *El Objeto Esculturado*. Centro de Desarrollo de las Artes Visuales. La Habana. Cuba. Crédito fotógrafo: por Evel González / ©Ángel Delgado.

pp: 479: *Escrache*, H.I.J.O.S. La Imposible. / ©La Imposible, a quien la editorial no ha podido contactar, pero le reconoce la titularidad de los derechos de reproducción y su derecho a los royalties que pudieran corresponderle.

CRÉDITOS DEL CUADERNILLO

Fig. 1: *La trinchera*, José Clemente Orozco. Antiguo Colegio de San Ildefonso. Crédito fotográfico: gubama / © José Clemente Orozco, VEGAP, Barcelona, 2022.

Fig. 2: *Frida repartiendo armas*, Diego Rivera. Secretaría de Educación Pública. / © 2021 Banco de México Diego Rivera Frida Kahlo Museums Trust, Mexico, D.F. / VEGAP, Barcelona.

Fig. 3: *Drago*, Xul Solar. Museo Xul Solar. Derechos reservados Fundación Pan Klub / ©Fundación Pan Klub.

Fig. 4: *Día de trilla*, Pedro Figari. 1921. Museo Figari. Óleo sobre tela, 64,5 x 126,5 cm / ©Museo Figari.

Fig. 5: *A Negra*, Tarsila do Amaral. 1923. Coleção Museu de Arte Contemporânea da Universidade de São Paulo. Óleo sobre tela, 81,3 x 100 cm / Obra reproducida con la autorización de Luciana Freire Rangel.

Fig. 6: *Abaporu*, Tarsila do Amaral. 1928. Colección MALBA, Museo de Arte Latinoamericano de Buenos Aires. Óleo sobre tela, 85,3 x 73 cm. Crédito fotográfico: Gustavo Lowry / Obra reproducida con la autorización de Luciana Freire Rangel.

Fig. 7: *El Varayoc de Chinchero*, José Sabogal. 1925. Pinacoteca Municipal Ignacio Merino, Municipalidad de Lima. Crédito fotográfico: Yutaka Yoshii / © Pinacoteca Municipal Ignacio Merino, Municipalidad de Lima.

Fig. 8: *Bachué, diosa generatriz de los chibchas*, Rómulo Rozo. 1925. Talla en granito.

Fig. 9: *Estación de radio de Estridentópolis*, Ramón Alva de la Canal. c. 1925 / ©Ramón Alva de la Canal, a quien la editorial no ha podido contactar, pero le reconoce la titularidad de los derechos de reproducción y su derecho a los royalties que pudieran corresponderle.

Fig. 10: *Pintura constructiva*, Joaquín Torres García. c. 1929. Museo de Artes Visuales de Uruguay. Óleo sobre cartón, 44 x 35,5 cm. Crédito fotográfico: Oscar Bonilla.

Fig. 11: Nahuí Olin fotografiada por Antonio Garduño, c. 1924 / ©Antonio Garduño, a quien la editorial no ha podido contactar, pero le reconoce la titularidad de los derechos de reproducción y su derecho a los royalties que pudieran corresponderle.

Fig. 12: *Café*, Cándido Portinari. Crédito fotográfico: Pedro Ribeiro Simões / ©Portinari, VEGAP, Barcelona, 2022.

Fig. 13: Edificio Gustavo Capanema, Lucio Costa, Óscar Niemeyer et al., Ministerio de Educación y Salud Pública, 1936-1945.

Fig. 14: Murales de Juan O'Gorman, diseño de Juan O'Gorman, Gustavo María Saavedra y Juan Martínez de Velasco, Biblioteca Central de la UNAM. Crédito fotográfico: Gonzjo52.

Fig. 15: *La república*, Pedro Nel Gómez / ©Pedro Nel Gómez, a quien la editorial no ha podido contactar, pero le reconoce la titularidad de los derechos de reproducción y su derecho a los royalties que pudieran corresponderle.

Fig. 16: *13 de junio*, Débora Arango. 1953. Acuarela, 37 x 53 cm. Museo de Medellín.

Fig. 17: *India de Pachimalco*, José Mejía Vides. 1935. Museo de El Salvador / ©José Mejía Vides, a quien la editorial no ha podido contactar, pero le reconoce la titularidad de los derechos de reproducción y su derecho a los royalties que pudieran corresponderle.

Fig. 18: *Animales*, Rufino Tamayo. 1941. MoMA. Óleo sobre tela, 76,5 x 101,6 cm / © D.R. Rufino Tamayo/Herederos/México/2012 Fundación Olga y Rufino Tamayo, A.C.

Fig. 19: Performance en Lima, César Moro. c. 1935-1936 / ©César Moro, a quien la editorial no ha podido contactar, pero le reconoce la titularidad de los derechos de reproducción y su derecho a los royalties que pudieran corresponderle.

Fig. 20: *Sin título*, Fernando de Szyszlo, 1943 / ©Fernando de Szyszlo, a quien la editorial no ha podido contactar, pero le reconoce la titularidad de los derechos de reproducción y su derecho a los royalties que pudieran corresponderle.

Fig. 21: *Quipus 19 b2*, 1965-1970. Jorge Eduardo Eielson / Obra reproducida con la autorización de Martha L. Canfield.

Fig. 22: *La jungla*, Wilfredo Lam. 1943. MoMA. Gouache sobre tela, 239,4 x 229,9 cm / ©Wifredo Lam, VEGAP, Barcelona, 2022.

Fig. 23: *Sin título*, 1942-1943. Roberto Matta. Museo Thyssen / © Matta, VEGAP, Barcelona, 2022.

Fig. 24: *Manifestación*, Antonio Berni. 1934. Colección MALBA, Museo de Arte Latinoamericano de Buenos Aires. Temple sobre arpillera, 180 x 249 cm. Crédito fotográfico: Gustavo Sosa / ©Antonio Berni, Argentina.

Fig. 25: *Sin título*, Tomás Maldonado. 1950. Museo Reina Sofía / © Tomás Maldonado.

Fig. 26: *Caribea*, Alejandro Obregón, 1982. Serigrafía, 70 x 80 cm. / Colección privada Carlos Granés.

Fig. 27: Fachada de la Facultad de Ingeniería de la Universidad de Venezuela, Alejandro Otero, 1954. Crédito fotográfico: Caracas1830.

Fig. 28: Biblioteca central de la Universidad de Venezuela 1952-1954. Carlos Raúl Villanueva, Crédito fotográfico: Robert Marín.

Fig. 29: *Doble transparencia*, Jesús Rafael Soto. 1956. MoMA. Óleo sobre plexiglás y madera con varillas y tornillos metálicos, 55 x 55 x 32 cm / © Jesús Rafael Soto, VEGAP, Barcelona, 2022.

Fig. 30: *Quebrantahuesos*, Nicanor Parra, Alejandro Jodorowsky y Enrique Linh / ©Fundación Nicanor Parra.

Fig. 31: *Estudio para verdugo y perro*, Carlos Contramaestre, 1962. Fundación Noa Noa / ©Carlos Contramaestre, a quien la editorial no ha podido contactar, pero le reconoce la titularidad de los derechos de reproducción y su derecho a los royalties que pudieran corresponderle.

Fig. 32: *La civilización occidental y cristiana*, 1965. Yeso, madera y óleo. Crédito fotográfico: Wally Gobetz. León Ferrari / ©León Ferrari, a quien la editorial no ha podido contactar, pero le reconoce la titularidad de los derechos de reproducción y su derecho a los royalties que pudieran corresponderle.

Fig. 33: *La Habana*, Cuba colectiva, 1967. Museo de Bellas Artes de Cuba / ©Cuba colectiva, a quien la editorial no ha podido contactar, pero le reconoce la titularidad de los derechos de reproducción y su derecho a los royalties que pudieran corresponderle.

Fig. 34: *Los ojos bien abiertos*, Jesús Ruiz Durand, 1968-1973. Colección MALBA, Museo de Arte Latinoamericano de Buenos Aires. Impresión en offset, 100 x 70 cm. Crédito fotográfico: Nicolás Beraza / ©Jesús Ruiz Durand.

Fig. 35: *¿Quién puede borrar las huellas?*, Regina José Galindo, 2003. Guatemala. Crédito fotográfico: José Osorio / © Regina José Galindo, VEGAP, Barcelona, 2022.

Fig. 36: *Shibboleth*, Doris Salcedo, 2007. Museo Nacional Británico de Arte Moderno. Crédito fotográfico: Anders Thirsgaard Rasmussen.

ÍNDICE ALFABÉTICO

Ay Sudamérica (de Raúl Zurita), 429
No+, 429-430
Para no morir de hambre en el arte, 429
Cadenas, Rafael, 337
Café de Nadie (Ciudad de México), 70
Cafetera (San Juan), café La, 132-133
Caguas, 133
Caicedo, Andrés, 322
Cairo, Ana, 136
Cajabamba, 110
Caja Costarricense de Seguro Social, 309
Cajamarca, 205
Calder, Alexander, 285-286
  Aula Magna de la Universidad Central de Venezuela, 285
Caldera, volcán La, 95
Calderón Guardia, Rafael, 309-310
Cali, 322
Callao (Perú), puerto del, 239
Callejas, Mariana, 425-427, 483
Calle, La, 227, 229
Calzadilla, Juan, 349
Camacho Carreño, José, 99-101
Camacho, Pablo, 237
Camacho Ramírez, Arturo, 221
Cámara de Diputados de Oaxaca, 460
Cámara de Representantes de Puerto Rico, 133
Camboya, 398
Camino Brent, Enrique, 110, 236
Camisas Azules (Nicaragua), 150
Camnitzer, Luis, 473
Campo de Marte, 116
Campo de Mayo (Buenos Aires), 180
Cámpora, Héctor, 366-367
Campos, Augusto de, 281
Campos, Francisco, 161-162, 171-172, 193, 482
Campos, Haroldo de, 281
Camus, Albert, 445

Canal Feijóo, Bernardo, 190
Cansinos Assens, Rafael, 58, 60, 80
Cantinflas, 197, 199
Capanema, Gustavo, 162, 192-193, 211, 288
Caparaó (Brasil), guerrilla de, 383
Capinam, José Carlos, 380
Capitolio de Puerta de Tierra (San Juan), 133
Caracas, 285, 344
Caracazo de 1989, el, 492
Cara-de-Cavalo, 382
Caravallo, Teresa, 110
Cardenal, Ernesto, 310-312, 318, 348, 434, 438
  Hora 0, 311-312
Cárdenas, Cuauhtémoc, 455
Cárdenas, Juan, 484, 487
Cárdenas, Lázaro, 167-168, 176-177, 196-201, 216, 235, 240, 251
Cardoso, Fernando Henrique, 456
Cardoza y Aragón, Luis, 77, 84, 459
Carías, Tiburcio, 203, 296, 312
Caribe, 14, 22-23, 50, 93, 115, 130-132, 137-138, 141, 147, 172, 202-203, 259-261, 267, 304, 307-308, 310, 314-316, 333, 339-340, 343, 416, 437, 507, 516
Caribe colombiano, 131
Carlés, Manuel, 159
Caro, Miguel Antonio, 99, 408
Carondelet (Ecuador), palacio de, 489
Carpentier, Alejo, 135, 137, 140-141, 259, 264, 266-267, 317, 388, 395, 472
  Écue-Yamba-Ó, 140-141
  El reino de este mundo, 267
  Los pasos perdidos, 267
Carranza, Eduardo, 221-222
Carranza, Venustiano, 42-45, 64

Ocampo, Victoria, 272
Occidente, 12, 23, 41, 66, 104, 155, 216,
258, 328, 337, 348, 368, 372, 382,
451-452, 467, 501, 505, 516
OCIAA, *véase* Oficina del Coordinador de
Asuntos Interamericanos (OCIAA)
O'Donovan, cuartel, 204
Odría, Manuel A., 239-241, 302-303,
450
Odría, ochenio de, 303; *véase también*
Gobierno de Odría (Perú)
OEA, 351, 390, 436, 438, 496
Oficina del Coordinador de Asuntos
Interamericanos (OCIAA), 200
Oficina, teatro, 379, 382
O'Gorman, Juan, 201, 285
Biblioteca Central (Ciudad de Mé-
xico), 201, 285
O'Higgins, Pablo, 197
Oiticica, Hélio, 279-280, 291, 379, 382
Tropicália, 379-380
Ojeda, Mónica, Mandíbula, 483
Okón, Yoshua, 469
O'Leary, Juan Emilio, 224
«Himno a José Gaspar Rodríguez de
Francia», 224
Olinka, 95, 282
Olin, Nahui, 12, 124, 128-130, 248
Nahui Olin, 124
Olivari, Nicolás, 190
Oliveira Salazar, António de, 213
Olivos (Argentina), quinta de, 180
Olmedo (Ecuador), 242
Once (Buenos Aires), barrio del, 93
Onetti, Juan Carlos, 269
El pozo, 269
Onganía, Juan Carlos, 352, 364, 369,
371-373
Ópera Bufa, 150
Operación Cóndor, 439

Opinión, La, 293
OPR-33 (Uruguay), grupo armado, 374-
375; *véase también* Federación Anar-
quista Uruguaya
Oquendo, Abelardo, 116, 250, 287
Oquendo de Amat, Carlos, 116
5 metros de poemas, 116
Orbán, Viktor, 504
Orbón, Julián, 316
Orden de la Cruz del Sur, 376
L'Ordine Nuovo, 105
Organización de los Estados America-
nos, *véase* OEA
Organización Democrática Nacionalis-
ta (El Salvador), 442
Organización Revolucionaria del Pueblo
en Armas (Guatemala), 441
Oriente, 91
Oriente (Madrid), plaza de, 60
Orígenes, 316-317, 345
Orizaba, 43, 254
Orkopata, grupo, 113-114
Orozco, Gabriel, 470
Orozco, José Clemente, 39, 41, 44, 64,
67-68, 77, 125, 155, 197-198, 233,
248, 255, 257
Autobiografía, 39
La trinchera, 67
Orozco, Pascual, 42
Orrego, Antenor, 52, 117
Ortega, Damián, 470
Ortega, Daniel, 311, 435-438, 493, 499-
501
Ortega, Zoilamérica, 501
Ortiz de Montellano, Bernardo, 125-128
Ortiz, Fernando, 135
Ortiz Rubio, Pascual, 146
Ortolani, Dante, 187
Ospina, Luis, 322
Ospina Pérez, Mariano, 208, 303

Paraíba, 160
Paredes, Saturnino, 411
Pareja Diezcanseco, Alfredo, 242, 244-245
París, 22, 41-43, 64, 84-87, 89, 91, 94, 111-112, 115-117, 122-123, 140-141, 247, 264-266, 271, 284-285, 367, 387, 389, 397, 400, 459, 469, 515
Parlamento chileno, 421
Parnaso, el, 29-30, 114
Parra, Nicanor, 318-322, 348
  Artefactos, 319
  Poemas y antipoemas, 319-320
  Versos de salón, 320
Partido Agrario Laborista (Chile), 300
Partido Antireeleccionista (México), 146
Partido Colorado (Bolivia), 231
Partido Comunista (Argentina), 277
Partido Comunista (Bolivia), 363, 385
Partido Comunista (Brasil), 192, 279, 383
Partido Comunista Brasileño, 92
Partido Comunista (Chile), 263, 301
Partido Comunista (Colombia), 355, 358
Partido Comunista Colombiano, 102
Partido Comunista (Costa Rica), 309
Partido Comunista (Cuba), 476
Partido Comunista Cubano, 136-137
Partido Comunista del Perú-Sendero Luminoso, 409, 412
Partido Comunista (Ecuador), 241-242
Partido Comunista (Guatemala), 330
Partido Comunista (México), 68, 252
Partido Comunista Peruano, 204, 411
Partido Comunista (Venezuela), 345
Partido Conservador (Colombia), 98, 102, 206, 216
Partido Conservador (Nicaragua), 148

Partido de Acción Nacional (México), 177-178
Partido de Izquierda Revolucionaria (Bolivia), 228
Partido de la Revolución Democrática (México), 455
Partido de la Revolución Mexicana, 168, 177, 198; *véase también* PRI
Partido de los Trabajadores (Brasil), 454
Partido del Pueblo Cubano (u Ortodoxo), 326
Partido Demócrata (Brasil), 161
Partido Femenino de Chile, 300
Partido Guatemalteco del Trabajo, 440
Partido Liberal (Colombia), 98
Partido Liberal (Ecuador), 241
Partido Liberal (Paraguay), 224-225
Partido Nacionalista (Chile), 213
Partido Nacionalista (Puerto Rico), 133
Partido Nacional Revolucionario (México), *véase* PNR
Partido Nacional Socialista Alemán, 229
Partido Nacional (Uruguay), 269, 373
Partido Nacista (Chile), 213-214
Partido Nazi chileno, 213, *véase* Partido Nacista (Chile)
Partido Obrero Revolucionario (Bolivia), 228
Partido Popular (México), 178
Partido Radical Socialista (Chile), 215
Partido Republicano Nacional (Costa Rica), 309
Partido Republicano Paulista (Brasil), 90, 161
Partido Revolucionario (Cuba), 13
Partido Revolucionario Institucional (México), *véase* PRI
Partido Social Democrático (Brasil), 173
Partido Socialista (Chile), 300, 421, 455
Partido Socialista Obrero Español, 464

«Para viajar lejos no hay mejor nave que un libro».

EMILY DICKINSON

Gracias por tu lectura de este libro.

En **penguinlibros.club** encontrarás las mejores
recomendaciones de lectura.

Únete a nuestra comunidad y viaja con nosotros.

penguinlibros.club

Este libro
se terminó de imprimir en
Casarrubuelos, Madrid,
en el mes de septiembre de 2022